合格のための入試レーダー 東京都

2024年度入試はどう行われたか

受検者のみなさんへ

東京都内ではおよそ約200校の都立高校が入学者を募集し，現在… います。各校は公立高校としての共通の基盤に立って一方向にかた… がら，教育目標や指導の重点を定めて特色ある教育を展開していま… 立であるため学費が安い，特定の宗教に基づいた教育はしない，な…

都立高校にはいろいろな種類の学校があります。それぞれの学校の特色を理解し，志望校選びをしましょう。なお，現在は学区制度がなく，どの学校にも同じ条件で出願できるようになっています。

全日制課程

普通科　普通教科(おおよそ中学校の9教科と考えてよい)の学習を中心とする。国公立や難関私立大への進学実績の向上を目指した進学指導重点校・社会生活を送る上で必要な基礎的，基本的学力をしっかり身につけるためのエンカレッジスクールなどもある。単位制の学校では，多様な選択科目が準備され，自分の興味・関心のある分野を重点的に学ぶことができる。また，コース制では，外国語や芸術など学習内容の重点化を図っている。

専門学科　普通教科に加え，専門的な教科(農業・工業・科学技術・商業・ビジネスコミュニケーション・海洋国際・家庭・福祉・理数・芸術・体育・国際・産業)の学習を行う。進学型商業高校(大田桜台高校・千早高校)，先端技術分野の学習と大学進学を目指す科学技術高校(科学技術高校・多摩科学技術高校)，生産から流通まで一貫して学べる産業科高校(橘高校・八王子桑志高校)などがある。

総合学科　普通教科から，工業や商業・情報や美術などの専門教科まで，自分の興味・関心や進路希望に応じて履修科目を選択し，幅広く学べる。現在，晴海総合高校・つばさ総合高校・杉並総合高校・若葉総合高校・青梅総合高校・葛飾総合高校・東久留米総合高校・世田谷総合高校・町田総合高校や王子総合高校がある。

定時制課程

総合学科　チャレンジスクール：午前・午後・夜間の各部からなる三部制で，普通科の科目以外にも福祉や商業や美術などに関する専門的な学習ができる。

普通科・専門学科　夜間などの時間を利用して授業を行うもので，都内に勤務先がある者でも出願できる。単位制普通科の学校には午前・午後・夜間の各部からなる三部制の昼夜間定時制高校もある。専門学科には農業・工業・商業・産業・情報がある。

その他，**通信制課程**　**中高一貫教育校**　**高等専門学校**　がある。

英語リスニングテストの音声について

※コードの使用期限以降は音声が予告なく削除される場合がございます。あらかじめご了承ください。

リスニングテストの音声は、下記アクセスコード(ユーザー名／パスワード)により当社ホームページ(https://www.koenokyoikusha.co.jp/pages/cddata/listening)で聞くことができます。
(当社による録音です)
〈アクセスコード〉 ユーザー名：koe　パスワード：04191　使用期限：2025年3月末日

●全日制課程
学力検査に基づく選抜の実施要綱

●第一次募集

1 応募資格

(1)2024年３月に中学校を卒業する見込みの者，中学校を卒業した者，など。
(2)原則として，都内に保護者とともに在住し，入学後も引き続き都内から通学することが確実な者，または応募資格審査を受け，承認を得た者。

2 出　願

インターネット出願を実施。出願は１校１コースまたは１科(１分野)に限る。ただし，志望する同一の都立高校内にある同一の学科内に２科(２分野)以上ある場合(芸術に関する学科を除く)は，志望順位をつけて出願することができる(立川高校と科学技術高校の理数科については別に定める)。

出願情報入力期間　　12月20日(水)～２月６日(火)
書類提出期間　　１月31日(水)～２月６日(火)

変更は他学科か他校へ１回のみ

3 志願変更

願書提出後，１回に限り志願変更をすることができる。ただし，同校同一学科内の志望の順位を変更することはできない。

願書取下げ　２月13日(火)　　願書再提出　２月14日(水)

原則５教科入試

4 学力検査等

学力検査教科は５教科を原則とし，５～３教科の中で各校が定める。ただし，エンカレッジスクール(蒲田，足立東，東村山，秋留台，中野工科，練馬工科)は学力検査を実施しない。また，傾斜配点の実施や，面接，実技検査，小論文または作文を行う学校もある。

学力検査日　２月21日(水)

9:00～9:50	10:10～11:00	11:20～12:10	昼食	13:10～14:00	14:20～15:10
国　語	数　学	英　語		社　会	理　科

※英語学力検査時間の最初の10分間にリスニングテストを実施する。

日比谷，戸山，青山，西，八王子東，立川，国立，新宿，墨田川，国分寺は，自校で作成した国語，数学，英語の問題(社会，理科は都の共通問題)を使用する。国際高校では英語のみ自校作成問題を使用する。

5 選　考

選考は，調査書，学力検査の成績(面接などを実施する学校はそれらも含む)，スピーキングテストの結果(英語の学力検査実施校のみ)の総合成績と入学願書による志望，都立高校長が必要とする資料に基づいて行う。なお，自己PRカードは点数化せず面接資料として活用する。

原則
学力検査：調査書＝７：３

総合成績の算出

学力検査と調査書の合計を1000点満点とする。各校は学力検査と調査書の比率を７：３に定め，それぞれの得点を比率換算し得点を算出する。ただし，体育科(駒場，野津田)および芸術科(総合芸術)は学力検査と調査書の比率を６：４とする。それらの得点に，スピーキングテスト・面接・実技検査・小論文・作文(それぞれ実施した場合)の得点を加えて総合成績とする。

6 合格発表

合格者の発表　３月１日(金)　８時30分(ウェブサイト)，９時30分(校内掲示)
手続き　３月１日(金)，４日(月)

●**全日制課程第二次募集**	**1 出　願** 出願日　3月6日(水)　インターネット出願は実施しない。 志願変更日　取下げ　3月7日(木)　再提出　3月8日(金)
第二次募集は3教科原則 **学力検査：調査書＝6：4**	**2 選抜日程等** 学力検査　　3月9日(土)　　国語，数学，英語（各50分） ※面接・実技検査等・傾斜配点を行う学校がある。また，学力検査と調査書の比率は6：4となる。 合格者の発表　　3月14日(木) ※「インフルエンザ等学校感染症罹患(りかん)者等に対する追検査」は同じ日程で行う。ただし，分割募集実施校は追検査を実施しない。
●**分割募集**	全日制都立高校は，第一次募集期間における募集＝分割前期と第二次募集期間における募集＝分割後期の2回に分けて募集を行うことができる。日程，出願方法などは，第一次募集，第二次募集の規定による。 ※2024年度実施校…日本橋，八潮，田園調布，深沢，竹台，大山，田柄，青井，足立新田，淵江，南葛飾，府中東，山崎，羽村，蒲田，足立東，東村山，秋留台，中野工科，練馬工科，野津田(体育)
●**海外帰国生徒等入学者選抜** **(帰国生徒対象/4月入学生徒)**	**1 実施校** 三田，竹早，日野台，国際 **2 出　願** 出願情報入力期間　　12月20日(水)～2月7日(水) 書類提出期間　　1月31日(水)～2月7日(水)　インターネット出願を実施する。 **3 志願変更** 願書取下げ　2月13日(火)　　　願書再提出　2月14日(水) **4 検　査** 検査日　　2月15日(木)　国語(作文を含む)，数学，英語，面接 ※国際高校：現地校出身者は日本語または英語による作文，面接 **5 合格発表** 合格者の発表　　2月19日(月)

※国際高校の国際バカロレアコースなどの募集に関しては，別に定められている。

普工商農家他

都立 国立(くにたち) 高等学校

【所在地】 〒186-0002　国立市東４－25－１　☎042(575)0126(代)　FAX042(573)9609
【交　通】 JR中央線「国立駅」より徒歩15分，JR南武線「谷保駅」より徒歩10分
【生徒数】 945名(男子505名，女子440名)　**【登校時間】** 8：30

施設ほか（空欄はなしまたは不明）：食堂／購買部(軽食)／電子黒板／プール／照明つき運動場／携帯電話持ち込み／自転車通学(条件付き)／アルバイト／カウンセラー／制服

文教都市国立の大学通りに面し，春は桜，秋は紅葉と恵まれた環境にある。ほかに天文観測室，トレーニング室，柔・剣道場，自習室など。

在校生からのメッセージ

国高生は「全部やる，みんなでやる」の校風のもと，勉強だけではなく，文化祭や部活動などにも全力で取り組んでいます。そうした仲間たちと青春時代を謳歌(おうか)できるこの国立高校なら，あなたもきっと大きく成長し，とても充実した濃い３年間を送れること間違いなしです！(八王子市立恩方中出身　H・T)

学校からのメッセージ

本校は1940年開校の伝統ある学校です。緑に囲まれた環境で「清く，正しく，朗らかに」という校訓のもと，生徒は３年間，充実した高校生活を送っています。進学指導重点校の指定を受けている本校をぜひ志望され，実り多き高校生活を過ごされることを願っています。

◎授業

３学期制・50分×６時限　習 数　講 放課後・長期休業　朝 ー

土曜授業により授業時数を確保し，２年までは全員が多くの科目を履修して幅広い学力が身につくようにしている。また，数学で習熟度別，英語などで少人数制授業を行うほか，副教材や独自プリントを多用して密度の濃い指導を展開。１・２年は芸術以外は共通履修で，主要３教科に全授業の半分をあてるとともに，社会は５科目，理科は３科目を学ぶ。３年は４科目が必修で，週16～22時間分が選択科目となるので，志望校を見すえて効率よく学習できる。夏季講習やオンライン英会話，GTEC®の全員受験なども実施。

◇３年間の主な流れと主要５教科の週授業数(2024年度)

	1年	2年	3年
国	5	5	2～
社	6	4	0～
数	5	6	0～
理	3	6	0～
英	6	5	5～

※基本的に必修授業。

行事＆海外研修

本校の行事は「みんなでやる」が基本。一番の名物は４月の第九演奏会で，プロのオーケストラとともに約400名の生徒が大合唱を繰り広げる壮大な催し。９月の国高祭(文化祭・体育祭・後夜祭)も盛大で，来場者数は１万人を超える。文化祭では３年各クラスの演劇が見もので，体育祭では１年の東西応援合戦が圧巻。ほかに新入生歓迎会，遠足，クラスマッチなども楽しみ。修学旅行は３年の４月に関西方面へ行く。なお，夏休みにアメリカへの海外研修を実施。

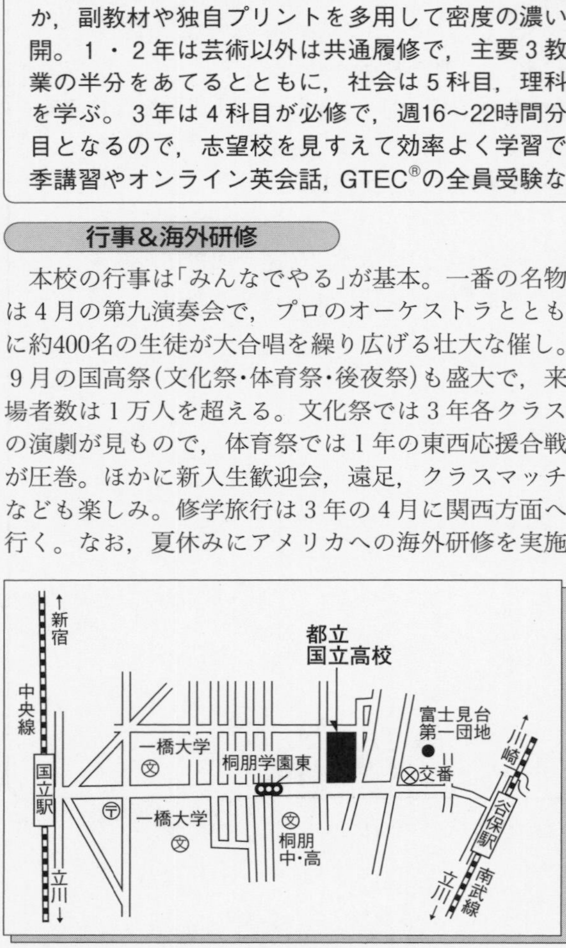

部活動

運動系では全国大会常連の少林寺拳法部，関東大会出場の陸上部，硬式テニス部をはじめ，バレー部，バドミントン部，体操部などが奮闘中。文化系では理科４部(生物・化学・物理・地学)が各研究に取り組み，吹奏楽部，音楽部，演劇部などもさかん。

プロフィール

1940年，東京府立第十九中学校として創立。1948年，現校名に改称。1950年，男女共学制実施。1980年，野球部甲子園出場。

本校の校訓は「清く，正しく，朗らかに」で，2003年に進学指導重点校の指定を受けて以降，進学実績のさらなる向上に取り組んでいる。

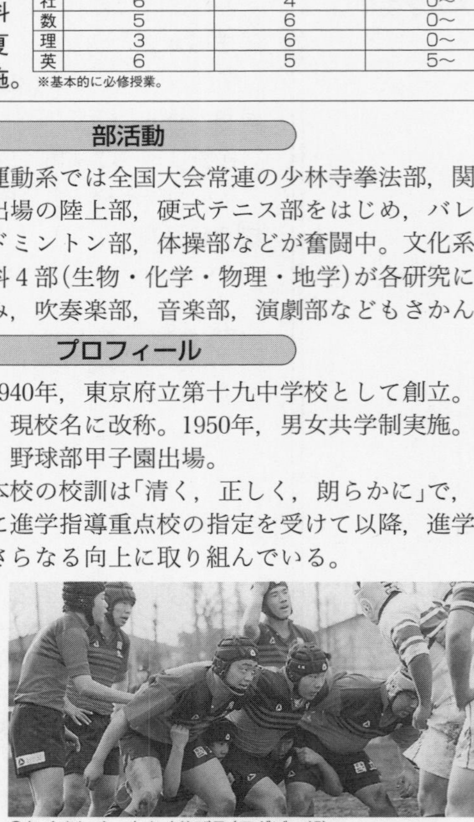

●たくましく，大きく伸びる(ラグビー部)

▶土曜の扱い…年20回，４時限の授業を行う。また，行事・部活などに活用する。

入試ガイド

入試概況

※2024年度より男女合同定員。

年度	募集定員	推薦入試				一般入試					
		定員	志願者数	合格者数	実質倍率	定員	締切時志願者数	確定志願者数	受検者数	合格者数	実質倍率
2024	316	64	227	64	3.55	252	406	393	361	256	1.41
2023	男165　女151	33　30	94　115	33　30	2.85　3.83	132　121	196　177	194　178	173　168	135　125	1.28　1.34
2022	男164　女152	32　30	107　124	32　30	3.34　4.13	132　122	234　193	229　190	205　180	144　114	1.42　1.58

選抜方法（2024年春）

推薦入試		一般入試	
推薦枠	20％	試験科目	5科
特別推薦	—	学力検査	700点
調査書	450点	調査書	300点
個人面接	150点	スピーキング	20点
小論文	300点	自校作成問題	国・数・英

ワンポイント・アドバイス

☆推薦は高人気を維持。☆一般は前年の倍率低下の反動からか，総受検者数が増加。倍率は普通科平均程度のため，来春も要注意。　☆西高などの動向にも注目。併願校の確保を。

併願校リスト

※Bは本校とほぼ同レベルを，Aは上位，Cは下位レベルを示す。

	国公立	私立
A	◆筑波大附駒場 東京学芸大附	◆開成 ◇慶應義塾女子　早稲田実業 明治大付明治　◆慶應義塾
B	西 **国立** 戸山 立川	国際基督教大 中央大附　桐蔭学園（プ） 錦城（特）　八王子（特選）
C	八王子東 国分寺	拓殖大第一（特）

◆は男子募集，◇は女子募集，無印は共学または別学募集。

主な併願校　早稲田実業，中央大附，錦城，八王子学園八王子，桐蔭学園

ミニ情報

- ▷２教室分の広さを備えた「自習室」があり，月～金曜日の19：45まで利用可。
- ▷後援会の支援事業として，定期考査前には卒業生のサポートティーチャーによる学習相談を実施。
- ▷クラスマッチにはクラスＴシャツを作って臨む。
- ▷体育祭では１年中心の応援団を組み，男子は学ラン，女子はスコートを着用。３か月間の練習はきついけれど，終了後の感動はひとしお。
- ▷俳優の六平直政さん，ジャズピアニストの大西順子さんは本校の卒業生。

合格のめやす

60％合格圏
総合得点（内申ー偏差値）

普通科　　895（60 － 67）

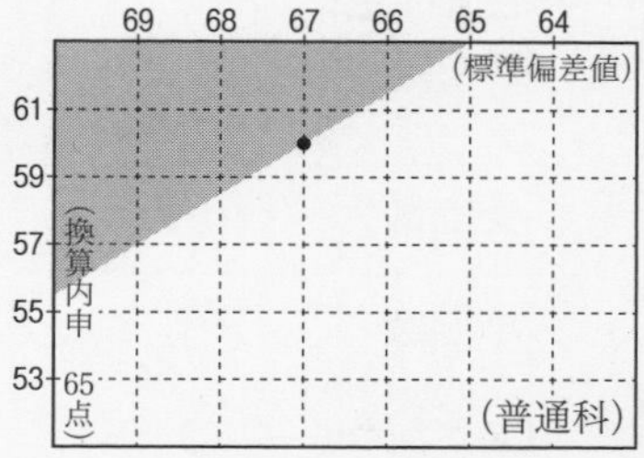

卒業後の進路

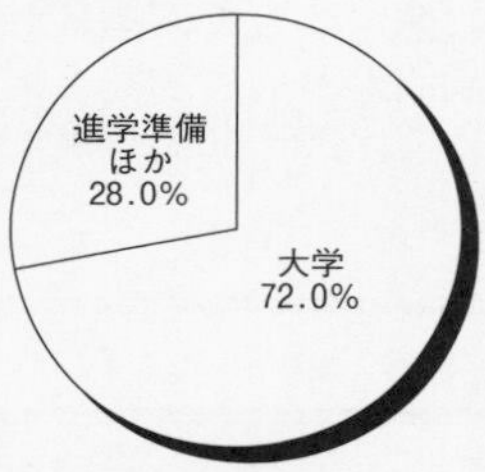

卒業生数…　318名
大学…　229名
短期大学…　0名
専門学校…　0名
留学…　1名
進学準備ほか…　88名
（2023年３月卒業生）

〔大学進学率の推移〕　72％（23年）←68％（22年）←69％（21年）

〈大学合格実績〉　※（　）は現役で内数。　（2023年春）

大学名	人数	大学名	人数	大学名	人数
東京大	10（8）	京都大	17（11）	早稲田大	131（89）
東京医歯大	1（1）	東京工業大	16（11）	慶應義塾大	72（45）
一橋大	22（15）	大阪大	3（2）	上智大	55（33）
東北大	6（5）	北海道大	8（5）	国際基督教大	2（1）
筑波大	9（8）	東京都立大	21（19）	東京理科大	97（50）
お茶の水大	5（3）	東京外語大	8（7）	明治大	149（88）
九州大	1（0）	神戸大	4（2）	青山学院大	35（20）
千葉大	4（2）	電気通信大	3（2）	立教大	56（30）
東京農工大	18（14）	横浜国立大	11（10）	中央大	88（53）

指定校推薦　早稲田大，慶應義塾大など。

進路指導

学年進行での計画的な進路指導を展開している。「進路の手引き」などを活用して早くから意識を啓発し，進路講演会や進路ガイダンス，大学模擬授業，東大見学会，京大ツアーなどを開催して進路への明確な目的意識をもたせる。原則３年間クラス替えを行わない本校では，担任が随時個別相談に応じ，きめ細かくアドバイスする。全国模試も１年より実施。

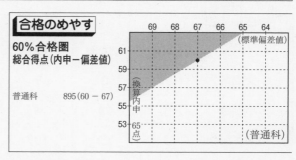

▶**通学区域トップ５**…八王子市10％，府中市10％，国分寺市７％，小平市７％，町田市６％

出題傾向と今後への対策 英語

出題内容

	2024	2023	2022
大問数	3	3	3
小問数	27	24	24
リスニング	○	○	○

◎放送問題は都立高校入試と共通問題。会話文のトピックは身近な科学に関するものが選ばれており，内容理解に関する設問が多い。物語も同様だが，英文の内容を踏まえて，20～40語程度で書く英作文も出題される。

2024年度の出題状況

1 放送問題

2 長文読解総合―会話文

3 長文読解総合―物語

解答形式

2024年度	記　述／マーク／併　用

出題傾向

長文読解問題の課題文はかなり長く，速読する必要がある。設問は，内容理解に関するものが中心であり，50字程度の記述問題，空所の適文選択や語句補充の設問，要約文完成なども出題されたことがある。英語の質問に対して英文で答える作文問題も出題されている。放送問題の配点は全体の2割を占めるので軽視できない。

今後への対策

長文読解問題は，初見の文章を読みこなせるだけの読解力をつけておく必要がある。標準的なレベルの長文読解問題集を用意し，辞書を使わずに文章の内容をつかむ訓練を繰り返していこう。作文問題は，身近な物事について英語で表現する習慣をつけておこう。放送問題は，ラジオ講座などを活用し毎日少しでも英語を聞くようにしよう。

◆◆◆◆◆ 英語出題分野一覧表 ◆◆◆◆◆

分野			2022	2023	2024	2025 予想※
音声	放送問題		●	●	●	◎
音声	単語の発音・アクセント		●			△
音声	文の区切り・強勢・抑揚					
語彙・文法	単語の意味・綴り・関連知識					
語彙・文法	適語(句)選択・補充					
語彙・文法	書き換え・同意文完成		●	●	●	◎
語彙・文法	語形変化					
語彙・文法	用法選択					
語彙・文法	正誤問題・誤文訂正					
語彙・文法	その他					
作文	整序結合		●	●	●	◎
作文	日本語英訳	適語(句)・適文選択				
作文	日本語英訳	部分・完全記述				
作文	条件作文			●	●	◎
作文	テーマ作文					
会話文	適文選択					
会話文	適語(句)選択・補充					
会話文	その他					
長文読解	内容把握	主題・表題				
長文読解	内容把握	内容真偽	●	●	●	◎
長文読解	内容把握	内容一致・要約文完成		●		△
長文読解	内容把握	文脈・要旨把握		●	●	◎
長文読解	内容把握	英問英答	●			△
長文読解	適語(句)選択・補充		●		●	◎
長文読解	適文選択・補充		●	●	●	◎
長文読解	文(章)整序			●		△
長文読解	英文・語句解釈(指示語など)		●	●	■	◎
長文読解	その他(適所選択ほか)		●			△

●印：1～5問出題，■印：6～10問出題，★印：11問以上出題。
※予想欄　◎印：出題されると思われるもの。　△印：出題されるかもしれないもの。

出題傾向と今後への対策　数学

出題内容

2024年度　作　証　~~グ~~

大問４題，14問の出題。1は小問集合で，５問。数の計算，連立方程式，データの活用，確率，平面図形の出題。平面図形は作図問題。2は関数で，放物線と直線に関するもの。3は平面図形で，正方形と，正方形の全ての頂点を通る円を利用した問題。証明問題は，２つの線分の長さが等しくなることを示すもの。4は空間図形で，直方体を利用した問題。垂線が引ける位置にある点の動くことができる部分の図形について問うもの。

2023年度　作　証　~~グ~~

大問４題，14問の出題。1は小問集合で，５問。数の計算，方程式，確率，平面図形の出題。平面図形は作図問題。2は関数で，放物線と直線に関するもの。放物線と直線の交点が，ある直線上にあることを示す証明問題も出題されている。3は平面図形で，三角形とその３つの頂点を通る円を利用した問題。三角形が二等辺三角形であることを示す証明問題もある。4は空間図形で，立方体を利用した問題。条件を満たしながら点が動いたときにできる図形などについて問われている。

作…作図問題　証…証明問題　グ…グラフ作成問題

解答形式

2024年度	記　述／マーク／併　用

出題傾向

1の小問集合は，計算式や条件が複雑になっているものが少し目立つ。また，2〜4は，関数と平面図形，空間図形となることが多い。2以降は各大問に証明か過程を書かせる問題があるので，1は，多少複雑でも手際よくていねいに解いていきたい。平面図形だけでなく関数での証明問題も出題されることがあるので注意を要する。

今後への対策

標準〜発展レベルの問題に多くあたり，応用力を徐々に養ってもらいたい。問題を解くにあたっては，解答を導き出して満足するのではなく，他の解き方はないか，ということも考えるようにし，１つの問題に対していろいろと思考を巡らすようにしよう。証明や過程の記述も本番で戸惑わないようにするためにふだんから練習を。

◆◆◆◆◆ 数学出題分野一覧表 ◆◆◆◆◆

分野	年度	2022	2023	2024	2025予想※
数と式	計算，因数分解	●	●	●	◎
	数の性質，数の表し方				
	文字式の利用，等式変形				
	方程式の解法，解の利用	■	■	●	◎
	方程式の応用				
関　数	比例・反比例，一次関数				
	関数 $y=ax^2$ とその他の関数	★	★	★	◎
	関数の利用，図形の移動と関数				
図　形	（平面）計　量	■	■	■	◎
	（平面）証明，作図	■	■	■	◎
	（平面）その他				
	（空間）計　量	★	★	★	◎
	（空間）頂点・辺・面，展開図				
	（空間）その他				
データの活用	場合の数，確率	●	●	●	◎
	データの分析・活用，標本調査			●	△
その他	不　等　式				
	特殊・新傾向問題など				
	融合問題				

●印：１問出題，■印：２問出題，★印：３問以上出題。
※予想欄　◎印：出題されると思われるもの。　△印：出題されるかもしれないもの。

出題傾向と今後への対策　国語

出題内容

2024年度

一 漢字
二 漢字
三 小説
四 論説文
五 説明文

課題文

三 川端裕人『てのひらの中の宇宙』
四 河野哲也『人は語り続けるとき，考えていない』
五 久保田淳『藤原俊成』

2023年度

一 漢字
二 漢字
三 小説
四 論説文
五 説明文

課題文

三 瀧羽麻子『博士の長靴』
四 外山滋比古『日本語の論理』
五 大岡　信『私の古典詩選』

2022年度

一 漢字
二 漢字
三 小説
四 論説文
五 説明文

課題文

三 武田綾乃『君と漕ぐ４』
四 品川哲彦『倫理学入門』
五 山口謠司『〈ひらがな〉の誕生』

解答形式

2024年度	記述（○）／マーク／併用

出題傾向

小説の場合は，分量は多いが読みやすいものが選ばれており，設問は，心情・内容理解に関するものが中心となっている。一方，論説文・説明文の場合は，分量も難度も標準的で，設問は，内容理解に関するもののほかに，古典の内容に関するものもある。なお，文章を読んで考えたことなどを200字以内で述べる作文の設問も含まれる。

今後への対策

課題文が論説文・説明文と小説なので，著名な作家・学者・文化人の作品を，文庫・新書などで読んでおくとよい。200字程度の作文があるので，新聞の社説の要約を書くなどの練習をして，自分の意見を簡潔かつ正確に書けるようにしておきたい。古文についても，教科書程度のものは読めるようにしておくこと。

◆◆◆◆◆ 国語出題分野一覧表 ◆◆◆◆◆

分野		年度	2022	2023	2024	2025予想※
現代文	論説文 説明文	主題・要旨	●	●	●	◎
		文脈・接続語・指示語・段落関係		●		△
		文章内容	●	●	●	◎
		表現	●	●		◎
	随筆 日記 手紙	主題・要旨				
		文脈・接続語・指示語・段落関係				
		文章内容				
		表現				
		心情				
	小説	主題・要旨				
		文脈・接続語・指示語・段落関係				
		文章内容	●	●	●	◎
		表現	●	●	●	◎
		心情		●		△
		状況・情景				
韻文	詩	内容理解				
		形式・技法				
	俳句 和歌 短歌	内容理解				
		技法				
古典	古文	古語・内容理解・現代語訳				
		古典の知識・古典文法				
	漢文	（漢詩を含む）				
国語の知識	漢字 語句	漢字	●	●	●	◎
		語句・四字熟語		●		△
		慣用句・ことわざ・故事成語				
		熟語の構成・漢字の知識	●			△
	文法	品詞				
		ことばの単位・文の組み立て				
		敬語・表現技法	●		●	◎
	文学史					
作文・文章の構成・資料			●	●	●	◎
その他						

※予想欄　◎印：出題されると思われるもの。　△印：出題されるかもしれないもの。

● 出題傾向と対策

東京都立高等学校

【社会・理科】

共 通 問 題

社会 出題傾向と対策

●出題のねらい

地理，歴史，公民の各分野とも基礎知識を中心に幅広い出題がなされている。ほとんど全ての問題が地図，統計，図表などを利用して出題されており，単に知識を問うだけでなく，資料を読み取り，総合的に考察する力を見ようとしている。

出題形態にも工夫がなされており，地理，歴史，公民の各分野が融合問題や総合問題の形式をとっているなど，社会科の学力を総合的に試そうとする意図が感じられる。個々の知識を互いに関連させて問題をとらえる力が求められている。

●何が出題されたか

2024年度は昨年同様，大問が全６題出題された。構成は，三分野の小問集合問題が１題と地理が２題，歴史が１題，公民が１題，三分野総合問題が１題となっている。また，小問数は昨年までと同様20問で，文章記述の解答は昨年より１問増えて３問であった。配点は全問５点で，三分野の出題のバランスはとれている。

1は三分野の基礎事項からなる問題で，地図の読み取りを含む小問形式である。2は世界地理で，各国の気候や産業などに関する問題。3は日本地理で，各県の自然環境や，産業などに関する問題。4は歴史で，古代から現代までの海上交通に関する歴史をテーマにした問題。5は公民で，社会集団をテーマにした問題。6は三分野総合問題で，国際社会とグローバル化をテーマに，地図，グラフを用いた問題となっている。

〈社会出題分野一覧表〉

	分野＼年度	2021	2022	2023	2024	2025予想※
地理的分野	地形図	●	●	●	●	◎
	アジア		地産 総	産		◎
	アフリカ				総	△
	オセアニア	総				△
	ヨーロッパ・ロシア	地産		総	総	◎
	北アメリカ		総			△
	中・南アメリカ					△
	世界全般	総	総	総	産 総	◎
	九州・四国					△
	中国・近畿					△
	中部・関東		産		産 総	◎
	東北・北海道					△
	日本全般	総	総	産人総	総	◎
歴史的分野	旧石器～平安	●	●	●	●	◎
	鎌倉	●	●		●	◎
	室町～安土桃山	●	●	●	●	◎
	江戸	●	●	●	●	◎
	明治		●	●	●	◎
	大正～第二次世界大戦終結	●	●	●	●	◎
	第二次世界大戦後	●	●	●	●	◎
公民的分野	生活と文化		●			△
	人権と憲法	●	●	●	●	◎
	政治	●	●		●	◎
	経済	●		●	●	◎
	労働と福祉	●				△
	国際社会と環境問題			●	●	◎
	時事問題					△

注）地理的分野については，各地域ごとに出題内容を以下の記号で分類しました。
地…地形・気候・時差，産…産業・貿易・交通，人…人口・文化・歴史・環境，総…総合
※予想欄 ◎印：出題されると思われるもの。 △印：出題されるかもしれないもの。

●はたして来年は何が出るか

形式は本年のように全６題程度の大問構成となる可能性が高く，地理，歴史，公民の各分野だけでなく，総合問題などを含んだバランスのよい出題となろう。内容も基礎事項を中心としながらも，資料分析力や総合的考察力などさまざまな力を試そうとする傾向には変化がないと思われる。地理では地図や統計を用いて自然や産業を問うもの，歴史では１つのテーマを取り上げて展開していくもの，公民では政治や経済，国際社会など，その他各分野にわたる総合問題など例年どおりの出題傾向が続くと考えられる。また，資料の読み取りを伴う文章記述の問題を重視する傾向にあることに注意しておきたい。

●どんな準備をすればよいか

基本的な設問から応用力が求められる問題まで確実に対応するためには，基本的知識を確実に理解していることが重要である。そのためには教科書を十分に活用して基礎知識をしっかり定着させることから始めたい。その際，知識を個別に覚え込むだけでなく，地図帳や年表，資料集などを積極的に利用して，個々の事項がどのように関連しているか，体系的にまとめていくとよい。地図や図表は例年出題されているので，日頃の学習の中で十分慣れておきたいし，統計も最新のものを確認しておきたい。また，地理，歴史，公民といった分野の枠を越えた総合的な学習も心がけたい。そのためにはニュースなどを通じて現代の社会の課題や国際問題などに対する関心を深めておこう。最後にそれまでの学習の成果を確認し，弱点を補強するためにも過去の問題を解いておこう。問題演習に慣れるとともに出題の意図や傾向を知り，その後の学習に生かしていくことが望ましい。

理科 出題傾向と対策

●出題のねらい

理科の出題のねらいは，中学校で学習する範囲内の各単元について，基礎的な理解度を見ることにある。基本的な知識を問うとともに，実験や観察を題材として，その手順と方法，結果，考察に関わる事柄にも重点が置かれている。出題単元についても，特定のものにかたよることなく，それぞれの分野の各単元間のバランスがはかられており，出題形式についても，記号選択式だけでなく記述式の出題を加える工夫が見られ，受検者の学力が適切に評価される内容となるように配慮されている。

●何が出題されたか

1は物理・化学・生物・地学の４つの分野から１，２問，合計６問の出題で，いずれも基礎的な知識を確認するための問題。2は岩石についての自由研究のレポートから，岩石に含まれる化石，金属を取り出せる岩石，石英，生物由来の岩石について，示準化石・示相化石，酸化銅の還元，光の屈折，生物どうしのつながりに関する４問。3は地球と宇宙から，太陽と地球の動きについて，知識や理解を問う問題。4は植物の体のつくりとはたらきから，光合成と呼吸について，知識や考察力を問う問題。5は水溶液に関する問題。電解質・非電解質，溶解度について，知識と理解が問われた。6は運動とエネルギーから，力学的エネルギーについて，仕事や作用・反作用，速さ，分力，エネルギーなどの知識や理解が問われた。

〈理科出題分野一覧表〉

分野	年度	2021	2022	2023	2024	2025予想※
身近な物理現象	光と音	●	●	●	●	◎
	力のはたらき(力のつり合い)	●	●			◎
物質のすがた	気体の発生と性質					△
	物質の性質と状態変化	●	●	●		◎
	水溶液			●	●	◎
電流とその利用	電流と回路	●	●	●	●	◎
	電流と磁界(電流の正体)	●				◎
化学変化と原子・分子	いろいろな化学変化(化学反応式)	●		●	●	◎
	化学変化と物質の質量	●	●		●	◎
運動とエネルギー	力の合成と分解(浮力・水圧)				●	△
	物体の運動	●	●	●	●	◎
	仕事とエネルギー		●		●	◎
化学変化とイオン	水溶液とイオン(電池)		●	●	●	◎
	酸・アルカリとイオン	●	●			◎
生物の世界	植物のなかま		●	●		◎
	動物のなかま	●			●	◎
大地の変化	火山・地震	●	●	●		◎
	地層・大地の変動(自然の恵み)		●		●	◎
生物の体のつくりとはたらき	生物をつくる細胞					△
	植物の体のつくりとはたらき	●	●		●	◎
	動物の体のつくりとはたらき	●	●	●	●	◎
気象と天気の変化	気象観察・気圧と風(圧力)	●			●	◎
	天気の変化・日本の気象	●	●	●		◎
生命・自然界のつながり	生物の成長とふえ方		●	●		◎
	遺伝の規則性と遺伝子(進化)	●	●			◎
	生物どうしのつながり			●	●	◎
地球と宇宙	天体の動き	●	●	●	●	◎
	宇宙の中の地球					△
自然環境・科学技術と人間						
総合	実験の操作と実験器具の使い方	●		●	●	◎

※予想欄　◎印：出題されると思われるもの。　△印：出題されるかもしれないもの。
分野のカッコ内は主な小項目

●はたして来年は何が出るか

例年どおり，特定の分野にかたよることなく，物理・化学・生物・地学の各分野からバランスよく出題されており，来年もこの傾向が続くのは確実である。その中で，「化学変化」，「電流とその利用」など，理解度の差が表れやすい化学や物理の分野の重要単元については，連続して出題されることが多い。地学や生物の分野でも，「火山・地震」，「動物の体のつくりとはたらき」，「天体の動き」などは同様である。いずれの分野も実験の経緯や観察結果の考察が問われるのは間違いない。年によって論述式解答問題や作図問題が出題されている。この傾向は今後も続くことが予想される。

●どんな準備をすればよいか

まず，教科書で扱われている内容については，しっかり理解できるようにしておくことが何よりも重要である。出題範囲の点でも，難易度の点でも，教科書レベルを超えることはないのだから，教科書のマスターを最重要課題とすべきである。知識的な項目を覚えていくことも必要だが，実験や観察を通して求められる理科的な思考力を身につけていくことが大切である。それには，教科書をただ読んでいくだけでは不十分で，自分なりの「理科ノート」をつくっていくのがよいだろう。特に実験や観察については，その目的，手順，使用する器具，操作の注意点，結果，考察のそれぞれについて，図やグラフも含めて丹念に書きすすめていくこと。この過程であいまいな点が出てきたら，学校の授業ノートや参考書で確認しておくとよい。この一連の作業をすすめていくことができれば，自然に重要なポイントを押さえることができるはずだ。テストや問題集で自分が間違えたところをノートにフィードバックさせていけば，さらに有益だろう。

Memo

特別収録

中学校英語
スピーキングテスト(ESAT-J)

- スピーキングテストについて
- スピーキングテストの準備と対策
- 問題と解答例

2023年度　11月27日実施
2023年度　12月18日実施(予備日テスト)
2022年度　11月27日実施
2022年度　12月18日実施(予備日テスト)

中学校英語スピーキングテストについて

※中学校英語スピーキングテスト(テスト名称：ESAT-J)は，東京都教育委員会が英語の「話すこと」の能力を測るアチーブメントテストとして実施しており，都立高等学校入学者選抜学力検査とは異なるテストです。

1 実施方法

タブレット端末等を用いて，解答音声を録音する方法で実施し，試験時間は準備時間を含み，65分程度とする。

2 出題方針

(1) 出題の範囲は，実施年度の中学校学習指導要領における英語「話すこと」に準拠した内容とする。

(2) 問題は，中学校検定教科書や東京都教育委員会が指定する教材に基づく。

(3) 基礎的・基本的な知識及び技能の定着や，思考力・判断力・表現力などをみる。

3 問題構成及び評価の観点

※評価の観点 ①コミュニケーションの達成度 ②言語使用 ③音声

Part	ねらい	出題数	評価の観点 ①	②	③
A	英文を読み上げる形式の問題で英語音声の特徴を踏まえ音読ができる力をみる。	2			○
B	図示された情報を読み取り，それに関する質問を聞き取った上で，適切に応答する力や，図示された情報をもとに「質問する」，「考えや意図を伝える」，「相手の行動を促す」など，やり取りする力をみる。	4	○		
C	日常的な出来事について，話の流れを踏まえて相手に伝わるように状況を説明する力をみる。	1	○	○	○
D	身近なテーマに関して聞いたことについて，自分の意見とその意見を支える理由を伝える力をみる。	1	○	○	○

4 評価の観点の内容

① コミュニケーションの達成度(２段階)：コミュニケーションの目的の成立

	Part B	Part C	Part D(意見)	Part D(理由)
○	・各設問の問いかけに応じた内容を伝えることができている。 ・相手に適切な行動を促すことができている。 ★1	・各コマのイラストの内容(事実)を伝えることができている。 ★2	・意見(自分の考え)を伝えることができている。	・意見(自分の考え)をサポートする理由を伝えることができている。
×	・各設問の問いかけに応じた内容を伝えることができていない。 ・相手に適切な行動を促すことができていない。	・各コマのイラストの内容(事実)を伝えることができていない。	・意見(自分の考え)を伝えることができていない。	・意見(自分の考え)をサポートする理由を伝えることができていない。

★1 問題趣旨に沿って解答できていれば，解答は単語・センテンスのどちらでもよいとする。

★2 各コマのイラストについて判断する。

② 言語使用(５段階)：語彙・文構造・文法の適切さ及び正しさ，内容の適切さ(一貫性・論理構成)

	Part C，Part D
◎◎	・豊富で幅広い語彙・表現や文法を，柔軟に使用することができる。 ・アイデア間の関係性を整理して伝えることができる。 ・語彙や文構造及び文法の使い方が適切であり，誤解を生むような文法の誤りや，コミュニケーションを阻害するような語彙の誤りもない。
◎	・複雑な内容を説明するときに誤りが生じるが，幅広い語彙・表現や文法を使用し，アイデアを伝えることができる。 ・簡単なアイデアを順序立ててつなげることができる。 ・語彙や文構造及び文法の使い方が概ね適切である。
○	・使用している語彙・表現や文法の幅が限られているが，簡単な接続詞を使って，アイデアをつなげたりすることができる。 ・簡単な描写を羅列することができる。 ・語彙や文構造及び文法の使い方に誤りが多い。
△	・使用している語彙や表現の幅が限られているが，簡単な接続詞を使って，単語や語句をつなげることができる。 ・簡単な事柄なら言い表すことができる。 ・語彙や文構造及び文法の使い方に誤りが非常に多い。
×	・求められている解答内容から明らかに外れている。 ・英語ではない，あるいは，英語として通じない。 ・力を測るための十分な量の発話がない。

③ 音声(４段階)：発音，強勢，イントネーション，区切り

	Part A，Part C，Part D
◎	・発音は概ね正しく，強勢，リズムや抑揚が，聞き手の理解の支障となることはない。 ・言葉や言い回しを考えたり，言い直したりするために，間(ま)を取ることがあるが，発話中の間(ま)は，概ね自然なところにあり，不自然に長くない。
○	・発音は概ね理解できるが，強勢，リズムや抑揚が，聞き手の理解の支障となることがある。 ・不自然なところで区切っていたり，言葉や言い回しを考えたり言い直したりするための間(ま)が不自然に長かったりすることがあるが，話についていくことには可能な程度である。
△	・簡単な単語や語句の強勢は適切であるが，全体を通して発音の誤りが生じ，抑揚がほとんどない。 ・不自然なところで区切っていたり，言葉や言い回しを考えたり言い直したりするための間(ま)が多い，もしくは不自然に長かったりすることがあり，話についていくことが難しい。
×	・求められている解答内容から明らかに外れている。 ・英語ではない，あるいは，英語として通じない。 ・力を測るための十分な量の発話がない。

5 テスト結果の評価と留意点

●テスト結果は，都教委によるESAT-J GRADE(６段階評価)で評価する。
※IRT(項目応答理論)により，採点結果を統計的に処理し算出。

●このテスト問題及びそれに付随する採点基準・解答例の著作権は，試験実施団体に帰属します。

スピーキングテスト(ESAT-J)の準備と対策
～試験までにできること～

★ESAT-J全体の特徴

◆これまでの傾向

➡2022年度・2023年度に実施された計４回のテストからわかる傾向を見てみよう。

☞ 形式：自分の声をタブレット端末に吹き込んで行う。

☞ 構成：４つのパート，計８問(下表参照)で構成される。これはGTEC®(Coreタイプ)*とほぼ同じ。

*民間の英語試験。学校を通じて申し込める。できれば事前に一度受けておきたい。
*「GTEC(Coreタイプ)」は，株式会社ベネッセコーポレーションの登録商標です。

◆ESAT-Jの構成とパートごとの特徴

Part	No.	概要	準備時間	解答時間	類似問題
A	1, 2	40語程度の英文を音読する	30秒	30秒	英検®３級[1]
B	1, 2	与えられた情報を読み取り，それに関する質問に答える	10秒	10秒	英検®準２級[2]
	3, 4	与えられた情報について，自分の考えを伝える，自分から質問する	10秒	10秒	なし
C		４コマのイラストを見て，ストーリーを英語で話す	30秒	40秒	英検®２級[3]
D		身近なテーマに関する音声を聞き，その内容について自分の意見と，その意見をサポートする理由を述べる	１分	40秒	英検®２級[4]

1　３級は30語程度。準２級になると50語程度になる。ESAT-Jはその中間といえるが英検®のように英文に関する質問はない。
2　準２級のNo.２とNo.３は，やや異なる形式ではあるが，単文解答式でという点で類似している。
3　２級の問題は３コマ。英検®の場合はイラストの中に文字情報があるが，ESAT-Jにはない。
4　２級のNo.３とNo.４は，やや異なる形式ではあるが，あるテーマについて自分の意見と理由を述べるという点で類似している。
*　英検®は，公益財団法人 日本英語検定協会の登録商標です。

★ESAT-Jの対策

➡スピーキングは一朝一夕では身につかない。大切なのは積み重ね。日頃から次のことを心がけよう。

☞ 教科書などを音読する。音読する際は，区切りや抑揚，それに英文の意味を意識して読む。

☞ いろいろな質問に英語で答える習慣をつける。聞かれた内容を理解し，それに応じた返答をする。

☞ 日常の生活で目にする光景や状況を日本語から英語の順でよいので，言葉にする習慣をつける。

☞ 身の回りのさまざまな問題やテーマについて考え，自分の意見を言えるようにしておく。日本語からでよい。日本語で言えないことは英語でも言えない。まず日本語で自分の考え・意見を持つことが大切。その後英語にする。

⇨Part Dの自分の意見とそう考える理由を問う形式は，高校入試の英作文問題でもよく出題されている。作文とスピーキングの違いはあるが，やること自体は変わらない。こうした作文問題に数多く取り組むことで，さまざまなテーマについて自分の意見を考え，養うことができるようになると同時に，その解答を英語で準備することで使える語彙や表現が増える。さらにそれを音読して覚えていくことで，即座に答える瞬発力を上げていくことができる。

◆対策のまとめ

Part	対策
A	・単語を正しく発音する。 ・適切な場所で区切って読む。不適切な場所で区切ると，聞く人の理解が妨げられる。 ・強く読むところや，語尾を上げて読むところなどを意識し，抑揚をつけて読む。 ⇨読む英文にネイティブスピーカーの音声がついている場合は，その音声の真似をして読むとよい。
B	・聞かれたことに対してしっかり答える。 ・情報から読み取れないことなどについて，自分から質問したり，自分の考えを伝えたりする習慣をつける。
C	・日常の場面を英語で表現する習慣をつける。 ・ストーリーはいきなり英語にしなくてよい，まず日本語で考え，それから英語にする。 ・必要に応じて接続詞などを効果的に使いながら文を膨らませ，伝える内容を発展させる。
D	・まず流れる音声を正確に聞き取る。リスニング力も求められている。 ・日頃から身の回りのさまざまな問題やテーマについて考え自分の意見を述べ，それを英語で表現する習慣をつけておく。 ⇨あるテーマについて意見を述べさせる形式は，高校入試の英作文問題でもよく出題されている。こうした問題に多く取り組むことが対策になる。書いた英文は先生などにチェックしてもらい，完成した英文を繰り返し音読し覚える。 ・表現の幅を広げるために，学習した語彙や表現を日頃から文単位で書きとめ，蓄積し，それを繰り返し音読して使えるようにしておく。
全体	・機械に吹き込むことに慣れておく。 ・毎日少しでも英語を声に出す習慣をつける。その際，ただ声に出すだけでなく，英文の意味を理解しながら読む。 ・解答までの準備時間があるので，まず日本語で考えてからそれを英語にした方がよい。 ・解答する時間には制限があるので，時間を意識しながら時間内に答えられるように練習する。 ・試験当日は，肩の力を抜いてできるだけリラックスする。 ・最初から完璧に話そうとする必要はない。途中で間違えても言い直せばよい。相手にきかれたこと，自分の言いたいことを，相手に伝えることが何よりも大事である。 ・Practice makes perfect.「習うより慣れよ」

★ESAT-Jの今後の予測

➡2023年度のテストは2022年度のテストと形式や構成，難度の面で変化は見られなかった。2024年度も同様の構成，難度で実施されることが予想される。

★参考

■東京都教育委員会のウェブサイトには，ESAT-Jの特設ページが用意されており，採点例や英語力アップのためのアドバイスなども掲載されている。

■英検®のウェブサイトには，各級の試験の内容と過去問１年分が公開されている(二次試験のスピーキングはサンプル問題)。

取材協力：星昭徳氏(日本大学高等学校)

2023年度　中学校英語スピーキングテスト（ESAT-J）　（11月27日実施）

Part A

Part A は、全部で２問あります。聞いている人に、意味や内容が伝わるように、英文を声に出して読んでください。はじめに準備時間が３０秒あります。録音開始の音が鳴ってから解答を始めてください。解答時間は３０秒です。

【No.1】

あなたは留学先の学校で、昼休みの時間に放送を使って、新しくできたクラブについて案内することになりました。次の英文を声に出して読んでください。録音開始の音が鳴ってから解答を始めてください。

（準備時間３０秒／解答時間３０秒）

▸ **No. 1**

Have you heard about the new math club? It will start next week. Club members will meet every Tuesday afternoon at four o'clock in the computer room. They'll study together and play math games. If you want to join, please talk to Mr. Harris.

【No.2】

留学中のあなたは、ホームステイ先の子供に、物語を読み聞かせることになりました。次の英文を声に出して読んでください。録音開始の音が鳴ってから解答を始めてください。

（準備時間３０秒／解答時間３０秒）

▸ **No. 2**

A woman lived in a large house. She liked singing and writing songs. One night, her friends came to her house for dinner. After dinner, she sang her new song for them. What did her friends think? They loved it, and they wanted to learn the song, too.

Part B

Part B は、全部で４問あります。質問に答える問題が３問と、あなたから問いかける問題が１問あります。与えられた情報をもとに、英語で話してください。準備時間は１０秒です。録音開始の音が鳴ってから解答を始めてください。解答時間は１０秒です。

No. １と No. ２では、与えられた情報をもとに英語で適切に答えてください。

【No.1】

留学中のあなたは、友達と学校の掲示板に貼ってある、来年開催される地域のイベントのポスターを見ています。友達からの質問に対して、与えられたポスターの情報をもとに、英語で答えてください。録音開始の音が鳴ってから解答を始めてください。

（準備時間１０秒／解答時間１０秒）

Question: What are all of the events in September?

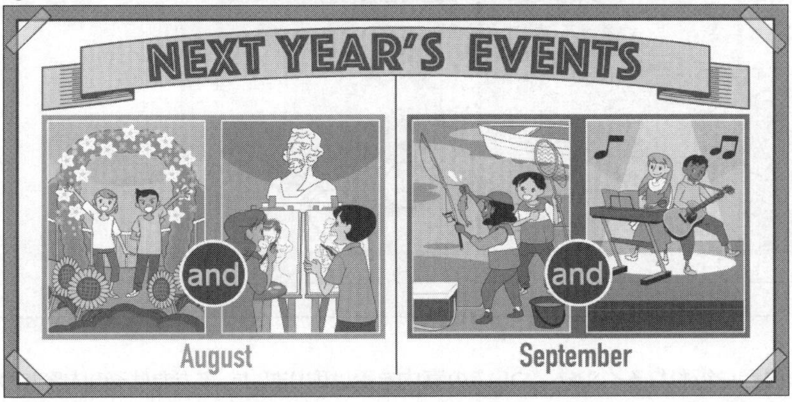

【No.2】

留学中のあなたは、友達とコンサートに行くために、あなたのいる場所から会場までの行き方を、あなたの携帯電話で調べています。友達からの質問に対して、与えられた情報をもとに、英語で答えてください。録音開始の音が鳴ってから解答を始めてください。

（準備時間１０秒／解答時間１０秒）

Question: What is the fastest way to get to the concert hall?

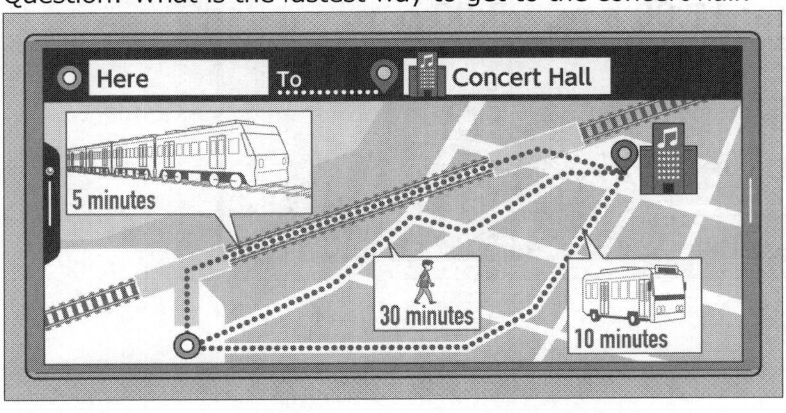

No. 3とNo. 4は、同じ場面での問題です。

No. 3では、質問に対するあなた自身の答えを英語で述べてください。No. 4では、あなたから相手に英語で問いかけてください。

【No.3】

留学中のあなたは、2日間で行われるサマーキャンプに参加していて、初日の活動の案内を見ています。キャンプ担当者からの質問に対して、与えられた活動の情報をもとに、あなた自身の回答を英語で述べてください。録音開始の音が鳴ってから解答を始めてください。

（準備時間１０秒／解答時間１０秒）

Question: Which activity do you want to do?

【No.4】

次に、あなたはキャンプ２日目に行われるイベントについての案内を受け取りました。あなたはその内容について、案内に書かれていないことで、さらに知りたいことがあります。知りたいことをキャンプ担当者に英語で尋ねてください。録音開始の音が鳴ってから解答を始めてください。

（準備時間１０秒／解答時間１０秒）

We're going to have a walking event.

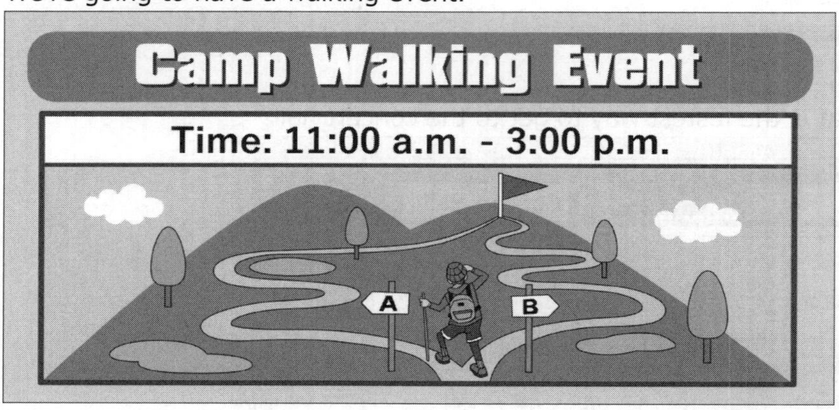

Part C

Part C は、４コマイラストの問題です。これから画面に表示される１から４の全てのイラストについて、ストーリーを英語で話してください。はじめに準備時間が３０秒あります。録音開始の音が鳴ってから解答を始めてください。解答時間は４０秒です。この Part には例題はありません。

あなたは、昨日あなたに起こった出来事を留学生の友達に話すことになりました。１のイラストに描かれた人物になったつもりで、相手に伝わるように英語で話してください。
（準備時間３０秒／解答時間４０秒）

Part D

Part D は、英語で話される音声を聞いたうえで、質問に対する自分の考えとそう考える理由を英語で述べる問題です。英語の音声は２回流れます。そのあと準備時間が１分あります。録音開始の音が鳴ってから解答を始めてください。解答時間は４０秒です。この Part には例題はありません。

海外姉妹校の生徒であるマイクから、ビデオレターで質問が届きました。そこで、あなたは、英語で回答を録音して送ることにしました。ビデオレターの音声を聞き、あなたの**意見**を述べ、そう考える**理由**を詳しく話してください。日本の地名や人名などを使う場合には、それを知らない人に分かるように説明してください。
（準備時間１分／解答時間４０秒）

【英語音声のみ・画面表示なし】

Hello. At my school, the students are going to choose a place for this year's one-day school trip. We can go to a mountain or an art museum. In your opinion, which is better for students, a trip to a mountain or a trip to an art museum? Tell me why you think so, too. I'm waiting to hear from you.

2023年度　中学校英語スピーキングテスト(ESAT-J)　(11月27日実施)　解答例

○　本テストでは、「コミュニケーションの達成度」、「言語使用」、「音声」の各観点により話すことの力を総合的に判定します。なお、各パートで評価する観点を設定しています。

○　各パートにおける評価の観点の表記
・コミュニケーションの達成度…**【コミュニケーション】**

・言語使用…**【言語】**

・音声…**【音声】**

Part A **【音声】**

No.1（省略）

No.2（省略）

Part B **【コミュニケーション】**

No.1（例）(They are) a fishing event and a music event. / Fishing and music.

No.2（例）The fastest way (to get there) is by train. / By train.

No.3（例）I want to [cook / dance / ride a bike [[bicycle]]].

No.4（例）Which way is shorter, A or B? / What should I take (on the walk)?

Part C **【コミュニケーション】【言語】【音声】**

I was running at a school event. Then, I dropped my cap. There was a boy behind me. He got my cap and gave it to me. After that, we finished running together.

Part D **【コミュニケーション】【言語】【音声】**

○生徒は遠足で山に行くべきという意見の例

I think it's good for students to go to a mountain. The students can spend time together in nature on the mountain. So, they experience nature and enjoy time with friends.

○生徒は遠足で美術館に行くべきという意見の例

In my opinion, it's better for students to go to an art museum because they can learn about many kinds of art at the museum. Then, they can find their favorite picture.

2023年度　中学校英語スピーキングテスト（ESAT-J）（予備日テスト）　（12月18日実施）

Part A

Part A は、全部で２問あります。聞いている人に、意味や内容が伝わるように、英文を声に出して読んでください。はじめに準備時間が３０秒あります。録音開始の音が鳴ってから解答を始めてください。解答時間は３０秒です。

【No.1】
留学中のあなたは、ホームステイ先の子供に、物語を読み聞かせることになりました。次の英文を声に出して読んでください。録音開始の音が鳴ってから解答を始めてください。
（準備時間３０秒／解答時間３０秒）

▸ **No. 1**

A boy lived in a house near a forest. In his free time, he liked to walk in his family's garden. One day, he saw a rabbit in the garden. What was it doing? It was sleeping in the flowers because it was warm there.

【No.2】
あなたは留学先の学校で、昼休みの時間に放送を使って、来週の校外活動について案内することになりました。次の英文を声に出して読んでください。録音開始の音が鳴ってから解答を始めてください。
（準備時間３０秒／解答時間３０秒）

▸ **No. 2**

We're going to go to the city library on Saturday. Are you excited? Let's meet in front of the school at nine o'clock. You can find many kinds of English books at the library. After visiting the library, we're going to have lunch in a park. You're going to love this trip!

Part B

Part B は、全部で４問あります。質問に答える問題が３問と、あなたから問いかける問題が１問あります。与えられた情報をもとに、英語で話してください。準備時間は１０秒です。録音開始の音が鳴ってから解答を始めてください。解答時間は１０秒です。

No. １と No. ２では、与えられた情報をもとに英語で適切に答えてください。

【No.1】

留学中のあなたは、友達とテニススクールの体験レッスンの案内を見ています。友達からの質問に対して、与えられた案内の情報をもとに、英語で答えてください。録音開始の音が鳴ってから解答を始めてください。

（準備時間１０秒／解答時間１０秒）

Question: What do you need to take to the lesson?

【No.2】

留学中のあなたは、友達と季節ごとの果物について調べるためにウェブサイトを見ています。友達からの質問に対して、与えられたウェブサイトの情報をもとに、英語で答えてください。録音開始の音が鳴ってから解答を始めてください。

（準備時間１０秒／解答時間１０秒）

Question: What is the best month to get cherries?

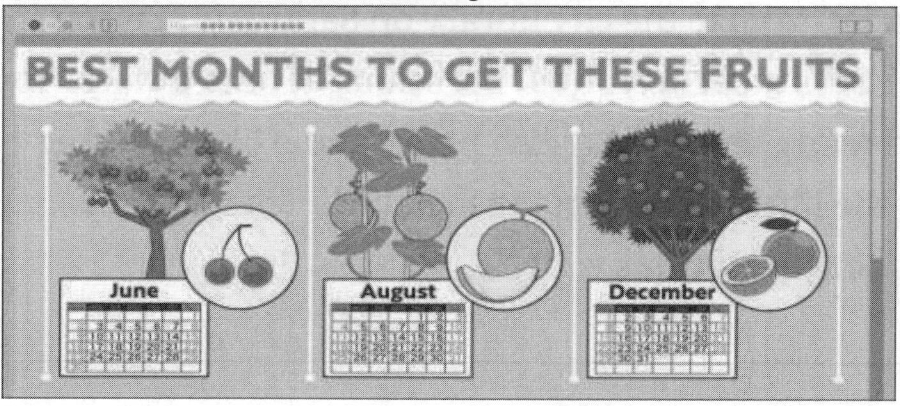

No. 3とNo. 4は、同じ場面での問題です。

No. 3では、質問に対するあなた自身の答えを英語で述べてください。No. 4では、あなたから相手に英語で問いかけてください。

【No.3】

留学中のあなたは、学校で開催される職業紹介イベントの案内を見ています。先生からの質問に対して、与えられた案内の情報をもとに、あなた自身の回答を英語で述べてください。録音開始の音が鳴ってから解答を始めてください。

（準備時間１０秒／解答時間１０秒）

Question: Which job do you want to learn about?

【No.4】

次に、職業紹介イベントで行われるスピーチに関する案内を受け取りました。あなたはその内容について、案内に書かれていないことで、さらに知りたいことがあります。知りたいことを先生に英語で尋ねてください。録音開始の音が鳴ってから解答を始めてください。

（準備時間１０秒／解答時間１０秒）

We're going to have a special guest.

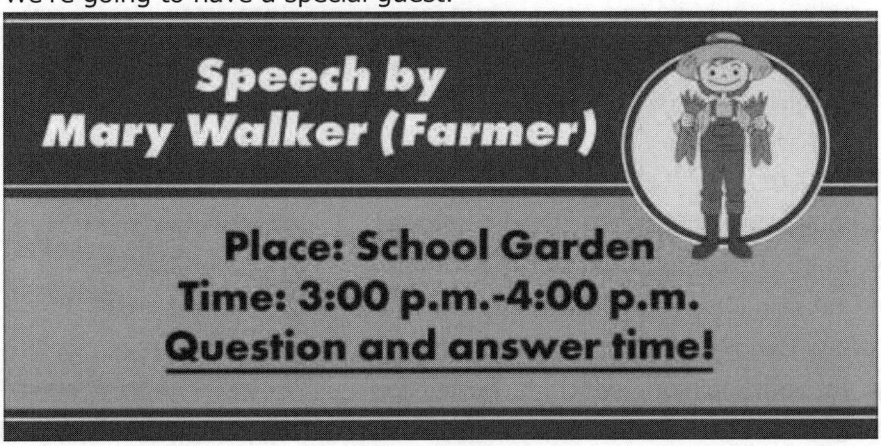

Part C

Part C は、４コマイラストの問題です。これから画面に表示される１から４の全てのイラストについて、ストーリーを英語で話してください。はじめに準備時間が３０秒あります。録音開始の音が鳴ってから解答を始めてください。解答時間は４０秒です。この Part には例題はありません。

あなたは、昨日あなたに起こった出来事を留学生の友達に話すことになりました。１のイラストに描かれた人物になったつもりで、相手に伝わるように英語で話してください。
（準備時間３０秒／解答時間４０秒）

Part D

Part D は、英語で話される音声を聞いたうえで、質問に対する自分の考えとそう考える理由を英語で述べる問題です。英語の音声は２回流れます。そのあと準備時間が１分あります。録音開始の音が鳴ってから解答を始めてください。解答時間は４０秒です。この Part には例題はありません。

海外姉妹校の生徒であるマイクから、ビデオレターで質問が届きました。そこで、あなたは、英語で回答を録音して送ることにしました。ビデオレターの音声を聞き、あなたの**意見**を述べ、そう考える**理由**を詳しく話してください。日本の地名や人名などを使う場合には、それを知らない人に分かるように説明してください。
（準備時間１分／解答時間４０秒）

【英語音声のみ・画面表示なし】

Hello. I read a book in class yesterday, and I enjoyed the story very much. I told John, one of my friends, about that, and he said, "I enjoyed watching a movie of that story." Now, I know that there are two ways to enjoy a story. In your opinion, which is better for students, reading a book of a story or watching a movie of a story? Tell me why you think so, too. I'm waiting to hear from you.

2023年度　中学校英語スピーキングテスト(ESAT-J)(予備日テスト)　(12月18日実施)　解答例

○　本テストでは、「コミュニケーションの達成度」、「言語使用」、「音声」の各観点により話すことの力を総合的に判定します。なお、各パートで評価する観点を設定しています。

○　各パートにおける評価の観点の表記
- コミュニケーションの達成度…**【コミュニケーション】**
- 言語使用…**【言語】**
- 音声…**【音声】**

Part A **【音声】**

No.1（省略）

No.2（省略）

Part B **【コミュニケーション】**

No.1（例） We need to take a shirt and shoes. / A shirt and shoes.

No.2（例） June is the best month (to get cherries). / June.

No.3（例） I want to learn about [doctors / singers / soccer players].

No.4（例） What will Mary Walker talk about? / How long is the question and answer time?

Part C **【コミュニケーション】【言語】【音声】**

I went to a coffee shop. I looked for a place to sit. Then, I found a chair. But I couldn't sit there because a baby was sleeping on it.

Part D **【コミュニケーション】【言語】【音声】**

○生徒は物語について本を読むべきという意見の例

I think it's better for students to read a book of a story because books often have more information. So, students can understand the story much more.

○生徒は物語について映画をみるべきという意見の例

In my opinion, it's better for students to watch a movie of a story. To understand the story, watching a movie is easier than reading it. And they can also see their favorite characters.

2022年度　中学校英語スピーキングテスト(ESAT-J)　(11月27日実施)

Part A

Part A は、全部で２問あります。聞いている人に、意味や内容が伝わるように、英文を声に出して読んでください。はじめに準備時間が３０秒あります。録音開始の音が鳴ってから解答を始めてください。解答時間は３０秒です。

【No.1】

あなたは留学中です。あなたは近所の図書館で子どもたちに絵本を読んであげることになりました。次の英文を声に出して読んでください。

（準備時間３０秒／解答時間３０秒）

▶ **No. 1**

Tom always had his soccer ball with him. He even took it to bed. One day, he put the ball into his bag and took it with him to school. After lunch, he looked in his bag. The ball wasn't there. Where was it?

【No.2】

あなたは英語の授業で、最近経験した出来事について短いスピーチをすることになりました。次の英文を声に出して読んでください。

（準備時間３０秒／解答時間３０秒）

▶ **No. 2**

Do you drink tea? You may have seen that there's a new tea shop next to our school. It opened last Saturday. Yesterday, I got some tea at the new shop with my family. It was great. You should try the shop, too!

Part B

Part B は、全部で４問あります。質問に答える問題が３問と、あなたから問いかける問題が１問あります。与えられた情報をもとに、英語で話してください。準備時間は１０秒です。録音開始の音が鳴ってから解答を始めてください。解答時間は１０秒です。

No. １と No. ２では、与えられた情報をもとに英語で適切に答えてください。

【No.1】

あなたは、あなたの家にホームステイに来た留学生と一緒に旅行をしていて、泊まっているホテルのフロアガイドを見ています。留学生からの質問に対して、与えられたフロアガイドの情報をもとに、英語で答えてください。

（準備時間１０秒／解答時間１０秒）

Question: Which floor is the restaurant on?

【No.2】

あなたは、留学生の友だちとスポーツを観戦するために、スポーツの種類とその開始時間が書かれたウェブサイトを見ています。友だちからの質問に対して、与えられたウェブサイトの情報をもとに、英語で答えてください。

（準備時間１０秒／解答時間１０秒）

Question: Which event will start the earliest?

No. 3とNo. 4は、同じ場面での問題です。

No. 3では、質問に対するあなた自身の答えを英語で述べてください。No. 4では、あなたから相手に英語で問いかけてください。

【No.3】

あなたはアメリカに留学中です。所属している生物クラブの活動で、自分たちで資金を集めて校外で活動を行うことになりました。あなたは今、資金集めの活動が掲載されたチラシを見ています。先生からの質問に対して、与えられたチラシの情報をもとに、あなた自身の回答を英語で述べてください。

（準備時間１０秒／解答時間１０秒）

Question: There are three activities. Which one do you want to do?

【No.4】

資金集めを終え、校外活動では動物園に行くことになりました。校外活動の案内を受け取ったあなたは、その内容について、案内に書かれていないことで、さらに知りたいことがあります。知りたいことを先生に英語で尋ねてください。

（準備時間１０秒／解答時間１０秒）

The club is going to visit this zoo.

Part C

Part C は、4コマイラストの問題です。これから画面に表示される1コマめから4コマめのすべてのイラストについて、ストーリーを英語で話してください。はじめに準備時間が30秒あります。録音開始の音が鳴ってから解答を始めてください。解答時間は40秒です。この Part には例題はありません。

あなたは、昨日あなたに起こった出来事を留学生の友だちに話すことになりました。イラストに登場する人物になったつもりで、相手に伝わるように英語で話してください。
（準備時間30秒／解答時間40秒）

Part D

Part D は、英語で話される音声を聞いたうえで、質問に対する自分の考えとそう考える理由を英語で述べる問題です。英語の音声は2回流れます。そのあと準備時間が1分あります。録音開始の音が鳴ってから解答を始めてください。解答時間は40秒です。この Part には例題はありません。

海外姉妹校の生徒であるマイクから、ビデオレターで質問が届きました。そこで、あなたは、英語で回答を録音して送ることにしました。ビデオレターの音声を聞き、あなたの**意見**を述べ、そう考える**理由**を詳しく話してください。日本のことを知らない人にも伝わるように説明してください。
（準備時間1分／解答時間40秒）

【英語音声のみ・画面表示なし】

At my school, we can choose different foods for lunch. For example, I had pizza for lunch today, and one of my friends had a hamburger. But I heard that in Japan, students have the same school lunch. In your opinion, which is better for students: eating the same school lunch or choosing different foods for lunch? Tell me why you think so, too. I'm waiting to hear from you!

2022年度　中学校英語スピーキングテスト(ESAT-J)　(11月27日実施)　解答例

○　本テストでは、「コミュニケーションの達成度」、「言語使用」、「音声」の各観点により話すことの力を総合的に判定します。なお、各パートで評価する観点を設定しています。

○　各パートにおける評価の観点の表記
・コミュニケーションの達成度…**【コミュニケーション】**
・言語使用…**【言語】**
・音声…**【音声】**

Part A【音声】

No.1（省略）

No.2（省略）

Part B【コミュニケーション】

No.1（例）(It's on) the second floor. / Second.

No.2（例）The skiing event (will start the earliest). / Skiing.

No.3（例）I want to [wash cars / sell cakes / sing (at a mall)].

No.4（例）What animals can we see? / Can I buy lunch at the zoo?

Part C【コミュニケーション】【言語】【音声】

I got on a train. Then, a bird came into the train. It had a flower. The bird sat on my hat. It put the flower on the hat and then went away.

Part D【コミュニケーション】【言語】【音声】

○生徒は学校が提供する同じ昼食を食べるべきという意見の例

I think students should have the same lunch. School lunches are good for students' health. Each day, they can have different kinds of food. So, it's healthy.

○生徒は学校で食べる昼食を自分で選ぶべきという意見の例

I think students should choose their food for lunch because students like many different things. So, it's good for them to choose their favorite foods. Then, they'll be happy.

2022年度　中学校英語スピーキングテスト（ESAT-J）（予備日テスト）　（12月18日実施）

Part A

Part A は、全部で２問あります。聞いている人に、意味や内容が伝わるように、英文を声に出して読んでください。はじめに準備時間が３０秒あります。録音開始の音が鳴ってから解答を始めてください。解答時間は３０秒です。

【No.1】

あなたは留学中です。あなたはホームステイ先の小学生に頼まれて、絵本を読んであげることになりました。次の英文を声に出して読んでください。

（準備時間３０秒／解答時間３０秒）

▸ **No. 1**

There were three cats, and they were brothers. One loved to play. Another one loved to sleep. And the youngest one loved to eat. One day, the youngest cat ate his brothers' food when they weren't looking. Do you know what his brothers did next?

【No.2】

あなたは海外の学校を訪問しています。その学校の先生に、あなたが日本でよく利用する交通手段についてクラスで発表するように頼まれました。次の英文を声に出して読んでください。

（準備時間３０秒／解答時間３０秒）

▸ **No. 2**

Do you like trains? There are many trains in my country. My family and I like to take the trains in Tokyo every weekend. We can see many beautiful parks, rivers and tall buildings from the trains.

Part B

Part B は、全部で４問あります。質問に答える問題が３問と、あなたから問いかける問題が１問あります。与えられた情報をもとに、英語で話してください。準備時間は１０秒です。録音開始の音が鳴ってから解答を始めてください。解答時間は１０秒です。

No. １と No. ２では、与えられた情報をもとに英語で適切に答えてください。

【No.1】

あなたはカナダに留学中です。あなたは今、学校の図書館で動物に関する新着の本を紹介するポスターを見ながら友だちと話しています。友だちからの質問に対して、与えられたポスターの情報をもとに、英語で答えてください。

（準備時間１０秒／解答時間１０秒）

Question: What will be the new book in July?

【No.2】

あなたはアメリカでホームステイ中です。ホームステイ先の高校生と、一緒にホームステイ先に飾る絵を買おうとしていて、あなたはカタログで絵を探しています。ホームステイ先の高校生からの質問に対して、与えられたカタログの情報をもとに、英語で答えてください。

（準備時間１０秒／解答時間１０秒）

Question: We have 12 dollars. Which picture can we buy?

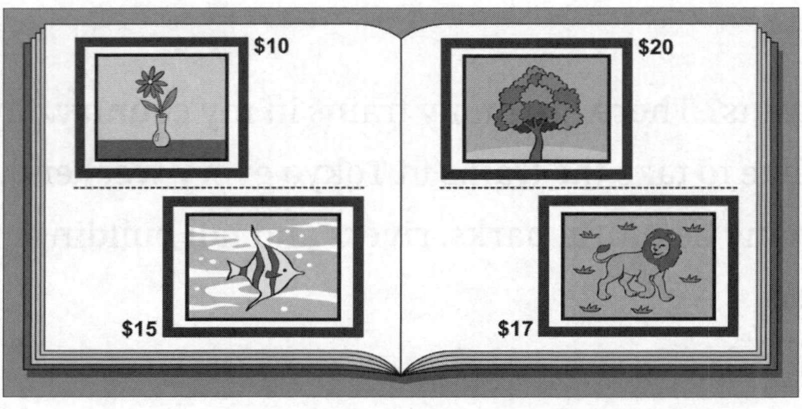

No. 3とNo. 4は、同じ場面での問題です。

No. 3では、質問に対するあなた自身の答えを英語で述べてください。No. 4では、あなたから相手に英語で問いかけてください。

【No.3】

アメリカに留学中のあなたは、スポーツセンターの受付で、スポーツ教室を紹介するポスターを見ながら、スタッフと話しています。スタッフからの質問に対して、与えられたポスターの情報をもとに、あなた自身の回答を英語で述べてください。

（準備時間１０秒／解答時間１０秒）

Question: Which class do you want to take this weekend?

【No.4】

どの教室に参加するか決めたあなたは、スタッフから無料のウェルカムパーティーの案内を受け取りました。あなたはパーティーに参加するために、案内に書かれていないことで、さらに知りたいことがあります。知りたいことをスタッフに英語で尋ねてください。

（準備時間１０秒／解答時間１０秒）

We're going to have a welcome party!

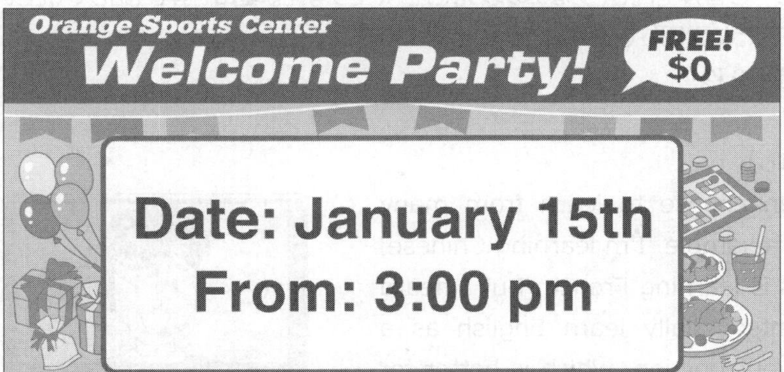

Part C

Part C は、４コマイラストの問題です。これから画面に表示される１コマめから４コマめのすべてのイラストについて、ストーリーを英語で話してください。はじめに準備時間が３０秒あります。録音開始の音が鳴ってから解答を始めてください。解答時間は４０秒です。この Part には例題はありません。

あなたは、昨日あなたに起こった出来事を留学生の友だちに話すことになりました。イラストに登場する人物になったつもりで、相手に伝わるように英語で話してください。
（準備時間３０秒／解答時間４０秒）

Part D

Part D は、英語で話される音声を聞いたうえで、質問に対する自分の考えとそう考える理由を英語で述べる問題です。英語の音声は２回流れます。そのあと準備時間が１分あります。録音開始の音が鳴ってから解答を始めてください。解答時間は４０秒です。この Part には例題はありません。

海外姉妹校の生徒であるマイクから、ビデオレターで質問が届きました。そこで、あなたは、英語で回答を録音して送ることにしました。ビデオレターの音声を聞き、あなたの**意見**を述べ、そう考える**理由**を詳しく話してください。日本のことを知らない人にも伝わるように説明してください。
（準備時間１分／解答時間４０秒）

【英語音声のみ・画面表示なし】

At my school, we can choose to learn from many foreign languages. For example, I'm learning Chinese, and one of my friends is learning French. But I heard that in Japan, students usually learn English as a foreign language. In your opinion, which is better for students: learning the same foreign language or choosing a different foreign language? Tell me why you think so, too. I'm waiting to hear from you!

2022年度　中学校英語スピーキングテスト(ESAT-J)(予備日テスト)　(12月18日実施)　解答例

○　本テストでは、「コミュニケーションの達成度」、「言語使用」、「音声」の各観点により話すことの力を総合的に判定します。なお、各パートで評価する観点を設定しています。

○　各パートにおける評価の観点の表記
- コミュニケーションの達成度…**【コミュニケーション】**
- 言語使用…**【言語】**
- 音声…**【音声】**

Part A **【音声】**

No.1（省略）

No.2（省略）

Part B **【コミュニケーション】**

No.1（例）(The new book in July will be) about dogs. / A dog book.

No.2（例）(We can buy) the picture with the flower. / The flower picture.

No.3（例）The [running / baseball / badminton / basketball] class.

I want to take the [running / baseball / badminton / basketball] class.

No.4（例）What will we do at the party? / Do I have to bring something to the party?

Part C **【コミュニケーション】【言語】【音声】**

I went to see a movie. A man sat down in front of me. I couldn't see the movie because he was tall. So, I sat on my bag. Then, I could see the movie.

Part D **【コミュニケーション】【言語】【音声】**

○生徒は同じ言語を学ぶべきという意見の例

I think learning the same language is better for students. They can help each other when they have problems. Then, they can learn the language well.

○生徒は違う言語を学ぶべきという意見の例

I think choosing a language is better for students because it's good for them to learn about their favorite things. Then, they can learn a lot of things about them.

Memo

●2024年度

都立国立高等学校

独自問題

【英語・数学・国語】

2024年度 都立国立高等学校

【英　語】（50分）〈満点：100点〉

■リスニングテストの音声は，当社ホームページで聴くことができます。（当社による録音です。）
再生に必要なアクセスコードは「合格のための入試レーダー」（巻頭の黄色の紙）の１ページに掲載しています。

1 リスニングテスト（**放送**による**指示**に従って答えなさい。）

〔**問題Ａ**〕 次のア～エの中から適するものをそれぞれ**一つずつ**選びなさい。

＜対話文１＞

ア　One dog.　　イ　Two dogs.
ウ　Three dogs.　　エ　Four dogs.

＜対話文２＞

ア　Tomatoes.　　イ　Onions.
ウ　Cheese.　　エ　Juice.

＜対話文３＞

ア　At two.　　イ　At one thirty.
ウ　At twelve.　　エ　At one.

〔**問題Ｂ**〕 ＜Question 1＞では，下のア～エの中から適するものを**一つ**選びなさい。
＜Question 2＞では，質問に対する答えを英語で書きなさい。

＜Question 1＞

ア　Two months old.　　イ　One week old.
ウ　Eleven months old.　　エ　One year old.

＜Question 2＞

（15秒程度，答えを書く時間があります。）

※（編集部注）＜**英語学力検査リスニングテスト台本**＞を英語の問題の終わりに掲載しています。

2 次の対話の文章を読んで，あとの各問に答えなさい。
（＊印のついている単語・語句には，本文のあとに〔注〕がある。）

*Anna is a Japanese high school student studying in California. Today she is visiting Eve, one of her classmates, with Otto, another classmate. Eve is showing them her house. They are standing outside Eve's brother's room. Her brother Bob goes to university. Anna has noticed strange *signs on his door.*

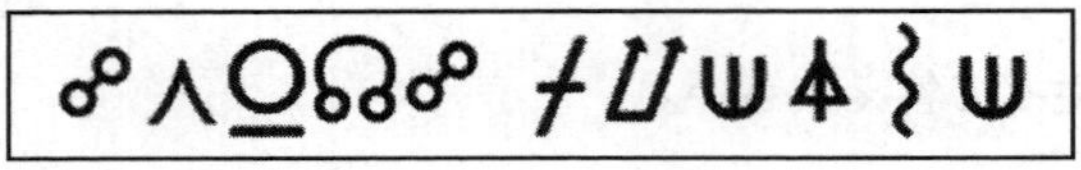

Anna: Do you know what they mean?

Eve: I don't know. Bob put them on his door two days ago. I asked him their meanings. But he said, "Find what they mean by yourself."

Otto: Are they map signs?

Anna: I don't think so. Some have the same shapes, but I have no idea.

Otto: I want to know what they mean.

Eve: Let's ask Bob. *(Shouting)* Bob, can I talk to you now? My friends, Anna and Otto, are here and want to ask you something.

Bob opens the door.

Bob: Hello! Nice to meet you.

Anna: Good to meet you, too. Can I ask you about the signs on your door?

Bob: Oh, these signs. If you want me to tell you their meanings, I can't. However, you are special guests. Let's think about these signs together. Come in and sit down.

Anna & Otto: Thank you.

Bob: I'll draw the same signs on a piece of paper. The first part, the left side, of my message is this (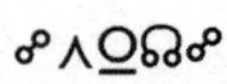) and the second part, the right side, of my message is this (). It has two words. Have you seen these signs before?

Otto: No, I haven't.

Anna: I think each sign shows something different, but I don't understand their meanings.

Bob: Each sign expresses a different letter. If you use these signs, you can give a secret message to someone, even to *life on other planets.

Eve: Is this a message to them?

Bob: (1)<u>No, it isn't.</u>

Otto: OK. Let's check each shape carefully.

Anna: Two *pairs of the signs have the same shapes, but (2)【 ① thing ② that's ③ have ④ the only ⑤ found ⑥ that ⑦ I 】.

Eve: I can find nothing else.

Bob: Then, let's start checking the second part of my message more carefully. It's a six-letter word. The English language has about 23,000 six-letter words. This is almost *twice the number of five-letter words.

Eve: The answer seems almost impossible.

Bob: The person who invented *Morse code counted how many times each letter was used in English. He found the most common letter. To understand the second part, you should know which English letter is used the most often.

Otto: I have never thought about that.

Anna: It will take a long time to (3) find the right letter.

Bob: Read this *paragraph. The most common *vowel is *missing. You see this letter twice in the second part of my message.

> This paragraph is amazing. You will not find this in any popular book in any library. Do you want a hint? If you say it *aloud, you will find it. Can you find what is missing?

Eve: I don't understand.

Bob: Look carefully at each letter in this paragraph.

Anna: I understand. Is it "E"?

Otto: Right. The third and sixth letter in the second part of your message (ɯ) is probably "E".

Bob: Yes. Then, look at these three tables. Each table shows the top ten letters and their percent. The first and last letter in the first part (☍) is not on the tables, but all the other letters in my message are there.

Table 1 Top 10 most common letters

Letter	E	T	①	②	N	I	H	③	R	L
Percent	12.6%	9.4%	8.3%	7.7%	6.8%	6.7%	6.1%	6.1%	5.7%	4.2%

Table 2 Top 10 beginning of word letters

Letter	T	①	I	③	②	C	M	F	P	W
Percent	15.9%	15.5%	8.2%	7.8%	7.1%	6.0%	4.3%	4.1%	4.0%	3.8%

Table 3 Top 10 end of word letters

Letter	E	③	D	T	N	Y	R	②	L	F
Percent	19.2%	14.4%	9.2%	8.6%	7.9%	7.3%	6.9%	4.7%	4.6%	4.1%

Eve: There are three missing letters.

Bob: Exactly. (4) Let's find these three missing letters.

Anna: All right. [(5)−a] Are all five vowels in the tables?

Bob: No. The letter "U" is not in them, and one of the missing letters is a *consonant.

Anna: So, two of them are vowels. What do you think?

Otto: They are "A" and "O".

Eve: One of the three missing letters is not in Table 3. What is that one? I don't understand.

Bob: OK. I'll give you a good hint. Read this expression carefully.

> Two days ago, I put strange signs on my door after thinking about it for a short time.

Eve: Do you mean we can find "①", "②", and "③" by checking this expression?

Bob: Certainly.

Anna: This expression has four words that begin with "①". "①" will be a vowel.

Otto: The expression has three words that begin with "③", and two words that end with "③". From Table 3, "③" is much more often used than "②" at the end of a word. Probably "③" is a consonant.

Eve: "②" is a vowel. You can find one word that begins with "②" and two words that end with "②" in the expression.

Bob: Great. Do you understand the second part of my message?

Eve: It's still difficult.

Otto: [(5)−b]

Bob: Sure. You use this word when you are *politely asking someone to do something.

Eve: That's "PLEASE."

Bob: Yes. Then, what is this message on my door?

Otto: I still don't understand the left part of your message.

Bob: I'd like people to do so before they enter my room.

Anna: It says "KNOCK PLEASE."

Bob: Yeah. Our family is very close, but I need my own time, too.

Eve: I'll be careful.

Otto: But are your signs useful? Your family doesn't [(6)], right?

Everybody laughs.

Otto: Why did you become interested in such *puzzles?

Bob: When I first learned Morse Code, I began to enjoy solving these secret message puzzles.

Anna: [(5)－c]

Bob: Do you know *binary code? Computers use only the numbers "1" and "0" to communicate information. It is impossible to make computers work without binary code.

Otto: I didn't know that. [(5)－d]

Bob: Binary code is necessary for everything you write on the computer, websites you visit and even video games you play. In June 2023, to celebrate the start of an event in London, the *British Prime Minister shared a photo of binary code on the door of his *official residence on the Internet.

Anna: Oh! I'll check it out later.

Bob: Now, look at Table 4.

Table 4 *Letters to Numbers Conversion

A=1	B=2	C=3	D=4	E=5	F=6	G=7	H=8	I=9	J=10	K=11	L=12	M=13
N=14	O=15	P=16	Q=17	R=18	S=19	T=20	U=21	V=22	W=23	X=24	Y=25	Z=26

You can express the number of each letter in binary code. You need these five cards. What have you noticed about the number of *dots on the cards?

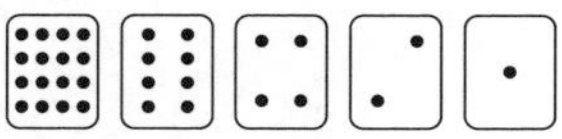

Eve: 16, 8, 4, 2, 1. I don't understand.

Anna: (7) <u>Each card with 2 or more dots has twice the number of the card to its (　　　　　　　)</u>, OK?

Bob: Yes. Think about expressing "I" in binary code. From Table 4, "I" is 9. Here, each number is expressed in five *digits in binary code. A card you need is expressed as "1". A card you don't need is expressed as "0". To express "9", which cards do you need?

Otto: How about this?

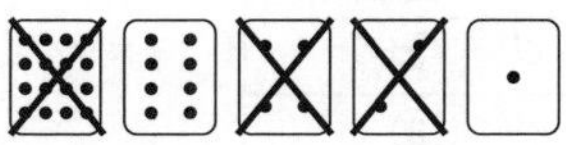

0　1　0　0　1

Bob: Wonderful. Can you turn "Z" into binary code?

Eve: I'll try. "Z" is 26. I need a 16-dot card, 8-dot card, and 2-dot card. It's 11010.

Bob: Excellent. This is my last message to you. (8) <u>10011 00101 00101 11001 01111 10101.</u>

Otto: I'll certainly come again. I thought puzzles were for kids and *a waste of time.

Bob: Puzzles are good for your brain and health. They can help you learn how to solve problems in life.

Anna: Today we've understood a little about secret messages. However, learning never stops.

Eve: Yes. By reading, listening, watching, and asking, you can get a lot of *knowledge.

Otto: (9) A window to knowledge is a window to the world. When you share more knowledge with others, you will be able to think about things in different ways and receive more in life. Thank you, Bob.

Bob: Glad to hear that.

〔注〕 sign 記号 / life 生物 / pair 一組
twice the number of ～ ～の２倍の数 / Morse code モールス信号
paragraph 文章 / vowel 母音字 / missing 欠けている
aloud 声に出して / consonant 子音字 / politely 丁寧に
puzzle パズル / binary code 二進法 / British Prime Minister 英国首相
official residence 首相官邸 / Letters to Numbers Conversion 文字から数字への変換表
dot 点 / digit （数字の）桁(けた) / a waste of time 時間の無駄
knowledge 知識

〔問１〕 (1) No, it isn't. とあるが，その表す意味として最も適切なものは次の中ではどれか。

ア I didn't receive a secret message from life on other planets.
イ It is not a message to life on other planets.
ウ This message was not sent to other people.
エ I don't like sending a message to life on other planets.

〔問２〕 (2)【① thing ② that's ③ have ④ the only ⑤ found ⑥ that ⑦ I】とあるが，本文の流れに合うように，【　　　　】内の単語・語句を正しく並べかえたとき，**２番目**と**５番目**と**７番目**にくるものの組み合わせとして最も適切なものは次の**ア～カ**の中ではどれか。

	２番目	５番目	７番目
ア	①	③	②
イ	①	⑥	③
ウ	④	③	⑥
エ	④	⑦	⑤
オ	⑥	①	⑦
カ	⑥	⑤	②

〔問３〕 (3) find the right letter とあるが，この内容とほぼ同じ意味を持つ表現を本文中から探し，その**始めの２語**と**終わりの２語**を答えなさい。なお，「,」「.」「?」などは語数に含めないものとする。

〔問４〕 (4)Let's find these three missing letters. とあるが，**Table 1** ～ **Table 3** の①～③に入るアルファベットの組み合わせとして 最も適切なものは次の中ではどれか。

ア ①A ②O ③S　　イ ①A ②O ③K
ウ ①O ②A ③S　　エ ①O ②A ③K

〔問５〕 ［(5)－a］ ～ ［(5)－d］ の中に，それぞれ次の **A** ～ **D** のどれを入れるのがよいか。その組み合わせとして最も適切なものは下の**ア～カ**の中ではどれか。

A Is there any other example?　　**B** Can you give us more hints about that word?
C Could you tell us more about it?　　**D** Can I ask you something before we start?

	(5)－a	(5)－b	(5)－c	(5)－d
ア	A	B	C	D
イ	A	D	C	B
ウ	B	C	D	A
エ	B	D	A	C
オ	D	B	A	C
カ	D	C	B	A

〔問６〕 本文の流れに合うように，［(6)］ に入る適切な英語を，**本文中の連続する３語**で答えなさい。

〔問７〕 (7)Each card with 2 or more dots has twice the number of the card to its (　　　) とあるが，本文の内容から考えて空所に入る適切な**英語１語**を本文中から探し，その語を答えなさい。

〔問８〕 (8)10011 00101 00101 11001 01111 10101 とあるが，この数字が表す**英語２語**を答えなさい。

〔問９〕 (9)A window to knowledge is a window to the world. とあるが，その表す意味として最も適切なものは次の中ではどれか。

ア When you want to learn something, puzzles are the best for you.
イ When you learn something new, it will show you various new ideas.
ウ You can go to a different new place if you get some knowledge.
エ You should share knowledge with others to live happily.

〔問10〕 本文の内容と合っているものを，次のア～クの中から一つ選びなさい。

ア Anna thinks the strange signs on Bob's room door are map signs.

イ The English language has almost 1,000 five-letter words.

ウ Both the letters "U" and "E" are in Table 3.

エ Bob's family members always knock before coming into his room.

オ Bob began to enjoy solving math problems after learning Morse code.

カ If you did not have binary code, it would be impossible for computers to do any work.

キ In July 2023, the British Prime Minister took a photo of binary code on the gate of his home.

ク We can get new ways of looking at things only by reading books.

3 次の文章を読んで，あとの各問に答えなさい。
（＊印のついている単語・語句には，本文のあとに〔注〕がある。）

On a beautiful sunny day in June, Ellen, a high school student from Finland, is going to leave Japan. She came to Japan ten months ago. There are four members in her host family: the father Ryu, the mother Kumi, their daughter Mai and her five-year-old brother Shota. Mai is also a classmate of Ellen's.

Ryu said in a loud voice, "Are you ready? It's time to leave!" Everyone, five of them, got in the car and left home. Shota looked so happy because he was going to the airport for the first time. Ellen enjoyed chatting with Mai and Kumi. She hoped that [(1)－a].

"Oh, look at the tower over there," Mai said. Ellen quickly *responded, "Wow! You took me there last year soon after I came to Japan. We also visited a big old temple next to the tower. It was my first visit to a Japanese temple." "It was just like yesterday," Kumi said. Ellen told them that she had a great time and felt very happy on that day. Ellen continued, "Before I came to Japan, I was thinking about studying art history at university, but [(1)－b]. I visited many temples and shrines, and was attracted by the skills of Japanese carpenters many centuries ago. Now I'm interested in learning more about not only Japanese language but also *architecture at university in Finland." In the car, all of them kept talking about various experiences they had together. Ellen said, "My phone is full of the photos with you and my classmates. (2)I'm【 ① my heart ② sure ③ feel ④ those photos ⑤ I ⑥ make ⑦ when ⑧ will ⑨ warm 】 depressed."

They arrived at the *departure floor of the airport. During Ellen's *boarding procedures, the others were waiting for her on a couch. An elderly man sitting next to Mai said to her, "Are you going to travel abroad?" "No, I'm not. My *Finnish friend who stayed with my family is going back home today," answered Mai. "Oh, really? My wife and I also accepted a high school student from Canada about thirty years ago. He's an international lawyer now. He visited us again and just left for Canada. It's a *coincidence for us to *see our precious friends off," the man said. An elderly woman next to him smiled at Mai and said, "And [(1)－c]." "Yes, it really is," said Mai. Then Ellen returned to them after all the boarding procedures. Mai stood up and said to the old man and his wife, "Nice talking to you." "Nice talking to you, too," they smiled.

It was time for Ellen to leave. She said, "Well, I can't find the right words to express all of my feelings, but thank you so much for everything all of you did for me during my stay. I've learned a lot of things from you—cultural differences and various ways of thinking. At first, I sometimes had some trouble with them, but (3) <u>they have opened up the door to a bigger world.</u>" Ellen started to cry. Kumi *hugged her with tears in her eyes and said, "Thank you for being our Finnish daughter for these ten months. We shared a wonderful time, and we'll never forget you and our precious memories." Mai and Shota started crying, too. Ryu's nose and eyes were red.

Ellen gave presents to the family members—a T-shirt with a design of the mountains in Finland to Ryu, a photo book of Finland to Kumi, and two little *charms in the shape of an *owl to Mai and Shota. Ellen explained to them that an owl is a symbol of wisdom in some stories for children in Europe. Kumi said, "Oh, I've heard about that. In those stories, an owl is sometimes *described as a king of the forest." "Is an owl a king of the forest?" Shota shouted. "Thank you, Ellen. They're so cute," Mai said. Shota asked Mai to put the charm on his backpack and she did. Mai put hers on her bag, too.

Mai gave Ellen a pencil case with a design from Ellen's favorite Japanese anime. Shota gave her a *family portrait he drew, and Ryu gave her an album of photos taken with the family. Finally, Kumi said, "Well, here is a little present I made for you, Ellen. Here you are." She took the present out of her bag and gave it to Ellen. It was a *pouch with an owl design. "Wow, this is so pretty, and (4) <u>what a coincidence!</u>" Ellen shouted. Mai told her that an owl has some different meanings in Japan. She explained that each sound of the word *fu-ku-rou*, owls in Japanese, can be connected to different Chinese characters, *Kanji*. She wrote two examples in *Kanji* on Ellen's ticket case; one means "happiness comes" and the other means "no troubles." Ellen looked so surprised and said, "(5) <u>That's awesome.</u> Thank you, Mom. Thank you, Mai."

They promised to keep in touch and see each other someday in the future again, and said goodbye.

"Now, she has gone," Shota said in a sad voice. "Yes, we'll have to go back to life without her," Ryu responded. The others *nodded without saying any words.

On the way back home, they did not talk much in the car. (6) <u>The views from the car windows looked different to them—they were not as colorful as before.</u> At the same time, however, their hearts were full of happy feelings.

Shota looked at his charm on his backpack and said, "A king of the forest." Ryu soon said, "And [(7)] !" Mai also wanted to see her charm again. Suddenly she shouted, "Oh, no! I dropped my charm somewhere." They looked for it in the car, but could not find it. Mai started crying. She said, "Probably I didn't *attach it to my bag *tightly. I can't believe I've lost such an important thing—one of my *treasures in life!" She cried in a louder voice. "We should go back and look for it," Shota said. "You're right. Let's go back to the airport," said Ryu.

At the airport, they ran to the *lost and found office. Mai told a tall man in the office about the charm she was looking for. The man entered the room behind him. A few minutes later, he came out of the room with a paper bag. He opened it and showed her the owl charm in his hand. Mai jumped with joy.

He said, "An elderly man and his wife brought this. They talked to you on the departure floor, and they saw you and a foreign girl saying goodbye. After all of you left, they found this little charm on the floor. They thought this was yours and brought it here." There was a *handwritten message on the paper bag; "(8) Both of you have already found the greatest thing in life." Mai read it again and again, and smiled.

〔注〕 respond 応える　architecture 建築学　departure floor 出発階
boarding procedure 搭乗手続き　Finnish フィンランド人の
coincidence 偶然の一致　see ～ off ～を見送る
hug 抱きしめる　charm お守り　owl フクロウ
describe 描写する　family portrait 家族の似顔絵
pouch ポーチ　nod うなずく　attach つける
tightly しっかりと　treasure 宝物
lost and found office 遺失物取扱所　handwritten 手書きの

〔問1〕 [(1)-a] ～ [(1)-c] の中に，それぞれ次のア～エのどれを入れるのがよいか。最も適切なものを選び，記号で答えなさい。

ア it's hard to say goodbye to someone who shared the same experience
イ I wanted to become a designer in the future, not a scientist
ウ their happy time together in Japan would last forever
エ my stay in Japan changed my dream for the future

〔問２〕 (2)I'm【 ① my heart ② sure ③ feel ④ those photos ⑤ I ⑥ make ⑦ when ⑧ will ⑨ warm 】 depressed. とあるが，本文の流れに合うように，【　　　】内の単語・語句を正しく並べかえたとき，**２番目**と**５番目**と**８番目**にくるものの組み合わせとして最も適切なものは次の**ア**～**カ**の中ではどれか。

	２番目	５番目	８番目
ア	①	④	⑦
イ	①	⑨	⑥
ウ	④	①	⑤
エ	④	⑤	⑧
オ	⑥	②	①
カ	⑥	③	④

〔問３〕 (3)they have opened up the door to a bigger world とあるが，その内容を次のように書き表すとすれば，［　　　　］の中にどのような英語を入れるのがよいか。**本文中の連続する７語**で答えなさい。

Thanks to the family I stayed with in Japan, I was able to get a chance to learn many new things I did not know such as ［　　　　］.

〔問４〕 (4)what a coincidence! とあるが，その内容を次のように説明するとき，空欄 a, b に入る**英語１語**をそれぞれ本文中から探し，答えなさい。

It is amazing that both Ellen and Kumi chose the shape or the (　　a　　) of an owl for a (　　b　　) to each other.

〔問５〕 (5)That's awesome. とあるが，その表す意味として最も適切なものは次のうちではどれか。

ア I am glad to learn that the family agreed with my idea about an owl.
イ It is wonderful to learn that an owl has different meanings in Japan.
ウ It is probably right to say that an owl is a symbol of the future.
エ I really wanted to know what an owl is called in other countries.

〔問6〕 (6)The views from the car windows looked different to them—they were not as colorful as before. とあるが，その理由は何か。文脈から推測し，次の下線部に入る **15 ～ 25 語の英語**を答えなさい。本文中の単語や表現を用いても構わない。

なお，「.」「,」「:」「;」「?」などは語数には含めないものとする。I'll のような「'」を使った語や e-mail のような「-」で結ばれた語はそれぞれ 1 語と扱うこととする。

The views from the car windows looked different to them—they were not as colorful as before because ＿＿＿＿＿＿＿＿＿＿＿＿＿＿＿＿＿＿＿＿＿＿＿＿.

〔問7〕 本文の流れに合うように，［ (7) ］に入る適切な英語を**本文中の連続する 4 語**で答えなさい。

〔問8〕 (8)Both of you have already found the greatest thing in life. とあるが，この文の表す内容を文脈から判断して **20 ～ 30 語の英語**で説明しなさい。英文は**二つ以上**になってもよい。また，本文中の単語や表現を用いても構わない。なお，「.」「,」「:」「;」「?」などは語数に含めないものとする。I'll のような「'」を使った語や e-mail のような「-」で結ばれた語はそれぞれ 1 語と扱うこととする。

〔問9〕 本文の内容と合っているものを，次の**ア～キ**の中から**一つ**選びなさい。

ア In the car, Shota looked happy about going to the airport with his family again.

イ Ellen wanted to learn Japanese language more than art history at university before she came to Japan.

ウ An elderly man and his wife had an experience of accepting an international lawyer from Canada about thirty years ago.

エ Ellen gave Ryu a book with many photos of Finland in it and he was very happy about that.

オ Mai showed Ellen two examples of the Japanese meanings of *fu-ku-rou*, but Ellen could not understand them because they were written in Chinese characters.

カ After Mai noticed that she did not have the charm on her bag, Shota said that they should go back to the airport to look for it.

キ According to a tall man at the lost and found office, an elderly man and his wife found the charm on a couch on the departure floor.

2024 年度　英語学力検査リスニングテスト台本

開始時の説明

これから，リスニングテストを行います。

問題用紙の１ページを見なさい。リスニングテストは，全て放送による指示で行います。リスニングテストの問題には，問題Ａと問題Ｂの二つがあります。問題Ａと，問題Ｂの ＜Question 1＞ では，質問に対する答えを選んで，その記号を答えなさい。問題Ｂの ＜Question 2＞ では，質問に対する答えを英語で書きなさい。

英文とそのあとに出題される質問が，それぞれ全体を通して二回ずつ読まれます。問題用紙の余白にメモをとってもかまいません。答えは全て解答用紙に書きなさい。

（２秒の間）

〔問題Ａ〕

問題Ａは，英語による対話文を聞いて，英語の質問に答えるものです。ここで話される対話文は全部で三つあり，それぞれ質問が一つずつ出題されます。質問に対する答えを選んで，その記号を答えなさい。

では，＜対話文１＞を始めます。

（３秒の間）

Tom: Satomi, I heard you love dogs.

Satomi: Yes, Tom. I have one dog. How about you?

Tom: I have two dogs. They make me happy every day.

Satomi: My dog makes me happy, too. Our friend, Rina also has dogs. I think she has three.

Tom: Oh, really?

Satomi: Yes. I have an idea. Let's take a walk with our dogs this Sunday. How about at four p.m.?

Tom: OK. Let's ask Rina, too. I can't wait for next Sunday.

（３秒の間）

Question： How many dogs does Tom have?

（５秒の間）

繰り返します。

（２秒の間）

（対話文１の繰り返し）

（３秒の間）

Question： How many dogs does Tom have?

(10秒の間)

＜対話文２＞を始めます。

（３秒の間）

John: Our grandfather will be here soon. How about cooking spaghetti for him, Mary?
Mary: That's a nice idea, John.
John: Good. We can use these tomatoes and onions. Do we need to buy anything?
Mary: We have a lot of vegetables. Oh, we don't have cheese.
John: OK. Let's buy some cheese at the supermarket.
Mary: Yes, let's.
John: Should we buy something to drink, too?
Mary: I bought some juice yesterday. So, we don't have to buy anything to drink.

（３秒の間）

Question： What will John and Mary buy at the supermarket?

（５秒の間）

繰り返します。

（２秒の間）

(対話文２の繰り返し)

（３秒の間）

Question： What will John and Mary buy at the supermarket?

(10秒の間)

<対話文３>を始めます。

（３秒の間）

Jane: Hi, Bob, what are you going to do this weekend?

Bob: Hi, Jane. I'm going to go to the stadium to watch our school's baseball game on Sunday afternoon.

Jane: Oh, really? I'm going to go to watch it with friends, too. Can we go to the stadium together?

Bob: Sure. Let's meet at Momiji Station. When should we meet?

Jane: The game will start at two p.m. Let's meet at one thirty at the station.

Bob: Well, why don't we eat lunch near the station before then?

Jane: That's good. How about at twelve?

Bob: That's too early.

Jane: OK. Let's meet at the station at one.

Bob: Yes, let's do that.

（３秒の間）

Question： When will Jane and Bob meet at Momiji Station?

（５秒の間）

繰り返します。

（２秒の間）

（対話文３の繰り返し）

（３秒の間）

Question： When will Jane and Bob meet at Momiji Station?

（10秒の間）

これで問題Ａを終わり，問題Ｂに入ります。

〔問題B〕

（3秒の間）

これから聞く英語は，ある動物園の来園者に向けた説明です。内容に注意して聞きなさい。

あとから，英語による質問が二つ出題されます。＜Question 1＞ では，質問に対する答えを選んで，その記号を答えなさい。＜Question 2＞ では，質問に対する答えを英語で書きなさい。

なお，＜Question 2＞ のあとに，15秒程度，答えを書く時間があります。

では，始めます。（2秒の間）

Good morning everyone. Welcome to Tokyo Chuo Zoo. We have special news for you. We have a new rabbit. It's two months old. It was in a different room before. But one week ago, we moved it. Now you can see it with other rabbits in "Rabbit House." You can see the rabbit from eleven a.m. Some rabbits are over one year old. They eat vegetables, but the new rabbit doesn't.

In our zoo, all the older rabbits have names. But the new one doesn't. We want you to give it a name. If you think of a good one, get some paper at the information center and write the name on it. Then put the paper into the post box there. Thank you.

（3秒の間）

＜Question 1＞ How old is the new rabbit?

（5秒の間）

＜Question 2＞ What does the zoo want people to do for the new rabbit?

（15秒の間）

繰り返します。

（2秒の間）

（問題Bの英文の繰り返し）

（3秒の間）

＜Question 1＞ How old is the new rabbit?

（5秒の間）

＜Question 2＞ What does the zoo want people to do for the new rabbit?

（15秒の間）

以上で，リスニングテストを終わります。2ページ以降の問題に答えなさい。

【数　学】（50分）〈満点：100点〉

1 次の各問に答えよ。

〔問1〕 $\dfrac{3}{\sqrt{21}}(7+\sqrt{7})-\left(1+\dfrac{3}{2\sqrt{3}}\right)^2$ を計算せよ。

〔問2〕 連立方程式 $\begin{cases}\dfrac{3}{2}x-\dfrac{2}{3}y=20\\-\dfrac{2}{3}x+\dfrac{3}{2}y=20\end{cases}$ を解け。

〔問3〕 a，b を1以上6以下の自然数とする。
4個の数 a，b，2，6において，中央値と平均値が一致する a，b の組合せは全部で何通りあるか。

〔問4〕 1個のさいころを2回投げるとき，1回目に出た目の数を a，2回目に出た目の数を b とする。
自然数 N について，a，b がともに偶数またはともに奇数のとき $N=a+b$，それ以外のとき $N=ab$ とする。
N が4の倍数となる確率を求めよ。
ただし，さいころの目の出方は同様に確からしいものとする。

〔問5〕 右の図で，直線 ℓ，m は平行，直線 ℓ は円Pの接線である。円Qは，円Pと半径が等しく，直線 m に接し，円P上の点Rにおける円Pの接線と，点Rで接する。
解答欄に示した図をもとにして，円Qの中心を1つ，定規とコンパスを用いて作図し，中心の位置を示す文字Qも書け。
ただし，作図に用いた線は消さないでおくこと。

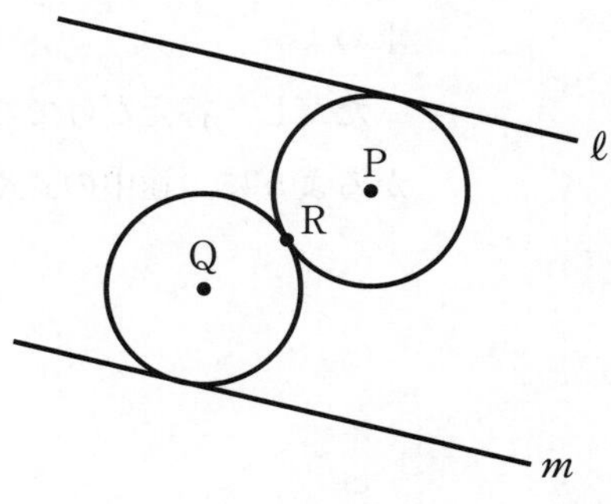

2 右の**図１**で，点Ｏは原点，曲線fは関数$y=ax^2$（$a>0$）のグラフを表している。

曲線f上にありx座標が４である点をＡ，点Ａを通り傾き$\frac{1}{2}$の直線をℓ，直線ℓとx軸との交点をＰとする。

原点から点（1，0）までの距離，および原点から点（0，1）までの距離をそれぞれ1 cmとする。

次の各問に答えよ。

図１

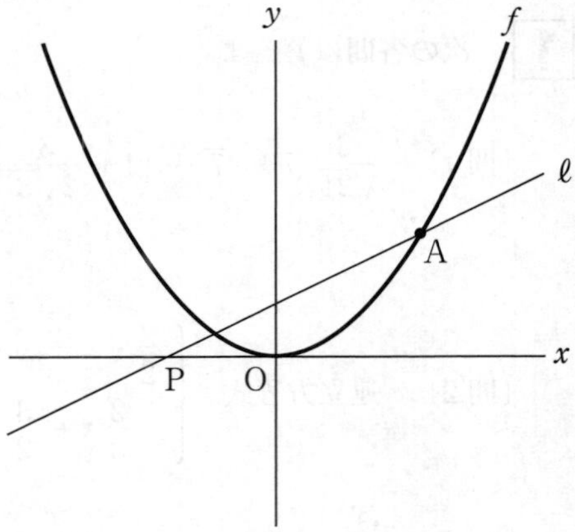

〔問１〕　点Ｐのx座標が-3のとき，aの値を求めよ。

〔問２〕　$a=\frac{1}{3}$のとき，直線ℓの式を求めよ。

〔問３〕　右の**図２**は，**図１**において，$a=\frac{1}{4}$のとき，関数$y=-\frac{1}{8}x^2$のグラフを表す曲線をg，曲線g上にあり，x座標が４以下の正の数である点をＱとし，点Ａと点Ｑ，点Ｐと点Ｑをそれぞれ結んだ場合を表している。

△APQの面積が$\frac{129}{8}$ cm^{2}のとき，点Ｑの座標を求めよ。

ただし，答えだけでなく，答えを求める過程が分かるように，途中の式や計算なども書け。

図２

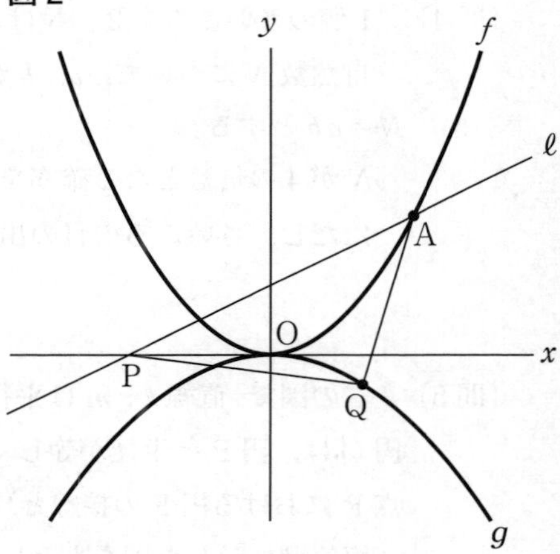

3　右の**図1**で，四角形ABCDは，1辺の長さが2cmの正方形，点Oは，四角形ABCDの4つの頂点を通る円の中心である。

点Pは，頂点Aを含まない$\overset{\frown}{CD}$上にある点で，頂点C，頂点Dのいずれにも一致しない。

次の各問に答えよ。

図1

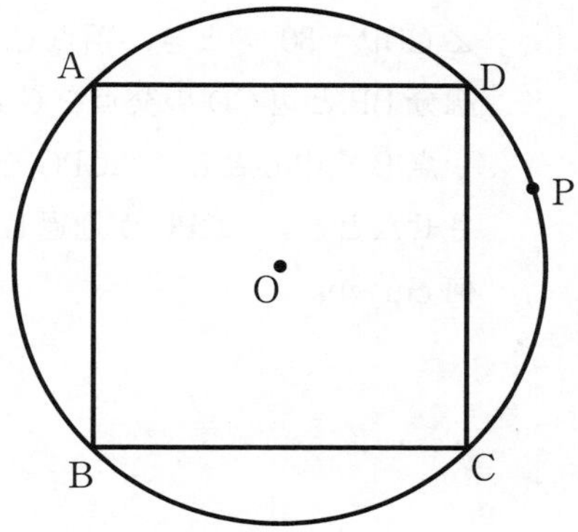

〔問1〕　右の**図2**は，**図1**において，$\overset{\frown}{CP}:\overset{\frown}{PD}=3:2$のとき，頂点Bと点P，点Oと点Pをそれぞれ結んだ場合を表している。

∠BPOの大きさは何度か。

図2

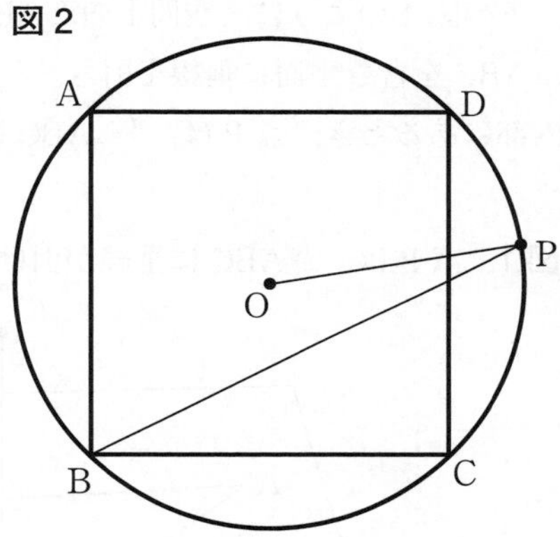

〔問2〕　右の**図3**は，**図1**において，頂点Bと点P，頂点Dと点Pをそれぞれ結び，線分DPをPの方向に延ばした直線上にある点をE，線分BPをPの方向に延ばした直線上にある点をFとし，頂点Cと点E，頂点Cと点Fをそれぞれ結んだ場合を表している。

∠ECF＝90°のとき，CE＝CFであることを証明せよ。

図3

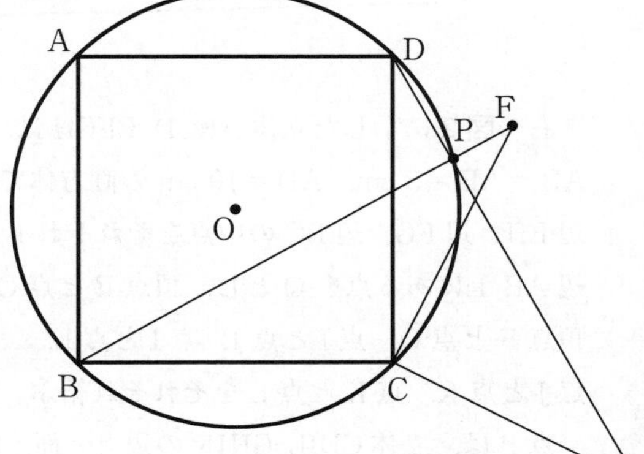

〔問 3〕 右の**図 4** は，**図 1** において，頂点 B と点 P を結び，$\angle CBP = 30°$ のとき，頂点 C と点 P を結び，線分 BP と辺 CD の交点を G とした場合を表している。

点 B を中心として△CPG を反時計回りに 360° 回転させたとき，△CPG が通過してできる図形の面積は何 cm^2 か。

図 4

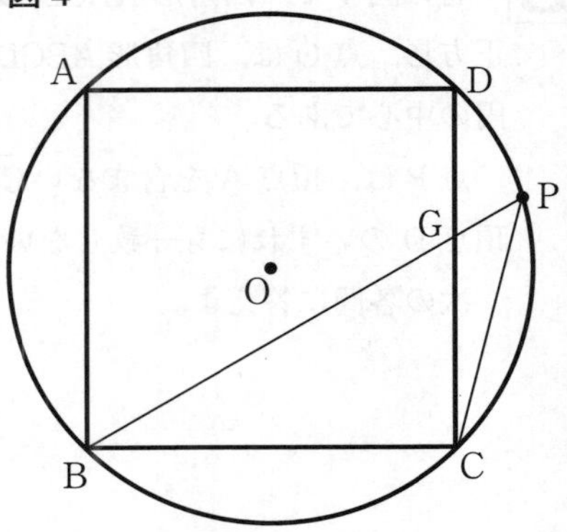

4 下の**図 1** のように，空間上の△ABC と，△ABC と同じ平面上にない点 P において，点 P から△ABC を含む平面に垂線を引き，その垂線と平面との交点を T とし，点 T が△ABC の辺上または内部にあるとき，点 P は，「△ABC に垂線が引ける位置にある。」とする。

図 1 点 P は，△ABC に垂線が引ける位置にある。 点 P は，△ABC に垂線が引ける位置にない。

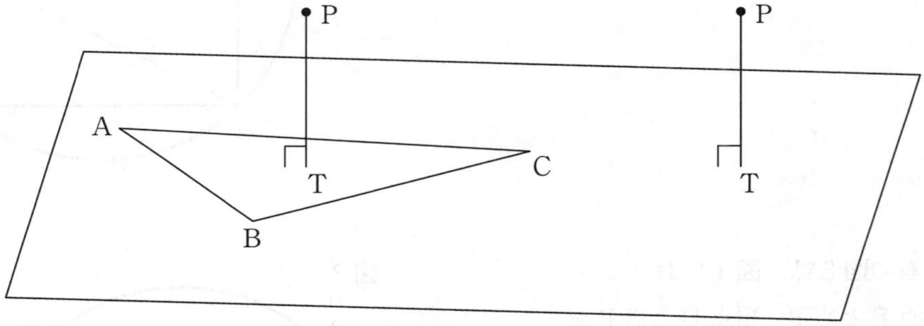

右の**図 2** に示した立体 ABCD-EFGH は，$AB = AE = 5$ cm，$AD = 10$ cm の直方体である。辺 AD，辺 EH，辺 FG，辺 BC の中点をそれぞれ I，J，K，L，辺 AB 上にある点を Q とし，頂点 E と点 Q，頂点 F と点 Q，点 I と点 J，点 I と点 L，点 J と点 K，点 K と点 L をそれぞれ結ぶ。

点 P は，立体 CDIL-GHJK の辺上，面，内部を動く点で，「△EFQ に垂線が引ける位置にある。」とする。

次の各問に答えよ。

図 2

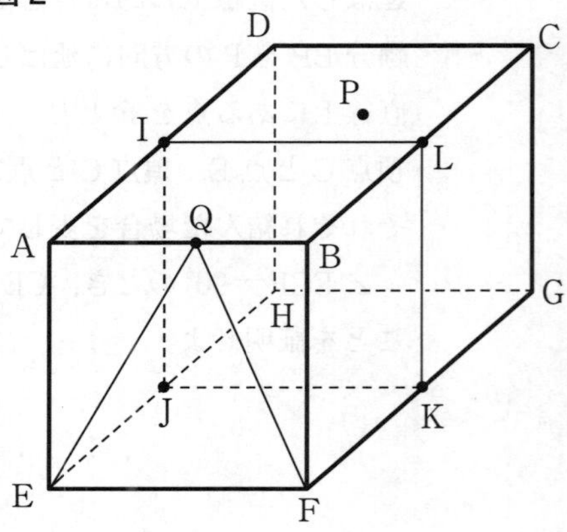

〔問1〕　AQ＝1 cm のとき，点 J と点 P を結んでできる線分が最も長くなるときの線分 JP の長さは何 cm か。

〔問2〕　右の**図3**は，**図2**において，頂点 C と点 I，頂点 G と点 J をそれぞれ結んだ場合を表している。
AQ＝x cm（$0 \leqq x \leqq 5$）のとき，
四角形 CIJG の辺上または内部において，点 P が動き得る部分の面積は何 cm^2 か。
ただし，答えだけでなく，答えを求める過程が分かるように，図や途中の式などもかけ。

図3

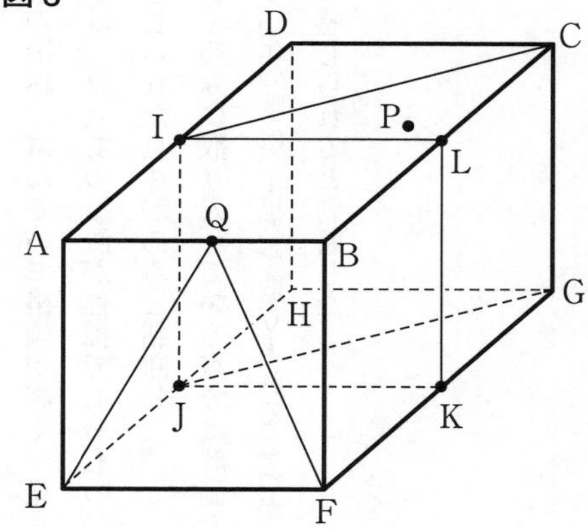

〔問3〕　下の**図4**は，**図2**において，点 Q が頂点 B と一致するとき，線分 IL を L の方向に延ばした直線上にあり BL＝LS となる点を S とし，頂点 B と点 S，頂点 F と点 S をそれぞれ結んだ場合を表している。
点 P が「△EFQ に垂線が引ける位置にある。」かつ「△BFS に垂線が引ける位置にある。」のとき，点 P が動き得る部分の立体の体積は何 cm^3 か。

図4

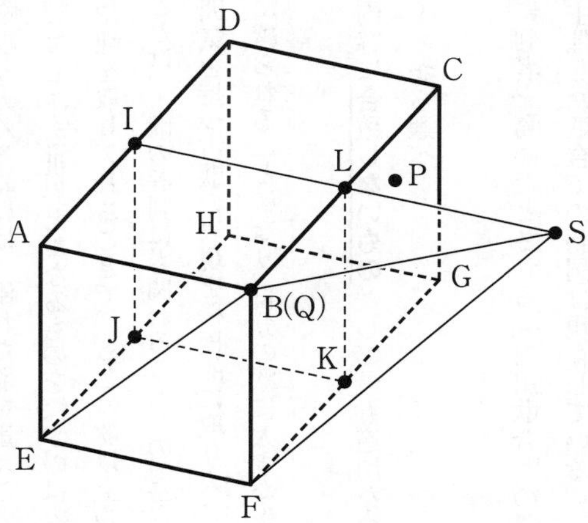

〔問2〕 (2)幽玄とあるが、ここでいう「幽玄」とはどのようなことか。次のうちから最も適切なものを選べ。

ア 容易にはうかがい知れない、しみじみとした味わいを感じさせること。
イ 自然ににじみ出るような、知的でみやびやかな風情を感じさせること。
ウ すみずみまで行き届いた、丁寧な解釈の面白さを感じさせること。
エ 何一つとして変わらないものはない、世のはかなさを感じさせること。

〔問3〕 (3)結論づけた。とあるが、どのように結論づけたのか。次のうちから最も適切なものを選べ。

ア 右の歌は、古歌の表現や古代的な雰囲気を取り込んでいるが、高く評価できる点は見当たらず、左の歌は、趣のある言葉を使いながら見立ての技法も非常に優れていて申し分ないと判断した。
イ 右の歌は、古歌の表現を取り入れる技法については評価できるが、はっきりと意志を述べすぎており、左の歌は、見立ての技法には無理があるものの、格調の高い表現を用いていると判断した。
ウ 右の歌は、言葉の情趣に富んでいて格調が高く、見立ての技法も優れているが、左の歌は、見立ての技法が稚拙であるものの、見立てられた風景には素朴に感じられた良さがあると判断した。
エ 右の歌は、古歌を巧みに取り入れている点では評価できるが、格調の高さに難点があり、左の歌は、古歌を取り入れることができていないが、古代的な雰囲気は感じられると判断した。

〔問4〕 (4)慎重になされねばならないとあるが、それはなぜか。次のうちから最も適切なものを選べ。

ア 古歌の表現を取り入れ、その趣を生かしつつ、古歌に勝る情趣を感じさせることは非常に難しいことであり、安易に行うべきではないから。
イ 古歌の表現を取り入れる時には、優れた歌を選ぶことが大切であるが、自分の思いや描こうとする世界と重なるものを探すのは容易ではないから。
ウ 古歌の表現や趣を取り入れることで、もとの歌以上の魅力を引き出し、歌を作り出すことは、古歌の評判にも関わることなので気遣いが必要だから。
エ 古代的な雰囲気を持つ古歌の表現を積極的に取り入れていきたいが、古代特有の歌風に縛られることになり、自分の歌に大きな影響を及ぼすから。

〔問5〕 本文の内容に**合致しないもの**として最も適切なのはどれか、次の選択肢**ア**～**オ**から選べ。

ア 俊成が最初に判者を務めたとされる「白川歌合」の詳細は確認できないが、重家が主催した歌合での判詞は現存している。
イ 俊成と清輔は和歌の世界で対立する関係であったが、重家は歌合の判者を親族である清輔や顕昭ではなく、俊成に依頼した。
ウ 和歌の中で、あるものを別のものになぞらえた表現も、関連する言語が乏しいと、無理のある表現になると俊成は考えている。
エ 俊成は、『白氏文集』や『万葉集』などの詩句を、意欲的に取り入れるのは良いことだと考えている。
オ 俊成は師である基俊の教えに左右されず、古歌の趣向や表現を取り入れる技法を尊重し、その確立に努めた。

*『白氏文集』のような漢詩の風韻や『万葉集』のような古代的な雰囲気を取り込むことには、積極的な姿勢を示そうとしていたと思われる。そこには師として仰いだ*基俊の影響も考えられるが、また、清輔などに代表される*六条家の歌学を意識した結果であったかもしれない。

（久保田淳「藤原俊成」による）

〔注〕歌合――左右に分かれて出題された題などに応じた和歌を詠み、優劣を競う遊び。
長寛――日本の元号。
俊恵――平安時代後期の歌人。
散佚――文献などの所在がわからなくなること。
藤原清輔・中宮亮重家――平安時代後期の歌人。
朝臣――敬称。
端作――冒頭に記された言葉。
永万――日本の元号。
前左京大夫顕広朝臣――俊成のこと。
侍従――役職名。
申任――子弟を官職につけるため、親が職を辞すること。
刑部卿――役職名。
仁安――日本の元号。
権中納言藤原実国・女房小侍従――平安時代後期の歌人。
加判――左右の歌に判定を書き付けること。
顕昭・季経――平安時代後期～鎌倉時代前期にかけての歌人。
「このもかのも」論争――俊成と清輔との間の歌に関する論争。
別当隆季――平安時代後期の歌人。
楮――植物の名。和紙の原料。
三河・伊勢――平安時代後期～鎌倉時代前期にかけての女流歌人。
『拾遺和歌集』――平安時代の和歌集。
花山院――第六五代天皇。花山天皇のこと。
『詞花和歌集』・『後撰和歌集』――平安時代の和歌集。
『後撰和歌集』の読人しらず（雑三・一二四二）の歌――「菅原や伏見の暮に見わたせば霞にまがふ小初瀬の山」という歌のこと。〔菅原の伏見の里、ここで、「臥し見」という地名にふさわしく、暮れ方にずっと見わたすと、霞にまがうように初瀬の山が見えることであるよ。〕
『白氏文集』――中国唐代中期、白居易の詩集。
基俊――平安時代後期の歌人。
六条家の歌学――六条家と呼ばれる家柄の歌に関する学問。

〔問1〕(1)この判詞は、現在の我々が接することのできる最初の俊成のまとまった歌評である。とあるが、俊成の判詞にはどのような特徴があるか。次のうちから最も適切なものを選べ。

ア　当時流行した歌の詠み方を認めず、旧来通りの言葉の使い方や技法を使うよう勧めている。
イ　同時代の歌人たちの歌は技術が未熟であるということを指摘し、技巧面の批評が中心になっている。
ウ　古今の多様な和歌を知りつくした知識をもとに、歌論の理念や和歌の技法について述べられている。
エ　自分の師匠や他の流派への対抗意識を燃やし、間接的に批判する言葉を用いて述べられている。

の「*このもかのも」論争では俊成の意見を支持するような発言をしているし、重家にとって、清輔は時に煙たい兄であったのかもしれないが、何とも言えない。俊成としては清輔を強く意識しつつ、気を入れて加判したに違いない。

(1)この判詞は、現在の我々が接することのできる最初の俊成のまとまった歌評である。そして、彼の歌の読みがきわめて周到で、古代から近い時代までのおびただしい数の和歌に精通していたことを想像させるに十分なものである。俊成歌論で重要な(2)「幽玄」や「余情」といった用語も見られる。たとえば、「花」の二番についての俊成の判詞を見てみよう。まず番えられた歌は次のとおりである。

左　　　　*別当隆季

うち寄する五百重の波の白木綿は花散る里の遠目なりけり

（水辺に寄せる幾重にも重なった白木綿のような白波かと見えたのは、じつは遠目に見た、桜の花が散っている里の風景だったよ〈「五百重の波」は『万葉集』の歌句にもとづく。「白木綿」は神事などに用いられる*楮の皮の繊維〉）

右　　　　*三河

散り散らずおぼつかなきに花ざかり木のもとをこそすみかにはせめ

（桜の花がもう散ったかまだ散らないか気がかりなので、いっそのこと花盛りの木の下を住みかとしよう）

俊成はまず左の歌について、「風体は幽玄、詞義は凡俗にあらず」（歌としての姿は奥深く感じられて趣があり、歌の句が意味することも平凡ではない）と評価しつつ、海や川などの語もなくて遠望する里の落花を波にたとえ、森や社などを詠み入れずに白木綿に見立てることには無理がある。遠望する風景ならば、花が散っている有様をとくに「五百重の白木綿」かと錯覚することもないのではないかと批判した。

一方、右の歌については、*伊勢の「散り散らず聞かまほしきを古里の花見て帰る人も逢はなん」〔もう散ってしまったか、それともまだ散らずに残っているか、聞いてみたいのだが、旧都の花を見て帰ってくる人があれば、逢ってほしいものだ。〕（『*拾遺和歌集』春・四九）と、おそらく*花山院の「木のもとをすみかとすればおのづから花見る人となりぬべきかな」〔桜の木の下を住処とすると、花を見る人ということに、おのずからなってしまいそうだなあ。〕（『*詞花和歌集』雑上・二七六）を念頭に置いて、「古言どもをとかく引き寄せられたる」（古歌の表現をあれこれと取り入れておられる）と、その技巧は認めつつも、それらの古歌に比べて「花を思ふ心」が深くなく、結句（第五句）も「すみかにはせめ」という、自身の意志をはっきりと表明した点を「余情足らずやあらむ」（言外にただよう情趣が足りないようだ）と述べ、左の「なほ波の白木綿は、歌のさま、たけまさりてや」（やはり「波の白木綿」という句を含む左の歌は格調の高さが右の歌よりも勝っているであろうか）と(3)結論づけた。「たけ」（格調の高さ）の有無も歌評でしばしば論じられる美的要素であった。

古歌の趣向や表現を取り入れながら自身の歌を創出することの可否や難しさは、多くの歌人が考えさせられる問題であったに違いない。

俊成はこの歌合で、重家が「花」の五番（左）で詠んだ「小初瀬の花のさかりを見わたせば霞にまがふ峰の白雲」〔初瀬山の花の盛りを遠く望むと、霞にまぎれて峰の桜は白雲と見分けがつかないよ。〕（花五番左）という歌について、『*後撰和歌集』の読人しらず（雑三・一二四二）の歌を花の歌に変えたのであろうと指摘した後、やや時代が下ると本歌取りと呼ばれる、有名な古歌（本歌）から一～二句を自分の歌に取り入れるという技法について、自分の考えを述べている。当時はまだ歌人の間に、この技法についての共通の認識は存在しなかったのであろう。すなわち俊成は、古い名歌を巧みに取ることはよいという「古き人」の考えを尊重しつつも、それは(4)慎重になされねばならないと考える一方で、

〔問6〕(6)対話の目的は、対話の過程の外から与えられてはならない。とあるが、それはなぜか。次のうちから最も適切なものを選べ。

ア　相手の話を聴き、違う立場の意見も十分に尊重しつつ、自分自身の考えをより強く持たなければならないということだから。

イ　皆で話し合う過程が、自然に新しいものを生み出し、その中から、また次の新しいものが生み出されていくということだから。

ウ　話し合いを十分に重ね、皆で新しいものを生み出していくために、様々な課題を解決しなくてはならないものだから。

エ　対立する皆の意見をとりあげ、新たな視点から検討することにより、参加者で結論を生み出していくものだから。

〔問7〕本文の論の展開について説明したものとして、次のうちから最も適切なものを選べ。

ア　まず、テーマや問いの設定の難しさについて考察している。次に、哲学対話に移行するために必要な条件について指摘し、最後に対話が生み出す新しさについて検証している。

イ　まず、哲学対話における議論の必要性について考察している。次に、自分の信念を守ることの重要性を指摘し、最後に自分自身を更新していく方法について検証している。

ウ　まず、哲学対話と他の対話について考察している。次に、思考と対話を比較してから哲学対話における意味づけについて指摘し、最後に対話に終着点はあるかを検証している。

エ　まず、年代による意見の出し方の違いについて考察している。次に、哲学対話を行うことで新たな問いが生まれることを指摘し、最後に問いを解決すべき方法を検証している。

五

次の平安末期の歌人藤原俊成について述べた文章を読んで、あとの各問に答えよ。〔　〕内は、本文に引用されている古文の現代語訳を補ったものである。(*印の付いている言葉には、本文のあとに〔注〕がある。)

五十歳を越え、俊成は*歌合の判者を依頼されるようになり、そのような機会に同時代の和歌を批評し、和歌のあるべき姿を探究していった。

俊成が最初に歌合判者を務めたのがいつかははっきりとはしないが、現在のところでは*長寛二年八月十五夜に*俊恵が催した「白川歌合」と呼ばれる*散佚歌合ではなかったかとされる(なお、『平安朝歌合大成　増補新訂』では「俊恵歌林苑歌合」と呼ぶ)。

その二年後、*藤原清輔の異母弟である*中宮亮重家が主催した『中宮亮重家朝臣家歌合』の場合は、*端作に「*永万二年」と小書きし、「判者*前左京大夫顕広朝臣」と記す証本が伝わっている。永万二年正月十二日に俊成は、長男成家の*侍従への*申任のため左京大夫を辞しており、*刑部卿重家が中宮亮を兼ねたのは同年四月六日のことである。そして、八月二十七日に*仁安と改元された。それゆえにこの歌合は永万二年の四月初めから八月末までの間に催行されたこととなる。歌題は「花」「郭公」「月」「雪」「恋」の五題、歌人は*権中納言藤原実国・女房小侍従・俊恵ら二十八人で、計七十番という規模のものであった。

俊成は作者として参加したのではなく、おそらく歌合が催された後に結番(左方と右方に分けられた歌人たちの歌を一首ずつ、左右に番える〈組み合わせる〉こと)された本文を送られ、判者を依頼されたので*加判し、判詞を書き付けたと推定される。この頃には俊成と清輔が歌の上でライバルの関係にあることは誰の目にも明らかであった。それなのに重家が、義兄弟の*顕昭や同母弟の*季経も加わるこの歌合の判者を、なぜ異母兄の清輔ではなく、俊成に依頼したのかは全くわからない。四年前

〔問2〕(2)こうして、哲学対話によって、参加者は自己束縛を解いて自由になる。とあるが、「自己束縛を解いて自由になる」とはどのようなことか。

これを次の[ ]のように説明するとき、[1]と[2]に当てはまる最も適切な表現を、本文中から[1]は十五字、[2]は十六字で探し、そのまま抜き出して書け。

哲学対話により、[1]を持つことで、無意識に自分の思考をせばめていたことに気づき、[2]ようになること。

〔問3〕(3)これほど多様な定義の候補が出されると、「偉い」についてひとつの決定的な定義に至ることは難しいだろう。とあるが、それはなぜか。次のうちから最も適切なものを選べ。

ア 言葉というものは、様々な場面や状況において幅広く用いられるものであり、概念の内容を明確に限定することが不可能だから。

イ 言葉というものは、狭く限られた範囲の中でしか伝わらないものであり、複数の概念を比較して検討する必要はないから。

ウ 言葉というものは、多くの意味の中から共通性を見出す(みいだ)ことが難しいものであり、それを議論によって作り上げていくものだから。

エ 言葉というものは、奥深いものであり、人生の経験が少ない子どもに言葉の意味を決めさせることは簡単ではないから。

〔問4〕(4)それゆえに、対話には、参加者を真にグループに包括していく働きがある。とあるが、その「働き」はどのようなことをもたらすのか。次のうちから最も適切なものを選べ。

ア 多くの人が対話に参加し、同じ考えを持つ人が自然に集団を形成することで、互いの理解が深まり、強い関係で結ばれていくようになること。

イ 皆の意見が相対化されると同時に、それらの位置づけが理解され、互いが表面的ではなく、意見を共有した上でつながっていくようになること。

ウ 対話の細部に焦点を当て、特定の分野を深く掘り下げることで、参加者同士の連携が強まり、互いの存在の大切さに気づくようになること。

エ 参加者の意見をまとめるために自由に批判し合い議論を深めて、他者の意見を想像しながら対話を重ねる重要性を意識するようになること。

〔問5〕(5)唯一重要であるのは、新しさである。とあるが、筆者の主張の意図を踏まえて、これまであなたが体験した「新しさ」の例を二〇〇字以内で書け。なお、書き出しや改行の際の空欄や、、や。や「などもそれぞれ字数に数えよ。

ない。であるならば、対話の目標をどこに置けばいいのだろうか。

それは、新しさの発現である。新しさとは新しい組み合わせのことである。あるものは、これまでとは異なった関連性や文脈、枠組みの中に入ることによって新しさを得る。ある問いが新しい枠組みに置かれて、これまでとは別の展開を見せること、あるテーマが異なった人により異なった文脈により論じられること、自分の考えが意外な関連性のもとに置かれてこれまでとは異なった価値づけがなされること、これらが新しさの発現である。グループでの対話が新しい意味と目的を創発して、個々人にとってもそれまでとは異なった考えを持てる場所となる。各人が自分自身を更新して、それまでの自分から自由になることができるならば、その対話は成功したのである。哲学対話には、あらかじめ決められた到着点も方向性もない。(5)唯一重要であるのは、新しさである。新しい存在を生み出すことである。

対話は、新しさを生み出すことが目的であるかぎり、その過程には終わりがない。それは更新することそのことに意義がある、と言い換えてもよい。*ジョン・デューイは、教育の目的とは、成長そのものであると主張した。教育には到達地としての目的などない。固定された目的などは存在せず、人々の間で目的が一致するわけでもない。「どこへ向かっての成長か」という問いそのものが、成長の概念に反するのである。というのは、成長とは運動だからである。成長とは、さまざまな人間との接触により、他者との交流に身を開き、いっそう豊かな経験、さらに新しい経験をしていくことである。成長の過程が、次の段階を自生的に生み出すのである。(6)対話の目的は、対話の過程の外から与えられてはならない。いや、対話には特定の目的地があってはならない。もし対話の目的があるとすれば、新しさを追求すること以外ではない。それは、地上に新しい生き物を生み出す共同行為なのである。

（河野哲也「人は語り続けるとき、考えていない」による）

〔注〕子どもの哲学――「子どもとともにする哲学的探求」という教育活動のこと。
鳥瞰図（ちょうかんず）――高い所から見下ろしたように描いた風景図。
メタレベル――高次の段階。
ジョン・デューイ――アメリカの哲学者。

〔問1〕(1)これが哲学対話と他の対話との違いである。とあるが、どのような違いか。次のうちから最も適切なものを選べ。

ア 他の対話では、自己を変革するために、相手の話を取り入れようとすることを心掛けるのに対し、哲学対話では、持説を大切にし常識を基準とすることで、自分の主張を確固たるものとするという違い。

イ 他の対話では、持説を擁護して、相手を納得させることを意図していることがあるのに対し、哲学対話では、対話を進展させるために、相手の話を熱心に聞いて、相手の意見に迎合するという違い。

ウ 他の対話では、人は信念や常識にとらわれ、自分の深い考えを捉え直すことはないのに対し、哲学対話では、相手の話を熱心に聞くことで自分の信念を見直し、時に自己変革をすることもあるという違い。

エ 他の対話では、主題や問いについて、前提に立って議論を進めていくのに対して、哲学対話では、問題解決のために議論を行い、それが専門的で技術的になっていくという傾向があるという違い。

「評価に値する」、「努力した」、「すごい」などといった複数の概念と比較対照がなされる。具体的な人物名や振る舞いの事例が出され、その人やその行動が「偉い」という形容に値するかどうかが論じられる。これらの事例は単なる寄せ集めなのか、それとも「偉い」には共通性があるかどうかが検討される。褒め言葉としては、自分よりも目上や年上の人には「偉いね」とは言わない、などといった、言葉が使用される文脈や場面も論じられる。さらに、ある人から、ある地方では、「えらいやっちゃな〜」とか「えらいことしてくれたな」といったように、批判あるいは悲嘆の表現として「えらい」が使われることがあると指摘される。

(3)これほど多様な定義の候補が出されると、「偉い」についてひとつの決定的な定義に至ることは難しいだろう。さらに「地位が高いとはどういうことか」「努力したと認められるのはどういう時か」「すごいとは何か」とか、「なぜ人は人を褒めるのか」「なぜ人は評価するのか」とか、「そもそも、なぜ偉いかどうかが気になるのか」といったメタレベル*に問いは移行していく。ひとつの問いは無数の線によって他の問いとつながっており、最初の問いに答えるには、すべての問いに答えなければならない。

では、このような哲学対話では何が行われているのであろうか。それは意味づけである。「偉い」という概念は、対話によって、他のさまざまな概念との関連が示され、それが用いられる文脈や場面が明らかになっていく。関連した概念もさらに他の概念との関連が示されていく。こうした関連づけは、意味づけと呼んでよい。ひとつのテーマや問いが、他のテーマや問いのネットワークの中に、水平的に階層的に、時間的に空間的に、位置づけられていく。これがズームアウトする議論の成果である。

対話では、自分の意見も全体の中に位置づけられ、意味づけられていく。単に私の意見の真偽や正否が検討されるだけではない。他の意見との間でどのようなポジションになるのか、どのような前提に立ち、どのような帰結をもたらすものなのかが徐々に明らかになっていく。

人は自分の意見にしばしば固執している。自分の意見が批判されることは、自分が否定されているかのように感じるかもしれない。それゆえに、人は、自分が傷つき、他人を傷つけることを恐れて、議論を避けようとする。議論することは、他者と戦い争うことであるかのように思って、主張が正しいかどうかよりも、ときに妥協し、ときに付和雷同し、ときに多数派について議論を終了させようとする。声が大きいだけで正しくない意見でも追随する。

しかし対話では、さまざまな意見が多角的に検討されることにより、あらゆる意見が相対化される。ここで相対化されるとは、意味づけられるのと同じことである。そうして私の意見は、疑問や反論にさらされながらも、一定の位置づけ、すなわち意味づけを得る。多くの人が対話に参加すればするほど、全体が理解されていく。それは、自分の意見が位置づけられることであると同時に、自分自身がグループのなかに存在する意味を見いだすことでもある。参加者のグループが分かち合うのは、この意味の全体像である。哲学対話では、抽象概念を振り回すのではなく、参加していくことによって全体の理解が生じてくる。(4)それゆえに、対話には、参加者を真にグループに包括していく働きがある。

哲学対話で行われるのは、価値づけではなく、問題の意味づけである。意味づけとは、価値づけでもありうる。価値とは優先順位のことである。あるテーマが他のテーマとの関連で優先されるべきであると判断されれば、そのテーマの価値が理解されたのである。

では、対話の終着点、あるいは目標とは何であろうか。意味の全体像を得ることだろうか。そう言えるが、より多様な観点や視点から発言がなされることによって、文脈や枠組みがさらに広い範囲へと広げられることによって、あるいはさらにメタレベルの議論がされることによって、意味の全体像はむしろ広がっていき、最終的な全体像など得られそうに

四 次の文章を読んで、あとの各問に答えよ。（*印の付いている言葉には、本文のあとに〔注〕がある。）

対話とは、あるテーマについて自分の考えを提示しあい、相互に検討し、吟味するという過程である。ひとつのテーマや問いに対して、それぞれが意見を出し合うときに、すぐに明らかになるのは意見の多様性である。子どもの哲学*をはじめて行った子どもの感想としてもっとも多いのが、「いろいろな意見があるので驚いた」「普段からよく知っている友だちが、あんなことを考えているとは思わなかった」というものである。比較的に文化的・地域的な背景が均一である小学校で行っても、こうした感想が得られる。さらにさまざまな背景を持った人々の意見ならば、異なっているのが当たり前である。

哲学対話の特徴は、自分の意見が皆からの検討に付される点である。通常の話し合いでは、人はどうしても持説に固執してしまう。とくに自分のさまざまな行動の前提となっているような信念や、自分が常識と思っているような信念についてならば、なおさらである。普段はこのような自分の深いところにある考えを簡単には披露しないし、かりに披露してもそれを検討し合うことはしない。大人の方が、子どもより自分の意見に固執しがちであるし、人の意見を聞こうともしないことがある。

しかし哲学対話ではあえて持説を検討し合うことを目的としている。ディベートが持説を擁護して、相手を説得することに目的があるとすれば、哲学対話で重要とされるのは、相手の話を傾聴して、そこで得られた視点や立場から自分自身の考えを検討し、必要とあればそれを変える姿勢でいることである。(1)これが哲学対話と他の対話との違いである。哲学とは、自分の前提や習慣、信念を自己吟味し、場合によっては自己変更する試みだからである。

このような自己吟味の姿勢を保つには、新しい考えを作り出すという気持ちで対話に参加することが大切である。しかしこの気持ちを対話の最初から持つことは難しいかもしれない。皆で対話をするときには、テーマや問いが設定される。そして、誰かがそれについての意見を言う。他の人がそれとは異なる意見を言う。そしてそれぞれの意見に対して、質問が出され、対立する意見との比較がなされ、批判的な吟味がなされる。ひとつの意見は、さまざまな角度と視点から、多様な立場から検討され、広い文脈と背景の中に置き直される。思考は、ある前提に立って議論を進めようとする。対話は議論の前提からさらに引き下がろうとする。思考は進行的で、対話は遡行（そこう）的である。

議論には、ズームインとズームアウトという過程があると言える。ズームインとは、あるテーマや問いを、さらに詳細にしばしば具体的に論じていく過程である。ズームアウトとは、あるテーマや問いを広い文脈や枠組みに置いて、鳥瞰図（ちょうかんず）*を得ようとする過程である。ズームインから得られる議論は、問題解決的であり、専門的で技術的になっていく。他方、ズームアウトから得られる議論は、前提を問い直し、視野を広げて全体的になっていく。哲学の議論は後者を重視する。それはできる限り広い範囲の多様な視点から、問題を考えようとする態度である。対話に参加したものは、自分の意見が自覚のないままに狭い前提や限られた文脈から出ていることを知り、他の考え方の可能性もあることを理解する。

(2)こうして、哲学対話によって、参加者は自己束縛を解いて自由になる。それは他者との出会いにより、自分が自分に距離をとっていく過程である。

こうした対話では、問いやテーマに対して解決が出されるというよりは、その問いやテーマ、出される意見に対して、他の問いやテーマ、意見が関連づけられる。子どもの哲学の例を使ってみよう。「偉いってどういうこと」という質問が子どもから出される。すると、具体例が出されながら、「偉い」という言葉の定義が試みられる。「社会的地位が高い」、

〔問6〕 次は、A～Dの四人の生徒が、本文の表現の特徴や工夫について話し合う授業の一場面である。あとの問にそれぞれ答えよ。

A 「すーっと」「つーっつーっと」「ぬーっと」など面白い擬態語が多く使われています。

B 辞書をひくと「すうっと」「つうっと」「ぬうっと」となっています。少し変化させて使っているのが気になります。

C 「ー」は長音って言うんだって。

D そういえば台詞(せりふ)にも「ー」がたくさん使われています。「うぉーっ。」とか、「もっととりたいぞー。」とか。これらはミライくんの子どもっぽいかわいらしい言葉遣いを表現していると思います。

C 話し言葉の使い方もとってもかわいいよね。なんとかだぞ、とか。

B お父さんとのやりとりが目に浮かぶようです。

A 二人のやりとりのように、この文章全体も「 1 」雰囲気が感じられるのは、もしかしたらそういう一つ一つの言葉遣いによる影響かもしれませんね。

B そうそう。「ぬうっと」は辞書を調べてみると、のろい動作で、不意に目の前に現れる様子を表現していますが、時に、やや「 2 」印象もあると書かれています。でも、「ぬーっと」とすることで、その印象が「 3 」印象に変わっているように思います。

A 表現や一つ一つの言葉を変化させることによって、文章全体の雰囲気が変化するってことですよね。その状況に合った言葉を選ぶことの大切さが感じられて面白いです。

D 私は、実は「 4 」という隠喩表現がどういうことを言っているのか、気になっていたんですけど、みんなの話し合いを聞いていて、隠喩表現を使うことによって、ゆったりした雰囲気を印象的に表現する効果につながっているのかもしれないと思いました。

---

〔i〕 空欄「 1 」・「 2 」・「 3 」に入る言葉の組み合わせとして最も適切なのはどれか、次の選択肢**ア**～**オ**から選べ。

ア 1 気楽な　2 ぞんざいな　3 ほがらかな
イ 1 穏やかな　2 不気味な　3 親しみやすい
ウ 1 気さくな　2 ぶしつけな　3 人なつこい
エ 1 陽気な　2 無邪気な　3 しおらしい
オ 1 軽妙な　2 すげない　3 あどけない

〔ii〕 空欄「 4 」に当てはまる最も適切な表現を、本文中から**一文**でそのまま抜き出せ。

エ　「ぼく」は息子と川遊びに没頭したことを恥ずかしく感じつつも、だからこそ想像以上に色々な生き物がいる川だったことに気づけたということ。

〔問3〕 (3)ぼくは甘酸っぱい気分がさらにあふれ出してきて戸惑った。とあるが、このときの「ぼく」の様子を説明したものとして最も適切なのは、次のうちではどれか。

ア　池で楽しそうに網を操る息子に、網をふるっては色々な生き物を捕まえていた自分の少年時代を重ねてうれしさを感じた上に、昔、カメを飼っていた頃のことを思い出してしまい、懐かしさがこみ上げてきて当惑している。

イ　ザリガニを欲しがる息子に、ザリガニの害を無理やり納得させてしまったのではないかとためらいを感じた上に、昔、生き物を捕まえてきては母親に叱られたことを思い出して、切ない気持ちになってきて閉口している。

ウ　息子がカメを見たという言葉を聞き、少年時代にクサガメを飼っていたときのことを思い出して感傷的になっていた上に、昔、あこがれていたリクガメに不意に出会うことができて、興奮がおさえられずに困惑している。

エ　生態系を保全しながら遊ぶことの大切さを息子に伝えることができた満足を感じた上に、昔、自分も自然の中で様々なことを学んでいたのだと思い出し、無理に動物を家で飼うことに疑問を感じて反省している。

〔問4〕 (4)またもドキッと心臓が強く脈打った。とあるが、このときの「ぼく」の状況の説明として最も適切なのは、次のうちではどれか。

ア　偶然捕まえたカメがとても希少なものであることを知り胸が高鳴る中、また別のカメも見つけて、思い続けていると願いはかなうという体験を息子と共有でき喜んでいる。

イ　何度も夢見ていたリクガメを、実際に見つけることができた喜びに浸るとともに、幼い息子が自分の飼いたがっていたカメを知っていたことに動揺しつつもうれしく感じている。

ウ　メダカやフナだけでなくカメもいる多様性の高い池の近くで、息子を育てることに喜びを感じ、大自然を満喫する息子のたくましい成長ぶりを目の当たりにして感嘆している。

エ　自分が少年時代にあこがれていたリクガメを、こんな近所の池で実際に見つけて興奮していたところ、息子が網で別の小さなカメを捕まえていたのを目にして驚いている。

〔問5〕 (5)ゆっくりとペダルをこぎながら、ミライは晴れ晴れとした顔つきだ。とあるが、このときの「ミライ」の様子の説明として最も適切なのは、次のうちではどれか。

ア　自然を大いに味わう中で、父親と探していた希少生物と出会えたことに興奮し、達成感でさわやかな気持ちになっている。

イ　父親と川遊びを楽しみ興奮していたが、クサガメを持ち帰れないことに自分なりに納得し、落ち着いた気持ちになっている。

ウ　川遊びで多くの生き物との出会いや父親とのやりとりを楽しみ、その余韻を味わいながら、すがすがしい気持ちになっている。

エ　ガサガサという新たな遊びの楽しさに満足し、次の休みに父親が新たな遊びを教えてくれるのを待ち望む気持ちになっている。

「とうちゃん！」とミライが袖を引っぱり、我に返った。

「カメだ、とうちゃんのすきなカメだぞ！」

興奮、というか、驚きにみちた声。

そんなのわかってると言い返そうと思ってミライを見ると、(4)またもドキッと心臓が強く脈打った。

ミライのタモ網の中で、甲羅の長さが十センチほどの小さなカメが腹を向けて足をばたつかせていた。

「とうちゃん、これ、かいたいぞー。」

ぼくは暴れるカメを手にとった。今、日本では一番メジャーなアカミミガメ（ミドリガメの成体）ではなく、本来日本にいる種類だとわかった。

「クサガメだ。最近はなかなか見られないっていうけど、こんなとこにもいたんだな。これはだめ。持って帰らない。」

「どうしてだ、とうちゃん。」

「そんなにたくさんいるやつじゃないんだ。エビやフナとは違う。ここにちゃんといてもらおう。」

さっきのリクガメはもともと海外から持ち込まれたものだから、人のものじゃなければ保護してもオーケイ。でも、日本の生き物で数が減っているものはだめ、という自分なりの理屈だ。こじつけといえなくもない。

「えー、そうかー、なら、しかたないのかぁ。」ミライは一人でああだこうだ言いつつ、納得する。

やがてガサガサに満足してしまうと、ペットボトルを自転車の前籠（まえかご）に載せて帰路についた。

(5)ゆっくりとペダルをこぎながら、ミライは晴れ晴れとした顔つきだ。

（川端裕人「てのひらの中の宇宙」による）

〔注〕タモ網――魚をすくうのに使う小さい網。

ザリガニ――ここではアメリカザリガニのこと。

たーちゃん――「ぼく」の母親。

逡巡（しゅんじゅん）――ためらうこと。

〔問1〕(1)目を輝かせるさまを見て、ぼくは少し反省した。とあるが、なぜか。その理由として最も適切なのは、次のうちではどれか。

ア　息子がメダカを見つけ飛びはねて喜ぶ様子を見て、自分の生き物に対する興味がメダカには全く向いていなかったことに気づいたから。

イ　多忙を理由に息子に自然の中で生き物に接する機会を与えてこなかったため、息子が心ひかれるものさえ知らなかったことに気づいたから。

ウ　今に至るまで仕事でも家庭でも自分の興味を貫いてきたので、他人の気持ちを推し量ることができていなかったことに気づいたから。

エ　自分の幼い頃と比べて最近では自然環境が悪くなり生き物を捕まえられなかったため、川に行きたくても行けないもどかしさを感じていたから。

〔問2〕(2)大人げなく夢中になってしまったわけだけど、それだけのことはあった。とあるが、この表現から読み取れることの説明として最も適切なのは、次のうちではどれか。

ア　「ぼく」は息子より川遊びに熱中したことを反省しつつも、父親が気まずい思いをしないように気遣ってくれる息子を見て喜んでいるということ。

イ　「ぼく」は息子と川遊びにのめり込んだことを後悔しつつも、だからこそ息子も自分の子どもの頃のように自然が好きだとわかったということ。

ウ　「ぼく」は息子を放っておいて川遊びをしたことを後ろめたく感じつつも、自分の子どもの時と変わらない川の様子を実感し安心したということ。

言うと「多様性が高い」ということ。

　上層や中層は魚の領分で、メダカのほかにフナやタナゴやモロコが毎回のように網に入ってきた。密に生えている水草ごと掬(すく)うと、大量のスジエビが採れ、時にはゲンゴロウやミズカマキリのような水棲(すいせい)昆虫が見つかった。さらに池の底をさらえば、小型のシマドジョウ、カマツカ、そして、トンボのヤゴなどが泥の中で蠢(うごめ)いていた。

「*ザリガニがいないぞー。」とミライは不満げだったが、このあたりの池でザリガニがいないなんて逆にすごいことで、「いいか、ザリガニってのはもともと日本の生き物じゃないんだ。すごく強いからほかの生き物を食べちゃうんだぞ。ザリガニがいたら、ヤゴなんかいなくなっちゃうぞ。」と言って、納得させた。

「じゃあ、エビでもいいぞ。エビ、たくさんとるぞー。」とミライは言い、途中からは自分だけで網をふるった。最初は振り回されているみたいだったけれど、短く持てば安定することを教えるとすぐにコツを摑(つか)んだ。

　水草の付近で震わせるように網を使うやり方がなかなか堂に入っている。一掬いごとに何匹かエビが入っていて、そのたびに歓声をあげた。

　ミライの明るい声が、温かな光になってぼくを満たす。ぼく自身、相手が昆虫であれ、水の生き物であれ、こんなふうに網をふるう少年だったし、家にはいつもなにがしかの生き物がいて賑(にぎ)やかだったっけ。カブトムシ、クワガタ、ザリガニ、タナゴやフナなどの魚……。

「とうちゃん、こういうとこにはいるのか。」とミライ。

「なにが？」我に返ったぼくは聞き返した。

「さっき、みたぞ、カメみたいなやつ。」

(3)「あ、カメか……。」

　ぼくは甘酸(あまず)っぱい気分がさらにあふれ出してきて戸惑った。これも昔のことだが、すぐ近くの池にクサガメがいて、見つけるたびに持ち帰っては、*たーちゃんに叱られた。一度、無理を言って、家で飼わせてもらったことがある。でも、その時はすぐに自力で水槽から脱出して行方不明になってしまった。そいつを次に見たのは、半年後、春先の庭に花を植えるために土を掘り起こしていた時だ。クサガメは、なんと、庭で冬眠していたのだ。

「でも、さすがにここにはいないだろ。池が小さすぎる。」

などと言いつつあたりを見渡した。すると、少し先の草地に横たわっている明るい褐色の物体が目に飛び込んできた。それはドーム状をしていて、表面には黒い幾何学模様があった。

凝視するうちに、ドームの下から、ぬーっと顔があらわれた。

ぼくは目を疑った。そいつはリクガメなのだ。

でも、そんなことどうでもいい。ぼくは鼓動が次第に高まってくるのを自覚する。

こんな場所で、希少な野生種のリクガメに出会うなんて！

距離があるからよくわからないが、とにかく日本にいるものではなくて、マダガスカルとかインドに棲息しているようなやつ。ペットとして輸入されたものが、逃げ出してきたのかもしれない。

近くの池のカメに夢中になっていた頃、やはり、図鑑でリクガメを見て心惹(こころひ)かれた。つややかな甲羅がまるで宝石みたいで、いつか、飼ってみたいと夢見ていた。

息を詰めるうちに、そいつはのっそのっそと足を動かし背を向けた。そのまま歩き出して、少しずつ遠ざかる。ぼくは水の中で足を一歩、踏み出した。捕まえたい、と本気で思った。

ふいに白い影がよぎった。

後ろ姿の少年が、ひょいとリクガメを抱き上げて去っていく。

あの子のものなのか。追いかけていって見せてもらおうかと*逡巡(しゅんじゅん)する。

二〇二四年度 都立国立高等学校

【国語】（五〇分）〈満点：一〇〇点〉

一 次の各文の――を付けた漢字の読みがなを書け。

(1) 反物を買う。

(2) 内閣が統轄する。

(3) 何の煩いもない。

(4) 万障を排する。

(5) 片言隻語も聞き逃さない。

二 次の各文の――を付けたかたかなの部分に当たる漢字を楷書で書け。

(1) フセイシュツの天才作曲家。

(2) 流行にツウテイする一つの傾向。

(3) 資金をモトデに店を開く。

(4) ジョハキュウの変化がある話。

(5) ウミセンヤマセンの起業家。

三 次の文章を読んで、あとの各問に答えよ。（*印の付いている言葉には、本文のあとに〔注〕がある。）

「ぼく」と五歳の息子「ミライ」は公園で遊んだ帰り道、川沿いの湧水池で「ガサガサ（池で魚などを捕まえること。）」をしている少年を見かける。近づいて見てみると池にはメダカが泳いでいた。

昼食後、近くの釣具店（つりぐてん）で安いタモ*網を買った。池の縁に戻り、さっきと同じ場所に立った。ミライの体に比べたら大きすぎる網だが、一緒に持ってえいっとばかりに水の中に落とす。

引き寄せた青い編み目の中から銀色に光るものが見えた。すーっと直線的な背中のラインで、目は上の方についている。

メダカだった。でっぷり膨らんでいる腹からして、卵を持ったメスに違いなかった。

「うぉーっ。」とミライが跳びはねる。

へえ、結構、生き物に興味津々（しんしん）なのか。

(1)目を輝かせるさまを見て、ぼくは少し反省した。自分が子どもの頃は、家の前の野原で捕虫網を振り回し、川でザリガニ釣りをする日々だったのに、仕事の忙しさにかまけて、息子の興味を刺激してやることを怠ってきた気がする。

家から持ってきたペットボトルに水を半分くらい満たし、メダカを入れてみる。さっそく水面近くをつーっつーっと泳いで、楽しげだ。

「とうちゃん、もっととりたいぞー。」とミライが言い、「じゃあ、一緒にやろう。」と網をふるううち、気がついたらぼくもミライも靴のまま池の中にいた。(2)大人げなく夢中になってしまったわけだけど、それだけのことはあった。こんな小さな池になぜ、と思うほど、生き物が豊かなのだ。数が多い、というより、種類が多い。ちょっと専門的な言葉で

英語解答

1 A ＜対話文１＞ イ
＜対話文２＞ ウ
＜対話文３＞ エ
B Q１ ア
Q２ To give it a name.

2 〔問１〕 イ 〔問２〕 エ
〔問３〕 始めの２語…know which
終わりの２語…most often
〔問４〕 ア 〔問５〕 オ
〔問６〕 understand their meanings
〔問７〕 right 〔問８〕 SEE YOU
〔問９〕 イ 〔問10〕 カ

3 〔問１〕 (1)−a…ウ (1)−b…エ
(1)−c…ア
〔問２〕 ウ
〔問３〕 cultural differences and various ways of thinking
〔問４〕 a design b present
〔問５〕 イ
〔問６〕 (例) Mai and her family had a great time with Ellen and felt really sad after they said goodbye to her at the airport (23語)
〔問７〕 a symbol of wisdom
〔問８〕 (例) Friendship is the most precious thing in life. It may be hard to find true friends, but Mai and Ellen already have each other as friends. (26語)
〔問９〕 カ

1〔放送問題〕

〔問題A〕＜対話文１＞≪全訳≫トム(T)：サトミ，君は犬が大好きなんだってね。／サトミ(S)：ええ，トム。犬を１匹飼ってるの。あなたは？／T：僕は犬を２匹飼ってるよ。その子たちのおかげで僕は毎日幸せなんだ。／S：私も，うちの犬のおかげで幸せよ。私たちの友達のリナも犬を飼ってるのよ。３匹飼ってると思う。／T：へえ，そうなの？／S：ええ。いいことを思いついたわ。今度の日曜日に一緒に犬を散歩させましょう。午後４時はどうかしら？／T：いいよ。リナにもきいてみよう。次の日曜日が待ちきれないよ。

Q：「トムは何匹の犬を飼っているか」―イ．「２匹の犬」

＜対話文２＞≪全訳≫ジョン(J)：もうすぐおじいちゃんがうちに来るね。彼のためにスパゲッティをつくるのはどうかな，メアリー？／メアリー(M)：それはいい考えね，ジョン。／J：よかった。このトマトと玉ねぎが使えるよ。何か買う必要はあるかな？／M：野菜はたくさんあるわ。あっ，チーズがないんだった。／J：わかった。スーパーでチーズを買おう。／M：ええ，そうしましょう。／J：飲み物も買った方がいいかな？／M：ジュースは昨日買ったわ。だから，飲み物は買わなくていいわよ。

Q：「ジョンとメアリーはスーパーで何を買うつもりか」―ウ．「チーズ」

＜対話文３＞≪全訳≫ジェーン(J)：こんにちは，ボブ，今週末は何をする予定？／ボブ(B)：やあ，ジェーン。僕は日曜の午後に学校の野球の試合を見に球場へ行く予定なんだ。／J：まあ，ほんとに？ 私も友達と一緒にそれを見に行くつもりなの。一緒に球場に行かない？／B：もちろんいいよ。モミジ駅で待ち合わせよう。いつ集まったらいいかな？／J：その試合は午後２時に始まるのよね。１時半に駅に集合しましょう。／B：じゃあ，その前に駅の近くでお昼ご飯を食べない？／J：いいわね。12時でどう？／B：それは早すぎるな。／J：わかったわ。１時に駅に集まりましょう。／

B：うん，そうしよう。

Q.「ジェーンとボブはいつモミジ駅で待ち合わせるか」—エ.「1時」

〔問題B〕≪全訳≫皆様，おはようございます。東京中央動物園にようこそ。皆様に特別なお知らせがございます。新しいウサギが生まれました。生後2か月になります。このウサギは，以前は別の部屋にいました。しかし1週間前，ウサギを移しました。現在，「ウサギのおうち」で，このウサギを他のウサギたちと一緒にご覧いただけます。このウサギは午前11時よりご覧になれます。1歳を過ぎたウサギもいます。このウサギたちは野菜を食べますが，新しいウサギは食べません。／当園では，年長のウサギにはみんな名前がついています。ですが，この新しいウサギには名前がありません。私たちは，皆様にこのウサギに名前をつけていただきたいと考えております。よい名前を思いつきましたら，インフォメーションセンターにて用紙を受け取り，その名前をお書きください。そして，その用紙をそこにあるポストにお入れください。ありがとうございました。

Q1：「新しいウサギは何歳か」—ア.「生後2か月」

Q2：「動物園は新しいウサギのために人々に何をしてほしいのか」—「それに名前をつけること」

2〔長文読解総合—会話文〕

≪全訳≫❶アンナはカリフォルニアで学ぶ日本人の高校生である。今日，彼女はクラスメートのイブを，別のクラスメートのオットーと一緒に訪れている。イブは2人に自分の家を案内している。彼らはイブの兄の部屋の外に立っている。彼女の兄のボブは大学に通っている。アンナは彼の部屋のドアに奇妙な記号があるのに気がついた。／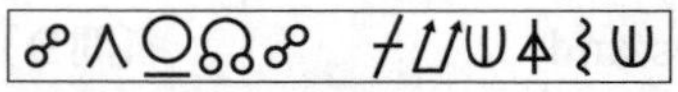❷アンナ(A)：その記号がどういう意味かわかるの？❸イブ(E)：わからない。2日前にボブがそれを自分のドアに貼ったのよ。彼にその意味をきいてみたの。でもボブは「どういう意味か自分で見つけてみなよ」って言うの。❹オットー(O)：地図記号かな？❺A：違うと思うな。同じ形のがいくつかあるけど，全然わからないわ。❻O：どういう意味なのか知りたいな。❼E：ボブにきいてみましょう。(大きな声を出して)ボブ，今話しかけてもいい？　友達のアンナとオットーが今ここに来てて，あなたにききたいことがあるの。❽ボブがドアを開ける。❾ボブ(B)：こんにちは！　はじめまして。❿A：こちらこそ，お会いできてうれしいです。あなたのドアに貼ってある記号についてきいてもいいですか？⓫B：ああ，この記号ね。この意味を教えてほしいって言うなら，それはできないよ。だけど，君たちは特別なお客だ。一緒にこの記号について考えてみよう。中に入って座ってよ。⓬A・O：ありがとうございます。⓭B：この紙に，同じ記号を書いてみるよ。僕のメッセージの1つ目の部分，つまり左側はこう()で，メッセージの2つ目の部分，つまり右側はこう(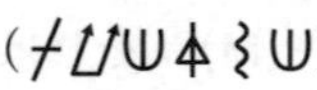)だよ。これは2つの単語でできてるんだ。こういう記号を前に見たことはあるかな？⓮O：いいえ，ないです。⓯A：それぞれの記号が違うものを示すと思うんですけど，意味はわかりません。⓰B：それぞれの記号は別々の文字を表してるんだ。これらの記号を使えば，誰かに秘密のメッセージを送ることができるよ，他の惑星の生命体にでもね。⓱E：これは彼らへのメッセージってこと？⓲B：いや，そうじゃないよ。⓳O：わかりました。それぞれの形を詳しく確認してみよう。⓴A：同じ形の記号が2組あるけど，(2)<u>私が気づいたのはそれだけだわ</u>。㉑E：他には何もわからない。㉒B：じゃあ，このメッセージの2番目の部分をもっと詳しく確認してみよう。これは6文字の単語だよ。英語には6文字の単語が約2万3000語あるんだ。これは5文字の単語の約2倍なんだよ。㉓E：答えを見つけるなんて，ほぼ不可能に思えるけど。㉔B：モールス信号を発明した人は，英語の中でそれぞれの文字が何回使われているかを数えたんだ。彼は一番よく使われている文字を明らかにしたんだよ。2つ目の部分を理解するには，どの英語の文字が最もよく使われているかを知らないとね。㉕O：そんなこと考えたことはないな。㉖A：その文字を見つけるにはずいぶん時間がかかりそう。27B：この文章を読んでごらん。一番よく使われる母音字がないんだ。僕のメッセージの２つ目の部分にはその文字が２回出てくるよ。／これは驚くべき文章である。どんな図書館のどんな人気の本にもこの文章は見つからないだろう。ヒントが欲しいだろうか。声に出して発音してみれば，それがわかるだろう。何がないか，見つけられるだろうか。28E：わからないなあ。29B：この文章の中のそれぞれの文字をよく見てごらん。30A：わかった。「E」じゃない？31O：そうだ。あなたのメッセージにある２つ目の部分の３番目と６番目の文字(⋓)は，たぶん「E」ですね。32B：そう。じゃあ，今度はこの３つの表を見て。それぞれの表は上位10番目までの文字とその割合を示しているんだ。１つ目の部分の最初と最後の文字(☍)はこれらの表には載ってないけど，僕のメッセージ中のそれ以外の文字は全部ここにあるよ。

表１　最もよく使われる文字トップ10

文字	E	T	①	②	N	I	H	③	R	L
割合	12.6%	9.4%	8.3%	7.7%	6.8%	6.7%	6.1%	6.1%	5.7%	4.2%

表２　単語の最初にくる文字トップ10

文字	T	①	I	③	②	C	M	F	P	W
割合	15.9%	15.5%	8.2%	7.8%	7.1%	6.0%	4.3%	4.1%	4.0%	3.8%

表３　単語の最後にくる文字トップ10

文字	E	③	D	T	N	Y	R	②	L	F
割合	19.2%	14.4%	9.2%	8.6%	7.9%	7.3%	6.9%	4.7%	4.6%	4.1%

33E：欠けている文字が３つあるね。34B：そうなんだ。その３つの欠けた文字を見つけてみよう。35A：わかりました。(5)-a始める前に，質問してもいいですか？　５つの母音は全てこの表の中にありますか？36B：いや。この中には「U」の字はないんだ，あと，欠けている字のうちの１つは子音字だよ。37A：じゃあ，そのうちの２つは母音字ってことですね。あなたはどう思う？38O：それは「A」と「O」だよ。39E：３つの欠けている字のうちの１つは表３には載ってないわね。その１つは何だろう？　私にはわからないな。40B：よし。君たちにいいヒントをあげよう。この文をよく読んでごらん。／２日前，それについて少しの間考えた後で，僕は風変わりな記号を自分のドアに掲げた。41E：つまり，この文をチェックすることで「①」と「②」と「③」が見つかるってこと？42B：そのとおり。43A：この文には「①」で始まる単語が４つあるわね。「①」は母音字じゃないかな。44O：この文には「③」で始まる単語が３つと，「③」で終わる単語が２つあるよ。表３によると，単語の終わりには「③」の方が「②」よりもずっと多く使われている。たぶん「③」は子音字だ。45E：「②」は母音字ね。この文には「②」で始まる単語が１つと，「②」で終わる単語が２つある。46B：よくできたね。僕のメッセージの２つ目の部分がわかったかい？47E：まだ難しいわ。48O：(5)-bその言葉についてもう少しヒントをもらえますか？49B：もちろん。誰かに何かをていねいに頼むときに，この言葉を使うよ。50E：「PLEASE」ね。51B：そう。じゃあ，僕のドアのメッセージは何かな？52O：メッセージの左側がまだわからないんですよ。53B：僕は，他の人が僕の部屋に入る前にそうしてほしいんだ。54A：「KNOCK　PLEASE」ですね。55B：そう。僕の家族はすごく仲がいいんだけど，１人の時間も必要だからね。56E：これからは気をつけるわ。57O：でも，この記号って役に立つんですか？　あなたの家族にはその意味がわからないんですよね？58みんな笑う。59O：あなたはどうしてこういうパズルに興味を持ったんですか？60B：初めてモールス信号のことを知ったとき，こういう暗号パズルを解くのが楽しくなったんだよ。61A：(5)-c他に何か例はありますか？62B：二進法って知ってるかな？　コンピューターは情報を伝達するのに「１」と「０」の数しか使わないんだ。二進法がなければ，コンピュ

ーターを作動させることはできないんだよ。63O：それは知りませんでした。(5)-dそれについてもっと教えてもらえますか？64B：二進法は，君たちが閲覧するウェブサイトや，君たちがするテレビゲームでも，コンピューター上で書くもの全てに必要なんだ。2023年6月に，ロンドンでのあるイベントの開催を祝して，イギリスの首相が首相官邸のドアに書かれた二進法の写真をインターネットで公開したんだ。65A：へえ！　後でチェックしてみます。66B：さてここで，表4を見てもらおう。

表4　文字から数字への変換表

A＝1	B＝2	C＝3	D＝4	E＝5	F＝6	G＝7	H＝8	I＝9	J＝10	K＝11	L＝12	M＝13
N＝14	O＝15	P＝16	Q＝17	R＝18	S＝19	T＝20	U＝21	V＝22	W＝23	X＝24	Y＝25	Z＝26

それぞれの文字の数は二進法で表すことができるんだ。この5枚のカードが必要だよ。このカード上の点の数について何か気づいたことはあるかな？67E：16，8，4，2，1か。わからないなあ。68A：2つ以上点のあるカードはそれぞれがその右側のカードの数の2倍になってる，そうじゃありませんか？69B：そのとおり。二進法で「I」を表すことについて考えてみよう。表4によると，「I」は9だね。さて，それぞれの数は二進法では5桁で表されるんだ。必要なカードは「1」と表す。不要なカードは「0」と表す。「9」を表すには，どのカードが必要かな？70O：これでどうですか？　01001。71B：すばらしい。「Z」を二進法に置き換えられるかな？72E：私がやってみる。「Z」は26でしょ。必要なのは点が16のカード，8のカード，2のカードね。11010よ。73B：よくできました。これは僕から君たちへの最後のメッセージだよ。10011　00101　00101　11001　01111　10101。74O：絶対にまた来ます。パズルなんて子ども向けのもので，時間の無駄だと思ってました。75B：パズルは脳と健康にいいんだよ。パズルは生活の中で問題を解決する方法を知るのに役立つことだってあるんだ。76A：今日は暗号のことが少しわかりました。だけど学びに終わりはありませんね。77E：そうね。読んだり，聞いたり，観察したり，質問したりすることによって，たくさんの知識が得られるわよね。78O：知識への窓は世界に開かれた窓，ってことか。他の人たちとより多くの知識を共有すれば，生活の中で物事をさまざまな方法で考えたり，より多くのものを得たりすることができるだろうね。ありがとうございました，ボブさん。79B：そう言ってもらえるとうれしいよ。

〔問1〕＜英文解釈＞下線部は，直前の Is this a message to them?「これは彼らへのメッセージってこと？」というイブの質問に対する返答であり，この them はその前にある life on other planets を指している。よって，下線部の意味を表すのは，イ．「それは地球外生命体へのメッセージではない」。

〔問2〕＜整序結合＞語群から that's the only thing と I have found という2つのまとまりができる。残った that を目的格の関係代名詞として使ってこの2つをつなげばよい。　… that's the only thing that I have found.

〔問3〕＜語句解釈＞下線部の the right letter が何を指すか考える。下線部を含むアンナの発言は，その前にあるボブの To understand the second part, you should know which English letter is used the most often. という発言に対するものなので，find the right letter が，know which English letter is used the most often を受けた表現であることがわかる。

〔問4〕＜要旨把握＞第32～46段落参照。①～③に入る文字のうちの2つは「A」と「O」であり（第38段落），第43～45段落の内容から，第40段落でボブがヒントとして与えた文において，①は語頭に4回用いられている母音字，③は語頭に3回，語尾に2回用いられている子音字，②は語頭に1回，語尾に2回用いられている母音字であることがわかる。

〔問5〕＜適文選択＞(5)-a．表1～3で欠けている文字を見つけ始めようとしているところで，この直後でボブに質問をしている。　(5)-b. 直後のボブの発言は，ボブのメッセージの後半部分を読み解くヒントになっている。　(5)-c. 直後でボブが説明している二進法は，直前でボブが言った暗号を解くことの別の例と考えられる。　(5)-d. 直前で I didn't know that. と言っているので，さらに詳しく説明を求めたのである。

〔問6〕＜適語補充＞オットーがボブに，記号で書かれたメッセージについて役に立つのかと尋ねている場面。その理由は，家族でも「その意味がわからない」と思ったからだと考えられる。第15段落に understand their meanings とある。

〔問7〕＜適語補充＞5枚のカードの点の数は，全て「右側」のカードの数の2倍になっている。

〔問8〕＜要旨把握＞第69～72段落の説明に従い，5枚のカードを用いて各5桁が表す数を求め，それを表4に照らし合わせれば，それぞれが表すアルファベットの文字がわかる。5桁が表す文字は次のとおりとなる。10011＝16＋2＋1＝19→S，00101＝4＋1＝5→E，11001＝16＋8＋1＝25→Y，01111＝8＋4＋2＋1＝15→O，10101＝16＋4＋1＝21→U。

〔問9〕＜英文解釈＞下線部は「知識への窓は世界への窓だ」という意味。直後に続く「知識を共有することで，さまざまな考え方を身につけられ，得られるものが多くなる」という内容は，下線部を具体的に言い換えた内容だと考えられる。イ．「新しいことを学べば，それはさまざまな新しい考えを示してくれる」は，この内容を表している。

〔問10〕＜内容真偽＞ア．「アンナはボブの部屋のドアにある奇妙な記号は地図記号だと考えている」…×　第3，4段落参照。地図記号だと思ったのはオットー。　イ．「英語には5文字の単語が約1000語ある」…×　第22段落参照。2万3000の半分である。　ウ．「表3には『U』と『E』の文字が両方とも含まれている」…×　第35，36段落参照。「U」はない。　エ．「ボブの家族は彼の部屋に入る前にいつもノックをしている」…×　第54～56段落参照。妹のイブが「これからは気をつける」と言っている。　オ．「モールス信号を学んだ後，ボブは数学の問題を解くのを楽しむようになった」…×　第60段落参照。「数学の問題」ではなく「暗号パズルを解くこと」。
カ．「二進法がなければ，コンピューターが何らかの作業を行うことは不可能だろう」…○　第62段落最終文に一致する。　キ．「2023年7月に，イギリスの首相が自宅の扉にある二進法の写真を撮った」…×　第64段落第2文参照。「7月」ではなく「6月」。　ク．「本を読むことによってのみ，我々は新たなものの見方を獲得できる」…×　このような記述はない。

3〔長文読解総合―物語〕

≪全訳≫❶6月のよく晴れた日に，フィンランドから来た高校生のエレンが日本を去ろうとしている。彼女は10か月前に日本にやってきた。彼女のホストファミリーは，父親のリュウ，母親のクミ，娘のマイと，その5歳の弟ショウタの4人だ。マイはエレンのクラスメートでもある。❷リュウが大きな声でこう言った。「準備はできた？　もう出発する時間だよ！」　彼ら5人は皆，車に乗り込んで家を出発した。ショウタは初めて空港に行くのでとてもうれしそうだった。エレンはマイとクミと楽しくおしゃべりしていた。彼女は(1)-a彼女たちが日本でともに過ごす楽しい時間が永遠に続くことを願っていた。❸「あっ，向こうにあるタワーを見て」とマイが言った。エレンはすばやく応じた。「わあ！　去年，私が日本に来てすぐの頃，あそこに連れていってくれたよね。そのタワーの隣にある大きな古いお寺にも行ったね。私が日本のお寺を訪れるのは，あれが初めてだったんだ」「まるで昨日のことのようね」とクミが言った。エレンは，あの日，自分はすばらしい時を過ごしてとても幸せだったと彼女たちに話した。エレンは続けてこう言った。「来日する前は，大学で美術史を勉強しようと考えていたんです，でも(1)-b日本に滞在したことで，将来の夢が変わったんです。たくさんのお寺や神社を訪れてみて，何世紀も前の日本の大工さんたちの技術に引きつけられたんです。今，日本語だけでなく，建築についてもフィンランドの大学で詳しく学んでみたいなって思ってるんです」　車の中で，彼女たちは皆，自分たちがともにしたさまざまな体験について話し続けた。エレンは言った。「私の携帯はあなたたちやクラスメートと一緒に撮った写真でいっぱいです。(2)落ち込んだときは，きっとこれらの写真が私の心を温めてくれると思います」❹彼女たちは空港の出発階に到着した。エレンの搭乗手続きの間，残りの4人は長椅子で彼女を待っていた。マイの隣に座っていた高齢男性が彼女にこう言った。「海外旅行ですか？」「いいえ，違います。うちに滞在していたフィンランド人の友人が，今日帰国するんです」とマイは答えた。「へえ，本当かい？　妻と私も30年ほど前にカナダから高校生を受け入れたんだ。彼は今，国際弁護士になってるよ。彼がまたうちを訪ねてきてくれて，ちょうどカナダへ出発したところなんだ。私たちが大切な友人を見送りにきたのは，偶然の一致だね」とその男性は言った。彼の隣にいた高齢女性がマイにほほ笑みかけてこう言った。「それに(1)-C同じ経験を共有した人とお別れするのはつらいものよね」「はい，本当にそうですね」とマイは言った。そこへ全ての搭乗手続きを終えてエレンが彼女たちのところへ戻ってきた。マイは立ち上がって高齢男性とその妻に向かってこう言った。「お話しできてよかったです」「私たちもあなたと話せてよかった」と彼らは笑った。❺エレンが去るときがきた。彼女はこう言った。「あの，自分の気持ちを全部表現するのにぴったりな言葉が見つからないんですが，でも私の滞在中に皆さんが私のためにしてくれた全てのことにとても感謝しています。皆さんからたくさんのことを教わりました――文化の違いとか，いろんなものの考え方とか。最初のうちは，そういったことで困ることもありましたけど，そのおかげでより広い世界への扉が開けたんです」　エレンは泣き出した。クミは目に涙を浮かべながら彼女を抱きしめてこう言った。「10か月間，私たちのフィンランド人の娘になってくれてありがとう。私たちはすばらしい時間を共有したし，あなたのことも私たちの大切な思い出も，決して忘れないわ」　マイとショウタも泣き出した。リュウの鼻と目は赤くなっていた。❻エレンは家族のメンバーたちにプレゼントを渡した――リュウにはフィンランドの山々をデザインしたTシャツ，クミにはフィンランドの写真集，マイとショウタにはフクロウの形をした小さな2つのお守りをあげた。エレンは彼らに，ヨーロッパの童話の中ではフクロウは知恵のシンボルなのだと説明した。クミはこう言った。「あら，そのことなら聞いたことがあるわ。そういうお話の中では，フクロウは森の王として描かれることがあるんですってね」「フクロウって森の王なの？」とショウタが大きな声で言った。「ありがとう，エレン。これ，とってもかわいいね」とマイが言った。ショウタはマイにそのお守りを自分のリュックにつけてくれと頼み，彼女はそうした。マイも自分のお守りを自分のバッグにつけた。❼マイはエレンに，エレンの大好きな日本のアニメのデザインがついたペンケースをあげた。ショウタは自分で描いた家族の似顔絵をあげ，リュウは家族で撮った写真のアルバムをあげた。最後に，クミがこう言った。「あのね，これはあなたのためにつくった，ちょっとしたプレゼントよ，エレン。はい，どうぞ」　彼女は自分のバッグからプレゼントを取り出してエレンに渡した。それはフクロウのデザインのポーチだった。「わあ，これ，とってもかわいい，それになんていう偶然なの！」とエレンは大きな声で言った。マイは彼女に，日本ではフクロウにはいろいろな意味があるのだと話した。日本語の「ふ・く・ろう」のそれぞれの音は，さまざまな漢字と結びつけることができると説明した。彼女はエレンのチケット入れに漢字で2つの例を書いた――1つは「福が来る」という意味で，もう1つは「苦労しない」という意味のものだ。エレンはとても驚いた様子をしてこう言った。「すごい。ありがとう，お母さん。ありがとう，マイ」❽彼女たちはこれからも連絡を取り合って，将来いつか再会しようと約束し，お別れを言った。❾「あーあ，行っちゃったね」とショウタが悲しそうな声で言った。「そうだな，彼女のいない生活に戻らないといけないな」とリュウが答えた。他の全員が無言でうなずいた。⑩家に帰る途中，車中で彼らはあまり話をしなかった。車窓からの眺めは彼らにとっては違って見えた──以前ほど色彩にあふれてはいなかった。だが，それと同時に，彼らの心は幸せな気持ちでいっぱいだった。⑪ショウタはリュックにつけた自分のお守りを見て「森の王だよ」と言った。リュウがすかさずこう言った。「それに知恵のシンボルだ！」　マイももう一度自分のお守りを見たいと思った。唐突に彼女が叫んだ。「えっ，どうしよう！　どこかにお守りを落としちゃった」　彼女たちは車の中でそれを捜したが，見つからなかった。マイは泣き出した。彼女はこう言った。「きっとバッグにしっかりとついていなかったんだ。あんなに大切なものを──私の人生の宝物の１つをなくしちゃったなんて信じられない！」　彼女はさらに大きな声で泣き叫んだ。「戻ってあのお守りを捜した方がいいよ」とショウタが言った。「そうだな。空港に戻ろう」とリュウが言った。⑫空港に着くと，彼らは遺失物取扱所まで走っていった。マイは事務所にいた背の高い男性に，自分の捜しているお守りのことを伝えた。その人は後ろにある部屋に入っていった。数分後，彼は紙袋を持ってその部屋から出てきた。彼はその袋を開けて，手の中にあるフクロウのお守りをマイに見せた。マイはうれしくて跳び上がった。⑬彼はこう言った。「あるご老人とその奥さんがこれを持ってきてくれたんです。その人たちは出発階であなたとお話しして，あなたと外国人の女の子がお別れをしているのを見ていたそうです。あなたたちが全員いなくなった後，お２人はこの小さなお守りが床に落ちているのを見つけたと。彼らはこれがあなたのものだと思って，ここに持ってきてくれたんですね」　その紙袋には手書きのメッセージがあった──「あなたたち２人はすでに人生で最もすばらしいものを見つけましたね」　マイはそれを何度も読み，ほほ笑んだ。

〔問１〕＜適文選択＞(1)-a．日本での滞在を終え，これから母国に帰ろうとしているエレンの気持ちを表す内容が入る。　(1)-b．直前に but があるので，その前の「来日前は美術史を学びたいと思っていた」という内容と相反する内容が入る。イも逆接の関係にはなるが，scientist や designer という語が前後の内容に合わない。　(1)-c．直後の Yes, it really is というマイの発言につながるものを選ぶ。is の後には，アの hard 以下が省略されていると考えられる。

〔問２〕＜整序結合＞エレンが電話に入っている写真について述べている場面。文頭の I'm に続くのは sure。I'm sure (that) ～「きっと～だと思う」の形をつくる。語群から「写真が心を温かくしてくれる」という意味になると推測できるので，'make＋目的語＋形容詞'「～を…(の状態)にする」の形を用いて those photos will make my heart warm とする。残りは when で始まる副詞節にまとめる。feel depressed は 'feel＋形容詞'「～の気分がする」の形。　depressed「落ち込んで」　I'm sure <u>those photos</u> will make <u>my heart</u> warm when <u>I</u> feel depressed.

〔問３〕＜書き換え―適語句補充＞下線部は「それらがより広い世界への扉を開けてくれた」という意味。この they は，その前で述べている，エレンがホストファミリーであるマイの家族から学んだことを指しており，その具体例として，cultural differences and various ways of thinking が挙げられている。よって，この文は，「日本での滞在先の家族のおかげで，<u>文化的な違いやさまざまな考え方</u>など，自分の知らなかったたくさんの新しいことを学ぶチャンスを得ることができた」と言い換えられる。such as ～ は「～のような」と具体例を表す表現。

〔問４〕＜英文解釈＞下線部は「なんという偶然だろう」という意味(coincidence の後に this is が省略された感嘆文)。エレンが偶然と思ったのは，エレンとクミがどちらもフクロウに関連するプレゼントを用意したからである。エレンはフクロウの形のお守りを，クミはフクロウのデザインのポーチを用意していたのだから，「エレンもクミも，お互いへの$_b$<u>プレゼント</u>にフクロウの形や$_a$<u>デザイン</u>を選んだことは驚くべきことだ」とする。

〔問５〕＜英文解釈＞ここでの awesome は「すごい，すばらしい」という意味。この前でマイが，日本ではフクロウはその言葉の音から「福・来」や「不・苦労」などを連想させるものだと説明したのを聞いて，エレンは驚いたのである。イ．「日本ではフクロウにさまざまな意味があるということを知るのはすばらしいことだ」は，この内容を表している。

〔問６〕＜文脈把握＞景色が色彩を失って見えた理由は，長い間一緒に楽しく過ごしたエレンと別れた喪失感によるものと推測できる。マイたち一家がエレンと楽しい経験を共有したことと，そのエレンと別れたことによって悲しくなったということをまとめるとよいだろう。

〔問７〕＜適語句補充＞空所は，ショウタがエレンからもらったフクロウのお守りを眺めて，A king of the forest.「森の王」と言ったのを聞いたリュウの発言。And に続く部分であることから，「森の王」と同様にフクロウを表す言葉が入ると判断できる。第６段落でエレンが，フィンランドの童話においてフクロウは a symbol of wisdom「知恵のシンボル」だと説明している。

〔問８〕＜条件作文＞以前に外国人を受け入れた経験がある高齢夫婦は，マイとエレンが貴重な時間を共有し，親友となって，別れを惜しんでいることに共感した。よって，Both of you とはマイとエレンのことであり，the greatest thing in life「人生で最もすばらしいもの」とは親友のことだとわかる。人生で最も貴重なものである親友を得るのはたやすいことではないが，マイとエレンはすでに親友となった，という内容にまとめるとよい。

〔問９〕＜内容真偽＞ア．「車中で，ショウタは家族と再び空港に行くのを喜んでいるようだった」…×　第２段落第４文参照。ショウタは初めて空港に行った。　イ．「エレンは来日する前，大学で美術史よりも日本語を学びたいと思っていた」…×　第３段落中盤参照。来日前は美術史を学びたいと思っていたが，日本で過ごして考えが変わった。　ウ．「高齢男性とその妻は，約30年前にカナダから国際弁護士を受け入れた経験があった」…×　第４段落中盤参照。受け入れた高校生が国際弁護士になった。　エ．「エレンはリュウにフィンランドの写真がたくさん載っている本をあげ，彼はそれをとても喜んだ」…×　第６段落第１文参照。リュウにはＴシャツをあげた。　オ．「マイはエレンに『ふ・く・ろう』の日本語の意味の例を２つ示したが，それらは漢字で書かれていたため，エレンには理解できなかった」…×　第７段落後半参照。理解して驚いた。　カ．「マイがバッグにお守りがついていないことに気づいた後，ショウタはそれを捜すために空港に戻るべきだと言った」…○　第11段落の内容に一致する。　キ．「遺失物取扱所にいた背の高い男性によると，高齢男性とその妻は出発階の長椅子の上でお守りを見つけた」…×　第13段落第３文参照。床の上に落ちているのを見つけた。

数学解答

1 〔問１〕 $\sqrt{21}-\frac{7}{4}$

〔問２〕 $x=24$，$y=24$

〔問３〕 ７通り　〔問４〕 $\frac{5}{12}$

〔問５〕 (例)

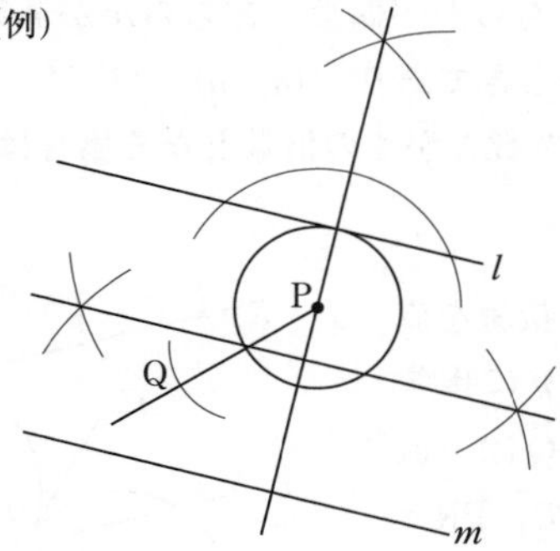

2 〔問１〕 $\frac{7}{32}$　〔問２〕 $y=\frac{1}{2}x+\frac{10}{3}$

〔問３〕 $\left(\frac{5}{2},\ -\frac{25}{32}\right)$

3 〔問１〕 18°

〔問２〕 (例)△BCFと△DCEにおいて，四角形ABCDは正方形であるから，BC＝DC……①　$\overset{\frown}{\mathrm{CP}}$に対する円周角より，∠CBP＝∠CDPだから，∠CBF＝∠CDE……②　∠BCF＝∠BCD＋∠DCF＝90°＋∠DCF　∠DCE＝∠ECF＋∠DCF＝90°＋∠DCF　よって，∠BCF＝∠DCE……③　①，②，③より，１組の辺とその両端の角がそれぞれ等しいから，△BCF≡△DCE　合同な三角形の対応する辺は等しいから，CF＝CE　すなわち，CE＝CF

〔問３〕 $2\sqrt{3}\pi$ cm²

4 〔問１〕 $\sqrt{51}$ cm　〔問２〕 $\frac{25\sqrt{2}}{2}$ cm²

〔問３〕 $\frac{125}{12}$ cm³

1 〔独立小問集合題〕

〔問１〕＜数の計算＞与式＝$\frac{21}{\sqrt{21}}+\frac{3\sqrt{7}}{\sqrt{21}}-\left(1+\frac{3}{\sqrt{3}}+\frac{9}{4\times3}\right)=\frac{21\times\sqrt{21}}{\sqrt{21}\times\sqrt{21}}+\frac{3}{\sqrt{3}}-\left(\frac{4}{4}+\frac{3}{\sqrt{3}}+\frac{3}{4}\right)=\frac{21\sqrt{21}}{21}+\frac{3}{\sqrt{3}}-\left(\frac{7}{4}+\frac{3}{\sqrt{3}}\right)=\sqrt{21}+\frac{3}{\sqrt{3}}-\frac{7}{4}-\frac{3}{\sqrt{3}}=\sqrt{21}-\frac{7}{4}$

〔問２〕＜連立方程式＞$\frac{3}{2}x-\frac{2}{3}y=20$……①，$-\frac{2}{3}x+\frac{3}{2}y=20$……②とする。①×6より，$9x-4y=120$……①′　②×6より，$-4x+9y=120$……②′　①′×9＋②′×4より，$81x+(-16x)=1080+480$，$65x=1560$　∴$x=24$　これを①′に代入して，$9\times24-4y=120$，$-4y=-96$　∴$y=24$

〔問３〕＜データの活用—***a***，***b***の組の数＞４個の数a，b，2，6の平均値は，$(a+b+2+6)\div4=\frac{a+b+8}{4}$と表せる。中央値は，４個の数を小さい順に並べたときの２番目と３番目の数の平均値である。a，bが１以上６以下の自然数より，６は一番大きい数だから，２番目と３番目の数として考えられるのは，aとb，aと2，bと2である。aとbが２番目と３番目の数になるとき，a，bはともに２以上６以下の自然数である。中央値は$\frac{a+b}{2}$と表せるから，中央値と平均値が等しくなることより，$\frac{a+b}{2}=\frac{a+b+8}{4}$が成り立つ。これより，$2(a+b)=a+b+8$，$2a+2b=a+b+8$，$a+b=8$となるから，$a$，$b$の組は，$(a,\ b)=(2,\ 6)$，$(3,\ 5)$，$(4,\ 4)$，$(5,\ 3)$，$(6,\ 2)$の５通りある。２番目と３番目の数が$a$と2のとき，$a$は２以上６以下の自然数であり，$b=1$となる。中央値は$\frac{a+2}{2}$と表せるから，$\frac{a+2}{2}=\frac{a+b+8}{4}$が成り立つ。これより，$2(a+2)=a+b+8$，$2a+4=$

$a+b+8$, $a=b+4$となり，$a=1+4$, $a=5$となるから，$(a,\ b)=(5,\ 1)$の１通りある。２番目と３番目の数がbと２のとき，同様に考えて，a，bの組は$(a,\ b)=(1,\ 5)$の１通りある。以上より，a，bの組は$5+1+1=7$(通り)ある。

〔問４〕＜確率―さいころ＞１個のさいころを２回投げるとき，目の出方は全部で$6\times6=36$(通り)あるから，a，bの組は36通りある。a，bがともに偶数，または，ともに奇数のとき，$N=a+b$だから，自然数Nが４の倍数になるのは，$(a,\ b)=(2,\ 2)$，$(2,\ 6)$，$(4,\ 4)$，$(6,\ 2)$，$(6,\ 6)$，$(1,\ 3)$，$(3,\ 1)$，$(3,\ 5)$，$(5,\ 3)$の９通りある。a，bのどちらかが偶数，どちらかが奇数のとき，$N=ab$だから，４の倍数となるのは，a，bが４と奇数のときであり，$(a,\ b)=(1,\ 4)$，$(3,\ 4)$，$(4,\ 1)$，$(4,\ 3)$，$(4,\ 5)$，$(5,\ 4)$の６通りある。よって，自然数Nが４の倍数となる場合は$9+6=15$(通り)だから，求める確率は$\frac{15}{36}=\frac{5}{12}$である。

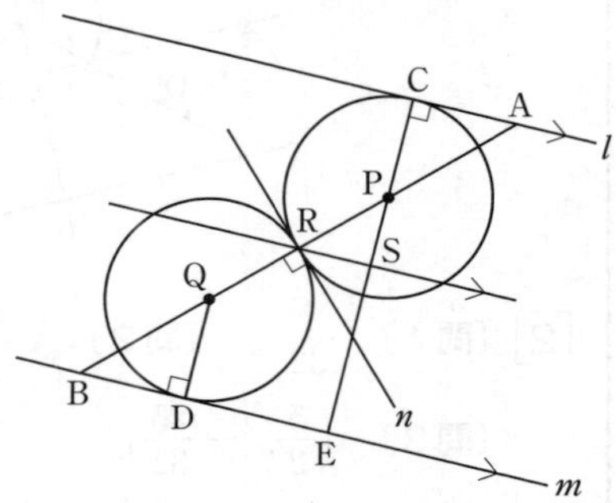

〔問５〕＜平面図形―作図＞右図で，点Ｒを通る円Ｐの接線を直線nとすると，PR⊥nであり，円Ｑは点Ｒで直線nに接するので，QR⊥nとなる。これより，３点Ｐ，Ｒ，Ｑは一直線上にある。また，円Ｐと円Ｑは半径が等しいので，PR＝QRである。次に，直線PQと２直線l，mの交点をそれぞれＡ，Ｂ，円Ｐと直線lの接点をＣ，円Ｑと直線mの接点をＤとし，CPの延長と直線mの交点をＥとする。PC＝QD，∠PCA＝∠QDB＝90°である。l∥mより，∠CEB＝∠PCA＝90°となるので，∠CEB＝∠QDBとなり，CE∥QDである。よって，∠BPE＝∠BQDであり，∠APC＝∠BPEより，∠APC＝∠BQDとなる。したがって，△APC≡△BQDだから，AP＝BQである。AP＋PR＝BQ＋QRとなり，AR＝BRとなるから，点Ｒは線分ABの中点である。点Ｒを通り直線lに平行な直線と線分CEの交点をＳとすると，l∥RS∥mより，点Ｓも線分CEの中点となり，∠PSR＝∠PCA＝90°となる。以上より，点Ｐを通る直線lの垂線(直線CE)を引き，線分CEの垂直二等分線を引くと，点Ｒの位置が求まる。点Ｑは，PRの延長上にあり，PR＝QRとなる点である。解答参照。

2 〔関数―関数$y=ax^2$と一次関数のグラフ〕

≪基本方針の決定≫〔問３〕　点Ｑのx座標を文字でおいて，その文字を使って△APQの面積を表す。

図１

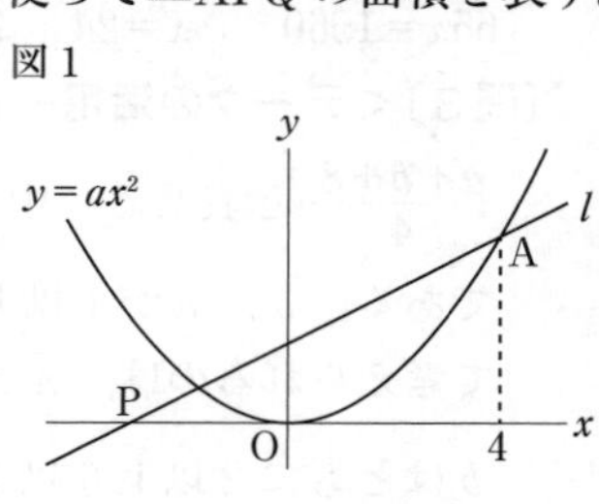

〔問１〕＜比例定数＞右図１で，点Ａは関数$y=ax^2$のグラフ上にありx座標が４だから，$y=a\times4^2=16a$より，$A(4,\ 16a)$となる。点Ｐは直線lとx軸の交点より，x軸上の点だから，点Ｐのx座標が-3のとき，$P(-3,\ 0)$である。直線lは２点Ａ，Ｐを通るので，傾きは$\frac{16a-0}{4-(-3)}=\frac{16}{7}a$と表せる。直線$l$の傾きは$\frac{1}{2}$だから，$\frac{16}{7}a=\frac{1}{2}$が成り立ち，$a=\frac{7}{32}$である。

〔問２〕＜直線の式＞右上図１で，$a=\frac{1}{3}$のとき，$16a=16\times\frac{1}{3}=\frac{16}{3}$だから，$A\left(4,\ \frac{16}{3}\right)$である。直線$l$の式を$y=\frac{1}{2}x+b$とおくと，点Ａを通ることより，$\frac{16}{3}=\frac{1}{2}\times4+b$，$b=\frac{10}{3}$となるので，直線$l$の式は$y=\frac{1}{2}x+\frac{10}{3}$である。

〔問３〕＜座標＞右図２で，点Qを通りy軸に平行な直線と辺APの交点をRとすると，△APQ＝△AQR＋△PQRとなる。$a=\frac{1}{4}$のとき，$16a=16\times\frac{1}{4}=4$だから，A(4, 4)である。直線$l$の式を$y=\frac{1}{2}x+c$とおくと，点Aを通ることより，$4=\frac{1}{2}\times4+c$，$c=2$となり，直線$l$の式は$y=\frac{1}{2}x+2$である。点Pは直線$y=\frac{1}{2}x+2$と$x$軸の交点だから，$0=\frac{1}{2}x+2$より，$x=-4$となり，P(−4, 0)である。次に，点Qの$x$座標を$t$とすると，点Qは関数$y=-\frac{1}{8}x^2$のグラフ上にあるので，$y=-\frac{1}{8}t^2$となり，$Q\left(t,\ -\frac{1}{8}t^2\right)$である。また，点Rは直線$y=\frac{1}{2}x+2$上にあり$x$座標は$t$だから，$y=\frac{1}{2}t+2$より，$R\left(t,\ \frac{1}{2}t+2\right)$となる。よって，$QR=\left(\frac{1}{2}t+2\right)-\left(-\frac{1}{8}t^2\right)=\frac{1}{8}t^2+\frac{1}{2}t+2$と表せる。辺QRを底辺と見ると，３点A，Q，Pの$x$座標より，△AQRの高さは$4-t$，△PQRの高さは$t-(-4)=t+4$だから，$\triangle APQ=\frac{1}{2}\times QR\times(4-t)+\frac{1}{2}\times QR\times(t+4)=\frac{1}{2}\times QR\times\{(4-t)+(t+4)\}=\frac{1}{2}\times QR\times8=\frac{1}{2}\times\left(\frac{1}{8}t^2+\frac{1}{2}t+2\right)\times8=\frac{1}{2}t^2+2t+8$となる。したがって，△APQの面積が$\frac{129}{8}$ cm²のとき，$\frac{1}{2}t^2+2t+8=\frac{129}{8}$が成り立つ。これを解くと，$4t^2+16t+64=129$，$4t^2+16t-65=0$，$(2t)^2+8\times2t-65=0$，$(2t-5)(2t+13)=0$　$\therefore t=\frac{5}{2},\ -\frac{13}{2}$　点Qのx座標は4以下の正の数だから，$t=\frac{5}{2}$であり，$-\frac{1}{8}t^2=-\frac{1}{8}\times\left(\frac{5}{2}\right)^2=-\frac{25}{32}$より，$Q\left(\frac{5}{2},\ -\frac{25}{32}\right)$となる。

図２

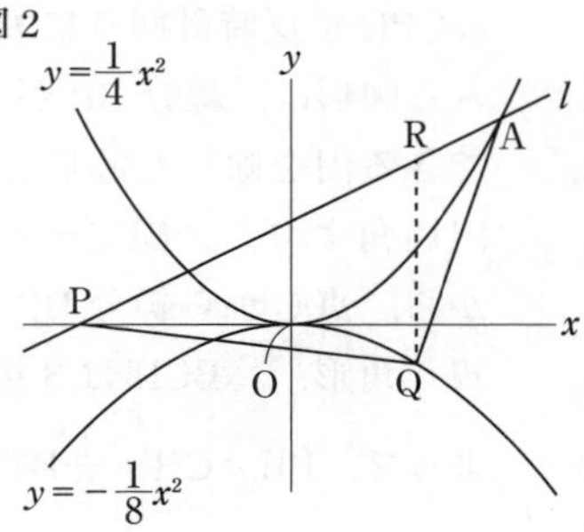

3 〔平面図形―正方形と円〕

≪基本方針の決定≫〔問３〕　線分BPが通過してできる円から線分BCが通過してできる円を除いた図形となる。点Cから線分BPに垂線を引くと，特別な直角三角形ができる。

〔問１〕＜角度＞右図１で，２点B，Dを結ぶ。四角形ABCDが正方形より，∠BCD＝90°だから，線分BDは円Oの直径となり，点Oは線分BDの中点となる。△BCDは直角二等辺三角形だから，∠CBD＝45°である。$\overset{\frown}{CP}:\overset{\frown}{PD}=3:2$より，∠CBP：∠PBO＝3：2だから，$\angle PBO=\frac{2}{3+2}\angle CBD=\frac{2}{5}\times45°=18°$となる。△OBPはOB＝OPの二等辺三角形だから，∠BPO＝∠PBO＝18°である。

図１

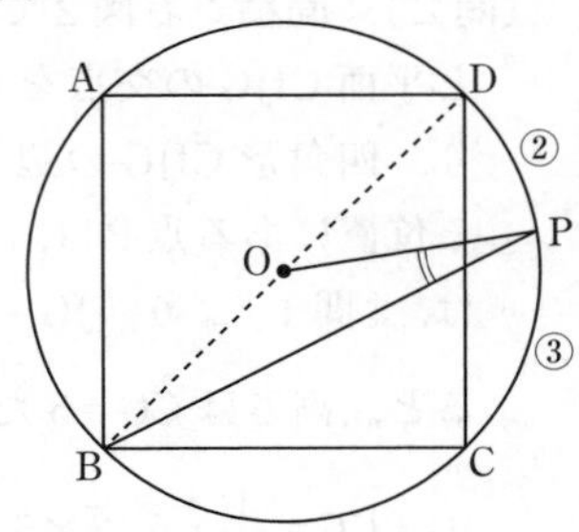

〔問２〕＜証明＞右図２で，四角形ABCDが正方形より，BC＝DCであり，$\overset{\frown}{CP}$に対する円周角より，∠CBF＝∠CDEである。また，∠BCF＝∠BCD＋∠DCF，∠DCE＝∠ECF＋∠DCFである。△BCF≡△DCEを導く。解答参照。

図２

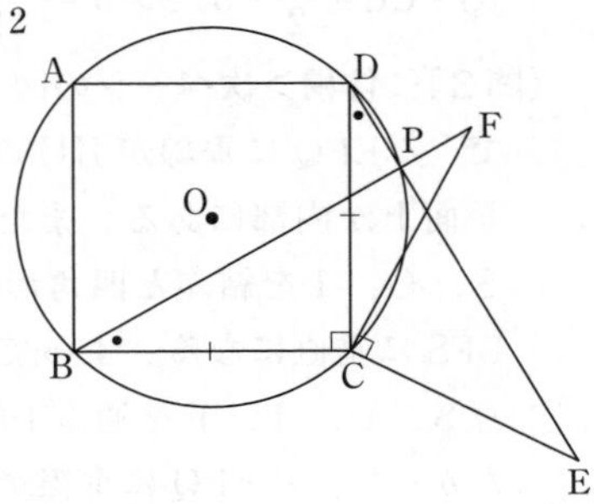

〔問３〕＜面積＞次ページの図３で，BC＜BG＜BPだから，△CPGの周上および内部の点で，点Bから最も近い点は点C，最も遠い点は点Pである。よって，点Bを中心として

△CPG を反時計回りに360°回転させたとき，△CPG が通過してできる図形は，線分 BP が通過してできる円から線分 BC が通過してできる円を除いた図形となる。∠BDC＝45°であり，$\overset{\frown}{BC}$ に対する円周角より，∠BPC＝∠BDC＝45°となる。また，∠CBP＝30°だから，点Cから線分 BP に垂線 CH を引くと，△CPH は直角二等辺三角形，△BCH は3辺の比が $1:2:\sqrt{3}$ の直角三角形となる。よって，$PH=CH=\frac{1}{2}BC=\frac{1}{2}\times2=1$，$BH=\sqrt{3}CH=\sqrt{3}\times1=\sqrt{3}$ となり，$BP=BH+PH=\sqrt{3}+1$ だから，求める面積は $\pi\times(\sqrt{3}+1)^2-\pi\times2^2=2\sqrt{3}\pi\,(\mathrm{cm}^2)$ である。

図3
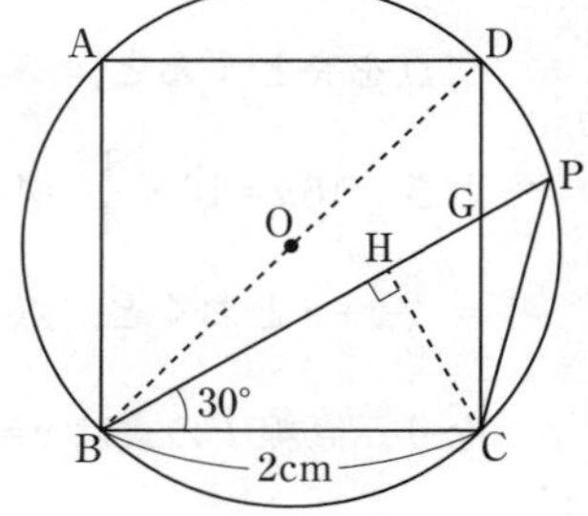

4 〔空間図形―直方体〕

≪基本方針の決定≫〔問1〕,〔問2〕 点Qを通り面 AEFB に垂直な直線を考える。

〔問1〕＜長さ＞右図1で，4点Ⅰ，J，K，Lがそれぞれ辺 AD，辺 EH，辺 FG，辺 BC の中点だから，4点Ⅰ，J，K，Lを通る平面は面 AEFB，面 DHGC に平行である。点Qを通り面 AEFB に垂直な直線と平面 IJKL，面 DHGC の交点をそれぞれ Q_1，Q_2 とすると，点 Q_1，点 Q_2 はそれぞれ線分 IL 上，辺 CD 上の点となる。EH⊥〔面 AEFB〕，FG⊥〔面 AEFB〕だから，△EFQ に垂線が引ける位置にある点Pは，三角柱 JKQ_1-HGQ_2 の辺上か面上か内部にある。DC＝DH＝5，$ID=\frac{1}{2}AD=\frac{1}{2}\times10=5$ より，立体 CDIL-GHJK は立方体であり，点Jと2点D，Gを結ぶと，JD＝JG，JQ_2＞JD だから，線分 JP の長さが最も長くなるのは点Pが点 Q_2 の位置にあるときである。△IJD は直角二等辺三角形だから，$JD=\sqrt{2}ID=\sqrt{2}\times5=5\sqrt{2}$ となる。$DQ_2=AQ=1$ だから，$\triangle JDQ_2$ で三平方の定理より，求める線分 JP の長さは，$JQ_2=\sqrt{JD^2+DQ_2{}^2}=\sqrt{(5\sqrt{2})^2+1^2}=\sqrt{51}\,(\mathrm{cm})$ となる。

図1
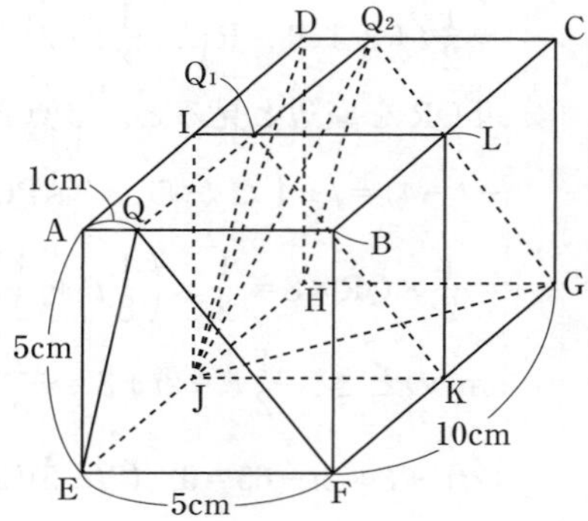

〔問2〕＜面積＞右図2で，点Qを通り面 AEFB に垂直な直線と平面 CIJG の交点を Q_3 とすると，点 Q_3 は線分 CI 上にあり，四角形 CIJG の辺上または内部で△EFQ に垂線が引ける位置にある点Pは，$\triangle JGQ_3$ の辺上か内部にある。$\triangle JGQ_3$ は，〔問1〕より，$JG=JD=5\sqrt{2}$ であり，辺 JG を底辺と見ると，高さは CG＝5 だから，求める面積は，$\triangle JGQ_3=\frac{1}{2}\times JG\times CG=\frac{1}{2}\times5\sqrt{2}\times5=\frac{25\sqrt{2}}{2}\,(\mathrm{cm}^2)$ となる。

図2
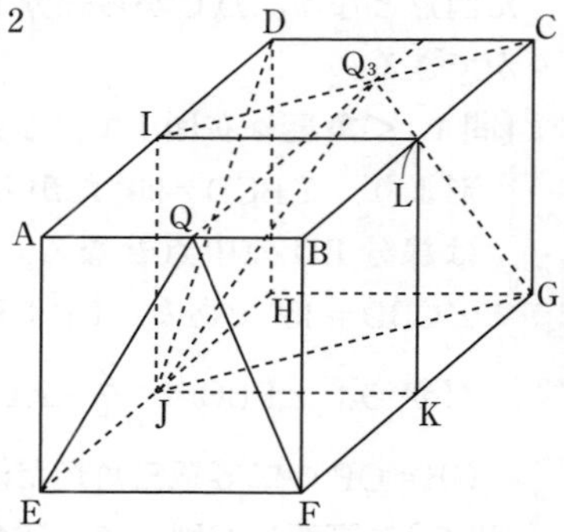

〔問3〕＜体積＞次ページの図3で，点Qが頂点Bに一致するので，△EFQ に垂線が引ける位置にある点Pは，〔問1〕と同様に考えて，三角柱 JKL-HGC の辺上か面上か内部にある。また，BL＝LS より，IL＝BL＝LC＝LS となり，BC⊥IS だから，4点B，S，C，Ⅰを結ぶと四角形 BSCI は正方形となる。これより，線分 BI，線分 FJ，線分 SC は平面 BFS に垂直になる。よって，△BFS に垂線が引ける位置にある点Pは，立体 CDIL-GHJK を，4点S，C，J，Fを通る平面で切断したときの点Lを含む側の立体の辺上か面上か内部にある。したがって，△EFQ に垂線が引ける位置にあり，△BFS にも垂線が引ける位置にある点Pは，三角

柱 JKL-HGC を，4点S，C，J，Fを通る平面で切断したときの点Lを含む側の立体の辺上か面上か内部にある。4点S，C，J，Fを通る平面と線分 LK の交点をMとすると，この立体は三角錐 J-CLM である。点Mは線分 CF と線分 LK の交点だから，△CLM≡△FKM より，$LM=KM=\frac{1}{2}LK=\frac{1}{2}\times5=\frac{5}{2}$ である。以上より，点Pが動くことのできる部分の立体の体積は，〔三角錐 J-CLM〕$=\frac{1}{3}\times$△CLM$\times JK=\frac{1}{3}\times\frac{1}{2}\times5\times\frac{5}{2}\times5=\frac{125}{12}$(cm³)となる。

図3

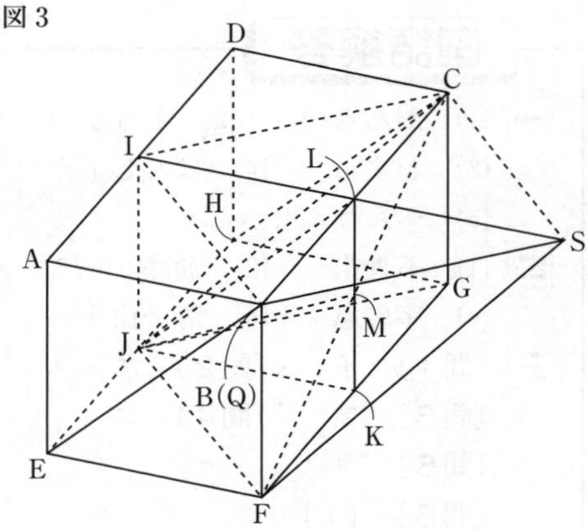

＝読者へのメッセージ＝

「＋」の記号は，ラテン語の et(英語の and)から，すばやく書くうちに崩れて変化してできたといわれています。「－」の記号は，マイナス(minus)の頭文字mが崩れて変化したものといわれています。他にも説はあるようですが，数学で使われている記号がどのようにしてできたのかを調べてみると，新しい数学の世界が広がるかもしれませんね。

国語解答

一 (1) たんもの (2) とうかつ
(3) わずら (4) ばんしょう
(5) へんげんせきご

二 (1) 不世出 (2) 通底 (3) 元手
(4) 序破急 (5) 海千山千

三 〔問1〕 イ 〔問2〕 エ
〔問3〕 ア 〔問4〕 エ
〔問5〕 ウ
〔問6〕 [ｉ]…イ
[ⅱ] ミライの明るい声が，温かな光になってぼくを満たす。

四 〔問1〕 ウ
〔問2〕 1 できる限り広い範囲の多様な視点
2 それまでとは異なった考えを持てる
〔問3〕 ア 〔問4〕 イ
〔問5〕 (例)「学び」について，授業で話し合ったことがある。私は，まず学校の勉強を考えた。友達は親からの学びや，読書からの学びをあげていた。そのような中，部活動で後輩に技術を教えることで，自分自身も学ぶことが多いと言った人がいた。教えることが，学びにつながるということを，あまり意識していなかったが，学ぶ機会は色々なところにあることに気づいた。教えることは学ぶことと，自分自身もこれから意識していきたいと思う。(199字)
〔問6〕 イ 〔問7〕 ウ

五 〔問1〕 ウ 〔問2〕 ア
〔問3〕 イ 〔問4〕 ア
〔問5〕 オ

一〔漢字〕
(1)和服用の織物。 (2)多くの人々や組織を一つにまとめて管理すること。 (3)音読みは「煩雑」などの「ハン」。 (4)いろいろな差し障り。 (5)ほんのちょっとした短い言葉。

二〔漢字〕
(1)めったに世に現れないほど優れていること。 (2)二つ以上の事柄や意見が，根底の部分で共通性を持っていること。 (3)利益を得る根本となるもののこと。 (4)雅楽や能，物語などの構成の，初め，中，終わり，を表す言葉。 (5)海に千年，山に千年すんだ蛇は竜になるという言い伝えから，さまざまな経験を積んで，社会の裏表を知っていてずる賢い知恵を持つ人のこと。

三〔小説の読解〕出典：川端裕人『てのひらの中の宇宙』。
〔問1〕<文章内容>息子のミライは，網にかかったメダカを見て興奮していた。「ぼく」は，毎日のように虫捕りやザリガニ釣りをしていた自分の子どもの頃を思い起こし，今の自分は「仕事の忙しさにかまけて，息子の興味を刺激してやることを怠ってきた」ことを反省した。
〔問2〕<文章内容>「ぼく」は，息子とともに池に網を放ち，自分が夢中で遊んでいることに気づいた。大人なのに子どものようにはしゃいでいることに少し恥ずかしくなったが，小さな池に数多くの種類の生き物がいることに気づくことができて，よかったと感じた。
〔問3〕<文章内容>息子は網を上手に扱えるようになり，エビを捕っては喜んでいた。その姿を見て，「ぼく」は，自分の少年の頃も，息子と同じように生き物を捕まえて飼育するのを楽しんでいたことを思い出した。そして，息子の「カメみたいなやつ」を見たという言葉からカメを飼っていたことを思い浮かべ，子どもの頃を懐かしく思い出した。

〔問４〕<文章内容>「ぼく」は，少年時代に飼いたいと「夢見て」いたリクガメに思いがけずに出会って興奮しているところに，息子が別のカメを捕まえたと言うので，さらにびっくりした。

〔問５〕<文章内容>ミライは，父親と一緒に川でたくさんの生き物を見つけ，捕まえるという楽しい経験をした。そして，捕まえたクサガメを飼いたいと言うが，池に置いておかなければならないという父親の言葉に納得した。ミライは，楽しさを反復するように，ゆっくりとペダルをこぎ，気分も「晴れ晴れと」して，すっきりしていた。

〔問６〕［ⅰ］<表現>１．「ぼく」とミライは川遊びを心から楽しんでいて，温かみのある雰囲気を感じることができる。　２．「ぬうっと」は擬態語で，「のろい動作で，不意に目の前に現れる様子」を表現している。何物かが不意に現れれば，ときには，薄気味悪く感じるのである。　３．「ぬーっと」と書くことによって，薄気味悪さが消えて，愛きょうのある感じになる。　［ⅱ］<表現技法>「隠喩表現」は，「～のごとし」や「～のようだ」という比喩であることを明示する言葉を使わずに，直接ある言葉を使って，たとえる表現のこと。「ミライの明るい声」を「温かな光」にたとえている部分が隠喩である。

四〔論説文の読解―哲学的分野―哲学〕出典：河野哲也『人は語り続けるとき，考えていない』。

≪本文の概要≫対話とは，あるテーマについて自分の考えを提示し合い，相互に検討し，吟味するという過程である。哲学対話の特徴は，自分の意見が皆からの検討に付される点である。通常の話し合いでは，人は自分の持説に固執しがちで，他者の意見を聞こうともしないことがあるが，哲学対話では，あえて持説を検討し合うことを目的としている。哲学対話で重要なのは，相手の話を聞き，そのうえで自分自身の考えを検討し，必要ならば，自分の考えを変える姿勢でいることである。自己を吟味するためには，新しい考えをつくり出すという気持ちで対話に参加することが大切である。哲学対話は，できるかぎり広い範囲の多様な視点から，問題を考えようとし，参加者は，自分の意見が自覚のないまま狭い前提や限られた文脈から出ていることを知る。哲学対話は，あるテーマを解決することよりも意味づけること，価値づけることを目指す。対話の目標は，新しい組み合わせの発現である。グループでの対話が新しい意味と目的をつくり出し，個々人にとってもそれまでとは違う考え方を持てれば，対話は成功である。対話は，新しいものを生み出すのだから，過程に終わりはなく，更新することに意義があり，目的地はない。

〔問１〕<文章内容>通常の話し合いでは，人は「持説に固執」し，信念や常識といった「自分の深いところにある考え」を検討し合うことはない。それに対し，哲学対話では，相手の話を聞き，「そこで得られた視点や立場から自分自身の考えを検討」し，自分の考えを変更することもある。

〔問２〕<文章内容>１．哲学対話は，ズームアウトの議論を重視する。つまり，「できる限り広い範囲の多様な視点」から問題を考えようとするのである。　２．人は自分の意見に固執するところがあるが，哲学対話を通して，「自分自身を更新して，それまでの自分から自由」になり，「それまでとは異なった考えを持てる」ようになるのである。

〔問３〕<文章内容>例えば，「偉い」とはどういうことかを定義しようとしても，「偉い」という言葉はいろいろな文脈や場面で使われているので，一つに定義づけるのは難しい。さらに，「偉い」に関する問いかけが，「そもそも，なぜ偉いかどうかが気になるのか」といった高次なレベルに達していくように，「ひとつの問いは無数の線によって他の問いとつながって」いくので，「偉い」を明確にこういうことだと限定し，定義づけることは不可能である。

〔問４〕<文章内容>対話では，参加者のさまざまな意見が多角的に検討されるから，「あらゆる意見が相対化」される。そうして自分自身の意見がグループの中に位置づけられるし，「自分自身がグループのなかに存在する意味を見いだすこと」につながる。対話に参加することによって，全体の理解が生じ，お互いに理解し合うことにつながるのである。

〔問５〕＜作文＞日常生活の中で，対話を通して自分の考えが更新され，「新しさ」を感じたのはどういうときかを，具体的に考える。字数を守って，脱字誤字に注意して書いていくこと。

〔問６〕＜文章内容＞対話には，「あらかじめ決められた到着点も方向性」もない。対話の目的は「新しさを追求すること」以外にはなく，対話の過程に終わりはない。対話をすることによって，今まで気づかなかった新しい視点を得たり，自分の考えが異なった文脈の中で位置づけられたりするのであり，対話を続けることで，新しさが生み出されるのである。

〔問７〕＜要旨＞まず，通常の対話では，「持説に固執してしまう」こともあるが，哲学対話では「自分自身の考えを検討し，必要とあればそれを変える」こともありうることが考察される。次に，「ある前提に立って議論を進め」て「問題解決」を図る思考と，「前提を問い直し」て「広い範囲の多様な視点から，問題を考えようとする」対話が比較される。そして，哲学対話で行われるのは，「問題解決ではなく，問題の意味づけである」ことが指摘される。最後に，「対話の目標をどこに置けばいいのだろうか」という問いかけを行い，そこから，対話は「新しさを生み出すことが目的」であり，対話の過程には終わりはないことが述べられる。

五〔説明文の読解―芸術・文学・言語学的分野―文学〕出典：久保田淳『藤原俊成』。

〔問１〕＜文章内容＞俊成の和歌の読み方は，非常に周到なもので，俊成は「古代から近い時代までのおびただしい数の和歌に精通していた」ことがうかがえる。俊成は，自分の幅広い知識を持って，歌を判定していたのである。

〔問２〕＜文章内容＞俊成は，判定で「風体は幽玄」と述べている。これは，「歌としての姿は奥深く感じられて趣があり」という意味である。「幽玄」は，奥深くて計り知れないこと，また，余情のある静寂な美のこと。

〔問３〕＜文章内容＞俊成は，右の歌を，「古歌の表現をあれこれと取り入れて」いて，技巧についてはよいと評価しているが，結句で「住みかとしよう」と自分の意志をはっきりと表したことについては，「言外にただよう情趣が足りない」と批評している。左の歌は，「歌としての姿は奥深く感じられて趣があり，歌の句が意味することも平凡ではない」が，「海や川などの語」を使わずに落花を波にたとえるなどの見立ての技法には，無理があるとする。二つを比較し，左の歌は，右の歌と比べると「格調の高さ」が勝っているとする。

〔問４〕＜文章内容＞俊成は，有名な古歌から一句ないし二句を自分の歌に巧みに取ることはよいけれども，もとの歌よりも「情趣」や「心」を描き出すことが難しいので，気軽にしてよいものではないとする。古歌の趣向や表現を取れ入れながら自身の歌を創出することは非常に難しいと，俊成は考えたのである。

〔問５〕＜要旨＞俊成が最初に判者を務めたとされる「白川歌合」は「散佚歌合」であるが，その二年後の重家が主催した歌合の判者として，証本に俊成の名が記されている(ア…○)。当時，俊成と清輔は「歌の上でライバルの関係」であった。清輔は重家の異母兄であったが，重家は，歌合の判定を親類縁者ではない俊成に依頼した(イ…○)。俊成は，判定の詞で，「海や川などの語もなくて遠望する里の落花を波にたとえ」ることには無理があるし，「森や社などを詠み入れずに白木綿に見立てることには無理がある」としている(ウ…○)。俊成は，「『白氏文集』のような漢詩の風韻や『万葉集』のような古代的な雰囲気を取り込むこと」に対しては，よいと積極的に評価している(エ…○)。俊成は歌の判定に際して「師として仰いだ基俊の影響」を受けていると考えられるが，「古い名歌を巧みに取ること」に対しては，「慎重になされねばならない」としていた(オ…×)。

●2024年度

東京都立高等学校

共通問題

【社会・理科】

2024年度 東京都立高等学校（共通問題）

【社　会】（50分）〈満点：100点〉

1　次の各問に答えよ。

〔問１〕　次の地形図は，2017年の「国土地理院発行２万５千分の１地形図（取手）」の一部を拡大して作成した地形図上に●で示した**A**点から，**B**～**E**点の順に，**F**点まで移動した経路を太線（━━）で示したものである。次のページの**ア**～**エ**の写真と文は，地形図上の**B**～**E**点のい

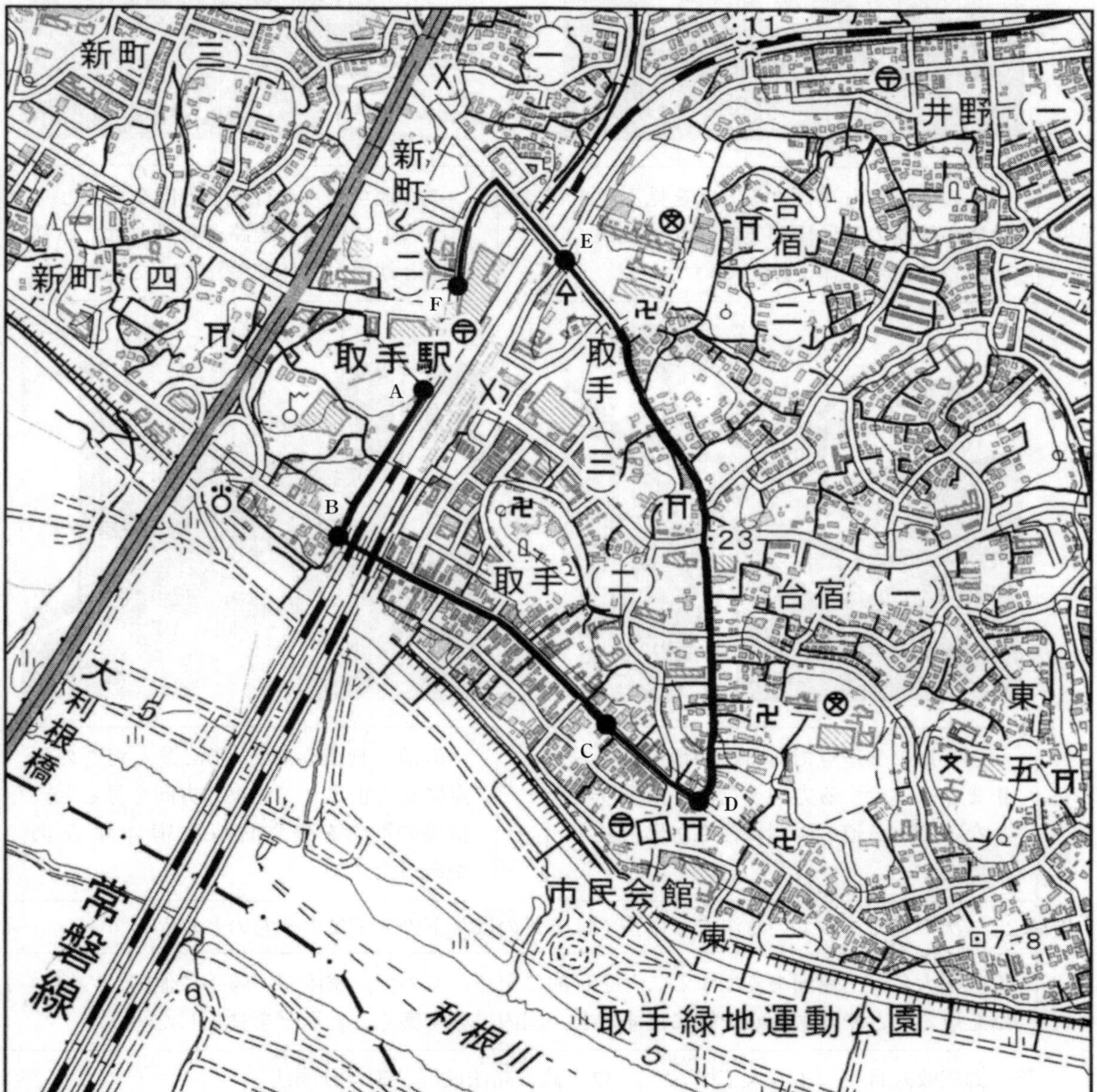

ずれかの地点の様子を示したものである。地形図上の**B**～**E**点のそれぞれに当てはまるのは，次の**ア**～**エ**のうちではどれか。

ア

この地点から進行する方向を見ると，鉄道の線路の上に橋が架けられており，道路と鉄道が立体交差していた。

イ

この地点から進行する方向を見ると，道路の上に鉄道の線路が敷設（ふせつ）されており，道路と鉄道が立体交差していた。

ウ

丁字形（ていじけい）の交差点であるこの地点に立ち止まり，進行する方向を見ると，登り坂となっている道の両側に住宅が建ち並んでいた。

エ

直前の地点から約470m進んだこの地点に立ち止まり，北東の方向を見ると，宿場の面影を残す旧取手宿本陣表門（きゅうとりでしゅくほんじんおもてもん）があった。

〔問２〕　次の文で述べている決まりに当てはまるのは，下の**ア**～**エ**のうちのどれか。

戦国大名が，領国を支配することを目的に定めたもので，家臣が，勝手に他国から嫁や婿を取ることや他国へ娘を嫁に出すこと，国内に城を築くことなどを禁止した。

ア　御成敗式目（ごせいばいしきもく）　**イ**　大宝律令（たいほうりつりょう）　**ウ**　武家諸法度（ぶけしょはっと）　**エ**　分国法（ぶんこくほう）

〔問3〕 次の文章で述べているものに当てはまるのは，下の**ア**～**エ**のうちのどれか。

> 衆議院の解散による衆議院議員の総選挙後に召集され，召集とともに内閣が総辞職するため，両議院において内閣総理大臣の指名が行われる。会期は，その都度，国会が決定し，2回まで延長することができる。

ア 常会　　**イ** 臨時会　　**ウ** 特別会　　**エ** 参議院の緊急集会

2 次の略地図を見て，あとの各問に答えよ。

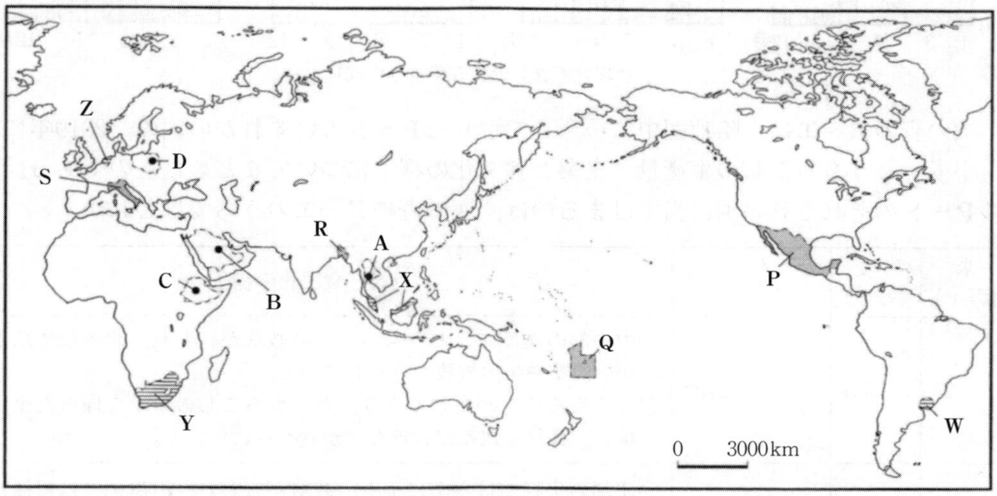

〔問1〕 略地図中の**A**～**D**は，それぞれの国の首都の位置を示したものである。次のⅠの文章は，略地図中の**A**～**D**の**いずれか**の首都を含む国の自然環境と農業についてまとめたものである。Ⅱの**ア**～**エ**のグラフは，略地図中の**A**～**D**の**いずれか**の首都の，年平均気温と年降水量及び各月の平均気温と降水量を示したものである。Ⅰの文章で述べている国の首都に当てはまるのは，略地図中の**A**～**D**のうちのどれか，また，その首都のグラフに当てはまるのは，Ⅱの**ア**～**エ**のうちのどれか。

Ⅰ

> 首都は標高約2350mに位置し，各月の平均気温の変化は年間を通して小さい。コーヒー豆の原産地とされており，2019年におけるコーヒー豆の生産量は世界第5位であり，輸出額に占める割合が高く，主要な収入源となっている。

Ⅱ

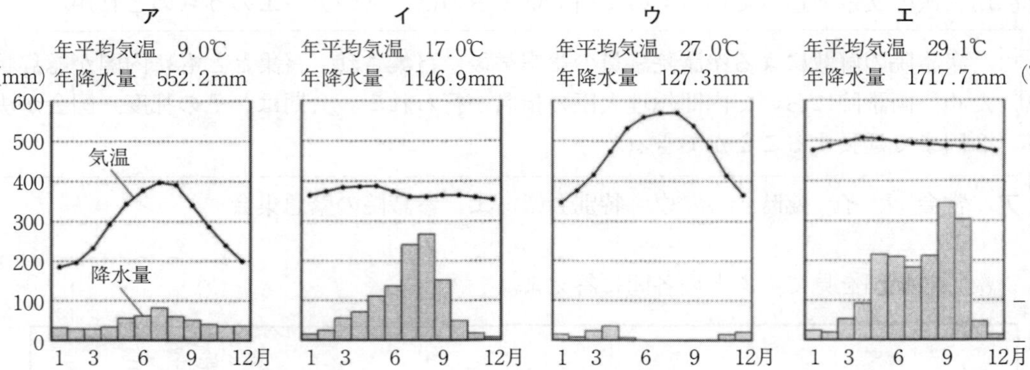

（「理科年表」令和５年より作成）

〔問２〕　次の表の**ア**～**エ**は，略地図中に ▒ で示した**P**～**S**の**いずれか**の国の，2019年における米，小麦，とうもろこしの生産量，農業と食文化の様子についてまとめたものである。略地図中の**P**～**S**のそれぞれの国に当てはまるのは，次の表の**ア**～**エ**のうちではどれか。

	米（万ｔ）	小麦（万ｔ）	とうもろこし（万ｔ）	農業と食文化の様子
ア	25	324	2723	○中央部の高原ではとうもろこしの栽培が行われ，北西部ではかんがい農業や牛の放牧が行われている。 ○とうもろこしが主食であり，とうもろこしの粉から作った生地を焼き，具材を挟んだ料理などが食べられている。
イ	149	674	628	○北部の平野では冬季に小麦の栽培が行われ，沿岸部では柑橘（かんきつ）類やオリーブなどの栽培が行われている。 ○小麦が主食であり，小麦粉から作った麺に様々なソースをあわせた料理などが食べられている。
ウ	0.6	―	0.1	○畑ではタロいもなどの栽培が行われ，海岸沿いの平野ではさとうきびなどの栽培が行われている。 ○タロいもが主食であり，バナナの葉に様々な食材と共にタロいもを包んで蒸した料理などが食べられている。
エ	5459	102	357	○河川が形成した低地では雨季の降水などを利用した稲作が行われ，北東部では茶の栽培が行われている。 ○米が主食であり，鶏やヤギの肉と共に牛乳から採れる油を使って米を炊き込んだ料理などが食べられている。

（注）　―は，生産量が不明であることを示す。

（「データブック　オブ・ザ・ワールド」2022年版などより作成）

〔問３〕　次のⅠとⅡの表の**ア**～**エ**は，略地図中に ▤ で示した**W**～**Z**の**いずれか**の国に当てはまる。Ⅰの表は，2001年と2019年における日本の輸入額，農産物の日本の主な輸入品目と輸入額を示したものである。Ⅱの表は，2001年と2019年における輸出額，輸出額が多い上位３位までの貿易相手国を示したものである。Ⅲの文章は，略地図中の**W**～**Z**の**いずれか**の国について述べたものである。Ⅲの文章で述べている国に当てはまるのは，略地図中の**W**～**Z**のうちのどれか，また，ⅠとⅡの表の**ア**～**エ**のうちのどれか。

Ⅰ

		日本の輸入額(百万円)	農産物の日本の主な輸入品目と輸入額(百万円)		
ア	2001年	226492	植物性原材料 18245	ココア 4019	野菜 3722
	2019年	343195	豚肉 17734	チーズ等 12517	植物性原材料 6841
イ	2001年	5538	羊毛 210	米 192	チーズ等 31
	2019年	3017	牛肉 1365	羊毛 400	果実 39
ウ	2001年	338374	とうもろこし 12069	果実 9960	砂糖 5680
	2019年	559098	果実 7904	植物性原材料 2205	野菜 2118
エ	2001年	1561324	パーム油 14952	植物性原材料 2110	天然ゴム 2055
	2019年	1926305	パーム油 36040	植物性原材料 15534	ココア 15390

(財務省「貿易統計」より作成)

Ⅱ

		輸出額(百万ドル)	輸出額が多い上位3位までの貿易相手国		
			1位	2位	3位
ア	2001年	169480	ドイツ	イギリス	ベルギー
	2019年	576785	ドイツ	ベルギー	フランス
イ	2001年	2058	ブラジル	アルゼンチン	アメリカ合衆国
	2019年	7680	中華人民共和国	ブラジル	アメリカ合衆国
ウ	2001年	27928	アメリカ合衆国	イギリス	ドイツ
	2019年	89396	中華人民共和国	ドイツ	アメリカ合衆国
エ	2001年	88005	アメリカ合衆国	シンガポール	日本
	2019年	240212	中華人民共和国	シンガポール	アメリカ合衆国

(国際連合「貿易統計年鑑」2020などより作成)

Ⅲ

この国では農業の機械化が進んでおり，沿岸部の砂丘では花や野菜が栽培され，ポルダーと呼ばれる干拓地では酪農が行われている。

2001年と比べて2019年では，日本の輸入額は2倍に届いてはいないが増加し，輸出額は3倍以上となっている。2019年の輸出額は日本に次ぎ世界第5位となっており，輸出額が多い上位3位までの貿易相手国は全て同じ地域の政治・経済統合体の加盟国となっている。

3　次の略地図を見て，あとの各問に答えよ。

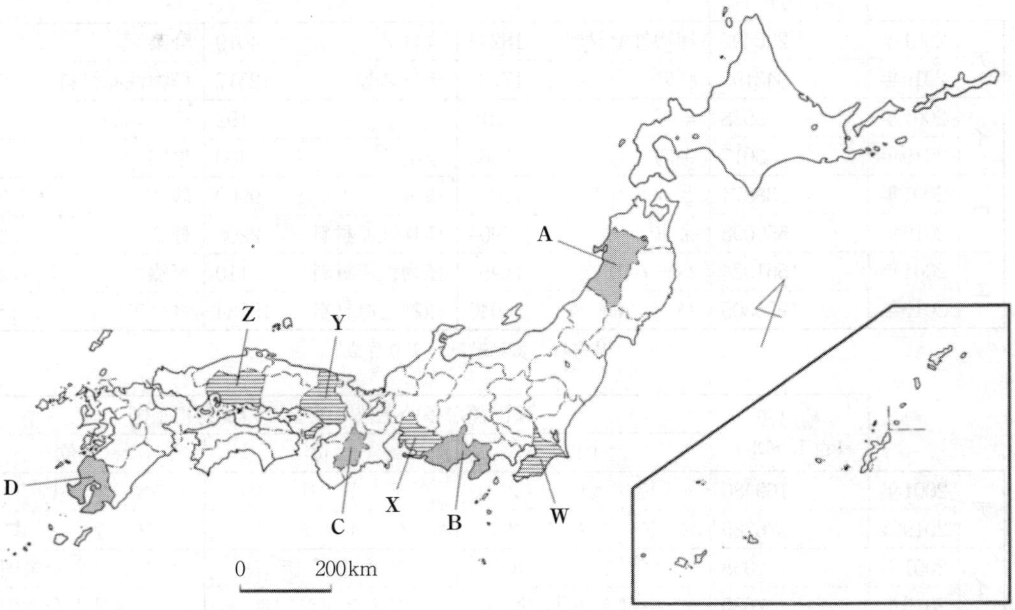

〔問１〕　次の表の**ア**～**エ**の文章は，略地図中に ▒▒ で示した，**A**～**D**の**いずれか**の県の，自然環境と第一次産業の様子についてまとめたものである。**A**～**D**のそれぞれの県に当てはまるのは，次の表の**ア**～**エ**のうちではどれか。

	自然環境と第一次産業の様子
ア	○南東側の県境付近に位置する山を水源とする河川は，上流部では渓谷を蛇行しながら北西方向に流れた後，流路を大きく変えて西流し，隣接する県を貫流して海に注いでいる。 ○南東部は，季節風の影響などにより国内有数の多雨地域であり，木材の生育に適していることから，古くから林業が営まれ，高品質な杉などが生産されていることが知られている。
イ	○北側の3000m級の山々が連なる山脈は，南北方向に走っており，東部の半島は，複数の火山が見られる山がちな地域であり，入り組んだ海岸線が見られる。 ○中西部にある台地は，明治時代以降に開拓され，日当たりと水はけがよいことから，国内有数の茶の生産量を誇っており，ブランド茶が生産されていることが知られている。
ウ	○南側の県境付近に位置する山を水源とする河川は，上流部や中流部では，南北方向に連なる山脈と山地の間に位置する盆地を貫流し，下流部では平野を形成して海に注いでいる。 ○南東部にある盆地は，夏に吹く北東の冷涼な風による冷害の影響を受けにくい地形の特徴などがあることから，稲作に適しており，銘柄米が生産されていることが知られている。
エ	○二つの半島に挟まれた湾の中に位置する島や北東側の県境に位置する火山などは，現在でも活動中であり，複数の離島があり，海岸線の距離は約2600kmとなっている。 ○水を通しやすい火山灰などが積もってできた台地が広範囲に分布していることから，牧畜が盛んであり，肉牛などの飼育頭数は国内有数であることが知られている。

〔問2〕 次のⅠの表の**ア**～**エ**は，略地図中に ▤ で示した**W**～**Z**の**いずれか**の県の，2020年における人口，県庁所在地の人口，他の都道府県への従業・通学者数，製造品出荷額等，製造品出荷額等に占める上位3位の品目と製造品出荷額等に占める割合を示したものである。次のⅡの文章は，Ⅰの表の**ア**～**エ**の**いずれか**の県の工業や人口の様子について述べたものである。Ⅱの文章で述べている県に当てはまるのは，Ⅰの**ア**～**エ**のうちのどれか，また，略地図中の**W**～**Z**のうちのどれか。

Ⅰ

	人口（万人）	県庁所在地の人口（万人）	他の都道府県への従業・通学者数（人）	製造品出荷額等（億円）	製造品出荷額等に占める上位3位の品目と製造品出荷額等に占める割合（%）
ア	628	97	797943	119770	石油・石炭製品(23.1)，化学(17.2)，食料品(13.3)
イ	280	120	26013	89103	輸送用機械(32.8)，鉄鋼(11.2)，生産用機械(9.7)
ウ	547	153	348388	153303	化学(13.6)，鉄鋼(11.0)，食料品(10.8)
エ	754	233	88668	441162	輸送用機械(53.0)，電気機械(7.7)，鉄鋼(4.9)

（2021年経済センサスなどより作成）

Ⅱ

○湾に面した沿岸部は，1950年代から埋め立て地などに，製油所，製鉄所や火力発電所などが建設されており，国内最大規模の石油コンビナートを有する工業地域となっている。
○中央部及び北西部に人口が集中しており，2020年における人口に占める他の都道府県への従業・通学者数の割合は，1割以上となっている。

〔問3〕 次の資料は，2019年に富山市が発表した「富山市都市マスタープラン」に示された，富山市が目指すコンパクトなまちづくりの基本的な考え方の一部をまとめたものである。資料から読み取れる，将来の富山市における日常生活に必要な機能の利用について，現状と比較し，自宅からの移動方法に着目して，簡単に述べよ。

現状

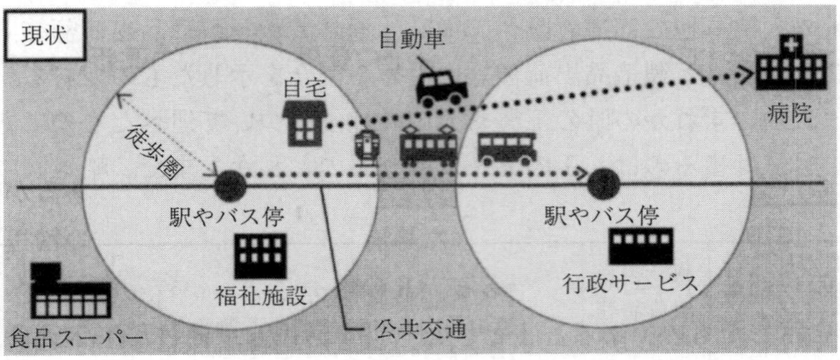

・公共交通のサービス水準が不十分で利用しにくい。
・駅やバス停を中心とした徒歩圏に日常生活に必要な機能がそろっていない。
・自動車を利用しないと生活しづらい。

こう変えたい

将来

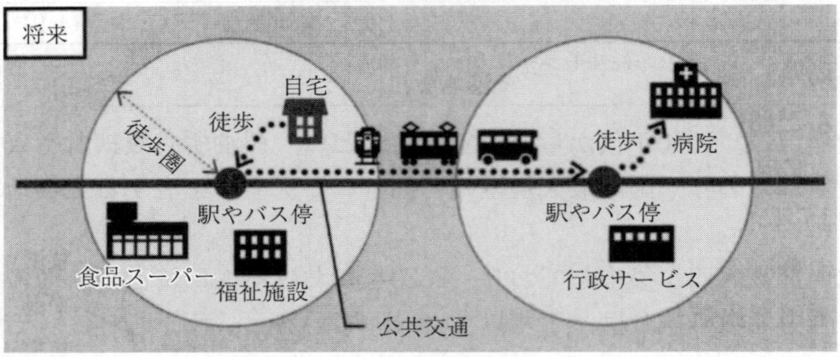

・公共交通のサービス水準が向上して利用しやすい。
・駅やバス停を中心とした徒歩圏に日常生活に必要な機能がそろっている。

（注）
・日常生活に必要な機能とは，行政サービス，福祉施設，病院，食品スーパーである。
・公共交通のサービス水準とは，鉄道・路面電車・バスの運行頻度などである。

（「富山市都市マスタープラン」より作成）

4　次の文章を読み，あとの各問に答えよ。

　海上交通は，一度に大量の人や物を輸送することができることから，社会の発展のために重要な役割を果たしてきた。
　古代から，各時代の権力者は，(1)<u>周辺の国々へ使節を派遣し，政治制度や文化を取り入れたり，貿易により利益を得たりすることなどを通して，権力の基盤を固めてきた。</u>時代が進むと，商人により，貨幣や多様な物資がもたらされ，堺や博多などの港が繁栄した。
　江戸時代に入り，幕府は海外との貿易を制限するとともに，(2)<u>国内の海上交通を整備し，全国的な規模で物資の輸送を行うようになった。</u>開国後は，(3)<u>諸外国との関わりの中で，産業が発展し，港湾の開発が進められた。</u>
　第二次世界大戦後，政府は，経済の復興を掲げ，海上交通の再建を目的に，造船業を支援した。(4)<u>現在でも，外国との貿易の大部分は海上交通が担い，私たちの生活や産業の発展を支えている。</u>

〔問１〕 (1)周辺の国々へ使節を派遣し，政治制度や文化を取り入れたり，貿易により利益を得たりすることなどを通して，権力の基盤を固めてきた。とあるが，次の**ア**～**エ**は，飛鳥時代から室町時代にかけて，権力者による海外との交流の様子などについて述べたものである。時期の古いものから順に記号を並べよ。

ア　混乱した政治を立て直すことを目的に，都を京都に移し，学問僧として唐へ派遣された最澄が帰国後に開いた密教を許可した。

イ　将軍を補佐する第五代執権として，有力な御家人を退けるとともに，国家が栄えることを願い，宋より来日した禅僧の蘭渓道隆を開山と定め，建長寺を建立した。

ウ　明へ使者を派遣し，明の皇帝から「日本国王」に任命され，勘合を用いて朝貢の形式で行う貿易を開始した。

エ　隋に派遣され，政治制度などについて学んだ留学生を国博士に登用し，大化の改新における政治制度の改革に取り組ませた。

〔問２〕 (2)国内の海上交通を整備し，全国的な規模で物資の輸送を行うようになった。とあるが，次のⅠの文章は，河村瑞賢が，1670年代に幕府に命じられた幕府の領地からの年貢米の輸送について，幕府に提案した内容の一部をまとめたものである。Ⅱの略地図は，Ⅰの文章で述べられている寄港地などの所在地を示したものである。ⅠとⅡの資料を活用し，河村瑞賢が幕府に提案した，幕府の領地からの年貢米の輸送について，輸送経路，寄港地の役割に着目して，簡単に述べよ。

Ⅰ

○陸奥国信夫郡（現在の福島県）などの幕府の領地の年貢米を積んだ船は，荒浜を出航したあと，平潟，那珂湊，銚子，小湊を寄港地とし，江戸に向かう。

○出羽国（現在の山形県）の幕府の領地の年貢米を積んだ船は，酒田を出航したあと，小木，福浦，柴山，温泉津，下関，大阪，大島，方座，安乗，下田を寄港地とし，江戸に向かう。

○寄港地には役人を置き，船の発着の日時や積荷の点検などを行う。

Ⅱ

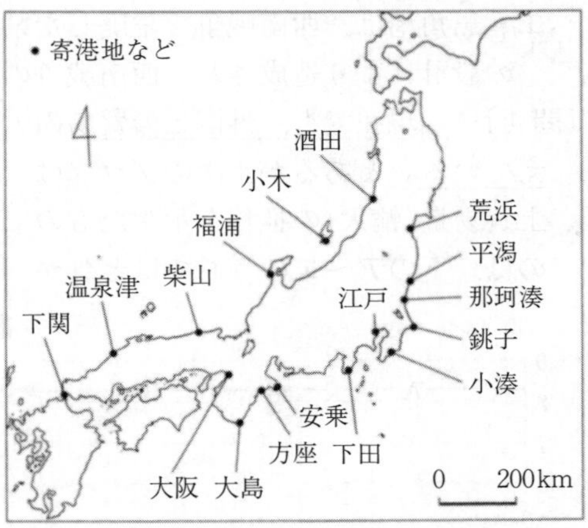

〔問３〕 (3)諸外国との関わりの中で，産業が発展し，港湾の開発が進められた。とあるが，右の略年表は，江戸時代から昭和時代にかけての，外交に関する主な出来事についてまとめたものである。略年表中の**A**～**D**のそれぞれの時期に当てはまるのは，次の**ア**～**エ**のうちではどれか。

西暦	外交に関する主な出来事	
1842	●幕府が天保の薪水給与令を出し，異国船打ち払い令を緩和した。	
		A
1871	●政府が不平等条約改正の交渉などのために，岩倉使節団を欧米に派遣した。	
		B
1889	●大日本帝国憲法が制定され，近代的な政治制度が整えられた。	
		C
1911	●日米新通商航海条約の調印により，関税自主権の回復に成功した。	
		D
1928	●15か国が参加し，パリ不戦条約が調印された。	

ア　四日市港は，日英通商航海条約の調印により，治外法権が撤廃され，関税率の一部引き上げが可能になる中で，外国との貿易港として開港場に指定された。

イ　東京港は，関東大震災の復旧工事の一環として，関東大震災の２年後に日の出ふ頭が完成したことにより，大型船の接岸が可能となった。

ウ　函館港は，アメリカ合衆国との間に締結した和親条約により，捕鯨船への薪と水，食糧を補給する港として開港された。

エ　三角港は，西南戦争で荒廃した県内の産業を発展させることを目的に，オランダ人技術者の設計により造成され，西南戦争の10年後に開港された。

〔問４〕 (4)現在でも，外国との貿易の大部分は海上交通が担い，私たちの生活や産業の発展を支えている。とあるが，次のグラフは，1950年から2000年までの，日本の海上貿易量(輸出)と海上貿易量(輸入)の推移を示したものである。グラフ中の**A**～**D**のそれぞれの時期に当てはまるのは，下の**ア**～**エ**のうちではどれか。

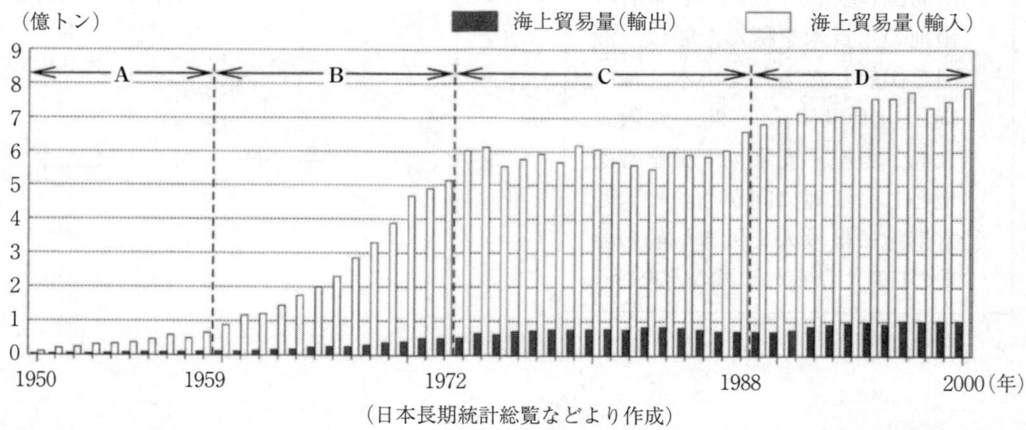

(日本長期統計総覧などより作成)

ア　サンフランシスコ平和条約(講和条約)を結び，国際社会に復帰する中で，海上貿易量は輸出・輸入ともに増加し，特に石油及び鉄鋼原料の需要の増加に伴い，海上貿易量(輸入)の増加が見られた。

イ　エネルギーの供給量において石油が石炭を上回り，海上輸送においてタンカーの大型化が進展する中で，日本初のコンテナ船が就航した他，この時期の最初の年と比較して最後の年では，海上貿易量(輸出)は約４倍に，海上貿易量(輸入)は約６倍に増加した。

ウ　冷たい戦争(冷戦)が終結するとともに，アジアにおいて経済発展を背景にした巨大な海運市場が形成される中で，海上貿易量は輸出・輸入ともに増加傾向にあったが，国内景気の後退や海外生産の増加を要因として，一時的に海上貿易量は輸出・輸入ともに減少が見られた。

エ　この時期の前半は二度にわたる石油価格の急激な上昇が，後半はアメリカ合衆国などとの貿易摩擦の問題がそれぞれ見られる中で，前半は海上貿易量(輸出)が増加し，後半は急速な円高により海上貿易量(輸入)は減少から増加傾向に転じた。

5　次の文章を読み，あとの各問に答えよ。

> 私たちは，家族，学校など様々な集団を形成しながら生活している。(1)一人一人が集団の中で個人として尊重されることが重要であり，日本国憲法においては，基本的人権が保障されている。
>
> 集団の中では，考え方の違いなどにより対立が生じた場合，多様な価値観をもつ人々が互いに受け入れられるよう，合意に至る努力をしている。例えば，国権の最高機関である(2)国会では，国の予算の使途や財源について合意を図るため，予算案が審議され，議決されている。
>
> 国際社会においても，(3)世界の国々が共存していくために条約を結ぶなど，合意に基づく国際協調を推進することが大切である。
>
> 今後も，よりよい社会の実現のために，(4)私たち一人一人が社会の課題に対して自らの考えをもち，他の人たちと協議するなど，社会に参画し，積極的に合意形成に努めることが求められている。

〔問１〕　(1)一人一人が集団の中で個人として尊重されることが重要であり，日本国憲法においては，基本的人権が保障されている。とあるが，基本的人権のうち，平等権を保障する日本国憲法の条文は，次の**ア**～**エ**のうちではどれか。

ア　すべて国民は，健康で文化的な最低限度の生活を営む権利を有する。

イ　すべて国民は，法の下に平等であつて，人種，信条，性別，社会的身分又は門地により，政治的，経済的又は社会的関係において，差別されない。

ウ　何人も，自己に不利益な供述を強要されない。

エ　何人も，裁判所において裁判を受ける権利を奪はれない。

〔問２〕　(2)国会では，国の予算の使途や財源について合意を図るため，予算案が審議され，議決されている。とあるが，次のⅠのグラフは，1989年度と2021年度における我が国の一般会計歳入額及び歳入項目別の割合を示したものである。Ⅰのグラフ中の**A**～**D**は，法人税，公債金，所得税，消費税の**いずれか**に当てはまる。Ⅱの文章は，Ⅰのグラフ中の**A**～**D**の**いずれか**について述べたものである。Ⅱの文章で述べている歳入項目に当てはまるのは，Ⅰの**A**～**D**のうちのどれか，また，その歳入項目について述べているのは，下の**ア**～**エ**のうちではどれか。

Ⅰ

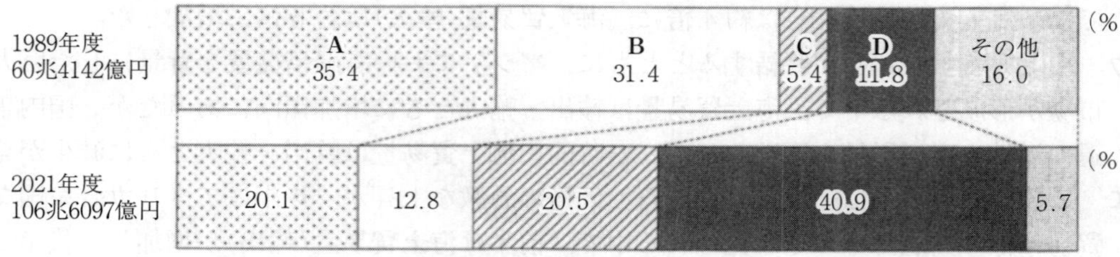

（財務省の資料より作成）

Ⅱ

> 間接税の一つであり，1989年に国民福祉の充実などに必要な歳入構造の安定化を図るために導入され，その後，段階的に税率が引き上げられた。2021年度の歳入額は20兆円を超え，1989年度に比べて６倍以上となっている。

ア　歳入の不足分を賄うため，借金により調達される収入で，元本の返済や利子の支払いなどにより負担が将来の世代に先送りされる。

イ　給料や商売の利益などに対して課され，主に勤労世代が負担し，税収が景気や人口構成の変化に左右されやすく，負担額は負担者の収入に応じて変化する。

ウ　商品の販売やサービスの提供に対して課され，勤労世代など特定の世代に負担が集中せず，税収が景気や人口構成の変化に左右されにくい。

エ　法人の企業活動により得られる所得に対して課され，税率は他の税とのバランスを図りながら，財政事情や経済情勢等を反映して決定される。

〔問３〕　(3)<u>世界の国々が共存していくために条約を結ぶなど，合意に基づく国際協調を推進することが大切である。</u>とあるが，次のⅠの文章は，ある国際的な合意について述べたものである。Ⅱの略年表は，1948年から2019年までの，国際社会における合意に関する主な出来事についてまとめたものである。Ⅰの国際的な合意が結ばれた時期に当てはまるのは，Ⅱの略年表中の**ア**～**エ**のうちではどれか。

Ⅰ

> 地球上の「誰一人取り残さない」ことをスローガンに掲げ，「質の高い教育をみんなに」などの17のゴールと169のターゲットで構成されている。持続可能でよりよい世界を目指し全ての国が取り組むべき国際目標として，国際連合において加盟国の全会一致で採択された。

Ⅱ

西暦	国際社会における合意に関する主な出来事	
1948	●世界人権宣言が採択された。	
		ア
1976	●国際連合において，児童権利宣言の20周年を記念して，1979年を国際児童年とすることが採択された。	
		イ
1990	●「気候変動に関する政府間パネル」により第一次評価報告書が発表された。	
		ウ
2001	●「極度の貧困と飢餓の撲滅」などを掲げたミレニアム開発目標が設定された。	
		エ
2019	●国際連合において，科学者グループによって起草された「持続可能な開発に関するグローバル・レポート2019」が発行された。	

〔問4〕 (4)私たち一人一人が社会の課題に対して自らの考えをもち，他の人たちと協議するなど，社会に参画し，積極的に合意形成に努めることが求められている。とあるが，次のⅠの文章は，2009年に法務省の法制審議会において取りまとめられた「民法の成年年齢の引下げについての最終報告書」の一部を分かりやすく書き改めたものである。Ⅱの表は，2014年から2018年までに改正された18歳，19歳に関する法律の成立年と主な改正点を示したものである。ⅠとⅡの資料を活用し，Ⅱの表で示された一連の法改正における，国の若年者に対する期待について，主な改正点に着目して，簡単に述べよ。

Ⅰ

○民法の成年年齢を20歳から18歳に引き下げることは，18歳，19歳の者を大人として扱い，社会への参加時期を早めることを意味する。
○18歳以上の者を，大人として処遇することは，若年者が将来の国づくりの中心であるという国としての強い決意を示すことにつながる。

Ⅱ

	成立年	主な改正点
憲法改正国民投票法の一部を改正する法律	2014	投票権年齢を満18歳以上とする。
公職選挙法等の一部を改正する法律	2015	選挙権年齢を満18歳以上とする。
民法の一部を改正する法律	2018	一人で有効な契約をすることができ，父母の親権に服さず自分の住む場所や，進学や就職などの進路について，自分の意思で決めることができるようになる成年年齢を満18歳以上とする。

6 次の文章を読み，あとの各問に答えよ。

国際社会では，人，物，お金や情報が，国境を越えて地球規模で移動するグローバル化が進んでいる。例えば，科学や文化などの面では，(1)これまでも多くの日本人が，研究などを目的に海外に移動し，滞在した国や地域，日本の発展に貢献してきた。また，経済の面では，(2)多くの企業が，世界規模で事業を展開するようになり，一企業の活動が世界的に影響を与えるようになってきた。

地球規模の課題は一層複雑になっており，課題解決のためには，(3)国際連合などにおける国際協調の推進が一層求められている。

〔問1〕 (1)これまでも多くの日本人が，研究などを目的に海外に移動し，滞在した国や地域，日本の発展に貢献してきた。とあるが，下の表の**ア**～**エ**は，略地図中に ▒ で示した**A**～**D**の**いずれか**の国に滞在した日本人の活動などについて述べたものである。略地図中の**A**～**D**のそれぞれの国に当てはまるのは，下の表の**ア**～**エ**のうちではどれか。

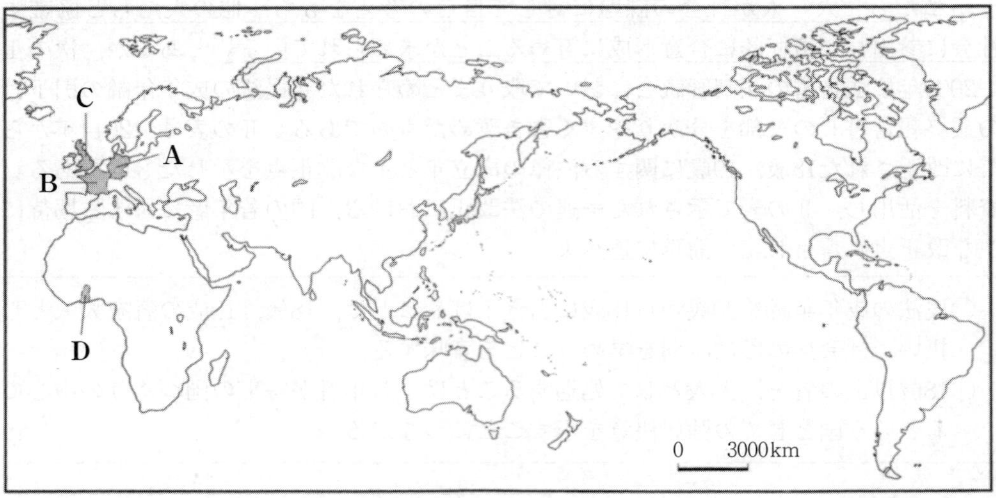

	日本人の活動など
ア	1789年に市民革命が起こったこの国に，1884年から1893年まで留学した黒田清輝は，途中から留学目的を洋画研究に変更し，ルーブル美術館で模写をするなどして，絵画の技法を学んだ。帰国後は，展覧会に作品を発表するとともに，後進の育成にも貢献した。
イ	1871年に統一されたこの国に，1884年から1888年まで留学した森鷗外は，コレラ菌などを発見したことで知られるコッホ博士などから細菌学を学んだ。帰国後は，この国を舞台とした小説を執筆するなど，文学者としても活躍した。
ウ	1902年に日本と同盟を結んだこの国に，1900年から1903年まで留学した夏目漱石は，シェイクスピアの作品を観劇したり，研究者から英文学の個人指導を受けたりした。帰国後は，作家として多くの作品を発表し，文学者として活躍した。
エ	ギニア湾岸にあるこの国に，1927年から1928年まで滞在した野口英世は，この国を含めて熱帯地方などに広まっていた黄熱病の原因を調査し，予防法や治療法の研究を行った。功績を記念し，1979年にこの国に野口記念医学研究所が設立された。

〔問２〕 (2)多くの企業が，世界規模で事業を展開するようになり，一企業の活動が世界的に影響を与えるようになってきた。とあるが，次のⅠの略年表は，1976年から2016年までの，国際会議に関する主な出来事についてまとめたものである。Ⅱの文は，Ⅰの略年表中の**ア**～**エ**の**いずれか**の国際会議について述べたものである。Ⅱの文で述べている国際会議に当てはまるのは，Ⅰの略年表中の**ア**～**エ**のうちのどれか。

Ⅰ

西暦	国際会議に関する主な出来事
1976	●東南アジア諸国連合(ASEAN(アセアン))首脳会議がインドネシアで開催された。……………………………ア
1993	●アジア太平洋経済協力(APEC(エイペック))首脳会議がアメリカ合衆国で開催された。…………………………イ
1996	●世界貿易機関(WTO)閣僚会議がシンガポールで開催された。
2008	●金融・世界経済に関する首脳会合(G20サミット)がアメリカ合衆国で開催された。…………ウ
2016	●主要国首脳会議(G7サミット)が日本で開催された。……………………………………………………エ

Ⅱ

> アメリカ合衆国に本社がある証券会社の経営破綻などを契機に発生した世界金融危機(世界同時不況，世界同時金融危機)と呼ばれる状況に対処するために，初めて参加国の首脳が集まる会議として開催された。

〔問3〕 (3)国際連合などにおける国際協調の推進が一層求められている。とあるが，次のⅠのグラフ中の**ア**～**エ**は，1945年から2020年までのアジア州，アフリカ州，ヨーロッパ州，南北アメリカ州の**いずれか**の州の国際連合加盟国数の推移を示したものである。Ⅱの文章は，Ⅰのグラフ中の**ア**～**エ**の**いずれか**の州について述べたものである。Ⅱの文章で述べている州に当てはまるのは，Ⅰの**ア**～**エ**のうちのどれか。

Ⅰ

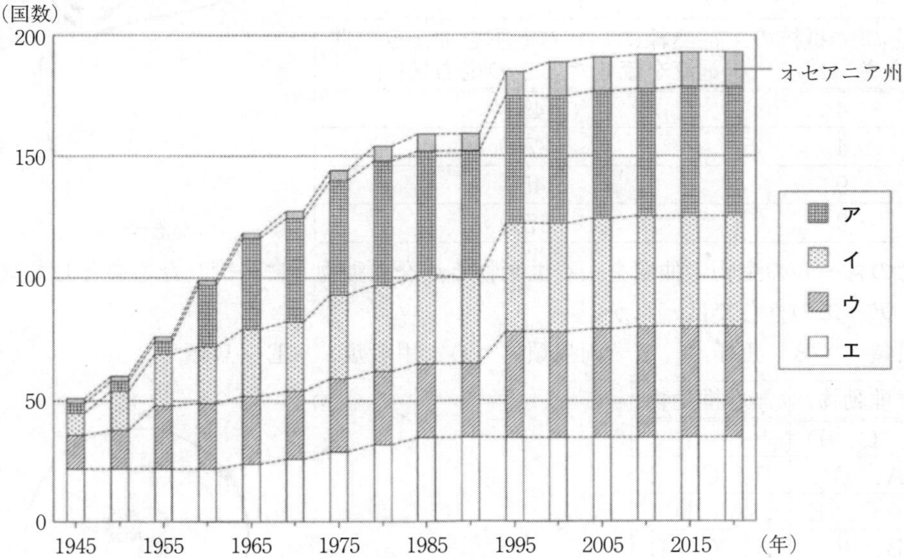

(国際連合広報センターのホームページより作成)

Ⅱ

> ○国際連合が設立された1945年において，一部の国を除き他国の植民地とされており，民族の分布を考慮しない直線的な境界線が引かれていた。
> ○国際連合総会で「植民地と人民に独立を付与する宣言」が採択された1960年に，多くの国が独立し，2020年では，50か国を超える国が国際連合に加盟している。

【理　科】 (50分)〈満点：100点〉

1　次の各問に答えよ。

〔問１〕 水素と酸素が結び付いて水ができるときの化学変化を表したモデルとして適切なのは，下の**ア**～**エ**のうちではどれか。

ただし，矢印の左側は化学変化前の水素と酸素のモデルを表し，矢印の右側は化学変化後の水のモデルをそれぞれ表すものとする。また，●は水素原子１個を，○は酸素原子１個を表すものとする。

ア　●●　＋　○　→　●○●
イ　●　●　＋　○　→　●○●
ウ　●　●　●　●　＋　○○　→　●○●　●○●
エ　●●　●●　＋　○○　→　●○●　●○●

図１

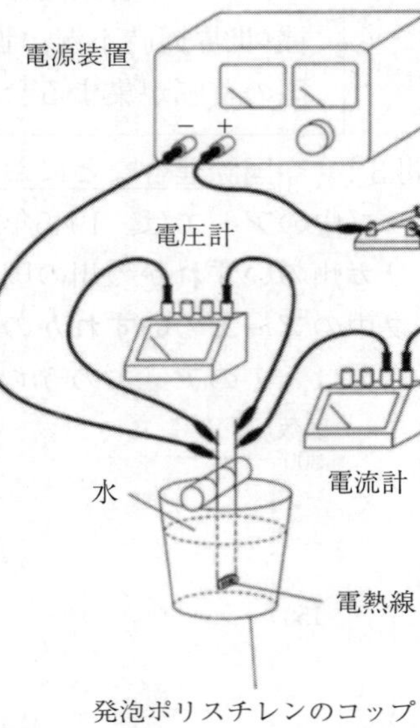

〔問２〕 図１のように，発泡ポリスチレンのコップの中の水に電熱線を入れた。電熱線に６Ｖの電圧を加えたところ，1.5Aの電流が流れた。このときの電熱線の抵抗の大きさと，電熱線に６Ｖの電圧を加え５分間電流を流したときの電力量とを組み合わせたものとして適切なのは，次の表の**ア**～**エ**のうちではどれか。

	電熱線の抵抗の大きさ〔Ω〕	電熱線に６Ｖの電圧を加え５分間電流を流したときの電力量〔Ｊ〕
ア	4	450
イ	4	2700
ウ	9	450
エ	9	2700

〔問３〕 次のＡ～Ｅの生物の仲間を，脊椎動物と無脊椎動物とに分類したものとして適切なのは，下の表の**ア**～**エ**のうちではどれか。

Ａ　昆虫類　　Ｂ　魚類　　Ｃ　両生類　　Ｄ　甲殻類　　Ｅ　鳥類

	脊椎動物	無脊椎動物
ア	Ａ，Ｃ，Ｄ	Ｂ，Ｅ
イ	Ａ，Ｄ	Ｂ，Ｃ，Ｅ
ウ	Ｂ，Ｃ，Ｅ	Ａ，Ｄ
エ	Ｂ，Ｅ	Ａ，Ｃ，Ｄ

図２

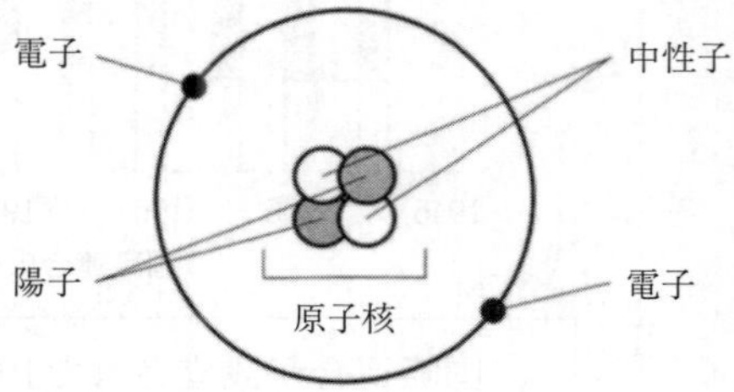

〔問４〕 図２は，ヘリウム原子の構造を模式的に表したものである。原子核の性質と電子の性質について述べたものとして適切なのは，次の**ア**～**エ**のうちではどれか。

ア　原子核は，プラスの電気をもち，電子は，マイナスの電気をもつ。
イ　原子核は，マイナスの電気をもち，電子は，プラスの電気をもつ。
ウ　原子核と電子は，共にプラスの電気をもつ。
エ　原子核と電子は，共にマイナスの電気をもつ。

〔問５〕 表１は，ある日の午前９時の東京の気象観測の結果を記録したものである。また，表２は，風力と風速の関係を示した表の一部である。表１と表２から，表１の気象観測の結果を天気，風向，風力の記号で表したものとして適切なのは，下の**ア**～**エ**のうちではどれか。

表１

天気	風向	風速〔m/s〕
くもり	北東	3.0

表２

風力	風速〔m/s〕
0	0.3未満
1	0.3以上1.6未満
2	1.6以上3.4未満
3	3.4以上5.5未満
4	5.5以上8.0未満

ア

イ
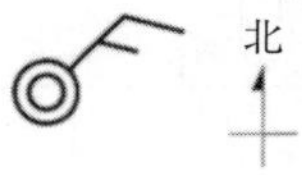

ウ

エ
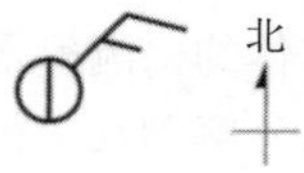

〔問６〕 ヒトのヘモグロビンの性質の説明として適切なのは，次のうちではどれか。

ア ヒトのヘモグロビンは，血液中の白血球に含まれ，酸素の少ないところでは酸素と結び付き，酸素の多いところでは酸素をはなす性質がある。

イ ヒトのヘモグロビンは，血液中の白血球に含まれ，酸素の多いところでは酸素と結び付き，酸素の少ないところでは酸素をはなす性質がある。

ウ ヒトのヘモグロビンは，血液中の赤血球に含まれ，酸素の少ないところでは酸素と結び付き，酸素の多いところでは酸素をはなす性質がある。

エ ヒトのヘモグロビンは，血液中の赤血球に含まれ，酸素の多いところでは酸素と結び付き，酸素の少ないところでは酸素をはなす性質がある。

2 生徒が，岩石に興味をもち，調べたことについて科学的に探究しようと考え，自由研究に取り組んだ。生徒が書いたレポートの一部を読み，次の各問に答えよ。

<レポート１>　身近な岩石に含まれる化石について

河原を歩いているときに様々な色や形の岩石があることに気付き，河原の岩石を観察したところ，貝の化石を見付けた。

身近な化石について興味をもち，調べたところ，建物に使われている石材に化石が含まれるものもあることを知った。そこで，化石が含まれているいくつかの石材を調べ，表１のようにまとめた。

表１

石材	含まれる化石
建物Ａの壁に使われている石材ａ	フズリナ
建物Ｂの壁に使われている石材ｂ	アンモナイト
建物Ｂの床に使われている石材ｃ	サンゴ

〔問１〕 **<レポート１>**から，化石について述べた次の文章の［①］と［②］にそれぞれ当てはまるものを組み合わせたものとして適切なのは，下の表の**ア**～**エ**のうちではどれか。

表１において，石材ａに含まれるフズリナの化石と石材ｂに含まれるアンモナイトの化石のうち，地質年代の古いものは［　①　］である。また，石材ｃに含まれるサンゴの化石のように，その化石を含む地層が堆積した当時の環境を示す化石を［　②　］という。

	①	②
ア	石材ａに含まれるフズリナの化石	示相化石
イ	石材ａに含まれるフズリナの化石	示準化石
ウ	石材ｂに含まれるアンモナイトの化石	示相化石
エ	石材ｂに含まれるアンモナイトの化石	示準化石

＜レポート２＞　金属を取り出せる岩石について

山を歩いているときに見付けた緑色の岩石について調べたところ，クジャク石というもので，この石から銅を得られることを知った。不純物を含まないクジャク石から銅を得る方法に興味をもち，具体的に調べたところ，クジャク石を加熱すると，酸化銅と二酸化炭素と水に分解され，得られた酸化銅に炭素の粉をよく混ぜ，加熱すると銅が得られることが分かった。

クジャク石に含まれる銅の割合を，実験と資料により確認することにした。

図１

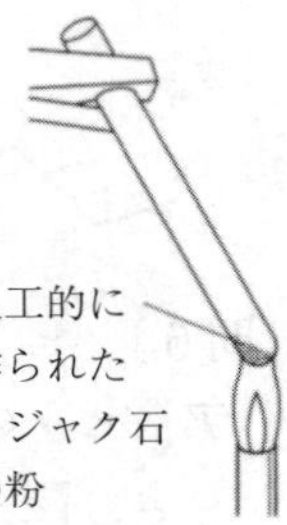

まず，不純物を含まない人工的に作られたクジャク石の粉0.20ｇを理科室で図１のように加熱し，完全に反応させ，0.13ｇの黒色の固体を得た。次に，銅の質量とその銅を加熱して得られる酸化銅の質量の関係を調べ，表２のような資料にまとめた。

表２

銅の質量〔ｇ〕	0.08	0.12	0.16	0.20	0.24	0.28
加熱して得られる酸化銅の質量〔ｇ〕	0.10	0.15	0.20	0.25	0.30	0.35

〔問２〕　**＜レポート２＞**から，人工的に作られたクジャク石の粉0.20ｇに含まれる銅の割合として適切なのは，次のうちではどれか。

ア　20%　　**イ**　52%　　**ウ**　65%　　**エ**　80%

＜レポート３＞　石英について

山を歩いているときに見付けた無色透明な部分を含む岩石について調べたところ，無色透明な部分が石英であり，ガラスの原料として広く使われていることを知った。

ガラスを通る光の性質に興味をもち，調べるために，空気中で図２のように方眼紙の上に置いた直方体のガラスに光源装置から光を当てる実験を行った。光は，物質の境界面Ｑ及び境界面Ｒで折れ曲がり，方眼紙に引いた直線Ｌを通り過ぎた。光の道筋と直線Ｌとの交点を点Ｐとした。なお，図２は真上から見た図であり，光源装置から出ている矢印(―▶―)は光の道筋と進む向きを示したものである。

図２

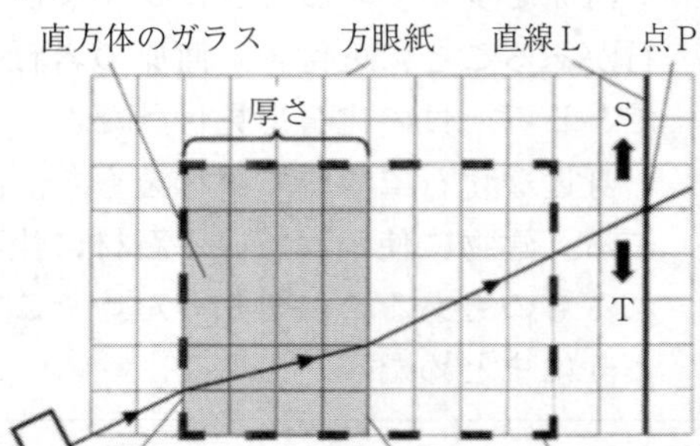

〔問３〕　**＜レポート３＞**から，図２の境界面Ｑと境界面Ｒのうち光源装置から出た光が通過するとき入射角より屈折角が大きくなる境界面と，厚さを２倍にした直方体のガラスに入れ替えて

同じ実験をしたときの直線L上の点Pの位置の変化について述べたものとを組み合わせたものとして適切なのは，下の表の**ア**～**エ**のうちではどれか。

ただし，入れ替えた直方体のガラスは，＜**レポート３**＞の直方体のガラスの厚さのみを変え，点線（▬ ▬）の枠に合わせて設置するものとする。

	光源装置から出た光が通過するとき入射角より屈折角が大きくなる境界面	厚さを２倍にした直方体のガラスに入れ替えて同じ実験をしたときの直線L上の点Pの位置の変化について述べたもの
ア	境界面Q	点Pの位置は，Sの方向にずれる。
イ	境界面R	点Pの位置は，Sの方向にずれる。
ウ	境界面Q	点Pの位置は，Tの方向にずれる。
エ	境界面R	点Pの位置は，Tの方向にずれる。

＜**レポート４**＞　**生物由来の岩石について**

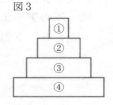

河原を歩いているときに見付けた岩石について調べたところ，その岩石は，海中の生物の死がいなどが堆積してできたチャートであることを知った。海中の生物について興味をもち，調べたところ，海中の生態系を構成する生物どうしは，食べたり食べられたりする関係でつながっていることが分かった。また，ある生態系を構成する生物どうしの数量的な関係は，図３のように，ピラミッドのような形で表すことができ，食べられる側の生物の数のほうが，食べる側の生物の数よりも多くなることも分かった。

図３

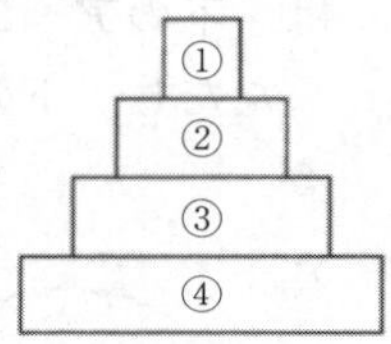

〔問４〕　生物どうしの数量的な関係を図３のように表すことができるモデル化した生態系Ｖについて，＜**資料**＞のことが分かっているとき，＜**レポート４**＞と＜**資料**＞から，生態系Ｖにおいて，図３の③に当てはまるものとして適切なのは，下の**ア**～**エ**のうちではどれか。

ただし，生態系Ｖにおいて，図３の①，②，③，④には，生物ｗ，生物ｘ，生物ｙ，生物ｚのいずれかが，それぞれ別々に当てはまるものとする。

＜**資料**＞

生態系Ｖには，生物ｗ，生物ｘ，生物ｙ，生物ｚがいる。生態系Ｖにおいて，生物ｗは生物ｘを食べ，生物ｘは生物ｙを食べ，生物ｙは生物ｚを食べる。

ア　生物ｗ　　**イ**　生物ｘ　　**ウ**　生物ｙ　　**エ**　生物ｚ

3　太陽と地球の動きに関する観察について，次の各問に答えよ。

東京のＸ地点（北緯35.6°）で，ある年の６月のある日に＜**観察１**＞を行ったところ，＜**結果１**＞のようになった。

図１

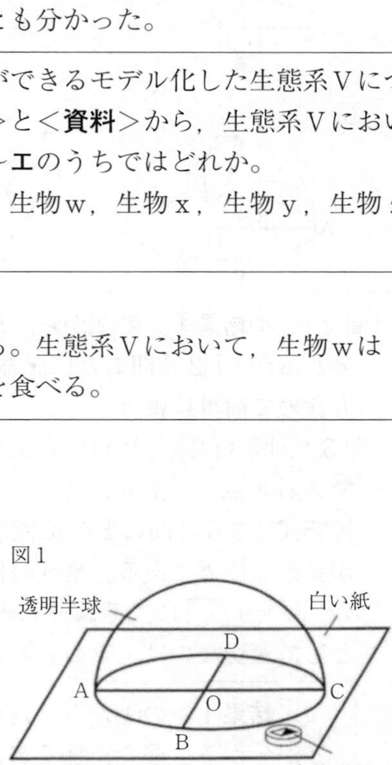

＜**観察１**＞

(1)　図１のように，白い紙に，透明半球の縁と同じ大きさの円と，円の中心Oで垂直に交わる線分ACと線分BDをかいた。かいた円に合わせて透明半球をセロハンテープで白い紙に固定した。

(2)　N極が黒く塗られた方位磁針を用いて点Cが北の方角に一致するよう線分ACを南北方向

に合わせ，透明半球を日当たりのよい水平な場所に固定した。
(3)　8時から16時までの間，2時間ごとに，油性ペンの先の影が円の中心Oと一致する透明半球上の位置に●印と観察した時刻を記録した。
(4)　(3)で記録した●印を滑らかな線で結び，その線を透明半球の縁まで延ばして，東側で交わる点をE，西側で交わる点をFとした。
(5)　(3)で2時間ごとに記録した透明半球上の●印の間隔をそれぞれ測定した。

＜**結果1**＞
(1)　＜**観察1**＞の(3)と(4)の透明半球上の記録は図2のようになった。
(2)　＜**観察1**＞の(5)では，2時間ごとに記録した透明半球上の●印の間隔はどれも5.2cmであった。

図2
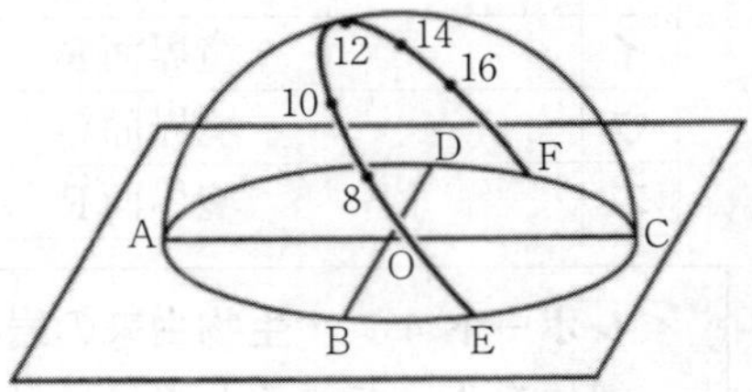

〔問1〕　＜**結果1**＞の(1)から，＜**観察1**＞の観測日の南中高度をRとしたとき，Rを示した模式図として適切なのは，下の**ア**～**エ**のうちではどれか。
ただし，下の**ア**～**エ**の図中の点Pは太陽が南中した時の透明半球上の太陽の位置を示している。

ア
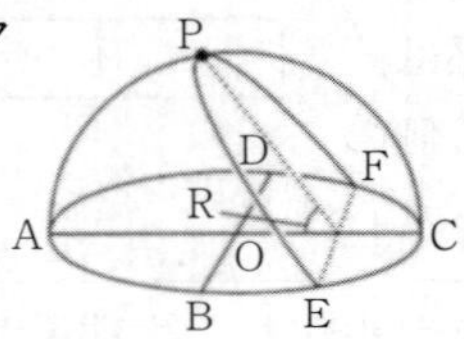

イ
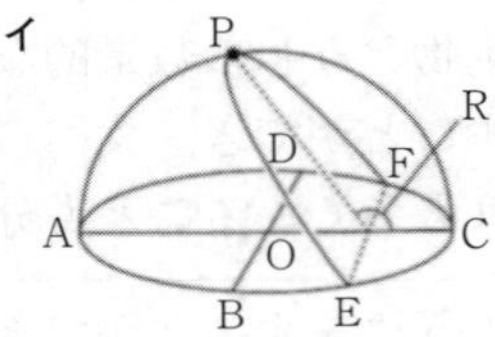

ウ
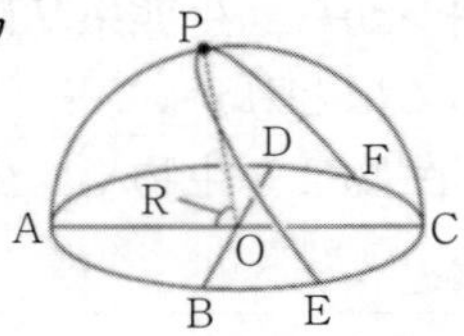

エ
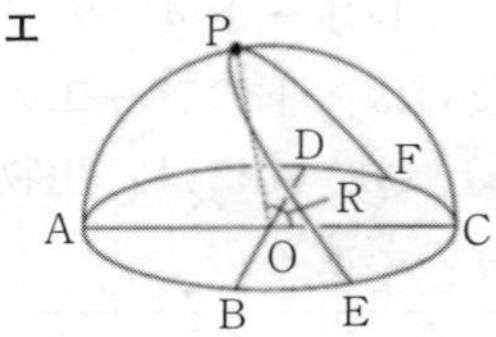

〔問2〕　＜**結果1**＞の(2)から，地球上での太陽の見かけ上の動く速さについてどのようなことが分かるか。「2時間ごとに記録した透明半球上の●印のそれぞれの間隔は，」に続く形で，理由も含めて簡単に書け。

〔問3〕　図3は，北極点の真上から見た地球を模式的に表したものである。点J，点K，点L，点Mは，それぞれ東京のX地点(北緯35.6°)の6時間ごとの位置を示しており，点Jは南中した太陽が見える位置である。地球の自転の向きについて述べた次の文章の［①］～［④］に，それぞれ当てはまるものを組み合わせたものとして適切なのは，下の表の**ア**～**エ**のうちではどれか。

図3
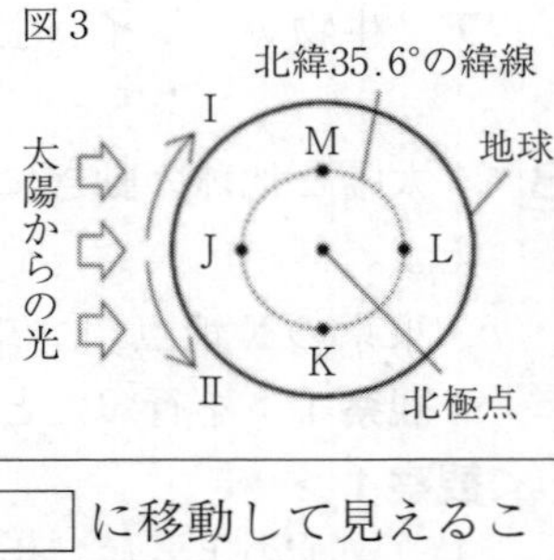

＜**結果1**＞の(1)から，地球上では太陽は見かけ上，［①］に移動して見えることが分かる。また，図3において，東の空に太陽が見えるのは点［②］の位置であり，西の空に太陽が見えるのは点［③］の位置である。そのため地球は，［④］の方向に自転していると考えられる。

	①	②	③	④
ア	西の空から東の空	K	M	Ⅰ
イ	東の空から西の空	K	M	Ⅱ
ウ	西の空から東の空	M	K	Ⅰ
エ	東の空から西の空	M	K	Ⅱ

次に，東京のX地点(北緯35.6°)で，＜**観察１**＞を行った日と同じ年の９月のある日に＜**観察２**＞を行ったところ，＜**結果２**＞のようになった。

＜**観察２**＞

(1)　＜**観察１**＞の(3)と(4)の結果を記録した図２のセロハンテープで白い紙に固定した透明半球を準備した。

(2)　N極が黒く塗られた方位磁針を用いて点Cが北の方角に一致するよう線分ACを南北方向に合わせ，透明半球を日当たりのよい水平な場所に固定した。

(3)　８時から16時までの間，２時間ごとに，油性ペンの先の影が円の中心Oと一致する透明半球上の位置に▲印と観察した時刻を記録した。

(4)　(3)で記録した▲印を滑らかな線で結び，その線を透明半球の縁まで延ばした。

(5)　＜**観察１**＞と＜**観察２**＞で透明半球上にかいた曲線の長さをそれぞれ測定した。

＜**結果２**＞

(1)　＜**観察２**＞の(3)と(4)の透明半球上の記録は図４のようになった。

(2)　＜**観察２**＞の(5)では，＜**観察１**＞の(4)でかいた曲線の長さは約37.7cmで，＜**観察２**＞の(4)でかいた曲線の長さは約33.8cmであった。

図４

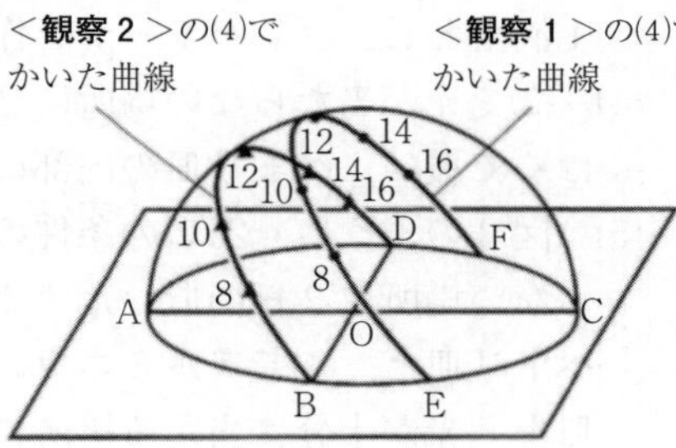

〔問４〕　図５は，＜**観察１**＞を行った日の地球を模式的に表したものである。図５のX地点は＜**観察１**＞を行った地点を示し，図５のY地点は北半球にあり，X地点より高緯度の地点を示している。＜**結果２**＞から分かることを次の①，②から一つ，図５のX地点とY地点における夜の長さを比較したとき夜の長さが長い地点を下の③，④から一つ，それぞれ選び，組み合わせたものとして適切なのは，下の**ア**～**エ**のうちではどれか。

図５

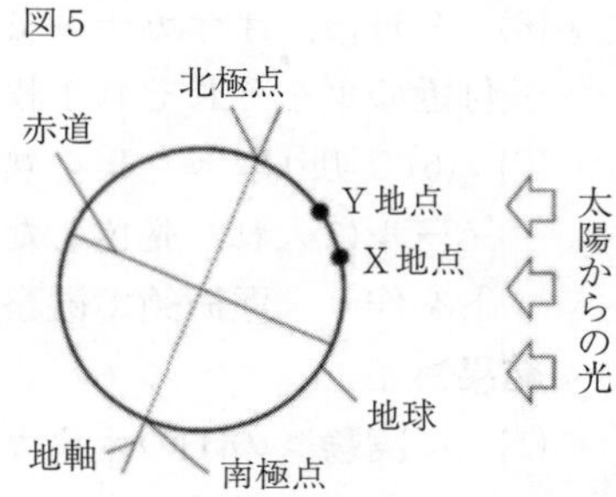

①　日の入りの位置は，＜**観察１**＞を行った日の方が＜**観察２**＞を行った日よりも北寄りで，昼の長さは＜**観察１**＞を行った日の方が＜**観察２**＞を行った日よりも長い。

②　日の入りの位置は，＜**観察１**＞を行った日の方が＜**観察２**＞を行った日よりも南寄りで，昼の長さは＜**観察２**＞を行った日の方が＜**観察１**＞を行った日よりも長い。

③　X地点

④　Y地点

ア　①，③　　**イ**　①，④　　**ウ**　②，③　　**エ**　②，④

4 植物の働きに関する実験について，次の各問に答えよ。
<**実験**>を行ったところ，<**結果**>のようになった。

<**実験**>

(1) 図１のように，２枚のペトリ皿に，同じ量の水と，同じ長さに切ったオオカナダモＡ，オオカナダモＢを用意した。
オオカナダモＡ，オオカナダモＢの先端付近の葉をそれぞれ１枚切り取り，プレパラートを作り，顕微鏡で観察し，細胞内の様子を記録した。

図１

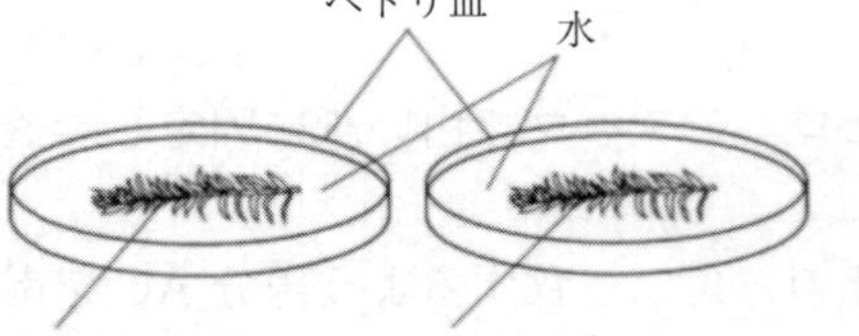

図２

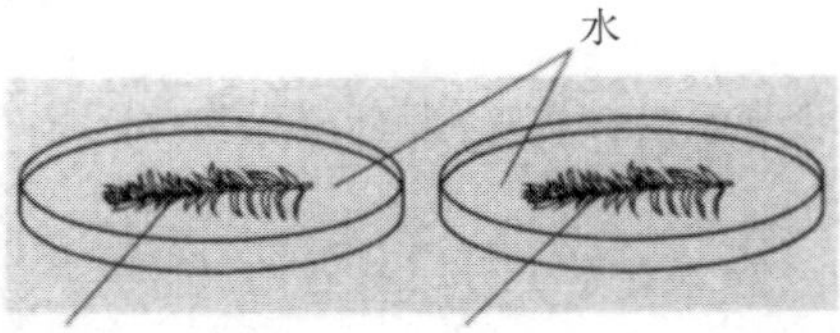

(2) 図２のように，オオカナダモＡ，オオカナダモＢを，20℃の条件の下で，光が当たらない場所に２日間置いた。

(3) ２日後，オオカナダモＡ，オオカナダモＢの先端付近の葉をそれぞれ１枚切り取り，熱湯に浸した後，温めたエタノールに入れ，脱色した。脱色した葉を水で洗った後，ヨウ素液を１滴落とし，プレパラートを作り，顕微鏡で観察し，細胞内の様子を記録した。

(4) (2)で光が当たらない場所に２日間置いたオオカナダモＢの入ったペトリ皿をアルミニウムはくで覆い，ペトリ皿の内部に光が入らないようにした。

(5) 図３のように，20℃の条件の下で，(2)で光が当たらない場所に２日間置いたオオカナダモＡが入ったペトリ皿と，(4)でアルミニウムはくで覆ったペトリ皿を，光が十分に当たる場所に３日間置いた。

図３

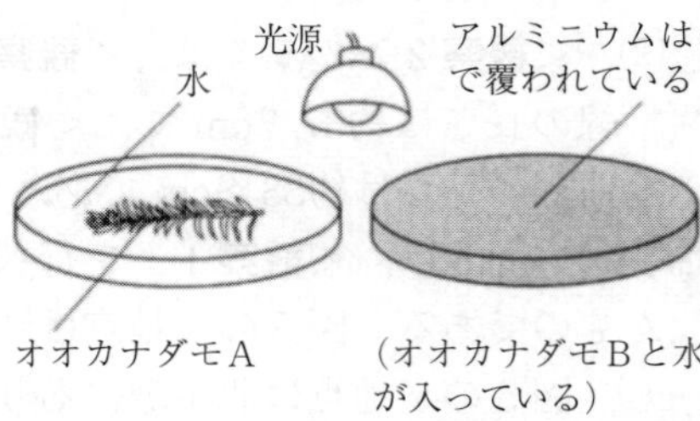

(6) ３日後，オオカナダモＡとオオカナダモＢの先端付近の葉をそれぞれ１枚切り取った。

(7) (6)で切り取った葉を熱湯に浸した後，温めたエタノールに入れ，脱色した。脱色した葉を水で洗った後，ヨウ素液を１滴落とし，プレパラートを作り，顕微鏡で観察し，細胞内の様子を記録した。

<**結果**>

(1) <**実験**>の(1)のオオカナダモＡとオオカナダモＢの先端付近の葉の細胞内には，緑色の粒がそれぞれ多数観察された。

(2) <**実験**>の(3)のオオカナダモの先端付近の葉の細胞内の様子の記録は，表１のようになった。

表１

オオカナダモＡの先端付近の葉の細胞内の様子	オオカナダモＢの先端付近の葉の細胞内の様子
<**実験**>の(1)で観察された緑色の粒と同じ形の粒は，透明であった。	<**実験**>の(1)で観察された緑色の粒と同じ形の粒は，透明であった。

(3) <**実験**>の(7)のオオカナダモの先端付近の葉の細胞内の様子の記録は，表２のようになった。

表2

オオカナダモAの先端付近の葉の細胞内の様子	オオカナダモBの先端付近の葉の細胞内の様子
＜**実験**＞の(1)で観察された緑色の粒と同じ形の粒は，青紫色に染色されていた。	＜**実験**＞の(1)で観察された緑色の粒と同じ形の粒は，透明であった。

〔問1〕　＜**実験**＞の(1)でプレパラートを作り，顕微鏡で観察をする準備を行う際に，プレパラートと対物レンズを，最初に，できるだけ近づけるときの手順について述べたものと，対物レンズが20倍で接眼レンズが10倍である顕微鏡の倍率とを組み合わせたものとして適切なのは，次の表の**ア**～**エ**のうちではどれか。

	顕微鏡で観察をする準備を行う際に，プレパラートと対物レンズを，最初に，できるだけ近づけるときの手順	対物レンズが20倍で接眼レンズが10倍である顕微鏡の倍率
ア	接眼レンズをのぞきながら，調節ねじを回してプレパラートと対物レンズをできるだけ近づける。	200倍
イ	顕微鏡を横から見ながら，調節ねじを回してプレパラートと対物レンズをできるだけ近づける。	200倍
ウ	接眼レンズをのぞきながら，調節ねじを回してプレパラートと対物レンズをできるだけ近づける。	30倍
エ	顕微鏡を横から見ながら，調節ねじを回してプレパラートと対物レンズをできるだけ近づける。	30倍

〔問2〕　＜**実験**＞の(6)で葉を切り取ろうとした際に，オオカナダモAに気泡が付着していることに気付いた。このことに興味をもち，植物の働きによる気体の出入りについて調べ，＜**資料**＞にまとめた。

＜**資料**＞

【光が十分に当たるとき】と【光が当たらないとき】の植物の光合成や呼吸による，酸素と二酸化炭素の出入りは，図4の模式図のように表すことができる。図4から，植物の［⑤］による［③］の吸収と［④］の放出は，【光が［①］とき】には見られるが，【光が［②］とき】には見られない。

図4

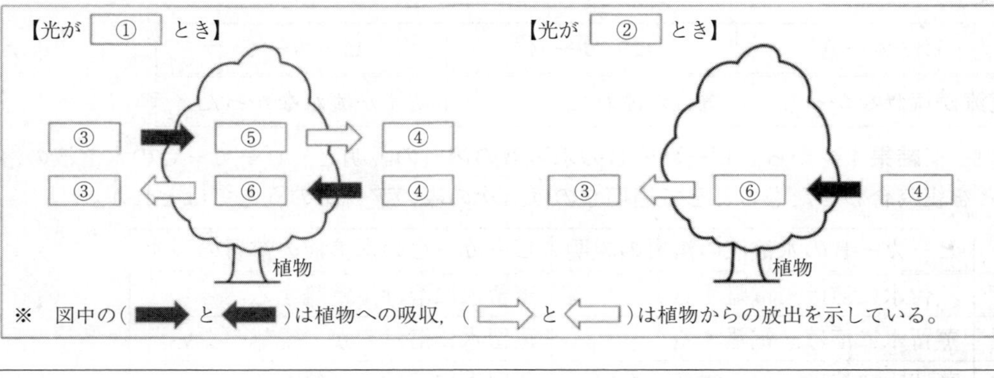

※　図中の（➡と⬅）は植物への吸収，（⇨と⇦）は植物からの放出を示している。

＜**資料**＞の ① ～ ⑥ にそれぞれ当てはまるものを組み合わせたものとして適切なのは，次の表の**ア**～**エ**のうちではどれか。

	①	②	③	④	⑤	⑥
ア	十分に当たる	当たらない	二酸化炭素	酸素	光合成	呼吸
イ	十分に当たる	当たらない	酸素	二酸化炭素	呼吸	光合成
ウ	当たらない	十分に当たる	二酸化炭素	酸素	光合成	呼吸
エ	当たらない	十分に当たる	酸素	二酸化炭素	呼吸	光合成

〔問３〕　＜**結果**＞の(1)～(3)から分かることとして適切なのは，次のうちではどれか。

ア　光が十分に当たる場所では，オオカナダモの葉の核でデンプンが作られることが分かる。

イ　光が十分に当たる場所では，オオカナダモの葉の核でアミノ酸が作られることが分かる。

ウ　光が十分に当たる場所では，オオカナダモの葉の葉緑体でデンプンが作られることが分かる。

エ　光が十分に当たる場所では，オオカナダモの葉の葉緑体でアミノ酸が作られることが分かる。

5　水溶液に関する実験について，次の各問に答えよ。

＜**実験１**＞を行ったところ，＜**結果１**＞のようになった。

図１

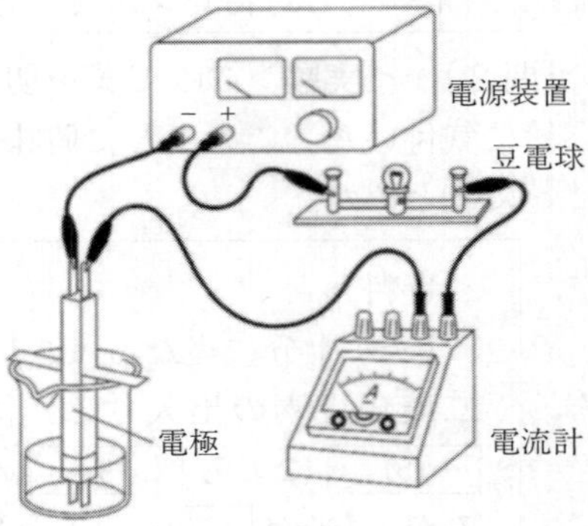

＜**実験１**＞

(1)　ビーカーA，ビーカーB，ビーカーCにそれぞれ蒸留水(精製水)を入れた。

(2)　ビーカーBに塩化ナトリウムを加えて溶かし，５％の塩化ナトリウム水溶液を作成した。ビーカーCに砂糖を加えて溶かし，５％の砂糖水を作成した。

(3)　図１のように実験装置を組み，ビーカーAの蒸留水，ビーカーBの水溶液，ビーカーCの水溶液に，それぞれ約３Ｖの電圧を加え，電流が流れるか調べた。

＜**結果１**＞

ビーカーA	ビーカーB	ビーカーC
電流が流れなかった。	電流が流れた。	電流が流れなかった。

〔問１〕　＜**結果１**＞から，ビーカーBの水溶液の溶質の説明と，ビーカーCの水溶液の溶質の説明とを組み合わせたものとして適切なのは，次の表の**ア**～**エ**のうちではどれか。

	ビーカーBの水溶液の溶質の説明	ビーカーCの水溶液の溶質の説明
ア	蒸留水に溶け，電離する。	蒸留水に溶け，電離する。
イ	蒸留水に溶け，電離する。	蒸留水に溶けるが，電離しない。
ウ	蒸留水に溶けるが，電離しない。	蒸留水に溶け，電離する。
エ	蒸留水に溶けるが，電離しない。	蒸留水に溶けるが，電離しない。

次に，＜**実験２**＞を行ったところ，＜**結果２**＞のようになった。

<実験２>

(1)　試験管Ａ，試験管Ｂに，室温と同じ27℃の蒸留水(精製水)をそれぞれ５ｇ(５cm^3)入れた。次に，試験管Ａに硝酸カリウム，試験管Ｂに塩化ナトリウムをそれぞれ３ｇ加え，試験管をよくふり混ぜた。試験管Ａ，試験管Ｂの中の様子をそれぞれ観察した。

(2)　図２のように，試験管Ａ，試験管Ｂの中の様子をそれぞれ観察しながら，ときどき試験管を取り出し，ふり混ぜて，温度計が27℃から60℃を示すまで水溶液をゆっくり温めた。

(3)　加熱を止め，試験管Ａ，試験管Ｂの中の様子をそれぞれ観察しながら，温度計が27℃を示すまで水溶液をゆっくり冷やした。

(4)　試験管Ａ，試験管Ｂの中の様子をそれぞれ観察しながら，さらに温度計が20℃を示すまで水溶液をゆっくり冷やした。

(5)　(4)の試験管Ｂの水溶液を１滴とり，スライドガラスの上で蒸発させた。

図２

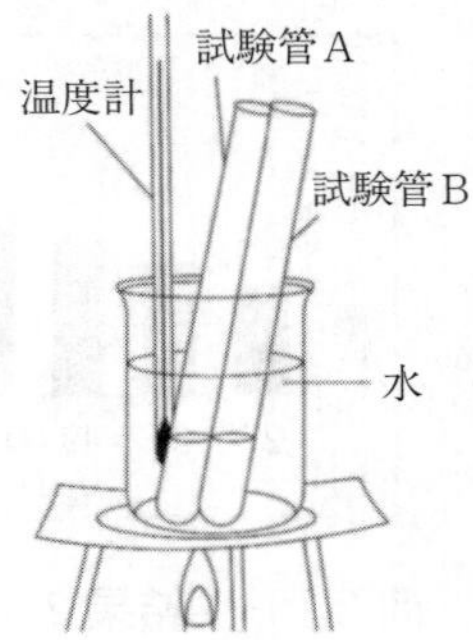

<結果２>

(1)　<実験２>の(1)から<実験２>の(4)までの結果は以下の表のようになった。

	試験管Ａの中の様子	試験管Ｂの中の様子
<実験２>の(1)	溶け残った。	溶け残った。
<実験２>の(2)	温度計が約38℃を示したときに全て溶けた。	<実験２>の(1)の試験管Ｂの中の様子に比べ変化がなかった。
<実験２>の(3)	温度計が約38℃を示したときに結晶が現れ始めた。	<実験２>の(2)の試験管Ｂの中の様子に比べ変化がなかった。
<実験２>の(4)	結晶の量は，<実験２>の(3)の結果に比べ増加した。	<実験２>の(3)の試験管Ｂの中の様子に比べ変化がなかった。

(2)　<実験２>の(5)では，スライドガラスの上に白い固体が現れた。

さらに，硝酸カリウム，塩化ナトリウムの水に対する溶解度を図書館で調べ，<資料>を得た。

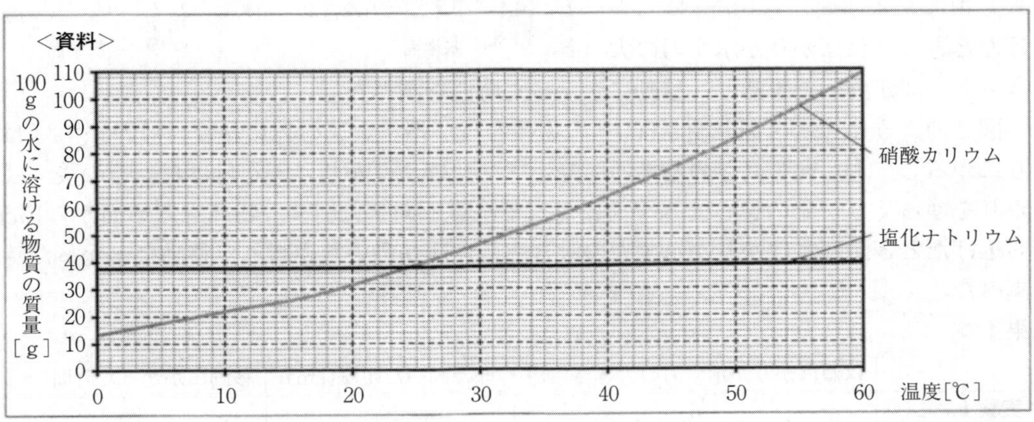

〔問２〕　<結果２>の(1)と<資料>から，温度計が60℃を示すまで温めたときの試験管Ａの水溶液の温度と試験管Ａの水溶液の質量パーセント濃度の変化との関係を模式的に示した図として適切なのは，次のうちではどれか。

ア　　イ　　ウ　　エ

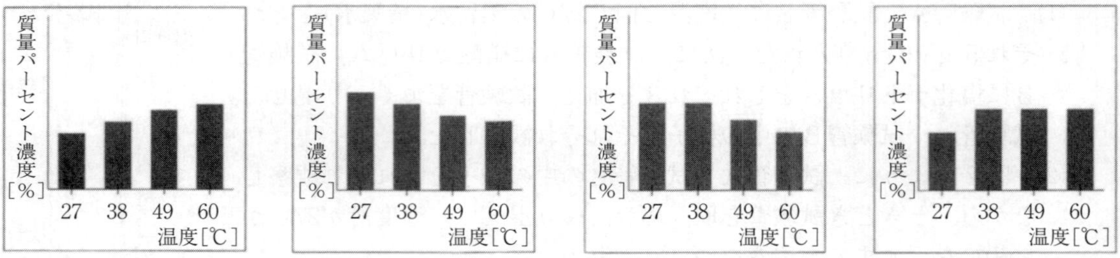

〔問３〕　＜**結果２**＞の(1)から，試験管Ｂの中の様子に変化がなかった理由を，温度の変化と溶解度の変化の関係に着目して，「＜**資料**＞から，」に続く形で，簡単に書け。

〔問４〕　＜**結果２**＞の(2)から，水溶液の溶媒を蒸発させると溶質が得られることが分かった。試験管Ｂの水溶液の温度が20℃のときと同じ濃度の塩化ナトリウム水溶液が0.35ｇあった場合，＜**資料**＞を用いて考えると，溶質を全て固体として取り出すために蒸発させる溶媒の質量として適切なのは，次のうちではどれか。

ア　約0.13ｇ　　**イ**　約0.21ｇ　　**ウ**　約0.25ｇ　　**エ**　約0.35ｇ

6　力学的エネルギーに関する実験について，次の各問に答えよ。
ただし，質量100ｇの物体に働く重力の大きさを１Ｎとする。
＜**実験１**＞を行ったところ，＜**結果１**＞のようになった。

＜**実験１**＞

(1)　図１のように，力学台車と滑車を合わせた質量600ｇの物体を糸でばねばかりにつるし，基準面で静止させ，ばねばかりに印を付けた。その後，ばねばかりをゆっくり一定の速さで水平面に対して垂直上向きに引き，物体を基準面から10cm 持ち上げたとき，ばねばかりが示す力の大きさと，印が動いた距離と，移動にかかった時間を調べた。

図１

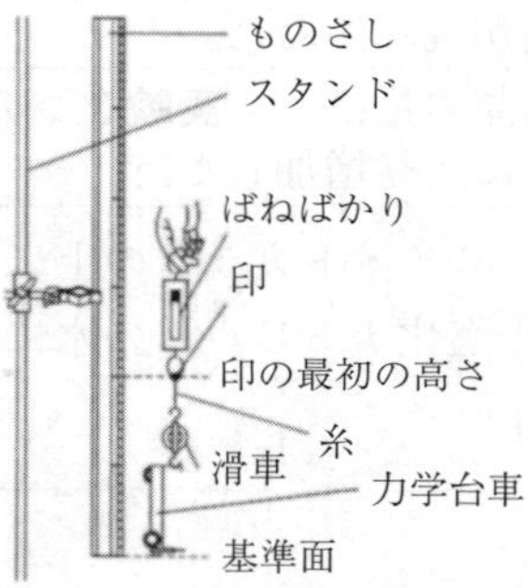

図２

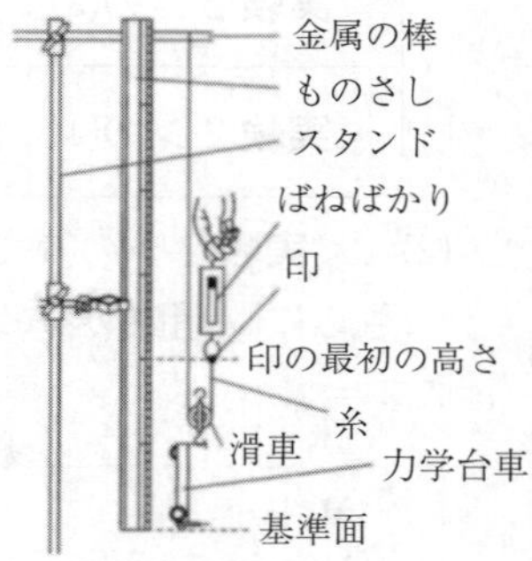

(2)　図２のように，(1)と同じ質量600ｇの物体を，一端を金属の棒に結び付けた糸でばねばかりにつるし，(1)と同じ高さの基準面で静止させ，ばねばかりに印を付けた。その後，ばねばかりをゆっくり一定の速さで水平面に対して垂直上向きに引き，物体を基準面から10cm 持ち上げたとき，ばねばかりが示す力の大きさと，印が動いた距離と，移動にかかった時間を調べた。

＜**結果１**＞

	ばねばかりが示す力の大きさ〔Ｎ〕	印が動いた距離〔cm〕	移動にかかった時間〔ｓ〕
＜**実験１**＞の(1)	6	10	25
＜**実験１**＞の(2)	3	20	45

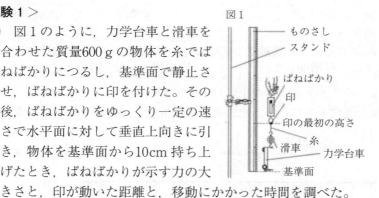

〔問１〕　＜**結果１**＞から，＜**実験１**＞の(1)で物体を基準面から10cm 持ち上げたときに「ばねばかりが糸を引く力」がした仕事の大きさと，＜**実験１**＞の(2)で「ばねばかりが糸を引く力」を

作用としたときの反作用とを組み合わせたものとして適切なのは，次の表の**ア**～**エ**のうちではどれか。

	「ばねばかりが糸を引く力」がした仕事の大きさ〔J〕	＜**実験１**＞の(2)で「ばねばかりが糸を引く力」を作用としたときの反作用
ア	0.6	力学台車と滑車を合わせた質量600 gの物体に働く重力
イ	6	力学台車と滑車を合わせた質量600 gの物体に働く重力
ウ	0.6	糸がばねばかりを引く力
エ	6	糸がばねばかりを引く力

次に，＜**実験２**＞を行ったところ，＜**結果２**＞のようになった。

＜**実験２**＞

(1)　図３のように，斜面の傾きを10°にし，記録テープを手で支え，力学台車の先端を点Aの位置にくるように静止させた。

(2)　記録テープから静かに手をはなし，力学台車が動き始めてから，点Bの位置にある車止めに当たる直前までの運動を，１秒間に一定間隔で50回打点する記録タイマーで記録テープに記録した。

(3)　(2)で得た記録テープの，重なっている打点を用いずに，はっきり区別できる最初の打点を基準点とし，基準点から５打点間隔ごとに長さを測った。

(4)　(1)と同じ場所で，同じ実験器具を使い，斜面の傾きを20°に変えて同じ実験を行った。

図３

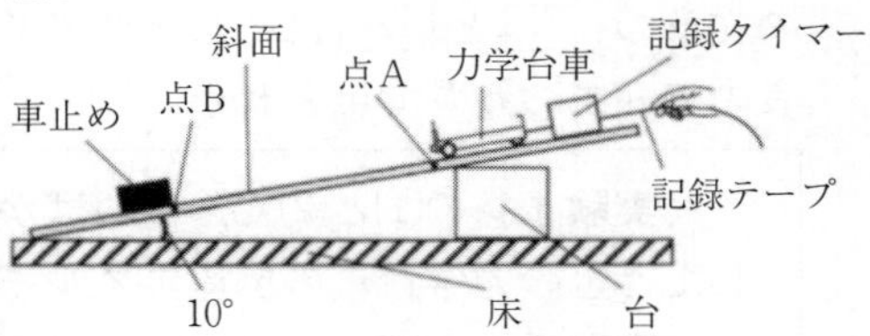

＜**結果２**＞

図４　斜面の傾きが10°のときの記録テープ

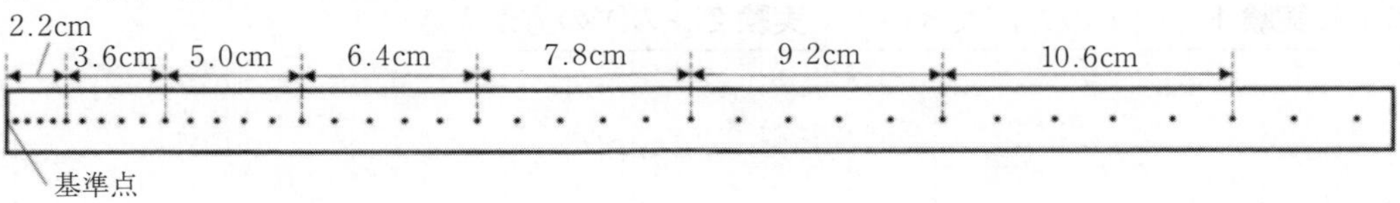

図５　斜面の傾きが20°のときの記録テープ

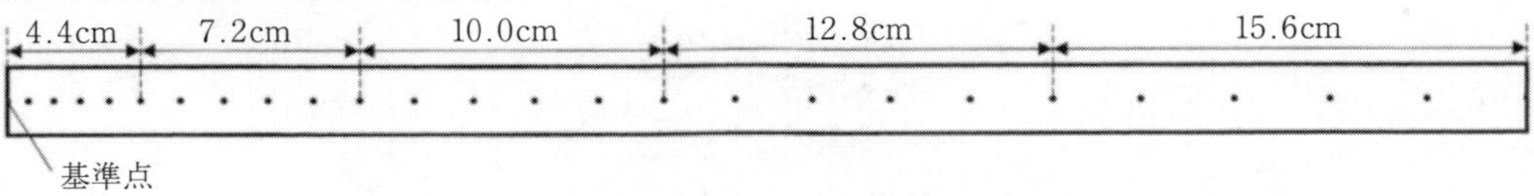

〔問２〕　＜**結果２**＞から，力学台車の平均の速さについて述べた次の文章の［①］と［②］にそれぞれ当てはまるものとして適切なのは，下の**ア**～**エ**のうちではどれか。

＜**実験２**＞の(2)で，斜面の傾きが10°のときの記録テープの基準点が打点されてから0.4秒経過するまでの力学台車の平均の速さをCとすると，Cは［①］である。また，＜**実験２**＞の(4)で，斜面の傾きが20°のときの記録テープの基準点が打点されてから0.4秒経過するまでの力学台車の平均の速さをDとしたとき，CとDの比を最も簡単な整数の比で表すとC：D＝［②］となる。

①	ア　16cm/s	イ　32cm/s	ウ　43cm/s	エ　64cm/s
②	ア　1：1	イ　1：2	ウ　2：1	エ　14：15

〔問3〕 <**結果2**>から，<**実験2**>で斜面の傾きを10°から20°にしたとき，点Aから点Bの直前まで斜面を下る力学台車に働く重力の大きさと，力学台車に働く重力を斜面に平行な(沿った)方向と斜面に垂直な方向の二つの力に分解したときの斜面に平行な方向に分解した力の大きさとを述べたものとして適切なのは，次のうちではどれか。

ア　力学台車に働く重力の大きさは変わらず，斜面に平行な分力は大きくなる。

イ　力学台車に働く重力の大きさは大きくなり，斜面に平行な分力も大きくなる。

ウ　力学台車に働く重力の大きさは大きくなるが，斜面に平行な分力は変わらない。

エ　力学台車に働く重力の大きさは変わらず，斜面に平行な分力も変わらない。

〔問4〕 <**実験1**>の位置エネルギーと<**実験2**>の運動エネルギーの大きさについて述べた次の文章の ① と ② にそれぞれ当てはまるものを組み合わせたものとして適切なのは，下の表の**ア**～**エ**のうちではどれか。

> <**実験1**>の(1)と(2)で，ばねばかりをゆっくり一定の速さで引きはじめてから25秒経過したときの力学台車の位置エネルギーの大きさを比較すると ① 。
> <**実験2**>の(2)と(4)で，力学台車が点Aから点Bの位置にある車止めに当たる直前まで下ったとき，力学台車のもつ運動エネルギーの大きさを比較すると ② 。

	①	②
ア	<**実験1**>の(1)と(2)で等しい	<**実験2**>の(2)と(4)で等しい
イ	<**実験1**>の(1)と(2)で等しい	<**実験2**>の(4)の方が大きい
ウ	<**実験1**>の(1)の方が大きい	<**実験2**>の(2)と(4)で等しい
エ	<**実験1**>の(1)の方が大きい	<**実験2**>の(4)の方が大きい

社会解答

1 〔問１〕 Ｂ…イ　Ｃ…エ　Ｄ…ウ
Ｅ…ア
〔問２〕 エ　〔問３〕 ウ

2 〔問１〕 略地図中のＡ～Ｄ…Ｃ
Ⅱのア～エ…イ
〔問２〕 Ｐ…ア　Ｑ…ウ　Ｒ…エ
Ｓ…イ
〔問３〕 略地図中のＷ～Ｚ…Ｚ
ⅠとⅡのア～エ…ア

3 〔問１〕 Ａ…ウ　Ｂ…イ　Ｃ…ア
Ｄ…エ
〔問２〕 Ⅰのア～エ…ア
略地図中のＷ～Ｚ…Ｗ
〔問３〕 (例)自動車を利用しなくても，公共交通を利用することで，日常生活に必要な機能が利用できる。

4 〔問１〕 エ→ア→イ→ウ
〔問２〕 (例)太平洋のみを通る経路と，日本海と太平洋を通る経路で，寄港地では積荷の点検などを行い，江戸に輸送すること。
〔問３〕 Ａ…ウ　Ｂ…エ　Ｃ…ア
Ｄ…イ
〔問４〕 Ａ…ア　Ｂ…イ　Ｃ…エ
Ｄ…ウ

5 〔問１〕 イ
〔問２〕 ⅠのＡ～Ｄ…Ｃ　ア～エ…ウ
〔問３〕 エ
〔問４〕 (例)投票権年齢，選挙権年齢，成年年齢を満18歳以上とし，社会への参加時期を早め，若年者が将来の国づくりの中心として積極的な役割を果たすこと。

6 〔問１〕 Ａ…イ　Ｂ…ア　Ｃ…ウ
Ｄ…エ
〔問２〕 ウ　〔問３〕 ア

1 〔三分野総合―小問集合問題〕

〔問１〕＜地形図と写真の読み取り＞地形図上のＢ～Ｅ点のうち，Ｂ点とＥ点は進行方向の前方で鉄道の線路と交差していることから，アとイのいずれかが当てはまる。このうち，Ｅ点の前方には橋・高架を表す(〓)が見られ，道路が線路の上を通っていることがわかる。したがって，Ｅ点がア，Ｂ点がイとなる。次にＤ点は，北西から南東にかけて延びる道路と，Ｄ点から北へ向かって延びる道路が交わる丁字形の交差点に位置することから，ウが当てはまる。最後にＣ点は，地形図の右下のスケールバー(距離を表す目盛り)をもとにすると，直前の地点であるＢ点からの距離が500mよりもやや短い距離であることから，エが当てはまる。

〔問２〕＜分国法＞分国法は，戦国大名が家臣や民衆を統制し，領国を支配するために定めた独自の法である。分国法の規定には，勝手な婚姻や城の建築を禁止するもの，争いの当事者の双方を罰する「けんか両成敗」を定めたものなどが見られる(エ…○)。なお，御成敗式目〔貞永式目〕は1232年に鎌倉幕府の第３代執権である北条泰時が定めた法(ア…×)，大宝律令は701年に唐の律令にならってつくられた法(イ…×)，武家諸法度は江戸幕府が大名を統制するために定めた法である(ウ…×)。

〔問３〕＜特別会＞特別会〔特別国会〕は，衆議院解散後の総選挙の日から30日以内に召集される国会である。特別会が召集されると，それまでの内閣は総辞職し，新しい内閣総理大臣の指名が行われる(ウ…○)。なお，常会〔通常国会〕は，毎年１回１月中に召集され，予算の審議を主に行う国会である(ア…×)。臨時会〔臨時国会〕は，内閣が必要と認めたとき，またはいずれかの議院の総議員の４分の１以上の要求があった場合に召集される国会である(イ…×)。参議院の緊急集会は，衆議院の解散中に緊急の必要がある場合に，内閣の求めによって開かれる集会である。

2 〔世界地理―世界の諸地域〕

〔問１〕＜世界の国と気候＞略地図中のＡ～Ｄ．略地図中のＡはタイの首都バンコク，Ｂはサウジアラビアの首都リヤド，Ｃはエチオピアの首都アディスアベバ，Ｄはポーランドの首都ワルシャワである。Ⅰの文章は，首都が標高約2350mの高地にあること，コーヒー豆の生産量が多く輸出額に占める割合が高いことなどから，国土にエチオピア高原が広がり，輸出額に占めるコーヒー豆の割合が高いモノカルチャー経済の国であるエチオピアについて述べたものである。　**Ⅱのア～エ**．エチオピアの首都アディスアベバは高山気候に属していることから，一年を通して冷涼で，年間の気温差が小さいイが当てはまる。なお，アは冬の寒さが厳しい亜寒帯〔冷帯〕気候でDのワルシャワ，ウは一年を通して降水量が非常に少ない乾燥帯の砂漠気候でBのリヤド，エは一年中高温で雨季と乾季がある熱帯のサバナ気候でAのバンコクのグラフである。

〔問２〕＜世界の国々の特徴＞略地図中のPはメキシコ，Qはフィジー，Rはバングラデシュ，Sはイタリアである。アは，とうもろこしが主食であることなどからメキシコであり，「中央部の高原」とはメキシコ高原である。イは，柑橘(かんきつ)類やオリーブの栽培が盛んであることや，小麦が主食であることなどから，地中海沿岸に位置するイタリアである。ウは，タロいもが主食で，さとうきびやバナナなどの熱帯の植物が見られることから，南太平洋に位置するフィジーである。エは，稲作や茶の栽培が盛んで，米が主食であることなどからバングラデシュである。

〔問３〕＜オランダの特徴と資料の読み取り＞略地図中のW～Z．略地図中のWはウルグアイ，Xはマレーシア，Yは南アフリカ共和国，Zはオランダである。Ⅲの文章は，ポルダーと呼ばれる干拓地があること，花や野菜の栽培や酪農が盛んであることなどから，オランダについて述べたものである。　**ⅠとⅡのア～エ**．Ⅲの文章の２段落目の記述内容と，Ⅰ，Ⅱの表を照らし合わせて考える。まず，Ⅲの文中の「2001年と比べて2019年では，日本の輸入額は２倍に届いてはいないが増加し」という記述から，Ⅰの表中ではア，ウ，エが該当し，「輸出額は３倍以上となっている」という記述から，Ⅱの表中ではア，イ，ウが該当する。したがって，ア，ウのいずれかがオランダとなる。次に，(2019年の)「輸出額が多い上位３位までの貿易相手国は全て同じ地域の政治・経済統合体の加盟国」という記述から，この政治・経済統合体はオランダが加盟しているEU〔ヨーロッパ連合〕と判断でき，Ⅱの表中で2019年における輸出額が多い上位３位までの貿易相手国が全てEU加盟国となっているアがオランダとなる。なお，イは，表Ⅰで日本の輸入額が４か国中で最も少ないこと，表Ⅱで主な輸出相手国に南アメリカ州の国が多いことからウルグアイである。ウは，表Ⅰで2001年の日本の主な輸入品目にとうもろこしが含まれていること，表Ⅱで2001年の主な輸出相手国にイギリスが含まれることから，かつてイギリスの植民地であった南アフリカ共和国である。エは，表Ⅰで日本の輸入額が４か国中で最も多く，日本の最大の輸入品がパーム油であること，表Ⅱで主な輸出相手国にシンガポールが見られることからマレーシアである。

3 〔日本地理―日本の諸地域〕

〔問１〕＜都道府県の自然と第一次産業＞略地図中のAは秋田県，Bは静岡県，Cは奈良県，Dは鹿児島県である。　ア．Cの奈良県に当てはまる。１段落目の「河川」は紀の川(奈良県では吉野川)であり，県の南東部にある大台ヶ原付近を水源とする。大台ヶ原付近は国内有数の多雨地域で，林業が盛んで，吉野杉と呼ばれる国産材の産地として知られる。　イ．Bの静岡県に当てはまる。北部には3000m級の赤石山脈が南北に走り，東部には山がちな伊豆半島が位置する。中西部にある牧ノ原などの台地では茶の栽培が盛んで，静岡県の茶の生産量は全国第１位(2021年)である。
ウ．Aの秋田県に当てはまる。１段落目の「河川」は，秋田平野から日本海に注ぐ雄物川である。南東部の横手盆地は，奥羽山脈の西側に位置し，夏に北東から吹く冷涼なやませによる冷害の影響を受けにくく，稲作が盛んである。　エ．Dの鹿児島県に当てはまる。薩摩半島と大隅半島に囲まれた鹿児島湾には桜島，北東側の宮崎県との県境には霧島山があり，いずれも活動が活発な火山である。火山灰などが積もってできたシラス台地では，肉牛や豚などを飼育する牧畜が盛んである。

〔問２〕＜千葉県の特徴と資料の読み取り＞略地図中のW～Z．略地図中のWは千葉県，Xは愛知県，Yは兵庫県，Zは広島県である。Ⅱの文章は，沿岸部に製鉄や石油化学などの重化学工業を中心とする工業地域があること，中央部から北西部に人口が集中していることなどから，千葉県について述べたものである。千葉県の東京湾岸には京葉工業地域が広がり，東京都に近い中央部から北西部の地域には，千葉市や船橋市などの大都市が集まっている。　**Ⅰのア～エ**．Ⅱの文章中に「2020

年における人口に占める他の都道府県への従業・通学者数の割合は，１割以上」とあることから，Ⅰの表中のア～エについて，他の都道府県への従業・通学者数を，人口の１割(人口÷10)と比較したとき，１割を超えるのはアのみであるので，アが千葉県とわかる。また，製造品出荷額等に占める上位３位の品目に石油・石炭製品などの重化学工業製品が多いことから，アが千葉県と判断することもできる。なお，県庁所在地の人口と製造品出荷額等が最も大きく，製造品出荷額等に占める輸送用機械の割合が特に大きいエは，県庁所在地が名古屋市であり，自動車工業が盛んな中京工業地帯に属する愛知県である。残るイとウのうち，他の都道府県への従業・通学者数が多いウは大阪府に隣接する兵庫県であり，人口が最も少ないイは広島県である。

〔問３〕＜コンパクトなまちづくり＞現状の図より，日常生活に必要な４つの機能のうち，福祉施設や行政サービスは駅やバス停を中心とした徒歩圏にあり，自宅から徒歩と公共交通のみで利用することができるが，病院と食品スーパーを利用するには，自動車を利用しなければならないことがわかる。一方，将来の図より，病院と食品スーパーが駅やバス停を中心とした徒歩圏に変わり，駅やバス停から徒歩で利用できるようになっている。つまり，公共交通へのアクセスがよい場所に日常生活に必要な機能を集め，自動車を利用しなくても生活できるまちづくりが目指されていることがわかる。

4　**〔歴史―古代～現代の日本と世界〕**

〔問１〕＜年代整序＞年代の古い順に，エ(大化の改新―飛鳥時代)，ア(平安京と最澄―平安時代)，イ(執権政治と禅宗の保護―鎌倉時代)，ウ(勘合貿易―室町時代)となる。なお，アは桓武天皇，イは北条時頼，ウは足利義満，エは中大兄皇子(後の天智天皇)について述べている。

〔問２〕＜江戸時代の海上輸送＞まず，ⅠとⅡの資料をもとに輸送経路について確認すると，東北地方の荒浜から太平洋を南下して江戸に至る経路と，東北地方の酒田を出航し，日本海沿岸から下関を回って瀬戸内海を通り，大阪を経由して太平洋から江戸に至る航路があり，どちらの経路でも江戸までの輸送を行う。次に，Ⅰの資料をもとに寄港地の役割について確認すると，役人が船の発着の日時や積荷の点検などを行っていることがわかる。河村瑞賢が整備したこれらの航路は，それぞれ東廻り航路，西廻り航路と呼ばれる。

〔問３〕＜近代の出来事とその時期＞アの治外法権〔領事裁判権〕の撤廃などを定めた日英通商航海条約が調印されたのは1894年(Ｃ)，イの関東大震災が起こったのは1923年(Ｄ)，ウの日米和親条約が締結されたのは1854年(Ａ)，エの西南戦争が起こったのは1877年(Ｂ)のことである。

〔問４〕＜現代の出来事とその時期＞ア．サンフランシスコ平和条約が締結されたのは1951年である。Ａの時期には，特に海上貿易量(輸入)の増加が見られる。　イ．エネルギーの供給量において石油が石炭を上回るエネルギー革命が起こったのは1960年代である。Ｂの時期の最初の年である1960年と最後の年である1972年のグラフを見比べると，「海上貿易量(輸出)は約４倍に，海上貿易量(輸入)は約６倍に増加」という記述に合致する。　ウ．冷たい戦争〔冷戦〕の終結が宣言されたのは1989年である。Ｄの時期の海上貿易量は輸出・輸入ともに増加傾向にはあるが，1990年代初めのバブル経済崩壊などいくつかの要因から，一時的に輸出や輸入が減少している時期が見られる。
エ．石油価格の急激な上昇をもたらした石油危機が起こったのは，1973年(第１次石油危機)と1979年(第２次石油危機)である。Ｃの時期の前半には海上貿易量(輸出)が増加しており，後半には海上貿易量(輸入)が減少から増加傾向に転じている。

5　**〔公民―総合〕**

〔問１〕＜平等権＞平等権は，平等な扱いを受ける権利である。日本国憲法第14条では，人種，信条(信仰や思想など)，性別，社会的身分，門地(生まれや家柄)により，政治的，経済的，社会的に差別されないことを定め，「法の下の平等」を保障している。「法の下の平等」は，第13条に定められた「個人の尊重」とともに，人権保障の根幹となる考え方である(イ…○)。なお，アは社会権のうちの生存権(第25条)，ウは自由権のうちの身体の自由(第38条)，エは請求権のうちの裁判を受ける権利(第32条)について定めた条文である。

〔問２〕＜消費税＞ⅠのＡ～Ｄ．Ⅱの文章は，間接税のうち，1989年に導入されたという記述などから，消費税について述べたものである。まず，Ⅰのグラフ中の2021年度の歳入額に占める割合が40％を超えているＤは，公債金に当てはまる。次に，残るＡ～Ｃについて，Ⅱの文章中に「2021年度の歳入額は20兆円を超え，1989年度に比べて６倍以上」とあることから，Ⅰのグラフ中の2021年度と1989年度におけるＡ～Ｃの歳入額を，(一般会計歳入額)×(歳入項目別の割合)÷100でそれぞれ計算すると，2021年度に20兆円を超えているのはＡ，Ｃであり，2021年度の歳入額が1989年度の歳入額の６倍以上となっているのはＣのみである。したがって，Ｃが消費税に当てはまる。なお，Ａは所得税，Ｂは法人税である。　　**ア～エ**．消費税は，ものやサービスを購入したときに課される間接税である。そのため，所得税のように勤労世代に負担が集中したり人口構成の変化の影響を受けたりすることが少なく，所得税や法人税のように景気変動の影響を大きく受けることもない。また，全ての国民に所得〔収入〕に関係なく課税されるため，所得の低い人ほど所得に占める税金の割合が高くなる逆進性を持つ(ウ…○)。なお，アは公債金，イは所得税，エは法人税についての説明である。

〔問３〕＜SDGsが採択された時期＞Ⅰの文章は，SDGs〔持続可能な開発目標〕について述べたものである。SDGsは，国際社会が2030年までに達成することを目指した目標で，17のゴールと169のターゲットから構成されており，2015年の国連サミットにおいて加盟国の全会一致で採択された。したがって，Ⅱの年表中のエの時期に当てはまる。

〔問４〕＜成年年齢引き下げなどに関する資料の読み取り＞まず，Ⅱの表で，法律の「主な改正点」について確認すると，憲法改正に関する国民投票権を持つ年齢，選挙権を持つ年齢，成年となる年齢が，いずれも満20歳から満18歳へと引き下げられている。次に，Ⅰの文章で，成年年齢を引き下げることによる「国の若年者に対する期待」について確認すると，18歳，19歳の者を大人として扱うことにより，若年者の社会への参加時期を早め，若年者が将来の国づくりの中心となることを期待していることが読み取れる。Ⅰの文章は成年年齢の引き下げに関する文書であるが，国民投票権年齢と選挙権年齢についても，同様の期待のもとに引き下げが行われたと推測できる。

6　**〔三分野総合—国際社会とグローバル化をテーマとする問題〕**

〔問１〕＜世界の国々と歴史＞ア．Ｂのフランスに当てはまる。1789年に起こった市民革命とは，フランス革命である。明治時代には黒田清輝がフランスに留学し，印象派の画風を日本に紹介した。また，ルーブル美術館は，首都パリにある美術館である。　　イ．Ａのドイツに当てはまる。1871年には，ビスマルクの指導のもとでドイツが統一され，ドイツ帝国が誕生した。明治時代には森鷗外が留学し，帰国後にはドイツを舞台とする小説『舞姫』などを執筆した。　　ウ．Ｃのイギリスに当てはまる。1902年に結ばれた同盟とは，日英同盟である。明治時代には英語教師であった夏目漱石がイギリスに留学した。また，シェイクスピアは16世紀～17世紀初めに多くの戯曲や詩を残した作家である。　　エ．Ｄのガーナに当てはまる。アフリカのギニア湾に面している。昭和時代初期には野口英世がガーナに滞在し，黄熱病の研究を行った。

〔問２〕＜G20サミット＞Ⅱの文章中にある世界金融危機は，2008年にアメリカ合衆国の大手証券会社が経営破綻したことなどをきっかけに，さまざまな国で株価の急落や為替相場の混乱などが連鎖的に起こり，世界的に急速な不景気となった出来事である。これに対処するため，Ⅰの年表中のウの金融・世界経済に関する首脳会合〔G20サミット〕がアメリカ合衆国で開催された。G20とは主要20か国・地域のことで，Ｇ７と呼ばれる主要７か国(日本，アメリカ合衆国，イギリス，フランス，ドイツ，イタリア，カナダ)に新興国などを加えたグループである。

〔問３〕＜国際連合の加盟国数の推移＞Ⅱの文章は，1945年時点で一部の国を除き他国の植民地であったこと，1960年に多くの国が独立したことなどから，アフリカ州について述べたものである。1960年は，アフリカ州の17か国が独立を果たしたことから「アフリカの年」と呼ばれた。したがって，Ⅰのグラフ中では，1955年までは加盟国数が少なく，1960年に加盟国数が大幅に増えているアがアフリカ州となる。なお，1990年から1995年にかけて加盟国が大きく増えているウは，1991年のソ連解体に伴って独立国が増えたヨーロッパ州である。残るイとエのうち，1945年から2020年までの間に加盟国数が大きく増えているイがアジア州，変動が少ないエが南北アメリカ州である。

理科解答

1 〔問１〕 エ　〔問２〕 イ
〔問３〕 ウ　〔問４〕 ア
〔問５〕 イ　〔問６〕 エ

2 〔問１〕 ア　〔問２〕 イ
〔問３〕 エ　〔問４〕 ウ

3 〔問１〕 ウ
〔問２〕 (例)どれも等しいため，地球上での太陽の見かけ上の動く速さは一定であることがわかる。
〔問３〕 エ　〔問４〕 ア

4 〔問１〕 イ　〔問２〕 ア
〔問３〕 ウ

5 〔問１〕 イ　〔問２〕 エ
〔問３〕 (例)塩化ナトリウムの溶解度は，温度によってほとんど変化しないため。
〔問４〕 ウ

6 〔問１〕 ウ　〔問２〕 ①…ウ　②…イ
〔問３〕 ア　〔問４〕 エ

1 〔小問集合〕

〔問１〕＜化学変化のモデル＞水素は水素原子(H)が２個結びついた水素分子(H_2)の形で存在し，酸素も酸素原子(O)が２個結びついた酸素分子(O_2)の形で存在する。また，水素原子２個と酸素原子１個が結びついて水分子(H_2O)をつくっている。化学変化の前後では，原子の種類と数は変わらないから，求めるモデルはエのようになる。

〔問２〕＜抵抗，電力量＞電熱線に６Vの電圧を加えたところ，1.5Aの電流が流れたことから，オームの法則〔抵抗〕=〔電圧〕÷〔電流〕より，電熱線の抵抗の大きさは，6÷1.5＝4(Ω)である。また，電力量は，〔電力量(J)〕=〔電力(W)〕×〔時間(s)〕で求められ，電力は，〔電力(W)〕=〔電圧(V)〕×〔電流(A)〕で求められる。よって，このとき，電熱線が消費した電力が，6×1.5＝9.0(W)で，５分は，5×60＝300(s)なので，求める電力量は，9.0×300＝2700(J)となる。

〔問３〕＜動物の分類＞A～Eの生物のうち，背骨を持つ脊椎動物は魚類と両生類，鳥類で，背骨を持たない無脊椎動物は昆虫類と甲殻類である。なお，昆虫類や甲殻類は節足動物のなかまであり，無脊椎動物には軟体動物も含まれる。

〔問４〕＜原子の構造＞原子核は＋(プラス)の電気を持ち，電子は－(マイナス)の電気を持つ。なお，原子核は陽子と中性子からなり，陽子は＋の電気を持ち，中性子は電気を持っていない。陽子１個と電子１個が持つ電気の量は同じで，原子に含まれる陽子の数と電子の数は等しいので，原子全体としては電気を帯びていない。

〔問５〕＜天気図記号＞くもりの天気記号は◎であり，風向は風が吹いてくる方向で，矢の向きで表すから，天気記号から北東の向きに矢をつける。また，表２より風速3.0m/sは風力２で，風力は矢羽根の数で表すので２本つける。なお，⦶は晴れを表す天気記号である。

〔問６〕＜ヘモグロビン＞ヘモグロビンは赤血球に含まれる赤色の物質である。また，ヘモグロビンには，酸素の多い所では酸素と結びつき，酸素の少ない所では酸素をはなすという性質があるため，赤血球は肺で酸素を取り込み，全身に酸素を運ぶことができる。

2 〔小問集合〕

〔問１〕＜化石＞フズリナの化石は古生代の示準化石で，アンモナイトの化石は中生代の示準化石である。地質年代は古い方から順に，古生代，中生代，新生代だから，石材aに含まれるフズリナの化石の方が古い。また，サンゴの化石のように，その化石を含む地層が堆積した当時の環境を示す化石を示相化石という。サンゴはあたたかくて浅い海に生息するので，サンゴの化石を含む地層は，あたたかくて浅い海で堆積したと考えられる。

〔問２〕＜反応する物質の質量＞クジャク石を加熱すると酸化銅と二酸化炭素と水に分解されることから，人工的につくられたクジャク石の粉0.20gを加熱して得られた0.13gの黒色の固体は酸化銅である。表２より，銅の質量と加熱して得られる酸化銅の質量は比例していて，その比は，銅：酸化銅＝0.08：0.10＝４：５となる。これより，0.13gの酸化銅から得られる銅の質量を x gとすると，x：0.13＝４：５が成り立つ。これを解くと，$x\times5=0.13\times4$ より，$x=0.104$(g)となる。よって，人工的につくられたクジャク石の粉0.20gに含まれる銅の質量は0.104gなので，その割合は，0.104÷0.20×100＝52(％)である。

〔問３〕＜光の屈折＞入射角や屈折角は，境界面に垂直な線と入射光や屈折光がつくる角度である。右図で，境界面Ｑでは，入射角＞屈折角であり，境界面Ｒでは，入射角＜屈折角であることがわかる。また，直方体のガラスを厚さを２倍にした直方体のガラスに入れ替えると，光がガラス中を通って空気中へ出る位置が，右図のようにＴの方向にずれるので，点Ｐの位置もＴの方向にずれる。

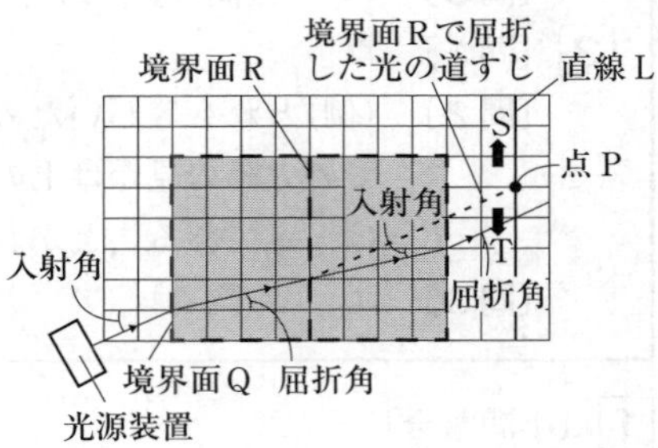

〔問４〕＜生物どうしの数量的な関係＞一般に，食べられる側の生物の数は，食べる側の生物の数よりも多くなる。資料より，生物ｗ～ｚの数量の関係を，不等号を用いて表すと，ｗ＜ｘ，ｘ＜ｙ，ｙ＜ｚとなるから，ｗ＜ｘ＜ｙ＜ｚである。よって，図３の①は生物ｗ，②は生物ｘ，③は生物ｙ，④は生物ｚである。

３〔地球と宇宙〕

〔問１〕＜南中高度＞南中高度は，太陽が南中したときの高度である。また，図２で，点Ｏは観測者の位置を示し，点Ａは南の方位，点Ｐは南中した太陽の位置を示す。よって，南中高度Ｒは，南を向いた観測者から見た太陽の高さだから，∠POAで表される。

〔問２〕＜太陽の動き＞結果１の(2)より，２時間ごとの・印の間隔がどれも5.2cmで等しいので，地球上での太陽の見かけ上の動く速さは一定であることがわかる。なお，太陽の動きは地球の自転による見かけの動きであり，太陽の動く速さが一定であることから，地球の自転の速さが一定であることがわかる。

〔問３〕＜太陽の動き＞問題の図２で，点Ｃが北より，点Ｂは東，点Ｄは西になり，地球上では太陽は見かけ上，東から西に移動して見えることがわかる。また，北極点の方向が北だから，Ｘ地点の６時間ごとの位置での方位は右図１のようになる。よって，東の空に太陽が見えるのは点Ｍの位置，西の空に太陽が見えるのは点Ｋの位置で，太陽は東の空から南の空を通り西の空へと移動するから，地球の自転の方向は問題の図３のⅡの方向である。

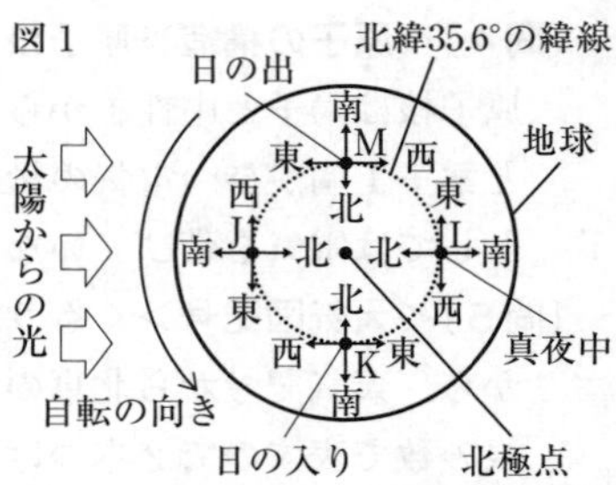

〔問４〕＜太陽の動き＞太陽は西の空に沈むので，問題の図４で，日の入りの位置は，観察１を行った日が点Ｆ，観察２を行った日が点Ｄである。よって，観察１を行った日の日の入りの位置は，観察２を行った日の日の入りよりも北寄りである。そして，透明半球上にかいた曲線は観察１を行った日の方が観察２を行った日より長いので，観察１を行った日の方が昼の長さは長くなる。また，観察１を行った日の地球を表した右図２では，太陽からの光が当たっている部分が昼，当たっていない影をつけた部分が夜になる。図２のように，Ｘ地点とＹ地点での１日の夜の長さの割合を比較すると，夜の長さの割合は，明らかにＸ地点の方がＹ地点より大きい。したが

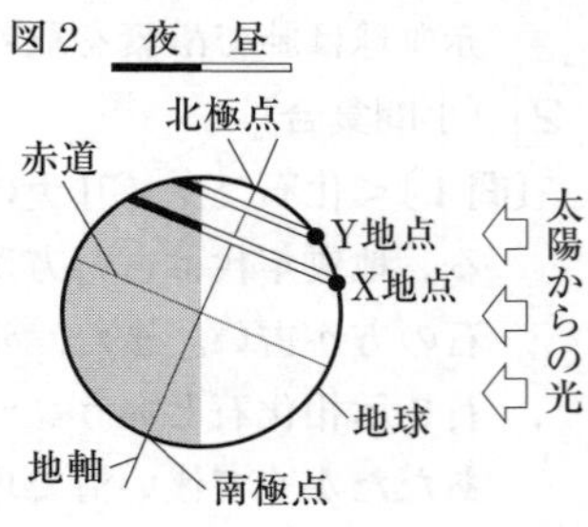

って，観察１を行った日の夜の長さは，Ｘ地点の方が長い。

4〔生物のからだのつくりとはたらき〕

〔問１〕＜顕微鏡＞顕微鏡でプレパラートと対物レンズをできるだけ近づけるときは，プレパラートと対物レンズがぶつからないように，横から見ながら調節ねじを回す。また，〔顕微鏡の倍率〕＝〔対物レンズの倍率〕×〔接眼レンズの倍率〕より，対物レンズが20倍で接眼レンズが10倍である顕微鏡の倍率は，$20 \times 10 = 200$(倍)である。

〔問２〕＜植物のはたらき＞植物は常に呼吸を行うが，光合成は光が当たるときだけ行われる。よって，図４で，呼吸と光合成を行っている①が「十分に当たる」，呼吸しか行っていない②が「当たらない」である。光が十分に当たるときにだけ見られる⑤が「光合成」だから，吸収する③は「二酸化炭素」，放出する④は「酸素」である。また，光が十分に当たるときも当たらないときも行われる⑥は「呼吸」で，吸収する④は「酸素」，放出する③は「二酸化炭素」である。

〔問３〕＜光合成＞細胞内に観察された緑色の粒は葉緑体である。光が十分に当たると，葉緑体で光合成によってデンプンがつくられる。そして，葉緑体にデンプンがあるとヨウ素液によって青紫色に染色される。結果の(3)より，光が当たらないオオカナダモＢの葉緑体にデンプンはできていないが，光を当てたオオカナダモＡの葉緑体にデンプンができていたことから，光が十分に当たる場所では，葉緑体でデンプンがつくられることがわかる。なお，核は，普通細胞内に１つ存在する。

5〔物質のすがた，化学変化とイオン〕

〔問１〕＜電解質と非電解質＞水(蒸留水)に溶かしたときに，水溶液に電流が流れる物質を電解質，流れない物質を非電解質という。電解質の水溶液に電流が流れるのは，電解質が水溶液中で，陽イオンと陰イオンに電離するためであり，非電解質の水溶液に電流が流れないのは，非電解質は電離しないためである。塩化ナトリウムは電解質で，水溶液中で電離するため，塩化ナトリウム水溶液には電流が流れるが，砂糖は非電解質で電離しないため，砂糖水には電流が流れない。

〔問２〕＜溶解度と質量パーセント濃度＞結果２の(1)より，実験２の(2)では，試験管Ａに加えた硝酸カリウム３gは温度計が約38℃を示したとき，つまり，水溶液の温度が約38℃になったときに全て溶けている。資料より，硝酸カリウムの溶解度は温度が高くなるほど大きくなるので，約38℃以上では硝酸カリウム３gは全て溶けていることがわかる。よって，溶けた硝酸カリウムの質量は，水溶液の温度が27℃のときは溶け残りがあったことから３g未満で，38℃以上では３gで一定である。したがって，$〔質量パーセント濃度(\%)〕 = \frac{〔溶質の質量(g)〕}{〔溶媒の質量(g)〕+〔溶質の質量(g)〕} \times 100$ より，硝酸カリウム水溶液の質量パーセント濃度は，溶質の質量が多いほど大きくなるから，38℃のときは，27℃のときよりも大きく，38℃以上では一定になる。以上より，適切なのはエである。

〔問３〕＜溶解度＞資料より，塩化ナトリウムの溶解度は，温度が変化してもほとんど変化しないことがわかる。これより，溶け残った塩化ナトリウムの質量はほとんど変化しないと考えられる。そのため，結果２の(1)のように，実験２の(1)～(4)では，試験管Ｂの中の様子に変化がなかったのである。

〔問４〕＜再結晶＞水溶液中から溶質を全て固体として取り出すためには，溶媒である水を全て蒸発させればいいので，塩化ナトリウム水溶液0.35g中の水の質量を求める。結果２の(1)より，27℃の蒸留水５gに塩化ナトリウム３gを加えると溶け残りがあり，20℃でも様子に変化がない，つまり，溶け残りがあるので，20℃での試験管Ｂの塩化ナトリウム水溶液は塩化ナトリウムが溶解度まで溶けた飽和水溶液である。資料より，20℃での塩化ナトリウムの溶解度は38gだから，水の質量が100gのときの飽和水溶液の質量は $100 + 38 = 138$(g)となる。よって，この飽和水溶液と同じ濃度である塩化ナトリウム水溶液0.35g中の水の質量を x gとすると，$0.35 : x = 138 : 100$ が成り立つ。これを解くと，$x \times 138 = 0.35 \times 100$ より，$x = 0.253\cdots$ となるから，求める溶媒の質量は約0.25gである。

6〔運動とエネルギー〕

〔問1〕＜仕事，作用と反作用＞仕事は，〔仕事(J)〕＝〔力の大きさ(N)〕×〔力の向きに動いた距離(m)〕で求められる。実験1の(1)で，ばねばかりが糸を引く力の大きさは，結果1のばねばかりが示す力の大きさより6Nであり，物体は10cm，つまり，$10 \div 100 = 0.1$(m)持ち上げられたから，仕事の大きさは，$6 \times 0.1 = 0.6$(J)となる。また，作用・反作用は，2つの物体の間で対になってはたらくので，「ばねばかりが糸を引く力」を作用としたときの反作用は「糸がばねばかりを引く力」である。

〔問2〕＜速さ＞1秒間に50回打点する記録タイマーを使っているので，5打点にかかる時間は，$\frac{1}{50} \times 5 = \frac{1}{10} = 0.1$(秒)である。結果2の図4より，斜面の傾きが10°のとき，力学台車が0.4秒間で進んだ距離は，$2.2 + 3.6 + 5.0 + 6.4 = 17.2$(cm)なので，平均の速さCは，$C = 17.2 \div 0.4 = 43$(cm/s)となる。また，結果2の図5より，斜面の傾きが20°のとき，力学台車が0.4秒間で進んだ距離は，$4.4 + 7.2 + 10.0 + 12.8 = 34.4$(cm)なので，平均の速さDは，$D = 34.4 \div 0.4 = 86$(cm/s)となる。よって，$C : D = 43 : 86 = 1 : 2$である。

〔問3〕＜分力＞重力は，地球が地球の中心に向かって物体を引く力だから，斜面の傾きが変わっても重力の大きさは変わらない。また，斜面の傾きが大きくなると，斜面に平行な分力は大きくなり，斜面に垂直な分力は小さくなる。なお，斜面に平行な分力が大きくなると，力学台車の速さの変化の割合が大きくなる。

〔問4〕＜エネルギー＞同じ物体では，物体が持つ位置エネルギーの大きさは，高さが高いほど大きくなる。結果1より，物体を基準面から10cm持ち上げるのに，実験1の(1)では25秒かかり，実験1の(2)では45秒かかる。これより，実験1の(2)で，25秒かけて力学台車を持ち上げた距離は10cmより小さい。つまり，25秒経過したときの力学台車の高さは，実験1の(2)より，実験1の(1)の方が高いので，(1)の方が位置エネルギーは大きい。また，実験2では，点Aで力学台車が持つ位置エネルギーが，点Bでは全て運動エネルギーに移り変わる。斜面の傾きを10°から20°にすると，点Aの高さが高くなるため，力学台車がはじめに持つ位置エネルギーの大きさは，実験2の(2)より，実験2の(4)の方が大きい。よって，車止めに当たる直前の運動エネルギーの大きさは，実験2の(4)の方が大きい。

●2023年度

都立国立高等学校

独自問題

【英語・数学・国語】

2023年度 都立国立高等学校

【英　語】（50分）〈満点：100点〉

1 リスニングテスト（**放送による指示に従って答えなさい。**）

〔**問題A**〕　次のア～エの中から適するものをそれぞれ**一つずつ**選びなさい。

<対話文1>

ア　To have a birthday party.
イ　To write a birthday card for her.
ウ　To make some tea.
エ　To bring a cake.

<対話文2>

ア　He was giving water to flowers.
イ　He was doing his homework.
ウ　He was eating lunch.
エ　He was reading some history books.

<対話文3>

ア　He got there by train.
イ　He took a bus to get there.
ウ　He got there by bike.
エ　He walked there.

〔**問題B**〕　<Question 1> では，下のア～エの中から適するものを**一つ**選びなさい。
<Question 2> では，質問に対する答えを英語で書きなさい。

<Question 1>

ア　Studying English.
イ　Students' smiles.
ウ　Sports festivals.
エ　Students' songs.

<Question 2>

（15秒程度，答えを書く時間があります。）

※（編集部注）<**英語学力検査リスニングテスト台本**>を英語の問題の終わりに掲載しています。

2 次の対話の文章を読んで，あとの各問に答えなさい。
（＊印のついている単語・語句には，本文のあとに〔注〕がある。）

Ken, Amy and Bob are high school students in the U.S. Ken is from Japan. They belong to the science club. One day, at school, they are talking with Ms. Ward, their science teacher.

Ken: Yesterday, my sister was playing with a *bubble wrap sheet used for a package. That bubble wrap reminded me of soap *bubbles. Then suddenly I had a question. Why does soap make bubbles? We see soap bubbles in the bath and in the kitchen.

Amy: I had a similar question a few days ago. I visited a science show in our town with my family. My little brother joined the project of *blowing bubbles. He made a big round bubble like a soccer ball! But how is the round bubble made?

Ms. Ward: You asked some good questions, Ken and Amy. In fact, the secret is in a soap *molecule. You may not think that there is anything special about it. (1) <u>Well, actually, a soap molecule is very unique.</u> It has a "head" and a "*tail."

Amy: A head and a tail like a *tadpole? Does soap we use in our house or at school have such things? I've never thought of that because [(2)].

*Ms. Ward opens a science textbook. She shows two *figures on the page. One has the title, "Soap molecules in *soapy water." The other has the title, "The inside of a soap bubble."*

Ms. Ward: Look at **Figure 1**. A soap molecule has two parts. The head part loves water. It is always trying to join with water. But the tail part hates water. Instead, it *mixes with oil.

Bob: Yes. I've heard about that. When we use soap to wash our hands, that tail part catches dirty oil on our hands.

Amy: [(3)－a]

Bob: [(3)－b]

Amy: [(3)－c]

Bob: [(3)－d]

Ms. Ward: Great, Amy and Bob! By the way, if there's no oil, most soap molecules gather around the *surface of soapy water. They *stick out their tails above the surface of the soapy water.

Amy: Look at **Figure 1**. This is funny! The soap molecules are standing on their heads!

Ms. Ward: Then what about a soap bubble? Now look at **Figure 2**. This shows a soap bubble *floating in the air. The surface of the bubble is a thin *film made of two *layers.

Ken: Wow! This film looks like a sandwich! The film has some water between its two layers. Soap molecules are like bread, and the water is like egg inside.

Figure 1 Soap molecules in soapy water

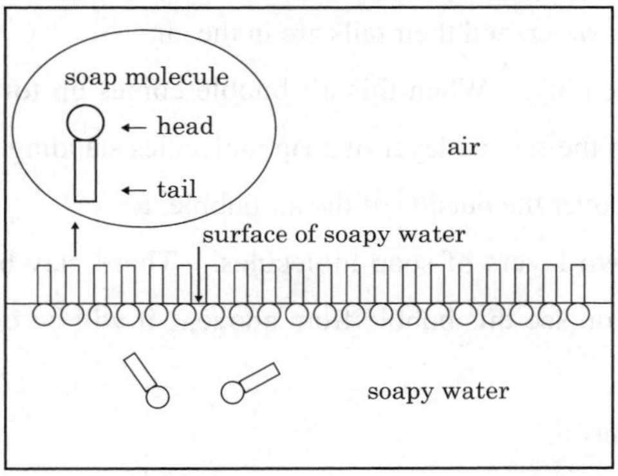

Figure 2 The inside of a soap bubble

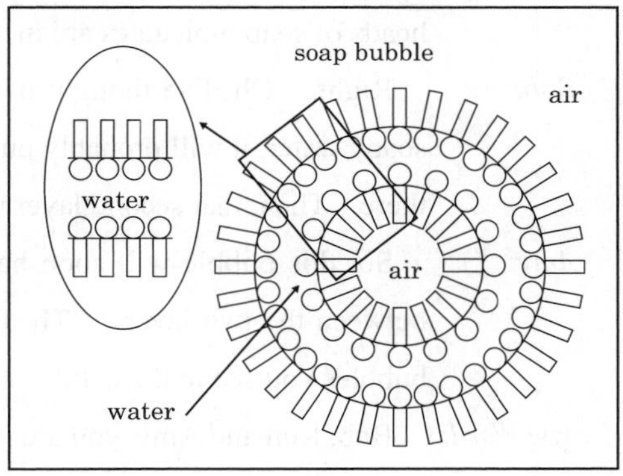

Amy: That's interesting. But why does a soap bubble have a round shape?

Ms. Ward: You have to understand a water molecule to get the answer. (4) A water molecule is unique, too. Have you ever tried to add some water to a glass already full of water?

Bob: Yes. I remember what happened. The water was trying very hard to stay in the glass. The surface of the water was *swelling like a mountain.

Ms. Ward: Water molecules at the surface of water attract each other very *strongly. This strong power is called "*surface tension." Water molecules cannot spread out because of this surface tension.

Amy: I didn't know that. Then why can we make bubbles by adding some soap to water?

Ms. Ward: **Figure 2** will give you the answer. Now water is covered with soap molecules and *stretched. Water is in a narrow film of a big bubble.

Ken: (5) Probably,【 ① water molecules ② let ③ hold ④ not ⑤ soap molecules ⑥ together ⑦ do 】 strongly in soapy water. Water molecules don't come together because of soap molecules.

Ms. Ward: Wonderful. Also, there is a reason for the round shape of a bubble. In a big soap bubble, its film and water are stretched. The bubble wants to *shrink back, but it cannot do so because of air inside. So, it tries to be the smallest size possible.

Bob: I got it! (6) So, the round shape is a way to explain that!

Ms. Ward: Exactly. Then I have one last question. Imagine you are putting some air in soapy water. An air bubble is coming up. At this time, what is happening around the air bubble?

Ken: I have no idea. Air in soapy water is a new situation for me.

Ms. Ward: (7) No, it's not, Ken. In science, we have to look at things we already know in a different way. Then you will find a new meaning to them.

Ken: In a different way? What do you mean? But anyway, let's find the answer. Let's see....

Bob: Oh! I think I found the answer. I'll draw a picture. Look. (8) This is the picture of an air bubble coming up in soapy water. We have to return to the *basic fact. Soap molecules want to touch water with their heads.

Ken: You're right, Bob. So, a layer of soap molecules covers the surface of the air bubble. The heads of soap molecules are in soapy water, and their tails are in the air.

Bob: Right. Oh, I've thought of something. When this air bubble comes up to the surface of soapy water, it will probably push up the second layer of soap molecules standing on their heads there. Then, that second layer will cover the outside of the air bubble, too.

Amy: So, this bubble will soon have two layers of soap molecules. There may be some water between the two layers. Then, if you see this bubble from above,…it will be exactly like the bubbles you see in the bath!

Ms. Ward: Bob, Ken and Amy, you are wonderful.

Ken: So, in soap science, the story of a head and a tail appears again and again.

Amy: We found new ways of thinking about this basic story, and we suddenly learned the whole picture of a soap bubble.

Bob: Ms. Ward, I think all of us have realized one thing. You told us that we should look at (9) the same old things in a different way to make a new discovery. Your advice was very helpful. We have learned a lot about soap science today.

〔注〕 bubble wrap sheet　空気の入った丸いビニールの粒があるこん包材のシート

bubble　泡	blow bubbles　シャボン玉を吹く	molecule　分子
tail　尾	tadpole　オタマジャクシ	figure　図
soapy water　石けん水	mix　混ざる	surface　表面
stick out　突き出す	float　浮く	film　膜
layer　層	swell　膨らむ	strongly　強く
surface tension　表面張力	stretch　引き伸ばす	shrink　縮む
basic　基本的な		

〔問 1〕 (1) Well, actually, a soap molecule is very unique. とあるが，このとき Ms. Ward が言いたかったこととして最も適切なものは次の中ではどれか。

ア　Certainly, a soap molecule is very different.

イ　Surprisingly, a soap molecule is very special.

ウ　As you may think, a soap molecule is not common.

エ　In fact, it is difficult to understand a soap molecule.

〔問２〕　本文の流れに合うように，[(2)] に英語を入れるとき，最も適切なものは次の中ではどれか。

ア　soap is always around us
イ　soap has a very long history
ウ　soap is not an everyday thing
エ　soap is not an important discovery

〔問３〕　[(3)−a] 〜 [(3)−d] の中に，それぞれ次の**A**〜**D**のどれを入れるのがよいか。その組み合わせとして最も適切なものは下の**ア**〜**カ**の中ではどれか。

A　Do you remember what the other part is doing?
B　Yes it is.
C　Of course.　So, the job is done by a team of two parts.
D　Then, how is it washed away with water?

	(3)−a	(3)−b	(3)−c	(3)−d
ア	A	B	D	C
イ	A	C	B	D
ウ	C	B	D	A
エ	C	D	A	B
オ	D	A	C	B
カ	D	B	A	C

〔問４〕　(4)A water molecule is unique, too. とあるが，このとき Ms. Ward が考えた内容を次のように書き表すとすれば，[　　] の中にどのような英語を入れるのがよいか。**本文中の連続する２語**で答えなさい。

A water molecule is also unique, because water molecules have especially [　　] to be close together.

〔問５〕 (5)Probably,【 ① water molecules ② let ③ hold ④ not ⑤ soap molecules ⑥ together ⑦ do 】 strongly in soapy water. とあるが，本文の流れに合うように，【　　　　】内の単語・語句を正しく並べかえたとき，**２番目**と**５番目**と**７番目**にくるものの組み合わせとして最も適切なものは次の**ア**～**カ**の中ではどれか。

	２番目	５番目	７番目
ア	⑦	⑤	⑥
イ	⑦	①	⑥
ウ	④	⑤	②
エ	④	①	②
オ	②	⑤	③
カ	②	①	③

〔問６〕 (6)So, the round shape is a way to explain that! とあるが，その内容を次のように書き表すとき，[　　　　] に入れるのに最も適したものは次の中ではどれか。

The round shape is the best solution [　　　　].

ア　to create water molecules of the smallest size
イ　to reduce the number of the smallest bubbles
ウ　to remove air from the smallest size bubble
エ　to give a bubble the smallest possible size

〔問７〕 (7)No, it's not, Ken. とあるが，このとき Ms. Ward が考えた内容として最も適切なものは次の中ではどれか。

ア　Think carefully because you have not met this type of problem yet.
イ　You will get an answer if you learn more about this type of problem.
ウ　You have experience of thinking about this type of problem before.
エ　Don't give up before you actually start solving this type of problem.

〔問 8〕 (8)<u>This is the picture of an air bubble coming up in soapy water.</u> とあるが，ここで Bob が描いた石けん水の中における空気の泡と石けんの分子を正しく表している絵は次の中ではどれか。

ア

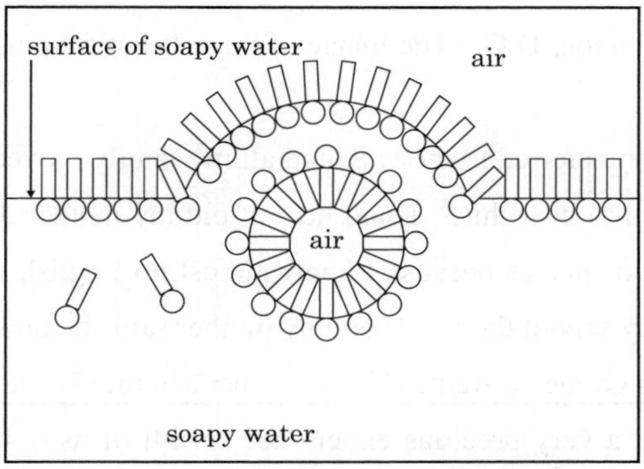

イ

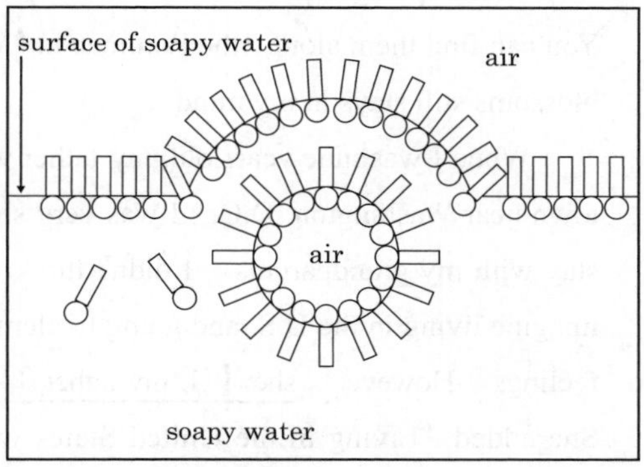

ウ

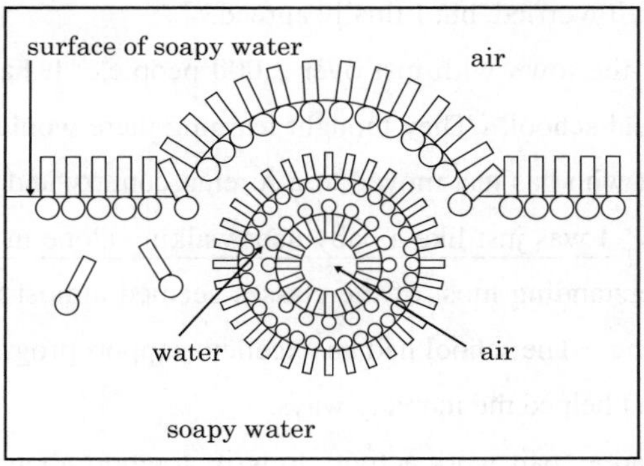

エ

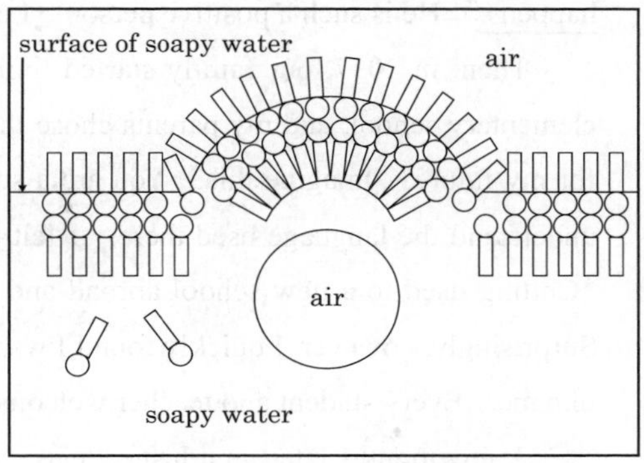

〔問 9〕 (9)<u>the same old things</u> とあるが，その内容を次のように書き表すとすれば，［　　　］の中にどのような英語を入れるのがよいか。**本文中の連続する 4 語**で答えなさい。

When Bob used the words "the same old things," he used them instead of the words "［　　　］" that Ms. Ward used. These two expressions have almost the same meaning.

〔問 10〕 本文の内容と合っているものを，次のア～カの中から一つ選びなさい。

ア　Ken and Amy were interested in a soap bubble after their families visited a science show.

イ　A soap bubble film looks like a sandwich because of soap between two layers of water.

ウ　The example of water swelling in a glass shows how easily water molecules are broken.

エ　Ken, Amy and Bob learned that air bubbles coming up in soapy water would become soap.

オ　The same basic fact that we meet again and again in science may bring a new idea to us.

カ　Ken, Amy and Bob have found that it is necessary to learn the whole picture of science.

3 次の文章を読んで，あとの各問に答えなさい。
（＊印のついている単語・語句には，本文のあとに〔注〕がある。）

When spring comes, I miss "sakura," cherry trees. I'm not talking about the cherry trees in Japan. You can find them along *the Potomac in *Washington, D.C. The image of those beautiful pink and white blossoms still stays in my mind.

When I was nine years old, my father was *transferred to the U.S. and all my family moved to a small town near Washington, D.C. I was very shocked to hear this. I said no. I told my mother that I would stay with my grandparents. I didn't think I could survive because I knew almost no English. I couldn't imagine living in the U.S. and going to elementary school there. Then, my mother said she understood my feelings. However, (1) <u>she【① my father ② to go ③ me ④ wanted ⑤ that ⑥ her and me ⑦ told】together.</u> She added, "Living in the United States will be a very precious experience for all of us. If there is a difficulty, I am sure we can solve it together." My father also said, "Don't worry. (2) <u>If it happens, it happens.</u>" He is such a positive person. I only felt worried, but I finally agreed.

Then, in 2017, our family started living in the town with just over 2,000 people. It had only one elementary school, and my parents chose that local school. They thought learning there would be perfect for my future. Imagine this. You are a student who has just moved to a foreign country and you do not understand the language used there. I felt that (3) <u>I was just like a baby deer walking alone in the woods.</u> *Getting used to a new school abroad and understanding most of the classes seemed almost impossible. Surprisingly, however, I quickly found I was wrong. The school had an excellent support program for kids like me. Every student and teacher welcomed and helped me in many ways.

A few months later, in a history class, we had a *pair work activity to write a report about something or someone unique in American history. I worked with Jack. I knew his face because he was our neighbor. However, I had no chance to talk with him. He looked sad, but said, "Jun, I have long wanted to talk to you, but I didn't know what to say." By working together, I soon discovered he was very kind and honest. He was interested in Japanese things. We liked sports, music, and drawings. He said to me, "Why don't we write about *the Lincoln cent? You know the penny, one-cent coin. Lincoln was the sixteenth president and *the Lincoln Memorial is one of the most visited places." (4) <u>I said yes to his idea immediately.</u> This is the report we wrote.

> Our topic is about the Lincoln cent. The U.S. has been making the penny since 1793. Since 1909, the penny has had the face of Abraham Lincoln. On the front side, the words "In God we trust" are at the top. The designer of the Lincoln cent said, "I have made a smiling face of Lincoln. I imagined he was talking to children. Of all the U.S. coins, Lincoln is the only president *facing to the right."

In 1959, the back side of the penny was changed to a picture of the Lincoln Memorial, and the penny became the only U.S. coin to show the same person on both sides. Even many Americans do not know that the back of a Lincoln memorial cent has a very tiny President Abraham Lincoln sitting in his chair in the middle of the memorial. If you know he is there, you can find it with your eyes. But you can certainly see it with a good *microscope. When you turn the coin from left to right, the back side is *upside down.

In 2009, the U.S. stopped producing the Lincoln Memorial cent, but the government made four special pennies to celebrate Abraham Lincoln's 200th birthday. The image of Lincoln remained on the front and the back included four different designs from important stages of Lincoln's life. In 2010, a new Lincoln penny with a different back design appeared.

Lincoln did not have an easy life when he was a child. He went to school for only one year. But he loved studying and learned from borrowed books. His love of books changed his life and he changed the world. Even people today respect him as one of the greatest leaders in American history. There is something *nostalgic and sacred about Lincoln pennies, so people love these coins and want to keep using them.

Thanks to this class, Jack and I became very close friends. He helped me with my English. I taught him about Japanese things. We spent most of our time together during my stay in the U.S. *Gradually, my English improved and I *made progress in my subjects. I was really enjoying myself in the U.S.

One day at the end of my first school year, Jack and I decided to *save pennies in bottles to help people in need. Our rule is simple. We can put some pennies in our bottles when we have a happy day, when we get a good grade on a test, get a hit in a baseball game, eat delicious food, and help someone .... Each of us saved over two thousand pennies. We are still saving small coins and our bottles are almost full.

Suddenly, the time to say good-bye came. My family was moving back to Japan in May. I really liked living there, so I thought it was impossible to tell him so. Then, (5) <u>I invited him to the Lincoln Memorial</u>. I decided to let him know there.

Around the Lincoln Memorial, you can see a lot of cherry blossoms from March to April. It was in early April, and a beautiful day. We walked around *the National Mall and enjoyed cherry blossoms a lot. We were able to see the Lincoln Memorial through the cherry blossoms. That was awesome. There I told Jack that my family was leaving America. He kept silent, but we cried and cried. I was remembering that day in history class. He was so kind that he asked me to write about the Lincoln cent together. In the U.S., I found a fantastic friend and learned many valuable things. I really felt I belonged there. When I close my eyes, I can still remember those beautiful cherry blossoms.

Now I am back in Japan. I am in the 9th grade and preparing for the important exam in February. Jack and I exchange e-mails almost every day. We chat a lot online. I feel we are still close neighbors. Through living in America, I have become more positive, curious, and friendly. (6) <u>If you have a problem, there's always a way to get out.</u> You never know until you try. Trust yourself and do your best.

〔注〕 the Potomac ポトマック川　Washington, D.C. ワシントンD.C.
transferred to ～ ～に転勤になる　get used to ～ ～に慣れる　pair work ペアワーク
the Lincoln cent リンカーン大統領生誕100年を記念して作られた1セント硬貨
the Lincoln Memorial リンカーン大統領の功績を記念して，1922年に作られた記念館
facing to ～ ～の方を向いている　microscope 顕微鏡　upside down 上下逆さまの
nostalgic 感傷的な　gradually 少しずつ　make progress 進歩する
save 貯める　the National Mall ワシントンD.C.の中心部に位置する国立公園

〔問1〕 (1)she【① my father ② to go ③ me ④ wanted ⑤ that ⑥ her and me ⑦ told】together とあるが，本文の流れに合うように，【　　　】内の単語・語句を正しく並べかえたとき，**2番目と4番目と7番目**にくるものの組み合わせとして最も適切なものは次のア～カの中ではどれか。

	2番目	4番目	7番目
ア	①	③	②
イ	①	⑤	③
ウ	③	①	②
エ	③	④	⑥
オ	⑥	①	⑦
カ	⑥	⑤	③

〔問2〕 (2)If it happens, it happens. とあるが，その表す意味として最も適切なものは次の中ではどれか。

ア　You need to wait long before you know what will happen in the future.
イ　You will wait and see what will happen in the future.
ウ　If you know the future, it can be changed as you like.
エ　Knowing what will happen in the future is very helpful.

〔問3〕 (3)I was just like a baby deer walking alone in the woods とあるが，この文の表す内容を**20語以上の英語**で説明しなさい。英文は**二つ以上**にしてもよい。

なお，「,」「.」「?」などは語数に含めないものとする。I'll のような「'」を使った語や e-mail のような「-」で結ばれた語はそれぞれ1語と扱うこととする。

〔問 4〕 (4)<u>I said yes to his idea immediately.</u> とあるが，その内容を次のように書き表すとすれば，［　　　　］の中にどのような英語を入れるのがよいか。**本文中の連続する 8 語**で答えなさい。

He asked ［　　　　］, and I agreed with him right away.

〔問 5〕 (5)<u>I invited him to the Lincoln Memorial</u> とあるが，Jun は Jack に何と言ったのか。文脈に合うように自分で考えて，以下の［　　　　］に入る表現を，**20 語以上の英語**で書きなさい。英文は**二つ以上**にしてもよい。

なお，I said to Jack と「，」「．」「？」などは語数に含めないものとする。I'll のような「'」を使った語や e-mail のような「 - 」で結ばれた語はそれぞれ 1 語と扱うこととする。

I said to Jack, "［　　　　］"

〔問 6〕 (6)<u>If you have a problem, there's always a way to get out.</u> とあるが，この文の内容と，ほぼ同じ意味を持つ発言を本文中から探し，その**始めの 2 語**と**終わりの 2 語**を答えなさい。

なお，「，」「．」「？」などは語数に含めないものとする。

〔問 7〕 本文から判断し，次の質問の答えとして正しいものはどれか。

If you turn the Lincoln Memorial cent from left to right, which images do you find?

ア

表　　　裏

イ

表　　　裏

ウ

表　　　裏

エ

表　　　裏

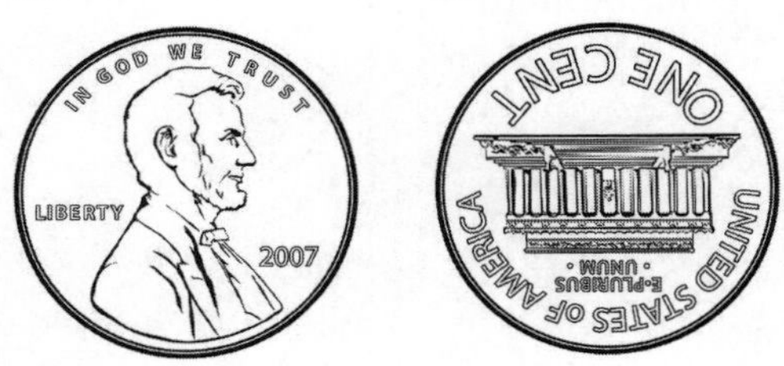

〔問 8〕 本文に書かれている内容に関して，次のように表現したとき，空所に入る**適切な英語1語**を本文中から探して，その語を答えなさい。

Jack and Jun didn't put any pennies in their bottles when their day was [ ].

〔問 9〕 本文の内容と合っているものを，次の**ア**～**ク**の中から**一つ**選びなさい。

ア In 2017, Jun's family began to live in a small town with around 1,000 people near Washington, D.C.

イ Right after Jun started going to school in the U.S., he found his idea about the school there was true.

ウ Jack wanted to speak to Jun for a long time, but he didn't know how to begin talking to Jun.

エ It is easy to find Abraham Lincoln on both sides of the Lincoln Memorial cent with your own eyes.

オ The U.S. government stopped making Lincoln pennies forever in 2010.

カ Lincoln pennies are respected because they remind American people of his love of books.

キ Jack and Jun saved almost 4,000 pennies and gave them to people in need.

ク Jack and Jun are living close to each other now, and they often visit each other's houses.

2023 年度　英語学力検査リスニングテスト台本

開始時の説明

これから，リスニングテストを行います。

問題用紙の１ページを見なさい。リスニングテストは，全て放送による指示で行います。リスニングテストの問題には，問題Ａと問題Ｂの二つがあります。問題Ａと，問題Ｂの ＜Question 1＞ では，質問に対する答えを選んで，その記号を答えなさい。問題Ｂの ＜Question 2＞ では，質問に対する答えを英語で書きなさい。

英文とそのあとに出題される質問が，それぞれ全体を通して二回ずつ読まれます。問題用紙の余白にメモをとってもかまいません。答えは全て解答用紙に書きなさい。

（２秒の間）

〔問題Ａ〕

問題Ａは，英語による対話文を聞いて，英語の質問に答えるものです。ここで話される対話文は全部で三つあり，それぞれ質問が一つずつ出題されます。質問に対する答えを選んで，その記号を答えなさい。

では，＜対話文１＞を始めます。

（３秒の間）

Meg: Hi, Taro. What did you do last Sunday?

Taro: Hi, Meg. I went to my grandmother's house to have a birthday party.

Meg: That's nice.

Taro: In the morning, I wrote a birthday card for her at home. Then I visited her and gave her the card. She looked happy. After that, she made some tea for me.

Meg: That sounds good.

Taro: In the evening, my sisters, mother, and father brought a cake for her.

Meg: Did you enjoy the party?

Taro: Yes, very much.

（３秒の間）

Question : Why did Taro go to his grandmother's house?

（５秒の間）

繰り返します。

（２秒の間）

(対話文１の繰り返し)

（３秒の間）

Question： Why did Taro go to his grandmother's house?

（10秒の間）

<対話文２>を始めます。

（３秒の間）

Satomi: Hi, John. I've been looking for you. Where were you?

John: I'm sorry, Satomi. I was very busy.

Satomi: I went to your classroom in the morning and during lunch time. What were you doing then?

John: Early in the morning, I gave water to flowers in the school garden. After that, I did my homework in my classroom.

Satomi: Oh, you did. How about during lunch time? I went to your room at one o'clock.

John: After I ate lunch, I went to the library. That was at about twelve fifty. I read some history books there for twenty minutes and came back to my room at one fifteen.

（３秒の間）

Question： What was John doing at one o'clock?

（５秒の間）

繰り返します。

（２秒の間）

（対話文２の繰り返し）

（３秒の間）

Question： What was John doing at one o'clock?

（10秒の間）

＜対話文３＞を始めます。

（３秒の間）

Jane:	Hi, Bob. I'm happy that I can come to the concert today.
Bob:	Hi, Jane. Yes. Me, too.
Jane:	How did you get here today?
Bob:	Why? I came by bike from home.
Jane:	This morning, I watched the weather news. I think it'll be rainy this afternoon.
Bob:	Oh, really? I'll have to go home by train and bus. What should I do with my bike?
Jane:	After the concert, I will keep it at my house. We can walk to my house.
Bob:	Thank you.
Jane:	You're welcome. And you can use my umbrella when you go back home from my house.

（３秒の間）

Question： How did Bob get to the concert from home today?

（５秒の間）

繰り返します。

（２秒の間）

（対話文３の繰り返し）

（３秒の間）

Question： How did Bob get to the concert from home today?

（10秒の間）

これで問題Ａを終わり，問題Ｂに入ります。

〔**問題B**〕

（３秒の間）

これから聞く英語は，外国人の Emily 先生が，離任式で中学生に向けて行ったスピーチです。内容に注意して聞きなさい。

あとから，英語による質問が二つ出題されます。＜Question 1＞ では，質問に対する答えを選んで，その記号を答えなさい。＜Question 2＞ では，質問に対する答えを英語で書きなさい。

なお，＜Question 2＞ のあとに，15秒程度，答えを書く時間があります。

では，始めます。（２秒の間）

Hello, everyone. This will be my last day of work at this school. First, I want to say thank you very much for studying English with me. You often came to me and taught me Japanese just after I came here. Your smiles always made me happy. I hope you keep smiling when you study English.

I had many good experiences here. I ran with you in sports festivals, and I sang songs with your teachers in school festivals. I was especially moved when I listened to your songs.

After I go back to my country, I'll keep studying Japanese hard. I want you to visit other countries in the future. I think English will help you have good experiences there. Goodbye, everyone.

（３秒の間）

＜Question 1＞　What made Emily happy?

（５秒の間）

＜Question 2＞　What does Emily want the students to do in the future?

（15秒の間）

繰り返します。

（２秒の間）

（問題Bの英文の繰り返し）

（３秒の間）

＜Question 1＞　What made Emily happy?

（５秒の間）

＜Question 2＞　What does Emily want the students to do in the future?

（15秒の間）

以上で，リスニングテストを終わります。２ページ以降の問題に答えなさい。

【数　学】（50分）〈満点：100点〉

1 次の各問に答えよ。

〔問1〕 $\dfrac{\sqrt{3}-1}{\sqrt{2}}-\dfrac{1-\sqrt{2}}{\sqrt{3}}-\dfrac{\sqrt{3}-\sqrt{2}-1}{\sqrt{6}}$ を計算せよ。

〔問2〕 連立方程式 $\begin{cases} 3x+2y=-2 \\ \dfrac{1}{2}x-\dfrac{2}{3}y=\dfrac{7}{6} \end{cases}$ を解け。

〔問3〕 2次方程式 $(x+3)^2+5=6(x+3)$ を解け。

〔問4〕 3つの袋A，B，Cと，1，2，3，4，5，6，7，8，9，10の数を1つずつ書いた10枚のカード[1]，[2]，[3]，[4]，[5]，[6]，[7]，[8]，[9]，[10]があり，袋Aに[1]，[2]，[3]，袋Bに[4]，[5]，[6]，[7]，袋Cに[8]，[9]，[10]が入っている。

袋A，B，Cから1枚ずつカードを取り出し，
袋Aから取り出したカードに書かれている数を a，
袋Bから取り出したカードに書かれている数を b，
袋Cから取り出したカードに書かれている数を c とするとき，
$a+b=c$ となる確率を求めよ。

ただし，3つの袋それぞれにおいて，どのカードが取り出されることも同様に確からしいものとする。

〔問5〕 右の図で，点Oは線分ABを直径とする半円の中心，点Fは線分OA上にある点，点Pは半円の内部にある点である。

解答欄に示した図をもとにして，$\angle POA=60°$，$OP+PF=OA$ となる点Pを，定規とコンパスを用いて作図によって求め，点Pの位置を示す文字Pも書け。

ただし，作図に用いた線は消さないでおくこと。

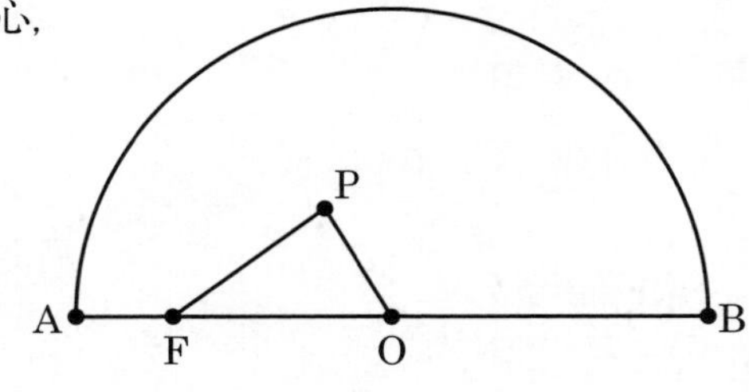

2 右の**図1**で，点Oは原点，曲線fは関数$y=ax^2\ (a>0)$のグラフを表している。

2点A，Bはともに曲線f上にあり，x座標はそれぞれ-2，6である。

2点A，Bを通る直線を引き，y軸との交点をPとする。

原点から点（1，0）までの距離，および原点から点（0，1）までの距離をそれぞれ1cmとする。

次の各問に答えよ。

図1

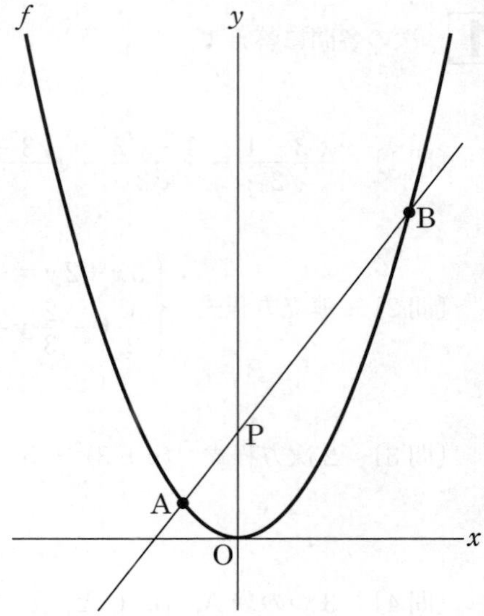

〔問1〕 $a=\dfrac{1}{3}$のとき，線分AB上にあり，x座標とy座標がともに整数である点の個数を求めよ。

〔問2〕 右の**図2**は，**図1**において，曲線gは関数$y=bx^2\ (b>a)$のグラフで，曲線g上にあり，x座標が-2である点をCとし，2点C，Pを通る直線を引いた場合を表している。

図2

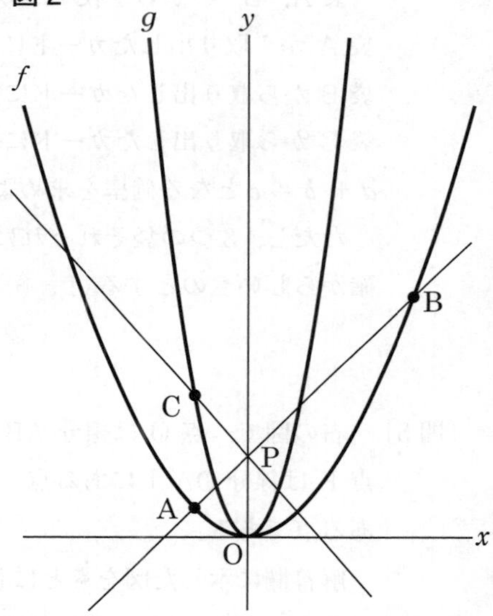

(1) 点Aと点Cを結んだ場合を考える。
$a=\dfrac{1}{4}$，△ACPの面積が5 cm^2のとき，bの値を求めよ。

⑵ 右の**図3**は，**図2**において，
$a=\frac{1}{2}$，直線CPの傾きが$-\frac{1}{2}$のとき，
点Oと点C，点Bと点Cをそれぞれ結び，
2点O，Bを通る直線を引き，
直線CPと曲線gとの交点のうち
点Cと異なる点をDとした場合を表している。

点Dは直線OB上にあることを示せ。

また，△CODの面積と△CDBの面積の比を最も簡単な整数の比で表せ。

ただし，答えだけでなく，答えを求める過程が分かるように，途中の式や計算なども書け。

図3

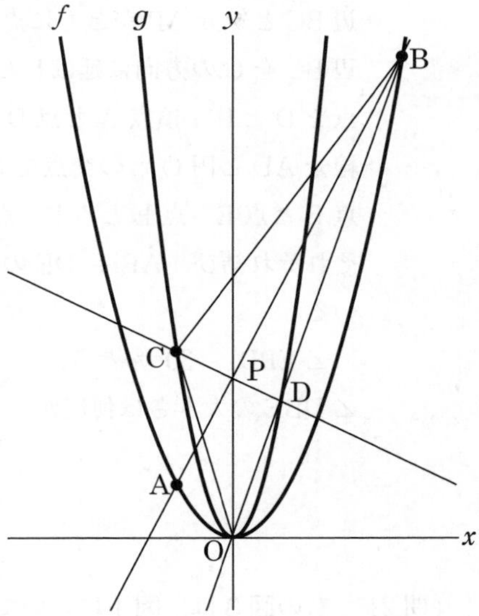

3 右の**図1**で，点Oは，∠ABC＜90°，∠ACB＜90°である△ABCの3つの頂点を通る円の中心である。

円Oの周上にあり，頂点A，頂点B，頂点Cのいずれにも一致しない点をPとし，頂点Aと点Pを結ぶ。

次の各問に答えよ。

図1

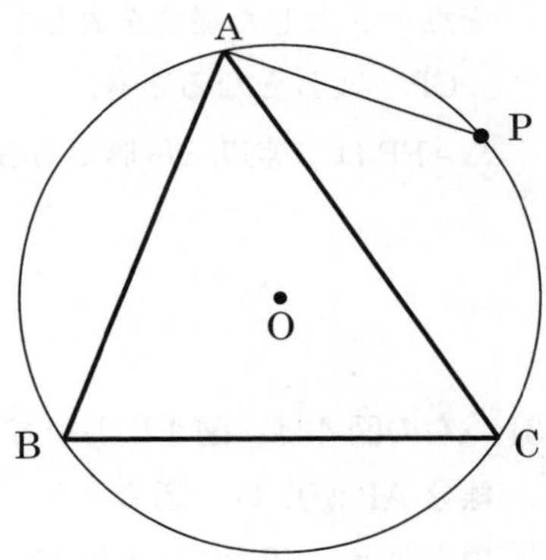

〔問 1〕 右の**図 2** は，**図 1** において，
辺 BC と線分 AP がともに点 O を通るとき，
辺 BC を C の方向に延ばした直線上にある
点を D とし，頂点 A と点 D を結び，
線分 AD と円 O との交点を E とし，
点 B と点 E，点 E と点 P，点 P と点 D を
それぞれ結び，AE ＝ DE の場合を表している。

∠EPD ＝ 30° のとき，
∠DBE の大きさは何度か。

図 2

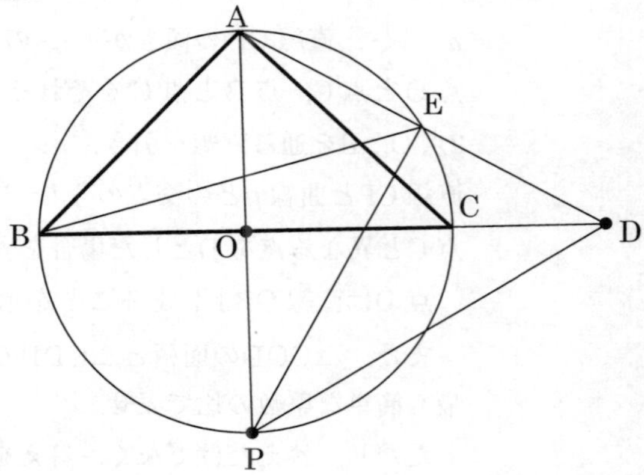

〔問 2〕 右の**図 3** は，**図 1** において，
点 P が頂点 B を含まない $\overset{\frown}{AC}$ 上にあり，
AB ＝ AC のとき，
頂点 B と点 P，頂点 C と点 P を
それぞれ結び，辺 AC と線分 BP との
交点を F とした場合を表している。

CP ＝ CB となるとき，
△AFP は二等辺三角形であることを証明せよ。

図 3

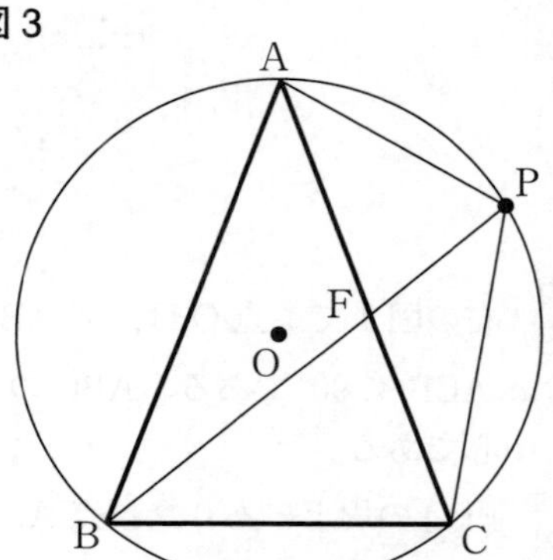

〔問 3〕 右の**図 4** は，**図 1** において，
線分 AP が点 O を通るとき，
頂点 A から辺 BC に垂線を引き，
辺 BC との交点を H，線分 AP と辺 BC との
交点を G とした場合を表している。

AP ＝ 20 cm，AB ＝ 12 cm，BH ＝ GH のとき，
CG：CA を最も簡単な整数の比で表せ。

また，辺 AC の長さは何 cm か。

図 4

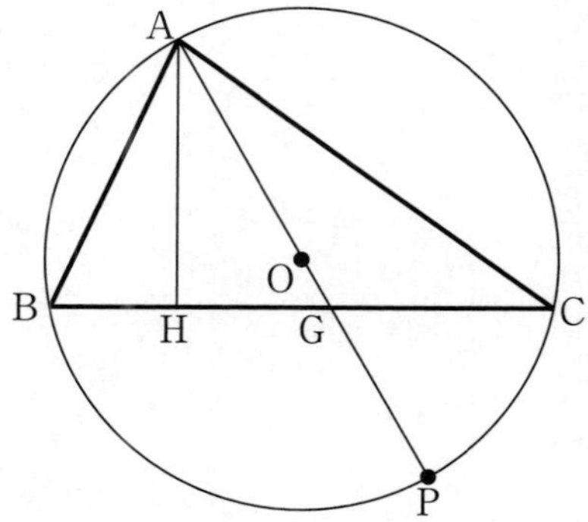

4 右の**図1**に示した立体ABCD－EFGHは，1辺の長さが3cmの立方体である。

点Pは，この立方体の内部および全ての面，全ての辺上を動く点である。

頂点Aと点P，頂点Bと点Pをそれぞれ結ぶ。

AP＝a cm，BP＝b cmとする。

次の各問に答えよ。

ただし，円周率はπとする。

図1

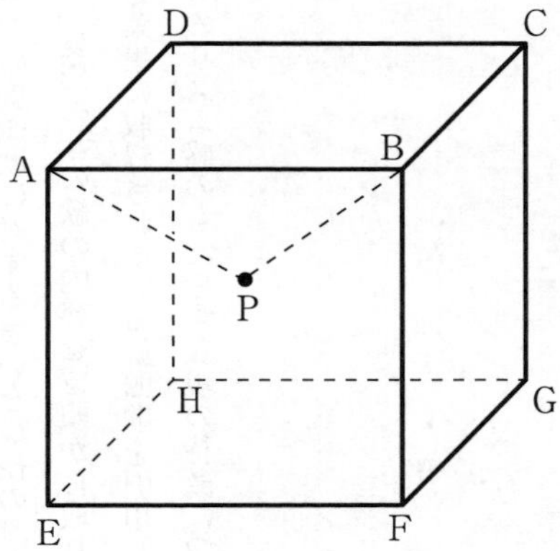

〔問1〕 点Pが$a=b=3$を満たしながら動くとき，点Pはある曲線上を動く。

点Pが動いてできる曲線の長さは何cmか。

〔問2〕 右の**図2**は，**図1**において，頂点Dと頂点E，頂点Dと頂点F，頂点Eと点Pをそれぞれ結び，点Pが線分DF上にある場合を表している。

$a+b$の値が最も小さくなるとき，立体P-ADEの体積は何cm^3か。

ただし，答えだけでなく，答えを求める過程が分かるように，図や途中の式などもかけ。

図2

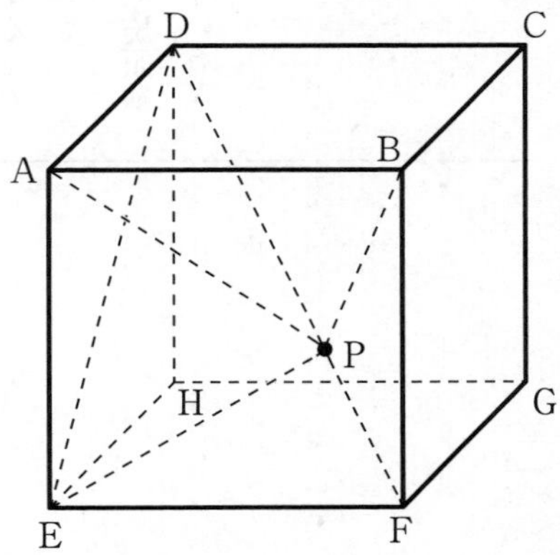

〔問3〕 右の**図3**は，**図1**において，$a \geqq b$のとき頂点Hと点Pを結んだ場合を表している。

HP＝c cmとし，点Pが$b=c$を満たしながら動くとき，点Pはある多角形の辺上および内部を動く。

点Pが動いてできる多角形の面積は何cm^2か。

図3

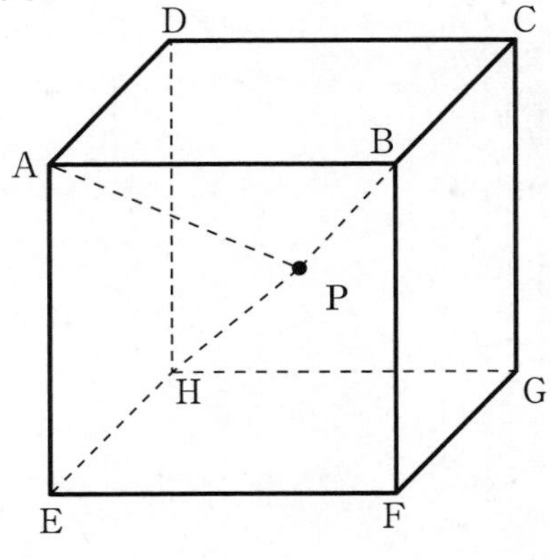

〔問4〕　筆者は、柿本人麿の「夏影の」の歌について、どのような点にひきつけられていると述べているか、次のうちから最も適切なものを選べ。

ア　上句は妻に対する客観的な視点であるのに対して、下句は歌い手自身の心情の描写という対比が、若い夫婦の初々しい様子を想像させる点。

イ　「やや大に」という表現を用いることで、きっちりと計算された情景ではなく、読み手の多様な解釈や余白を生み出す効果をもたらしている点。

ウ　季節や場所などの状況描写という外側に向いていた視点が、少しずつ内側への視点に変化し、読み手に感覚的に訴える魅力を持っている点。

エ　全体的にゆったりとした雰囲気を読み手に感じ取らせるために、「大に」という表現を核にして、全体の構成が巧みに洗練されている点。

〔問5〕　本文の内容に合致するものとして、次のうちから最も適切なものを選べ。

ア　短歌との比較という歴史的な背景や専門的な用語をおりまぜながら、歌人の人麿がいかに魅力的であるかを伝えるための持論を展開している。

イ　人麿の歌を例にして旋頭歌のたどってきた悲劇的な運命や短歌との関係を前半で述べ、後半では旋頭歌自体の魅力について解説している。

ウ　筆者の旋頭歌に対する思いを最後の段落にまとめとして提示するために、「夏影の」の歌の内容を冒頭から取り上げ詳しく説明している。

エ　万葉集に収録されている旋頭歌を引用し、短歌との形式の違いや旋頭歌固有のリズム感のもたらす表現の特徴について独自の見解を述べている。

しかも細やかな陰影を帯びた七音の語句が、私たちの心に音楽的な情感のたゆたいをさそってやまないのだ。

この古拙な感じ、悠揚せまらぬ感じ、細やかな情感が小うるさい描写などなしに湧き流れている感じ、そこに私は、人麿の旋頭歌一般に通じる特徴を見うるように思うのである。

（大岡信「私の古典詩選」による）

〔注〕体軀（たいく）――からだ。身体。
片歌――和歌の形式の一つ。
仏足石歌――和歌の形式の一つ。
掬（きく）す――すくう。
謡（うた）いもの――詩歌や文章に旋律をつけて歌うもの。
譚詩（たんし）――物語詩。
原文「裏儲（うらまけて）」とあり――原文である『万葉集』にはこの文字を用いて表記されている。
画竜（がりょう）の睛（せい）――大切なところ。

〔問1〕(1)短歌という「適者」に駆逐された旋頭歌（また長歌）の運命と一脈相通じるものをもっているように感じられるのである。とあるが、「短歌という『適者』に駆逐された」とは、どういうことか。次のうちから最も適切なものを選べ。

ア 旋頭歌は、重厚な調子の表現方法で一時代を築いたが、軽やかさを重要視する時代感情の変化に対応できず、過去の遺物となったということ。

イ 軽快で、可変的な調子が特徴的な短歌の登場にともなって、古くから広く人々になじみのあった旋頭歌の形式が、壊されてしまったということ。

ウ 短歌という新時代の芸術が流行することで、古い歴史をもち、伝統的な調子で詠（よ）まれる旋頭歌の技術の継承が、途絶えてしまったということ。

エ 柔軟で、時代の変化にしなやかに対応した短歌の特性が、歌を詠む人々に好まれ、融通（ゆうずう）のきかない旋頭歌は用いられなくなっていったということ。

〔問2〕(2)もはや余技的なものとして試みられているにすぎない。とあるが、具体的にはどういうことか、次のうちから最も適切なものを選べ。

ア 専門的な知識や技術を用いて作り上げられる歌とは別に、なじみのある言葉を用いて、大衆にも理解できる歌として作られてしまっているということ。

イ 本来作者の感情や感動を情緒的に述べるために用いられるべき歌であるが、感情の表現ではなく、単なる言葉遊びに終始してしまっているということ。

ウ 情景や心情などを描写するためのものであるはずの歌が、同じ調子の繰り返しの巧みな様子を、表現するためのものとなってしまっているということ。

エ 歌人が自分の持てる才能を結集させて作りこんだ歌というよりも、元々の歌作りの視点からは離れた、低次元のものとなってしまっているということ。

〔問3〕(3)なかんずくとあるが、この「なかんずく」と同じ意味となる語句を、本文中の――線部をつけた次の**ア**から**エ**のうちから選べ。

ア いずれにしても
イ たしかに
ウ 殊更に
エ いぶかしく

ところが旋頭歌にあっては、五七七、五七七という調子のとり方以外の読み方はできないのである。このことは、短歌との、ほとんど本質的な相違だといってよい。読む人は、五七七で一旦息を切り、つづけて次の五七七に移る。これ以外には読み方はない。このことは、当然、旋頭歌という形式の制約とみなされねばなるまい。調子がやや間延びして単調になるのは、この形式上の制約の必然的な結果であった。しかも、五七調から七五調へと大きく変化してゆくことによって短歌形式が成就した、重々しさから軽やかさへの質的転換のようなものがないままに、五七七の、やや重たく、悠長に響く調べを守り通すほかなかったことは、旋頭歌がたちまち時代遅れの形式になってゆく運命を暗示していたといってよい。

万葉集にさえ、わずか六十首あまりが録されているにすぎないのが、旋頭歌の実態である。しかもそのうち、人麿歌集よりとされるものが、巻七の二十三首、巻十一の十二首と半数以上を占め、他の歌人たちの作は、たとえば山上憶良のあのよく知られた歌、

はぎの花　尾花　くず花　なでしこの花　をみなえし
また藤袴　朝顔の花

のように、(2)もはや余技的なものとして試みられているにすぎない。人麿は、ここでもまた輝かしい位置にいるということがいえるのだが、アいずれにしても、もし人麿という天才なかりせば、旋頭歌という形式は、*仏足石歌体（五七五七七、七）のような、短歌形式への付属歌体と同列に置かれて、もっと早くに忘れ去られていたかもしれないと思わせられる。

しかし、今、そういう和歌史の展開に関するさまざまな記憶を離れて、旋頭歌、(3)なかんずく人麿作の旋頭歌を口誦むとき、そこにある種の*掬すべき情趣があることを強調せずにはいられない。短歌が、三十一音の中にひとつの貫流する調べをたたえ、一首全体の統一性と純一な感動の高まりにおいて、抒情詩表現の一極限形式を確立したのに対し、旋頭歌は上句五七七と下句五七七との間の句切れの単調さが、一首の集中性・凝縮性を何ほどかの程度において薄めていることは、イたしかに否定できない。しかし、その反面、旋頭歌のこういう、やや間延びしたリズムが、一種の古拙な味わいを生み、個人の主観の燃焼とはおのずと異なる、*謡いもの風な、あるいは*譚詩風な、つまり不特定多数の人間の共通感情の表現であるような性質をそこに生みだしていることを、見逃すわけにはいかないのである。

冒頭に引いた「夏影の」の旋頭歌を見よう。濃い緑葉が茂って作る大きな影の下に、夫婦の嬬屋（寝室）がある。夏の烈しい日射しをさえぎるその涼しい影の中で、妻は衣を裁つのに余念がない。その妻の姿が、客観的に、やや距離を置いて眺められているのが、上句である。ついで、句切れの小休止をおいて、ふたたび歌はゆったりとした調子で、歌い手自身の気持を歌いだす。「うら設けて」は、*原文「裏儲」とあり、「着物の裏を用意して」とする説、また「心設けをして」とする説があるようだが、前者の解はやや理につきすぎてわずらわしい感じがあり、私は後者の解をとりたい。つまり、妻よ、心を傾けて私のために衣を裁つならば、という意味にとりたい。さてこの旋頭歌の、*画竜の睛というべき魅力的な箇所は、いうまでもなく「やや大に裁て」という結句にある。この結句の大らかな魅力について、ウ殊更に説く必要はあるまい。ところで、この結句で、「やや大に」といっているのはどういう意味だろう、と私はふとエいぶかしく思う。二人はまだ若い夫婦で、夫は自分がこれからも体がさらに伸びることを知っていてこう呼びかけたものだろうか。それとも、夏服だから、ゆったりと、涼しげに作って欲しいといいたかったのだろうか。あれこれ空想させられる。けれども、結局それらの解釈のすべてを越えて、「やや大に裁て」という、暢びやかな、張りのある、

〔問6〕　本文の構成について説明したものとして、次のうちから最も適切なものを選べ。

ア　前半の段落で平易な具体例を用いて、日本語の論理性についての問題点を明らかにし、本論では難解で抽象的な内容に説得力を持たせている。

イ　前半、後半ともに対比の構造を用いて、日本語の論理性についての見解を、生活、文化、言語そのものへと深める形で展開して述べている。

ウ　最初の段落でテーマ全体に触れて問題提起を行い、日本語の論理性について時代や地域、西洋の価値観などの項目ごとに結論をまとめている。

エ　まず効果的な暗喩などを用いて結論を述べた上で、本論では、日本語の論理性について、ヨーロッパ中心の従来の視点の変化を促している。

〔問7〕　(7)わが国ではきわめて古くから、表現の余韻、含蓄などが重視されており、あまりにも理屈のはっきりしたものはかえって軽んじられたという伝統が改めて思い合わせられる。とあるが、このことについて、あなたはどのように考えるか。日常の生活においてあなたが他者に考えを伝えるときには、どのようなことに気をつけているかを踏まえて、あなたの考えを**二〇〇字以内**で書け。なお、書き出しや改行の際の空欄や、、や。や「などもそれぞれ字数に数えよ。

五　次の文章は古代和歌の一つの形式である旋頭歌(せどうか)について述べた文章である。読んで、あとの各問に答えよ。（*印の付いている言葉には、本文のあとに〔**注**〕がある。）

夏影の　房(つまや)の下に　衣裁(きぬた)つ吾妹(わぎも)　うら設(ま)けて　吾(わ)がため裁(た)たば
やや大(おほ)に裁て

万葉集巻七に、「右の二十三首は、柿本朝臣(あそみ)人麿の歌集に出(い)づ」として収録されている旋頭歌のうちの一首である。

旋頭歌の運命は、地球上のはげしい生存競争に敗れて姿を消していった古代の生物たちの運命をふと連想させる。もちろん、可憐(かれん)な旋頭歌が、あれら恐竜の種族と共通する何物を持っていたわけでもないが、今、歴史のはるかな遠景に、子供たちの愛惜の眼差(まなざ)しを浴びて空想の中に生きつづける古代のけものたちは、その巨(おお)きくありすぎた*体軀(たいく)のゆえに、適者生存のきびしい法則をのがれ得なかった点で、(1)短歌という「適者」に駆逐された旋頭歌（また長歌）の運命と一脈相通じるものをもっているように感じられるのである。

旋頭歌の形式は、いうまでもなく、五七七、五七七と、*片歌の形式を繰返(くりかえ)すことによって成るものである。五七五七七の短歌形式とくらべると、上句最後の七音だけ短歌形式よりも多いわけだが、口誦(くちずさ)んでみれば明らかな通り、これは単に七音多いという数量的な違いだけのものではない。短歌の場合、五七、五七、七という区切り方に始まって、五七五、七七へ、さらに五、七五、七七へと、同じ三十一音の形式の中でも、歴史的に大観したとき、調子の上でいくつかの大きな変化の波があった。それは、短歌形式と一口にいうものの、実はその形式自体に豊かな弾力性があり、時代感情の変化に応じて調子も変化してゆくという柔軟な適応力がそなわっていたことを意味している。

エ　表現において、受け手が線的論理をつなぎながら、送り手の意図を考え推測してコミュニケーションをはかろうとすること。

〔問3〕どんなにしても踏み外すことのない太い線をたどることがおよそ退屈であるのとは対照的である。とあるが、「踏み外すことのない太い線」とはどのようなことか。次のうちから最も適切なものを選べ。

ア　受け手側に誤解を生じさせることがないように、無駄のない能率的な表現を用いて、一つ一つの言葉をゆるがせにしない構成をもつ論理のこと。

イ　受け手側に主張がはっきりと伝わるように、ダブル・プロット、トリプル・プロットを用いて、筋道の通った構成をもつ論理のこと。

ウ　受け手側に伝えたいことが理解してもらえるように、象徴的な表現を用いて、暗にほのめかす言葉で構成された論理のこと。

エ　受け手側に都合の良い解釈が可能となるように、便宜的な表現を極力用いて、成熟し洗練された言葉で構成された論理のこと。

〔問4〕次のa～fは本文中の筆者の述べている アイランド・フォームと コンティネンタル・フォームの文化における言語の特徴をそれぞれ説明している。適切なものはどれとどれか。正しい組み合わせを、あとのア～オの選択肢から一つ選べ。

a　複線だったり、点線状であったりして、解釈の余地があるが、必要の無いところが風化することで、より明晰な論理となっている。

b　重苦しくがっちりとした構成を持ち、その中に論理の形式がはっきりと見え、点をつなげて線として理解することができる。

c　間接的な表現が多く、抽象的な思想・観念などを具体的事物や形象に託して表現する傾向があり、物事が確実でなくはっきりしないこともある。

d　直接的な強い表現が用いられ、話の筋が単一で退屈に感じられることがあるが、受け手次第で、多面的な捉え方が可能となっている。

e　表現理解における創造的性格によって、点状に離散した論理が統合され、受け手の側に、誤解を生じさせないようになっている。

f　物事の筋道がとおっているが、語の意味の範囲が定められているため、他の関連したことを思い浮かべることが難しい。

ア　aとe
イ　bとc
ウ　cとf
エ　dとe
オ　aとf

〔問5〕したがって、そういう表現は多少ともあいまいになる傾向をもっている。とあるが、「そういう表現」に**当てはまらないもの**はどれか、次のうちから最も適切なものを選べ。

ア　他の人と会話中の人に話しかけるときに使われる「お話し中のところ失礼いたします。」という表現。

イ　買い物や映画などに一緒に行こうと誘われたときの回答に使われる「そのうちに。」という表現。

ウ　お茶やごはんのおかわりを相手から勧められたときの返事に使われる「結構です。」という表現。

エ　難しい提案を持ち掛けてきた相手に対する返答に使われる「前向きに検討します。」という表現。

海綿状に発達した言語においては、直接的でつよい表現を与えることはむしろ効果的でない。ごく軽い、間接的な、あるいは象徴的な表現がよく利くのである。(6)したがって、そういう表現は多少ともあいまいになる傾向をもっている。ヨーロッパにおいてはあいまいさは明晰な論理の敵であると考えられてきたけれども、親密な伝達におけるあいまいさは表現の生命にプラスするものであることが、二十世紀になってからようやく認識されるようになった。*ウィリアム・エムプソンの『あいまい性の七典型』（一九三〇年）は西欧においてはじめてあいまいさの積極的意義を発見したことを告げる画期的な仕事であった。

あいまいさは論理と対立するものではなくて、一種の論理であることを承認できるようになるには、社会が言語的にある成熟に達していなくてはならない。明晰な表現のあらわす論理が単線であるとするならば、あいまいな表現で伝える論理は複線で、また、いたるところで点線状になっていると考えてよい。(7)わが国ではきわめて古くから、表現の余韻、含蓄などが重視されており、あまりにも理屈のはっきりしたものはかえって軽んじられたという伝統が改めて思い合わせられる。話の筋にしても単一であると退屈だと感じられて、二重の筋、ダブル・プロット、三重の筋、トリプル・プロットが好まれるという事実も、いくらかこれと関係するかもしれない。

外国語ならば、「のべる」とか「伝える」とか「表現する」といった語であらわすようなところに、日本語は、「におわす」「ほのめかす」「それとなくふれる」といった言葉を多く用いるのも、受け手につよい連想作用が具わっていることを見越して、あらかじめ表現を抑制して、表現が間接的にやわらかく相手に当るようにとの配慮に出るものであろう。

（外山滋比古「日本語の論理」による）

〔注〕インフォーマル――形式ばらない様子。
冗語性――無駄なこと。
等閑に付された――いいかげんにほうっておかれた。
コノテイション――潜在的・多層的意味。
海綿――スポンジ。
ウィリアム・エムプソン――イギリスの詩人、批評家。

〔問1〕(1)第三者が聞けば何のことかまるでわからぬような省略の多い飛躍した言い方をしているが、それでけっこう話は通じ合っている。とあるが、なぜか。これを次の［　　］のように説明するとき、［1］と［2］に当てはまる最も適切な表現を、本文中から［1］は**十六字**、［2］は**十四字**で探し、そのまま抜き出して書け。

> よく理解し合っている人たちの言語に内在する論理は［　1　］であるが、その論理の点同士は［　2　］から。

〔問2〕(2)点を線にするのは一種の言語的創造をともなうからであろう。とあるが、「一種の言語的創造」とはどのようなことか。次のうちから最も適切なものを選べ。

ア　表現において、送り手が心理的親疎を測ることで、受け手の様子によって表現の方法を変えながら、意思の伝達を行うこと。

イ　表現において、送り手が内容全体を受け手に理解させるためにあえて用いた点的な工夫を、余韻や含蓄として味わうこと。

ウ　表現において、送り手がお互いにわかるはずであると省略した部分を、受け手が様々に連想しながら、理解し味わうこと。

日本語が論理的でないように考えられるのは、ヨーロッパ語の線的論理の尺度によって日本語をおしはかるからである。成熟した言語社会の点的論理を認めるならば日本語はそれなりの論理をもっていることがわかる。よく引き合いに出される禅にしても、点的論理の概念をとり入れることによって、その独自の論理性は充分合理的に説明できるはずである。また、俳句の表現もいわゆる論理、線状の論理からは理解しにくいものであるが、点的論理の視点からすればきわめて興味あるものになる。考えようによっては、点的論理がよく発達した言語社会だからこそ俳句のような短詩型文学が可能になったのだと言うこともできる。

点的論理の背後には陥没した線的論理がかくれて下敷きになっている。そして点を統合して線として感じとるところに表現理解の創造的性格がひそんでいる。(3)どんなにしても踏み外すことのない太い線をたどることがおよそ退屈であるのとは対照的である。

線の論理と点の論理についてもうすこし考えてみたい。線的論理は形式にあらわれているが、点的論理は線が風化して表面にあらわれているのは点のつらなりである。しかし、ひとつひとつの点は決してバラバラに散っているのではなくて、根と根でつながり結ばれているのである。点と点との間に互いに引き合う性質があるといってもよいし、受け手の側に、点と点を結合させて線をつくり上げる統合作用があるとしてもよい。

いずれにしても、点的論理が通用するところでは、離れ離れになったものを統合する作用のあることが前提である。かりにAという言葉があるとする。それを聞き、あるいは、読む人は、それにゆかりのあるさまざまなものを連想する。その連想のうちのひとつの方向線上に、つぎの言葉Bがつづいているとすると、一見無関係と思われるAとBとが引き合って脈絡をつくり上げる。

この連想はかならずしも意味の次元にかぎらない。音が似ていることも連想の重要なきっかけになる。しゃれは音声的類似による連想の生ずる言葉のおもしろさであるが、線的論理を重視するところではしゃれがあまり尊重されないのは注目に値する。

わが国のように(4)アイランド・フォーム（島国形式）の文化をもった社会では、ひとつひとつの言葉の連想領域が大きくなっている。同じように単語であっても熟した語には多くの語義や派生語が生じて辞書の記載スペースも大きいのに対して、新しく生(うま)れた語とか術語には熟した用法がなく、明確な語義をもつ代(かわ)りに連想は乏しい。

アイランド・フォームの文化内部における言語は熟した語と同じようにコノテイション*がこまかく、軟(やわら)かく、しかも、広範囲に発達している。(5)コンティネンタル・フォーム（大陸形式）の文化における言語は派生語やイディオムのすくない単語のように、語義の範囲が限定されていて、それが喚起する連想の領域もおのずからかぎられている。

コンティネンタル・フォームの言語はたとえて言えば洋紙のようなものである。それに点をならべても、それは点のままで背後にかくれた風化した論理が下敷きになっていないかぎり、点と点とがつながることは考えられない。その代り、点と点を結んで明確な線を引くことができるし、その太さも必要に応じて変えることが可能である。

これに対して、アイランド・フォームの文化における言語はいわば海綿*のようなものである。一箇所にインクをつけると、ひろがってにじむ。海綿の上に細い線をひくことは困難であるが、離して点をうつと、それがつながって面と面の接触がおこるようになる。したがって、点的論理においては線的論理への志向がはっきりしているわけではない。ときとしては、にじみにつられて、筋を忘れてとんでもない脱線をすることもある。縁語によって表現が展開している例などは、言葉の連想の自由なはたらきがいわゆる論理とはちがった方向へ伸びて行くことをよく物語っている。

四

次の文章を読んで、あとの各問に答えよ。（*印の付いている言葉には、本文のあとに〔注〕がある。）

日常の言語活動における論理は、話の筋道といったごくインフォーマル*なものである。どんな場合でも、言葉に筋道が通っていなければ、伝達は成立しようがない。「筋」とか「筋道」とかいう語が示しているように言語に内在する論理性は何か「線」のようなものと感じられているのが普通である。

表現の受け手はこの言葉の筋道をたどりながら理解を進めて行くわけだが、送り手と受け手との間の心理的関係の親疎によって筋道の性格も変ってくる。送り手と受け手が未知の人間であるような場合、筋道はしっかりした線状をなしていて、受け手がそれから脱落しないようになっていなくてはならない。論理は密でなくてはならないのである。その典型的な例は法律の表現で、ここでは受け手がときとしてはまったく対立する観点に立っていることがある。したがって、表現の道筋はあくまで太くしっかりしたものである必要がある。かりにもその筋を外した解釈が可能であっては不都合がおこるからである。多くの人々が法律の条文をうるさいものと感じるのは偶然ではない。送り手が受け手を信頼していないのである。法律でなくても、受け手の連帯感が保証されていないとき、表現は念には念を入れて、誤解のおこらないように配慮されたものになる。緊密な論理はその結果にすぎない。

これと反対に、受け手がごく身近かに感じられているときの表現はわかりきったことをくどくどと説明する必要がない。要点だけをかいつまんでのべるだけで誤解も生じない。言語の冗語性*も小さくてすむのである。一般にお互いが熟知しているような集団の内部においては形式的論理はむしろ敬遠される。その代表的な例は家族同士の会話である。(1)第三者が聞けば何のことかまるでわからぬような省略の多い飛躍した言い方をしているが、それでけっこう話は通じ合っている。形式論理から見れば没論理と言えるかもしれないが、まったく論理を欠いているというわけでもないであろう。むしろ別種の論理が作用していると見るべきである。

相互によく理解し合っている人間同士の伝達においては言葉の筋道はつねに完全な線状である必要はないことが多い。要点は注目されるが、それ以外の部分はどうでもよい。等閑*に付されたところはやがて風化がおこるであろう。こうして、方々が風化して線に欠落ができると、線的な筋が点の列になって行く。親しいと感じ合っている人たちの間の言語における論理は線ではなくて点の並んだようなものになっている。

人間には、こういう点をつないで線として感じとる能力がだれにもそなわっているのである。したがって、点的論理が了解されるところでは線的論理の窮屈さは野暮なものとして嫌われるようになる。なるべく省略の多い、言いかえると、解釈の余地の大きい表現が含蓄のあるおもしろい言葉として喜ばれる。(2)点を線にするのは一種の言語的創造をともなうからであろう。点の線化は昔の人が星の点を結び合わせて図形を読みとり、名を冠して星座をつくりあげたことなどにもあらわれている。

日本語はヨーロッパの言語が陸続きの外国をもった国で発達したのとちがって、島国の言語である。同一言語を同一民族が長い期間にわたって使っていれば、相互の了解度はきわめて高くなる。家族語におけるような論理が社会の広い範囲に流通していると考えてよい。そういう日本語の論理は線的性格のものではなくて、点的性格の方がよく発達しているのは自然のことである。念には念を入れた、がっちりした構成の表現はむしろ重苦しいものと感じられる。上手な人のうつ囲碁*の石のように一見は飛んでいるようであっても、その点と点を結び合わせる感覚が下敷きになっているときは決して非論理でも没論理でもなく、りっぱに「筋」をもっているのである。

〔問6〕次は、この本文に用いられている＝＝線部をつけた表現の特徴についての授業の様子である。あとの問にそれぞれ答えよ。

A　みなさんは、「畳語」という言葉を聞いたことがありますか？

B　「畳語」ですか？　聞いたことないです。

A　初めて聞いた人もいるかもしれないですね。この文章には「畳語」が多く使われています。「畳語」とは、「物を折り返して重ねる」という意味の「畳む」という言葉が元となって作られた言葉で、同じ語の繰り返しで構成されているという特徴があります。では本文から、「畳語」を探してみましょう。

B　はい。そうですねぇ…「じゅうじゅうとにぎやかな音を立てている」の「じゅうじゅう」はどうですか？

A　いいですね。この「じゅうじゅう」という畳語は、肉の焼けている様子をよりイメージしやすくする効果がありますね。

C　なるほど。ただ同じ語を繰り返しているだけではなく、「畳語」にはその表現のもたらす効果があるということですね。

A　その通りです。では、「じゅうじゅう」以外に、「物の様子や状態をイメージしやすいように印象付ける効果」をもつ畳語は見つけられますか？

D　「○●○●」がそうですかね。

A　いいですね。では、「その時の気分や感情を表す効果」を持つ畳語は探せますか？

B　「□●□●」や「△▲△▲」などはどうでしょうか。

A　なかなかいいですね。さらに、「時間が徐々に迫る様子」を表現しているというのもありますね。わかりますか？

C　「▲◇▲◇」ですか？

A　そうですね。正解です。

B　先生。おもしろい畳語を見つけました。この「顔がひりひり熱い」の「ひりひり」というのは、本来は皮膚の状態を表しますが、ここでは玲の「　1　」や「　2　」、「　3　」などの心理的な状態を表す効果があるように思います。

A　鋭いですね。文脈によっては、複数の効果を持つ畳語もありますね。確かにおもしろいですね。

i　会話文中の「○」「●」「□」「△」「▲」「◇」の記号は、それぞれ異なるひらがな一文字分を示し、同じ記号には共通したひらがなが入る。「□●□●」と「▲◇▲◇」の表す言葉を、本文中からそれぞれ抜き出し、「□」「●」「▲」「◇」に入るひらがなをそれぞれ答えよ。

ii　空欄「　1　」「　2　」「　3　」に入ることばの組み合わせとして最も適切なのはどれか、あとの選択肢**ア**～**オ**から選べ。

ア　高揚　不安　反省
イ　緊張　動揺　焦燥
ウ　動転　心配　葛藤
エ　悔恨　当惑　落胆
オ　困惑　驚嘆　興奮

エ　立春という日が特別な日であるということが、娘から孫にも伝わっているのかもしれないと、夫婦が互いに感じ取ったから。

〔問3〕 (3)じゃあ、置いときます。と答えたときの玲の様子を説明したものとして最も適切なのは、次のうちではどれか。

ア　うちにある自分にぴったりサイズの長靴よりも、ひいおじいちゃんがくれようとしている長靴の方が自分に似合っている気がして、とても満足している。

イ　ひいおじいちゃんともっと一緒に散歩がしたいと考えているので、この家に遊びに来る口実にするために、長靴をこの家で保管してほしいと思っている。

ウ　長靴がこの場所にあることで、この家の一員であるような気になり、何よりもひいおじいちゃんとの特別なきずなを感じられるような気になっている。

エ　靴箱の手前に並んで置いてある大小二足の長靴は、ぴったり寄り添って並べて置いてあり、まるで親子みたいに見え本当の家族になれたように感じている。

〔問4〕 (4)お母さんに話したいことがいっぱいあるから、うっかり忘れてしまわないように。とあるが、ここから分かる玲の考えの説明として最も適切なのは、次のうちではどれか。

ア　メモに書いて残しておかないといけないと思うくらい、おじいちゃんやおばあちゃん、ひいおじいちゃんとの経験は自分の大切なものである、ということをお母さんに伝えたいという考え。

イ　ひいおじいちゃんとの自分の思い出を、メモに残してお母さんにきちんと伝えることで、お母さん自身が経験した家族との出来事を思い出してもらいたいという考え。

ウ　お母さんの実家で経験したことを、ひいおじいちゃんに買ってもらったメモ帳に書いて残しておくことで、ひいおじいちゃんとの思い出までをも自分の宝物にしたいという考え。

エ　自分がおじいちゃんやおばあちゃん、ひいおじいちゃんと過ごしたことを大切に思い、それを書きとめておくことで、ここでの出来事をお母さんと共有したいという考え。

〔問5〕 登場人物の描かれ方の説明として最も適切なのは、次のうちではどれか。

ア　ひいおじいちゃんは、自分の息子との会話のそっけなく面倒くさそうな様子から、周りとの関係性に関心がないように見えるが、ひ孫との会話からは家族とのつながりを意識しているように見える。

イ　おじいちゃんは、妻や独立した娘を常に気遣い、いつでも二人を支えているという自負を持ちながらも父や孫との関わり方には苦手意識を感じ、二人を振り向かせようと必死になっている。

ウ　おばあちゃんは、初めて遊びに来る孫に喜んでもらいたいと思い、精一杯のもてなしをしようと、まるでお祝いをしているかのような雰囲気を演出しようとしているが、戸惑いは隠せないでいる。

エ　お母さんは、大人ばかりの場所に子ども一人で行かせたことへの罪悪感や、両親に子守りの負担をかけてしまったことへの申し訳なさを感じてはいるが、電話での会話では強気をよそおっている。

おばあちゃんは両手で受話器をぎゅっと握りしめている。

「うん、いい子にしてる……うん、とんでもない……。」

おじいちゃんも席を立って、ぼくたちのほうにいそいそと寄ってきた。片手でおばあちゃんのひじをつつき、もう片方の手で自分の胸を指さしている。

「ちょうどすき焼きを食べてたところ……そうそう、立春だから。」

ぼくは食卓に戻った。

ひとり残ったひいおじいちゃんが、おかわりをよそっている。豆腐やねぎはよけて、牛肉だけを器用につまみあげていく。迷いのない手つきを見ていたら、ぼくも急に食欲がわいてきた。よく考えたら、まだそんなに食べてない。

お箸をとり直したぼくに、ひいおじいちゃんが突然言った。

「今度、あなたのお母さんも連れていらっしゃい。」

「ぼくが？」

聞き返したのは、逆じゃないかと思ったからだ。ぼくが、お母さんを連れてくる？　お母さんが、ぼくを連れてくるんじゃなくて？

「はい。あなたが。」

ひいおじいちゃんはまじめな顔で即答した。ぼくもつられて、まじめに応えた。

「わかりました。連れてきます。」

「よろしく頼みます。」

後で、メモ帳に書いておこう。(4)お母さんに話したいことがいっぱいあるから、うっかり忘れてしまわないように。

おばあちゃんがほがらかな笑い声を上げた。おじいちゃんは受話器の反対側に耳をくっつけて、会話を聞きとろうとしている。ぼくはお尻を浮かせ、鍋をのぞいた。あたたかい湯気があたって、おでことほっぺたがじんわりと汗ばんだ。

ふと、ひいおじいちゃんが立ちあがった。窓辺に近づき、真っ白く曇ったガラス戸をゆっくりと開け放つ。

涼しい風がさあっと吹きこんできた。すっきりと澄んだ冷たい空気を、ぼくは胸いっぱいに吸いこんだ。雨はもう上がったようだ。ひいおじいちゃんの頭上に広がる夜空に、細い月が静かに光っている。

（瀧羽麻子「博士の長靴」による）

〔問1〕 (1)ぼくとひいおじいちゃんをかわりばんこに見て、にやっと笑う。とあるが、この時のおじいちゃんの気持ちの説明として最も適切なのは、次のうちではどれか。

ア　雨の日の散歩のエピソードから自分の父親の曇り好きの話を滑稽な様子で語りかけ、孫の玲との会話の糸口にしようとする気持ち。

イ　自分の父親の独特な感性の話をして、父親と孫の玲の反応を楽しみながら食卓の雰囲気をなごやかなものにしようとする気持ち。

ウ　そっけない返事をする自分の父親との会話では楽しい会話にならないので、孫の玲にも会話に参加してもらおうとする気持ち。

エ　普段は気難しい様子で今ひとつ何を考えているかわからない自分の父親が、孫の玲と一緒に散歩に出かけたことをうれしく思う気持ち。

〔問2〕 (2)おばあちゃんとおじいちゃんが、ちらっと目を見かわした。とあるが、なぜか。理由として最も適切なのは、次のうちではどれか。

ア　「お母さんが教えてくれた」という孫の言葉に、伝統的な立春の正しい過ごし方を正確に伝えるべきだ、と互いに意識したから。

イ　娘と一緒に暮らしていた時にも立春を一緒にお祝いしてきたということを、孫にも伝えるいい機会にしよう、と互いに決意したから。

ウ　立春が一年のはじまりであるということを孫が理解していると知り、よく教え込んでいる教育熱心な娘だ、と互いに感心したから。

テーブルの上でおばあちゃんの手に自分の手を重ねたのが、ぼくからも見えた。うつむいていたおばあちゃんが顔を上げ、ぼくににっこり笑いかけた。

「成美も……お母さんも、忘れないでお祝いしてくれてたのね。」

「そもそもうちだって、全部が全部、昔のままってわけでもないしな。」おじいちゃんが言う。以前は、子どもたちにプレゼントをあげるという習慣もあったそうだ。うらやましい。

「年寄りだけじゃ、どうもなあ。クリスマスなんかも、子どもらが小さい頃は気合(きあい)が入ったもんだけど。」

「ね。だけど今年は、玲くんになにか用意しておけばよかった。」

「ああ、そうだな。ごめんな、気が回らなくて。」

「いいよ。」

ぼくはあわてて首を横に振った。

「ひいおじいちゃんに、メモ帳を買ってもらったし。」

「へえ、父さんが?」

ひいおじいちゃんはもぐもぐと口を動かしつつ、浅くうなずいた。口の中に食べものが入っているせいで返事ができないのかと思ったら、また次の肉をほおばっている。特に説明する気はないようだ。

「あと、長靴も。」

さっき家に帰ってきて、玄関で長靴を脱いでいるときに、「よかったら、これからも使って下さい。」とひいおじいちゃんが言ってくれたのだった。

「持って帰ってもいいし、とりあえずここに置いておいてもいいし。」

少し考えて、ぼくは答えた。

「(3)じゃあ、置いときます。」

うちにはぴったりのサイズの長靴が一足ある。それに、ここに置いておけば、次に来たときもまたこれをはいてひいおじいちゃんと散歩ができるだろう。左右をそろえ、ひいおじいちゃんをまねて、靴箱の手前に置いてみた。大きな深緑と、小さめの青。並んだ二足は、サイズのせいか親子っぽく見えた。

「長靴?　玲に?」

おじいちゃんが首をかしげたとき、どこかで聞き慣れない電子音が響き出した。

「あら、電話。」

おばあちゃんが立ちあがった。壁際(かべぎわ)の棚に置かれた電話機のボタンが、ちかちか点滅していた。

電話をとったおばあちゃんは、こっちを振り向いた。

「玲くん、お母さんよ。」

ぼくが受話機を耳にあてるなり、「玲、大丈夫?」とお母さんはせかせかと言った。

「大丈夫だよ。」

「そう、よかった。」

ふうっと息を吐く音が、耳もとに吹きかけられた。

「電話、どうして出ないの。何度もかけたのに。」

「あ。」

リュックに入れたまま、部屋に置きっぱなしだ。

「ごめん、忘れてた。」

「まあ、そんなことだろうと思ったけど。どう、そっちは?　順調?」

「うん。順調。」

昼間と同じ返事が、昼間よりも自然に、口から出た。すぐそばに立っているおばあちゃんと目が合った。

「おばあちゃんにかわるね。」

お母さんがなにか言う前に、ぼくは急いで受話器を引き渡した。

「もしもし?」

「玲も一緒に行ったんだって？　雨の中、ごくろうさん。」
と、ぼくに話を振った。
「あれが父さんにとっちゃ、絶好のお出かけ日和なんだよ。あんまり晴れてるとつまんないらしい。変わってるだろ。」
(1)ぼくとひいおじいちゃんをかわりばんこに見て、にやっと笑う。
「な、父さん。雲が多いほどいいんだよな？」
「多けりゃいいってもんでもない。」
ひいおじいちゃんがめんどくさそうに答えた。
「はあ、そりゃ奥が深いね。」
おじいちゃんが首をすくめ、正面に向き直った。ひとまずひきさがることにしたようだ。じゅうじゅうとにぎやかな音を立てている鍋から肉をひときれつまんで、目の前にかざす。
「そろそろ、いいんじゃないか。」
「いけそうね。」
おばあちゃんも鍋をのぞきこんだ。ひいおじいちゃんとぼくの取り皿に、香ばしく色づいた肉を一枚ずつ放りこむ。
「ちょっとおなかを空けておいてね、お赤飯もあるの。今日は立春だから。」
「玲、立春って知ってるか？」
おじいちゃんが言った。
「うん。一年のはじまりだよね？」
「お、よく知ってるな。若いのに。」
「お母さんが教えてくれたから。」
(2)おばあちゃんとおじいちゃんが、ちらっと目を見かわした。
「うちでは毎年お祝いしてるのよ。昔から、すき焼きとお赤飯を食べる決まりでね。」
「うちは、焼肉を食べに行くよ。」
ぼくは甘辛い肉をかじった。やわらかくて、おいしい。
「立春に？」
「うん、当日じゃないけど。二月のはじめのほうの、土曜か日曜に。」
近所の焼肉屋さんで、満腹になるまで食べまくる。叔父さんが一緒の年も、ふたりだけの年もある。どっちにしてもお母さんはじゃんじゃん注文する。食べきれないんじゃないかとぼくが言っても、聞き入れない。日頃は慎重なわりに、ときたま強気になるのだ。お店を出るときには、立ちあがるのがしんどいくらいにおなかが重たくなっている。
お祝いなんだからぱあっといかなきゃ、というのがお母さんの言い分で、それでぼくも立春の由来を知ったのだった。
「そう……焼肉……。」
おばあちゃんが目をふせた。
ぼくはひやりとした。もしかして、よけいなことを言っただろうか。長年守ってきたルールを勝手に変えられて、気を悪くしたかもしれない。
「あの、ごめんなさい。ほんとはすき焼きを食べるんだって、ぼく知らなくて。」
言ってしまってから、まずい、とまたもやあせる。これじゃ理由になってない。ぼくが知らなくたって、お母さんはちゃんと知っていたはずだ。
顔がひりひり熱い。どうしたらいいのかわからなくなって、取り皿の底に沈んだ肉のかけらをお箸でつつく。うちにはすき焼き鍋もない、というのは言い訳になるだろうかと考えていたら、
「いいでしょう、どっちでも。」
と、ひいおじいちゃんがぼそりと言った。
「どっちも、肉だ。」
「だな。」
おじいちゃんがぷっとふきだした。
「大事なのは、祝おうっていう気持ちだもんな？」

二〇二三年度　都立国立高等学校

【国語】（五〇分）〈満点：一〇〇点〉

一　次の各文の――を付けた漢字の読みがなを書け。

(1) 知らぬ間に寄る年波。

(2) 魔女をまねてほうきの柄にまたがる。

(3) 摯実な性格。

(4) 日の光を遮蔽する。

(5) 下学上達が達人への近道。

二　次の各文の――を付けたかたかなの部分に当たる漢字を楷書で書け。

(1) オカモちで料理を運ぶ。

(2) シンゼンビの調和した理念。

(3) 「トウカ親しむ候。」という季節の挨拶。

(4) 観客のカンキョウがひきつけられる名作。

(5) ガンコウシハイに徹す。

三　次の文章を読んで、あとの各問に答えよ。

母親の成美（なるみ）が、仕事で家を留守にするため、小学2年生の玲（れい）は、はじめて一人で祖父母、曽祖父のいる母の実家を訪れる。

夕ごはんは、すき焼きだった。

昼と同じでおじいちゃんとおばあちゃんが隣どうしに座り、向かいにぼくとひいおじいちゃんが並んだ。テーブルの真ん中に置いたカセットコンロの上に、黒く光る鉄鍋がでんとのっている。

「いただきます。」

四人で手を合わせ、まずは取り皿に卵を割り入れた。めいめい自分の分をかきまぜていると、「そうだ、父さん。」とおじいちゃんが言った。

「今日も電話に出なかっただろ。散歩のとき。」

卵が足りなくなりそうだったから、買ってくるように頼みたかったらしい。何度かけてもつながらず、結局おじいちゃんが買いに走ったそうだ。

「スマホ、また家に置いてったの？　それとも、気づかなかっただけ？」

「ああ、うん。」

「置いてったんだね？」

おじいちゃんが口をとがらせる。鍋に牛肉を入れながら、おばあちゃんも口を挟んだ。

「お出かけのときには、なるべく持ち歩いて下さいね。いざってときに連絡がつかないと困りますから。」

「ああ、うん。」

卵を念入りにかきまぜる手を休めずに、ひいおじいちゃんは答えた。明らかに気持ちがこもっていない。聞いてないな、とおじいちゃんが不服そうにぼやき、

英語解答

1 A ＜対話文１＞ ア
＜対話文２＞ エ
＜対話文３＞ ウ
B Q１ イ
Q２ To visit other countries.

2 〔問１〕 イ 〔問２〕 ア
〔問３〕 オ 〔問４〕 strong power
〔問５〕 イ 〔問６〕 エ
〔問７〕 ウ 〔問８〕 ア
〔問９〕 things we already know
〔問10〕 オ

3 〔問１〕 ウ 〔問２〕 イ
〔問３〕 (例) It means you cannot find anyone to help you and you don't know what to do in a new situation. (20語)
〔問４〕 me to write about the Lincoln cent together
〔問５〕 (例) The cherry blossoms around the Lincoln Memorial are best now. I have never been there before, so can you take me there some time in April ? (26語)
〔問６〕 始めの２語…If there
終わりの２語…it together
〔問７〕 エ 〔問８〕 sad
〔問９〕 ウ

1 〔放送問題〕

〔問題Ａ〕＜対話文１＞≪全訳≫メグ(Ｍ)：こんにちは，タロウ。先週の日曜日は何をしてたの？／タロウ(Ｔ)：やあ，メグ。祖母の家に行って，誕生日パーティーをしたんだ。／Ｍ：それはいいわね。／Ｔ：朝，自宅で祖母のために誕生日カードを書いたんだ。それから祖母を訪問して，そのカードを渡したよ。うれしそうだったな。その後，祖母が僕のためにお茶をいれてくれたんだ。／Ｍ：よかったじゃない。／Ｔ：夕方，僕の姉〔妹〕と，母と，父が，祖母のためにケーキを買ってきたんだよ。／Ｍ：パーティーは楽しかった？／Ｔ：うん，とても。

Ｑ：「タロウはなぜ祖母の家に行ったのか」―ア．「誕生日パーティーをするため」

＜対話文２＞≪全訳≫サトミ(Ｓ)：こんにちは，ジョン。あなたを捜してたのよ。どこにいたの？／ジョン(Ｊ)：ごめんよ，サトミ。すごく忙しかったんだ。／Ｓ：朝と昼休みにあなたの教室へ行ったの。そのときは何をしてたの？／Ｊ：早朝は，学校の庭で花に水やりをしてたんだ。その後は教室で宿題をしたよ。／Ｓ：まあ，そうだったの。昼休みは？ １時にあなたの教室に行ったのよ。／Ｊ：お昼を食べた後，図書館へ行ったよ。それが12時50分頃だったな。そこで20分間，歴史の本を何冊か読んで，１時15分に自分の教室に戻ってきたんだ。

Ｑ：「ジョンは１時に何をしていたか」―エ．「歴史の本を何冊か読んでいた」

＜対話文３＞≪全訳≫ジェーン(Ｊ)：こんにちは，ボブ。今日のコンサートに来られてうれしいわ。／ボブ(Ｂ)：やあ，ジェーン。そうだね。僕もだよ。／Ｊ：今日はここまでどうやって来たの？／Ｂ：どうして？ 家から自転車で来たよ。／Ｊ：今朝，天気予報を見たの。今日の午後は雨になるみたいよ。／Ｂ：ええ，本当？ 電車とバスで家に帰らないといけないね。自転車はどうしたらいいんだろう？／Ｊ：コンサートの後，私の家に置いておいてあげる。私の家までは歩いていけるわ。／Ｂ：ありがとう。／Ｊ：どういたしまして。あと，私の家から帰るときは，私の傘を使っていいからね。

Ｑ：「今日ボブはどうやって家からコンサートに行ったか」―ウ．「彼は自転車でそこに行った」

〔問題B〕≪全訳≫こんにちは，皆さん。私がこの学校で仕事をするのは，今日が最後になります。まず，私と一緒に英語を学んでくれたことに対して，皆さんに心から感謝したいと思います。私がここに来たばかりのとき，皆さんはよく私のところに来て日本語を教えてくれましたね。皆さんの笑顔はいつも私を幸せにしてくれました。皆さんが笑顔を絶やさずに英語を勉強してくれることを願っています。／私はこちらでたくさんのいい経験をさせてもらいました。体育祭では皆さんと一緒に走り，文化祭では先生方と一緒に歌を歌いました。皆さんの歌を聴いたときには，特に感動しました。／帰国後は，がんばって日本語の勉強を続けようと思います。皆さんには将来，外国を訪れてほしいです。皆さんがそこでいい経験をするのに英語が役立つと思います。／皆さん，さようなら。

Q１：「エミリーを喜ばせたことは何か」―イ．「生徒たちの笑顔」

Q２：「エミリーは生徒たちに将来何をしてほしいと思っているか」―「他の国を訪れること」

２〔長文読解総合―会話文〕

≪全訳≫**1**ケン，エイミー，ボブはアメリカ合衆国の高校生である。ケンは日本出身である。彼らは科学部に所属している。ある日学校で，彼らは理科の先生であるワード先生と話している。**2**ケン(K)：昨日妹〔姉〕が，空気の入った丸いプチプチのついた梱包(こんぽう)用シートで遊んでたんだ。あのプチプチを見て，石けんの泡のことを思い出したよ。そのとき不意にある疑問が浮かんだんだ。どうして石けんから泡ができるんだろう？　お風呂やキッチンで石けんの泡を見かけるよね。**3**エイミー(A)：数日前に私も似たような疑問を感じたわ。家族と一緒に町のサイエンスショーに行ったんだけどね。弟がシャボン玉を吹くプロジェクトに参加したの。弟はサッカーボールみたいな大きな丸いシャボン玉をつくったんだ！　だけどあの丸い泡はどうやってできるんだろう？**4**ワード先生(W)：ケンとエイミーはいい質問をしてくれたわね。実は，秘密は石けんの分子にあるの。あなたたちはそれについて特別なことがあるなんて思ってないかもしれないわね。でもね，実は，石けんの分子はとても変わってるのよ。それには「頭」と「しっぽ」があるの。**5**A：オタマジャクシみたいな頭としっぽですか？　自分の家や学校で使ってる石けんにそんなものがついてるんですか？　そんなこと考えたことなかったな，だって(2)石けんはいつも私たちの身の回りにあるんだもん。**6**ワード先生は理科の教科書を開く。彼女はそのページにある２つの図を見せる。１つには「石けん水の中の石けんの分子」という題名がついている。もう１つは「石けんの泡の内部」という題名である。**7**W：図１を見て。石けんの分子には２つの部分があるの。頭の部分は水が大好きなの。常に水と結びつこうとするのよ。でもしっぽの部分は水が大嫌いなの。その代わり，油と混ざるのよ。**8**ボブ(B)：そうだ。それについて聞いたことがあったぞ。手を洗うために石けんを使うとき，しっぽの部分が手についた汚れた油を捕らえるんだって。**9**A：(3)-aじゃあ，どうやってそれを水で洗い流すの？**10**B：(3)-bもう片方の部分がどういうはたらきをしているか覚えてる？**11**A：(3)-cもちろん。じゃあ，そのはたらきは２つの部分が１つのチームとなって行われるということね。**12**B：(3)-dそういうこと。**13**W：すばらしいわ，エイミーとボブ！　ところでね，油が全くないと，ほとんどの石けんの分子は石けん水の表面に集まってくるの。その分子は石けん水の表面より上にしっぽを突き出すのよ。**14**A：図１を見て。これはおもしろいわ！　石けんの分子が逆立ちしてる！**15**W：じゃあ，石けんの泡についてはどうかしら？　今度は図２を見て。これは空中を漂っている石けんの泡を表しているの。泡の表面は２つの層でできた薄い膜なのよ。**16**K：わあ！　この膜はサンドウィッチみたいだ！　この膜の２つの層の間に水が入っているんだ。石けんの分子はパンのようなもので，間の水は中身の卵みたいなものだね。**17**A：おもしろいね。でもどうして石けんの泡は丸い形なんだろう？**18**W：その答えを得るためには，水の分子のことを理解しないといけないわ。水の分子も独特なの。みんなはこれまでに，すでに水がいっぱい入ったグラスに水を注ぎたそうとしたことはある？19B：あります。何が起きたか覚えてますよ。水はグラスの中にとどまろうと必死に踏ん張っていました。水の表面は山のように膨らんでいました。20W：水の表面の水の分子はとても強力に互いに引きつけ合うの。この強い力は「表面張力」と呼ばれているのよ。水の分子は表面張力のおかげで広がってしまうことがないの。21A：それは知りませんでした。じゃあ，水に石けんを少し加えることで泡をつくれるのはなぜなんですか？22W：図２を見れば答えがわかるわよ。これは水が石けんの分子に包まれて引き伸ばされているところなの。水は大きな泡の薄い膜の中にあるでしょう。23K：(5)たぶん，石けん水の中では，石けんの分子が水の分子を強く結合しないようにさせているんじゃないかな。石けんの分子のせいで水の分子がくっつかなくなってるんだ。24W：すばらしいわ。それに，泡が丸い形をしているのには理由があるのよ。大きな石けんの泡では，膜と水が引き伸ばされているの。泡は縮んで戻ろうとするけど，中にある空気のせいでそれができないの。だから，できるだけ小さくなろうとするの。25B：わかった！　だから丸い形がその説明になるのか！26W：そのとおり。じゃあ，最後に１つ質問よ。石けん水に空気を吹き込んでいるところを想像してみて。気泡が１つ浮かんでくる。このとき，気泡の周りでは何が起きているかしら？27K：全然わからないな。石けん水の中の空気っていうのは僕にとって新たな問題だからなあ。28W：いいえ，そうじゃないのよ，ケン。科学では，すでに知っている物事を，違ったやり方で見ないといけないの。そうすれば，それに新しい意味を見出せるの。29K：違ったやり方で？　どういうことですか？　でもとにかく，答えを見つけよう。そうだなあ…。30B：あっ！　答えが見つかったかも。絵を描いてみるね。見て。これは石けん水の中に浮かんできた気泡の絵だよ。基本的な事実に立ち返らないといけないな。石けんの分子は頭の部分で水に触れたいんだよね。31K：そのとおりだよ，ボブ。だから石けんの分子の層が気泡の表面を覆ってる。石けんの分子の頭の部分が石けん水の中にあって，しっぽは空気の中にある。32B：そうだね。あっ，思いついたぞ。気泡が石けん水の表面に浮かんでくると，たぶんその気泡が水面で逆立ちしている石けんの分子の２番目の層を押し上げるんだよ。すると，２番目の層もまたその気泡の外側を包むことになるね。33A：じゃあ，そのうちにこの泡には石けんの分子の２つの層ができるのね。２つの層の間には，たぶん水が含まれる。そして，この泡を上から見れば…お風呂で見かける泡と全く同じになるのね！34W：ボブ，ケン，エイミー，あなたたちはすごいわ。35K：だから，石けんの科学では，頭としっぽの話が何度も出てくるんだ。36A：私たちは基本的な話に関する新しい考え方を見つけたね，そしたら急に石けんの泡に関する全体像がわかったわ。37B：ワード先生，僕たちはみんなあることに気づいたと思うんです。先生は僕たちに，新たな発見をするためには，見慣れた同じものを違った方法で見るべきだと教えてくださいました。先生のアドバイスがとても役に立ったんです。僕たちは今日，石けんの科学についてたくさんのことを学びました。

〔問１〕＜英文解釈＞actually「実は」は，意外と思われるような事実を明らかにするときに使う言葉。直前の内容からも，ワード先生は生徒たちが知らない新事実としてこの発言をしているとわかる。この内容を最もよく説明したのはイ.「驚くべきことに，石けんの分子は非常に特殊である」。

〔問２〕＜適文選択＞because の後なので，文前半の I've never thought of that「そんなこと考えたこともなかった」の理由として適切なものを選ぶ。that は前文の内容から，石けんの分子が頭としっぽを持った構造になっていることを指す。今まで石けんの分子構造について考えたことがなかったのは石けんがあまりにも身近なものだからだと考えられる。

〔問３〕＜文整序＞手を洗うときの石けんのはたらきについて話している場面。まず，どうやって水で洗い流すのかと尋ねるDが，しっぽが油と結びつくという直前のボブの説明を受けての疑問となるのでこれを最初に置く。また，Bの Yes, it is. という返答を導くのは，Cにある the job is done …

だけなのでC→Bと続くことがわかる。CのOf course. がAの質問に対する返答となるのでCの前にAを置く。Aの質問はDのエイミーの疑問に対してボブがヒントを与えたのである。

〔問4〕<**文脈把握—適語句補充**>「水の分子もまた独特であるが，それは水の分子には結合しようとする特に強い力があるからである」　第20段落第1，2文参照。ワード先生は水の分子が unique である理由をここで説明しており，その互いに強く引きつけ合う性質を This strong power と表している。

〔問5〕<**整序結合**>下線部直後の文の内容から，石けんの分子が水の分子を結合させないようにしている，という意味になると推測できる。主語を soap molecules「石けんの分子」とすると，残りは‘let＋目的語＋動詞の原形’「～に…させる〔…することを許す〕」の形を用いて表せる。hold together で「まとまっている」という意味。　Probably, soap molecules do not let water molecules hold together strongly in soapy water.

〔問6〕<**書き換え**>下線部の直訳は，「だから丸い形はそれを説明する方法になる」。that「それ」が指すのは前の段落でワード先生が述べた，石けんの泡が収縮しようとして最小サイズになるという内容である。つまり，下線部は，泡が最も小さくなろうとした結果が球体であるということを述べている。これは「丸い形は泡を最も小さいサイズにするための最善の解決策だ」と言い換えられる。

〔問7〕<**文脈把握**>下線部は直前でケンが述べた，石けん水の中の空気は新たな問題だ，という発言を否定したもの。この意図に最も近いのはウ.「あなたは以前，この種の問題について考える経験をしたことがある」。下線部の内容を補足している下線部直後の文の意味からも判断できる。

〔問8〕<**要旨把握—絵を見て答える問題**>第31段落第2，3文のケンの発言が，下線部のボブが描いた絵の説明になっている。石けんの分子が気泡を覆い，石けんの分子の頭が石けん水に，しっぽが気泡の内側の空気に触れているものを選ぶ。水面が押し上げられているのは，第32段落第3文でボブが説明しているとおり，その気泡が浮かび上がると，石けんの分子が逆立ちしている2番目の層を押し上げるため。

〔問9〕<**語句解釈**>「ボブが the same old things という言葉を使ったとき，彼はそれをワード先生が使った『私たちがすでに知っていること』という言葉の代わりに使った。これらの2つの表現はほぼ同じ意味を持っている」　the same old thing は「お決まりのもの」という意味。下線部を含む文は第28段落のワード先生の言葉を受けてのものであることを読み取る。

〔問10〕<**内容真偽**>ア.「ケンとエイミーは，家族がサイエンスショーを訪れた後で石けんの泡に興味を持った」…×　第2，3段落参照。サイエンスショーに行ったのはエイミーだけ。　イ.「石けんの泡の膜は，水の2つの層の間にある石けんのせいでサンドウィッチのように見える」…×　第15，16段落参照。逆である。　ウ.「グラスの中で膨張する水の例は，水の分子がどれほど壊れやすいかを示している」…×　第18～20段落参照。結合の強さを示している。　エ.「ケン，エイミー，ボブは，石けん水の中を浮かび上がってくる気泡が石けんになることを学んだ」…×　このような記述はない。　オ.「科学において何度も遭遇している同じ基本的な事実が我々に新たなアイデアをもたらす場合がある」…○　第28段落および第37段落の内容に一致する。
カ.「ケン，エイミー，ボブは，科学の全体像を学ぶことが必要だとわかった」…×　このような記述はない。

3　〔**長文読解総合—エッセー**〕

≪**全訳**≫**1**春がくると，「サクラ」，桜の木が恋しくなる。日本にある桜の木のことを言っているのではない。ワシントンD.C.のポトマック川沿いに桜の並木が見られる。これらの美しいピンクと白の花のイメージは，今でも僕の心に残っている。❷僕が９歳のとき，父がアメリカに転勤になり，家族全員でワシントンD.C.の近くにある小さな町に引っ越した。このことを聞いて僕はひどくショックを受けた。僕は嫌だと言った。母に向かって，僕は祖父母と一緒にいるんだと言った。ほとんど何も英語がわからないので，生きていけるはずがないと思った。アメリカでの生活や，現地の小学校に通うことなど想像できなかった。すると母は，僕の気持ちはわかると言った。しかし，(1)母は僕に，父が母と僕に一緒に行ってほしがっていると言った。母は加えてこう言った。「アメリカで暮らすことは，私たちみんなにとってすごく貴重な経験になると思うの。大変なことがあれば，きっとみんなで一緒に解決できるはずよ」　父もこう言った。「心配するな。困ったことが起きたら，そのときはそのときさ」　父はこんな前向きな人物なのだ。僕はただただ不安だったが，最終的には同意した。❸そして2017年に，僕の家族は人口がわずかに2000人を上回る程度の町で暮らし始めた。その町には小学校は１校しかなく，両親はその地元の学校を選んだ。そこで学ぶことは僕の将来にとって理想的だと彼らは考えた。こんなことを想像してみてほしい。自分が外国に引っ越してきたばかりの生徒で，そこで使われている言語が理解できない状況を。僕はまるで自分が森の中を１匹で歩いている赤ん坊のシカになったような気分だった。外国で新しい学校に慣れ，授業の大半を理解することなどほとんど不可能に思えた。しかし，驚くべきことに，僕はすぐに自分が間違っていたことに気がついた。その学校には僕のような生徒のための優れた支援プログラムがあったのだ。生徒と教師は皆，僕を歓迎し，さまざまな点で僕を助けてくれた。❹数か月後，歴史の授業で，僕たちはアメリカの歴史ならではの事柄や人物についてレポートを書くというペアワークの活動をした。僕はジャックと一緒に作業をした。彼はうちの近所に住んでいたので，彼の顔は知っていた。しかし，彼と話す機会はそれまで一度もなかった。彼は悲しそうだったが，こう言った。「ジュン，僕はずっと君と話したかったんだ，でも何て言えばいいかわからなかったんだよ」一緒に作業をすることで，彼がとても親切で正直だということがすぐにわかった。彼は日本の物事に興味を持っていた。僕たちはスポーツ，音楽，絵を描くことが好きだった。彼は僕にこう言った。「リンカーン・セントについて書くのはどうかな？　１セント硬貨は知ってるよね。リンカーンは第16代大統領で，リンカーン記念館は最も来場者の多い場所の１つなんだ」　僕は即座に彼のアイデアに賛成した。これが僕たちの書いたレポートだ。❺僕たちのテーマはリンカーン・セントについてです。アメリカ合衆国は1793年以来，１セント硬貨を製造し続けています。1909年以来，１セント硬貨の肖像はエイブラハム・リンカーンです。表の面には，「我らは神を信じる」という言葉が上部にあります。リンカーン・セントのデザイナーはこう言いました。「私はリンカーンの笑顔を創作しました。彼が子どもたちに話しかけているところを想像したのです。全てのアメリカ合衆国硬貨のうち，リンカーンは右側を向いている唯一の大統領です。❻1959年，この１セント硬貨の裏面は，リンカーン記念館の絵に変更され，その１セント硬貨は両面に同じ人物が刻まれたアメリカで唯一の硬貨となりました。アメリカ人でさえ，多くがリンカーン記念セントの裏面に，記念館の中央の椅子に座っているとても小さなエイブラハム・リンカーン大統領が刻まれていることを知りません。彼がそこにいるのを知っていれば，自分の目で見つけられます。しかし，高性能な顕微鏡を使えば，それをはっきりと見ることができます。このコインを左から右にひっくり返すと，裏面は上下が逆さまになります。❼2009年に，アメリカはリンカーン記念セントの製造を中止しましたが，政府はエイブラハム・リンカーンの200回目の誕生日を祝って４つの特別な１セント硬貨を発行しました。表面にはリンカーンの肖像がそのまま残され，裏面にはリンカーンの生涯の重要な場面からとられた４つの異なるデザインが刻まれました。2010年には，裏面に別のデザインがついた新たなリンカーン・セントが登場しました。❽リンカーンは子どもの頃，楽な生活を送っていたわけではありませんでした。彼はたった１年間しか学校に通いませんでした。ですが彼は勉強が大好きで，借りた本から学びました。彼の本への愛着が彼の人生を変え，そして彼は世界を変えたのです。現代人でさえ，アメリカ史上最も偉大な指導者の１人として彼を尊敬しています。リンカーン・セントには懐かしさを感じさせるとともに神聖なものがあるため，人々はこの硬貨が大好きで，使い続けたいと思っているのです。❾この授業のおかげで，ジャックと僕は大親友になった。彼は僕の英語力を支えてくれた。僕は彼に日本のことを教えた。僕のアメリカ滞在中，僕たちはほとんどの時間を一緒に過ごした。しだいに僕の英語は上達し，他の科目にも進歩が見られた。僕はアメリカで本当に楽しく過ごしていたのだ。❿最初の学年が終わる頃のある日，ジャックと僕は困っている人たちを助けるために，瓶に１セント硬貨をためることにした。ルールは単純だ。その日が楽しい１日だったり，テストでいい点を取ったり，野球の試合でヒットを打ったり，おいしい物を食べたり，誰かの役に立ったり…，そういうときに，自分たちの瓶に何枚か１セント硬貨を入れるのだ。僕たちはそれぞれ2000枚以上の１セント硬貨をためた。僕たちは今でも小銭をためており，瓶はほとんど満杯である。⓫突然，お別れのときがやってきた。うちの家族が５月に日本に引っ越すことになったのだ。僕は本当にここで暮らすのが好きだったので，ジャックにそれを伝えるのは不可能だと思った。そこで，僕は彼をリンカーン記念館に誘った。そこで彼に知らせようと決意したのである。⓬リンカーン記念館の周りでは，３月から４月にかけて桜の花がたくさん見られる。それは４月上旬のことで，美しく晴れた日だった。僕たちは国立公園を散歩し，桜の花を大いに楽しんだ。桜の花越しに，リンカーン記念館が見えた。それはすばらしい光景だった。その場所で，僕はジャックに，自分の家族がアメリカを離れることになったと伝えた。彼は黙ったままだったが，僕たちは泣きに泣いた。僕はあの歴史の授業のあった日のことを思い出していた。彼は親切にも僕にリンカーン・セントについて一緒に書こうと言ってくれたのだ。アメリカで，僕はすばらしい友人を見つけ，数多くの貴重なことを学んだ。僕は自分がこの場所の一員なのだと実感していた。目を閉じると，今でもあの美しい桜の花を思い出すことができる。⓭現在，僕は日本に戻ってきている。僕は９年生で，２月にある重要な試験のための準備をしている。ジャックと僕はほとんど毎日Ｅメールをやり取りしている。オンラインでたくさん話もする。今でも僕らがすぐ近所に住んでいるような気がしている。アメリカでの暮らしを通じて，僕はずっと積極的に，好奇心が強く，友好的になった。問題が起きたとしても，切り抜ける方法は必ずあるのだ。やってみるまでは決してわからない。自分自身を信じて，ベストを尽くしてほしい。

〔問１〕＜整序結合＞語群より，‘tell＋人＋that ～’「〈人〉に～と伝える」の形を考え，she told me that とし，that節の中を ‘want＋人＋to ～’「〈人〉に～してほしいと思う」の形にまとめる。
… she told me that my father wanted her and me to go together.

〔問２〕＜英文解釈＞下線部の直訳は，「もしそれが起きるならば，それは起きる」。この後でジュンは渡米を不安がる自分に対してこの発言をした父を a positive person と評価していることから，下線部は不安な状況を楽観視する発言だと推測できる。よってこの表現に最も近いと考えられる選択肢はイ．「将来何が起きるかは待っていればわかるだろう」。If it happens, it happens. は「なるようになるさ」という意味。

〔問３〕＜英文解釈＞下線部の直訳は，「私はまるで森の中を１匹で歩いている赤ん坊のシカのようだった」。前後の文脈から，「赤ん坊のシカ」とは言葉もほとんどわからないような未知の場所に急に引っ越してきた状態を，「１人で歩いている」とは誰も助けてくれる存在がいない心細さをたとえていることがわかる。この２点をわかりやすく説明すればよい。

〔問４〕＜書き換え―適語句補充＞下線部は「私は彼のアイデアにすぐに同意した」という意味。his idea「彼のアイデア」とは直前のジャックのセリフにあるリンカーン・セントについてのレポートを書くというアイデアのこと。与えられている語句から，「彼(＝ジャック)は僕にリンカーン・セントについてのレポートを一緒に書くように頼んだ」という意味で書き換えると推測できる。第12段落後半に he asked me to write about the Lincoln cent together という表現が見つかる。'ask＋人＋to ～'「〈人〉に～するように頼む」 immediately「すぐに，即座に」

〔問５〕＜条件作文＞ジュンがジャックをリンカーン記念館に誘ったときのセリフを書く。この後に続く内容から，リンカーン記念館では３月から４月に桜の見頃を迎えること，実際に訪れたのは４月の上旬であることなどをふまえ，桜を見に一緒にリンカーン記念館に行きたいということを伝える内容にするとよい。なお，５月にアメリカを去ることについてはリンカーン記念館に行ってから話そうとしているので，ここではふれない。

〔問６〕＜英文解釈＞下線部の直訳は「もしあなたが問題を抱えても，脱出する方法は常にある」。たとえ問題が起きても，解決策は必ずあるので前向きに挑戦することを勧めた１文になる。これとほぼ同じ内容を表すのは，第２段落後半の If there is a difficulty, I am sure we can solve it together.「困難があっても，私たちはそれを一緒に解決できると私は確信している」というジュンの母親の発言である。

〔問７〕＜要旨把握―絵を見て答える問題＞「リンカーン記念セントを左から右にひっくり返すと，どの絵柄が見られるか」 第５段落最終文より，リンカーンは右を向いていることが，第６段落最終文より，このコインを左から右に裏返すと裏面は上下が逆さまになることがわかる。

〔問８〕＜内容一致―適語補充＞「ジャックとジュンは，その日が(　　)日だったときには，瓶に１セント硬貨を入れなかった」―「悲しい」 第10段落第３文参照。２人が１セント硬貨をためるのは幸せな１日を過ごしたとき。これを逆に考えれば，幸せでなかった日にはコインを入れなかったということである。幸せでない状態を表す語として，第４段落第５文に sad が見つかる。

〔問９〕＜内容真偽＞ア．「2017年に，ジュンの家族はワシントンD.C.の近くにある人口1000人ほどの小さな町で暮らし始めた」…× 第３段落第１文参照。2000人ほどである。　イ．「ジュンがアメリカの学校に通い始めた直後，彼はその学校に対する自分の考えが正しいことに気づいた」…× 第３段落後半参照。自分が間違っていたことに気づいた。　ウ．「ジャックは長い間ジュンに話しかけたかったが，どうやってジュンと話を始めればいいかわからなかった」…○ 第４段落第５文の内容に一致する。　エ．「リンカーン記念セントの両面にあるエイブラハム・リンカーンを自分の目で見つけることは簡単だ」…× 第６段落第２～４文参照。裏面のリンカーンは小さすぎてほとんどの人が気づいていない。　オ．「アメリカ政府は2010年にリンカーン・セントの製造を永久にやめた」…× 第７段落参照。2010年に裏面のデザインを新しくしたリンカーン・セントが登場した。　カ．「リンカーン・セントが尊重されているのは，それらがアメリカ人に彼の本に対する愛着を思い起こさせるからだ」…× 第８段落最後の２文参照。本への愛着は関係ない。キ．「ジャックとジュンは，約4000セントをため，それらを困窮している人々にあげた」…× 第10段落最終文参照。まだため続けている。　ク．「ジャックとジュンは現在，互いの近くで暮らしており，互いの家を頻繁に行き来している」…× 第13段落参照。ジュンは現在日本に帰国し，２人は離れて暮らしている。

数学解答

1 〔問1〕 $\sqrt{6}-\sqrt{2}$

〔問2〕 $x=\frac{1}{3}$，$y=-\frac{3}{2}$

〔問3〕 $x=\pm2$　〔問4〕 $\frac{1}{6}$

〔問5〕 (例)

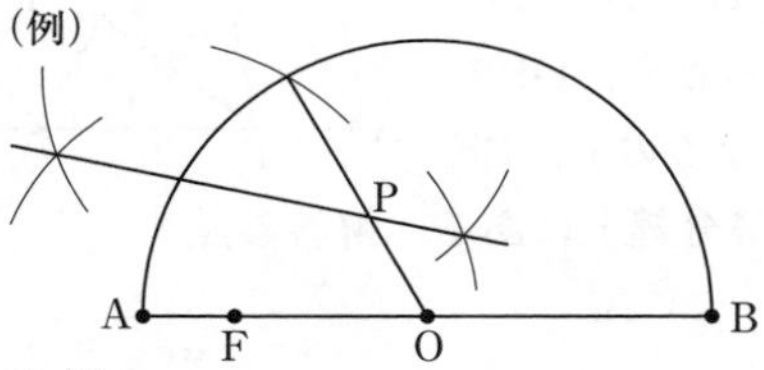

2 〔問1〕 3個

〔問2〕

(1) $\frac{3}{2}$

(2) 説明…(例)$a=\frac{1}{2}$より，A$(-2,\ 2)$，B$(6,\ 18)$だから，直線OBの式は$y=3x$，直線ABの式は$y=2x+6$　直線CPの傾きは$-\frac{1}{2}$，P$(0,\ 6)$より，直線CPの式は$y=-\frac{1}{2}x+6$　C$(-2,\ 4b)$は直線CP上にあるので，$4b=1+6$より，$b=\frac{7}{4}$　点Dは関数$y=\frac{7}{4}x^2$のグラフと直線$y=-\frac{1}{2}x+6$の交点だから，$\frac{7}{4}x^2=-\frac{1}{2}x+6$，$7x^2+2x-24=0$より，$x=-2$，$\frac{12}{7}$　よって，点Dのx座標は$\frac{12}{7}$であり，D$\left(\frac{12}{7},\ \frac{36}{7}\right)$　直線OBの式は$y=3x$だから，点Dは直線OB上にある。

面積比…2：5

3 〔問1〕 15°

〔問2〕 (例)△ABCと△AFPにおいて，$\overset{\frown}{AB}$に対する円周角が等しいので，∠ACB＝∠APB＝∠APF……①　CB＝CPであるから，$\overset{\frown}{CB}=\overset{\frown}{CP}$より，∠BAC＝∠CAP＝∠FAP……②　よって，①，②より，2組の角がそれぞれ等しいので，△ABC∽△AFP　△ABCは，AB＝ACの二等辺三角形であるから，△AFPは二等辺三角形である。

〔問3〕 CG：CA＝1：2，AC＝$8\sqrt{5}$cm

4 〔問1〕 $\frac{3\sqrt{3}}{4}\pi$cm　〔問2〕 $\frac{9}{4}$cm³

〔問3〕 $\frac{27\sqrt{3}}{8}$cm²

1 〔独立小問集合題〕

〔問1〕＜数の計算＞与式$=\frac{\sqrt{3}(\sqrt{3}-1)-\sqrt{2}(1-\sqrt{2})-(\sqrt{3}-\sqrt{2}-1)}{\sqrt{6}}=\frac{3-\sqrt{3}-\sqrt{2}+2-\sqrt{3}+\sqrt{2}+1}{\sqrt{6}}$$=\frac{6-2\sqrt{3}}{\sqrt{6}}=\frac{(6-2\sqrt{3})\times\sqrt{6}}{\sqrt{6}\times\sqrt{6}}=\frac{6\sqrt{6}-2\times3\sqrt{2}}{6}=\sqrt{6}-\sqrt{2}$

〔問2〕＜連立方程式＞$3x+2y=-2$……①，$\frac{1}{2}x-\frac{2}{3}y=\frac{7}{6}$……②とする。②×6より，$3x-4y=7$……②′　①－②′より，$2y-(-4y)=-2-7$，$6y=-9$　$\therefore y=-\frac{3}{2}$　これを②′に代入して，$3x-4\times\left(-\frac{3}{2}\right)=7$，$3x+6=7$，$3x=1$　$\therefore x=\frac{1}{3}$

〔問3〕＜二次方程式＞$x^2+6x+9+5=6x+18$，$x^2=4$　$\therefore x=\pm2$

〔問4〕＜確率―カード＞袋Aには3枚，袋Bには4枚，袋Cには3枚のカードが入っているので，袋A，B，Cから1枚ずつカードを取り出すとき，取り出し方は，袋Aからは3通り，袋Bからは4

通り，袋Cからは3通りより，全部で$3\times4\times3=36$(通り)あり，a，b，cの組も36通りある。このうち，$a+b=c$となるのは，$(a,\ b,\ c)=(1,\ 7,\ 8)$，$(2,\ 6,\ 8)$，$(2,\ 7,\ 9)$，$(3,\ 5,\ 8)$，$(3,\ 6,\ 9)$，$(3,\ 7,\ 10)$の6通りだから，求める確率は$\frac{6}{36}=\frac{1}{6}$である。

〔問5〕＜平面図形—作図＞右図で，OPの延長と$\overset{\frown}{\mathrm{AB}}$の交点をCとし，点Cと2点A，Fをそれぞれ結ぶ。OA＝OC，∠POA＝60°より，△AOCは正三角形だから，点CはAO＝ACとなる$\overset{\frown}{\mathrm{AB}}$上の点である。また，OP＋PF＝OAとなるとき，OP＋PC＝OC，OA＝OCより，OP＋PF＝OP＋PCとなるので，PF＝PCである。よって，点Pは線分CFの垂直二等分線上にある。解答参照。

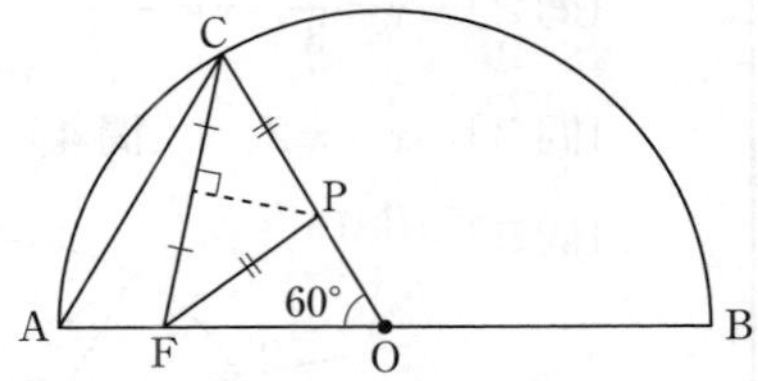

2 〔関数—関数$y=ax^2$と一次関数のグラフ〕

〔問1〕＜点の個数＞$a=\frac{1}{3}$のとき，2点A，Bは関数$y=\frac{1}{3}x^2$のグラフ上の点となる。x座標はそれぞれ-2，6だから，$y=\frac{1}{3}\times(-2)^2=\frac{4}{3}$，$y=\frac{1}{3}\times6^2=12$より，$\mathrm{A}\left(-2,\ \frac{4}{3}\right)$，B(6，12)となる。これより，直線ABの傾きは$\left(12-\frac{4}{3}\right)\div\{6-(-2)\}=\frac{4}{3}$となり，その式は$y=\frac{4}{3}x+c$とおける。これが点Bを通るので，$12=\frac{4}{3}\times6+c$，$c=4$となり，直線ABの式は$y=\frac{4}{3}x+4$である。線分AB上の点の$x$座標は$-2$以上6以下だから，線分AB上の点で，$x$座標，$y$座標がともに整数となる点の$x$座標は，$\frac{4}{3}x$が整数となる$x$の値であり，$x=0$，3，6である。$x=0$のとき$y=\frac{4}{3}\times0+4=4$，$x=3$のとき$y=\frac{4}{3}\times3+4=8$，$x=6$のとき$y=12$より，線分AB上の$x$座標，$y$座標がともに整数である点は点(0，4)，(3，8)，(6，12)の3個ある。

〔問2〕＜比例定数，証明，面積比＞(1)右図1で，$a=\frac{1}{4}$のとき，点Aは関数$y=\frac{1}{4}x^2$のグラフ上にあり，x座標は-2だから，$y=\frac{1}{4}\times(-2)^2=1$より，A($-2$，1)となる。点Cは関数$y=bx^2$のグラフ上にあり，$x$座標は$-2$だから，$y=b\times(-2)^2=4b$より，C($-2$，$4b$)と表せる。2点A，Cは$x$座標が等しいので，線分ACは$y$軸に平行であり，$\mathrm{AC}=4b-1$となる。△ACPは，辺ACを底辺と見ると，点Aの$x$座標より，高さは2となるので，$\triangle\mathrm{ACP}=\frac{1}{2}\times(4b-1)\times2=4b-1$と表せる。よって，△ACPの面積が5 cm²より，$4b-1=5$が成り立ち，$b=\frac{3}{2}$となる。

図1

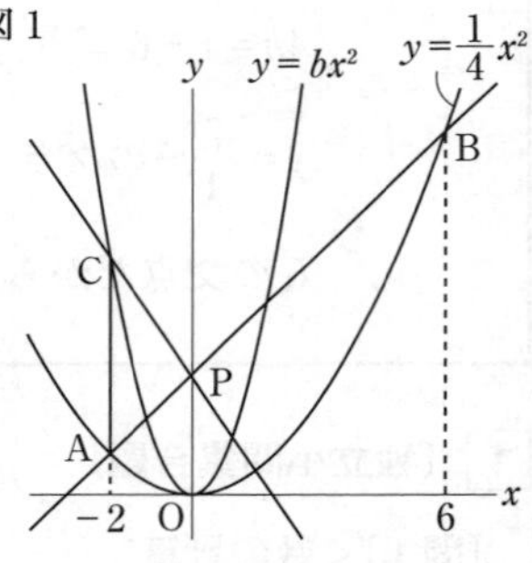

(2)次ページの図2で，$a=\frac{1}{2}$のとき，点Bは関数$y=\frac{1}{2}x^2$のグラフ上にあり，x座標が6だから，$y=\frac{1}{2}\times6^2=18$より，B(6，18)である。これより，直線OBの傾きは$\frac{18}{6}=3$だから，直線OBの式は$y=3x$である。また，点Aも関数$y=\frac{1}{2}x^2$のグラフ上の点だから，$y=\frac{1}{2}\times(-2)^2=2$より，A($-2$，2)である。直線ABの傾きは$\frac{18-2}{6-(-2)}=2$より，その式は$y=2x+d$とおけ，点Aを通ることより，$2=2\times(-2)+d$，$d=6$となるから，直線ABの式は$y=2x+6$である。切片が6なので，

P(0, 6)となる。直線CPは，傾きが$-\frac{1}{2}$，切片が6より，その式は$y=-\frac{1}{2}x+6$となる。(1)より，C$(-2,\ 4b)$であり，点Cは直線$y=-\frac{1}{2}x+6$上にあるので，$4b=-\frac{1}{2}\times(-2)+6$，$4b=7$，$b=\frac{7}{4}$となる。よって，点Dは関数$y=\frac{7}{4}x^2$のグラフと直線$y=-\frac{1}{2}x+6$の交点となるから，$\frac{7}{4}x^2=-\frac{1}{2}x+6$，$7x^2+2x-24=0$より，$x=\frac{-2\pm\sqrt{2^2-4\times7\times(-24)}}{2\times7}=\frac{-2\pm\sqrt{676}}{14}=\frac{-2\pm26}{14}$となり，$x=\frac{-2-26}{14}=-2$，$x=\frac{-2+26}{14}=\frac{12}{7}$である。点Dの$x$座標は$\frac{12}{7}$より，$y=\frac{7}{4}\times\left(\frac{12}{7}\right)^2=\frac{36}{7}$となり，D$\left(\frac{12}{7},\ \frac{36}{7}\right)$となる。

図2

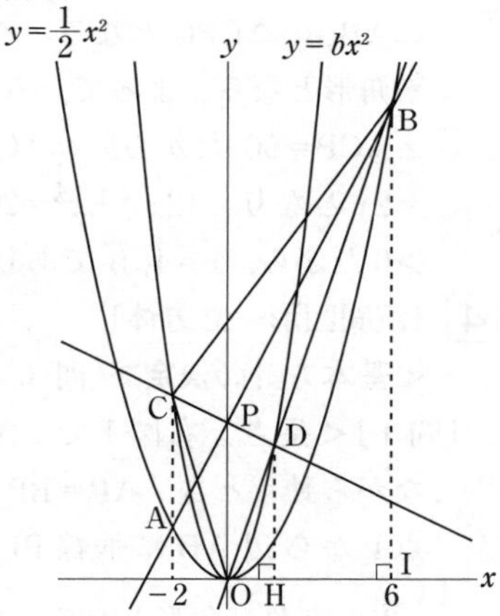

$y=3x$において，$x=\frac{12}{7}$のとき$y=3\times\frac{12}{7}=\frac{36}{7}$だから，点Dは直線OB上にある。次に，△CODと△CDBの底辺をそれぞれ辺OD，辺DBと見ると，高さが等しいので，△COD：△CDB＝OD：DBとなる。2点D，Bからx軸にそれぞれ垂線DH，BIを引くと，DH∥BIより，OD：DB＝OH：HI＝$\frac{12}{7}:\left(6-\frac{12}{7}\right)=\frac{12}{7}:\frac{30}{7}=2:5$となるから，△COD：△CDB＝2：5である。証明は解答参照。

3 〔平面図形―三角形，円〕

≪基本方針の決定≫〔問１〕 BD⊥APに気づきたい。

〔問１〕＜角度＞右図1で，線分APが円Oの直径より，∠AEP＝90°だから，∠AEP＝∠DEP＝90°となる。また，AE＝DE，PE＝PEだから，△APE≡△DPEである。よって，PA＝PD，∠EPA＝∠EPD＝30°となり，∠APD＝∠EPA＋∠EPD＝30°＋30°＝60°となるから，△APDは正三角形である。点Oは線分APの中点だから，OD⊥AP，つまりBD⊥APとなる。OA＝OBより，△OABは直角二等辺三角形となるので，∠ABO＝45°である。$\overset{\frown}{\mathrm{AE}}$に対する円周角より，∠EBA＝∠EPA＝30°だから，∠DBE＝∠ABO－∠EBA＝45°－30°＝15°である。

図1

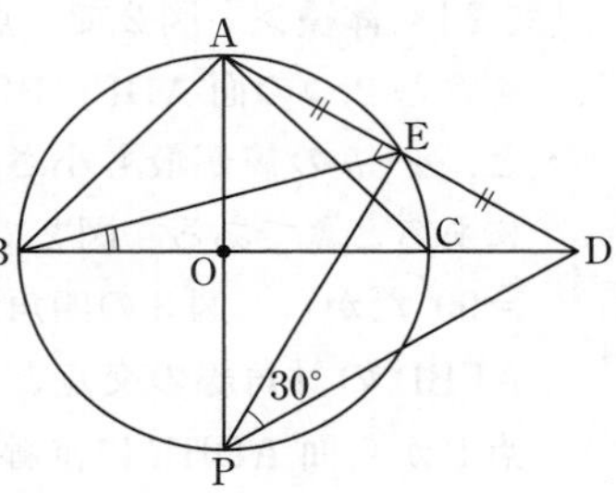

〔問２〕＜証明＞右図2で，△ABCはAB＝ACの二等辺三角形なので，△ABC∽△AFPを示せばよい。解答参照。

図2

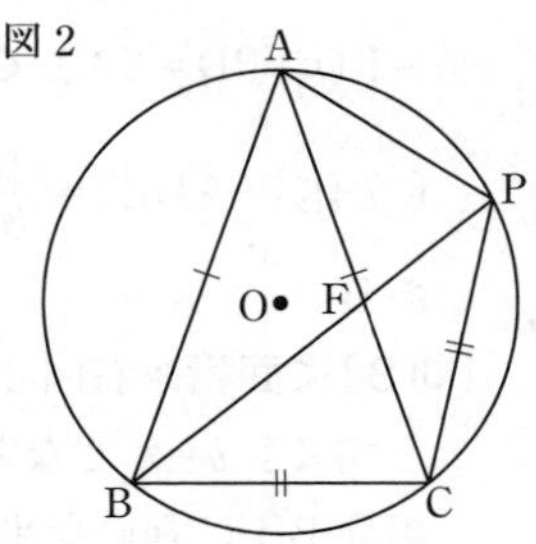

〔問３〕＜長さの比，長さ＞右下図3で，点Pと2点B，Cをそれぞれ結ぶ。∠AGC＝∠BGPであり，$\overset{\frown}{\mathrm{CP}}$に対する円周角より，∠CAG＝∠PBGだから，△AGC∽△BGPである。よって，CG：CA＝PG：PBとなる。線分APは円Oの直径だから，∠ABP＝90°であり，△ABPで三平方の定理より，PB＝$\sqrt{\mathrm{AP}^2-\mathrm{AB}^2}=\sqrt{20^2-12^2}=\sqrt{256}$＝16となる。また，AH⊥BG，BH＝GH，AH＝AHより，△ABH≡△AGHだから，AG＝AB＝12となり，PG＝AP－AG＝20－12＝8となる。よって，PG：PB＝8：16＝1：2だから，CG：CA＝1：2

図3

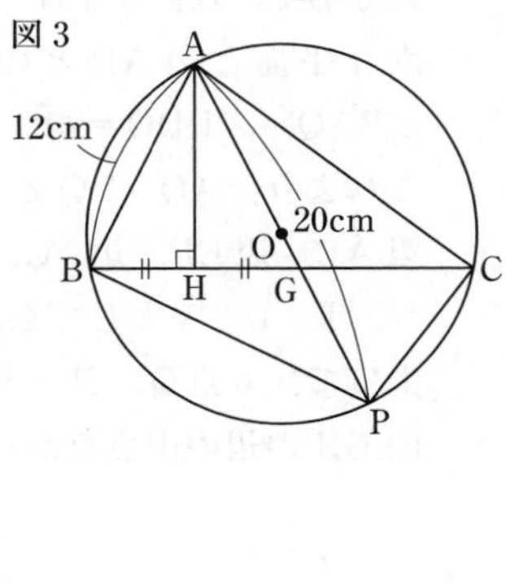

である。次に，∠AGB＝∠CGPであり，$\overset{\frown}{AC}$に対する円周角より，∠ABG＝∠CPGだから，△ABG∽△CPGとなる。△ABGはAB＝AGの二等辺三角形だから，△CPGはCP＝CGの二等辺三角形となる。よって，CG：CA＝1：2より，CP：AC＝1：2となる。線分APは円Oの直径より，∠ACP＝90°だから，△ACPで三平方の定理より，$AC^2+CP^2=AP^2$となる。CP＝xとすると，AC＝$2x$となり，$(2x)^2+x^2=20^2$が成り立つ。これを解くと，$5x^2=400$，$x^2=80$，$x=\pm4\sqrt{5}$となる。$x>0$だから，$x=4\sqrt{5}$であり，AC＝$2x=2\times4\sqrt{5}=8\sqrt{5}$(cm)となる。

4〔空間図形―立方体〕

≪基本方針の決定≫〔問３〕 $b=c$を満たすとき，点Pは２点B，Hから等距離にある。

〔問１〕＜長さ＞右図１で，AB＝3だから，点Pが$a=b=3$を満たしながら動くとき，AP＝BP＝ABとなり，△ABPは正三角形となる。点Pから辺ABに垂線PIを引くと，△PAIは３辺の比が$1:2:\sqrt{3}$の直角三角形となるので，$PI=\frac{\sqrt{3}}{2}AP=\frac{\sqrt{3}}{2}\times3=\frac{3\sqrt{3}}{2}$となる。よって，点Pは，点Iを中心とする半径$PI=\frac{3\sqrt{3}}{2}$の円の周上の一部を動く。面ABCD上にあるときの点PをP_1，面AEFB上にあるときの点PをP_2とすると，〔面ABCD〕⊥〔面AEFB〕より，$\angle P_1IP_2=90°$となるから，点Pが動いてできる曲線の長さは，$\overset{\frown}{P_1P_2}=2\pi\times\frac{3\sqrt{3}}{2}\times\frac{90°}{360°}=\frac{3\sqrt{3}}{4}\pi$(cm)である。

図１

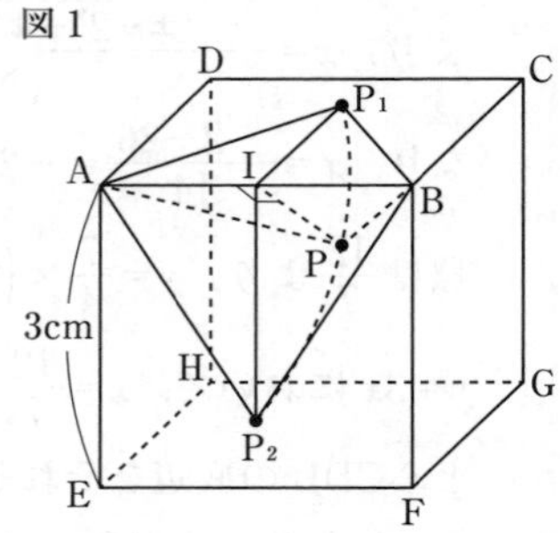

〔問２〕＜体積＞右図２で，点Aと点F，点Bと点Dを結ぶ。AP，BPを含む２つの面ADF，BDFを右下図３のように１つの平面に表すと，$a+b$の値が最も小さくなるのは，３点A，P，Bが一直線上にあるときである。図２で，AD＝BF，AF＝BD，∠DAF＝∠FBD＝90°だから，図３の四角形AFBDは長方形となる。点Pは長方形AFBDの対角線の交点となるから，線分FDの中点である。図２で，点Pから面ADHEに垂線PJを引くと，△DEF∽△DJPより，FE：PJ＝FD：PD＝2：1である。よって，$PJ=\frac{1}{2}FE=\frac{1}{2}\times3=\frac{3}{2}$となるから，〔立体P-ADE〕＝$\frac{1}{3}\times$△ADE×PJ＝$\frac{1}{3}\times\left(\frac{1}{2}\times3\times3\right)\times\frac{3}{2}=\frac{9}{4}$(cm³)である。

図２

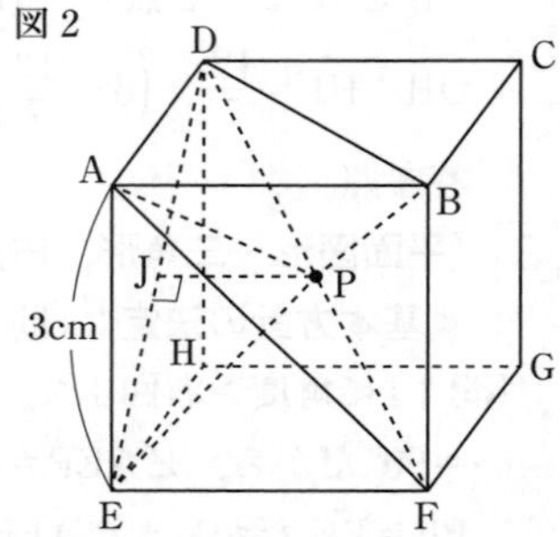

図３

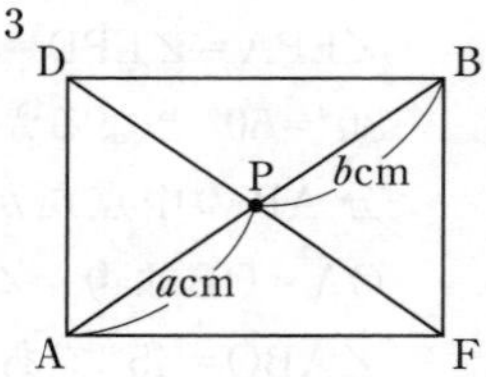

〔問３〕＜面積＞右図４で，２点B，Hを結び，線分BHの中点をOとする。$b=c$となるとき，BP＝HPだから，点Pは点Oを通り線分BHに垂直な平面上の一部を動く。点Oを通り線分BHに垂直な平面と辺ADとの交点をQとすると，BQ＝HQであり，∠BAQ＝∠HDQ＝90°，AB＝DHより，△ABQ≡△DHQとなる。これより，AQ＝DQとなるから，点Qは辺ADの中点となる。辺AE，辺EF，辺FG，辺CG，辺CDとの交点をそれぞれR，S，T，U，Vとしても，同様にして，それぞれ，辺の中点となる。よって，６点Q，R，S，T，U，Vはいずれも立方体ABCD-EFGHの辺の中点だから，図形の対称性から，六角形QRSTUVは正六角形となり，点Pが動いて

図４

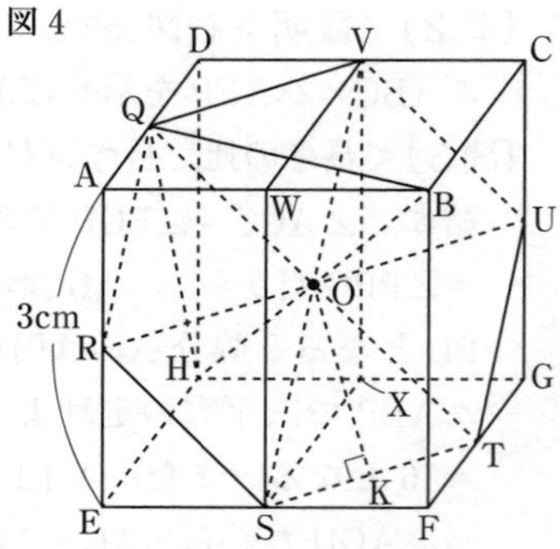

できる多角形は，正六角形 QRSTUV の一部となる。また，辺 AB，辺 GH の中点をそれぞれW，Xとすると，$a \geqq b$ より，AP≧BP だから，点 P は，直方体 BCVW-FGXS の内部および面上，辺上を動く。以上より，点 P が動いてできる多角形は，四角形 STUV となる。正六角形 QRSTUV は，3本の対角線 QT，RU，SV によって，合同な6個の正三角形に分けられるので，〔四角形 STUV〕$=3\triangle \mathrm{OST}$ となる。$\mathrm{SF}=\mathrm{FT}=\frac{1}{2}\mathrm{EF}=\frac{1}{2}\times 3=\frac{3}{2}$ であり，△FST は直角二等辺三角形だから，$\mathrm{ST}=\sqrt{2}\mathrm{SF}=\sqrt{2}\times\frac{3}{2}=\frac{3\sqrt{2}}{2}$ となる。これより，$\mathrm{OS}=\mathrm{ST}=\frac{3\sqrt{2}}{2}$ となる。点 O から ST に垂線 OK を引くと，△OSK は3辺の比が $1:2:\sqrt{3}$ の直角三角形となるから，$\mathrm{OK}=\frac{\sqrt{3}}{2}\mathrm{OS}=\frac{\sqrt{3}}{2}\times\frac{3\sqrt{2}}{2}=\frac{3\sqrt{6}}{4}$ となり，$\triangle \mathrm{OST}=\frac{1}{2}\times \mathrm{ST}\times \mathrm{OK}=\frac{1}{2}\times\frac{3\sqrt{2}}{2}\times\frac{3\sqrt{6}}{4}=\frac{9\sqrt{3}}{8}$ となる。したがって，求める多角形の面積は，〔四角形 STUV〕$=3\times\frac{9\sqrt{3}}{8}=\frac{27\sqrt{3}}{8}$ (cm^2) である。

＝読者へのメッセージ＝

4のように，ある条件を満たす点が動いたときにできる図形のことを「軌跡」といいます。

国語解答

一 (1) としなみ　(2) え　(3) しじつ
(4) しゃへい　(5) かがくじょうたつ

二 (1) 岡持　(2) 真善美　(3) 灯火
(4) 感興　(5) 眼光紙背

三 〔問1〕 イ　〔問2〕 エ
〔問3〕 ウ　〔問4〕 エ
〔問5〕 ア
〔問6〕 i □…せ　●…か　▲…そ
◇…ろ
ii…イ

四 〔問1〕 1 線ではなくて点の並んだようなもの
2 根と根でつながり結ばれている
〔問2〕 ウ　〔問3〕 ア
〔問4〕 ウ　〔問5〕 ア
〔問6〕 イ
〔問7〕 (例)私は自分の考えを伝える際に，受け取り手がどう感じるかに気を配るべきだと考える。行事の準備が思うように進まないもどかしさから，他者を責めるような露骨な指摘をしたことで結局クラスがまとまらなかった。露骨な指摘よりも，相手の立場に配慮し，判断の余地を与え，共感を呼ぶような表現を用いるべきだったのだ。考えを伝えることは関係性の構築でもある。相手に配慮した表現はその関係性を前向きなものにすると私は考える。(200字)

五 〔問1〕 エ　〔問2〕 イ
〔問3〕 ウ　〔問4〕 イ
〔問5〕 エ

一〔漢字〕
(1)「寄る年波」は，年をとること。　(2)他の訓読みは，「人柄」などの「がら」。音読みは「横柄」などの「ヘイ」。　(3)「摯実」は，まじめで誠実なこと。　(4)「遮蔽」は，覆いをして人目や光などをさえぎること。　(5)「下学上達」は，身近なところから学び始めて，しだいに高度な段階に進み，学問の深いところまで達すること。

二〔漢字〕
(1)「岡持ち」は，食べ物を入れて持ち運ぶための，持ち手や蓋のついたおけのこと。　(2)「真善美」は，人間の理想として目指すべき普遍的な価値のこと。　(3)「灯火」は，ともしびのこと。　(4)「感興」は，興味を感じおもしろがること。　(5)「眼光紙背」は，書物を表面的に読むだけではなく，語句の奥にある深い意味までも読み取ること。

三〔小説の読解〕出典；瀧羽麻子『博士の長靴』。
〔問1〕<心情>おじいちゃんは，ひいおじいちゃんが晴れている日よりも雨の中を散歩するのが好きだということを話し，「変わってるだろ」と「ぼく」に言った。おじいちゃんは，ひいおじいちゃんや「ぼく」の反応を見ながら，食事の場を楽しいものにしようとしたのである。
〔問2〕<文章内容>おじいちゃんとおばあちゃんは，「ぼく」が立春の意味を知っているのは「お母さんが教えてくれたから」だと知り，「ぼく」の母親である娘から孫の「ぼく」に立春を祝う習慣が伝わっているかもしれないと思い，お互いに「目を見かわした」のである。

〔問３〕＜文章内容＞「ぼく」の家には「ぴったりのサイズの長靴が一足」あるので，ひいおじいちゃんにもらった長靴をすぐに家に持って帰る必要はないし，ここに置いておけば，次に来たときにも長靴をはいて，ひいおじいちゃんと散歩に行けると「ぼく」は思った。ひいおじいちゃんの長靴と並べて置くと「親子っぽく」見えて，ひいおじいちゃんとのつながりが強くなる気がしたのである。

〔問４〕＜文章内容＞「ぼく」は，ひいおじいちゃんや，おじいちゃん，おばあちゃんとの立春の日の出来事をお母さんにも知ってもらいたいと思い，「うっかり忘れてしまわないように」メモ帳に書こうとした。

〔問５〕＜文章内容＞ひいおじいちゃんは，息子との会話に「めんどくさそうに」反応するだけだが，ひ孫の「ぼく」にはメモ帳や長靴を買ったり，今度はお母さんを連れてくるように「ぼく」に話したりしており，家族とのつながりを持とうとしている。

〔問６〕ｉ＜表現＞「物の様子や状態をイメージしやすいように印象付ける効果」を持つ畳語は，「ちかちか」である。「その時の気分や感情を表す効果」を持つのは，「せかせか」や「いそいそ」である。「時間が徐々に迫る様子」を表すのは，「そろそろ」である。　ⅱ＜心情＞立春にすき焼きではなく，「焼肉を食べに行く」という「ぼく」の言葉を聞いて，おばあちゃんが目をふせたので，「ぼく」は「ひやり」とした(…緊張)。そして「よけいなことを言っただろうか」と「ぼく」は思い，おばあちゃんが「気を悪くしたかもしれない」と思った(…動揺)。「ほんとはすき焼きを食べる」ことを知らなかったと「ぼく」は言ったが，「言ってしまってから，まずい，とまたもやあせる」ことになった(…焦燥)。

四〔論説文の読解─芸術・文学・言語学的分野─日本語〕出典；外山滋比古『日本語の論理』「日本語の論理」。

≪**本文の概要**≫日常の言語活動における論理は，線のようなものである。表現の受け手と送り手が未知の人間であれば，筋道はしっかりとした線状をなしている。表現は誤解されないように配慮され，その結果，緊密な論理になる。これと反対に，受け手が身近な存在であれば，要点を述べるだけでよく，誤解も生まれない。例えば家族間の会話では，形式的な論理はむしろ敬遠される。相互に理解し合っている人間どうしの伝達では，言葉の筋道は完全な線状である必要はなく，点の並んだようなものになっている。点をつなげれば理解できるため，かえって解釈の余地の大きい表現が好まれる。日本語は，島国の言語であり，点的性格を持つ論理で成り立つ。そして，点を統合して線をとらえるところに，表現理解の創造的性格がある。日本のようにアイランド・フォームの文化を持つ社会では，一つ一つの言語の連想領域が大きく，曖昧さも一つの論理として受け入れられる。一方，コンティネンタル・フォームの文化においては，語義の範囲が限定され，連想の領域も限られる。我が国では，表現の余韻や含蓄などが重視され，あまりにも理屈の明確なものは軽んじられる伝統がある。

〔問１〕＜文章内容＞１．互いによく理解し合っている人たちの伝達においては，「言葉の筋道はつねに完全な線状である必要」はなく，そういう人たちの間の言語における論理は，「線ではなくて点の並んだようなもの」になっている。　２．点的論理の背後には「陥没した線的論理がかくれて下敷きに」なっており，それぞれの点は「根と根でつながり結ばれている」のである。

〔問２〕＜文章内容＞送り手が受け手に伝える際に，送り手が何もかも明確に線として表現するのではなく，お互いわかっているはずだと言葉を省略して要点だけを伝えても，受け手は，自分の「点をつなげて線として感じとる能力」で点をつないで理解しようとするのである。

〔問3〕＜文章内容＞ここでいう「踏み外すことのない太い線」とは，表現が「念には念を入れて，誤解のおこらないように配慮されたもの」である。受け手は，送り手が伝える「点を統合して線として感じとる」余地が大きいほど，「表現理解の創造的性格」を見出す。しかし，「念には念を入れた，がっちりした構成の表現はむしろ重苦しい」と感じるのである。

〔問4〕＜文章内容＞「アイランド・フォーム」の文化では，「ひとつひとつの言葉の連想領域が大きく」なり，表現が「あいまいになる傾向」を持っているため，言葉の連想の自由なはたらきから，伝えたい論理とは違う方向にいくこともある(…ｃ)。「コンティネンタル・フォーム」の文化では，「語義の範囲が限定」されていて，それから連想する領域も限られたものとなる(…ｆ)。

〔問5〕＜指示語＞「そういう表現」は，「ごく軽い，間接的な，あるいは象徴的な表現」のことで，曖昧さを持つ表現のことである。「お話し中のところ失礼いたします」の「お話し中」は，話しかける相手が他の人と「会話中」であることを指しているのが明確だから，曖昧な表現ではない。

〔問6〕＜表現＞前半では，論理の筋道には線と点があることが述べられ，法律の言葉と家族間の会話を例に挙げて，生活に関わる形で日本語の論理について述べられている。後半では，アイランド・フォームとコンティネンタル・フォームを対比させ，文化からその文化で使われる言語へと話題を展開しながら，日本語の特徴が述べられている。

〔問7〕＜作文＞何でも明確に表現することがよいわけではなく，余情を持たせるような表現が重んじられる日本語の伝統を押さえる。そして，日常の生活で他者に自分の考えを伝えるときに気をつけていることは何かを考える。字数を守って，誤字脱字に注意して書いていくこと。

五 〔説明文の読解─芸術・文学・言語学的分野─文学〕出典；大岡信『私の古典詩選』。

〔問1〕＜文章内容＞「五七五七七の短歌形式」は，「五七，五七，七」という区切り方から「五七五，七七」さらに「五，七五，七七」と，時代の感情の変化に応じて調子も変化していくという「柔軟な適応力」がある。それに対して，旋頭歌は，「五七七，五七七」という調子の繰り返しだけで，この調べを「守り通すほかなかった」ので，時代遅れとなって消えていく運命にあった。

〔問2〕＜文章内容＞和歌は，「一首全体の統一性と純一な感動の高まり」を表現するはずのものであるが，山上憶良の「はぎの花～」の旋頭歌は，秋の七草といわれる花をよみ込んだ言葉遊びである。

〔問3〕＜語句＞「なかんずく」は，とりわけて，特に，という意味。

〔問4〕＜文章内容＞「夏影の～」の歌の一番の魅力は「やや大に裁て」という結句にある。この言葉は，大らかな雰囲気を表すだけではなく，夫と妻との関係やその気持ちを読み手が「あれこれ空想させられる」ものである。

〔問5〕＜要旨＞万葉集の「夏影の～」の旋頭歌を用いて，短歌と旋頭歌の形式の違いが説明されている。また，柿本人麿の旋頭歌に代表される，短歌とは異なる「ある種の掬すべき情趣がある」旋頭歌の魅力が述べられている。

●2023年度

東京都立高等学校

共通問題

【社会・理科】

2023年度 東京都立高等学校（共通問題）

【社　会】（50分）〈満点：100点〉

1　次の各問に答えよ。

〔問１〕　次の発表用資料は，地域調査を行った神奈川県鎌倉市の亀ヶ谷坂切通周辺の様子をまとめたものである。発表用資料中の＜地形図を基に作成したA点→B点→C点の順に進んだ道の傾斜を模式的に示した図＞に当てはまるのは，次のページの**ア**～**エ**のうちではどれか。

発表用資料

鎌倉の切通を調査する（亀ヶ谷坂切通班）

○調査日　　令和４年９月３日（土）　天候　晴れ

○集合場所・時間　北鎌倉駅・午前９時

○調査ルート　＜亀ヶ谷坂切通周辺の地形図＞に示したA点→B点→C点の順に進んだ。

＜亀ヶ谷坂切通の位置＞

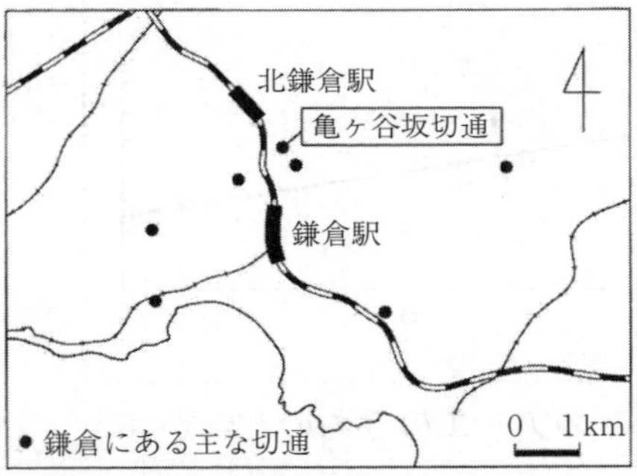

＜亀ヶ谷坂切通周辺の地形図＞

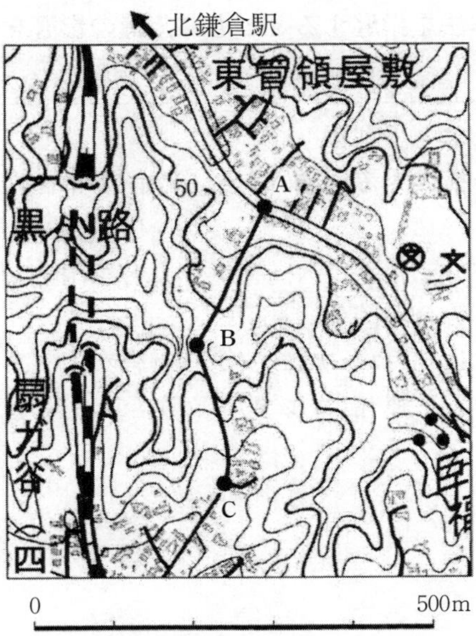

（2016年の「国土地理院発行２万５千分の１地形図（鎌倉）」の一部を拡大して作成）

＜A点，B点，C点　それぞれの付近の様子＞

A点　亀ヶ谷坂切通の方向を示した案内板が設置されていた。

B点　切通と呼ばれる山を削って作られた道なので，地層を見ることができた。

C点　道の両側に住居が建ち並んでいた。

＜B点付近で撮影した写真＞

＜地形図を基に作成したA点→B点→C点の順に進んだ道の傾斜を模式的に示した図＞

<調査を終えて>
○切通は，谷を利用して作られた道で，削る部分を少なくする工夫をしていると感じた。
○道幅が狭かったり，坂道が急であったりしていて，守りが堅い鎌倉を実感することができた。
○徒歩や自転車で通る人が多く，現在でも生活道路として利用されていることが分かった。

ア
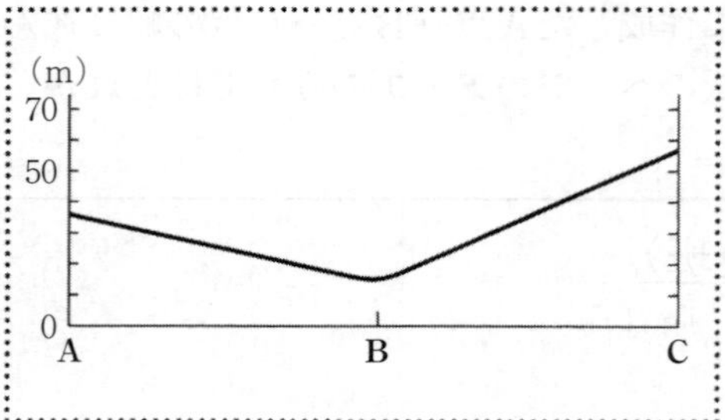

イ
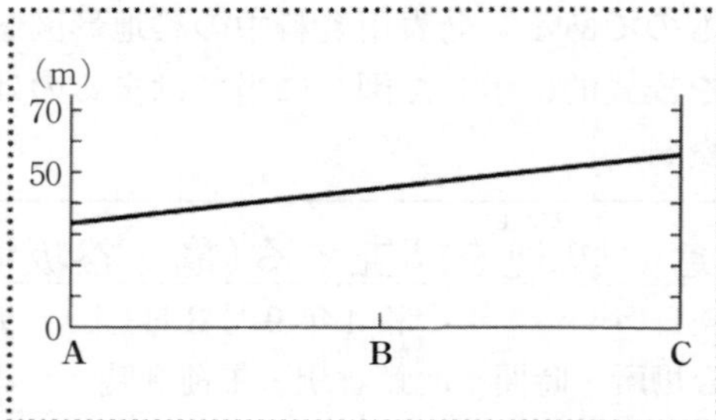

ウ
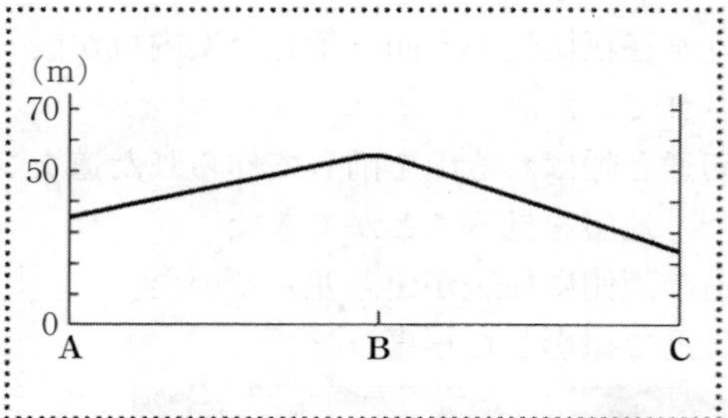

エ
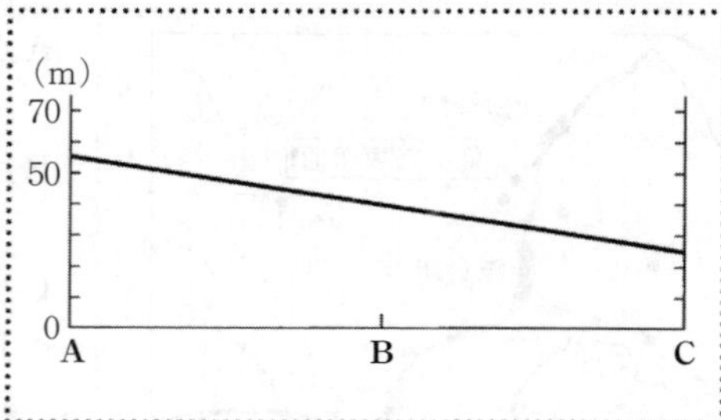

〔問２〕　次の文で述べている人物に当てはまるのは，下の**ア**～**エ**のうちのどれか。

　大名や都市の豪商の気風を反映した壮大で豪華な文化が生み出される中で，堺(さかい)出身のこの人物は，全国統一を果たした武将に茶の湯の作法を指導するとともに，禅の影響を受けたわび茶を完成させた。

ア　喜多川歌麿(きたがわうたまろ)　　**イ**　栄西(えいさい／ようさい)　　**ウ**　尾形光琳(おがたこうりん)　　**エ**　千利休(せんのりきゅう)

〔問３〕　2022年における国際連合の安全保障理事会を構成する国のうち，５か国の常任理事国を全て示しているのは，次の**ア**～**エ**のうちのどれか。

ア　中華人民共和国，フランス，ロシア連邦(ロシア)，イギリス，アメリカ合衆国
イ　インド，フランス，ケニア，イギリス，アメリカ合衆国
ウ　中華人民共和国，ケニア，ノルウェー，ロシア連邦(ロシア)，アメリカ合衆国
エ　ブラジル，インド，フランス，ノルウェー，ロシア連邦(ロシア)

2　次の略地図を見て，あとの各問に答えよ。

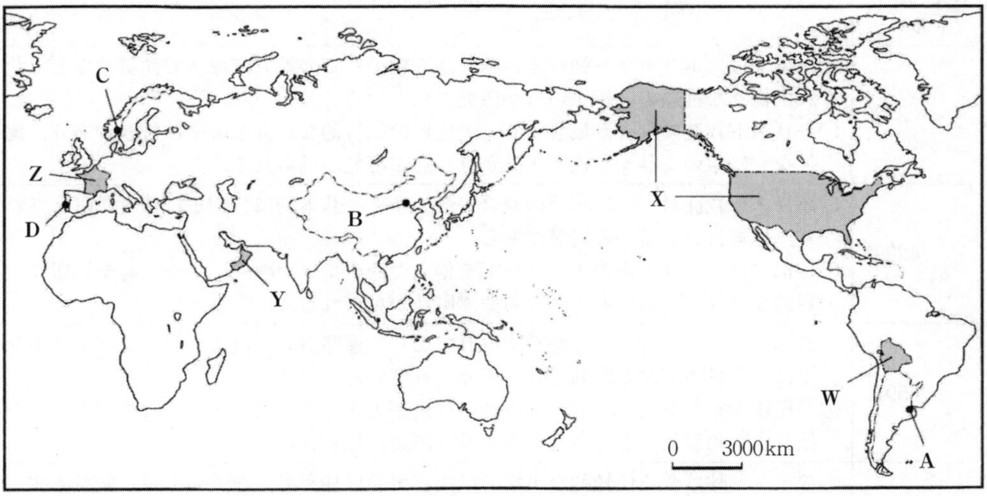

〔問１〕　次のⅠの文章は，略地図中に**A**～**D**で示した**いずれか**の都市の商業などの様子についてまとめたものである。Ⅱの**ア**～**エ**のグラフは，略地図中の**A**～**D**の**いずれか**の都市の，年平均気温と年降水量及び各月の平均気温と降水量を示したものである。Ⅰの文章で述べている都市に当てはまるのは，略地図中の**A**～**D**のうちのどれか，また，その都市のグラフに当てはまるのは，Ⅱの**ア**～**エ**のうちのどれか。

Ⅰ

夏季は高温で乾燥し，冬季は温暖で湿潤となる気候を生かして，ぶどうやオリーブが栽培されている。国産のぶどうやオリーブは加工品として販売され，飲食店では塩漬けにされたタラをオリーブ油で調理した料理などが提供されている。

Ⅱ

ア	イ	ウ	エ
年平均気温　13.3℃	年平均気温　17.2℃	年平均気温　18.1℃	年平均気温　5.3℃
年降水量　530.8mm	年降水量　762.6mm	年降水量　1256.1mm	年降水量　864.3mm

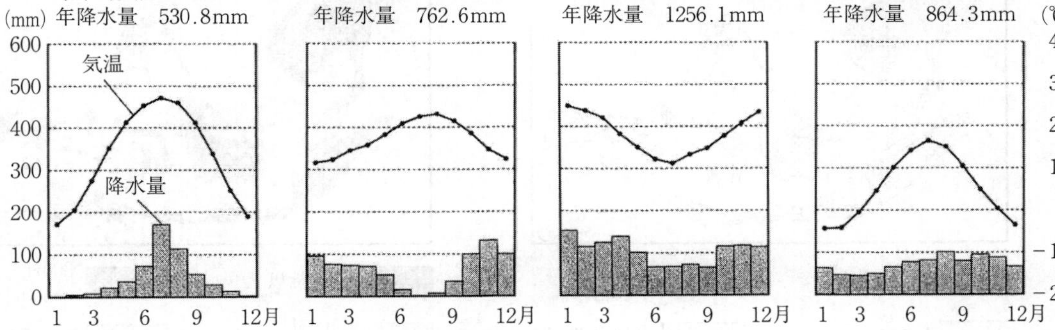

（「理科年表」令和４年より作成）

〔問２〕　次のページの表の**ア**～**エ**は，略地図中に ▒▒ で示した**W**～**Z**の**いずれか**の国の，2019年における一人当たりの国民総所得，小売業などの様子についてまとめたものである。略地図中の**W**～**Z**のそれぞれの国に当てはまるのは，次のページの表の**ア**～**エ**のうちではどれか。

	一人当たりの国民総所得（ドル）	小売業などの様子
ア	3520	○市場では，ポンチョや強い紫外線を防ぐ帽子，この地方が原産で傾斜地などで栽培された様々な種類のじゃがいもが販売されている。 ○キリスト教徒の割合が最も多く，先住民の伝統的な信仰との結び付きがあり，農耕儀礼などに用いる品々を扱う店舗が立ち並ぶ町並が見られる。
イ	42290	○キリスト教徒（カトリック）の割合が最も多く，基本的に日曜日は非労働日とされており，休業日としている店舗がある。 ○首都には，ガラス製のアーケードを備えた商店街（パサージュ）や，鞄や洋服などの世界的なブランド店の本店が立ち並ぶ町並が見られる。
ウ	65910	○高速道路（フリーウエー）が整備されており，道路沿いの巨大なショッピングセンターでは，大量の商品が陳列され，販売されている。 ○多民族国家を形成し，同じ出身地の移民が集まる地域にはそれぞれの国の料理を扱う飲食店や物産品を扱う店舗が立ち並ぶ町並が見られる。
エ	14150	○スークと呼ばれる伝統的な市場では，日用品に加えて，なつめやし，伝統衣装，香料などが販売されている。 ○イスラム教徒の割合が最も多く，断食が行われる期間は，日没後に営業を始める飲食店が立ち並ぶ町並が見られる。

（注） 一人当たりの国民総所得とは，一つの国において新たに生み出された価値の総額を人口で割った数値のこと。
（「データブック オブ・ザ・ワールド」2022年版より作成）

〔問３〕 次のⅠの略地図は，2021年における東南アジア諸国連合（ASEAN）加盟国の2001年と比較した日本からの輸出額の増加の様子を数値で示したものである。Ⅱの略地図は，2021年における東南アジア諸国連合（ASEAN）加盟国の2001年と比較した進出日本企業の増加数を示したものである。Ⅲの文章で述べている国に当てはまるのは，下の**ア**～**エ**のうちのどれか。

Ⅰ
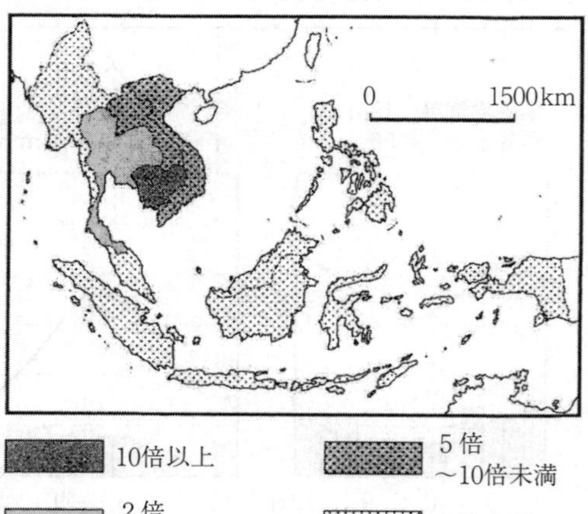

（財務省「貿易統計」より作成）

Ⅱ
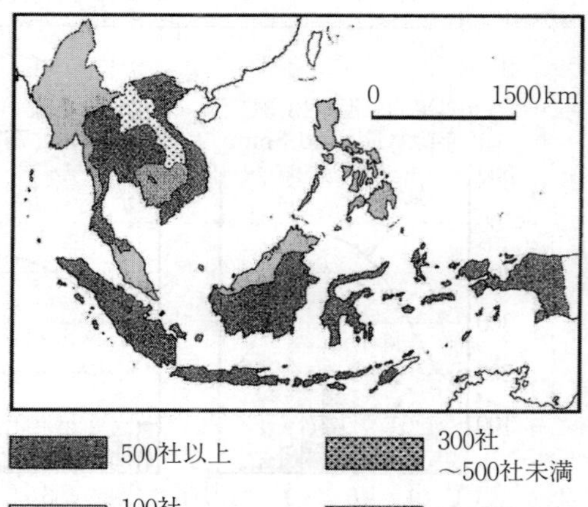

（「海外進出企業総覧2022（国別編）」などより作成）

Ⅲ

1945年の独立宣言後，国が南北に分離した時代を経て，1976年に統一された。国営企業中心の経済からの転換が図られ，現在では外国企業の進出や民間企業の設立が進んでいる。

2001年に約2164億円であった日本からの輸出額は，2021年には約２兆968億円となり，2001年に179社であった進出日本企業数は，2021年には1143社へと増加しており，日本との結び付きを強めている。首都の近郊には日系の自動車工場が見られ，最大の人口を有する南部の都市には，日系のコンビニエンスストアの出店が増加している。

ア　インドネシア　　**イ**　ベトナム　　**ウ**　ラオス　　**エ**　タイ

3　次の略地図を見て，あとの各問に答えよ。

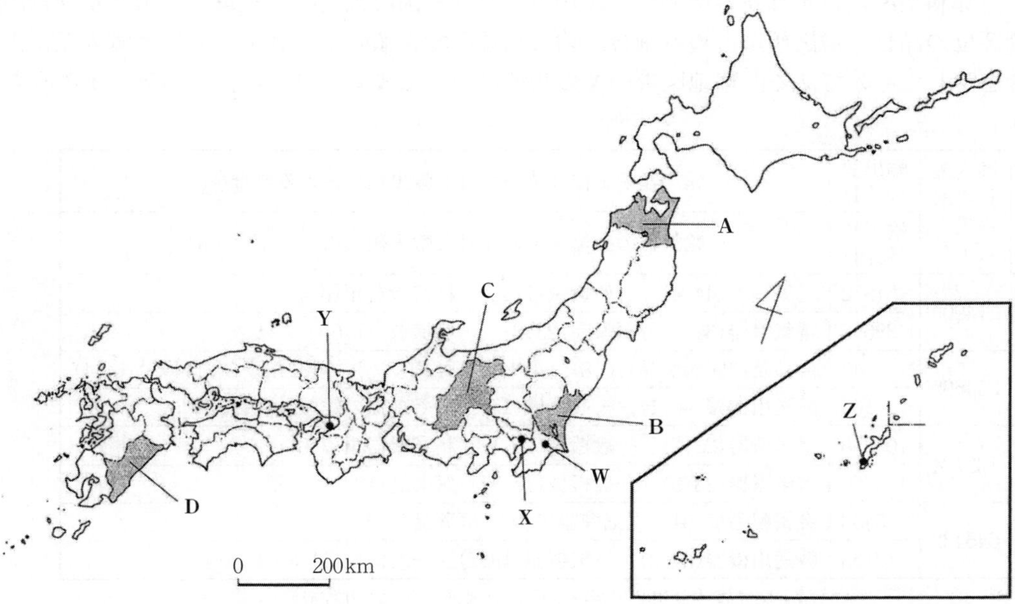

〔問１〕　次の表の**ア**～**エ**の文章は，略地図中に ▒ で示した，**A**～**D**の**いずれか**の県の，自然環境と農産物の東京への出荷の様子についてまとめたものである。**A**～**D**のそれぞれの県に当てはまるのは，次の表の**ア**～**エ**のうちではどれか。

	自然環境と農産物の東京への出荷の様子
ア	○平均標高は1132mで，山脈が南北方向に連なり，フォッサマグナなどの影響によって形成された盆地が複数見られる。 ○東部の高原で他県と比べ時期を遅らせて栽培されるレタスは，明け方に収穫後，その日の正午頃に出荷され，東京まで約５時間かけて主に保冷トラックで輸送されている。
イ	○平均標高は100mで，北西部には山地が位置し，中央部から南西部にかけては河川により形成された平野が見られ，砂丘が広がる南東部には，水はけのよい土壌が分布している。 ○南東部で施設栽培により年間を通して栽培されるピーマンは，明け方に収穫後，その日の午後に出荷され，東京まで約３時間かけてトラックで輸送されている。
ウ	○平均標高は402mで，北西部に山地が位置し，中央部から南部にかけて海岸線に沿って平野が広がっている。 ○平野で施設栽培により年間を通して栽培されるきゅうりは，明け方に収穫後，翌日に出荷され，東京まで１日以上かけてフェリーなどで輸送されている。

エ	○平均標高は226mで，西部には平野が広がり，中央部に位置する火山の南側には水深が深い湖が見られ，東部の平坦な地域は夏季に吹く北東の風の影響で冷涼となることがある。 ○病害虫の影響が少ない東部で栽培されるごぼうは，収穫され冷蔵庫で保管後，発送日の午前中に出荷され，東京まで約10時間かけてトラックで輸送されている。

（国土地理院の資料より作成）

〔問２〕　次の表の**ア**～**エ**は，略地図中に**W**～**Z**で示した成田国際空港，東京国際空港，関西国際空港，那覇空港の**いずれか**の空港の，2019年における国内線貨物取扱量，輸出額及び輸出額の上位３位の品目と輸出額に占める割合，輸入額及び輸入額の上位３位の品目と輸入額に占める割合を示したものである。略地図中の**X**の空港に当てはまるのは，次の表の**ア**～**エ**のうちのどれか。

	国内線貨物取扱量（t）	輸出額（億円）／輸入額（億円）	輸出額の上位３位の品目と輸出額に占める割合（％）／輸入額の上位３位の品目と輸入額に占める割合（％）
ア	14905	51872	電気機器（44.4），一般機械（17.8），精密機器類（6.4）
		39695	電気機器（32.3），医薬品（23.2），一般機械（11.6）
イ	204695	42	肉類及び同調製品（16.8），果実及び野菜（7.5），魚介類及び同調製品（4.4）
		104	輸送用機器（40.1），一般機械（15.9），その他の雑製品（11.3）
ウ	22724	105256	電気機器（23.7），一般機械（15.1），精密機器類（7.0）
		129560	電気機器（33.9），一般機械（17.4），医薬品（12.3）
エ	645432	3453	金属製品（7.5），電気機器（5.0），医薬品（4.2）
		12163	輸送用機器（32.3），電気機器（18.2），一般機械（11.8）

（国土交通省「令和２年空港管理状況調書」などより作成）

〔問３〕　次のⅠの資料は，国土交通省が推進しているモーダルシフトについて分かりやすくまとめたものである。Ⅱのグラフは，2020年度における，重量１tの貨物を１km輸送する際に，営業用貨物自動車及び鉄道から排出される二酸化炭素の排出量を示したものである。Ⅲの略地図は，2020年における貨物鉄道の路線，主な貨物ターミナル駅，七地方区分の境界を示したものである。Ⅰ～Ⅲの資料から読み取れる，(1)「国がモーダルシフトを推進する目的」と(2)「国がモーダルシフトを推進する上で前提となる，七地方区分に着目した貨物鉄道の路線の敷設（ふせつ）状況及び貨物ターミナル駅の設置状況」の二点について，それぞれ簡単に述べよ。

Ⅰ

○モーダルシフトとは，トラックなどの営業用貨物自動車で行われている貨物輸送を，貨物鉄道などの利用へと転換することをいう。転換拠点は，貨物ターミナル駅などである。

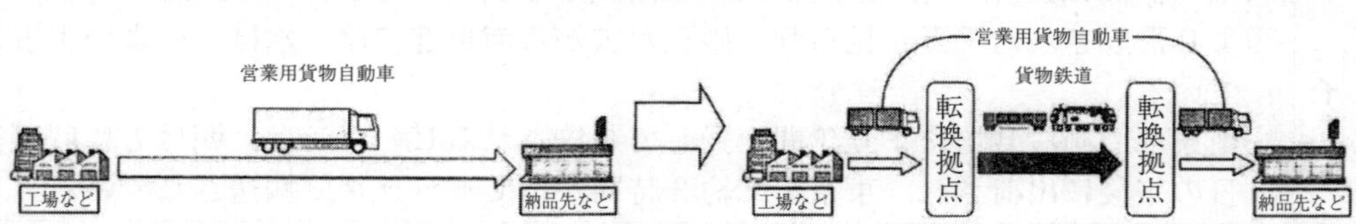

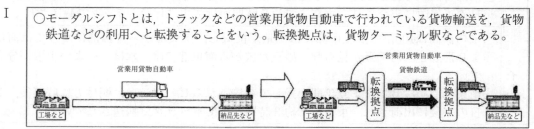

（国土交通省の資料より作成）

Ⅱ

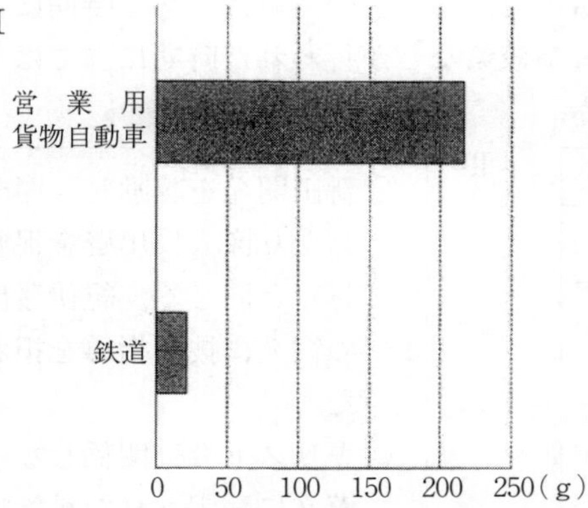

（国土交通省の資料より作成）

Ⅲ

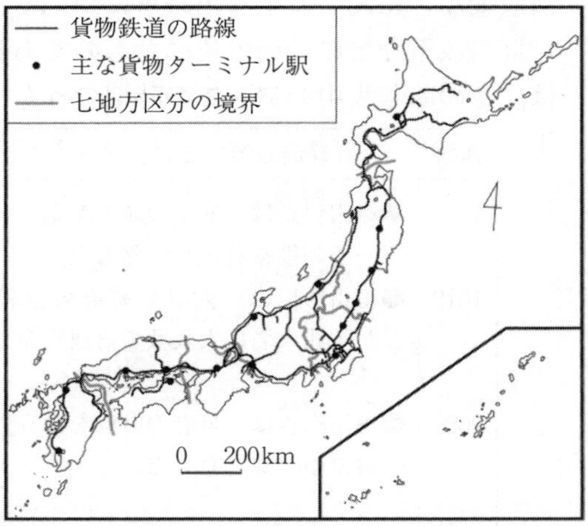

（国土交通省の資料などより作成）

4 次の文章を読み，あとの各問に答えよ。

> 私たちは，いつの時代も最新の知識に基づいて生産技術を向上させ，新たな技術を生み出すことで，社会を発展させてきた。
>
> 古代から，各時代の権力者は，(1)統治を継続することなどを目的に，高度な技術を有する人材に組織の中で役割を与え，寺院などを築いてきた。
>
> 中世から近世にかけて，農業においても新しい技術が導入されることで生産力が向上し，各地で特産物が生産されるようになった。また，(2)財政再建を行う目的で，これまで培(つちか)ってきた技術を生かし，新田開発などの経済政策を実施してきた。
>
> 近代以降は，政府により，(3)欧米諸国に対抗するため，外国から技術を学んで工業化が進められた。昭和時代以降は，(4)飛躍的に進歩した技術を活用し，社会の変化に対応した新たな製品を作り出す企業が現れ，私たちの生活をより豊かにしてきた。

〔問1〕 (1)統治を継続することなどを目的に，高度な技術を有する人材に組織の中で役割を与え，寺院などを築いてきた。とあるが，次の**ア**～**エ**は，飛鳥(あすか)時代から室町時代にかけて，各時代の権力者が築いた寺院などについて述べたものである。時期の古いものから順に記号を並べよ。

ア 公家(くげ)の山荘を譲り受け，寝殿造(しんでんづくり)や禅宗様(ぜんしゅうよう)の様式を用いた三層からなる金閣(きんかく)を京都の北山(きたやま)に築いた。

イ 仏教の力により，社会の不安を取り除き，国家の安泰を目指して，3か年8回にわたる鋳造の末，銅製の大仏を奈良の東大寺(とうだいじ)に造立(ぞうりゅう)した。

ウ 仏教や儒教の考え方を取り入れ，役人の心構えを示すとともに，金堂(こんどう)などからなる法隆寺(ほうりゅうじ)を斑鳩(いかるが)に建立(こんりゅう)した。

エ 産出された金や交易によって得た財を利用し，金ぱく，象牙や宝石で装飾し，極楽浄土を表現した中尊寺金色堂(ちゅうそんじこんじきどう)を平泉(ひらいずみ)に建立した。

〔問2〕 (2)財政再建を行う目的で，これまで培(つちか)ってきた技術を生かし，新田開発などの経済政策を実施してきた。とあるが，次のⅠの略年表は，安土(あづち)・桃山(ももやま)時代から江戸時代にかけての，経済政策などに関する主な出来事についてまとめたものである。Ⅱの文章は，ある時期に行われた経済政策などについて述べたものである。Ⅱの経済政策などが行われた時期に当てはまるのは，Ⅰの略年表中の**ア**～**エ**の時期のうちではどれか。

Ⅰ

西暦	経済政策などに関する主な出来事	
1577	●織田信長(おだのぶなが)は，安土の城下を楽市とし，一切の役や負担を免除した。	
		ア
1619	●徳川秀忠(とくがわひでただ)は，大阪を幕府の直轄地とし，諸大名に大阪城の再建を命じた。	
		イ
1695	●徳川綱吉(とくがわつなよし)は，幕府の財政を補うため，貨幣の改鋳を命じた。	
		ウ
1778	●田沼意次(たぬまおきつぐ)は，長崎貿易の輸出品である俵物(たわらもの)の生産を奨励した。	
		エ
1841	●水野忠邦(みずのただくに)は，物価の上昇を抑えるため，株仲間(かぶなかま)の解散を命じた。	

Ⅱ

○新田開発を奨励し，開発に当たり商人に出資を促し，将軍と同じく，紀伊(きい)藩出身の役人に技術指導を担(にな)わせた。

○キリスト教に関係しない，漢文に翻訳された科学技術に関係する洋書の輸入制限を緩和した。

〔問３〕 (3)欧米諸国に対抗するため，外国から技術を学んで工業化が進められた。とあるが，次の**ア**～**ウ**は，明治時代に操業を開始した工場について述べたものである。略地図中の**A**～**C**は，**ア**～**ウ**の**いずれか**の工場の所在地を示したものである。**ア**～**ウ**について，操業を開始した時期の古いものから順に記号を並べよ。また，略地図中の**B**に当てはまるのは，次の**ア**～**ウ**のうちではどれか。

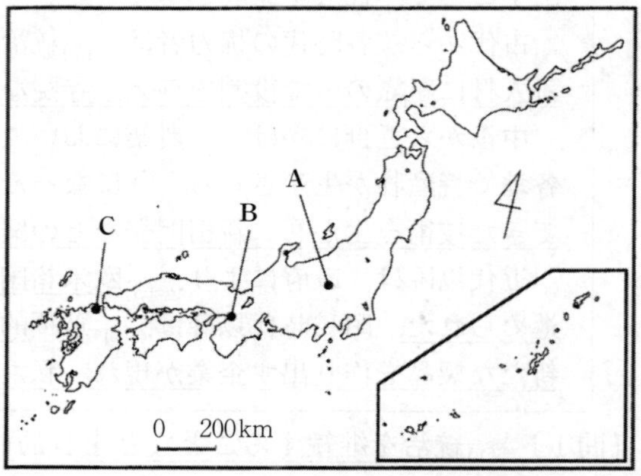

ア　実業家が発起人となり，イギリスの技術を導入し設立され，我が国における産業革命の契機となった民間の紡績会社で，綿糸の生産が開始された。

イ　国産生糸の増産や品質の向上を図ることを目的に設立された官営模範製糸場で，フランスの技術を導入し生糸の生産が開始された。

ウ　鉄鋼の増産を図ることを目的に設立された官営の製鉄所で，国内産の石炭と輸入された鉄鉱石を原材料に，外国人技術者の援助を受けて鉄鋼の生産が開始された。

〔問４〕 (4)飛躍的に進歩した技術を活用し，社会の変化に対応した新たな製品を作り出す企業が現れ，私たちの生活をより豊かにしてきた。とあるが，次の略年表は，昭和時代から平成時代にかけて，東京に本社を置く企業の技術開発に関する主な出来事についてまとめたものである。略年表中の**A**～**D**のそれぞれの時期に当てはまるのは，下の**ア**～**エ**のうちではどれか。

西暦	東京に本社を置く企業の技術開発に関する主な出来事	
1945	●造船会社により製造されたジェットエンジンを搭載した飛行機が，初飛行に成功した。	
1952	●顕微鏡・カメラ製造会社が，医師からの依頼を受け，日本初の胃カメラの実用化に成功した。	A
1955	●通信機器会社が，小型軽量で持ち運び可能なトランジスタラジオを販売した。	
		B
1972	●計算機会社が，大規模集積回路を利用した電子式卓上計算機を開発した。	
		C
1989	●フィルム製造会社が，家電製造会社と共同開発したデジタルカメラを世界で初めて販売した。	
		D
2003	●建築会社が，独立行政法人と共同して，不整地歩行などを実現するロボットを開発した。	

ア　地価や株価が上がり続けるバブル経済が終わり，構造改革を迫られ，インターネットの普及が急速に進み，撮影した写真を送信できるカメラ付き携帯電話が初めて販売された。

イ　連合国軍最高司令官総司令部(GHQ)の指令に基づき日本政府による民主化政策が実施され，素材，機器，測定器に至る全てを国産化した移動無線機が初めて製作された。

ウ　石油危機により，省エネルギー化が進められ，運動用品等に利用されていた我が国の炭素素材が，航空機の部材として初めて使用された。

エ　政府により国民所得倍増計画が掲げられ，社会資本の拡充の一環として，速度を自動的に調整するシステムを導入した東海道新幹線が開業した。

5　次の文章を読み，あとの各問に答えよ。

　企業は，私たちが消費している財(もの)やサービスを提供している。企業には，国や地方公共団体が経営する公企業と民間が経営する私企業がある。(1)私企業は，株式の発行や銀行からの融資などにより調達した資金で，生産に必要な土地，設備，労働力などを用意し，利潤を得ることを目的に生産活動を行っている。こうして得た財やサービスの価格は，需要量と供給量との関係で変動するものや，(2)政府や地方公共団体により料金の決定や改定が行われるものなどがある。

　私企業は，自社の利潤を追求するだけでなく，(3)国や地方公共団体に税を納めることで，社会を支えている。また，社会貢献活動を行い，社会的責任を果たすことが求められている。

　(4)日本経済が発展するためには，私企業の経済活動は欠かすことができず，今後，国内外からの信頼を一層高めていく必要がある。

〔問１〕　(1)私企業は，株式の発行や銀行からの融資などにより調達した資金で，生産に必要な土地，設備，労働力などを用意し，利潤を得ることを目的に生産活動を行っている。とあるが，経済活動の自由を保障する日本国憲法の条文は，次の**ア**～**エ**のうちではどれか。

ア　すべて国民は，法の下に平等であつて，人種，信条，性別，社会的身分又は門地により，政治的，経済的又は社会的関係において，差別されない。

イ　何人も，法律の定める手続によらなければ，その生命若しくは自由を奪はれ，又はその他の刑罰を科せられない。

ウ　すべて国民は，法律の定めるところにより，その能力に応じて，ひとしく教育を受ける権利を有する。

エ　何人も，公共の福祉に反しない限り，居住，移転及び職業選択の自由を有する。

〔問２〕　(2)政府や地方公共団体により料金の決定や改定が行われるものなどがある。とあるが，次の文章は，令和２年から令和３年にかけて，ある公共料金が改定されるまでの経過について示したものである。この文章で示している公共料金に当てはまるのは，下の**ア**～**エ**のうちではどれか。

○所管省庁の審議会分科会が公共料金の改定に関する審議を開始した。（令和２年３月16日）
○所管省庁の審議会分科会が審議会に公共料金の改定に関する審議の報告を行った。（令和２年12月23日）
○所管省庁の大臣が審議会に公共料金の改定に関する諮問を行った。（令和３年１月18日）
○所管省庁の審議会が公共料金の改定に関する答申を公表した。（令和３年１月18日）
○所管省庁の大臣が公共料金の改定に関する基準を告示した。（令和３年３月15日）

ア　鉄道運賃　　**イ**　介護報酬　　**ウ**　公営水道料金　　**エ**　郵便料金（手紙・はがきなど）

〔問３〕　(3)国や地方公共団体に税を納めることで，社会を支えている。とあるが，次の表は，企業の経済活動において，課税する主体が，国であるか，地方公共団体であるかを，国である場合は「国」，地方公共団体である場合は「地」で示そうとしたものである。表の**A**と**B**に入る記号を正しく組み合わせているのは，次の**ア**～**エ**のうちのどれか。

	課税する主体
企業が提供した財やサービスの売上金から経費を引いた利潤にかかる法人税	**A**
土地や建物にかかる固定資産税	**B**

	ア	**イ**	**ウ**	**エ**
A	地	地	国	国
B	国	地	地	国

〔問４〕　(4)日本経済が発展するためには，私企業の経済活動は欠かすことができず，今後，国内外からの信頼を一層高めていく必要がある。とあるが，次のⅠの文章は，2010年に開催された法制審議会会社法制部会第１回会議における資料の一部を分かりやすく書き改めたものである。Ⅱの文は，2014年に改正された会社法の一部を分かりやすく書き改めたものである。Ⅲのグラフは，2010年から2020年までの東京証券取引所に上場する会社における，具体的な経営方針等を決定する取締役会（とりしまりやくかい）に占める，会社と利害関係を有しない独立性を備えた社外取締役の人数別の会社数の割合を示したものである。Ⅰ～Ⅲの資料を活用し，2014年に改正された会社法によりもたらされた取締役会の変化について，社外取締役の役割及び取締役会における社外取締役の人数に着目して，簡単に述べよ。

Ⅰ
○現行の会社法では，外部の意見を取り入れる仕組を備える適正な企業統治を実現するシステムが担保されていない。
○我が国の上場会社等の企業統治については，内外の投資者等から強い懸念（けねん）が示されている。

Ⅱ

これまでの会社法では，社外取締役の要件は，自社又は子会社の出身者等でないことであったが，親会社の全ての取締役等，兄弟会社の業務執行取締役等，自社の取締役等及びその配偶者の近親者等でないことを追加する。

Ⅲ

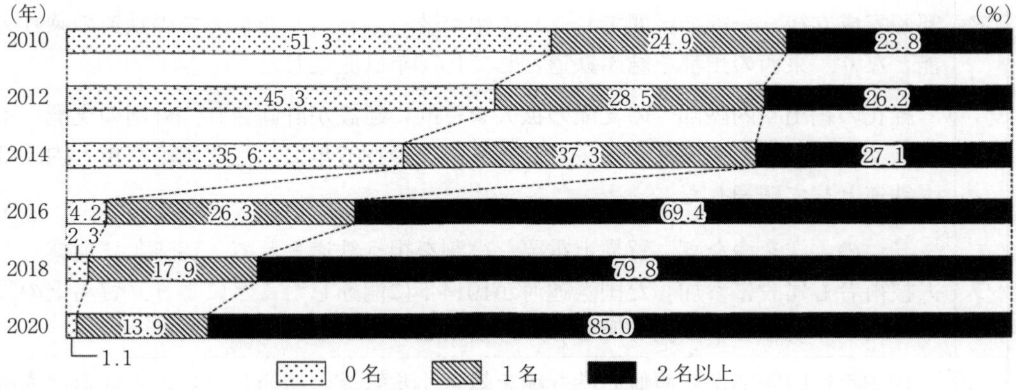

（注）　四捨五入をしているため，社外取締役の人数別の会社数の割合を合計したものは，100%にならない場合がある。

（東京証券取引所の資料より作成）

6　次の文章を読み，下の略地図を見て，あとの各問に答えよ。

(1)1851年に開催された世界初の万国博覧会は，蒸気機関車などの最新技術が展示され，鉄道の発展のきっかけとなった。1928年には，国際博覧会条約が35か国により締結され，(2)テーマを明確にした国際博覧会が開催されるようになった。

2025年に大阪において「いのち輝く未来社会のデザイン」をテーマとした万国博覧会の開催が予定されており，(3)我が国で最初の万国博覧会が大阪で開催された時代と比べ，社会の様子も大きく変化してきた。

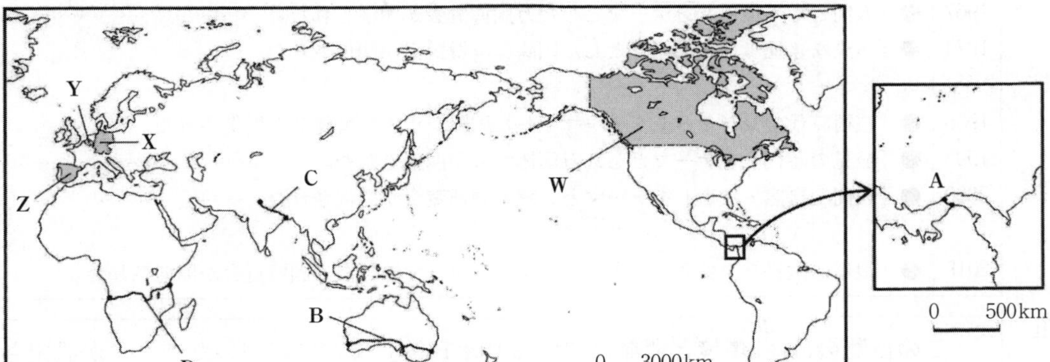

〔問１〕　(1)1851年に開催された世界初の万国博覧会は，蒸気機関車などの最新技術が展示され，鉄道の発展のきっかけとなった。とあるが，略地図中に ●—● で示した**A**～**D**は，世界各地の主な鉄道の路線を示したものである。次の表の**ア**～**エ**は，略地図中に**A**～**D**で示した**いずれか**

の鉄道の路線の様子についてまとめたものである。略地図中の**A**～**D**のそれぞれの鉄道の路線に当てはまるのは，次の表の**ア**～**エ**のうちではどれか。

	鉄道の路線の様子
ア	植民地時代に建設された鉄道は，地域ごとにレールの幅が異なっていた。1901年の連邦国家成立後，一部の区間でレールの幅が統一され，州を越えての鉄道の乗り入れが可能となり，東西の州都を結ぶ鉄道として1970年に開業した。
イ	綿花の輸出や内陸部への支配の拡大を目的に建設が計画され，外国の支配に不満をもつ人々が起こした大反乱が鎮圧された９年後の1867年に，主要港湾都市と内陸都市を結ぶ鉄道として開通した。
ウ	二つの大洋をつなぎ，貿易上重要な役割を担(にな)う鉄道として，1855年に開業した。日本人技術者も建設に参加した国際運河が1914年に開通したことにより，貿易上の役割は低下したが，現在では観光資源としても活用されている。
エ	1929年に内陸部から西側の港へ銅を輸送する鉄道が開通した。この鉄道は内戦により使用できなくなり，1976年からは内陸部と東側の港とを結ぶ新たに作られた鉄道がこの地域の主要な銅の輸送路となった。2019年にこの二本の鉄道が結ばれ，大陸横断鉄道となった。

〔問２〕 (2)テーマを明確にした国際博覧会が開催されるようになった。とあるが，次のⅠの略年表は，1958年から2015年までの，国際博覧会に関する主な出来事についてまとめたものである。Ⅱの文章は，Ⅰの略年表中の**A**～**D**の**いずれか**の国際博覧会とその開催国の環境問題について述べたものである。Ⅱの文章で述べている国際博覧会に当てはまるのは，Ⅰの略年表中の**A**～**D**のうちのどれか，また，その開催国に当てはまるのは，略地図中に ▒ で示した**W**～**Z**のうちのどれか。

Ⅰ

西暦	国際博覧会に関する主な出来事
1958	●「科学文明とヒューマニズム」をテーマとした万国博覧会が開催された。…………**A**
1967	●「人間とその世界」をテーマとした万国博覧会が開催された。…………**B**
1974	●「汚染なき進歩」をテーマとした国際環境博覧会が開催された。
1988	●「技術時代のレジャー」をテーマとした国際レジャー博覧会が開催された。
1992	●「発見の時代」をテーマとした万国博覧会が開催された。…………**C**
2000	●「人間・自然・技術」をテーマとした万国博覧会が開催された。…………**D**
2015	●「地球に食料を，生命にエネルギーを」をテーマとした万国博覧会が開催された。

Ⅱ

この博覧会は，「環境と開発に関するリオ宣言」などに基づいたテーマが設定され，リオデジャネイロでの地球サミットから８年後に開催された。この当時，国境の一部となっている北流する国際河川の東側に位置する森林（シュヴァルツヴァルト）で生じた木々の立ち枯れは，偏西風などにより運ばれた有害物質による酸性雨が原因であると考えられていた。

〔問３〕 (3)我が国で最初の万国博覧会が大阪で開催された時代と比べ，社会の様子も大きく変化してきた。とあるが，次のⅠの**ア**～**エ**のグラフは，1950年，1970年，2000年，2020年の**いずれか**の我が国における人口ピラミッドを示したものである。Ⅱの文章で述べている年の人口ピラミッドに当てはまるのは，Ⅰの**ア**～**エ**のうちのどれか。

Ⅰ

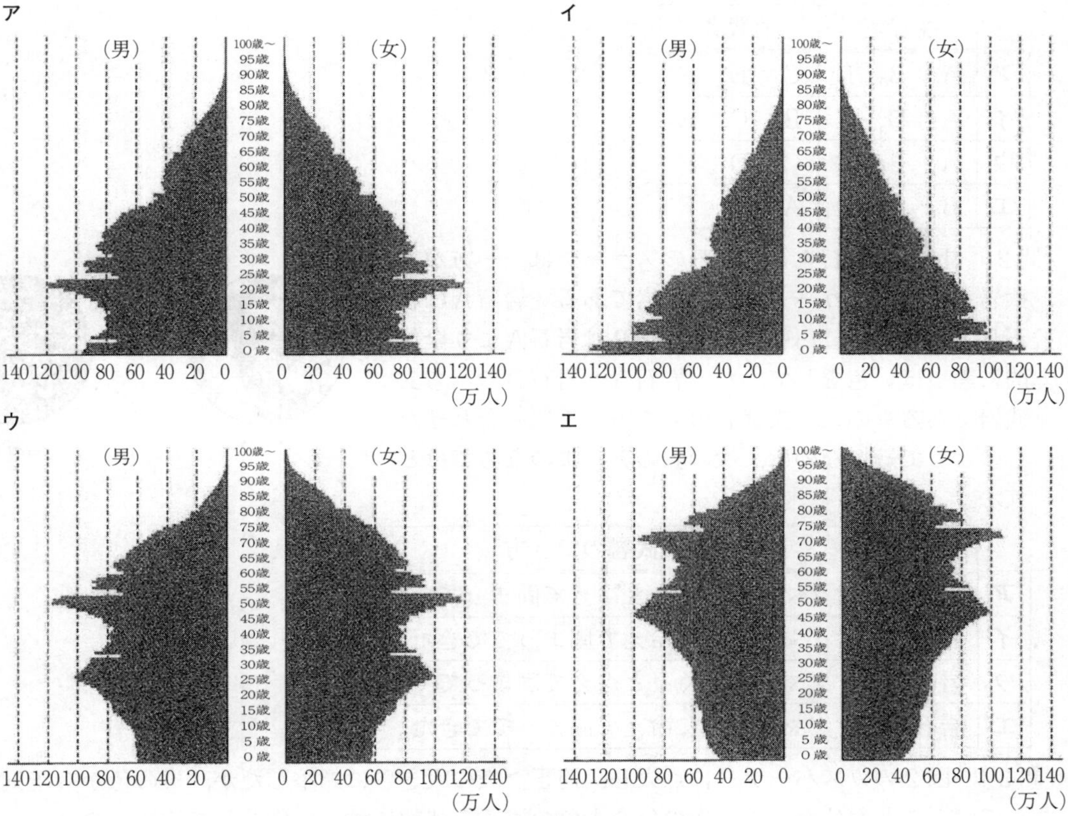

（2020年国勢調査などより作成）

Ⅱ

○我が国の人口が１億人を突破して３年後のこの年は，65歳以上の割合は７％を超え，高齢化社会の段階に入っている。 ○地方から都市への人口移動が見られ，郊外にニュータウンが建設され，大阪では「人類の進歩と調和」をテーマに万国博覧会が開催された。

【理　科】（50分）〈満点：100点〉

1　次の各問に答えよ。

〔問１〕　次のＡ～Ｆの生物を生産者と消費者とに分類したものとして適切なのは，下の表の**ア**～**エ**のうちではどれか。

Ａ　エンドウ　　Ｂ　サツマイモ　　Ｃ　タカ　　Ｄ　ツツジ　　Ｅ　バッタ　　Ｆ　ミミズ

	生産者	消費者
ア	Ａ，Ｂ，Ｄ	Ｃ，Ｅ，Ｆ
イ	Ａ，Ｄ，Ｆ	Ｂ，Ｃ，Ｅ
ウ	Ａ，Ｂ，Ｅ	Ｃ，Ｄ，Ｆ
エ	Ｂ，Ｃ，Ｄ	Ａ，Ｅ，Ｆ

〔問２〕　図１の岩石Ａと岩石Ｂのスケッチは，一方が玄武岩であり，もう一方が花こう岩である。岩石Ａは岩石Ｂより全体的に白っぽく，岩石Ｂは岩石Ａより全体的に黒っぽい色をしていた。岩石Ａと岩石Ｂのうち玄武岩であるものと，玄武岩のでき方とを組み合わせたものとして適切なのは，次の表の**ア**～**エ**のうちではどれか。

図１

	玄武岩	玄武岩のでき方
ア	岩石Ａ	マグマがゆっくりと冷えて固まってできた。
イ	岩石Ａ	マグマが急激に冷えて固まってできた。
ウ	岩石Ｂ	マグマがゆっくりと冷えて固まってできた。
エ	岩石Ｂ	マグマが急激に冷えて固まってできた。

〔問３〕　図２のガスバーナーに点火し，適正な炎の大きさに調整したが，炎の色から空気が不足していることが分かった。炎の色を青色の適正な状態にする操作として適切なのは，下の**ア**～**エ**のうちではどれか。

図２

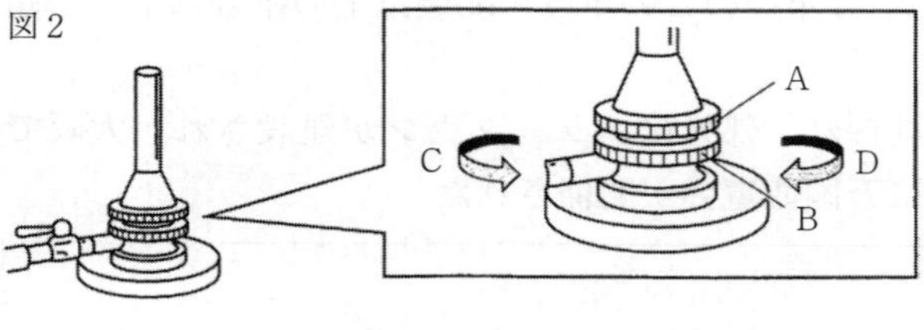

ア　Ａのねじを押さえながら，Ｂのねじを Ｃの向きに回す。
イ　Ａのねじを押さえながら，Ｂのねじを Ｄの向きに回す。
ウ　Ｂのねじを押さえながら，Ａのねじを Ｃの向きに回す。
エ　Ｂのねじを押さえながら，Ａのねじを Ｄの向きに回す。

〔問４〕 図３のように，凸レンズの二つの焦点を通る一直線上に，物体(光源付き)，凸レンズ，スクリーンを置いた。

凸レンズの二つの焦点を通る一直線上で，スクリーンを矢印の向きに動かし，凸レンズに達する前にはっきりと像が映る位置に調整した。図３のＡ点，Ｂ点のうちはっきりと像が映るときのスクリーンの位置と，このときスクリーンに映った像の大きさについて述べたものとを組み合わせたものとして適切なのは，下の表の**ア**～**エ**のうちではどれか。

図３

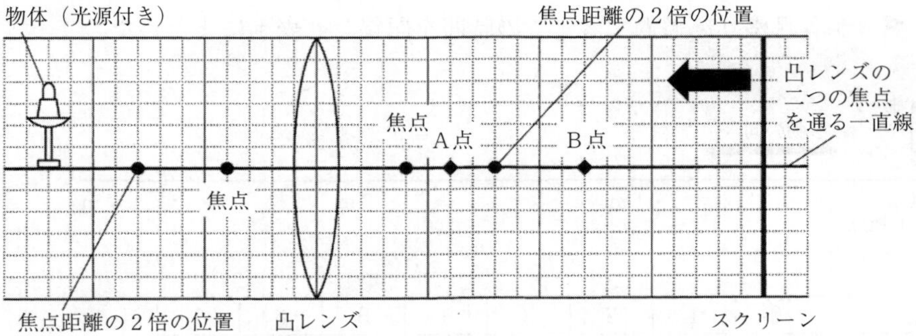

	スクリーンの位置	スクリーンに映った像の大きさについて述べたもの
ア	Ａ点	物体の大きさと比べて，スクリーンに映った像の方が大きい。
イ	Ａ点	物体の大きさと比べて，スクリーンに映った像の方が小さい。
ウ	Ｂ点	物体の大きさと比べて，スクリーンに映った像の方が大きい。
エ	Ｂ点	物体の大きさと比べて，スクリーンに映った像の方が小さい。

〔問５〕 次のＡ～Ｄの物質を化合物と単体とに分類したものとして適切なのは，下の表の**ア**～**エ**のうちではどれか。

Ａ　二酸化炭素　　Ｂ　水　　Ｃ　アンモニア　　Ｄ　酸素

	化合物	単体
ア	Ａ，Ｂ，Ｃ	Ｄ
イ	Ａ，Ｂ	Ｃ，Ｄ
ウ	Ｃ，Ｄ	Ａ，Ｂ
エ	Ｄ	Ａ，Ｂ，Ｃ

〔問６〕 図４はアブラナの花の各部分を外側にあるものからピンセットではがし，スケッチしたものである。図４のＡ～Ｄの名称を組み合わせたものとして適切なのは，次の表の**ア**～**エ**のうちではどれか。

図４

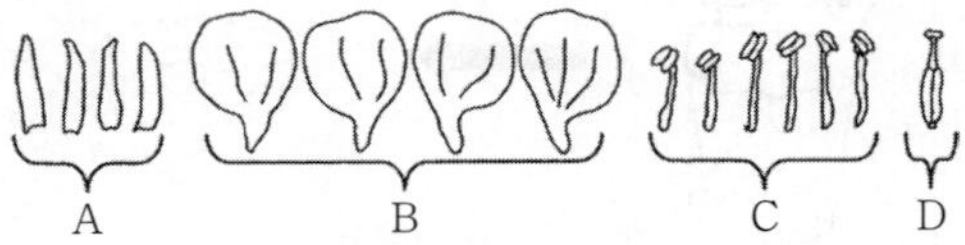

	A	B	C	D
ア	がく	花弁	めしべ	おしべ
イ	がく	花弁	おしべ	めしべ
ウ	花弁	がく	おしべ	めしべ
エ	花弁	がく	めしべ	おしべ

2 生徒が，南極や北極に関して科学的に探究しようと考え，自由研究に取り組んだ。生徒が書いたレポートの一部を読み，次の各問に答えよ。

＜レポート１＞　雪上車について

雪上での移動手段について調べたところ，南極用に設計され，－60℃でも使用できる雪上車があることが分かった。その雪上車に興味をもち，大きさが約40分の１の模型を作った。

図１のように，速さを調べるために模型に旗（◀）を付け，１ｍごとに目盛りを付けた７ｍの直線コースを走らせた。旗（◀）をスタート地点に合わせ，模型がスタート地点を出発してから旗（◀）が各目盛りを通過するまでの時間を記録し，表１にまとめた。

図１

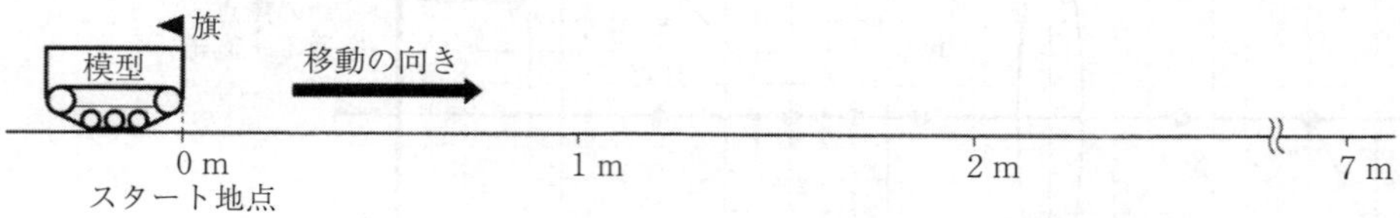

表１

移動した距離〔m〕	0	1	2	3	4	5	6	7
通過するまでの時間〔秒〕	0	19.8	40.4	61.0	81.6	101.7	122.2	143.0

〔問１〕　＜**レポート１**＞から，模型の旗（◀）が２ｍ地点を通過してから６ｍ地点を通過するまでの平均の速さを計算し，小数第三位を四捨五入したものとして適切なのは，次のうちではどれか。

ア　0.02m/s　　**イ**　0.05m/s　　**ウ**　0.17m/s　　**エ**　0.29m/s

＜レポート２＞　海氷について

北極圏の海氷について調べたところ，海水が凍ることで生じる海氷は，海面に浮いた状態で存在していることや，海水よりも塩分の濃度が低いことが分かった。海氷ができる過程に興味をもち，食塩水を用いて次のようなモデル実験を行った。

図２のように，３％の食塩水をコップに入れ，液面上部から冷却し凍らせた。凍った部分を取り出し，その表面を取り除き残った部分を二つに分けた。その一つを溶かし食塩の濃度を測定したところ，0.84％であった。また，もう一つを３％の食塩水に入れたところ浮いた。

図２

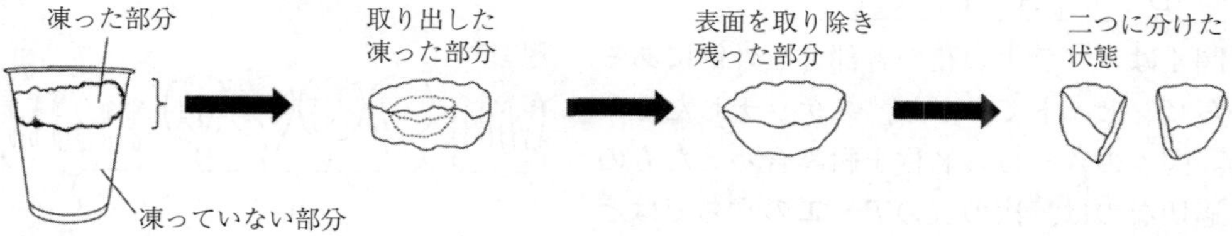

〔問２〕　＜**レポート２**＞から，「３％の食塩水100ｇに含まれる食塩の量」に対する「凍った部分の表面を取り除き残った部分100ｇに含まれる食塩の量」の割合として適切なのは，下の ① の**ア**と**イ**のうちではどれか。また，「３％の食塩水の密度」と「凍った部分の表面を取り除き残った部分の密度」を比べたときに，密度が大きいものとして適切なのは，下の ② の**ア**と**イ**のうちではどれか。ただし，凍った部分の表面を取り除き残った部分の食塩の濃度は均一で

あるものとする。

①	**ア** 約13%	**イ** 約28%
②	**ア** 3%の食塩水	**イ** 凍った部分の表面を取り除き残った部分

<レポート3>　生物の発生について

水族館で，南極海に生息している図3のようなナンキョクオキアミの発生に関する展示を見て，生物の発生に興味をもった。発生の観察に適した生物を探していると，近所の池で図4の模式図のようなカエル(ニホンアマガエル)の受精卵を見付けたので持ち帰り，発生の様子をルーペで継続して観察したところ，図5や図6の模式図のように，細胞分裂により細胞数が増えていく様子を観察することができた。なお，図5は細胞数が2個になった直後の胚(はい)を示しており，図6は細胞数が4個になった直後の胚を示している。

図3

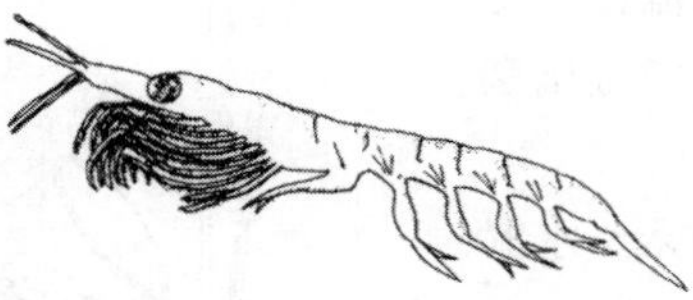

図4

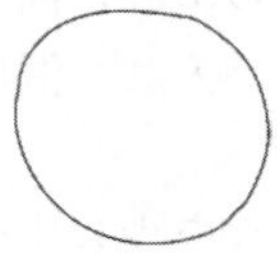

図5

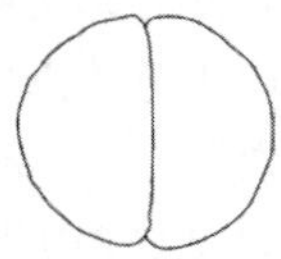

図6

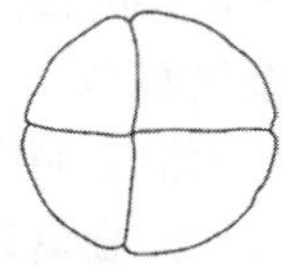

〔問3〕　**<レポート3>**の図4の受精卵の染色体の数を24本とした場合，図5及び図6の胚に含まれる合計の染色体の数として適切なのは，次の表の**ア**～**エ**のうちではどれか。

	図5の胚に含まれる合計の染色体の数	図6の胚に含まれる合計の染色体の数
ア	12本	6本
イ	12本	12本
ウ	48本	48本
エ	48本	96本

<レポート4>　北極付近での太陽の動きについて

北極付近での天体に関する現象について調べたところ，1日中太陽が沈まない現象が起きることが分かった。1日中太陽が沈まない日に北の空を撮影した連続写真には，図7のような様子が記録されていた。

地球の公転軌道を図8のように模式的に表した場合，図7のように記録された連続写真は，図8のAの位置に地球があるときに撮影されたことが分かった。

図7

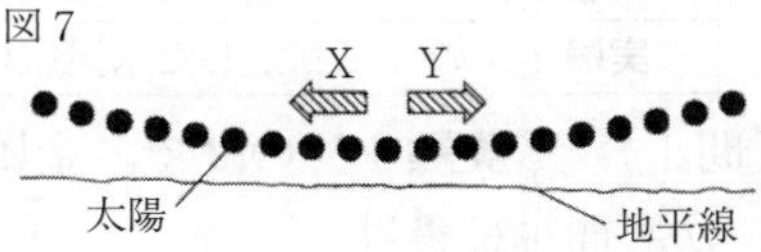

図8

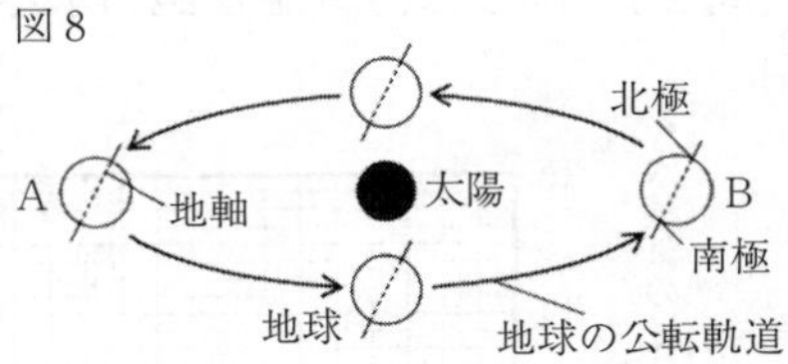

〔問4〕　**<レポート4>**から，図7のXとYのうち太陽が見かけ上動いた向きと，図8のAとBのうち日本で夏至となる地球の位置とを組み合わせたものとして適切なのは，次の表の**ア**～**エ**のうちではどれか。

	図7のXとYのうち太陽が見かけ上動いた向き	図8のAとBのうち日本で夏至となる地球の位置
ア	X	A
イ	X	B
ウ	Y	A
エ	Y	B

3 露点及び雲の発生に関する実験について，次の各問に答えよ。

＜**実験1**＞を行ったところ，＜**結果1**＞のようになった。

＜**実験1**＞

(1) ある日の午前10時に，あらかじめ実験室の室温と同じ水温にしておいた水を金属製のコップの半分くらいまで入れ，温度計で金属製のコップ内の水温を測定した。

(2) 図1のように，金属製のコップの中に氷水を少しずつ加え，水温が一様になるようにガラス棒でかき混ぜながら，金属製のコップの表面の温度が少しずつ下がるようにした。

(3) 金属製のコップの表面に水滴が付き始めたときの金属製のコップ内の水温を測定した。

(4) ＜**実験1**＞の(1)〜(3)の操作を同じ日の午後6時にも行った。

図1

なお，この実験において，金属製のコップ内の水温とコップの表面付近の空気の温度は等しいものとし，同じ時刻における実験室内の湿度は均一であるものとする。

＜**結果1**＞

	午前10時	午後6時
＜**実験1**＞の(1)で測定した水温〔℃〕	17.0	17.0
＜**実験1**＞の(3)で測定した水温〔℃〕	16.2	12.8

〔問1〕 ＜**実験1**＞の(2)で，金属製のコップの表面の温度が少しずつ下がるようにしたのはなぜか。簡単に書け。

〔問2〕 図2は，気温と飽和水蒸気量の関係をグラフに表したものである。

図2

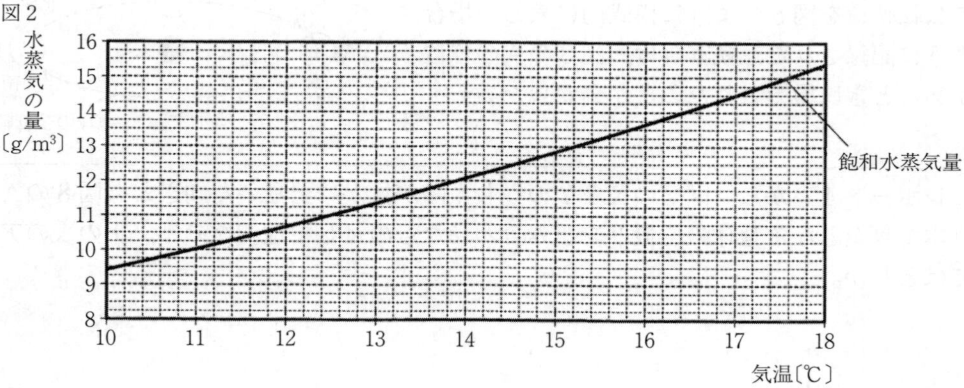

＜**結果１**＞から，午前10時の湿度として適切なのは，下の ① の**ア**と**イ**のうちではどれか。また，午前10時と午後６時の実験室内の空気のうち，$1\,m^3$に含まれる水蒸気の量が多い空気として適切なのは，下の ② の**ア**と**イ**のうちではどれか。

① **ア** 約76％　　**イ** 約95％

② **ア** 午前10時の実験室内の空気　　**イ** 午後６時の実験室内の空気

次に＜**実験２**＞を行ったところ，＜**結果２**＞のようになった。

＜**実験２**＞

(1) 丸底フラスコの内部をぬるま湯でぬらし，線香のけむりを少量入れた。

(2) 図３のように，ピストンを押し込んだ状態の大型注射器とデジタル温度計を丸底フラスコに空気がもれないようにつなぎ，装置を組み立てた。

(3) 大型注射器のピストンをすばやく引き，すぐに丸底フラスコ内の様子と丸底フラスコ内の温度の変化を調べた。

(4) ＜**実験２**＞の(3)の直後，大型注射器のピストンを元の位置まですばやく押し込み，すぐに丸底フラスコ内の様子と丸底フラスコ内の温度の変化を調べた。

図３

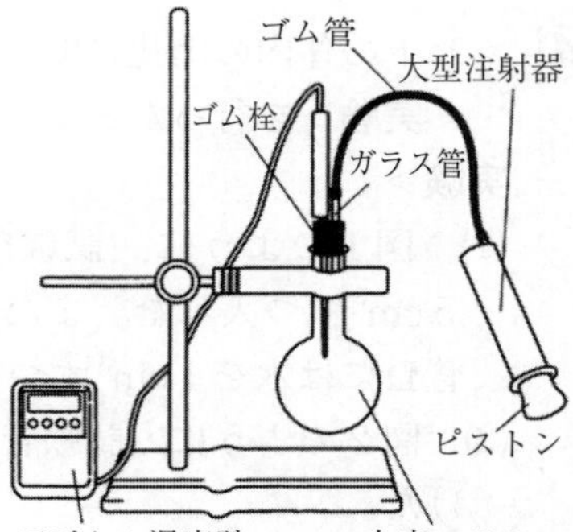

＜**結果２**＞

	＜**実験２**＞の(3)の結果	＜**実験２**＞の(4)の結果
丸底フラスコ内の様子	くもった。	くもりは消えた。
丸底フラスコ内の温度	26.9℃から26.7℃に変化した。	26.7℃から26.9℃に変化した。

〔問３〕 ＜**結果２**＞から分かることをまとめた次の文章の ① ～ ④ にそれぞれ当てはまるものとして適切なのは，下の**ア**と**イ**のうちではどれか。

> ピストンをすばやく引くと，丸底フラスコ内の空気は ① し丸底フラスコ内の気圧は ② 。その結果，丸底フラスコ内の空気の温度が ③ ，丸底フラスコ内の ④ に変化した。

① **ア** 膨張　　**イ** 収縮

② **ア** 上がる　　**イ** 下がる

③ **ア** 上がり　　**イ** 下がり

④ **ア** 水蒸気が水滴　　**イ** 水滴が水蒸気

さらに，自然界で雲が生じる要因の一つである前線について調べ，＜**資料**＞を得た。

＜**資料**＞

次の文章は，日本のある場所で寒冷前線が通過したときの気象観測の記録について述べたものである。

> 午前６時から午前９時までの間に，雨が降り始めるとともに気温が急激に下がった。この間，風向は南寄りから北寄りに変わった。

〔問４〕 ＜**資料**＞から，通過した前線の説明と，前線付近で発達した雲の説明とを組み合わせたものとして適切なのは，次の表の**ア**～**エ**のうちではどれか。

	通過した前線の説明	前線付近で発達した雲の説明
ア	暖気が寒気の上をはい上がる。	広い範囲に長く雨を降らせる雲
イ	暖気が寒気の上をはい上がる。	短時間に強い雨を降らせる雲
ウ	寒気が暖気を押し上げる。	広い範囲に長く雨を降らせる雲
エ	寒気が暖気を押し上げる。	短時間に強い雨を降らせる雲

4　ヒトの体内の消化に関する実験について，次の各問に答えよ。

＜**実験**＞を行ったところ，＜**結果**＞のようになった。

＜**実験**＞

(1)　図１のように，試験管Ａ，試験管Ｂ，試験管Ｃ，試験管Ｄに0.5％のデンプン溶液を５ cm^3 ずつ入れた。また，試験管Ａ，試験管Ｃには唾液を１ cm^3 ずつ入れ，試験管Ｂ，試験管Ｄには水を１ cm^3 ずつ入れた。

(2)　図２のように，試験管Ａ，試験管Ｂ，試験管Ｃ，試験管Ｄを約40℃に保った水に10分間つけた。

(3)　図３のように，試験管Ａ，試験管Ｂにヨウ素液を入れ，10分後，溶液の色の変化を観察した。

(4)　図４のように，試験管Ｃ，試験管Ｄにベネジクト液と沸騰石を入れ，その後，加熱し，１分後，溶液の色の変化を観察した。

図１

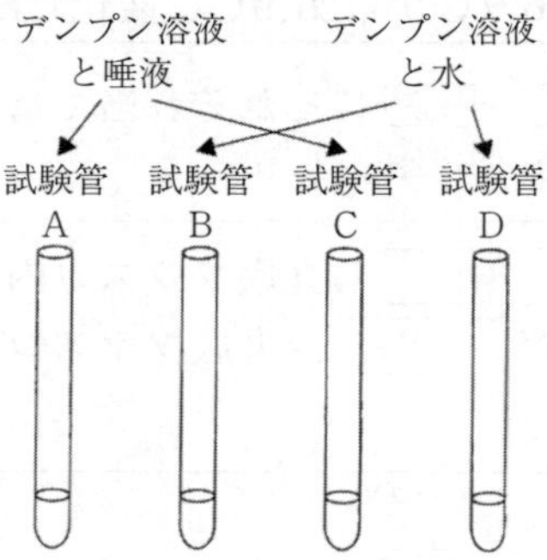

図２

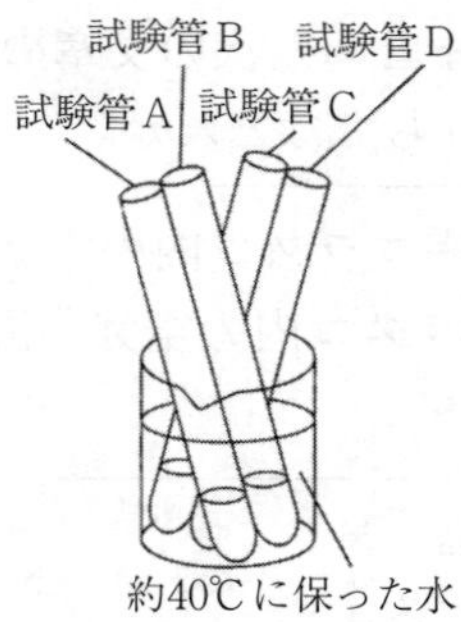

図３

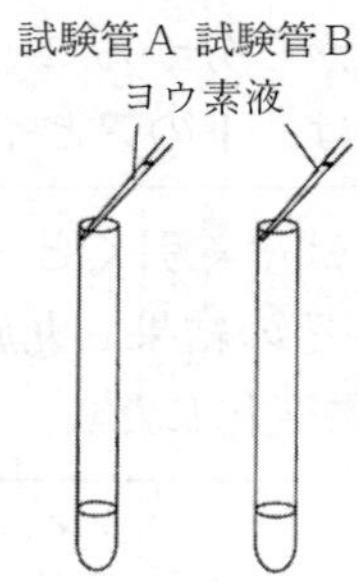

図４

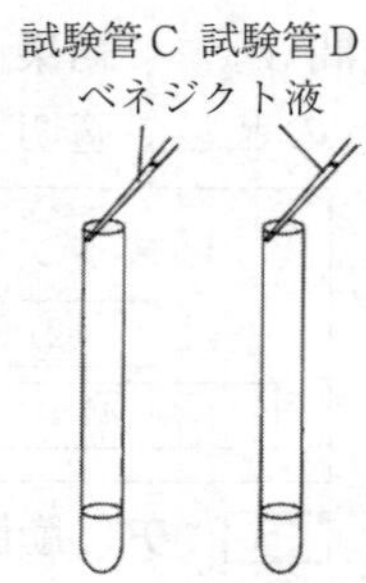

＜**結果**＞

	試験管Ａ	試験管Ｂ	試験管Ｃ	試験管Ｄ
色の変化	変化しなかった。	青紫色になった。	赤褐色になった。	変化しなかった。

〔問１〕　＜**結果**＞から分かる唾液のはたらきについて述べたものとして適切なのは，次のうちではどれか。

ア　試験管Ａと試験管Ｂの比較から，唾液にはデンプンをデンプンではないものにするはたらきがあることが分かり，試験管Ｃと試験管Ｄの比較から，唾液にはデンプンをアミノ酸にするはたらきがあることが分かる。

イ　試験管Ａと試験管Ｄの比較から，唾液にはデンプンをデンプンではないものにするはたらきがあることが分かり，試験管Bと試験管Cの比較から，唾液にはデンプンをアミノ酸にするはたらきがあることが分かる。

ウ　試験管Aと試験管Bの比較から，唾液にはデンプンをデンプンではないものにするはたらきがあることが分かり，試験管Cと試験管Dの比較から，唾液にはデンプンをブドウ糖がいくつか結合した糖にするはたらきがあることが分かる。

エ　試験管Aと試験管Dの比較から，唾液にはデンプンをデンプンではないものにするはたらきがあることが分かり，試験管Bと試験管Cの比較から，唾液にはデンプンをブドウ糖がいくつか結合した糖にするはたらきがあることが分かる。

〔問2〕　消化酵素により分解されることで作られた，ブドウ糖，アミノ酸，脂肪酸，モノグリセリドが，ヒトの小腸の柔毛で吸収される様子について述べたものとして適切なのは，次のうちではどれか。

ア　アミノ酸とモノグリセリドはヒトの小腸の柔毛で吸収されて毛細血管に入り，ブドウ糖と脂肪酸はヒトの小腸の柔毛で吸収された後に結合してリンパ管に入る。

イ　ブドウ糖と脂肪酸はヒトの小腸の柔毛で吸収されて毛細血管に入り，アミノ酸とモノグリセリドはヒトの小腸の柔毛で吸収された後に結合してリンパ管に入る。

ウ　脂肪酸とモノグリセリドはヒトの小腸の柔毛で吸収されて毛細血管に入り，ブドウ糖とアミノ酸はヒトの小腸の柔毛で吸収された後に結合してリンパ管に入る。

エ　ブドウ糖とアミノ酸はヒトの小腸の柔毛で吸収されて毛細血管に入り，脂肪酸とモノグリセリドはヒトの小腸の柔毛で吸収された後に結合してリンパ管に入る。

〔問3〕　図5は，ヒトの体内における血液の循環の経路を模式的に表したものである。図5のAとBの場所のうち，ヒトの小腸の毛細血管から吸収された栄養分の濃度が高い場所と，細胞に取り込まれた栄養分からエネルギーを取り出す際に使う物質とを組み合わせたものとして適切なのは，次の表の**ア**～**エ**のうちではどれか。

	栄養分の濃度が高い場所	栄養分からエネルギーを取り出す際に使う物質
ア	A	酸素
イ	A	二酸化炭素
ウ	B	酸素
エ	B	二酸化炭素

図5

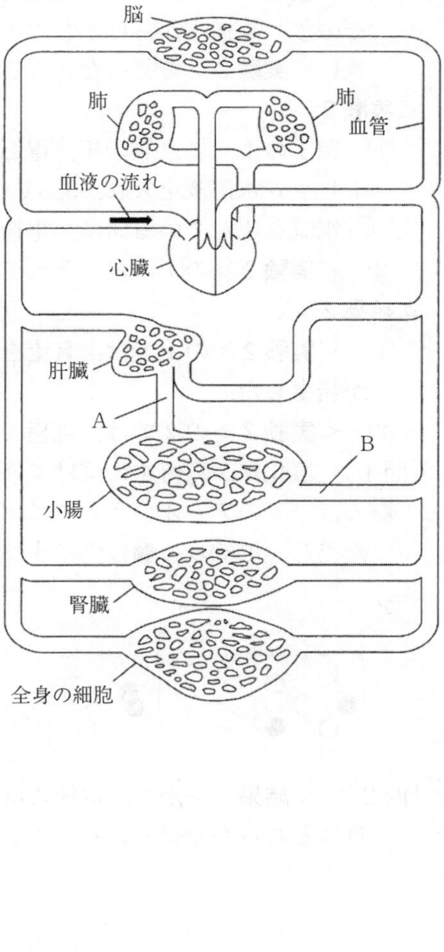

5 水溶液の実験について，次の各問に答えよ。

＜**実験１**＞を行ったところ，＜**結果１**＞のようになった。

＜**実験１**＞

(1) 図１のように，炭素棒，電源装置をつないで装置を作り，ビーカーの中に５％の塩化銅水溶液を入れ，3.5Vの電圧を加えて，３分間電流を流した。

電流を流している間に，電極Ａ，電極Ｂ付近の様子などを観察した。

(2) ＜**実験１**＞の(1)の後に，それぞれの電極を蒸留水（精製水）で洗い，電極の様子を観察した。

電極Ａに付着した物質をはがし，その物質を薬さじでこすった。

図１

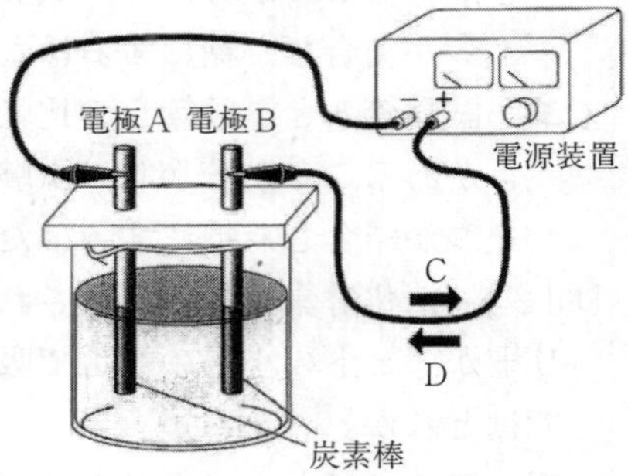

＜**結果１**＞

(1) ＜**実験１**＞の(1)では，電極Ａに物質が付着し，電極Ｂ付近から気体が発生し，刺激臭がした。

(2) ＜**実験１**＞の(2)では，電極Ａに赤い物質の付着が見られ，電極Ｂに変化は見られなかった。その後，電極Ａからはがした赤い物質を薬さじでこすると，金属光沢が見られた。

次に＜**実験２**＞を行ったところ，＜**結果２**＞のようになった。

＜**実験２**＞

(1) 図１のように，炭素棒，電源装置をつないで装置を作り，ビーカーの中に５％の水酸化ナトリウム水溶液を入れ，3.5Vの電圧を加えて，３分間電流を流した。

電流を流している間に，電極Ａとその付近，電極Ｂとその付近の様子を観察した。

(2) ＜**実験２**＞の(1)の後，それぞれの電極を蒸留水で洗い，電極の様子を観察した。

＜**結果２**＞

(1) ＜**実験２**＞の(1)では，電流を流している間に，電極Ａ付近，電極Ｂ付近からそれぞれ気体が発生した。

(2) ＜**実験２**＞の(2)では，電極Ａ，電極Ｂ共に変化は見られなかった。

〔問１〕 塩化銅が蒸留水に溶けて陽イオンと陰イオンに分かれた様子を表したモデルとして適切なのは，下の**ア**～**オ**のうちではどれか。

ただし，モデルの●は陽イオン１個，○は陰イオン１個とする。

ア　**イ**　**ウ**　**エ**　**オ**

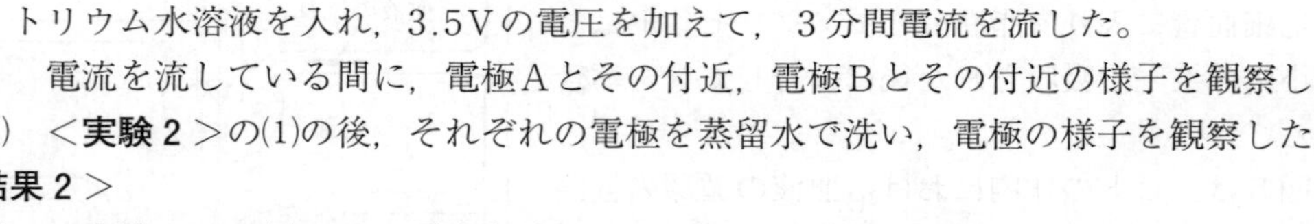

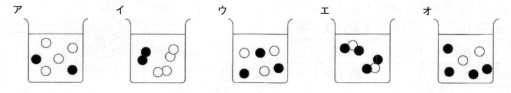

〔問２〕 ＜**結果１**＞から，電極Ａは陽極と陰極のどちらか，また，回路に流れる電流の向きはＣとＤのどちらかを組み合わせたものとして適切なのは，次の表の**ア**～**エ**のうちではどれか。

	電極Ａ	回路に流れる電流の向き
ア	陽極	C
イ	陽極	D
ウ	陰極	C
エ	陰極	D

〔問３〕 ＜**結果１**＞の(1)から，電極Ｂ付近で生成された物質が発生する仕組みを述べた次の文の ① と ② にそれぞれ当てはまるものを組み合わせたものとして適切なのは，下の表の**ア**～**エ**のうちではどれか。

> 塩化物イオンが電子を ① ，塩素原子になり，塩素原子が ② ，気体として発生した。

	①	②
ア	放出し（失い）	原子１個で
イ	放出し（失い）	２個結び付き，分子になり
ウ	受け取り	原子１個で
エ	受け取り	２個結び付き，分子になり

〔問４〕 ＜**結果１**＞から，電流を流した時間と水溶液中の銅イオンの数の変化の関係を模式的に示した図として適切なのは，下の ① の**ア**～**ウ**のうちではどれか。また，＜**結果２**＞から，電流を流した時間と水溶液中のナトリウムイオンの数の変化の関係を模式的に示した図として適切なのは，下の ② の**ア**～**ウ**のうちではどれか。

①

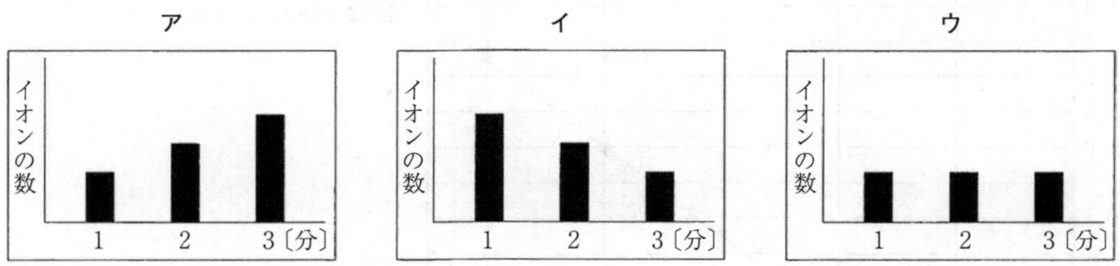

②

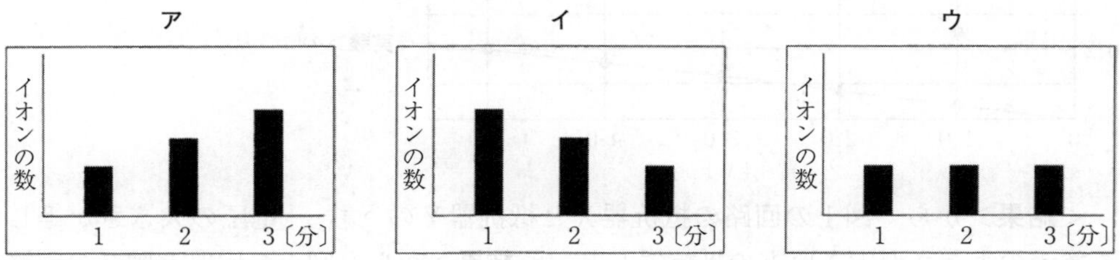

6　電流の実験について，次の各問に答えよ。
<**実験**>を行ったところ，<**結果**>のようになった。

<**実験**>

(1)　電気抵抗の大きさが5Ωの抵抗器Xと20Ωの抵抗器Y，電源装置，導線，スイッチ，端子，電流計，電圧計を用意した。

(2)　図1のように回路を作った。電圧計で測った電圧の大きさが1.0V，2.0V，3.0V，4.0V，5.0Vになるように電源装置の電圧を変え，回路を流れる電流の大きさを電流計で測定した。

(3)　図2のように回路を作った。電圧計で測った電圧の大きさが1.0V，2.0V，3.0V，4.0V，5.0Vになるように電源装置の電圧を変え，回路を流れる電流の大きさを電流計で測定した。

図1

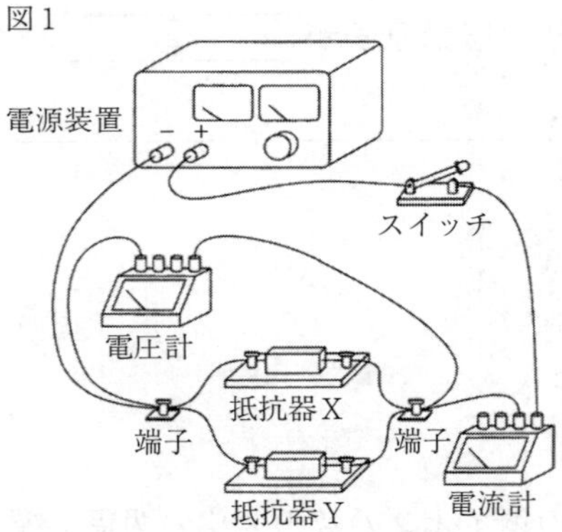

図2

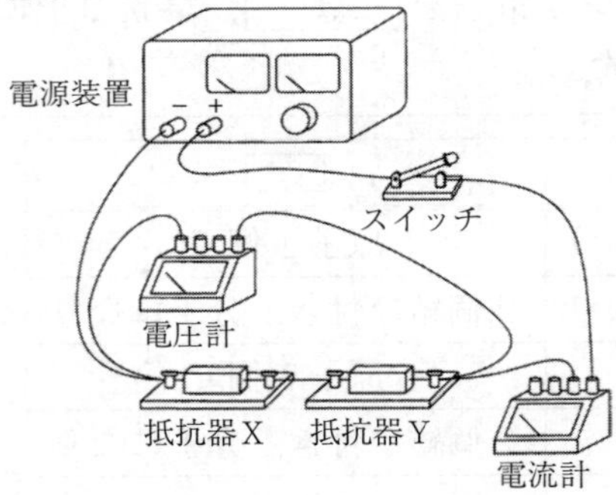

<**結果**>

<**実験**>の(2)と<**実験**>の(3)で測定した電圧と電流の関係をグラフに表したところ，図3のようになった。

図3

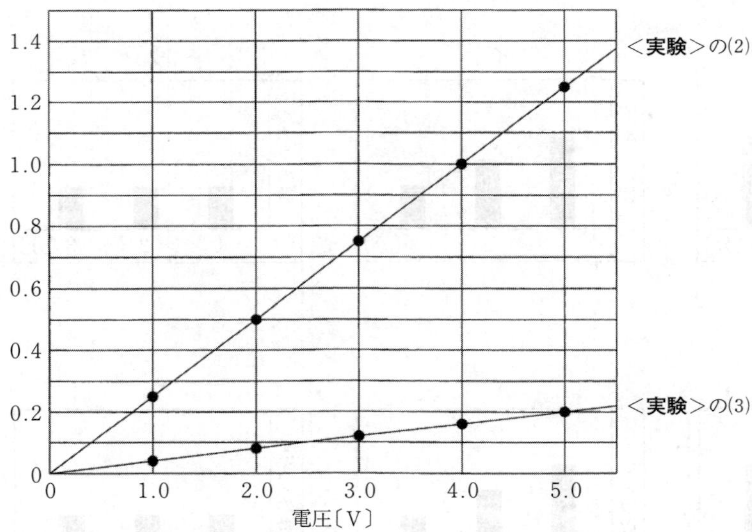

〔問1〕　<**結果**>から，図1の回路の抵抗器Xと抵抗器Yのうち，「電圧の大きさが等しいとき，流れる電流の大きさが大きい方の抵抗器」と，<**結果**>から，図1の回路と図2の回路のうち，「電圧の大きさが等しいとき，流れる電流の大きさが大きい方の回路」とを組み合わせたものとして適切なのは，次の表の**ア**～**エ**のうちではどれか。

	電圧の大きさが等しいとき，流れる電流の大きさが大きい方の抵抗器	電圧の大きさが等しいとき，流れる電流の大きさが大きい方の回路
ア	抵抗器X	図1の回路
イ	抵抗器X	図2の回路
ウ	抵抗器Y	図1の回路
エ	抵抗器Y	図2の回路

〔問2〕 ＜**結果**＞から，次のA，B，Cの抵抗の値の関係を表したものとして適切なのは，下の**ア**～**カ**のうちではどれか。

A　抵抗器Xの抵抗の値

B　抵抗器Xと抵抗器Yを並列につないだ回路全体の抵抗の値

C　抵抗器Xと抵抗器Yを直列につないだ回路全体の抵抗の値

ア　A＜B＜C　　**イ**　A＜C＜B　　**ウ**　B＜A＜C

エ　B＜C＜A　　**オ**　C＜A＜B　　**カ**　C＜B＜A

〔問3〕 ＜**結果**＞から，＜**実験**＞の(2)において抵抗器Xと抵抗器Yで消費される電力と，＜**実験**＞の(3)において抵抗器Xと抵抗器Yで消費される電力が等しいときの，図1の回路の抵抗器Xに加わる電圧の大きさをS，図2の回路の抵抗器Xに加わる電圧の大きさをTとしたときに，最も簡単な整数の比で$S:T$を表したものとして適切なのは，次の**ア**～**オ**のうちではどれか。

ア　1:1　　**イ**　1:2　　**ウ**　2:1　　**エ**　2:5　　**オ**　4:1

〔問4〕 図2の回路の電力と電力量の関係について述べた次の文の□に当てはまるものとして適切なのは，下の**ア**～**エ**のうちではどれか。

> 回路全体の電力を9Wとし，電圧を加え電流を2分間流したときの電力量と，回路全体の電力を4Wとし，電圧を加え電流を□間流したときの電力量は等しい。

ア　2分　　**イ**　4分30秒　　**ウ**　4分50秒　　**エ**　7分

社会解答

1 〔問１〕 ウ　〔問２〕 エ
〔問３〕 ア

2 〔問１〕 略地図中のＡ～Ｄ…Ｄ
Ⅱのア～エ…イ
〔問２〕 Ｗ…ア　Ｘ…ウ　Ｙ…エ
Ｚ…イ
〔問３〕 イ

3 〔問１〕 Ａ…エ　Ｂ…イ　Ｃ…ア
Ｄ…ウ
〔問２〕 エ
〔問３〕 (1)　(例)貨物輸送で生じる二酸化炭素の排出量を減少させるため。
(2)　(例)全ての地方に貨物鉄道の路線と貨物ターミナル駅がある。

4 〔問１〕 ウ→イ→エ→ア　〔問２〕 ウ
〔問３〕 時期…イ→ア→ウ　略地図…ア
〔問４〕 Ａ…イ　Ｂ…エ　Ｃ…ウ
Ｄ…ア

5 〔問１〕 エ　〔問２〕 イ
〔問３〕 ウ
〔問４〕 (例)適正な企業統治を実現する役割をになう社外取締役の要件が追加され，取締役会に外部の意見がより反映されるよう，社外取締役を２名以上置く会社数の割合が増加した。

6 〔問１〕 Ａ…ウ　Ｂ…ア　Ｃ…イ
Ｄ…エ
〔問２〕 Ⅰの略年表中のＡ～Ｄ…Ｄ
略地図中のＷ～Ｚ…Ｘ
〔問３〕 ア

1 〔三分野総合―小問集合問題〕

〔問１〕<地形図の読み取り>付近の様子についての文からはＢ点付近が山になっていることが，写真からはＢ点付近の道の両側が道よりも標高が高くなっていることがそれぞれわかる。これをふまえて地形図を見ると，この地形図の縮尺は２万５千分の１であり，等高線(主曲線)が10ｍごとに引かれていることから，Ｂ点の標高は50ｍと60ｍの間であると読み取れる。また，Ａ点の標高は40ｍよりもやや低く，Ｃ点の標高は20ｍと30ｍの間となる。

〔問２〕<千利休>「大名や都市の豪商の気風を反映した壮大で豪華な文化」とは，安土桃山時代に栄えた桃山文化である。堺の商人であった千利休は，この時代に全国統一を果たした豊臣秀吉に茶の湯の作法を指導するなど重く用いられ，禅の影響を受けた質素なわび茶の作法を完成させた。なお，喜多川歌麿は江戸時代の化政文化が栄えた頃に美人画などを描いた浮世絵画家，栄西は鎌倉時代に宋(中国)で学び日本に臨済宗を伝えた僧，尾形光琳は江戸時代の元禄文化が栄えた頃に華やかな装飾画を完成させた画家である。

〔問３〕<安全保障理事会の常任理事国>国際連合の主要機関の１つである安全保障理事会は，国際社会の平和と安全を維持する役割を持ち，常任理事国５か国と，任期が２年の非常任理事国10か国で構成されている。2022年現在の常任理事国は，アメリカ合衆国〔アメリカ〕，ロシア連邦〔ロシア〕，イギリス，フランス，中華人民共和国〔中国〕の５か国である。常任理事国は拒否権を持ち，重要な問題については常任理事国のうち１か国でも反対すると決議できない。

2 〔世界地理―世界の諸地域〕

〔問１〕<世界の気候と暮らし>略地図中のＡ～Ｄ．Ⅰの文章中の「夏季は高温で乾燥し，冬季は温暖で湿潤となる気候」「ぶどうやオリーブが栽培されている」などの記述から，これは温帯の地中海性気候に属する地域について述べたものであり，当てはまる都市はＤであるとわかる。　Ⅱのア～エ．Ｄの都市の気候を示したグラフは，夏の降水量が少なく，冬は降水量が多く比較的温暖なイとなる。なお，Ａは温帯の温暖湿潤気候に属する都市でウのグラフ(南半球に位置するため，北半球とは季節が逆になっている)，Ｂは乾燥帯のステップ気候に属する都市でアのグラフ，Ｃは冷帯〔亜寒帯〕気候に属する都市でエのグラフとなる。

〔問２〕＜世界の国々の特徴＞略地図中のWはボリビア，Xはアメリカ，Yはオマーン，Zはフランスである。アは，「ポンチョや強い紫外線を防ぐ帽子」が見られることや，じゃがいもの栽培が盛んであることなどから，国土の西部にアンデス山脈が分布しているボリビアである。イは，一人当たりの国民総所得がウに次いで大きいこと，キリスト教のカトリックを信仰する人が多いこと，「鞄（かばん）や洋服などの世界的なブランド店の本店が立ち並ぶ」ことなどから，ヨーロッパに位置しファッション関連産業が盛んなフランスである。ウは，一人当たりの国民総所得が最も大きいこと，高速道路(フリーウエー)や巨大なショッピングセンターが発達していること，多民族国家であることなどから，アメリカである。エは，乾燥地域で生産されるなつめやしが見られること，イスラム教徒の割合が最も多いことなどから，西アジアに位置するオマーンである。

〔問３〕＜ベトナムの特徴と資料の読み取り＞Ⅲの文章中の「2001年に約2164億円であった日本からの輸出額は，2021年には約２兆968億円となり」という記述から，2021年の日本からの輸出額は2001年の約9.7倍であることがわかる。これは，Ⅰの略地図中では「５倍～10倍未満」に該当し，ベトナムとラオスが当てはまる。また，Ⅲの文章中の「2001年に179社であった進出日本企業数は，2021年には1143社へと増加」という記述から，2021年の進出日本企業数は2001年よりも964社増加していることがわかる。これは，Ⅱの略地図中では「500社以上」に該当し，ベトナム，タイ，インドネシアが当てはまる。以上から，Ⅲの文章で述べている国はベトナムとなる。これらのほか，Ⅲの文章の１段落目にある「国が南北に分離した時代を経て，1976年に統一された」こと，「国営企業中心の経済」であったことなどの記述からベトナムと判断することもできる。ベトナムは，冷戦下で北ベトナムと南ベトナムに分断され，ベトナム戦争を経て1976年に社会主義国として統一された。

３〔日本地理―日本の諸地域〕

〔問１〕＜都道府県の自然と農産物の東京への出荷＞ア．Cの長野県である。日本アルプスなどの険しい山脈・山地が多く分布するため平均標高が高く，また，日本列島を東西に分ける溝状の地形であるフォッサマグナなどの影響によって形成された松本盆地や諏訪盆地などの盆地が見られる。東部の八ケ岳や浅間山のふもとの高原では，夏でも冷涼な気候を生かしてレタスなどを栽培し，高原野菜として出荷している。　イ．Bの茨城県である。利根川などの河川によって形成された平野が広がり，平均標高は４県中で最も低い。大消費地である東京までトラックで約３時間と近いことから，都市向けに野菜などを出荷する近郊農業が盛んである。　ウ．Dの宮崎県である。北西部には九州山地が分布し，中央部から南部にかけての海岸沿いには宮崎平野が広がる。宮崎平野では，温暖な気候を生かし，ビニールハウスなどの施設を利用して野菜の促成栽培を行っている。東京までは長距離となるため，フェリーなどを利用して農産物を輸送している。　エ．Aの青森県である。西部には津軽平野が広がり，中央部に位置する八甲田山の南側には，カルデラ湖で水深が深い十和田湖がある。東部の太平洋側は，北東から吹くやませの影響を受けて夏季に冷涼となることがある。東京へ出荷する農産物は，トラックによる長距離輸送を行っている。

〔問２〕＜空港の特徴＞略地図中のWは成田国際空港，Xは東京国際空港〔羽田空港〕，Yは関西国際空港，Zは那覇空港である。４つの空港のうち，成田国際空港と関西国際空港は，外国との間を結ぶ航空機が主に発着する国際空港であることから，他の２つの空港に比べて輸出額・輸入額が大きいと考えられる。したがって，輸出額・輸入額が最も大きいウがWの成田国際空港，２番目に大きいアがYの関西国際空港と判断できる。成田国際空港は，日本の貿易港(港や空港)の中で貿易額が最大となっている(2020年)。次に，イとエを比べると，エの方が国内線貨物取扱量や輸出額・輸入額が大きく，またイの主な輸出品が農畜産物や水産物であるのに対し，エの主な輸出品は工業製品であることから，エがXの東京国際空港，イがZの那覇空港と判断できる。

〔問３〕＜モーダルシフト＞(1)Ⅰに示されているように，モーダルシフトとは，貨物輸送の手段を営業用貨物自動車(トラックなど)から貨物鉄道などへ転換することである。Ⅱを見ると，貨物を輸送する際に排出される二酸化炭素の排出量は，鉄道に比べて営業用貨物自動車が非常に多いことがわかる。したがって，国がモーダルシフトを推進する目的は，貨物輸送で生じる二酸化炭素の排出量を減少させるためであると考えられる。　(2)モーダルシフトを推進するためには，貨物鉄道の路線が敷設されていることと，営業用貨物自動車から貨物鉄道に積みかえる転換拠点となる貨物ターミナル駅が整備されていることが必要となる。Ⅲを見ると，七地方区分(北海道，東北，関東，中部，近畿，中国・四国，九州)の全てに貨物鉄道の路線と貨物ターミナル駅があり，全国的にモーダルシフトを推進するための前提条件が整っていることがわかる。

4〔歴史—古代～現代の日本と世界〕

〔問１〕＜年代整序＞年代の古い順に，ウ(十七条の憲法の制定，法隆寺の建立—飛鳥時代)，イ(東大寺の大仏の造立—奈良時代)，エ(中尊寺金色堂の建立—平安時代)，ア(金閣の建立—室町時代)となる。

〔問２〕＜享保の改革＞Ⅱは，江戸幕府の第８代将軍徳川吉宗が行った享保の改革について述べたものである。吉宗が政治を行ったのは，Ⅰの年表中のウの時期にあたる18世紀前半である。

〔問３〕＜年代整序，明治時代の工業＞年代の古い順に，イ(富岡製糸場—1872年)，ア(大阪紡績会社—1883年)，ウ(八幡製鉄所—1901年)となる。富岡製糸場は群馬県のＡ，大阪紡績会社は大阪府のＢ，八幡製鉄所は福岡県のＣに位置する。

〔問４〕＜昭和～平成時代の出来事＞アのバブル経済が終わったのは1990年代初め(Ｄ)，イの連合国軍最高司令官総司令部〔GHQ〕の指令に基づく民主化政策が行われたのは太平洋戦争が終結した1945年以降(Ａ)，ウの石油危機が起こったのは1973年(Ｃ)，エの東海道新幹線が開業したのは1964年(Ｂ)のことである。

5〔公民—総合〕

〔問１〕＜経済活動の自由＞日本国憲法は，自由権として精神の自由，身体の自由，経済活動の自由を保障している。このうち経済活動の自由には，エの居住・移転・職業選択の自由(第22条)と財産権の保障(第29条)が含まれる。なお，アは平等権，イは身体の自由，ウは社会権に含まれる。

〔問２〕＜公共料金＞公共料金には，国が決定するもの(介護報酬，社会保険診療報酬など)，国が認可や上限認可するもの(電気料金，都市ガス料金，鉄道運賃など)，国に届け出るもの(手紙・はがきなどの郵便料金，固定電話の通話料金など)，地方公共団体が決定するもの(公営水道料金，公立学校授業料など)がある。問題中の文章を見ると，所管省庁の審議分科会・審議会・大臣の間で料金の改定に関する審議から決定までが行われており，国が決定する公共料金であると考えられる。ア～エの中でこれに該当するのは，イの介護報酬である。文章中の「所管省庁」とは厚生労働省である。

〔問３〕＜国税と地方税＞課税する主体が国である税(国に納める税)を国税，課税する主体が地方公共団体である税(地方公共団体に納める税)を地方税という。国税には，法人税のほか，所得税や相続税，消費税や酒税などがある。地方税には，固定資産税のほか，事業税や住民税(道府県民税や市町村民税)，自動車税や地方消費税などがある。

〔問４〕＜資料の読み取り＞「2014年に改正された会社法によりもたらされた取締役会の変化」について，①「社外取締役の役割」と②「取締役会における社外取締役の人数」に着目して述べる問題である。まず，2010年に出されたⅠでは，当時の会社法には「外部の意見を取り入れる仕組を備える適正な企業統治を実現するシステム」が欠けていることの問題点が指摘されている。その後2014年に改正された会社法の内容であるⅡでは，社外取締役の要件が追加され，会社と利害関係がない独立性の高い人物を社外取締役とすることが定められている。これらから，①「社外取締役の役割」について，社外取締役の役割は，会社に外部の意見を反映させ，適正な企業統治を実現することである。次に，②「取締役会における社外取締役の人数」について，Ⅲを見ると，会社法が改正された2014年以降，社外取締役を２名以上置く会社数の割合が大きく増加していることがわかる。

6〔三分野総合—万国博覧会を題材とする問題〕

〔問１〕＜世界の諸地域と歴史＞ア．「1901年の連邦国家成立」「東西の州都を結ぶ鉄道」などの記述から，路線全体が１つの国に位置していると考えられ，Ｂの路線が当てはまる。　イ．「外国の支配に不満をもつ人々が起こした大反乱」とは，インド大反乱(1857～58年)と考えられる。また，「綿花」の産地に近い地域であることや，「港湾都市と内陸都市を結ぶ鉄道」という記述から，Ｃの路線が当てはまる。インドでは，内陸部のデカン高原などで綿花の生産が盛んである。　ウ．「二つの大洋をつなぎ」という記述にはＡとＤのどちらも当てはまるが，「国際運河が1914年に開通した」とあることから，パナマ運河に近い場所にあるＡの路線となる。　エ．「銅」の産地に近い地域であることや，内陸部と西側，東側それぞれの港を結ぶ「大陸横断鉄道となった」という記述から，Ｄの路線が当てはまる。アフリカ大陸の中南部のコンゴ民主共和国やザンビアでは，銅の産出が盛んである。

〔問２〕**<地球サミットとドイツの環境問題>Ⅰの略年表中のＡ～Ｄ．**Ⅱの文章で述べている国際博覧会は，1992年のリオデジャネイロでの地球サミット〔国連環境開発会議〕から８年後に開催されたとあることから，略年表中のＤが当てはまる。　**略地図中のＷ～Ｚ．**Ⅱの文中のシュヴァルツヴァルトはドイツ(Ｘ)に位置する森林山地であり，「国境の一部となっている北流する国際河川」とはライン川を指す。ドイツでは，偏西風などによって運ばれた有害物質による酸性雨により，森林の立ち枯れなどの被害が早くから発生しており，環境問題への取り組みが盛んとなっている。なお，Ｗはカナダで1967年(Ｂ)に，Ｙはベルギーで1958年(Ａ)に，Ｚはスペインで1992年(Ｃ)にそれぞれ万国博覧会が開催された。

〔問３〕**<人口ピラミッドと1970年の日本>**人口ピラミッドには，年齢が低いほど割合が高い「富士山型」，子どもと高齢者の割合の差が富士山型よりも小さい「つりがね型」，高齢者の割合が高く子どもの割合が低い「つぼ型」などがある。一般に国の人口ピラミッドは，経済が発展するにつれて「富士山型」から「つりがね型」へと推移し，さらに少子高齢化が進むと「つぼ型」へと推移する。日本の人口ピラミッドもこのような推移をたどってきている。したがって，Ⅰのア～エの人口ピラミッドは，イ(1950年)→ア(1970年)→ウ(2000年)→エ(2020年)の順に推移している。次にⅡを見ると，大阪で万国博覧会が開催されたとあることから，これは1970年について述べた文章であることがわかる。高度経済成長期であったこの頃には，日本の人口が１億人を突破し，地方からの人口移動によって過密となった都市の周辺ではニュータウンの建設が進められた。

理科解答

1 〔問1〕 ア　〔問2〕 エ
〔問3〕 ウ　〔問4〕 イ
〔問5〕 ア　〔問6〕 イ

2 〔問1〕 イ　〔問2〕 ①…イ　②…ア
〔問3〕 エ　〔問4〕 ウ

3 〔問1〕 (例)水滴がつき始める瞬間の温度を正確に読み取るため。
〔問2〕 ①…イ　②…ア
〔問3〕 ①…ア　②…イ　③…イ
④…ア
〔問4〕 エ

4 〔問1〕 ウ　〔問2〕 エ
〔問3〕 ア

5 〔問1〕 ア　〔問2〕 エ
〔問3〕 イ　〔問4〕 ①…イ　②…ウ

6 〔問1〕 ア　〔問2〕 ウ
〔問3〕 ウ　〔問4〕 イ

1 〔小問集合〕

〔問1〕＜生産者と消費者＞A～Fのうち，生産者は光合成を行う生物だから，エンドウ，サツマイモ，ツツジの植物が生産者である。また，消費者は他の生物から有機物を得る生物だから，タカ，バッタ，ミミズの動物が消費者である。

〔問2〕＜火山岩＞図1で，玄武岩は黒っぽい色をしていて，花こう岩は白っぽい色をしているので，玄武岩は岩石B，花こう岩は岩石Aである。また，玄武岩は火山岩で，マグマが地表や地表近くで急激に冷えて固まってできるため，そのつくりは斑状組織であり，花こう岩は深成岩で，マグマが地下深くでゆっくりと冷えて固まってできるため，そのつくりは等粒状組織である。

〔問3〕＜ガスバーナー＞空気の量が不足している炎のときは，図2のBのガス調節ねじを押さえながら，Aの空気調節ねじをCの向きに回して開き，空気の量を増やして青色の適正な炎にする。

〔問4〕＜凸レンズの像＞右図のように，物体の先端から出る光のうち，凸レンズの2つの焦点を通る一直線(光軸)に平行な光は凸レンズで反対側の焦点を通るように屈折し，凸レンズの中心を通る光は直進する。この2つの光が集まる位置に実像はできる。よって，上図より，スクリーンにはっきりした像が映るのは，2つの光が1点で集まるように，スクリーンをA点に動かしたときで，このときスクリーンに映った像(実像)の大きさは，物体の大きさよりも小さい。

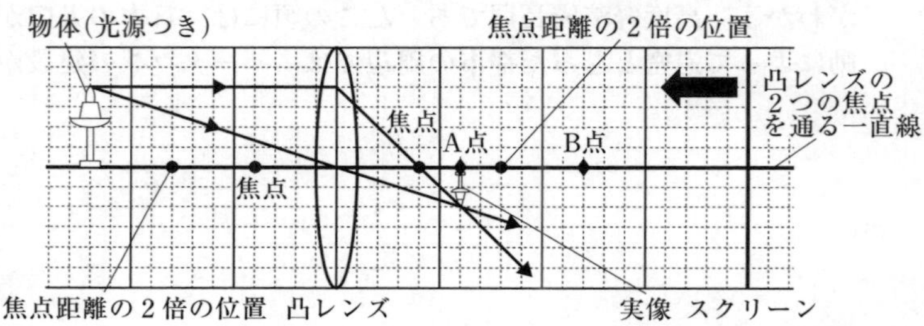

〔問5〕＜化合物と単体＞A～Dのうち，化合物は2種類以上の元素からできている物質だから，二酸化炭素(CO_2)，水(H_2O)，アンモニア(NH_3)であり，単体は1種類の元素でできている物質だから，酸素(O_2)である。

〔問6〕＜花のつくり＞アブラナの花のつくりは外側から，がく(A)，花弁(B)，おしべ(C)，めしべ(D)の順である。

2 〔小問集合〕

〔問1〕＜速さ＞模型の旗が2m地点を通過してから6m地点を通過するまでに，移動した距離は，$6-2=4$(m)，移動にかかった時間は，表1より，$122.2-40.4=81.8$(秒)である。よって，平均の速さは，$4\div81.8=0.048\cdots$より，約0.05m/sとなる。

〔問２〕＜濃度，密度＞①〔質量パーセント濃度(％)〕＝$\dfrac{〔溶質の質量(g)〕}{〔水溶液の質量(g)〕}$×100より，〔溶質の質量(g)〕＝〔水溶液の質量(g)〕×$\dfrac{〔質量パーセント濃度(％)〕}{100}$となる。これより，３％の食塩水100gに含まれる食塩の量は，$100 \times \dfrac{3}{100} = 3$(g)である。また，凍った部分の表面を取り除き残った部分を溶かして得た食塩水の食塩の濃度を測定すると0.84％だったから，その食塩水100gに含まれる食塩の量は，100×(0.84÷100)＝0.84(g)である。よって，求める食塩３gに対する食塩0.84gの割合は，0.84÷3×100＝28(％)となる。　②固体が液体に浮くのは，固体の密度より液体の密度の方が大きい場合である。凍った部分の表面を取り除き残った部分を３％の食塩水に入れると浮いたことから，密度が大きいのは３％の食塩水である。

〔問３〕＜細胞分裂＞受精卵は体細胞分裂により細胞数を増やし，体細胞分裂では細胞の染色体の数は変わらない。そのため，受精卵の染色体の数が24本の場合，分裂後の胚の細胞の染色体の数は全て24本である。よって，図５の細胞数が２個の胚に含まれる合計の染色体の数は，24×2＝48(本)で，図６の細胞数が４個の胚に含まれる合計の染色体の数は，24×4＝96(本)である。

〔問４〕＜太陽の動き＞図７は北の空を撮影しているので，正面が北で，右側が東，左側が西，後側が南になる。北極付近(北半球)では，太陽は東の空から南の空に向かって高くなるように動くから，太陽が動いた向きはＹである。また，図８で，日本で夏至となるのは，地軸の北極側が太陽の方に傾いているときだから，地球の位置はＡである。

3 〔気象と天気の変化〕

〔問１〕＜実験操作＞コップの表面の温度が少しずつ下がるようにしたのは，水滴がつき始める瞬間の温度(露点)を正確に読み取るためである。急激に温度を下げると，水滴がつき始める瞬間の温度の読み取りが露点以下になるおそれがある。

〔問２〕＜湿度＞①(1)で測定した水温が実験室の室温で，(3)で測定した水温が実験室内の空気の露点である。結果１より，午前10時の気温は17.0℃，露点は16.2℃で，露点における飽和水蒸気量はその空気が含む水蒸気の量に等しい。よって，図２より，気温17.0℃での飽和水蒸気量は14.5g/m³であり，このときの空気が含む水蒸気の量は，気温16.2℃での飽和水蒸気量で13.8g/m³である。したがって，〔湿度(％)〕＝$\dfrac{〔空気1\,m^3中に含まれる水蒸気の量(g/m^3)〕}{〔その気温での飽和水蒸気量(g/m^3)〕}$×100より，13.8÷14.5×100＝95.1…となるから，約95％である。　②午後６時の露点は，結果１より，12.8℃である。露点における飽和水蒸気量がその空気が含む水蒸気の量に等しく，図２より，飽和水蒸気量は気温が高いほど大きいから，１m³に含まれる水蒸気の量が多いのは，露点が高い午前10時の実験室内の空気である。

〔問３〕＜雲のでき方＞結果２で，ピストンを引くとフラスコ内がくもって温度が下がっている。これは，ピストンをすばやく引くと，丸底フラスコ内の空気が膨張して気圧が下がり，その結果，温度が下がって露点以下になり，空気中に含みきれなくなった水蒸気の一部が水滴に変化するためである。なお，ピストンを押すと，丸底フラスコ内の空気が圧縮されて気圧が上がり，温度が上がるので，水滴が再び水蒸気になってくもりは消える。

〔問４〕＜寒冷前線＞寒冷前線は寒気が暖気の下にもぐり込み，暖気を押し上げながら進む前線である。寒冷前線付近では暖気が急激に押し上げられるので積乱雲などのように垂直方向に発達した雲ができ，狭い範囲に強い雨が短時間降る。なお，温暖前線では，暖気が寒気の上をはい上がり，前線付近では乱層雲や高層雲などの層状の雲ができて広い範囲に弱い雨が長時間降る。

4 〔生物の体のつくりとはたらき〕

〔問１〕＜唾液のはたらき＞結果からわかる唾液のはたらきについての考察なので，唾液のあるものとないもので，それ以外の条件が同じ試験管の結果を比較する(対照実験)。まず，ヨウ素液を入れた試験管Aと試験管Bの結果を比較する。ヨウ素液をデンプンのある溶液に入れると青紫色になるので，唾液を入れた試験管Aの溶液にはデンプンがないが，水を入れた試験管Bの溶液にはデンプンがある。これより，唾液にはデンプンをデンプンでないものにするはたらきがあることがわかる。次に，ベネジクト液を入れた試験管Cと試験管Dの結果を比較する。ベネジクト液をブドウ糖がいくつか結合した糖を含む溶液に入れて加熱すると赤褐色になる。よって，ブドウ糖がいくつか結合した糖は，唾液を入れた試験管Cの溶液にはあるが，水を入れた試験管Dの溶液にはないので，唾液にはデンプンをブドウ糖がいくつか結合した糖にするはたらきがあることがわかる。なお，アミノ酸の存在については，この実験からはわからない。

〔問２〕＜吸収＞ブドウ糖はデンプンが分解されたもの，アミノ酸はタンパク質が分解されたもの，脂肪酸とモノグリセリドは脂肪が分解されたものである。このうち，ブドウ糖とアミノ酸は柔毛で吸収されて毛細血管に入り，脂肪酸とモノグリセリドは柔毛で吸収された後に再び脂肪になってリンパ管に入る。

〔問３〕＜血液循環＞栄養分は小腸で吸収され，血液によって肝臓に運ばれるから，図５で，小腸の毛細血管から吸収された栄養分の濃度が高い場所は，小腸から肝臓に向かう血液が流れるAである。また，細胞では，栄養分と酸素を反応させることで，活動するためのエネルギーを取り出している(細胞の呼吸)。なお，このとき二酸化炭素ができる。

5 〔化学変化とイオン〕

〔問１〕＜塩化銅の電離＞塩化銅($CuCl_2$)が電離すると，陽イオンである銅イオン(Cu^{2+})と陰イオンである塩化物イオン(Cl^-)が１：２の個数の比で生じる。よって，塩化銅水溶液中に存在する陽イオンと陰イオンの数の比は，１：２となる。

〔問２〕＜電気分解＞陽極には陰イオンが引きつけられ，陰極には陽イオンが引きつけられる。よって，結果１より，電極Aに付着した赤い物質は銅で，陽イオン(Cu^{2+})が引きつけられたので，電極Aは陰極であり，電極B付近から発生した刺激臭がある気体は塩素で，陰イオン(Cl^-)が引きつけられたので，電極Bは陽極である。また，電流は＋極から－極に向かって流れるから，図１で，回路に流れる電流の向きはDである。なお，電源装置の＋極につながった電極が陽極，－極につながった電極が陰極である。

〔問３〕＜塩化銅の電気分解＞塩化銅を電気分解したときに，陽極付近で生成された刺激臭のある気体は塩素である。塩化物イオン(Cl^-)は１価の陰イオンなので，電子を１個放出し(失い)，塩素原子(Cl)になる。塩素原子は２個結びついて塩素分子(Cl_2)となり，気体として発生する。

〔問４〕＜電気分解＞①塩化銅水溶液を電気分解したときに，陰極に付着した赤い物質は銅である。これは，塩化銅水溶液中の銅イオン(Cu^{2+})が，陰極から電子を受け取って銅原子(Cu)になって陰極に付着したものである。つまり，水溶液中の銅イオンの数は，時間とともに減少していく。　②水酸化ナトリウム水溶液を電気分解すると，陽極から酸素，陰極から水素が発生する。このとき，ナトリウムイオン(Na^+)はイオンのまま水溶液中に存在するので，数は変化しない。

6 〔電流とその利用〕

〔問１〕＜回路＞図１のように，抵抗器Xと抵抗器Yを並列につないだ回路では，それぞれの抵抗器には電源と等しい大きさの電圧が加わる。電気抵抗が大きいほど，電流は流れにくいから，電気抵抗の大きさが５Ωの抵抗器Xと20Ωの抵抗器Yでは，加えた電圧の大きさが等しいとき，流れる電流の大きさが大きいのは，電気抵抗の小さい抵抗器Xの方である。また，図３より，加えた電圧の大きさが等しいとき，流れる電流の大きさが大きいのは，実験の(2)の図１の回路である。

〔問２〕＜抵抗＞Aの抵抗器Xの抵抗の値は５Ωである。Bは図１の回路全体の抵抗の値，Cは図２の回路全体の抵抗の値だから，図３より，Bは2.0÷0.5＝4(Ω)，Cは5.0÷0.2＝25(Ω)となる。よって，B＜A＜Cである。

≪別解≫並列回路では回路全体の電気抵抗の大きさは，各抵抗の電気抵抗より小さくなり，直列回路では回路全体の電気抵抗の大きさは各抵抗の和になる。そのため，図１の並列回路全体の抵抗の値は，抵抗器Xの抵抗の値より小さく，図２の直列回路全体の抵抗の値は，抵抗器Xの抵抗の値より大きい。よって，B＜A＜Cとなる。

〔問３〕＜電力＞電力は，〔電力(W)〕＝〔電圧(V)〕×〔電流(A)〕で求められるから，図３より，実験の(2)と(3)で，電力が等しくなるときを求める。実験の(2)では電圧が2.0V，電流が0.5Aのときの電力が，2.0×0.5＝1.0(W)であり，実験の(3)では電圧が5.0V，電流が0.2Aのときの電力が，5.0×0.2＝1.0(W)となり等しくなる。実験の(2)は図１の並列回路だから，抵抗器Xに加わる電圧の大きさSは電源の電圧2.0Vである。一方，実験の(3)は図２の直列回路で，抵抗器Xに流れる電流は0.2Aだから，５Ωの抵抗器Xに加わる電圧の大きさTは，5×0.2＝1.0(V)である。よって，S：T＝２：１となる。

〔問４〕＜電力量＞電力量は，〔電力量(J)〕＝〔電力(W)〕×〔時間(s)〕で求められる。回路全体の電力が９Wで，電流を２分間流したときの電力量は，9×(60×2)＝1080(J)である。一方，回路全体の電力が４Wで，電流をx秒間流したときの電力量は，4×x＝4x(J)と表せる。よって，これらの電力量が等しいとき，4x＝1080が成り立ち，これを解くと，x＝270(s)となる。したがって，270÷60＝4.5より，求める時間は４分30秒である。

Memo

●2022年度

都立国立高等学校

独自問題

【英語・数学・国語】

2022年度 都立国立高等学校

【英　語】（50分）〈満点：100点〉

1 リスニングテスト（放送による指示に従って答えなさい。）

〔問題A〕 次のア～エの中から適するものをそれぞれ一つずつ選びなさい。

＜対話文1＞

ア This afternoon.　　イ This morning.

ウ Tomorrow morning.　　エ This evening.

＜対話文2＞

ア To the teacher's room.　　イ To the music room.

ウ To the library.　　エ To the art room.

＜対話文3＞

ア One hundred years old.　　イ Ninety-nine years old.

ウ Seventy-two years old.　　エ Sixty years old.

〔問題B〕 ＜Question 1＞ では，下のア～エの中から適するものを一つ選びなさい。

＜Question 2＞ では，質問に対する答えを英語で書きなさい。

＜Question 1＞

ア Walking.　　イ Swimming.

ウ Basketball.　　エ Skiing.

＜Question 2＞

（15秒程度，答えを書く時間があります。）

※（編集部注）＜英語学力検査リスニングテスト台本＞を英語の問題の終わりに掲載しています。

2 次の対話の文章を読んで，あとの各問に答えなさい。
（＊印のついている単語・語句には，本文のあとに〔注〕がある。）

Oliver is a high school student living in the United States. He is chatting online with his friends, Kana, a Japanese high school student, and Jun, her younger brother. Oliver lived in their neighborhood in Japan.

Oliver: Hi! How are you doing?

Kana: I'm a little tired. It's too hot in Tokyo.

Oliver: I know. (1) Hot weather is becoming part of our lives.

Jun: Because of climate change?

Oliver: Yeah. Rising temperatures on the earth are one of the causes of severe weather.

Jun: I have to do something to survive this hot weather.

Kana: Jun, you're always thinking about yourself. Well, Oliver, here in Japan more and more people are using *parasols to protect themselves from *sunlight. It will be nice if we can *cool the earth without difficulty like opening a parasol.

Oliver: Wait a minute! 〔(2)－a〕

Jun: About a parasol?

Oliver: It is about *giving shade like a parasol. It's a new research project in the U.S. Scientists are thinking about creating a huge parasol for the earth.

Kana: Interesting. 〔(2)－b〕

Oliver: It does. These scientists are going to use a *chemical to make our planet cool.

Jun: Are they trying to make a parasol from a chemical? 〔(2)－c〕

Kana: How do they cool the earth with it?

Oliver: They are going to put *particles of the chemical in the *stratosphere. They will cut off some of the sunlight reaching the earth.

Kana: I see. You mean those particles will work like a parasol.

Oliver: That's a technology called *solar geoengineering.

Kana: Solar geoengineering? 〔(2)－d〕

Oliver: The scientists of this solar geoengineering project learned from the events that happened in the natural world.

Kana: Tell me more.

Oliver: They learned from *volcanic eruptions. In the past, because of a huge volcanic eruption, the *average temperature of the earth went down about 0.6 ℃ and the cooler temperature lasted for two years.

Jun: Only 0.6 ℃? (3) I don't think it can make a big difference.

Oliver: That's not true, Jun. Temperatures go up and down every day, so a difference of, for example, 1 ºC doesn't make a big difference. (4) However, 【 ① average temperature ② changes ③ small ④ mean ⑤ lot ⑥ a ⑦ of ⑧ the 】.

Jun: I understand. Then, we can have high hopes for solar geoengineering.

Oliver: But we can't use the technology right now. There are many things we have to know before actually using it, so the scientists need to do a lot of research. They have a plan to send a special *balloon to the stratosphere. They are going to use it to put a chemical in the stratosphere.

Jun: Amazing!

Oliver: The scientists have already decided which chemical they are going to use in the experiment.

Jun: What is it?

Oliver: *Calcium carbonate. It is used in many things around us such as some types of medicine for stomachaches, so it doesn't seem dangerous.

Kana: Will solar geoengineering actually be effective enough?

Oliver: The scientists say so and they also say we can see its results quickly.

Kana: (5) I think that sounds too great.

Oliver: In fact, there are many people who are against this experiment.

Jun: Why?

Oliver: Well, one reason is that solar geoengineering can't be a solution to climate change.

Kana: What do you mean?

Oliver: It can't remove CO_2 from the air. It will just make the earth a little cooler.

Jun: Cooling the earth is a good thing.

Oliver: That may not be so simple, Jun. (6) ア I hear that if we start using the technology, we have to keep using it forever. イ We are trying to increase the amount of CO_2, and it's impossible to do so. ウ Calcium carbonate used to cool our planet will disappear in a year or less. エ On the other hand, CO_2 may stay in the air for 1,000 years or more. オ If we suddenly stop putting the chemical in the stratosphere, the world temperature may rise again and that will destroy the natural environment.

Kana: I see. That's a problem.

Oliver: It is said the world temperature has already risen 1 ºC since *pre-industrial times. We need to keep the temperature *rise to 1.5 ºC.

Jun: If we can't, what will happen?

Kana: Many countries, especially poor countries, may receive great damage.

Jun: I wish we had a simple way like [(7)] to stop climate change.

Oliver: One of the scientists of the solar geoengineering project says that he is really worried about our future and also says that as a scientist he needs to think about all kinds of ways to change the course of our climate.

Jun: It is natural for scientists to try to find ways to end climate change.

Kana: Many countries and cities around the world have promised to cut their CO_2 *emissions to zero by 2050. Tokyo is one of them and the Tokyo Government made a report called "Zero Emission Tokyo."

Oliver: Have you read it?

Kana: I read just part of it in my social studies class. I found (8) a very interesting graph in it. Its title is "*Sector Breakdown of Greenhouse Gas Emissions in Tokyo."

Jun: Sounds difficult.

Kana: Guess which *sector *emitted the largest amount of CO_2.

Jun: Factories, of course!

Oliver: I don't think so. A large number of people live and work in Tokyo, but there are not so many big factories there.

Kana: You're right, Oliver. The CO_2 emissions from Sector A such as factories were less than 10%.

Jun: Then, which sector emitted the most?

Kana: That's Sector B such as offices, restaurants, and schools.

Jun: I see. There are many of those *institutions in Tokyo.

Kana: That's right. And the most interesting thing to me was the sector which came the second. That's Sector C, emissions from homes. Their emissions were more than those of Sector D such as cars, buses, and trucks.

Jun: Well, then it means ....

Kana: Yes, it means that things we do at home such as recycling or growing plants are very important to stop climate change.

Jun: I've thought the fight against climate change is governments' or big companies' job, but that's my job, too.

Kana: Very good, Jun. You have to take action right now.

Oliver: As the first step, what are you going to do, Jun?

Jun: Well, I'm going to tell my friends that things we do can change the world.

Oliver: Great. What about you, Kana?

Kana: Actually, I've already begun. I'm trying to eat less meat and more vegetables.

Oliver: A famous scientist I respect said that, in a world of more than seven billion people, each of us is a *drop in the bucket. But (9) with enough drops, we can fill any bucket.

Kana: I like that.

Jun: Nice words. If everyone in the world works together, we can solve any problem.

Oliver: You're right. I enjoyed talking with you, Kana and Jun.

Kana: I also had a good time. Thank you. See you soon.

Jun: Bye, Oliver.

Oliver: Bye.

〔注〕 parasol 日傘　sunlight 日光　cool 冷やす
give shade 日陰を作る　chemical 化学物質　particle 分子
stratosphere 成層圏　solar geoengineering ソーラージオエンジニアリング
volcanic eruption 火山噴火　average temperature 平均気温　balloon 気球
calcium carbonate 炭酸カルシウム　pre-industrial times 産業革命前の時代
rise 上昇　emission 排出
Sector Breakdown of Greenhouse Gas Emissions in Tokyo 東京の温室効果ガス排出量部門別構成比
sector 部門　emit 排出する　institution 施設
drop しずく

〔問１〕 (1) Hot weather is becoming a part of our lives. とあるが，その表す意味とほぼ同じ表現は，次の中ではどれか。

ア Hot weather is becoming more traditional.
イ Hot weather is becoming more common.
ウ Hot weather is becoming more surprising.
エ Hot weather is becoming more special.

〔問２〕 (2)－a ～ (2)－d の中に，それぞれ次のＡ～Ｄのどれを入れるのがよいか。その組み合わせとして最も適切なものは，下のア～カの中ではどれか。

A I can't imagine that.
B I've never heard of it.
C That sounds like science fiction.
D That reminds me of an interesting project.

	(2)－a	(2)－b	(2)－c	(2)－d
ア	C	D	B	A
イ	C	A	D	B
ウ	C	B	A	D
エ	D	A	C	B
オ	D	A	B	C
カ	D	C	A	B

〔問３〕 (3) I don't think it can make a big difference. とあるが，その内容を次のように書き表すとすれば，［　　　　］の中にどのような英語を入れるのがよいか。対話文中の**連続する４語**で答えなさい。

I don't think it can ［　　　　］ enough.

〔問４〕 (4) However,【 ① average temperature ② changes ③ small ④ mean ⑤ lot ⑥ a ⑦ of ⑧ the 】. とあるが，対話文の流れに合うように，【　　　】内の単語・語句を正しく並べかえたとき，**２番目と５番目と８番目**にくるものの組み合わせとして最も適切なものは，次の**ア～カ**の中ではどれか。

	２番目	５番目	８番目
ア	②	①	⑤
イ	②	④	③
ウ	③	①	⑤
エ	③	⑥	①
オ	⑤	①	④
カ	⑤	②	①

〔問５〕 (5) I think that sounds too great. とあるが，その表す意味とほぼ同じ表現は，次の中ではどれか。

ア　It is true that many people support the experiment of solar geoengineering.

イ　It is true that we can have high hopes for solar geoengineering.

ウ　It is difficult to believe that solar geoengineering has only good points.

エ　It is difficult to believe that the scientists are going to use a balloon in solar geoengineering.

〔問６〕 (6)［　　　　］の中の**ア～オ**の文のうち，**対話文の流れに合わない**内容のものを**一つ**選びなさい。

〔問７〕 対話文中の［　　(7)　　］の中にどのような英語を入れるのがよいか。対話文中の**連続する３語**で答えなさい。

〔問８〕 (8) <u>a very interesting graph</u> とあるが，次のグラフは対話文中で説明されているものである。グラフの①～④の部門を表す組み合わせとして適切なものは，下の**ア**～**カ**の中ではどれか。

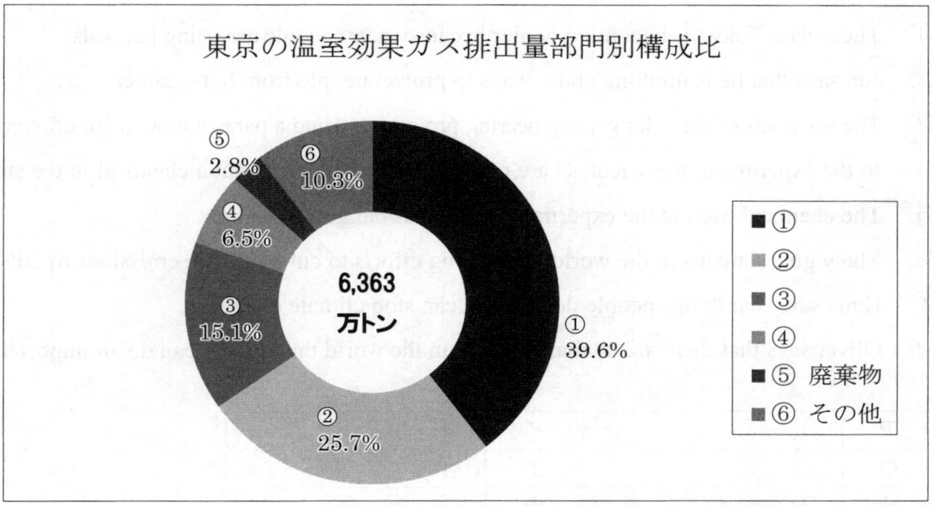

「ゼロエミッション東京2020」のグラフをもとに作成

	①	②	③	④
ア	Sector A	Sector B	Sector D	Sector C
イ	Sector A	Sector C	Sector B	Sector D
ウ	Sector B	Sector C	Sector D	Sector A
エ	Sector B	Sector D	Sector A	Sector C
オ	Sector C	Sector A	Sector B	Sector D
カ	Sector C	Sector B	Sector D	Sector A

〔問９〕 (9) <u>with enough drops, we can fill any bucket</u> とあるが，この表現とほぼ同じ内容を表している文を対話文中から選び，その**始めの２語**と**終わりの２語**を答えなさい。なお，「,」「.」「！」「?」などは語数に含めないものとする。

〔問 10〕 対話文の内容に合う英文の組み合わせとして最も適切なものは，下のア～コの中ではどれか。

① These days Tokyo is becoming cooler because many people are using parasols.
② Jun says that he is thinking about ways to protect people from hot weather.
③ The scientists of the solar geoengineering project are using a parasol now to cut off some sunlight.
④ In the experiment, the scientists are going to use a balloon to put a chemical in the stratosphere.
⑤ The chemical used in the experiment will be as dangerous as CO_2.
⑥ Many governments in the world are making efforts to cut their CO_2 emissions to 2050 level.
⑦ Kana says that things people do at home can stop climate change.
⑧ Oliver says that there are so many people in the world that no one can do an important thing.

ア	① ⑧	イ	② ⑥
ウ	③ ⑤	エ	④ ⑦
オ	④ ⑧	カ	① ③ ④
キ	② ⑤ ⑦	ク	③ ④ ⑦
ケ	③ ⑤ ⑦	コ	④ ⑤ ⑧

3 次の文章を読んで，あとの各問に答えなさい。

（*印のついている単語・語句には，本文のあとに〔注１〕がある。また，**印のついている単語には，本文のあとに〔注２〕があり，英語で意味が説明されている。）

Hello, my name is Lisa Smith. My friends call me Lisa. I'm fifteen years old. I live with my parents and my brother in a small town in Canada. The other day, something important happened and I have realized that pet animals have special powers. Why do I think pet animals have special powers? I'll tell you why.

I'm a junior high school student. I walk to and from school every day. I enjoy walking to school and it takes about half an hour. One warm spring day, when I was on my way home from school, a small friend was following me. This friend was different from any other friend. She was very small. "What a cute **kitten!" She had no *identifying marks of any kind. "Is she a *stray cat?" I thought. She followed me all the way. When I arrived home, she was just behind me.

When my parents came back home from work that evening, they were surprised to see the kitten. I told them that my friend gave her to me, but it was a *lie. My parents knew that I was telling a lie. My parents love cats but told me that we should find the owner and give her back. They said I should think of the owner. "What should I do?" I thought. I thought about a *notice in the town newspaper. However, that was the last thing I wanted to do. "If I put a notice in the town newspaper, her owner may appear," I thought. The kitten was so cute. I started to think, " (1) " I did not want to lose her.

My brother said that the kitten was maybe about six months old. The cat liked us right away. After dinner she climbed on to my legs and watched TV with us. By now I was asking my parents to keep her.

By the end of the week, the new cat was part of our family. She was very smart and good with me. My parents started to change their minds about the cat. My father said to me, "Lisa, I think no one is looking for this cat. Now, it's time for you to take *responsibility for another life. This will be a good chance for you to learn something important. You'll learn something you'll need when you become a parent in the future."

The next week, something told me to check the town newspaper. One very small notice jumped out at me. When I saw it, I was surprised. A woman near my house was looking for her lost cat. My hands were shaking. I knew I should call the woman, but I couldn't pick up the phone. Instead, I tried to believe that I didn't see the notice. I quickly threw the newspaper away in the closet in my room and continued to do my homework. I (2) said a word about it to my parents.

We gave a name to the kitten. She was all white like snow, so we decided to call her Snow. When I was studying at my desk, she was quiet. However, when I went into the garden, she followed me and asked me to play with her. When I was doing the dishes, she was there to lend a hand (or should I say **paw?).

There was only one problem with this perfect picture. I could not forget the notice in the town newspaper. One day, I started to think what I really should do. I knew in my heart that I should call the woman. I knew she really wanted to see her cat again. I thought, "Is our Snow the cat the woman wants to see?" I didn't sleep well that night.

The next morning, I talked about the notice to my parents, and, at last, I started to push the numbers on my phone. In my heart, I was hoping no one would answer, but someone did. "Hello." It was the voice of a young woman. I explained to her about the cat and she asked me a lot of questions. She said she really wanted to come. After the phone call, I was very nervous. I asked my parents to stay with me.

I was with my parents at the kitchen table. I hoped a *miracle would happen. Snow was sitting at my feet the whole time and sometimes looked up at me with those pretty eyes. (3) Snow noticed something was wrong.

Within minutes the woman was at the front door. I saw her through the window. She was standing there with a map in her hand. She *knocked on the front door. "Excuse me, is this the home of Mr. and Mrs. Smith?" she asked. When she knocked on the door again, a thousand *thoughts crossed my mind. I could say to her, " (4) " But it was too late; my mother opened the door. I also went there to face my fear.

The woman looked at Snow and the woman's face changed. I saw a big smile on her face. "Here, Lucy," she called. "Come to me, girl." Now I realized the cat was called Lucy by the woman. The cat looked very happy at the woman's voice. It was clear that she belonged to the woman.

I was in tears. I couldn't do anything. I wanted to run away with Snow. Instead, I smiled a little and my parents asked the young woman to come in.

The young woman was already holding Snow up into her arms. She opened her *purse and tried to give my parents some money.

"For your trouble," she said.

My parents shook their heads. My mother said, "Oh, we can't. She has been a joy. We should pay you some money." With that, the woman smiled and *hugged Snow again.

Snow was really happy to see the woman again. I knew it was time for them to go home. I opened the front door. When the woman was leaving, I noticed a little girl with her father. The girl was sitting in the front seat of the car. When the girl saw the kitten, I saw a big smile on her face. The girl said, "Come here, Lucy!"

Before I said something, the woman started to explain. "My family moved to this town last month. The girl in the car is my daughter. She did not know anyone in this town and she felt very lonely every day. Lucy was given to her because my husband and I know that she loves cats."

The woman continued, "When Lucy *disappeared, my daughter was very shocked. She was crying all day. She was in her room all the time. Every day she said she wanted to see Lucy again. Lucy is her only friend at this new place. She has a special *bond with the kitten."

Suddenly I realized that I was thinking only about myself. My heart went out to that little girl. When I saw the car going away, the smile on my face was real. I knew I did the right thing. I knew that the kitten was exactly at the right place. (5) I learned something important from the cat.

〔注１〕

identifying mark	身元を示すしるし	stray cat	のら猫
lie	うそ	notice	告知
responsibility	責任感	miracle	奇跡
knock	ノックする	thought	考え
purse	財布	hug	抱きしめる
disappear	いなくなる	bond	きずな

〔注２〕 kitten

A **kitten** is a very young cat.

paw

The **paws** of an animal such as a cat or dog are its feet.

〔問1〕 本文の流れに合うように，[(1)]に英語を入れるとき，最も適切なものは次の中ではどれか。

ア I have to find her owner and give her back as soon as I can.
イ I must go and check the newspaper at the school library now.
ウ I really want to know why my friend gave me such a pretty cat.
エ I cannot understand why her owner did not watch her enough.

〔問2〕 本文の流れに合うように，[(2)]に**英語1語**を入れるとき，入るべき**英語1語**は何か。

〔問3〕 (3) Snow noticed something was wrong. とあるが，この文とほぼ同じ意味を持つものは次の中ではどれか。

ア Snow felt something was going to happen.
イ Snow thought she made a terrible mistake.
ウ Snow thought she should feel sorry for me.
エ Snow felt we should think more carefully.

〔問4〕 本文の流れに合うように，[(4)]に英語を入れるとき，最も適切なものは次の中ではどれか。

ア Hello, welcome. Open the door, please.
イ I'm afraid you have the wrong address.
ウ Sorry, I don't know anything about Lucy.
エ Who is it? My mother is coming soon.

〔問5〕 $_{(5)}$ I learned something important from the cat. とあるが，Lisa はこの日の晩に，次の日記を書いた。日記を読んで，あとの〔質問A〕〔質問B〕に対する答えを自分で考えて，**それぞれ20語以上の英語**で書きなさい。英文は**二つ以上**にしてもよい。なお，「,」「.」「!」「?」などは語数に含めないものとする。I'll のような「'」を使った語や e-mail のような「-」で結ばれた語はそれぞれ１語と扱うこととする。

> I have learned something important from Snow. Now, she is not here. I really miss her. I really want to see her again, but I know I did the right thing. The kitten is now at the right place. I can now look at the world in a different way.

〔質問A〕 Lisa wrote in her diary, "I have learned something important from Snow." What did she learn from the cat?

〔質問B〕 Lisa wrote in her diary, "The kitten is now at the right place." What does this sentence mean?

〔問6〕 本文の内容と合っているものを，次の**ア〜カ**から**二つ**選びなさい。

ア Lisa walks to junior high school with her small friend every day. She spends about thirty minutes going to school.

イ At first, Lisa's parents told Lisa to return the cat to the owner because they thought Lisa was still a child and should not keep a cat.

ウ Finally, Lisa agreed to meet a woman who was looking for her cat, so her mother made a phone call to the woman.

エ The woman who came was the owner of the cat. She said "thank you" and gave some money to Lisa's parents.

オ The kitten was called Snow by Lisa because it was all white, and the same cat was called Lucy by the girl in the car.

カ For the girl in the car, the cat was her only friend in the town. She had no other friend there because she was new there.

〔問7〕 次の単語のうちで，下線の引かれている部分の発音が他と異なるものを，次の**ア〜オ**から**一つ**選びなさい。

ア l<u>ear</u>n　　**イ** w<u>or</u>d　　**ウ** p<u>er</u>fect　　**エ** h<u>ear</u>t　　**オ** g<u>ir</u>l

2022年度　英語学力検査リスニングテスト台本

開始時の説明

これから，リスニングテストを行います。

問題用紙の１ページを見なさい。リスニングテストは，全て放送による指示で行います。リスニングテストの問題には，問題Aと問題Bの二つがあります。問題Aと，問題Bの＜Question 1＞では，質問に対する答えを選んで，その記号を答えなさい。問題Bの＜Question 2＞では，質問に対する答えを英語で書きなさい。

英文とそのあとに出題される質問が，それぞれ全体を通して二回ずつ読まれます。問題用紙の余白にメモをとってもかまいません。答えは全て解答用紙に書きなさい。

（２秒の間）

〔問題A〕

問題Aは，英語による対話文を聞いて，英語の質問に答えるものです。ここで話される対話文は全部で三つあり，それぞれ質問が一つずつ出題されます。質問に対する答えを選んで，その記号を答えなさい。

では，＜対話文１＞を始めます。

（３秒の間）

Sakura: Hi, Tom, do you think it's going to rain this afternoon?

Tom: Hi, Sakura. I don't think so.

Sakura: Really? It was sunny this morning, but it's cloudy now. If it rains, we will have to change our plan to practice tennis this afternoon.

Tom: Don't worry. We won't have to do that. The weather news says it will rain tomorrow morning, but not today.

Sakura: I'm glad to hear that.

Tom: Let's talk about today's practice on the phone this evening.

Sakura: Sure.

（３秒の間）

Question : When will Sakura and Tom practice tennis?

（５秒の間）

繰り返します。

（２秒の間）

(対話文１の繰り返し)

（３秒の間）

Question : When will Sakura and Tom practice tennis?

(10秒の間)

＜対話文２＞を始めます。

（３秒の間）

Jane:	Excuse me. I'm Jane. I'm a new student. Can you help me?
Bob:	Hi, Jane. I'm Bob. What's the problem?
Jane:	I want to see Ms. Brown. Can you tell me the way to the teacher's room?
Bob:	Well, she is usually in the music room.
Jane:	I see. So, where is the music room?
Bob:	Can you see the library? Turn right at the library and you'll see the music room next to the art room. Also, she sometimes reads some books in the library.
Jane:	Thanks. I will go to the library first.
Bob:	I hope you find her.

（３秒の間）

Question : Where will Jane go first?

（５秒の間）

繰り返します。

（２秒の間）

（対話文２の繰り返し）

（３秒の間）

Question : Where will Jane go first?

（10秒の間）

＜対話文３＞を始めます。

（３秒の間）

Girl:	My school looks new, but it has a long history.
Boy:	What do you mean?
Girl:	The building is new, but my school will be one hundred years old next year.
Boy:	Really?
Girl:	Yes. My grandfather was a student of the same school sixty years ago.
Boy:	Oh, how old is your grandfather?
Girl:	He will be seventy-two years old this year.
Boy:	Oh, is that right?
Girl:	Yes. We sometimes sing our school song together.
Boy:	Sounds nice!

（３秒の間）

Question : How old is the school now?

（５秒の間）

繰り返します。

（２秒の間）

（対話文３の繰り返し）

（３秒の間）

Question : How old is the school now?

（10秒の間）

これで問題Aを終わり，問題Bに入ります。

〔問題B〕

（３秒の間）

これから聞く英語は，カナダの中学生の Cathy が，日本の中学生とのオンライン交流で行ったスピーチです。内容に注意して聞きなさい。

あとから，英語による質問が二つ出題されます。＜Question 1＞ では，質問に対する答えを選んで，その記号を答えなさい。＜Question 2＞ では，質問に対する答えを英語で書きなさい。

なお，＜Question 2＞ のあとに，15秒程度，答えを書く時間があります。

では，始めます。（２秒の間）

Hello, everyone! My name is Cathy. I'm fifteen years old. I'm happy to meet you on the Internet today.

First, I will talk about my country. In summer, many people enjoy walking and bird watching in the mountains. I often go to a swimming pool during summer vacation. In winter, many people enjoy watching basketball games. They are very exciting, and I like to watch them, too. Also, people enjoy skiing. The mountains are beautiful with snow. I go skiing with my family every year. I like skiing the best of all sports. I have learned that there are a lot of places for skiing in Japan. Do you like winter sports?

Next, I will tell you about things I want to know about Japan. I'm very interested in Japanese movies. I think the stories are interesting. I want you to tell me about some popular Japanese movies. I'm looking for a new one to enjoy watching. Let's have fun on the Internet today.

（３秒の間）

＜Question 1＞ What sport does Cathy like the best?

（５秒の間）

＜Question 2＞ What does Cathy think about the stories in Japanese movies?

（15秒の間）

繰り返します。

（２秒の間）

(問題Bの英文の繰り返し)

(３秒の間)

＜Question 1＞　What sport does Cathy like the best?

(５秒の間)

＜Question 2＞　What does Cathy think about the stories in Japanese movies?

(15秒の間)

以上で，リスニングテストを終わります。２ページ以降の問題に答えなさい。

【数　学】（50分）〈満点：100点〉

1 次の各問に答えよ。

〔問1〕 $\left(\dfrac{\sqrt{5}+\sqrt{3}}{\sqrt{2}}\right)^2+\left(\dfrac{\sqrt{5}+\sqrt{3}}{\sqrt{2}}\right)\left(\dfrac{\sqrt{5}-\sqrt{3}}{\sqrt{2}}\right)-\left(\dfrac{\sqrt{5}-\sqrt{3}}{\sqrt{2}}\right)^2$ を計算せよ。

〔問2〕 連立方程式 $\begin{cases}\dfrac{1}{2}x-\dfrac{1}{4}y=-\dfrac{1}{3}\\ 2x+6y=1\end{cases}$ を解け。

〔問3〕 2次方程式 $(2x-1)^2-6=5(2x-1)$ を解け。

〔問4〕 箱の中に1，2，3，4，5，6，7，8の数字を1つずつ書いた8枚のカード $\boxed{1}$，$\boxed{2}$，$\boxed{3}$，$\boxed{4}$，$\boxed{5}$，$\boxed{6}$，$\boxed{7}$，$\boxed{8}$ が入っている。

箱の中から1枚のカードを取り出し，取り出したカードを箱に戻すという操作を2回繰り返す。

1回目に取り出したカードに書かれた数を a，2回目に取り出したカードに書かれた数を b とするとき，2桁の自然数 $10a+b$ が3の倍数となる確率を求めよ。

ただし，どのカードが取り出されることも同様に確からしいものとする。

〔問5〕 右の図において，△ABCは正三角形である。

点Pは辺BC上にあり，BP：PC＝$\sqrt{3}$：1 である。

解答欄に示した図をもとにして，点Pを定規とコンパスを用いて作図によって求め，点Pの位置を示す文字Pも書け。

ただし，作図に用いた線は消さないでおくこと。

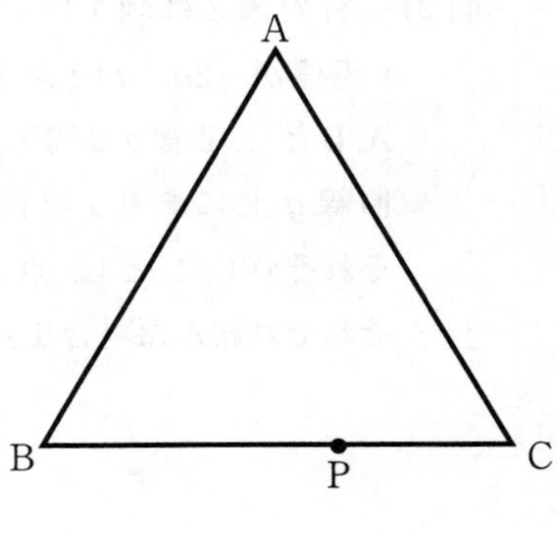

2 右の**図１**で，点Ｏは原点，曲線fは関数 $y=-\frac{1}{2}x^2$ のグラフを表している。

原点から点（1，0）までの距離，および原点から点（0，1）までの距離をそれぞれ1cmとする。

次の各問に答えよ。

図１

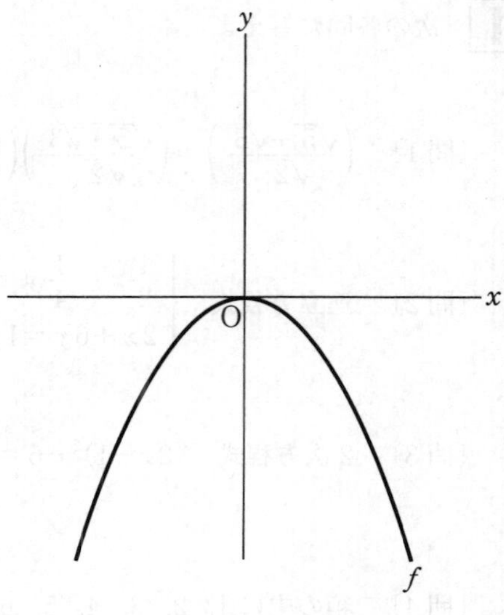

〔問１〕 関数 $y=-\frac{1}{2}x^2$ について，
xの変域が$-2a \leqq x \leqq a$（$a>0$）であるとき，
yの変域を不等号とaを用いて［　　］$\leqq y \leqq$［　　］で表せ。

〔問２〕 右の**図２**は**図１**において，曲線f上にありx座標が$-2a$，a（$a>0$）である点をそれぞれA，Bとし，曲線gは関数$y=px^2$（$p>0$）のグラフで，曲線g上にありx座標が$-2a$，aである点をそれぞれC，Dとし，点Aと点C，点Bと点Dをそれぞれ結んだ場合を表している。

図２

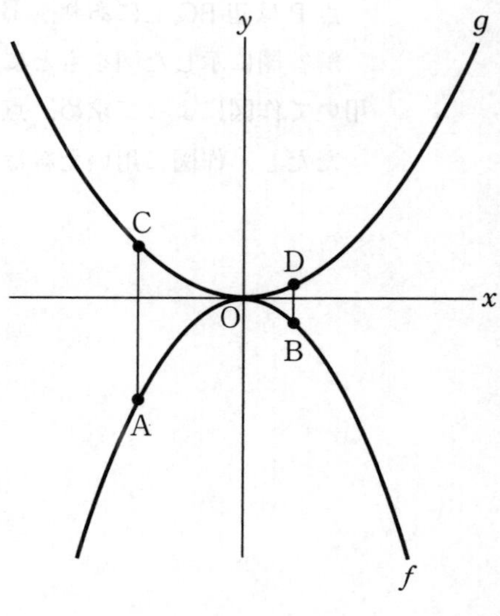

(1) $a=\dfrac{1}{3}$，$p=\dfrac{1}{4}$のとき，2点A，Bを通る直線と2点C，Dを通る直線との交点をE，曲線g上にあり，x座標がtで点Cと異なる点をFとし，点Aと点F，点Eと点Fをそれぞれ結んだ場合を考える。

△AECの面積と△AEFの面積が等しくなるとき，tの値を求めよ。

ただし，答えだけではなく，答えを求める過程が分かるように，途中の式や計算なども書け。

(2) 点Oと点A，点Oと点B，点Oと点C，点Oと点Dをそれぞれ結んだ場合を考える。

△OAC，△OBDの面積をそれぞれS cm^2，T cm^2とするとき，S＋Tをa，pを用いて表せ。

また，a，pがともに自然数のとき，S＋Tの値が自然数になるもののうち，最も小さい値を求めよ。

3 右の**図1**で，△ABCは鋭角三角形である。

辺BCの中点をDとする。

頂点Aと点Dを結ぶ。

点Pは線分AD上にある点で，頂点Aと点Dのいずれにも一致しない。

頂点Bと点P，頂点Cと点Pをそれぞれ結ぶ。

次の各問に答えよ。

図1

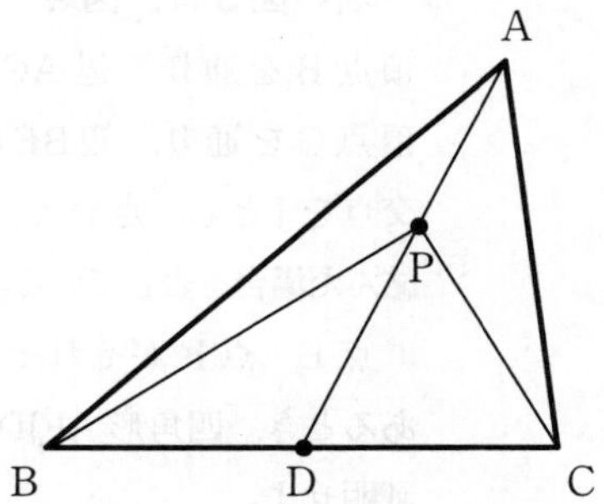

〔問1〕 **図1**において，∠BPC＝90°，∠PDC＝78°のとき，∠APBの大きさは何度か。

〔問２〕 右の**図２**は，**図１**において，
線分 BP を P の方向に延ばした直線と辺 AC との交点を E，線分 CP を P の方向に延ばした直線と辺 AB との交点を F とした場合を表している。

図２

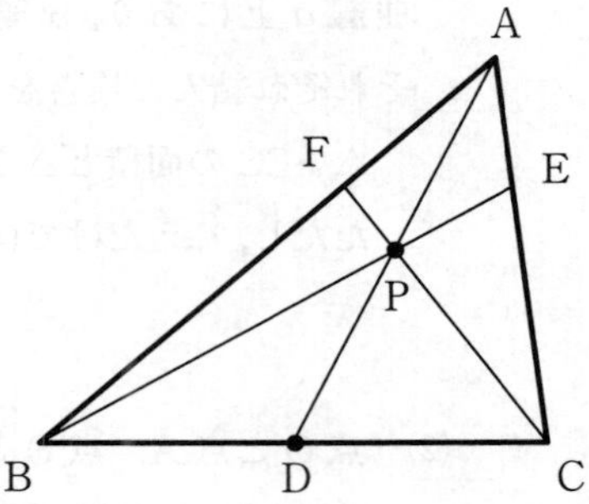

(1) 点 F を通り，線分 AD に平行な直線を引き，線分 BP，線分 BD との交点をそれぞれ H，I とした場合を考える。
BF：FA ＝ 2：1 のとき，HI：AD を最も簡単な整数の比で表せ。

(2) 右の**図３**は，**図２**において，
頂点 B を通り，辺 AC に平行に引いた直線と，頂点 C を通り，辺 BE に平行に引いた直線との交点を J とし，点 D と点 J，点 F と点 J をそれぞれ結んだ場合を表している。
点 E，点 F がそれぞれ辺 AC，辺 AB の中点であるとき，四角形 AFJD は平行四辺形であることを証明せよ。

図３

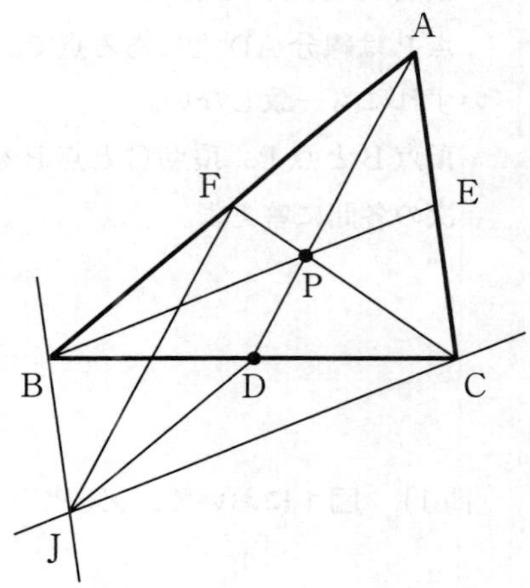

4 右の**図1**に示した立体ABCD－EFGHは，1辺の長さが8 cmの立方体である。

辺EFおよび線分EFをFの方向に延ばした直線上にある点をPとする。

次の各問に答えよ。

図1

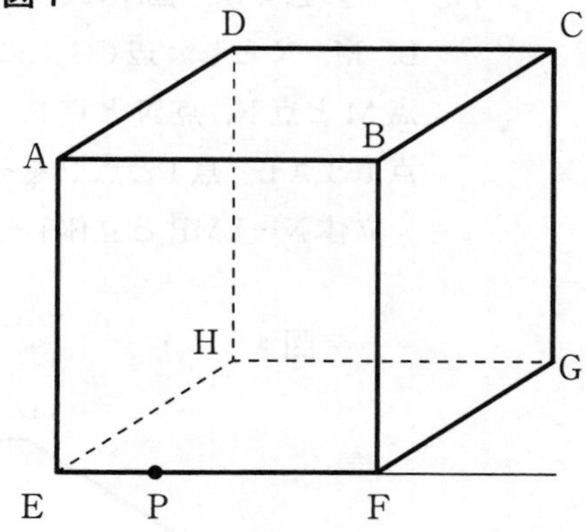

〔問1〕 右の**図2**は，**図1**において，
点Pと頂点B，頂点Bと頂点G，頂点Gと点Pをそれぞれ結んだ場合を表している。

図2

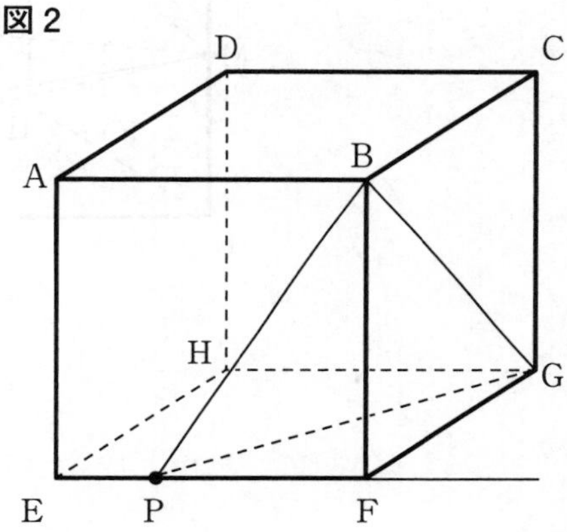

(1) 点Pが辺EF上にあり，立体P－BFGの体積が立体ABCD－EFGHの体積の $\frac{1}{10}$ 倍になるとき，EPの長さは何cmか。

(2) 右の**図3**は，**図2**において，EP＝4 cmのとき，線分BG上にあり，頂点B，頂点Gのいずれにも一致しない点をQとし，点Pと点Q，頂点Cと点Qをそれぞれ結んだ場合を表している。

PQ＋QCの長さが最も短くなるとき，△PQGと△BQCの面積の和は何 cm^2 か。

ただし，答えだけでなく，答えを求める過程が分かるように，図や途中の式などもかけ。

図3

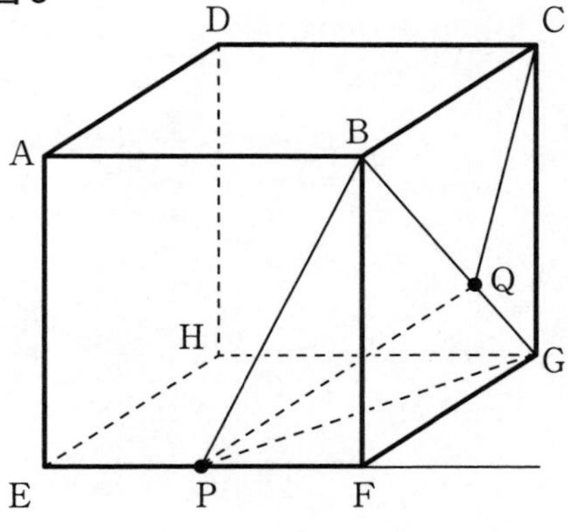

〔問2〕　下の**図4**は，**図1**において，EP＝24 cm のとき，辺CD，辺AE，辺FGの中点をそれぞれL，M，Nとし，辺CG上にあり，頂点C，頂点Gのいずれにも一致しない点をIとし，点Mと点N，点Nと点P，点Pと点M，点Lと点M，点Lと点N，点Lと点P，点Iと点M，点Iと点L，点Iと点Pをそれぞれ結んだ場合を表している。

立体N－LMPと立体I－LMPの体積が等しいとき，IGの長さは何cmか。

図4

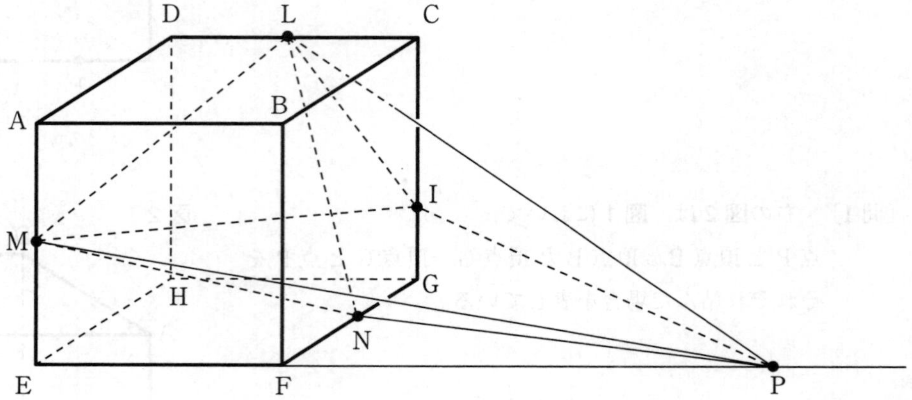

〔問３〕(3)こんなことが、なぜ、〈ひらがな〉の美意識と関係があるのかと問う人もあるだろうか。とあるが、筆者はどのような関係があると考えているか。次のうちから最も適切なものを選べ。

ア 未完成なものがよいという『徒然草』に見られる感覚が、字形を進化させてできた漢字を用いた〈ひらがな〉の美意識に重なる、と考えている。

イ 古びたようなものがよいという『徒然草』に見られる感覚が、外国文化を密(ひそ)かに利用した〈ひらがな〉の美意識と関係がある、と考えている。

ウ 崩れたようなものがよいという『徒然草』に見られる感覚が、字形を崩した漢字を用いた〈ひらがな〉の美意識に通じる、と考えている。

エ 不揃いなものがよいという『徒然草』に見られる感覚が、漢字の一部分だけを利用した〈ひらがな〉の美意識とつながる、と考えている。

〔問４〕(4)平易とあるが、この熟語と同じ構成のものを、本文中の＝＝線部をつけた次の**ア**から**エ**のうちから選べ。

ア 引用　**イ** 表紙　**ウ** 美点　**エ** 幼稚

〔問５〕本文の内容に合致するものとして、次のうちから最も適切なものを選べ。

ア 本文に引用されている『徒然草』の中で、兼好は、頓阿と弘融僧都の考えに賛同しながら更に独自の見解を加えている。

イ 『徒然草』中の書物に関する部分を引用し、兼好の友人たちの言葉には、当時の知識人の考え方の特徴が現れていることを指摘している。

ウ 『徒然草』中の兼好の言葉を引用し、物を大切に扱うこととひらがなの成立には、共通した思想が認められることを解き明かしている。

エ 本文に引用されている『徒然草』の中で、兼好は、昔から伝わる言葉の意味の重要性を暗に示している。

だけでなく、〈カタカナ〉も似たような不格好な日本的な(ウ)美点を備えているとは言えよう。

しかし、〈ひらがな〉は、それをさらに進めて、擦り切れて、はげ落ち、不格好で、未完成であるという特徴がある。

「まさか！」と人は言うだろう。

だが、「平」という言葉にしても、「平和」などという熟語にしてみれば良くも見えるが、じつは、「平凡」などという熟語であれば「ありきたりの」「安っぽい」というあまりいい感じのするものではない意味がある。

現代では、おおよそ「通俗(4)平易」という意味で「ひらがな」という名称になったとされるが、これも、中国の高尚な文化水準で書かれる漢字漢文に対して「(エ)幼稚でわかりやすい」という意味であることに変わりはない。

〈ひらがな〉は、「あ」が「安」、「い」が「以」、「え」が「衣」と、ほぼ全部が漢字の草書体から作られている。

このことについては、また詳しく述べるが、草書体というのは、秦の始皇帝のとき（紀元前二二一年頃）に作られた隷書を崩した字体で、古代中国のいずれの王朝でも、決して、正式の文書を書く場合に使われるものではなかった。

すなわち、〈ひらがな〉は、すでに半分崩れてしまった漢字の形を利用しているということになる。

このことは、『徒然草』の半分崩れたようなものを美しいとする言葉にまさしくピッタリと合う美意識を表しているのである。

（山口謠司「〈ひらがな〉の誕生」による）

〔注〕頓阿（とんな）——鎌倉時代の僧。
螺鈿（らでん）の軸——青貝をちりばめ装飾した巻物の軸。
弘融僧都（こうゆうそうず）——鎌倉時代の僧。
内裏（だいり）——天皇の住居。

〔問1〕(1)生きのぶるわざなり。とあるが、本文の筆者はこれをどのように解釈しているか。次のうちから最も適切なものを選べ。

ア　何事であれ、整った状態にしないのは、人の手が加わることを極力避ける発想があるためだ、ということ。

イ　何事であれ、完全な状態にしないのは、物事を一つの形に固定せず未来に可能性を残す方法だ、ということ。

ウ　何事であれ、そのままで放置しておくのは、物事の熟成を促し新たな評価を導く方法だ、ということ。

エ　何事であれ、不格好なままにしておくのは、完全ではない人間の姿を反映させる発想があるためだ、ということ。

〔問2〕(2)いや、それはヨーロッパの価値観、さらには中国の影響を強く受けていた朝鮮半島の国々、またヨーロッパの影響を強く受けてきた明治以降の近代、現代の日本人からしても、なかなか理解できないことに違いない。には、表現上どのような効果があるか。その説明として、次のうちから最も適切なものを選べ。

ア　他文化の影響を受けている例を挙げ、『徒然草』の価値観も、中国文化の影響を受けていることを暗示する効果がある。

イ　歴史的な視点から、近代以降、日本人の価値観が『徒然草』の価値観と大きく隔たってしまったことを強調する効果がある。

ウ　中国文化の価値観と対比することで、『徒然草』が、中世でも全く新しい価値観に基づくものであったことを暗示する効果がある。

エ　外国人は言うまでもなく、同じ日本人でも共感することが難しい、『徒然草』の価値観のもつ特異性を強調する効果がある。

五 次の文章を読んで、あとの各問に答えよ。（＊印の付いている言葉には、本文のあとに〔注〕がある。）

『徒然草』（第八十二段）には、次のようなことが記されている。少し長いが、これこそ〈ひらがな〉というものの性質を考える上で、ひじょうに重要なので(ア)引用したい。

「うすものの表紙(イ)は、とく損ずるがわびしき」と人のいひしに、＊頓阿が、「羅は上下はづれ、＊螺鈿の軸は貝落ちて後こそいみじけれ」と申し侍りしこそ、心まさりて覚えしか。一部とある草子などの、同じやうにもあらぬを見にくしといへど、＊弘融僧都が、「物を必ず一具にととのへむとするは、つたなきもののすることなり。不具なるこそよけれ」といひしも、いみじく覚えしなり。

――「薄絹で装幀した本の表紙は、傷みが早くて困る」と嘆く人がいた。それに対して、私の友のひとりである頓阿が、「薄絹の表紙は、上下の縁の部分が擦り切れてほつれている方が、また、巻物の螺鈿の軸は、散りばめた貝がはずれて落ちた後の方が、味わいがあっていいものだ」と言ったのには、感心したのだった。

何冊かをひとまとめにして一部とした草紙などの本で、各冊の大きさなどが不揃いだと、みっともないと思うのがふつうだろう。しかし、弘融というお坊さんは仰る。「品物をきっちり同じように揃えようとするのは、ものの命がわからない人間のすること。不揃いこそがよいのである」と言ったのにもまた我が意を得た思いがした。

すべて何も皆、ことのととのほりたるはあしきことなり。しのこしたるを、さてうち置きたるは、おもしろく、(1)生きのぶるわざなり。「＊内裏造らるるにも必ず作りはてぬ所を残すことなり」と或る人申し侍りしなり。先賢のつくれる内外の文にも、章段のかけたることのみこそ侍れ。

――すべて、何事も、すべて完全に整い、完結しているのは、かえってその仕事の命が終わることになってよくない。やり残した部分を、そのままに放置してあるのは、味わいも深く、仕事の命を将来に繋いでやる方法なのである。

「内裏を造営するときも、必ず未完成の部分を残すものだ」とある人が言われたそうである。そう言えば、古代の賢人が書かれたお経や儒学の経典にも章段が欠けたものが少なくない。

作者の吉田兼好は「すべて、何事も、すべて完全に整い、完結しているのは、かえってその仕事の命が終わることになってよくない」と言う。漢字と中国建築が持つ様式美からすれば、こうした価値観はまったく驚くべきことであろう。

(2)いや、それはヨーロッパの価値観、さらには中国の影響を強く受けていた朝鮮半島の国々、またヨーロッパの影響を強く受けてきた明治以降の近代、現代の日本人からしても、なかなか理解できないことに違いない。

薄絹が擦り切れた表紙、螺鈿の美しい貝の光がはげ落ちた巻物の軸、本の大きさが揃っていない不格好なひとまとまりの本、天皇の住まいにさえわざと一部を未完成にして残すこと……(3)こんなことが、なぜ、〈ひらがな〉の美意識と関係があるのかと問う人もあるだろうか。

〈カタカナ〉が「片仮名」で漢字の片側だけを取り、また日本語になりきらない部分を片方だけ残しているという点からすれば、〈ひらがな〉

ア　ヒュームが歴史的な出来事や戦争行為を想定して実証した共感の存在を、進化人類学では、ヒトが類人猿から進化してきた過程を調べることで明らかにしている。

イ　ヒュームがイギリス経験論の視点から実証した共感の存在を、進化人類学では、狩りをするチンパンジーたちの行動の差異を分析することで明らかにしている。

ウ　ヒュームが各自の経験の内省を通して実証した共感の存在を、進化人類学では、チンパンジーとヒトの幼児の集団行動を比較する実験によって明らかにしている。

エ　ヒュームが内観から実証した共感の存在を、進化人類学では、「私たち」という集団認識がチンパンジーにも備わっていると証明することで明らかにしている。

〔問5〕(5)ここに、たとえ倫理の成り立つ基盤が自然のなかに存することが実証されたとしても、なお倫理学が引き受けるべき役目が残っている。とあるが、「倫理学が引き受けるべき役目」とはどのようなことか。次のうちから最も適切なものを選べ。

ア　人間が利他的な行為をしなければならない根拠を追究することで、利他的行為の必然性に対して人々が抱く疑念に、答えていくこと。

イ　現代の科学の実験に基づく実証を内観的な視点から解き明かすことで、倫理の基盤となる感情の存在に、細かな検討を加えていくこと。

ウ　観念的な思索に基づき現代の科学の矛盾を解明することで、人間に対する利己的な存在者というイメージの誤りを、正していくこと。

エ　人間が利他的な行為をするようになった原因を解明することで、共感能力を効果的に発揮できる状況を、人為的に構築していくこと。

〔問6〕本文の構成について説明したものとして、次のうちから最も適切なものを選べ。

ア　感情に関する自説を示した後、哲学と科学の先行研究をもとに、自説を補強している。

イ　一つの主張に対し、新たな疑問点を提示して考察する形で、段階的に論を深めている。

ウ　現代までの研究の成果を取り上げ、問題点を指摘しつつ、末尾で自説を提示している。

エ　哲学的視点と科学的視点を比較し、哲学的視点の優位を主張して、まとめとしている。

〔問7〕ヒュームの主張を踏まえると、人とのかかわりの中で私たちはどうあるべきだとあなたは考えるか。本文を踏まえ、「共感」という言葉を必ず用い、具体的な事例をあげながら、あなたの考えを**二〇〇字以内**にまとめて書け。なお、書き出しや改行の際の空欄や、、や。や「なども、それぞれ字数に数えよ。

営みである。人間において共感能力が発達してきた経緯を理解できれば、その条件を人為的に構築して共感能力をいっそう発揮しやすい状況や性格を形作ることさえも不可能でないかもしれない。ところが、たとえそのように利他的な行為に進みやすい舞台が整ったとしても、依然として人間は「なぜ（why）、自分は今ここでその行為をすべきか、自分がそれをしなくてもいいのではないか」と問うにちがいない。この「なぜ」は科学が究明する問題ではない。倫理学の問題である。

（品川哲彦「倫理学入門」による）

〔注〕ヒューム――イギリスの哲学者。
讃嘆（さんたん）――感心して、ほめること。
イギリス経験論――十七世紀から十八世紀にかけて、イギリスで栄えた哲学。
所与――あらかじめ与えられているもの。
ホッブズ――イギリスの哲学者。

〔問1〕(1)とはいえ、この試みには最初から懸念（けねん）がつきまとう。とあるが、「懸念（けねん）」とは具体的にはどのようなものか。次のうちから最も適切なものを選べ。

ア 感情は、倫理的判断を下す際の絶対的な基盤になりうるものだが、賞賛や非難という主観的なものに偏ってしまうのではないかというもの。

イ 感情は、行為者やその状況、行為を受ける人が誰かによって変化するため、倫理的判断の基盤とするには不適切なのではないかというもの。

ウ 感情は、倫理を支える理性を鈍らせてしまうものであるため、平等な判断を誰に対しても行うことができなくなるのではないかというもの。

エ 感情は、非常時であるなら、倫理的判断の基盤として用いるのもしかたないが、日常生活においては好ましくないのではないかというもの。

〔問2〕(2)したがって、まずは、倫理的判断の基礎になるものとして、誰もがいつでもどこでも同じ事態にたいして同じ反応を示すそういう感情が存在することを証明しなくてはならない。とあるが、ヒュームはどのように証明したのか。次のうちから最も適切なものを選べ。

ア 戦争状態では誰もが自国のあらゆる行為を賞賛することを指摘し、同一の状況では誰でも同じ感情となるのが普通であることを示した。

イ 歴史書を読んだ人々の感情の共通性を見つけ、眼前の出来事ではなく過去の出来事に対してなら誰もが共通の感情をもつことを示した。

ウ 利害関係のない出来事に対する人々の反応を分析し、理性を抑制することで人間は他者に対して普遍的な感情を抱きうることを示した。

エ 歴史的な出来事に対する人間の感情に共通するものを指摘し、無関係な対象への共感の働きが人間にとって普遍的であることを示した。

〔問3〕(3)だからといって、「相手と同じ気持ちになれ」とまで要求する必要はない。とあるが、なぜか。これを次の［　］のように説明するとき、［1］と［2］に当てはまる最も適切な表現を、本文中から［1］は**五字**、［2］は**十七字**で探し、そのまま抜き出して書け。

> ヒュームによると、相手の置かれた［1］を理性の働きによって詳しく知ることで、［2］ができるようになりさえすればよいから。

〔問4〕(4)現代では、認知科学、脳神経科学などのさまざまな分野で共感の存在を実証的に説明する試みがなされている。とあるが、本文ではどのように実証されていると述べられているか。次のうちから最も適切なものを選べ。

人間一般を対象として感情が働くことはない。だから、共感は人類愛や博愛ではない。共感はそのときその場所で苦しんでいる特定のそのひとに向けられるものである。

共感の存在をヒュームは、各人が自分の経験を思い出すように促して、つまり内観にもとづいて論証した。(4)現代では、認知科学、脳神経科学などのさまざまな分野で共感の存在を実証的に説明する試みがなされている。ここでは進化人類学者マイケル・トマセロ（一九五〇―）の知見をみてみよう。

大型類人猿も群れで協力して狩りをする。獲物を追う者、取り囲む者、行く手を阻（はば）む者――だが、その行為を人間の協働作業のように解釈するのは誤りである。チンパンジーでは、それぞれが獲物を捕らえる機会を最大化する行動をしているにすぎない。そうして得られた成果を独占しようと行動し、他の個体の要求や嫌がらせに応じてやむなく相手に譲る。

これにたいして、ヒトの三歳児は、おとなから誘ったゲームをおとなが急にやめるとゲームに戻るように要求し、他のおとなに別のゲームに誘われて前のおとなから離れるときには、わびるかのように、おもちゃを手渡したり、顔をのぞき込んだりしながら去っていく。おとなの行動をみて、おとなのしようとしていることを把握してその手伝いを進んでし、もしおとながそれまでのやり方を変えると、生後一八ヵ月の幼児でも観察されるように、従来のやり方に戻そうとする。さまざまな対照実験をとおして、子どもは協働作業を――それによって得られる利益と無関係に、ときには自分の利益に反しても――維持する行動をすることが明らかになっている。

ヒトの幼児とチンパンジーの違いは、トマセロによれば、自分を含む複数の個体から成る関係を同一の目標を志向する「私たち」として捉える意識の有無にある。ヒトの幼児は、協働しなければその行為の目的が達成できないことを把握する。そのために自分が何をすべきかを把握する。いいかえれば、自分の行動にたいする規範的な視点を身につけ、同時にまた、相手が何をすべきかを把握している。それはすなわち、他者を含めた社会的に規範的な視点を身につけているということにほかならない。さらには、やり方の変更を嫌いもする。このことから察せられるように、「この協働作業では、誰もがこうすべきだ」という一般化した規範の視点を、子どもは早い段階で身につけている。

ヒュームが内観によって到達した考えを現代の諸科学は観察と実験によって裏づけているわけだが、こうしたアプローチが論証しようとしているのは、倫理学が成り立つ基盤は人間にもともとそなわっている素質、いいかえれば自然のなかに存しているという考えである。むろん、それはヒトという生物種にその出現時点でそなわっていたものではなく、（ヒュームの時代には今ほど解明されていなかった）進化の過程で生き延びるのに有利な方向へとヒトが適応してきた成果にほかならない。けれども、すでに幼児の段階で身についているほどに、ひとりひとりの個人にとっては自然と呼んでさしつかえない所与*なのである。

とはいえ、倫理の成り立つ基盤が自然のなかにあるということが論証されたとしても、それで個々の人間が現実に倫理的なふるまいをするかどうかは別である。たとえ、共感が素質としてそなわっているとしても、他方で私たちはホッブズ*の描く孤独な利己的存在者たちによる万人の万人にたいする戦いという人間の描像にも相応のリアリティを感じるだろう。だからこそ、誰もが共感能力をもっていると主張したヒュームはまた「他人の立場に身をおいて考えよ」と勧告せざるをえなかった。(5)ここに、たとえ倫理の成り立つ基盤が自然のなかに存することが実証されたとしても、なお倫理学が引き受けるべき役目が残っている。

見方を変えればこうもいえる。倫理の自然化を説明するさまざまな分野の経験科学は「いかにして（how）その事態が生じたか」を解明する

Ａスタート前のカヌーの描写「上空から見ると箱に収まった色鉛筆のようで美しいかもしれない」という所にも言外の意味があるかも。

Ｃどんな意味？

Ａ一見すると綺麗に大人しく並んでいる光景のように見えるが、しかし［2］という意味にも取れないかな？……

Ｄそれ十分成り立つ解釈だね。さて、どれを発表しようか迷うな。

四 次の文章を読んで、あとの各問に答えよ。（＊印の付いている言葉には、本文のあとに〔注〕がある。）

行為を倫理的に評価するのも、ヒューム＊によれば、究極的には感情である。評価とはその行為にたいする賞賛または非難であり、この両者もまた感情だからだ。こうして倫理的判断を感情にもとづけて説明する倫理理論が試みられる。

(1)とはいえ、この試みには最初から懸念がつきまとう。理性で考えるなら、誰もがいつでも同じ結論にたどり着く可能性がまだしも見込めそうだが、感情にはそのような普遍性や安定性は期待できそうにないからだ。同じような事態をみてもその行為者やその行為によって影響を受けるひとが自分自身や自分の家族や友人か、はたまた無縁のひとかによって感情の反応は変わってくる。そのうえ自分自身が他の用務に気をとられていたり疲れていたりすることで、感情は左右される。生活を支える倫理がそのように不安定ではいけない。(2)したがって、まずは、倫理的判断の基礎になるものとして、誰もがいつでもどこでも同じ事態にたいして同じ反応を示すそういう感情が存在することを証明しなくてはならない。

ヒュームはこう説明する。歴史書を読んでいるとしよう。私たちは卑劣な行為に義憤を感じ、立派な行為に讃嘆＊する。過去のできごとはもはや私たちの利害と関わりない。それでも是非の区別は変わらない。他国と交戦中だとしよう。立派な行為は敵がしたのであってもあっぱれと思い、非道な行為には味方がしたのであっても眉をひそめる。第三国からみて自国の不利になるそのような事態でも、感情が下す評価は変わらない。一般化すれば、自分の利害になんら関係ないのに、ひとの幸福を見聞きして朗らかな気持ちになり、ひとの身に起きた不幸に心を曇らされた体験は、誰にも覚えがあるにちがいない。だから、ひとの幸福を喜び、不幸を悲しむこの共感(sympathy)という感情は誰にでもあると、ヒュームは結論する。

だがそれなら、世の中はもっとよくなっているはずである。そうならないのは、たしかに共感する能力は誰にでもそなわっているが、その能力は多くのひとにあって微弱なものであり、善行の遂行と悪行の断念に直結するものではないからだ。では、どうすればよいか。

ヒュームはこう勧める。「当事者の立場に身をおいて考えよ」。このとき状況を知るために理性を働かせる。そのひとがおかれている苦境をくわしく知れば知るほど、たとえ弱々しい共感しかもっていない人間でも共感をかきたてられ、そのひとの役に立つ行為を、しかも理性による把握のもとに状況に適したしかたでする気になり、実際に行なうだろう。

(3)だからといって、「相手と同じ気持ちになれ」とまで要求する必要はない。共感を抱いているとしても傍観者が当事者と同じ気持ちになれる保証はない。しかし、それでよいのである。なぜなら、重要なのは、相手のためになることを実行することだからだ。

個別の状況に注視するのは、ヒュームがイギリス経験論＊の哲学者だからである。イギリス経験論によれば、生まれつきそなわっている知識はなく、知識は経験をとおして獲得される。普遍的な概念はそれまでの経験から共通の性質を抽出して作られるにすぎない。したがって、人類や

イ　悔し涙さえ流して先輩の甘さを指摘する恵梨香の言葉で、どれほど真剣に伝えたいのかがよく分かったから。

ウ　率直に競技者としての思いを伝える恵梨香の姿に、以前のレースで負けた時の悔しがる様子が重なったから。

エ　先輩に対して堂々と自分の考えを主張する様子で、かつての恵梨香の控えめな態度が思い出され驚いたから。

〔問4〕(4)それなのに何故、千帆には勝てないのか。とあるが、「希衣」が考えている「千帆に勝てない」理由を、次の［　　］のように説明するとき、［1］と［2］に当てはまる表現を、それぞれ**三字以上六字以内**で本文中から抜き出せ。

> ペアとして調子を合わせてきた［1］によって、身体の動きが制限され、かつて目標だった千帆を、進んで［2］くことが出来ないから。

〔問5〕(5)水色の艇が飛沫を浴びながらゴールラインを越える。とあるが、レース後の登場人物の状況の説明として最も適切なのは、次のうちではどれか。

ア　希衣は、最初は疲労で放心していたが、やがて喜びを自制できなくなり恥ずかしく感じている。

イ　恵梨香は、後続の順位に注目していたが、希衣が実力どおりに千帆に勝ったことを喜んでいる。

ウ　亜美は、希衣に敗れたことを悔しがっているが、艇を揺らさないだけの冷静さは維持している。

エ　千帆は、希衣に負けたことを少し悔しがっているが、上位の大会の出場権を得て満足している。

〔問6〕次は、A〜Dの男女四人の生徒が、本文の特徴について発表するために話し合っている場面である。［1］、［2］に当てはまる最適な表現を、［1］は本文から**一文**で抜き出し、［2］は、**二十字以上二十五字以内**で考えて答えよ。

A　ここでは希衣が主人公だ。

B　そう。内面の描写は希衣についてのものばかりで、他の人物の心情も希衣の視点から描かれてる。表現上の特徴はどうかな？

D　希衣が自分の殻を破った場面だから、今までと違う新しい境地になって勢いづいている様子が効果的に表れているんじゃないかな。

C　「［1］」という箇所は、擬人法だよね。どんな効果があるだろう？

C　確かに、そうだね。

A　他には擬態語も目立つかな。

B　擬態語があると、動作の調子や背景の思いが示されて、鮮明な印象になるね。

A　擬態語の多用は、競技前後の敏感な心理と関係がありそうだ。

D　他にはない？

C　言外に想像させる表現が、あると思った。

B　たとえば、どんなところ？

C　あまり自信がないけれど、「その事実は揺るがない」という表現には、しかし……というニュアンスが隠れている感じがする。

A　……ああ、なるほど。確かに、実力では上なのに、しかし勝てない、というように読めるよね。

D　競技開始後の、「一年前に比べて、希衣のフォームは明らかに美しくなった。」「それなのに」「勝てない」という箇所と同じだよね。

C　すると「一年前に比べて、希衣のフォームは明らかに美しくなった。」は「今の希衣は、千帆よりも速い。」と同内容ということか。

B　おもしろいなあ。ほかにもあるかな……。

「希衣に負けたぁ！」
続いてゴールした亜美が、地団太を踏むようにゴトゴトと艇を揺らしている。激しく動いても艇が傾く気配が一切ないのは流石といったところだろうか。
その後、後ろにいた選手たちが続々とゴールする。四位になった千帆は汗と飛沫でベタベタになった顔を手で拭うと、花が綻ぶように小さく笑った。
「ようやく負けたよ。」
深い感慨の込められた声に、希衣も思わず頬を緩める。
「うん、勝った。私、千帆に勝ったよ。」
自分では抑えているつもりだったのに、興奮で声が上擦った。

（武田綾乃「君と漕ぐ４」による）

〔注〕フォア――四人で漕ぐカヌーの競技。
スタンバイスペース――競技の各レーンに入る前の待機場所。
落ちていないだろうか――競技用カヌーは安定性が悪いため、バランスを崩して水に落ちていないか心配していること。
ブイ――距離やコースを示す標識。
ＷＫ－１――女子カヤック一人乗り。カヤックは足を前方に伸ばして座り、両側に水かきのあるパドル（櫂）で漕ぐカヌー。
孤高の女王――他校の有力選手の異称。
ストレッチャー――カヌーの内部に付けられた足掛け。

〔問１〕(1)二人だけだった世界は急激に広がり、互いに見えていたものが違ったことに気が付いた。とあるが、「希衣」の「千帆」に対する以前の態度の説明として最も適切なのは、次のうちではどれか。

ア　千帆の存在ばかりに固執して、かたくなに新たなペアを組むことを拒むような態度。
イ　千帆の自主性に配慮しないで、独りよがりにペアの練習で負荷を掛け続けるような態度。
ウ　千帆の実力を過大に評価して、やみくもに競技の成績を伸ばそうと焦るような態度。
エ　千帆の思いを考慮しないで、一方的に競技での主役としての活躍を期待するような態度。

〔問２〕(2)身体の表面に緊張感を纏い、とあるが、この表現の説明として最も適切なのは、次のうちではどれか。

ア　レース直前の千帆は、人を寄せ付けない強い緊迫感に包まれているということ。
イ　レース直前の千帆は、意識的に感覚を抑えて神経を研ぎ澄ましているということ。
ウ　レース直前の千帆は、抑制的で落ち着いた集中力を漂わせているということ。
エ　レース直前の千帆は、身体を動かして集中を高めようとしているということ。

〔問３〕(3)涙混じりの声が、不意に脳裏に蘇る。とあるが、なぜか。理由として最も適切なのは、次のうちではどれか。

ア　勝敗に執着する態度に、強い者に負けても気にならないと言っていた恵梨香と矛盾するような気がしたから。

「go!」

その刹那、パドルが水を薙いだ。跳ね上げられた水の粒が周囲にまき散らされる。

ロケットスタートは千帆の得意技だ。短距離の方に適性がある彼女は、最初の加速がとにかく上手い。しかし、体力がないためにそのスピードを維持できない。

希衣は唇の端を舌で舐める。最初に出遅れるのは想定内。問題はそこからどうやって自分のペースに持って行くかだ。

パドルを動かす。ストレッチャーを踏み込む。激しく動く上半身と下半身が、綺麗に連動しているのを感じる。一年前に比べて、希衣のフォームは明らかに美しくなった。(4)それなのに何故、千帆には勝てないのか。その理由を、希衣は心のどこかで察している。

隣を進む千帆を見ると、そのペースに合わせようと身体が勝手に動いてしまう。ペアだった頃の無意識の習慣が、今もなお身体の内側を蝕んでいるのかもしれない。あの頃、希衣は千帆みたいになりたかった。千帆のように、速く。

二〇〇メートル地点に差し掛かった時には、前を進んでいた千帆の艇に追いついていた。希衣の乗る水色の艇の先端が、滑らかに水面を切り開いていく。千帆の赤い艇と、希衣の水色の艇がピタリと横並びになる。

躊躇いは、一瞬だった。

水面に深く差し込んでいたパドルを引き抜く。一段とピッチを上げ、推進力へと結びつける。明確な自分の意思で、希衣は千帆の艇を追い抜いた。

ピタリと横並びだった二つの艇のシルエットが徐々に形を変えていく。希衣の視界に、もう赤い艇は入らない。長細い艇首が、ぐんぐんと新しい道を切り開く。

三〇〇メートル地点で、前を進むのは二艇。第六レーンの亜美と、ずっと前にいる恵梨香だ。亜美は昔から荒れた環境に強かった。風が強い日、水量が多く波が荒れる日、気温が低い日。皆が調子を落とすタイミングでも、彼女のタイムはほとんど変わらない。驚異的なペース維持能力が、宍戸亜美の強さだ。

だが、今日のようなカヌー日和にはその特性は発揮されない。視界の端に亜美の姿を捉えながら、希衣はゆっくりと加速していく。それに合わせるように亜美も同じだけ速度を上げた。互いが互いを牽制しながら、付かず離れずで二艇は進む。

距離を教えるブイの色が赤く変わる。残り一〇〇メートルのサインだ。四〇〇メートル地点を通過し、勝負を仕掛けたのは希衣だった。ぐっと踏み込む足に力を入れる。腕も脚も重い。それでも、速度は絶対に落とさない。

六位以内であれば関東大会には出場できる、そんなことは分かっている。一位以外はインターハイには進めない。二位でも三位でも、表彰の順位が変わるだけ。だが、そんなのはどうでもいい。

負けたくない。勝ちたい。一つでもいい順位になりたい！

0.001秒を縮めるために、これまでの努力はあったのだ。もはや、亜美のことなどどうでも良かった。希衣の目に映るのは、前方にあるゴールだけ。

最後はがむしゃらだった。残された体力を絞り出し、希衣は必死に腕を動かす。(5)水色の艇が飛沫を浴びながらゴールラインを越える。その瞬間、先にゴールしていた恵梨香が歓声を上げた。

「先輩、二位ですよ！」

その言葉に、希衣はようやくパドルを動かす手を止めた。ゴール直後のせいで心臓はバクバクしているし、耳はなんだかくぐもって聞こえるし、呼吸はずっと荒いままだ。右手の甲を頬に押し付けると、肌がやけに熱かった。

揃えてください。」

アナウンスが聞こえ、それぞれの艇が自分のレーンへと移動する。赤、青、水色、黄色。カラフルなスプリント艇が並ぶ様は、上空から見ると箱に収まった色鉛筆のようで美しいかもしれない。

艇の先端――艇首を目視で揃えるのは新人には難度が高い。ゆっくりと艇を前進させながら、希衣は第九レーンの舞奈がいる方向に顔を向けた。*落ちていないだろうかと心配に思い、すぐにその思考を追い払う。舞奈はもう立派な選手だ、過保護に扱うのは失礼だろう。

ふう、と深く息を吐き出す音が希衣の右隣りから聞こえてくる。レース前、千帆は静かだ。(2)身体の表面に緊張感を纏い、ゴールに向かって意識を集中させている。

希衣は目を凝らす。快晴の空の下、等間隔に並んだブイ*の奥にぼんやりとゴールが見えている。

「鶴見先輩。」

もう一度名を呼ばれ、希衣は驚いて左側へ顔を向けた。*WK－1のレース直前に恵梨香が話しかけて来ることは珍しい。

「なに？　今はぼーっとしてないけど――。」

「負けるって、悔しいことですよ。」

希衣の言葉を遮り、恵梨香がピシャリと言い放つ。咄嗟に息を呑んだ希衣から、恵梨香は目を逸らさなかった。

「負けたらいつだって悔しいよって、前に先輩が言ったんじゃないですか。負けるのが当たり前だと思ってる状態はおかしいと思います。」

「当たり前ってワケじゃないよ。本当に、いつも全力でやってる。」

「嘘ですよ。心の底から勝ちたいって思ってない。そういう態度、私は許せないです。」

偽りのない本心に、ガツンと頭を殴られた。ピンク色のキャップを目深に被り直し、恵梨香はパドルの先端で水面を叩いた。水飛沫が上がり、そしてすぐに消える。

(3)――悔しいです。先輩、私、やっぱり悔しい。

涙混じりの声が、不意に脳裏に蘇る。それまで負けてもなんとも思わないと言っていた恵梨香が、関東大会のWK－1決勝レース後に吐いた台詞だ。孤高の女王*に実力でねじ伏せられ、恵梨香は悔しさに身を震わせていた。

「勝ってください。」

そう、恵梨香は言った。同じレースに出艇する相手に掛けるには相応しくない台詞だった。

いつの間にか目元に滲んでいた汗を手で拭い、希衣はストレッチャー*に掛けた足先を軽く丸めた。グー、パー、と繰り返していく内に、硬直していた身体がほぐれていく。

「それ、湧別さんにも勝てって言ってる？」

「勿論。まぁ、負ける気はしないですけど。」

「私だって負ける気はないよ。」

「じゃあ問題ないですね。」

話は終わったとばかりに、恵梨香が前へ向き直る。希衣もまた、ゴールへと目を向けた。

レースの開始が近付き、艇を揃える為の指示がひっきりなしに飛び交っていた。レースに参加する選手たちは、誰もが同じラインに立っている。スタートの位置は平等で、誰にでも勝つ可能性が残されている。

「Ready」

響く声に、希衣はパドルを構える。足の裏に力を込め、大きく息を吸いこむ。

「set」

身体が動く。度重なる練習によって染み付いたフォームが、いつの間にか再現される。

二〇二二年度

都立国立高等学校

【国語】（五〇分）〈満点：一〇〇点〉

一

次の各文の――を付けた漢字の読みがなを書け。

(1) ひもで結った小包。

(2) 頑是ない子ども。

(3) 役務の提供。

(4) 家畜を殖やす。

(5) 時期尚早の決断。

二

次の各文の――を付けたかたかなの部分に当たる漢字を楷書で書け。

(1) 実力のタカが知れる。

(2) ズに乗る。

(3) コウミョウ心。

(4) みんなに可愛がられるショウブン。

(5) リヒキョクチョクを明確にする。

三

次の文章を読んで、あとの各問に答えよ。（＊印の付いている言葉には、本文のあとに〔注〕がある。）

高校生になって、二人でカヌー部を立ち上げた。二年生になり、恵梨（えり）香と舞奈（まいな）が入部してきた。(1)二人だけだった世界は急激に広がり、互いに見えていたものが違ったことに気が付いた。

だから希衣（きえ）は、千帆（ちほ）にヒーローの役割を押し付けることをやめた。勝手に期待して、身勝手な振る舞いをしていたのは希衣だった。千帆は千帆の生き方があるのだから、それを尊重すべきだったのだ。

それから、二人は良い関係を取り戻した。文部科学大臣杯では一時的にペアを復活したし、＊フォアを始めてからはペア以外の関係性も生まれた。希衣は千帆に発破を掛けるのではなく自分の記録を伸ばすことに専念するようになったし、その結果、明らかに能力は飛躍した。

今の希衣は、千帆よりも速い。数字が証明しているのだ、その事実は揺るがない。

「鶴見（つるみ）先輩。」

掛けられた声が、思考に耽（ふけ）っていた希衣の意識を引き戻した。ハッとして顔を上げると、いつの間にか艇は＊スタンバイスペースに入っていた。恵梨香がじっとこちらを見ている。

「な、なに？」

「いや、ぼーっとしてたので。そろそろレース始まりますよ。」

「あぁ、うん。」

予選レースで一位だった恵梨香は、一番真ん中の第五レーンを割り当てられた。希衣はその右隣の第四レーン、さらに右の第三レーンに千帆がいる。第九レーンの舞奈とは距離がある。レースが始まったらすぐに視界に入らなくなるだろう。

「発艇、三分前。発艇、三分前。選手は発艇線二〇メートル後方で艇を

英語解答

1 A ＜対話文１＞ ア
＜対話文２＞ ウ
＜対話文３＞ イ
B Q１ エ
Q２ They are interesting.

2 〔問１〕 イ 〔問２〕 カ
〔問３〕 make our planet cool
〔問４〕 ア 〔問５〕 ウ
〔問６〕 イ
〔問７〕 opening a parasol
〔問８〕 ウ
〔問９〕 始めの２語…If everyone
終わりの２語…any problem
〔問10〕 エ

3 〔問１〕 エ 〔問２〕 never
〔問３〕 ア 〔問４〕 イ
〔問５〕〔質問Ａ〕（例）She learned that pet animals have special powers. She now understands how much Snow helped the little girl in the car.（21語）
〔質問Ｂ〕（例）It means that the kitten should belong to the little girl, not Lisa, and the cat is now at her side.（21語）
〔問６〕 オ，カ 〔問７〕 エ

1〔放送問題〕

〔問題Ａ〕＜対話文１＞≪全訳≫サクラ（Ｓ）：こんにちは，トム，今日の午後は雨が降ると思う？／トム（Ｔ）：やあ，サクラ。降らないと思うよ。／Ｓ：ほんと？ 今朝は晴れてたのに，今は曇ってるでしょ。もし雨なら，今日の午後にテニスを練習する予定を変更しないといけないわ。／Ｔ：心配しないで。その必要はないさ。天気予報では，明日の朝は雨が降るけど，今日は降らないって。／Ｓ：それならよかった。／Ｔ：今日の練習について，今夜電話で話そうよ。／Ｓ：ええ。

Ｑ：「サクラとトムはいつテニスの練習をするか」―ア．「今日の午後」

＜対話文２＞≪全訳≫ジェーン（Ｊ）：すみません。私はジェーンといいます。新入生です。手伝っていただけますか？／ボブ（Ｂ）：こんにちは，ジェーン。僕はボブです。何に困ってるんですか？／Ｊ：ブラウン先生にお会いしたいんです。職員室への行き方を教えてもらえますか？／Ｂ：ええっと，彼女はたいてい音楽室にいますよ。／Ｊ：そうなんですか。じゃあ，音楽室はどこですか？／Ｂ：図書室が見えますか？ 図書室を右に曲がると，美術室の隣に音楽室があります。あと，先生はときどき図書室で本を読んでることもありますよ。／Ｊ：ありがとうございます。まずは図書室に行ってみます。／Ｂ：先生が見つかるといいですね。

Ｑ：「ジェーンは最初にどこへ行くだろうか」―ウ．「図書室」

＜対話文３＞≪全訳≫女子（Ｇ）：うちの学校は新しく見えるけど，長い歴史があるのよ。／男子（Ｂ）：どういうこと？／Ｇ：建物は新しいけど，うちの学校は来年で創立100周年になるの。／Ｂ：ほんとに？／Ｇ：ええ。私のおじいちゃんは60年前にこの同じ学校の生徒だったのよ。／Ｂ：へえ，君のおじいちゃんは何歳なの？／Ｇ：今年で72歳になるわ。／Ｂ：へえ，そうなの？／Ｇ：ええ。私たちはときどき一緒に校歌を歌うの。／Ｂ：それはいいね！

Ｑ：「この学校は現在，創立何年目か」―イ．「99年」

〔問題Ｂ〕≪全訳≫こんにちは，皆さん！ 私はキャシーです。15歳です。今日はインターネット上で皆さんとお会いできてうれしいです。／まず，私の国についてお話しします。夏には，たくさんの人が山でウォーキングや野鳥観察を楽しみます。私はよく，夏休み中にプールに行きます。冬には，多くの人がバスケットボールの試合を見て楽しみます。バスケットボールの試合はとても盛り上がるので，私もそれを観戦するのが好きです。また，人々はスキーも楽しみます。雪の積もった山々は美しいです。私は毎年，家族と一緒にスキーに行きます。私は全てのスポーツの中でスキーが一番好きです。日本にはスキーができる場所がたくさんあるということを知りました。皆さんはウインタースポーツが好きですか？／次に，私が日本について知りたいと思っていることについてお話しします。私は日本の映画にとても興味があります。ストーリーがおもしろいと思います。皆さんに，人気のある日本の映画について教えてほしいです。楽しんで見られるような新しい映画を探しています。今日はインターネット上で楽しく過ごしましょう。

Ｑ１：「キャシーが一番好きなスポーツは何か」―エ．「スキー」

Ｑ２：「キャシーは日本の映画のストーリーについてどう考えているか」―「それらはおもしろい」

２〔長文読解総合―会話文〕

≪全訳≫❶オリバーはアメリカ合衆国に住む高校生である。彼は友人である日本の高校生カナとその弟ジュンと，オンラインで会話をしている。オリバーは日本にいたとき彼女たちの近所に住んでいた。❷オリバー（Ｏ）：やあ！　君たちどうしてる？❸カナ（Ｋ）：私，ちょっと疲れてるの。東京は今ものすごく暑いんだよ。❹Ｏ：そうだよね。暑い天候は僕らの生活の一部になりつつあるもんね。❺ジュン（Ｊ）：気候変動のせいなのかな？❻Ｏ：うん。地球の気温が上昇してるのは，この厳しい天候の一因なんだ。❼Ｊ：この暑さを乗りきるために何かしないとな。❽Ｋ：ジュン，あなたっていつも自分のことを考えてばかりいるよね。あのね，オリバー，ここ日本では，日光から身を守るために日傘を使う人が増えてきてるの。日傘をさすみたいに簡単に地球を涼しくすることができればいいだろうね。❾Ｏ：ちょっと待って！　(2)-aそれを聞いて，おもしろいプロジェクトのことを思い出したよ。❿Ｊ：日傘のことで？⓫Ｏ：日傘みたいに日陰をつくるっていう話だよ。それはアメリカでの新しい研究プロジェクトでね。科学者たちは地球用の巨大な日傘をつくろうと考えているんだ。⓬Ｋ：おもしろいね。(2)-bなんだかSFみたい。⓭Ｏ：確かにね。その科学者たちはある化学物質を使って僕らの惑星を冷やすつもりなんだ。⓮Ｊ：化学物質で日傘をつくろうとしてるの？　(2)-cそんなの想像できないよ。⓯Ｋ：その物質を使ってどうやって地球を冷やすの？⓰Ｏ：彼らはその化学物質の粒子を成層圏に散布するつもりなんだ。その粒子が地球に届く太陽光の一部を遮断してくれるんだよ。⓱Ｋ：なるほどね。つまりその粒子は日傘のようにはたらくわけね。⓲Ｏ：それはソーラージオエンジニアリングって呼ばれる技術なんだよ。⓳Ｋ：ソーラージオエンジニアリング？　(2)-dそんなの聞いたことないわ。⓴Ｏ：このソーラージオエンジニアリング計画の科学者たちは，自然界で起きた出来事から学びを得ているんだ。㉑Ｋ：詳しく教えてよ。㉒Ｏ：彼らは火山の噴火から学んでいるんだ。これまで，巨大な火山噴火のせいで，地球の平均気温が約0.6度下がって，例年より寒冷な気温が２年間続いたんだ。㉓Ｊ：たったの0.6度？それじゃあ大差ないと思うけどな。㉔Ｏ：それは違うよ，ジュン。気温は毎日上下してるよね，だから例えば１度の違いなら大きな違いにはならないよ。(4)ところが，平均気温の小さな変化は大きな意味を持つんだ。㉕Ｊ：わかったよ。じゃあ，ソーラージオエンジニアリングには大いに期待できるんだね。㉖Ｏ：でも今のところはその技術を利用することはできないんだ。それを実際に利用する前に，知っておかなければならないことがたくさんあるから，科学者たちはいろいろと研究する必要があるんだよ。成層圏に特殊な気球を送るっていう計画があるんだ。それを使ってある化学物質を成層圏に散布するつもりなんだ。㉗Ｊ：びっくりだなあ！㉘Ｏ：科学者たちはその実験でどの化学物質を使うかをすでに決めてあるんだ。㉙Ｊ：それは何なの？㉚Ｏ：炭酸カルシウムだよ。これは僕らの身の回りのいろいろな物，例えばある種の胃薬なんかにも使われているんだ，だから危険はないみたいだよ。㉛Ｋ：ソーラージオエンジニアリングって実際のところ，十分な効果はありそうなの？㉜Ｏ：科学者たちはそう言っているし，その結果はすぐにわかるとのことだよ。33K：話がうますぎると思うなあ。34O：実は，この実験に反対している人たちも大勢いるんだ。35J：どうして？36O：それはね，ソーラージオエンジニアリングは気候変動に対する解決策にはならないっていうのが理由の１つなんだ。37K：どういうこと？38O：この技術は大気中の二酸化炭素を除去できるわけではないんだ。地球の温度を少し下げることができるだけなんだよ。39J：地球を冷やすのはいいことでしょ。40O：そう単純じゃないんだよ，ジュン。この技術の利用を始めたら，永遠に使い続けなければならないそうなんだ。イ僕らは二酸化炭素の量を増やそうとしてて，そうすることは不可能なんだよ。この惑星を冷やすのに使われる炭酸カルシウムは，１年以内に消えてしまうんだ。一方，二酸化炭素は千年以上大気中にとどまる可能性があるんだよ。もしこの化学物質を成層圏に投入するのを急にやめたら，世界の気温は再び上昇するだろうし，そうすれば自然環境を破壊することになるんだ。41K：なるほど。それは問題ね。42O：世界の気温は産業革命以前の時代からすでに１度上昇しているそうだよ。この気温上昇を1.5度までに抑えないといけないんだ。43J：もしそれができなければ，どうなるの？44K：多くの国が，特に貧しい国は，大きな被害を被るかもしれないわ。45J：気候変動を食い止めるために，日傘をさすみたいな簡単な方法があればいいのになあ。46O：ソーラージオエンジニアリング計画の科学者の１人が，僕らの未来について本当に心配していると言っていて，科学者として自分はこの気候の推移を変えるためのあらゆる種類の方法について考えてみる必要があるとも言っているよ。47J：科学者が気候変動を終わらせるための方法を見出そうとするのは当然のことだね。48K：世界中のたくさんの国や都市が2050年までに二酸化炭素の排出量をゼロに削減すると公約したよね。東京もそのうちの１つで，都は「ゼロエミッション東京戦略」っていう報告書を作成したのよ。49O：君はそれを読んだの？50K：社会科の授業で一部だけ読んだの。その中にとても興味深いグラフがあってね。そのタイトルは「東京の温室効果ガス排出量部門別構成比」っていうの。51J：難しそうだね。52K：二酸化炭素の排出量が最大の部門はどれだと思う？53J：もちろん，工場でしょ！54O：僕は違うと思うな。東京ではたくさんの人が暮らしたり働いたりしてるけど，大規模な工場はそんなに多くないよ。55K：そのとおりよ，オリバー。工場などの部門Ａからの二酸化炭素の排出は10パーセント未満なの。56J：じゃあ，どの部門が一番多く排出してるの？57K：オフィスやレストラン，学校などの部門Ｂよ。58J：なるほど。東京にはそういうところがたくさんあるもんね。59K：そうなの。それに私にとって一番興味深いのは，２位の部門なの。それは部門Ｃで，家庭からの排出なの。家庭からの排出は，車やバス，トラックなどの部門Ｄの排出よりも多かったの。60J：ええ，じゃあつまり…61K：そう，つまり私たちが家庭でしているリサイクルや植物を育てるといったことが，気候変動を食い止めるためにとても重要ってことなの。62J：気候変動との戦いは政府や大企業の仕事だと思ってたけど，僕の仕事でもあるんだね。63K：すごくいい考えよ，ジュン。今すぐ行動しないとね。64O：最初の一歩として，君は何をするつもりなの，ジュン？65J：そうだなあ，僕らの行動が世界を変えられるってことを友達に話してみるよ。66O：いいね。君はどうなの，カナ？67K：実はね，私はもう始めてるの。お肉を食べる量を減らして，野菜を多く食べるようにしてるんだ。68O：僕が尊敬しているある有名な科学者がこう言ったんだ，70億人以上がいるこの世界では，我々一人ひとりはバケツの中の１滴にすぎない。だが，十分な水滴がたまれば，どんなバケツでもいっぱいにすることができる，って。69K：それ，気に入ったわ。70J：いい言葉だね。世界中のみんなが協力すれば，どんな問題でも解決できるね。71O：そのとおりだよ。君たちと話せて楽しかったよ，カナ，ジュン。72K：私も楽しかったわ。ありがとう。また近いうちにね。73J：じゃあね，オリバー。74O：それじゃあ。

〔問１〕＜英文解釈＞下線部は「暑い天候は私たちの生活の一部となりつつある」という意味だが，これはつまり，暑さが日常的，一般的なものとなりつつあるということである。この内容に最も近いのは，イ．「暑い天候はより一般的になりつつある」。　common「一般的な，ごく普通の」

〔問２〕＜適文選択＞(2)-a. この後のオリバーの発言の主語 It が何を受けているかを考える。その次の文で It's a new research project ... と言っていることから，この It は彼が思い出したおもしろいプロジェクトを受けているとわかる。'remind＋人＋of＋物事'「〈人〉に〈物事〉を思い出させる」　(2)-b. 直後の It does. の意味を考える。この does は直前で出た一般動詞の現在形の代わりとなる代動詞と考えられる。C の That sounds ... を受けて，It(＝That) does(＝sounds like science fiction). と言っているのである。　(2)-c. 化学物質を使って日傘をつくるという想像しがたい計画について聞いた感想である。　(2)-d. ソーラージオエンジニアリングという耳慣れない用語を聞いた後の発言である。

〔問３〕＜書き換え―適語句補充＞下線部の意味は，「私はそれが大きな違いをつくるとは思わない」。it は0.6℃を受け，make a difference は「違いを生む，重要である」という意味。ここは0.6度温度が下がったことについて話している場面であることから，「大きな違いを生む」とは，具体的には地球の気温を下げるということだとわかるので，「僕は，それが僕らの惑星を冷たくすることができるとは思わない」と書き換えられる。第13段落最後に make our planet cool とある。'make＋目的語＋形容詞'「～を…(の状態)にする」

〔問４〕＜整序結合＞However「しかし」に着目すれば，「小さな差であっても大いに意味を持つ」といった意味になると推測できる。これは small changes mean a lot とまとまる。残りは of the average temperature とまとめて small changes の後ろに置けば「平均気温の小さな変化」となる。　However, small changes of the average temperature mean a lot.

〔問５〕＜英文解釈＞下線部の直訳は「それはあまりにもすばらしすぎるように思える」。言い換えれば，話がうますぎる，そんなにうまくいくとは思えない，ということ。この内容に最も近いのは，ウ．「ソーラージオエンジニアリングには長所しかないというのは信じがたい」。

〔問６〕＜不要文選択＞第40段落は，太陽光を遮断して一時的に地球の温度を下げるというソーラージオエンジニアリングでは二酸化炭素を除去することはできず，地球温暖化の根本的な解決にはならないという事情を述べた部分。このうち，イの「二酸化炭素の量を増やそうとしている」というのは，明らかに話の流れからずれた内容である。

〔問７〕＜適語句補充＞空所直前の like は「～のような」の意味の前置詞。to stop climate change は a simple way にかかる to不定詞の形容詞的用法。よって空所には，気候変動を食い止める簡単な方法として考えられる内容が入る。第８段落最終文の It will be nice if we can cool the earth without difficulty like opening a parasol. が同様の内容になっている。なお，空所を含む文は，'I wish＋主語＋過去形...' の形で「…ならいいのに」という '現在実現できそうもないことへの願望' を表す仮定法過去の文である。

〔問８〕＜グラフの読み取り＞第55段落より，部門Ａは10パーセント未満とわかる。第56，57段落より，部門Ｂが最も多く，第59段落より，部門Ｃが２番目に多いとわかる。

〔問９〕＜英文解釈＞下線部は「十分な水滴があれば，どんなバケツでも満たすことができる」という意味。この言葉を受けてジュンが，この言葉が表す内容を説明している(第70段落最終文)。

〔問10〕＜内容真偽＞①「多くの人が日傘を使っているため，最近東京は涼しくなってきている」…×　そのような記述はない。　②「ジュンは，暑い天候から人々を守る方法について考えていると言っている」…×　第７段落，第８段落第１文参照。　③「ソーラージオエンジニアリング計画の科学者たちは，太陽光を遮断するために現在日傘を使っている」…×　第11～18段落参照。　④「実験では，科学者たちは気球を使って成層圏に化学物質を散布するつもりである」…○　第26段落終わりの２文に一致する。　⑤「実験で使われる化学物質は，二酸化炭素と同じくらい危険なものとなる」…×　第28～30段落参照。　⑥「世界の多くの政府は2050年のレベルまで二酸化炭素を削減するための努力を行っている」…×　第48段落第１文参照。　⑦「カナは，人々が家庭で行うことが気候変動を食い止められると言っている」…○　第61段落の内容に一致する。　⑧「オリバーは，世界には人がとてもたくさんいるので誰も重要なことはできないと言っている」…×　第68段落参照。

3〔長文読解総合―スピーチ〕

≪全訳≫❶こんにちは，私の名前はリサ・スミスです。友人たちは私をリサと呼びます。私は15歳です。カナダの小さな町で両親と兄〔弟〕と暮らしています。先日，重要な出来事があって，私はペットの動物には特別な力があることに気づきました。どうして私はペットの動物に特別な力があると考えているのでしょう？　その理由を皆さんにお話しします。❷私は中学生です。私は毎日歩いて登下校しています。学校まで歩くのは楽しくて，約30分かかります。ある暖かい春の日，私が学校から帰る途中，小さなお友達が私のあとをついてきました。このお友達は他のどの友達とも違っていました。彼女はとても小さかったのです。「なんてかわいい子猫なの！」　その猫はどこの猫かわかるような印は何もつけていませんでした。「迷い猫なのかな？」と私は思いました。猫はずっと私についてきました。私が家に着くと，猫は私の真後ろにいました。❸その夜，両親が仕事から帰宅すると，２人はその子猫を見て驚きました。両親には友達がその猫を私にくれたと言いましたが，それはうそでした。両親は私がうそをついているとわかっていました。両親は猫が大好きですが，私たちはその飼い主を探し出してこの猫を返すべきだと言いました。その飼い主のことを私は考えるべきだと２人は言いました。「どうすればいいんだろう？」と私は思いました。町の新聞に載っている告知記事のことを考えました。でもそれは私が一番したくないことでした。「もし町の新聞にお知らせを出したら，この子の飼い主が現れるかもしれない」と思いました。その子猫はとてもかわいかったのです。私はこう思い始めました。「(1)どうして飼い主はこの子をちゃんと見てなかったのか，私には理解できない」　私は彼女を失いたくなかったのです。❹兄〔弟〕は，その子猫はたぶん生後６か月くらいだろうと言いました。その猫は私たちにすぐなつきました。夕食後，彼女は私の足に登ってきて，私たちと一緒にテレビを見ました。このときにはもう，両親に彼女を飼ってほしいと頼み込んでいました。❺その週の終わりには，その新しい猫は私たちの家族になっていました。彼女はとても賢くて，私になついていました。両親はその猫に関する考えを改め始めました。父は私にこう言いました。「リサ，この猫を捜している人は誰もいないようだね。もうお前はもう１つの命に対する責任を持ってもいい頃だ。これはお前が大切なことを学ぶいい機会になるだろう。お前が将来親になったときに必要になることを学べるだろう」❻翌週，何となく町の新聞をチェックしないといけないような気がしました。あるとても小さな告知記事が私の目に飛び込んできました。それを見て，私は驚きました。うちの近所の女性がいなくなった猫を捜しているというのです。手が震えました。その女性に電話すべきだとわかってはいましたが，電話を手にすることができませんでした。代わりに，私はその告知記事を見なかったふりをしようとしました。その新聞を自分の部屋のクロゼットにすばやく投げ込むと，宿題をし続けました。それに関して両親には決して話しませんでした。❼私たちはその子猫に名前をつけました。雪のように真っ白だったので，スノーと呼ぶことにしました。私が机で勉強していると，彼女はおとなしくしていました。けれど，私が庭に出ると，彼女は私のあとをついてきて，一緒に遊んでというのです。私が食器を洗っていると，彼女もそこにいて手(いや，前足と言うべきでしょうか？)を貸してくれるのです。❽この完璧な状況には１つだけ問題がありました。私は町の新聞のあの告知記事のことが忘れられなかったのです。ある日，私は本当はどうするべきかを考え始めました。心の中では，あの女性に電話をするべきだとわかっていました。その人が自分の猫に本当にもう一度会いたがっているのはわかっていました。私は「うちのスノーはその女性が会いたがってる猫なのかな？」と思いました。その夜はよく眠れませんでした。❾翌朝，私は両親にその告知記事のことを話し，そしてとうとう自分の電話で番号を押し始めました。心の中では，誰も出ないことを願っていましたが，誰かが出てしまいました。「もしもし」　それは若い女性の声でした。私は猫のことを彼女に説明し，彼女は私にいろいろと質問してきました。彼女はぜひこちらに来たいと言いました。電話の後，私はとても緊張してきました。私は両親に一緒にいてほしいと頼みました。❿私は両親と一緒にキッチンのテーブルのところにいました。奇跡が起こることを願っていました。スノーはずっと私の足元に座っていて，かわいらしい目でときどき私を見上げるのでした。スノーは何かがおかしいと気づいていたのです。⓫数分もしないうちに，その女性が玄関先にやってきました。窓越しに彼女が見えました。彼女は手に地図を持ってそこに立っていました。彼女は玄関のドアをノックしました。「すみません，こちらはスミスご夫妻のお宅ですか？」と彼女は尋ねました。彼女がもう一度玄関をノックしたとき，千もの考えが頭をよぎりました。彼女に向かって「(4)住所をお間違いではないですか」と言うことだってできたのです。でも時すでに遅しで，母がドアを開けてしまいました。自分の恐怖に直面するべく，私も玄関に向かいました。⓬その女性がスノーを見ると，女性の表情が一変しました。彼女の顔に浮かぶ満面の笑みが見えました。「おいで，ルーシー」と彼女は呼びました。「こっちにおいで，いい子ちゃん」　このとき，その猫がこの女性からルーシーと呼ばれていることがわかりました。女性の声を聞いて，猫はとてもうれしそうでした。この猫がその女性の飼い猫であることは明らかでした。⓭涙が出てきました。私にはどうすることもできませんでした。スノーを連れて逃げ出したい気持ちでした。でもそうする代わりに私はわずかに笑顔を見せ，両親はその若い女性に中に入るように勧めました。⓮若い女性はすでにスノーを自分の腕に抱えていました。彼女は財布を開けると，両親にいくらかのお金を渡そうとしました。⓯「ご迷惑をおかけいたしまして」と彼女は言いました。⓰両親は首を横に振りました。母はこう言いました。「いいえ，いただけません。この猫がいてくれたおかげでずっと楽しかったんですよ。こちらこそお代をお渡ししなくちゃ」　それを聞いて女性はほほ笑むと，再びスノーを抱きしめました。⓱スノーはその女性と再会できて本当にうれしがっていました。彼らがもう家に帰るべき頃だとわかっていました。私は玄関のドアを開けました。女性が立ち去るとき，父親と一緒にいる小さな女の子に気づきました。その少女は車の前の座席に座っていました。その少女が子猫を見ると，彼女の顔に満面の笑みが浮かぶのが見えました。少女はこう言いました。「こっちにおいで，ルーシー！」⓲私が何か言いかける前に，その女性が説明し始めました。「うちの家族は先月この町に引っ越してきたんです。車の中にいるあの子は私の娘です。あの子はこの町に誰も知り合いがいなくて，毎日とても寂しがっていたんです。夫と私は，あの子は猫が大好きだと知っているので，ルーシーをあの子に与えたんです」⓳女性はこう続けました。「ルーシーがいなくなったとき，娘はひどくショックを受けました。一日中泣いていましたよ。ずーっと自分の部屋に閉じ込もっていました。毎日，ルーシーにまた会いたいと言ってました。この新しい土地で，ルーシーはあの子のたった１人の友達だったんです。娘とあの猫との間には特別な絆があるんですよ」⓴ふと私は，自分が自分のことしか考えていなかったことに思い当たりました。私はあの小さな女の子の気持ちになって考えてみました。車が走り去っていくのを見たとき，私の顔に浮かんだ笑顔は本物でした。私は正しいことをしたのです。あの子猫が本当にいるべき場所にいるとわかったのです。私はその猫から大切なことを学んだのです。

〔**問１**〕**＜適文選択＞**迷い猫を拾い，本当は飼い主を探すべきだとわかっているが，飼い主が見つかって猫を引き渡すのが嫌で告知を出すのをためらっている場面。リサは，猫を自分の手元に置くことを正当化するため，飼い主が猫に逃げられたことを非難しているのである。

〔**問２**〕**＜適語補充＞**猫の本来の飼い主が，その猫を捜しているという告知記事を出しているのを見つけたが，それを見なかったことにしようとしている場面。両親にそのことを話せば，飼い主に連絡せざるをえなくなるだろうから，両親にはそのことを「決して言わなかった」と考えられる。

〔問3〕＜英文解釈＞下線部は「スノーは何かがおかしいと気づいていた」という意味。ここでのwrongは「正常ではない，いつもと違う」といった意味。本来の飼い主に連絡し，これからいよいよその人物が現れるのを待つ間に，その緊張した様子から，猫は敏感に状況を察知しているのである。この状態を最もよく表すのは，ア.「スノーは何かが起こりそうだと感じていた」。

〔問4〕＜適文選択＞本来の飼い主がやってきて，猫を渡したくないという気持ちを抑えきれなくなり葛藤している場面。千もの考えが頭をよぎったとは，飼い主に猫を返さずに済ませる方法についてあれこれ思いを巡らせたということだと考えられるので，空所にはその一案となる内容が適する。

〔問5〕＜英問英答＞≪全訳≫私はスノーから大切なことを学んだ。もうあの子はここにはいない。本当にあの子が恋しい。本当にあの子にもう一度会いたいと思うけど，でも私は正しいことをしたんだってわかってる。あの子猫は今，いるべき場所にいる。今では世界を違ったふうに見ることができる。

＜解説＞〔質問A〕「リサは日記に『私はスノーから大切なことを学んだ』と書いた。彼女はその猫から何を学んだのか」―「(例)彼女はペットには特別な力があることを学んだ。彼女は今，スノーが車の中にいた少女にとってどれほど力になっていたかを理解している」　第1段落第5文で，重要な出来事が起きて，ペットには特別な力があるとわかった，と述べている。その力とは，第18，19段落に述べられた，引っ越し先で知り合いのいない孤独な少女にとって，猫が心の支えとなっていたことを指す。　〔質問B〕「リサは日記に『あの子猫は今，いるべき場所にいる』と書いた。この文はどういう意味か」―「(例)その猫はリサではなくあの少女のものであるべきであり，その猫は今，彼女のそばにいるということを意味している」　このrightは「適切な，妥当な，当然の」といった意味。リサは迷い猫に情が移り，本来の飼い主が捜しているという事実を気づかぬふりをして飼い続けようとした。だが本来の飼い主は自分ではなく少女であり，彼女のもとに返した今，猫はいるべき場所に戻ったのである。

〔問6〕＜内容真偽＞ア.「リサは毎日小さな友達と一緒に歩いて中学校へ通っている。学校に行くには約30分かかる」…×　第2段落参照。　イ.「最初，リサの両親はリサがまだ子どもで猫を飼うべきではないと思ったので，リサに猫を飼い主に返すように言った」…×　第3段落第4，5文参照。　ウ.「最終的に，リサは猫を捜している女性に会うことを納得したので，リサの母がその女性に電話をかけた」…×　第9段落第1文参照。　エ.「やってきた女性は猫の飼い主だった。彼女は『ありがとう』と言って，リサの両親にお金を渡した」…×　第14～16段落参照。両親は結局受け取らなかった。　オ.「子猫は真っ白だったのでリサにはスノーと呼ばれていたが，その同じ猫は車の中にいた少女からはルーシーと呼ばれていた」…○　第7段落第2文および第17段落最終文に一致する。　カ.「車の中にいた少女にとって，猫はその町で唯一の友達だった。彼女はそこに来たばかりだったので，そこには他に友達がいなかった」…○　第18，19段落に一致する。

〔問7〕＜単語の発音＞ア. learn[ə:r]　イ. word[ə:r]　ウ. perfect[ə:r]　エ. heart[ɑ:r]　オ. girl[ə:r]

数学解答

1 〔問１〕 $1+2\sqrt{15}$

〔問２〕 $x=-\frac{1}{2}$, $y=\frac{1}{3}$

〔問３〕 $x=0$, $\frac{7}{2}$ 〔問４〕 $\frac{11}{32}$

〔問５〕 (例)

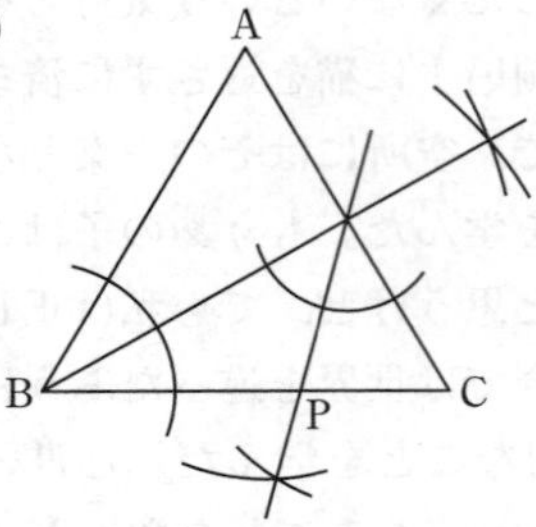

2 〔問１〕 $-2a^2 \leqq y \leqq 0$

〔問２〕 (1) $\frac{4}{3}$

(2) a，pを用いた式…

$\frac{9}{2}a^3p+\frac{9}{4}a^3$

最も小さい値…54

3 〔問１〕 141°

〔問２〕

(1) 1：3

(2) (例)BE∥JC，BJ∥ECより，四角形BJCEは平行四辺形である。また，辺BCは▱BJCEの対角線で，点Dは辺BCの中点だから，BD＝CDより，点Dは▱BJCEの対角線の交点である。点Jと点Eを結ぶと，線分JEは▱BJCEの対角線なので，点Dを通る。よって，DJ＝ED……①　△CABにおいて，点Dと点Eはそれぞれ辺CBと辺CAの中点なので，ED∥AB……②，ED＝$\frac{1}{2}$AB……③　また，点Fは辺ABの中点なので，AF＝BFより，AF＝$\frac{1}{2}$AB……④　②より，AF∥DJ……⑤　①，③，④より，AF＝DJ……⑥　⑤，⑥より，１組の対辺が平行で長さが等しいので，四角形AFJDは平行四辺形である。

4 〔問１〕 (1) $\frac{16}{5}$cm (2) $16+8\sqrt{6}$cm²

〔問２〕 $\frac{7}{3}$cm

1 〔独立小問集合題〕

〔問１〕＜数の計算＞与式＝$\frac{5+2\sqrt{15}+3}{2}+\frac{5-3}{2}-\frac{5-2\sqrt{15}+3}{2}=\frac{8+2\sqrt{15}}{2}+\frac{2}{2}-\frac{8-2\sqrt{15}}{2}=4+\sqrt{15}+1-(4-\sqrt{15})=4+\sqrt{15}+1-4+\sqrt{15}=1+2\sqrt{15}$

〔問２〕＜連立方程式＞$\frac{1}{2}x-\frac{1}{4}y=-\frac{1}{3}$……①，$2x+6y=1$……②とする。①×12より，$6x-3y=-4$……①′　①′×2＋②より，$12x+2x=-8+1$，$14x=-7$　$\therefore x=-\frac{1}{2}$　これを②に代入して，$-1+6y=1$，$6y=2$　$\therefore y=\frac{1}{3}$

〔問３〕＜二次方程式＞$4x^2-4x+1-6=10x-5$，$4x^2-14x=0$，$2x^2-7x=0$，$x(2x-7)=0$となるから，$x=0$，または，$2x-7=0$より，$2x=7$，$x=\frac{7}{2}$である。よって，$x=0$，$\frac{7}{2}$である。

〔問４〕＜確率―カード＞カードの取り出し方は，１回目，２回目とも８枚のカードの中から１枚を取り出すので８通りあり，全部で８×８＝64(通り)ある。これより，a，bの組は64通りある。$10a+b$は十の位の数がa，一の位の数がbの２けたの自然数を表すから，これが３の倍数となるのは，$a=1$のとき，12，15，18となる３通りある。$a=2$のとき，21，24，27となる３通りある。$a=3$のとき，33，36となる２通りある。以下同様にして，$a=4$，5，7，8のとき，それぞれ３通り，$a=6$

のとき2通りある。よって，$10a+b$ が3の倍数となる a，b の組は $3\times6+2\times2=22$(通り)あるから，求める確率は $\frac{22}{64}=\frac{11}{32}$ である。

〔問5〕＜平面図形―作図＞右図で，△ABCは正三角形だから，∠ABCの二等分線と辺ACとの交点をMとすると，△MBCは3辺の比が $1:2:\sqrt{3}$ の直角三角形となり，BM：MC＝$\sqrt{3}$：1である。BMの延長上にMD＝MCとなる点Dをとると，BM：MD＝BM：MC＝$\sqrt{3}$：1となる。BP：PC＝$\sqrt{3}$：1だから，2点P，M，2点C，Dを結ぶと，BP：PC＝BM：MDより，PM∥CDとなる。これより，∠BMP＝∠MDC，∠PMC＝∠MCDとなる。△MCDが二等辺三角形より，∠MDC＝∠MCDだから，∠BMP＝∠PMCとなる。よって，直線MPは∠BMCの二等分線である。作図は，∠ABCの二等分線を引いて点Mを求め，∠BMCの二等分線と辺BCの交点をPとすればよい。解答参照。

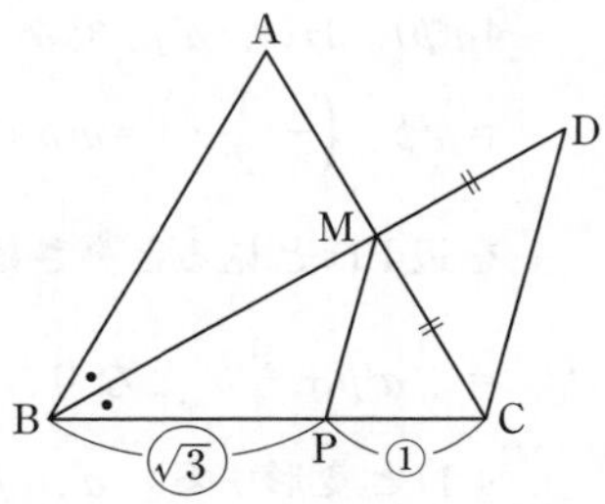

2 〔関数―関数 $y=ax^2$ と一次関数のグラフ〕

≪基本方針の決定≫〔問2〕(1)　等積変形を利用する。

〔問1〕＜変域＞関数 $y=-\frac{1}{2}x^2$ は，x の絶対値が大きくなると，y の値は小さくなる。x の変域が $-2a\leqq x\leqq a$ だから，x の絶対値が最大の $x=-2a$ のとき y の値は最小で $y=-\frac{1}{2}\times(-2a)^2=-2a^2$ となり，x の絶対値が最小の $x=0$ のとき y の値は最大で $y=0$ となる。よって，y の変域は $-2a^2\leqq y\leqq0$ である。

〔問2〕＜x 座標，面積＞(1)右図で，△AEC，△AEFの底辺を辺AEと見ると，△AEC＝△AEFのとき，高さは等しいので，AE∥CFとなる。2点A，Bは関数 $y=-\frac{1}{2}x^2$ のグラフ上にあり，$a=\frac{1}{3}$ より，点Aの x 座標は $-2\times\frac{1}{3}=-\frac{2}{3}$，点Bの x 座標は $\frac{1}{3}$ だから，$y=-\frac{1}{2}\times\left(-\frac{2}{3}\right)^2=-\frac{2}{9}$，$y=-\frac{1}{2}\times\left(\frac{1}{3}\right)^2=-\frac{1}{18}$ となり，$\mathrm{A}\left(-\frac{2}{3},\ -\frac{2}{9}\right)$，$\mathrm{B}\left(\frac{1}{3},\ -\frac{1}{18}\right)$ である。これより，直線AEの傾きは $\left\{-\frac{1}{18}-\left(-\frac{2}{9}\right)\right\}\div\left\{\frac{1}{3}-\left(-\frac{2}{3}\right)\right\}=\frac{1}{6}$ だから，直線CFの傾きは $\frac{1}{6}$ である。また，$p=\frac{1}{4}$ より，点Cは関数 $y=\frac{1}{4}x^2$ のグラフ上にあり，x 座標は $-\frac{2}{3}$ だから，$y=\frac{1}{4}\times\left(-\frac{2}{3}\right)^2=\frac{1}{9}$ となり，$\mathrm{C}\left(-\frac{2}{3},\ \frac{1}{9}\right)$ である。直線CFの式を $y=\frac{1}{6}x+b$ とおくと，点Cを通ることから，$\frac{1}{9}=\frac{1}{6}\times\left(-\frac{2}{3}\right)+b$ より，$b=\frac{2}{9}$ となり，直線CFの式は $y=\frac{1}{6}x+\frac{2}{9}$ である。点Fは直線CF上にあり，x 座標が t だから，$y=\frac{1}{6}t+\frac{2}{9}$ となり，$\mathrm{F}\left(t,\ \frac{1}{6}t+\frac{2}{9}\right)$ と表せる。点Fは関数 $y=\frac{1}{4}x^2$ のグラフ上にもあるので，$\frac{1}{6}t+\frac{2}{9}=\frac{1}{4}t^2$ が成り立ち，$9t^2-6t-8=0$ となる。これを解くと，$(3t)^2-2\times3t-8=0$，$(3t-4)(3t+2)=0$ より，$t=\frac{4}{3}$，$-\frac{2}{3}$ である。$t=-\frac{2}{3}$ は点Cの x 座標なので，点Fの x 座標は $t=\frac{4}{3}$ である。　(2)上図で，2点A，Bの y 座標

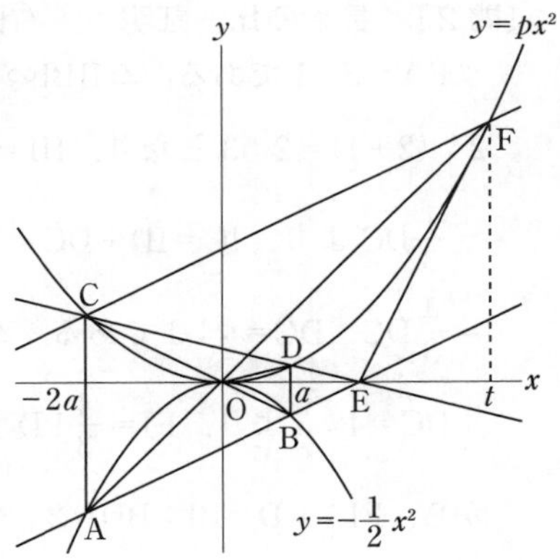

はそれぞれ $y=-\frac{1}{2}\times(-2a)^2=-2a^2$，$y=-\frac{1}{2}a^2$ となるから，$\mathrm{A}(-2a,\ -2a^2)$，$\mathrm{B}\left(a,\ -\frac{1}{2}a^2\right)$ である。2点C，Dの y 座標はそれぞれ $y=p\times(-2a)^2=4a^2p$，$y=p\times a^2=a^2p$ となるから，$\mathrm{C}(-2a,\ 4a^2p)$，$\mathrm{D}(a,\ a^2p)$ である。AC，BDは y 軸に平行だから，$\mathrm{AC}=4a^2p-(-2a^2)=4a^2p+2a^2$，$\mathrm{BD}=a^2p-\left(-\frac{1}{2}a^2\right)=a^2p+\frac{1}{2}a^2$ となる。△OACは底辺を辺ACと見ると高さは $2a$，△OBDは底辺を辺BDと見ると高さは a だから，$\triangle\mathrm{OAC}+\triangle\mathrm{OBD}=\frac{1}{2}\times(4a^2p+2a^2)\times 2a+\frac{1}{2}\times\left(a^2p+\frac{1}{2}a^2\right)\times a=\frac{9}{2}a^3p+\frac{9}{4}a^3$ となり，$S+T=\frac{9}{2}a^3p+\frac{3}{4}a^3(\mathrm{cm}^2)$ と表せる。次に，$S+T=\frac{9}{2}a^3p+\frac{9}{4}a^3=\frac{9}{4}a^3(2p+1)$ と変形する。a，p がともに自然数のとき，$2p+1$ は奇数だから，$S+T$ の値が自然数より，a は偶数である。よって，$S+T$ の値が自然数になるもののうち，最も小さい値になるのは，$a=2$，$p=1$ であり，このとき，$S+T=\frac{9}{4}\times 2^3\times(2\times 1+1)=54(\mathrm{cm}^2)$ である。

3 〔平面図形―三角形〕

〔問1〕＜角度＞右図1で，∠BPC＝90°だから，点Pは線分BCを直径とする円の周上にある。点Dは辺BCの中点だから，この円の中心となる。よって，$\overset{\frown}{\mathrm{CP}}$ に対する円周角と中心角の関係より，$\angle\mathrm{PBD}=\frac{1}{2}\angle\mathrm{PDC}=\frac{1}{2}\times 78^\circ=39^\circ$ となり，△PBDはBD＝PDの二等辺三角形だから，∠BPD＝∠PBD＝39°である。これより，∠APB＝180°－∠BPD＝180°－39°＝141°である。

図1

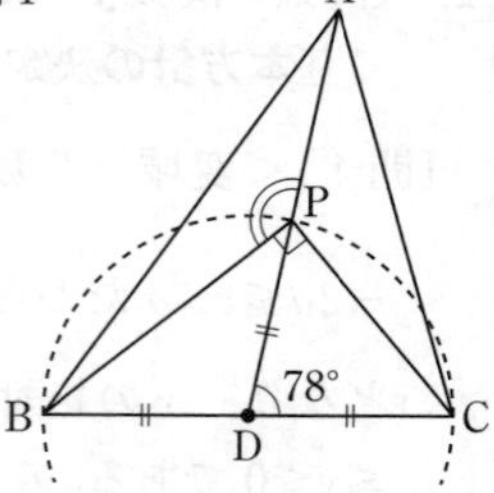

〔問2〕＜長さの比，証明＞(1)右図2で，FI∥ADより，BI：ID＝BF：FA＝2：1である。△HBI∽△PBDだから，HI：PD＝BI：BD＝2：(2＋1)＝2：3となり，$\mathrm{HI}=\frac{2}{3}\mathrm{PD}$ である。また，$\mathrm{ID}=\frac{1}{2+1}\mathrm{BD}=\frac{1}{3}\mathrm{DC}$ より，$\mathrm{IC}=\mathrm{ID}+\mathrm{DC}=\frac{1}{3}\mathrm{DC}+\mathrm{DC}=\frac{4}{3}\mathrm{DC}$ だから，$\mathrm{IC}:\mathrm{DC}=\frac{4}{3}\mathrm{DC}:\mathrm{DC}=4:3$ である。△FIC∽△PDCだから，FI：PD＝IC：DC＝4：3より，$\mathrm{FI}=\frac{4}{3}\mathrm{PD}$ となる。さらに，△FBI∽△ABDだから，FI：AD＝BI：BD＝2：3より，$\mathrm{AD}=\frac{3}{2}\mathrm{FI}=\frac{3}{2}\times\frac{4}{3}\mathrm{PD}=2\mathrm{PD}$ となる。よって，$\mathrm{HI}:\mathrm{AD}=\frac{2}{3}\mathrm{PD}:2\mathrm{PD}=1:3$ である。　(2)右図3で，四角形BJCEは平行四辺形であり，点Dは辺BCの中点だから，点Dは▱BJCEの対角線BC，JEの交点となる。また，△CABで中点連結定理より，ED∥AB，$\mathrm{ED}=\frac{1}{2}\mathrm{AB}$ である。$\mathrm{AF}=\mathrm{BF}=\frac{1}{2}\mathrm{AB}$ であることから，AF＝DJを導く。解答参照。

図2

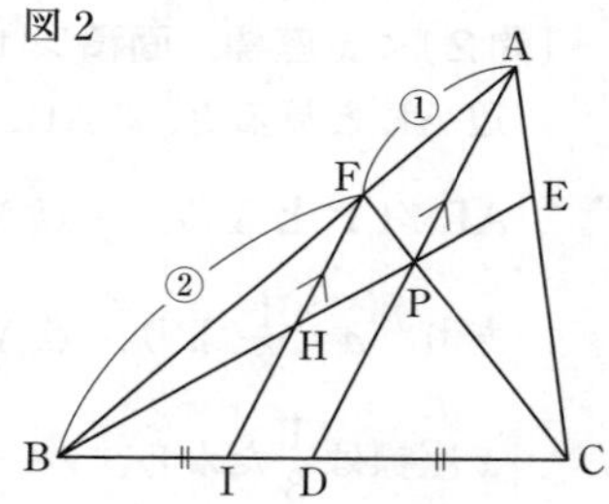

図3

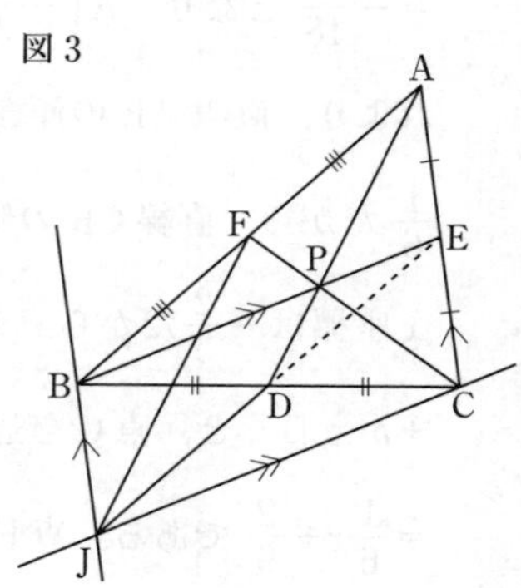

4 〔空間図形―立方体〕

〔問1〕＜長さ，面積の和＞(1)次ページの図1で，EP＝x(cm)とおくと，PF＝EF－EP＝$8-x$ となる。立体P-BFGは，底面を△BFG，高さをPFとする三角錐だから，体積が立方体ABCD-EFGHの体積の $\frac{1}{10}$ より，$\frac{1}{3}\times\triangle\mathrm{BFG}\times\mathrm{PF}=\frac{1}{10}$〔立方体ABCD-EFGH〕であり，$\frac{1}{3}\times\left(\frac{1}{2}\times 8\times 8\right)\times(8-x)=$

$\frac{1}{10}\times8\times8\times8$ が成り立つ。これを解くと，$x=\frac{16}{5}$(cm)となる。　(2) 右下図2の線分PQ，線分QCを含む2つの面PBG，面CBGを右下図3のように展開する。PQ＋QCの長さが最も短くなるとき，3点P，Q，Cは一直線上に並ぶので，点Qは線分BGと線分CPの交点となる。図2で，PF＝PF，BF＝GF，∠PFB＝∠PFG＝90°より，△PBF≡△PGFとなるから，PB＝PGである。また，CB＝CGだから，図3で，四角形CBPGは線分CPについて線対称な図形であり，BQ＝GQ，CP⊥BGである。△CBGは直角二等辺三角形だから，$BG=\sqrt{2}BC=\sqrt{2}\times8=8\sqrt{2}$ となり，$BQ=GQ=\frac{1}{2}BG=\frac{1}{2}\times8\sqrt{2}=4\sqrt{2}$ となる。△BQCも直角二等辺三角形であるから，$CQ=BQ=4\sqrt{2}$ である。さらに，図2で，PF＝EF－EP＝8－4＝4だから，△PGFで三平方の定理より，$PG^2=PF^2+FG^2=4^2+8^2=80$ となり，図3の△PQGで三平方の定理より，$PQ=\sqrt{PG^2-GQ^2}=\sqrt{80-(4\sqrt{2})^2}=\sqrt{48}=4\sqrt{3}$ となる。したがって，△PQG＋△BQC $=\frac{1}{2}\times4\sqrt{2}\times4\sqrt{3}+\frac{1}{2}\times4\sqrt{2}\times4\sqrt{2}=16+8\sqrt{6}$ (cm²)である。

図1

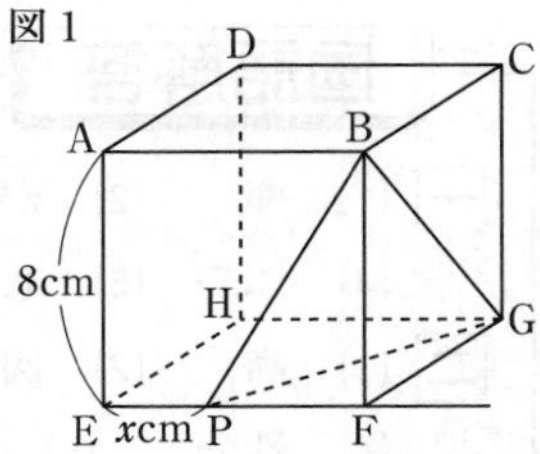

図2

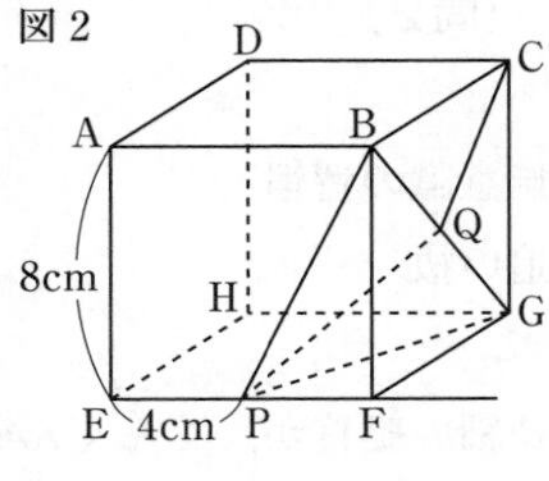

図3

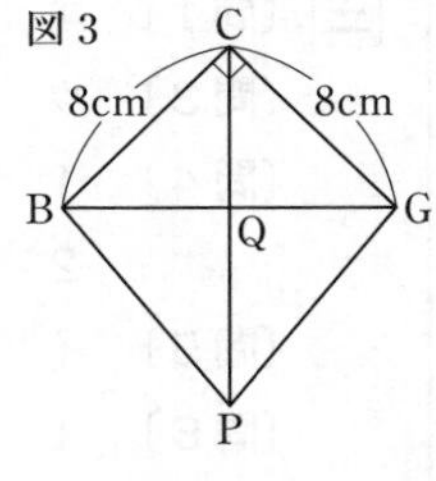

〔問2〕<長さ>右図4で，立体N-LMP，立体I-LMPの底面を△LMPと見ると，体積が等しいとき，高さが等しい。よって，2点I，Nを結ぶと，IN∥〔面LMP〕となる。辺AB，辺EF，辺HGの中点をそれぞれR，S，T，線分RSと線分MPの交点をUとし，2点L，Uを結ぶ。〔面BFGC〕∥〔面RSTL〕となるから，IN∥LUとなり，点UからLTに垂線UVを引くと，△ING∽△LUVとなる。これより，IG：LV＝NG：UVである。△MEP∽△USPであり，$ME=ES=\frac{1}{2}EF=\frac{1}{2}\times8=4$ より，SP＝EP－ES＝24－4＝20だから，ME：US＝EP：SPより，4：US＝24：20が成り立つ。これを解くと，US×24＝4×20より，$US=\frac{10}{3}$ となり，$LV=RU=RS-US=AE-US=8-\frac{10}{3}=\frac{14}{3}$ となる。また，NG＝ES＝4，UV＝RL＝AD＝8だから，$IG:\frac{14}{3}=4:8$ が成り立つ。これを解くと，$IG\times8=\frac{14}{3}\times4$ より，$IG=\frac{7}{3}$(cm)となる。

図4

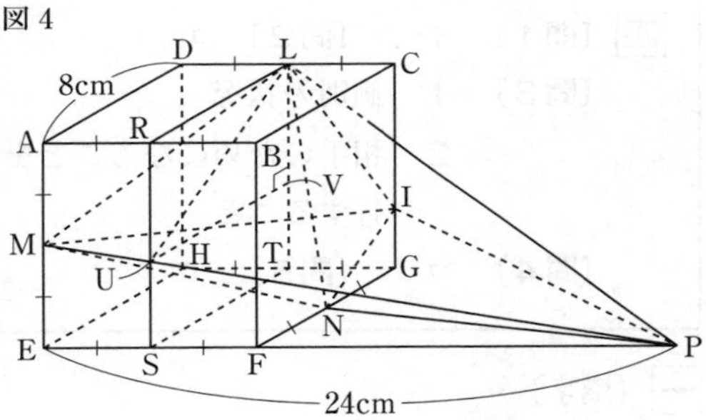

＝読者へのメッセージ＝

関数 $y=ax^2$ のグラフは放物線です。放物線は，円錐を平面で切断したときにも現れます。高校で学習します。

国語解答

一 ⑴ ゆ　⑵ がんぜ　⑶ えきむ
⑷ ふ　⑸ じきしょうそう

二 ⑴ 高　⑵ 図　⑶ 功名
⑷ 性分　⑸ 理非曲直

三 〔問１〕 エ　〔問２〕 ウ
〔問３〕 ウ
〔問４〕 1 無意識の習慣
2 追い抜
〔問５〕 イ
〔問６〕 1 長細い艇首が，ぐんぐんと新しい道を切り開く。
2 選手たちは，真剣な緊張感の中で，しのぎを削っている(25字)

四 〔問１〕 イ　〔問２〕 エ
〔問３〕 1 個別の状況
2 相手のためになることを実行すること
〔問４〕 ウ　〔問５〕 ア
〔問６〕 イ
〔問７〕 (例)世の中がよりよくなるためには，一人ひとりが実際に協働する経験を多く積むことで共感能力を高めることが必要だと思う。／私は吹奏楽部に所属していたが，以前友人とうまくいかずに苦しい経験をした。その経験があるから，今では誰かが同じようにうまくいかずに苦しんでいる時，苦しみを理解し共感できている。経験が豊かになればなるほど，他者への想像力が働き，共感に基づく倫理的判断ができるようになるのではないか。(200字)

五 〔問１〕 イ　〔問２〕 エ
〔問３〕 ウ　〔問４〕 エ
〔問５〕 ア

一〔漢字〕

⑴音読みは「終結」などの「ケツ」。　⑵「頑是」は，善悪をわきまえること。「頑是ない」で，聞きわけがないさま。　⑶「役務」は，労働によるつとめのこと。　⑷音読みは「繁殖」などの「ショク」。　⑸「時期尚早」は，ある物事をするにはまだ早すぎること。

二〔漢字〕

⑴「高が知れる」は，程度や限界がわかる，という意味。　⑵「図に乗る」は，思うように事が運んで調子に乗る，という意味。　⑶「功名」は，手柄を立てて名をあげること。　⑷「性分」は，持って生まれた性質のこと。　⑸「理非曲直」は，道理にかなった正しいこととはずれたこと。

三〔小説の読解〕出典；武田綾乃『君と漕ぐ４』。

〔問１〕<文章内容>カヌー部を立ち上げた頃，千帆は希衣の憧れの存在だったので，希衣は，千帆の思いを考えることなく，千帆にヒーローの役割を「勝手に期待して」いたのである。

〔問２〕<表現>レース直前の千帆は「静か」で，「ゴールに向かって意識を集中させて」いた。千帆は，静かな緊張感を持ってレースに集中しようとしていたのである。

〔問３〕<文章内容>恵梨香は，「心の底から勝ちたいって思ってない」という希衣の態度を許せないと言い放った。その恵梨香の言葉と，関東大会で試合に負けた直後に「やっぱり悔しい」と言った恵梨香の姿が重なったのである。

〔問４〕<文章内容>１．希衣は，千帆とペアを組んでいた頃の「無意識の習慣」で，千帆の「ペースに合わせようと身体が勝手に動いて」しまうことに気づいていたのである。　２．ペアを組んでいた頃に「千帆みたいになりたかった」希衣は，目標として追いかける存在だった千帆を「追い抜」くことができなかったのである。

〔問５〕<文章内容>がむしゃらにパドルを動かし二位でゴールした希衣は，千帆に「ようやく負けたよ」と声をかけられ，喜びで「声が上擦」るほど興奮した(ア…×)。希衣に「勝ってください」と言っていた恵梨香は，希衣のゴールを見て「先輩，二位ですよ！」と歓声を上げた(イ…○)。希衣に負けた亜美は悔しがって艇を揺らしているが，艇が安定しているのは亜美の技術が高いからである(ウ…×)。千帆は，希衣に負けたことを認めるが，悔しいというよりは，希衣が実力を発揮してようやくここまできたのだと感じていた(エ…×)。

〔問６〕１<表現方法>擬人法は，人ではないものを人にたとえる表現技法。希衣が千帆の艇を追い抜いたときの勢いを「長細い艇首が，ぐんぐんと新しい道を切り開く」と表現している。　２<表現>色とりどりの艇が並んだ様子をたとえた「色鉛筆」には，さまざまな色があり，それが一人ひとりの選手の個性を表している。そして，「箱に収まった色鉛筆」は，これからお互いを主張して勝ちにいく激しいレースが行われるであろうことを表している。

四〔論説文の読解―哲学的分野―倫理〕出典；品川哲彦『倫理学入門』。

≪本文の概要≫ヒュームは，感情に基づいて行為を評価する倫理理論をとる。感情は普遍的ではなく，不安定だという懸念に対して，ヒュームは，自分の利害とは直接関係はなくても，他者の幸福を喜び，他者の不幸を悲しむ「共感」は誰にでもあることだと説明した。当事者の立場に身を置いて理性をはたらかせて状況を知り，相手のためになることを実行することが重要なのである。この共感の存在を，現代では，認知科学や脳神経科学などのさまざまな分野で実証的に説明しようとしている。進化人類学者のトマセロは，チンパンジーとヒトの幼児の行動の違いを通して，ヒトは他者を含めた社会的に規範的な視点を幼児から身につけているとしている。倫理学が成立する基盤は，人間にもともと備わっている素質であり，自然の中に存在しているものと考えられるが，人間が，誰しも倫理的な振る舞いをするとは限らない。倫理学の引き受ける役目は，「なぜ(why)，自分は今ここでその行為をすべきか，自分がそれをしなくてもいいのではないか」という問いに答えていくことである。

〔問１〕<文章内容>「倫理的判断を感情にもとづけて説明する倫理理論」の試みには，生活を支える倫理の基盤が不安定になるのではないかという懸念が生じる。人間の感情の反応は，「行為者やその行為によって影響を受けるひと」が誰かによって変わってくるからである。

〔問２〕<文章内容>ヒュームは，人に「倫理的判断の基礎」があることの説明として，自分とは関わりのない歴史上の事柄に対して，「ひとの幸福を喜び，不幸を悲しむ」という「共感」が誰にでもあることを指摘したのである。

〔問３〕<文章内容>「善行の遂行と悪行の断念」を進めるために重要なのは，「相手と同じ気持ち」になることではなく，「当事者の立場」に立ち，理性をはたらかせてその人の置かれた「個別の状況」(…１)を知り，そのうえで「相手のためになることを実行すること」(…２)である。

〔問４〕<文章内容>ヒュームは，「共感の存在」を，「自分の経験を思い出す」こと，つまり「内観」

に基づいて論証した。進化人類学者のトマセロは，集団行動におけるチンパンジーとヒトの幼児との違いを観察し，ヒトの幼児が「他者を含めた社会的に規範的な視点を身につけている」ことを実証して「共感の存在」を裏づけた。

〔問５〕＜文章内容＞「誰もが共感能力をもって」いて，「倫理の成り立つ基盤が自然のなかに」あっても，個々の人間が現実に倫理的な振る舞いをするかどうかはわからない。そして，人間が利他的な行為をするとしても，人間は「なぜ(why)，自分は今ここでその行為をすべきか，自分がそれをしなくてもいいのではないか」と問うものである。この「なぜ」に応えようとするのが，「倫理学が引き受けるべき役目」である。

〔問６〕＜表現＞倫理的判断を感情に基づけて説明するヒュームの倫理理論を紹介し，そこに，感情には普遍性や安定性は期待できないのではないかという疑問点を示して，共感の存在を指摘し解説していくという形をとり，倫理学の果たすべき役割を説明している(イ…○)。ヒュームの理論やトマセロの実験に基づいて，倫理学の果たす役割を説明しているが，筆者の「自説」は提示されていない(ア・ウ…×)。内観による論証や進化人類学による観察・実験など複数の見地から倫理学について述べているが，「哲学的視点の優位を主張して」いるのではない(エ…×)。

〔問７〕＜作文＞「他人の立場に身をおいて考えよ」というヒュームの主張を踏まえ，どういうときに「共感」を持つかを，具体的な場面を通して考える。部活動や生徒会活動，ボランティアなどの体験から考えてみるとよい。字数を守って，誤字脱字に注意して書いていく。

五〔説明文の読解―芸術・文学・言語学的分野―文学〕出典；山口謠司『〈ひらがな〉の誕生』。

〔問１〕＜文章内容＞兼好が述べた「やり残した部分」をそのままにしておくのが「おもしろく，生きのぶるわざ」であるという部分を，筆者は，「仕事の命を将来に繋いでやる方法」であると読み取っている。

〔問２〕＜表現＞不完全のままの方がよいという兼好の価値観は，ヨーロッパの価値観とは明らかに違っているし，中国，朝鮮半島の国々の価値観からも遠いものである。さらに，同じ日本人でも近代，現代の日本人は理解することが難しいとして，『徒然草』の価値観が独特のものだということを示している。

〔問３〕＜文章内容＞崩れて不完全なものや未完成のものに価値をみる『徒然草』の美意識は，「擦り切れて，はげ落ち，不格好で，未完成」であり，「すでに半分崩れてしまった漢字の形を利用して」いる「ひらがな」に表れているのである。

〔問４〕＜熟語の構成＞「平易」と「幼稚」は，似た意味の漢字を重ねた熟語。「引用」と「表紙」と「美点」は，上の漢字が下の漢字を修飾しているもの。

〔問５〕＜要旨＞兼好は，頓阿が，擦り切れた表紙，崩れたものに味わいを見出していると言ったことや，弘融が，不完全なものがよいと言ったことに賛同している。そして，兼好は，未完成の部分があることが「生きのぶるわざ」であるという考え方は「古代の賢人」が書いたものにも通じていると述べている(ア…○，イ…×)。崩れているものに美を見出すことと「ひらがな」の成立には，共通した美意識がある(ウ…×)。「昔から伝わる言葉の意味の重要性」については，本文では書かれていない(エ…×)。

●2022年度

東京都立高等学校

共通問題

【社会・理科】

2022年度 東京都立高等学校（共通問題）

【社　会】（50分）〈満点：100点〉

1　次の各問に答えよ。

〔問１〕　次の資料は，ある地域の様子を地域調査の発表用としてまとめたものの一部である。下の**ア**～**エ**の地形図は，「国土地理院発行２万５千分の１地形図」の一部を拡大して作成した地形図上に●で示した**A**点から，**B**点を経て，**C**点まで移動した経路を太線（━━）で示したものである。資料で示された地域に当てはまるのは，下の**ア**～**エ**のうちではどれか。

漁師町の痕跡を巡る　　調査日　令和３年10月２日（土）　天候　晴れ

複数の文献等に共通した地域の特徴

○**A**点付近の様子
ベカ舟がつながれていた川，漁業を営む家，町役場

○**B**点付近の様子
にぎやかな商店街，細い路地

〔ベカ舟〕

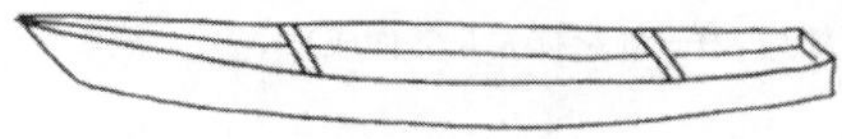

長さ約4.8m，幅約1.0m，高さ約0.6m

漁師町の痕跡を巡った様子

A点で川に架かる橋から東を見ると，漁業に使うベカ舟がつながれていた川が曲がっている様子が見えた。その橋を渡ると，水準点がある場所に旧町役場の跡の碑があった。南へ約50m歩いて南東に曲がった道路の**B**点では，明治時代初期の商家の建物や細い路地がいくつか見られた。川に並行した道路を約450m歩き，北東に曲がって川に架かる橋を渡り，少し歩いて北西に曲がって川に並行した道路を約250m直進し，曲がりくねった道を進み，東へ曲がると，学校の前の**C**点に着いた。

A点（漁業に使うベカ舟がつながれていた川）

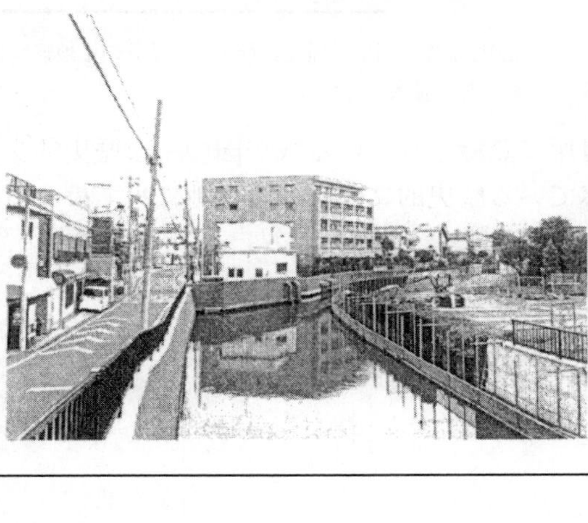

B点（明治時代初期の商家の建物が見られる道路）

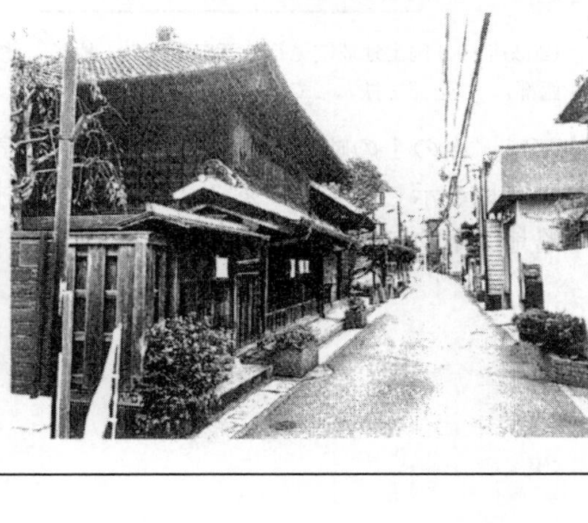

ア

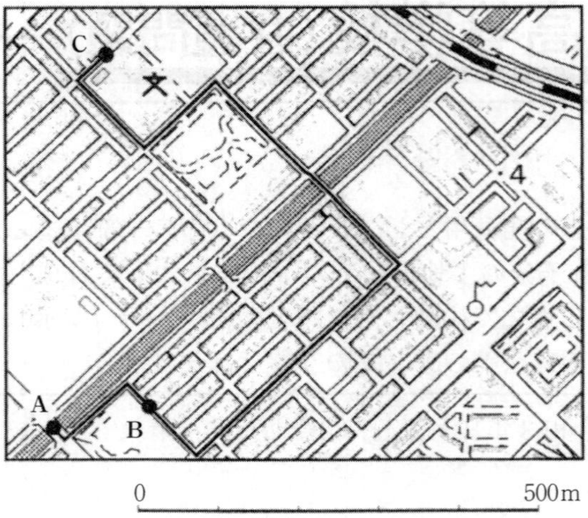

(2019年の「国土地理院発行２万５千分の１地形図(千葉西部)」の一部を拡大して作成)

イ

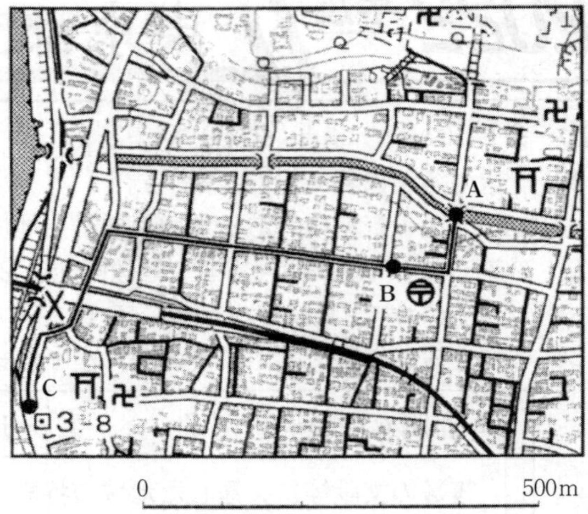

(2019年の「国土地理院発行２万５千分の１地形図(船橋(ふなばし))」の一部を拡大して作成)

ウ

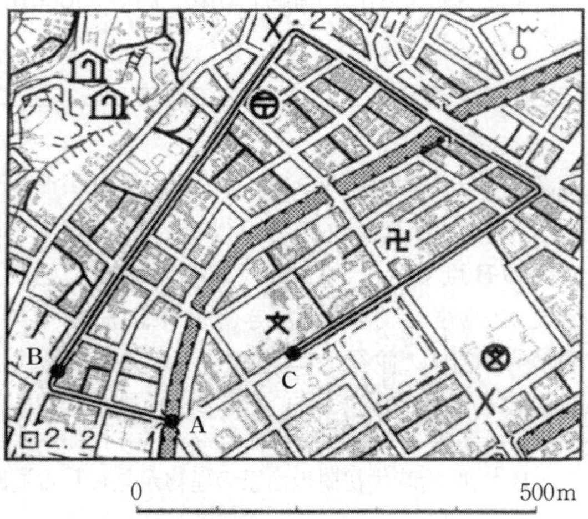

(2020年の「国土地理院発行２万５千分の１地形図(横浜西部)」の一部を拡大して作成)

エ

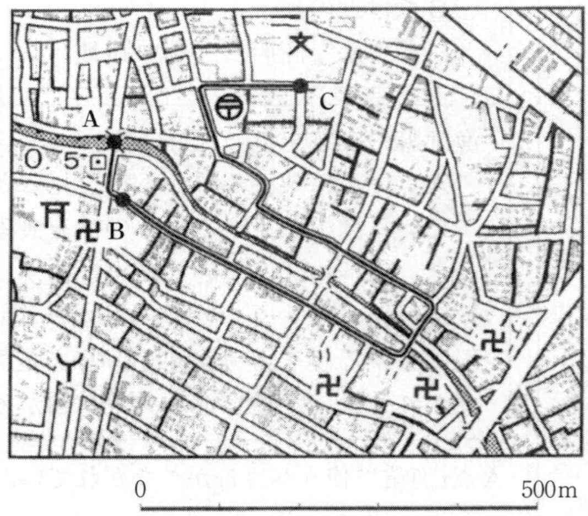

(2015年の「国土地理院発行２万５千分の１地形図(浦安(うらやす))」の一部を拡大して作成)

〔問２〕　次のⅠの略地図中の**ア**～**エ**は，世界遺産に登録されている我が国の主な歴史的文化財の所在地を示したものである。Ⅱの文章で述べている歴史的文化財の所在地に当てはまるのは，略地図中の**ア**～**エ**のうちのどれか。

Ⅰ

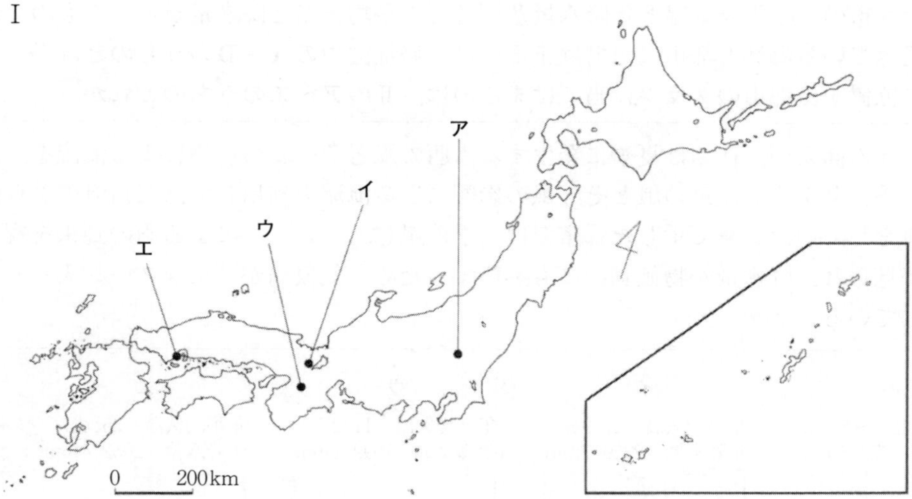

Ⅱ

鑑真(がんじん)によって伝えられた戒律を重んじる律宗(りっしゅう)の中心となる寺院は，中央に朱雀大路(すざくおおじ)が通り，碁盤(ごばん)の目状に整備された都に建立(こんりゅう)された。金堂(こんどう)や講堂などが立ち並び，鑑真和上坐像(がんじんわじょうざぞう)が御影堂(みえいどう)に納められており，1998年に世界遺産に登録された。

〔問3〕 次の文章で述べている司法機関に当てはまるのは，下の**ア**～**エ**のうちのどれか。

都府県に各1か所，北海道に4か所の合計50か所に設置され，開かれる裁判は，原則，第一審となり，民事裁判，行政裁判，刑事裁判を扱う。重大な犯罪に関わる刑事事件の第一審では，国民から選ばれた裁判員による裁判が行われる。

ア 地方裁判所　**イ** 家庭裁判所　**ウ** 高等裁判所　**エ** 簡易裁判所

2 次の略地図を見て，あとの各問に答えよ。

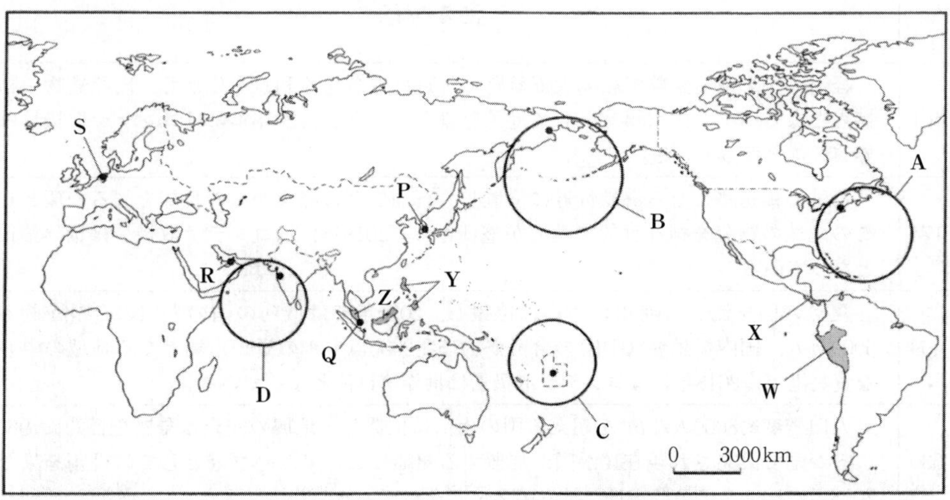

〔問1〕 次のⅠの文章は，略地図中に ◯ で示した**A**～**D**の**いずれか**の範囲の海域と都市の様子についてまとめたものである。Ⅱの**ア**～**エ**のグラフは，略地図中の**A**～**D**の**いずれか**の範囲内

に●で示した都市の，年平均気温と年降水量及び各月の平均気温と降水量を示したものである。Ⅰの文章で述べている海域と都市に当てはまるのは，略地図中の**A**～**D**のうちのどれか，また，その範囲内に位置する都市のグラフに当てはまるのは，Ⅱの**ア**～**エ**のうちのどれか。

Ⅰ

> イスラム商人が，往路は夏季に発生する南西の風とその風の影響による海流を，復路は冬季に発生する北東の風とその風の影響による海流を利用して，三角帆のダウ船で航海をしていた。●で示した都市では，季節風(モンスーン)による雨の到来を祝う文化が見られ，降水量が物価動向にも影響するため，気象局が「モンスーン入り」を発表している。

Ⅱ

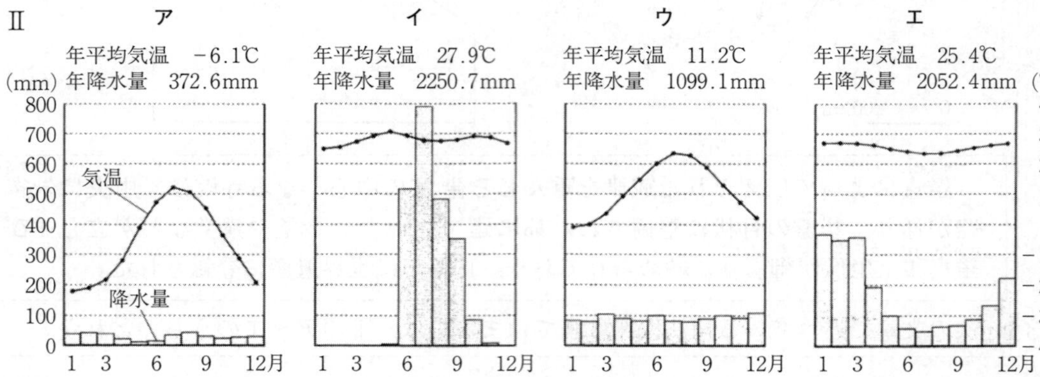

(気象庁のホームページより作成)

〔問2〕　次の表の**ア**～**エ**は，コンテナ埠頭が整備された港湾が位置する都市のうち，略地図中に**P**～**S**で示した，釜山，シンガポール，ドバイ，ロッテルダムの**いずれか**の都市に位置する港湾の，2018年における総取扱貨物量と様子についてまとめたものである。略地図中の**P**～**S**のそれぞれの都市に位置する港湾に当てはまるのは，次の表の**ア**～**エ**のうちではどれか。

	総取扱貨物量(百万ｔ)	港湾の様子
ア	461	経済大国を最短距離で結ぶ大圏航路上付近に位置する利点を生かし，国際貨物の物流拠点となるべく，国家事業として港湾整備が進められ，2018年にはコンテナ取扱量は世界第6位となっている。
イ	174	石油の輸送路となる海峡付近に位置し，石油依存の経済からの脱却を図る一環として，この地域の物流を担う目的で港湾が整備され，2018年にはコンテナ取扱量は世界第10位となっている。
ウ	469	複数の国を流れる河川の河口に位置し，2020年では域内の国の人口の合計が約4億5000万人，国内総生産(GDP)の合計が約15兆2000億ドルの単一市場となる地域の中心的な貿易港で，2018年にはコンテナ取扱量は世界第11位となっている。
エ	630	人口密度約8000人/km^2を超える国の南部に位置し，地域の安定と発展を目的に1967年に5か国で設立され現在10か国が加盟する組織において，ハブ港としての役割を果たし，2018年にはコンテナ取扱量は世界第2位となっている。

(注)　国内総生産とは，一つの国において新たに生み出された価値の総額を示した数値のことである。

(「データブック オブ・ザ・ワールド」2021年版などより作成)

〔問3〕 次のⅠとⅡの表の**ア**～**エ**は，略地図中に■で示した**W**～**Z**の**いずれか**の国に当てはまる。Ⅰの表は，1999年と2019年における日本の輸入総額，日本の主な輸入品目と輸入額を示したものである。Ⅱの表は，1999年と2019年における輸出総額，輸出額が多い上位3位までの貿易相手国を示したものである。Ⅲの文章は，略地図中の**W**～**Z**の**いずれか**の国について述べたものである。Ⅲの文章で述べている国に当てはまるのは，略地図中の**W**～**Z**のうちのどれか，また，ⅠとⅡの表の**ア**～**エ**のうちのどれか。

Ⅰ

		日本の輸入総額（億円）	日本の主な輸入品目と輸入額（億円）					
ア	1999年	12414	電気機器	3708	一般機械	2242	液化天然ガス	1749
	2019年	19263	電気機器	5537	液化天然ガス	4920	一般機械	755
イ	1999年	331	金属鉱及びくず	112	非鉄金属	88	飼料	54
	2019年	2683	金属鉱及びくず	1590	液化天然ガス	365	揮発油	205
ウ	1999年	93	一般機械	51	コーヒー	14	植物性原材料	6
	2019年	459	精密機器類	300	電気機器	109	果実	15
エ	1999年	6034	一般機械	1837	電気機器	1779	果実	533
	2019年	11561	電気機器	4228	金属鉱及びくず	1217	一般機械	1105

（「データブック オブ・ザ・ワールド」2021年版などより作成）

Ⅱ

		輸出総額（億ドル）	輸出額が多い上位3位までの貿易相手国		
			1位	2位	3位
ア	1999年	845	アメリカ合衆国	シンガポール	日本
	2019年	2381	中華人民共和国	シンガポール	アメリカ合衆国
イ	1999年	59	アメリカ合衆国	スイス	イギリス
	2019年	461	中華人民共和国	アメリカ合衆国	カナダ
ウ	1999年	63	アメリカ合衆国	オランダ	イギリス
	2019年	115	アメリカ合衆国	オランダ	ベルギー
エ	1999年	350	アメリカ合衆国	日本	オランダ
	2019年	709	アメリカ合衆国	日本	中華人民共和国

（国際連合貿易統計データベースより作成）

Ⅲ

1946年に独立したこの国では，軽工業に加え電気機器関連の工業に力を注ぎ，外国企業によるバナナ栽培などの一次産品中心の経済から脱却を図ってきた。1989年にはアジア太平洋経済協力会議（APEC（エイペック））に参加し，1999年と比較して2019年では，日本の輸入総額は2倍に届かないものの増加し，貿易相手国としての中華人民共和国の重要性が増している。1960年代から日本企業の進出が見られ，近年では，人口が1億人を超え，英語を公用語としていることからコールセンターなどのサービス産業も発展している。

3 次の略地図を見て，あとの各問に答えよ。

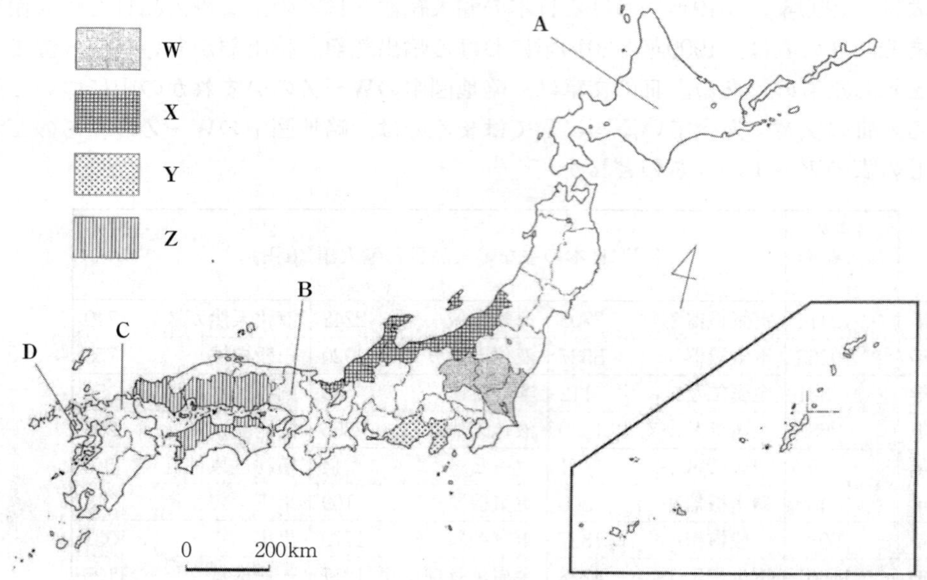

〔問１〕 次の表の**ア～エ**は，略地図中に**A～D**で示した**いずれか**の道県の，2019年における鉄鋼業と造船業の製造品出荷額等，海岸線と臨海部の工業の様子についてまとめたものである。**A～D**のそれぞれの道県に当てはまるのは，次の表の**ア～エ**のうちではどれか。

	製造品出荷額等(億円)		海岸線と臨海部の工業の様子
	鉄鋼	造船	
ア	9769	193	○678kmの海岸線には，干潟や陸と島をつなぐ砂州が見られ，北東部にある東西20km，南北２kmの湾に，工業用地として埋め立て地が造成された。 ○国内炭と中国産の鉄鉱石を原料に鉄鋼を生産していた製鉄所では，現在は輸入原料を使用し，自動車用の鋼板を生産している。
イ	19603	2503	○855kmの海岸線には，北部に国立公園に指定されたリアス海岸が見られ，南部に工業用地や商業用地として埋め立て地が造成された。 ○南部の海岸には，高度経済成長期に輸入原料を使用する製鉄所が立地し，国際貿易港に隣接する岬には，造船所が立地している。
ウ	3954	310	○4445kmの海岸線には，砂嘴(さし)や砂州，陸繋島(りくけいとう)，プレート運動の力が複雑に加わり形成された半島などが見られる。 ○国内炭と周辺で産出される砂鉄を原料に鉄鋼を生産していた製鉄所では，現在は輸入原料を使用し，自動車の部品に使われる特殊鋼を生産している。
エ	336	2323	○4170kmの海岸線には，多くの島や半島，岬によって複雑に入り組んだリアス海岸が見られる。 ○人口が集中している都市の臨海部に，カーフェリーなどを建造する造船所が立地し，周辺にはボイラーの製造などの関連産業が集積している。

(「日本国勢図会」2020/21年版などより作成)

〔問２〕　次のⅠの**ア**～**エ**のグラフは，略地図中に**W**～**Z**で示した**いずれか**の地域の1971年と2019年における製造品出荷額等と産業別の製造品出荷額等の割合を示したものである。Ⅱの文章は，Ⅰの**ア**～**エ**の**いずれか**の地域について述べたものである。Ⅱの文章で述べている地域に当てはまるのは，Ⅰの**ア**～**エ**のうちのどれか，また，略地図中の**W**～**Z**のうちのどれか。

Ⅰ

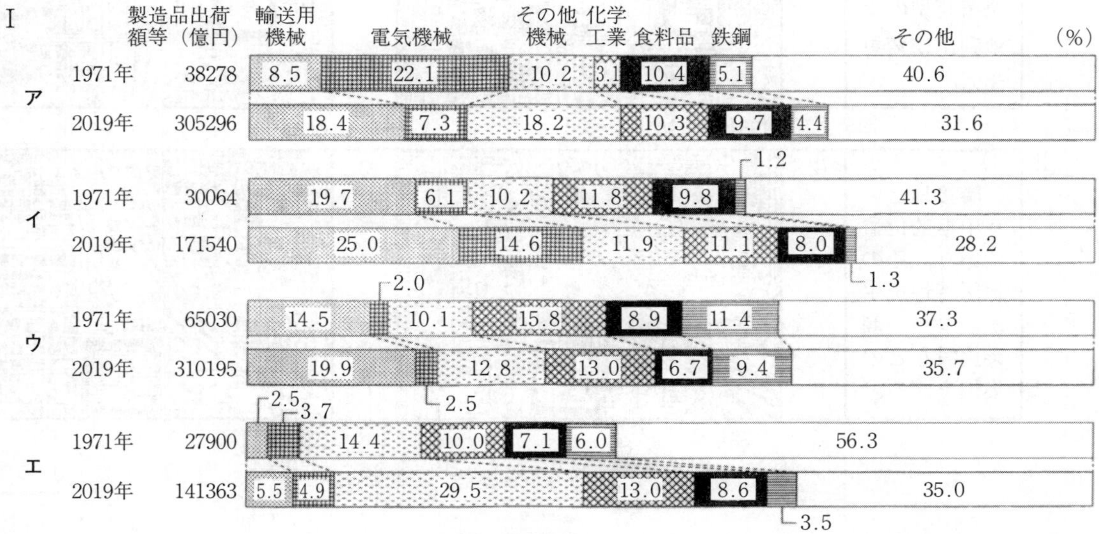

（注）　四捨五入をしているため，産業別の製造品出荷額等の割合を合計したものは，100％にならない場合がある。
（2019年工業統計表などより作成）

Ⅱ

> 絹織物や航空機産業を基礎として，電気機械等の製造業が発展した。高速道路網の整備に伴い，1980年に西部が，1987年に中部が東京とつながり，2011年には1998年開港の港湾と結ばれた。西部の高速道路沿いには，未来技術遺産に登録された製品を生み出す高度な技術をもつ企業の工場が立地している。2019年には電気機械の出荷額等は約２兆円となる一方で，自動車関連の輸送用機械の出荷額等が増加し，５兆円を超えるようになった。

〔問３〕　次のⅠ⑴とⅡ⑴の文は，1984年に示された福島市と1997年に示された岡山市の太線（ ━━ ）で囲まれた範囲を含む地域に関する地区計画の一部を分かりやすく書き改めたものである。Ⅰ⑵は1984年・1985年の，Ⅰ⑶は2018年の「２万５千分の１地形図（福島北部・福島南部）」の一部を拡大して作成したものである。Ⅱ⑵は1988年の，Ⅱ⑶は2017年の「２万５千分の１地形図（岡山南部）」の一部を拡大して作成したものである。ⅠとⅡの資料から読み取れる，太線で囲まれた範囲に共通した土地利用の変化について，簡単に述べよ。また，ⅠとⅡの資料から読み取れる，その変化を可能にした要因について，それぞれの県内において乗降客数が多い駅の一つである福島駅と岡山駅に着目して，簡単に述べよ。

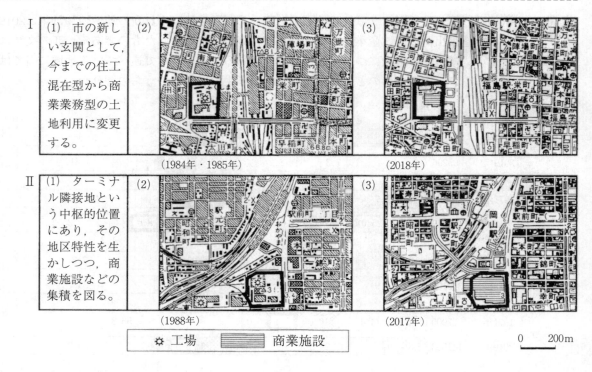

	(1)	(2)	(3)
Ⅰ	市の新しい玄関として，今までの住工混在型から商業業務型の土地利用に変更する。	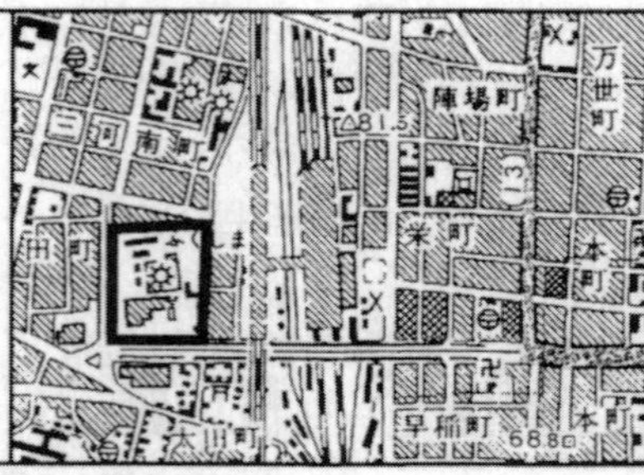 (1984年・1985年)	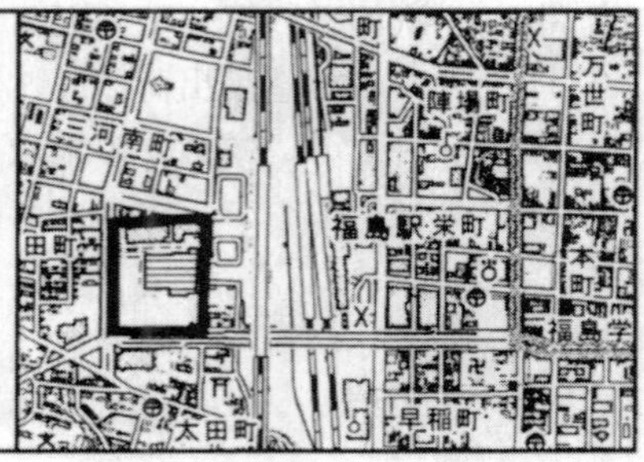 (2018年)
Ⅱ	ターミナル隣接地という中枢的位置にあり，その地区特性を生かしつつ，商業施設などの集積を図る。	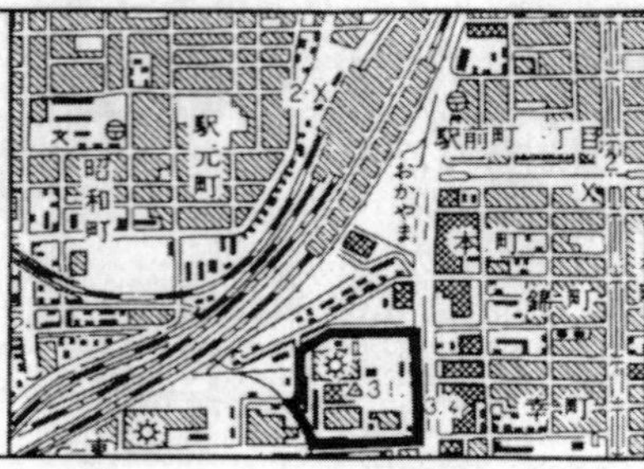 (1988年)	 (2017年)

☼ 工場　　商業施設

0　200m

4　次の文章を読み，あとの各問に答えよ。

私たちは，身の回りの土地やものについて面積や重量などを道具を用いて計測し，その結果を暮らしに役立ててきた。

古代から，各時代の権力者は，(1)財政基盤を固めるため，土地の面積を基に税を徴収するなどの政策を行ってきた。時代が進み，(2)地域により異なっていた長さや面積などの基準が統一された。

(3)江戸時代に入ると，天文学や数学なども発展を遂げ，明治時代以降，我が国の科学技術の研究水準も向上し，独自の計測技術も開発されるようになった。

第二次世界大戦後になると，従来は計測することができなかった距離や大きさなどが，新たに開発された機器を通して計測することができるようになり，(4)環境問題などの解決のために生かされてきた。

〔問1〕　(1)財政基盤を固めるため，土地の面積を基に税を徴収するなどの政策を行ってきた。とあるが，次の**ア**～**エ**は，権力者が財政基盤を固めるために行った政策の様子について述べたものである。時期の古いものから順に記号を並べよ。

ア　朝廷は，人口増加に伴う土地不足に対応するため，墾田永年私財法(こんでんえいねんしざいほう)を制定し，新しく開墾した土地であれば，永久に私有地とすることを認めた。

イ　朝廷は，財政基盤を強化するため，摂関政治を主導した有力貴族や寺社に集中していた荘園(しょうえん)を整理するとともに，大きさの異なる枡(ます)の統一を図った。

ウ　朝廷は，元号を建武(けんむ)に改め，天皇中心の政治を推進するため，全国の田畑について調査させ，年貢(ねんぐ)などの一部を徴収し貢納させた。

エ　二度にわたる元軍の襲来を退けた幕府は，租税を全国に課すため，諸国の守護に対して，田地面積や領有関係などを記した文書の提出を命じた。

〔問２〕 (2)地域により異なっていた長さや面積などの基準が統一された。とあるが，次のⅠの略年表は，室町時代から江戸時代にかけての，政治に関する主な出来事についてまとめたものである。Ⅱの文章は，ある人物が示した検地における実施命令書の一部と計測基準の一部を分かりやすく書き改めたものである。Ⅱの文章が出された時期に当てはまるのは，Ⅰの略年表中の**ア**～**エ**の時期のうちではどれか。

Ⅰ

西暦	政治に関する主な出来事	時期
1560	●駿河国(静岡県)・遠江国(静岡県)などを支配していた人物が，桶狭間において倒された。	↓ **ア**（1560～1582）
1582	●全国統一を目指していた人物が，京都の本能寺において倒された。	↓ **イ**（1582～1600）
1600	●関ヶ原の戦いに勝利した人物が，全国支配の実権をにぎった。	↓ **ウ**（1600～1615）
1615	●全国の大名が守るべき事柄をまとめた武家諸法度が定められた。	↓ **エ**（1615～1635）
1635	●全国の大名が，国元と江戸とを１年交代で往復する制度が定められた。	

Ⅱ

【実施命令書の一部】

○日本全国に厳しく申し付けられている上は，おろそかに実施してはならない。

【計測基準の一部】

○田畑・屋敷地は長さ６尺３寸を１間とする竿を用い，５間かける60間の300歩を，１反として面積を調査すること。

○上田の石盛は１石５斗，中田は１石３斗，下田は１石１斗，下々田は状況で決定すること。

○升は京升に定める。必要な京升を準備し渡すようにすること。

〔問３〕 (3)江戸時代に入ると，天文学や数学なども発展を遂げ，明治時代以降，我が国の科学技術の研究水準も向上し，独自の計測技術も開発されるようになった。とあるが，次の**ア**～**エ**は，江戸時代から昭和時代にかけての我が国独自の計測技術について述べたものである。時期の古いものから順に記号を並べよ。

ア　後にレーダー技術に応用される超短波式アンテナが開発された頃，我が国最初の常設映画館が開館した浅草と，上野との間で地下鉄の運行が開始された。

イ　正確な暦を作るために浅草に天文台が設置された後，寛政の改革の一環として，幕府直轄の昌平坂学問所や薬の調合などを行う医官養成機関の医学館が設立された。

ウ　西洋時計と和時計の技術を生かして，時刻や曜日などを指し示す機能を有する万年自鳴鐘が開発された頃，黒船来航に備えて台場に砲台を築造するため，水深の計測が実施された。

エ　中部地方で発生した地震の研究に基づいて大森式地震計が開発された頃，日英同盟の締結を契機に，イギリスの無線技術を基にした無線電信機が開発された。

〔問４〕 (4)環境問題などの解決のために生かされてきた。とあるが，次のⅠのグラフは，1965年から2013年までの，東京のある地点から富士山が見えた日数と，大気汚染の一因となる二酸化硫黄の東京における濃度の変化を示したものである。Ⅱの文章は，Ⅰのグラフの**ア**～**エ**の**いずれか**の時期における国際情勢と，我が国や東京の環境対策などについてまとめたものである。Ⅱの文章で述べている時期に当てはまるのは，Ⅰのグラフの**ア**～**エ**の時期のうちではどれか。

Ⅰ

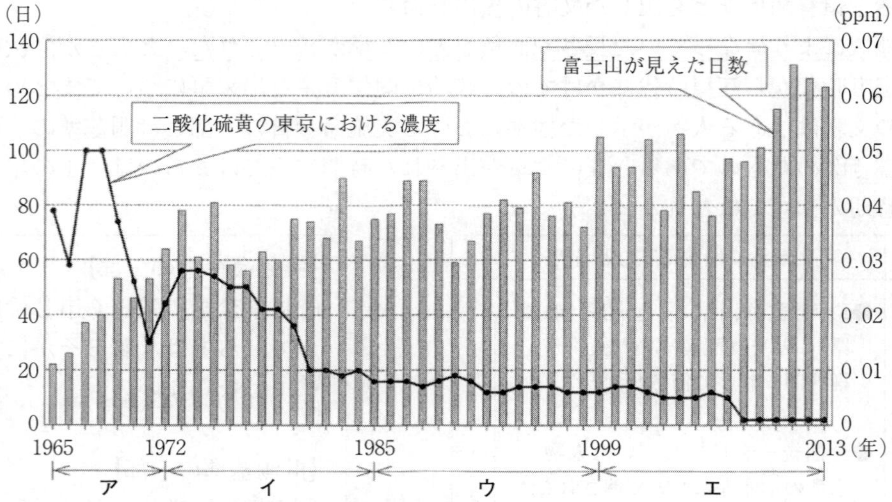

(東京都環境局資料などより作成)

Ⅱ

> 東ヨーロッパ諸国で民主化運動が高まり，東西ドイツが統一されるなど国際協調の動きが強まる中で，国際連合を中心に地球温暖化防止策が協議され，温室効果ガスの排出量の削減について数値目標を設定した京都議定書が採択された。長野県では，施設建設において極力既存の施設を活用し，自然環境の改変が必要な場合は大会後復元を図った，オリンピック・パラリンピック冬季競技大会が開催され，東京都においては，「地球環境保全東京アクションプラン」を策定し，大気汚染の状況は改善された。この時期には，Ⅰのグラフの観測地点から平均して週１回は富士山を見ることができた。

5 次の文章を読み，あとの各問に答えよ。

> 明治時代に作られた情報という言葉は，ある事柄の内容について文字などで伝達する知らせを表す意味として現在は用いられている。天気予報や経済成長率などの情報は，私たちの日々の暮らしに役立っている。
>
> 日本国憲法の中では，(1)自分の意見を形成し他者に伝える権利が，一定の決まり(ルール)の下で保障されている。
>
> 現代の社会は(2)情報が大きな役割を担(にな)うようになり，情報化社会とも呼ばれるようになった。その後，インターネットの普及は，私たちと情報との関わり方を変えることとなった。
>
> (3)情報が新たな価値を生み出す社会では，企業の中で，情報化を推進し，課題の解決策を示したり，ソフトウェアを開発したりする，デジタル技術を活用できる人材を確保していくことの重要性が増している。また，(4)情報の活用を進め，社会の様々な課題を解決していくためには，新たな決まり(ルール)を定める必要がある。

〔問１〕 (1)自分の意見を形成し他者に伝える権利が，一定の決まり(ルール)の下で保障されている。とあるが，精神(活動)の自由のうち，個人の心の中にある，意思，感情などを外部に明らかにすることを保障する日本国憲法の条文は，次の**ア**～**エ**のうちではどれか。

ア　何人（なんぴと）も，いかなる奴隷的拘束も受けない。又，犯罪に因（よ）る処罰の場合を除いては，その意に反する苦役に服させられない。

イ　思想及び良心の自由は，これを侵してはならない。

ウ　何人も，公共の福祉に反しない限り，居住，移転及び職業選択の自由を有する。

エ　集会，結社及び言論，出版その他一切の表現の自由は，これを保障する。

〔問2〕 (2)情報が大きな役割を担（にな）うようになり，情報化社会とも呼ばれるようになった。とあるが，次のⅠの略年表は，1938年から1998年までの，我が国の情報に関する主な出来事をまとめたものである。Ⅱの文章は，Ⅰの略年表中の**ア**～**エ**の**いずれか**の時期における社会の様子について，①は通信白書の，②は国民生活白書の一部をそれぞれ分かりやすく書き改めたものである。Ⅱの文章で述べている時期に当てはまるのは，Ⅰの略年表中の**ア**～**エ**の時期のうちではどれか。

Ⅰ

西暦	我が国の情報に関する主な出来事	
1938	●標準放送局型ラジオ受信機が発表された。	
1945	●人が意見を述べる参加型ラジオ番組の放送が開始された。	ア
1953	●白黒テレビ放送が開始された。	
1960	●カラーテレビ放送が開始された。	
1964	●東京オリンピック女子バレーボール決勝の平均視聴率が関東地区で66.8%を記録した。	イ
1972	●札幌オリンピック閉会式の平均視聴率が札幌で59.5%を記録した。	
1974	●テレビの深夜放送が一時的に休止された。	ウ
1985	●テレビで文字多重放送が開始された。	
1989	●衛星テレビ放送が開始された。	エ
1998	●ニュースなどを英語で発信するワールドテレビ放送が開始された。	

Ⅱ

①　私たちの社会は，情報に対する依存を強めており，情報の流通は食料品や工業製品などの流通，つまり物流と同等あるいはそれ以上の重要性をもつようになった。

②　社会的な出来事を同時に知ることができるようになり，テレビやラジオを通じて人々の消費生活も均質化している。また，節約の経験により，本当に必要でなければ買わないで今持っているものの使用期間を長くする傾向が，中東で起きた戦争の影響を受けた石油危機から３年後の現在も見られる。

〔問3〕 (3)情報が新たな価値を生み出す社会では，企業の中で，情報化を推進し，課題の解決策を示したり，ソフトウェアを開発したりする，デジタル技術を活用できる人材を確保していくことの重要性が増している。とあるが，次のⅠの文章は，2019年の情報通信白書の一部を分かりやすく書き改めたものである。Ⅱのグラフは，2015年の我が国とアメリカ合衆国における情報処理・通信に携わる人材の業種別割合を示したものである。Ⅱのグラフから読み取れる，Ⅰの文章が示された背景となる我が国の現状について，我が国より取り組みが進んでいるアメリカ合衆国と比較して，情報通信技術を提供する業種と利用する業種の構成比の違いに着目し，簡単に述べよ。

Ⅰ

○今後，情報通信技術により，企業は新しい製品やサービスを市場に提供することが可能となる。
○新たな製品やサービスを次々と迅速に開発・提供していくために，情報通信技術を利用する業種に十分な情報通信技術をもった人材が必要である。

Ⅱ

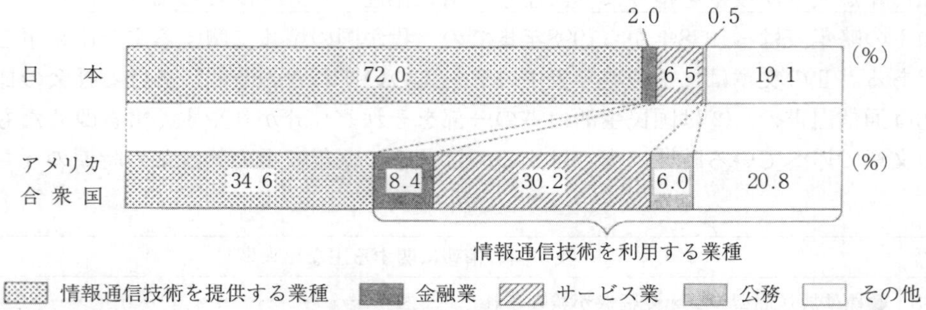

（注）四捨五入をしているため，情報処理・通信に携わる人材の業種別割合を合計したものは，100%にならない場合がある。

（独立行政法人情報処理推進機構資料より作成）

〔問４〕 (4)情報の活用を進め，社会の様々な課題を解決していくためには，新たな決まり（ルール）を定める必要がある。とあるが，次のⅠの**A**～**E**は，令和３年の第204回通常国会で，情報通信技術を用いて多様で大量の情報を適正かつ効果的に活用することであらゆる分野における創造的かつ活力ある発展が可能となる社会の形成について定めた「デジタル社会形成基本法」が成立し，その後，公布されるまでの経過について示したものである。Ⅱの文で述べていることが行われたのは，下の**ア**～**エ**のうちではどれか。

Ⅰ

A　第204回通常国会が開会される。（１月18日）
B　法律案が内閣で閣議決定され，国会に提出される。（２月９日）
C　衆議院の本会議で法律案が可決される。（４月６日）
D　参議院の本会議で法律案が可決される。（５月12日）
E　内閣の助言と承認により，天皇が法律を公布する。（５月19日）

（衆議院，参議院のホームページより作成）

Ⅱ

衆議院の内閣委員会で法律案の説明と質疑があり，障害の有無などの心身の状態による情報の活用に関する機会の格差の是正を着実に図ることや，国や地方公共団体が公正な給付と負担の確保のための環境整備を中心とした施策を行うことを，原案に追加した修正案が可決される。

ア　**A**と**B**の間　　**イ**　**B**と**C**の間　　**ウ**　**C**と**D**の間　　**エ**　**D**と**E**の間

6 次の文章を読み，下の略地図を見て，あとの各問に答えよ。

> 都市には，小さな家屋から超高層建築まで多様な建物が見られ，(1)人々が快適な生活を送るために様々な社会資本が整備されてきた。また，(2)政治の中心としての役割を果たす首都には，新たに建設された都市や，既存の都市に政府機関を設置する例が見られる。
> 都市への人口集中は，経済を成長させ新たな文化を創造する一方で，(3)交通渋滞などの都市問題を深刻化させ，我が国は多くの国々の都市問題の解決に協力している。

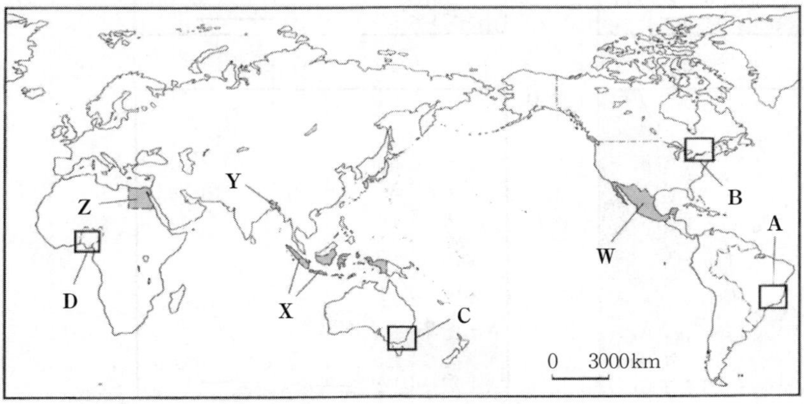

〔問１〕 (1)人々が快適な生活を送るために様々な社会資本が整備されてきた。とあるが，次の**ア**～**エ**の文は，それぞれの時代の都市の様子について述べたものである。時期の古いものから順に記号を並べよ。

ア ドイツ帝国の首都ベルリンでは，ビスマルクの宰相(さいしょう)任期中に，工業の発展により人口の流入が起き，上下水道が整備され，世界で初めて路面電車の定期運行が開始された。

イ イギリスの首都ロンドンでは，冷戦(冷たい戦争)と呼ばれる東西の対立が起き緊張が高まる中で，ジェット旅客機が就航し，翌年，空港に新滑走路が建設された。

ウ アメリカ合衆国の都市ニューヨークでは，300mを超える超高層ビルが建設され，フランクリン・ルーズベルト大統領によるニューディール政策の一環で公園建設なども行われた。

エ オーストリアの首都ウィーンでは，フランス同様に国王が強い政治権力をもつ専制政治(絶対王政)が行われ，マリア・テレジアが住んでいた郊外の宮殿の一角に動物園がつくられた。

〔問２〕 (2)政治の中心としての役割を果たす首都には，新たに建設された都市や，既存の都市に政府機関を設置する例が見られる。とあるが，次のⅠの**A**～**D**は，略地図中の**A**～**D**の□で示した部分を拡大し，主な都市の位置を**ア**～**ウ**で示したものである。下のⅡの文章は，略地図中の**A**～**D**の中に首都が位置する**いずれか**の国とその国の首都の様子について述べたものである。Ⅱの文章で述べているのは，Ⅰの**A**～**D**のうちのどれか，また，首都に当てはまるのは，選択したⅠの**A**～**D**の**ア**～**ウ**のうちのどれか。

Ⅰ

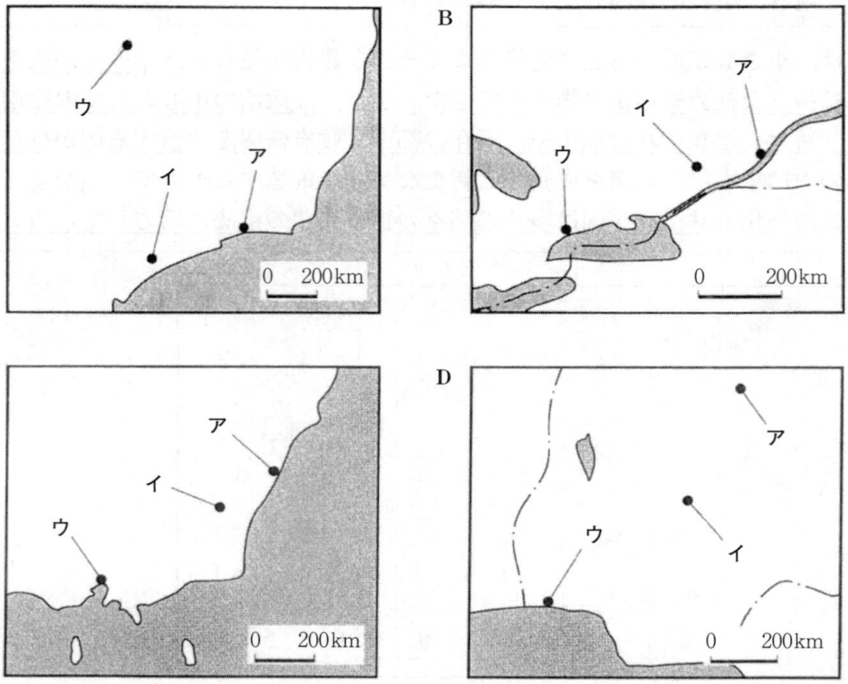

Ⅱ

16世紀にフランスがこの国の東部に進出し，隣国からイギリス人がフランス人の定住地を避けて移住したことで二つの文化圏が形成されたため，立憲君主である国王により文化圏の境界に位置する都市が首都と定められた。首都から約350km 離れイギリス系住民が多い都市は，自動車産業などで隣国との結び付きが見られ，首都から約160km 離れフランス系住民が多い都市は，フランス語のみで示されている道路標識などが見られる。

〔問３〕 (3)<u>交通渋滞などの都市問題を深刻化させ，我が国は多くの国々の都市問題の解決に協力している。</u>とあるが，次のⅠの**W**～**Z**のグラフは，略地図中に ▒ で示した**W**～**Z**のそれぞれの国の，1950年から2015年までの第１位の都市圏と第２位の都市圏の人口の推移を示したものである。Ⅱの文章で述べている国に当てはまるのは，略地図中の**W**～**Z**のうちのどれか。

Ⅰ

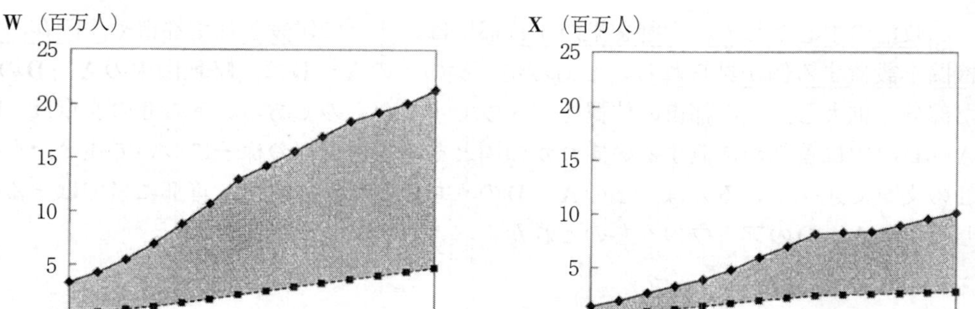

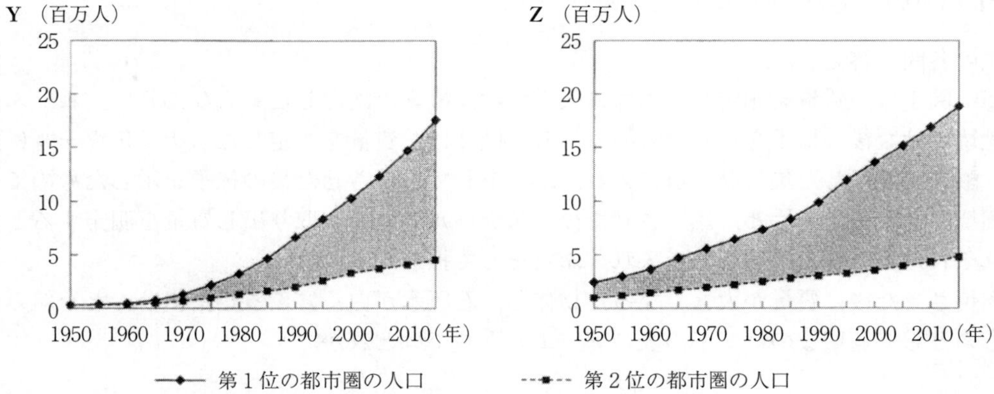

（国際連合資料より作成）

Ⅱ

○1949年にオランダから独立し，イスラム教徒が８割を超えるこの国では，第１位の都市圏と第２位の都市圏の人口差は，1950年に100万人を下回っていたが，1990年には人口差は約７倍と急激に拡大しており，その後緩やかな拡大傾向が続いた。
○深刻化した交通渋滞や大気汚染などの都市問題を解決するため，日本の技術や運営の支援を受け，都市の中心部と住宅地をつなぐ国内初の地下鉄が2019年に開通した。

【理　科】 (50分) 〈満点：100点〉

1　次の各問に答えよ。

〔問1〕 図1は，質量を測定した木片に火をつけ，酸素で満たした集気びんPに入れ，ふたをして燃焼させた後の様子を示したものである。図2は，質量を測定したスチールウールに火をつけ，酸素で満たした集気びんQに入れ，ふたをして燃焼させた後の様子を示したものである。

燃焼させた後の木片と，燃焼させた後のスチールウールを取り出し質量を測定するとともに，それぞれの集気びんに石灰水を入れ，ふたをして振った。

燃焼させた後に質量が大きくなった物体と，石灰水が白くにごった集気びんとを組み合わせたものとして適切なのは，下の表の**ア**～**エ**のうちではどれか。

図1

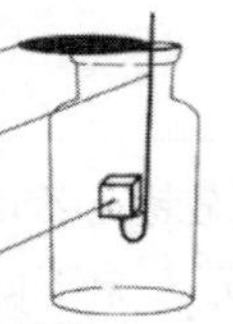

図2

	燃焼させた後に質量が大きくなった物体	石灰水が白くにごった集気びん
ア	木片	集気びんP
イ	スチールウール	集気びんP
ウ	木片	集気びんQ
エ	スチールウール	集気びんQ

〔問2〕 図3は，ヒトの心臓を正面から見て，心臓から送り出された血液が流れる血管と心臓に戻ってくる血液が流れる血管を模式的に表したものである。また，図中の矢印(➡)は全身から右心房に戻る血液の流れを示している。

血管A～血管Dのうち，動脈と，動脈血が流れる血管とを組み合わせたものとして適切なのは，次の表の**ア**～**エ**のうちではどれか。

図3

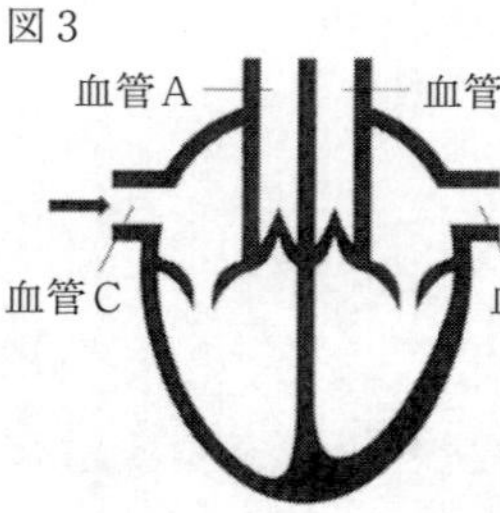

	動脈	動脈血が流れる血管
ア	血管Aと血管B	血管Bと血管D
イ	血管Aと血管B	血管Aと血管C
ウ	血管Cと血管D	血管Bと血管D
エ	血管Cと血管D	血管Aと血管C

〔問3〕 図4は，平らな底に「A」の文字が書かれた容器に水を入れた状態を模式的に表したものである。水中から空気中へ進む光の屈折に関する説明と，観察者と容器の位置を変えずに内側の「A」の文字の形が全て見えるようにするときに行う操作とを組み合わせたものとして適

切なのは，下の表の**ア**～**エ**のうちではどれか。

図4

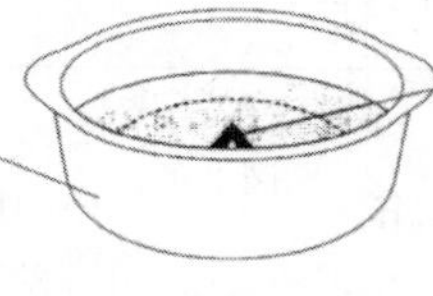

	水中から空気中へ進む光の屈折に関する説明	「A」の文字の形が全て見えるようにするときに行う操作
ア	屈折角より入射角の方が大きい。	容器の中の水の量を減らす。
イ	屈折角より入射角の方が大きい。	容器の中の水の量を増やす。
ウ	入射角より屈折角の方が大きい。	容器の中の水の量を減らす。
エ	入射角より屈折角の方が大きい。	容器の中の水の量を増やす。

〔問4〕 前線が形成されるときの暖気と寒気の動きを矢印(⇨)で模式的に表したものがA，Bである。温暖前線付近の暖気と寒気の動きを次のA，Bから一つ，できた直後の温暖前線付近の暖気と寒気を比較したときに，密度が小さいものを下のC，Dから一つ，それぞれ選び，組み合わせたものとして適切なのは，下の**ア**～**エ**のうちではどれか。

暖気と寒気の動き

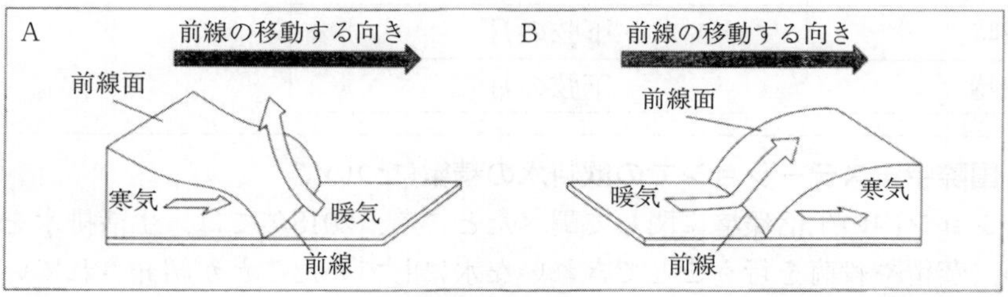

密度が小さいもの

C　暖気	D　寒気

ア　A，C　　**イ**　A，D　　**ウ**　B，C　　**エ**　B，D

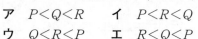

〔問5〕 図5は，12Vの電源装置と1.2Ωの抵抗器A，2Ωの抵抗器B，3Ωの抵抗器Cをつないだ回路図である。この回路に電圧を加えたときの，回路上の点p，点q，点rを流れる電流の大きさを，それぞれP〔A〕，Q〔A〕，R〔A〕とした。このとき，P，Q，Rの関係を表したものとして適切なのは，次のうちではどれか。

図5

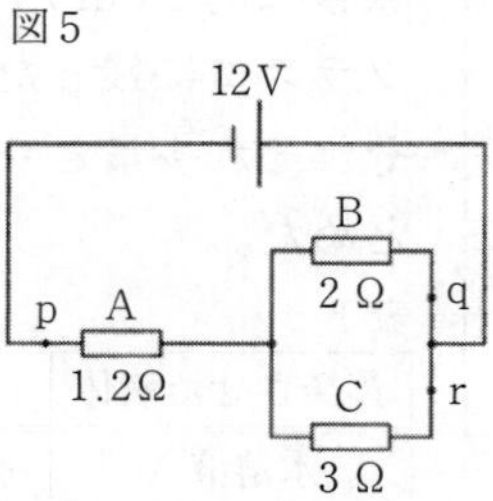

ア　$P<Q<R$　　**イ**　$P<R<Q$

ウ　$Q<R<P$　　**エ**　$R<Q<P$

2 生徒が，国際宇宙ステーションに興味をもち，科学的に探究しようと考え，自由研究に取り組んだ。生徒が書いたレポートの一部を読み，次の各問に答えよ。

＜レポート１＞　日食について

金環日食が観察された日の地球にできた月の影を，国際宇宙ステーションから撮影した画像が紹介されていた。

日食が生じるときの北極星側から見た太陽，月，地球の位置関係を模式的に示すと，図１のようになっていた。さらに，日本にある観測地点Ａは，地球と月と太陽を一直線に結んだ線上に位置していた。

図１

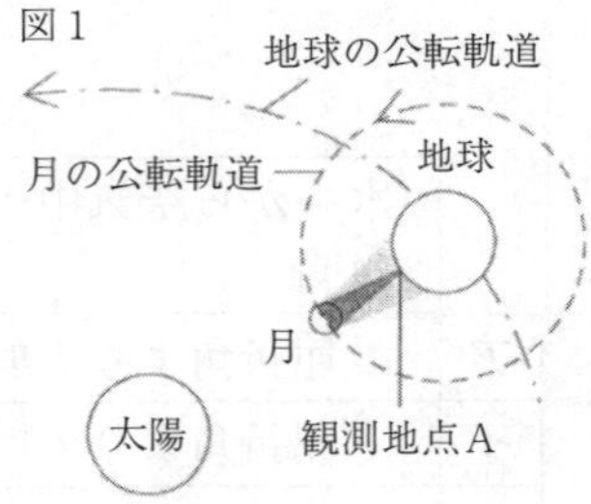

〔問１〕 **＜レポート１＞**から，図１の位置関係において，観測地点Ａで月を観測したときに月が真南の空に位置する時刻と，この日から１週間後に観察できる月の見え方に最も近いものとを組み合わせたものとして適切なのは，次の表の**ア**～**エ**のうちではどれか。

	真南の空に位置する時刻	１週間後に観察できる月の見え方
ア	12時	上弦の月
イ	18時	上弦の月
ウ	12時	下弦の月
エ	18時	下弦の月

＜レポート２＞　国際宇宙ステーションでの飲料水の精製について

国際宇宙ステーション内の生活環境に関して調べたところ，2018年では，生活排水をタンクに一時的にため，蒸留や殺菌を行うことできれいな水にしていたことが紹介されていた。

蒸留により液体をきれいな水にすることに興味をもち，液体の混合物から水を分離するモデル実験を行った。図２のように，塩化ナトリウムを精製水（蒸留水）に溶かして５％の塩化ナトリウム水溶液を作り，実験装置で蒸留した。蒸留して出てきた液体が試験管に約１cmたまったところで蒸留を止めた。枝付きフラスコに残った水溶液Ａと蒸留して出てきた液体Ｂをそれぞれ少量とり，蒸発させて観察し，結果を表１にまとめた。

図２

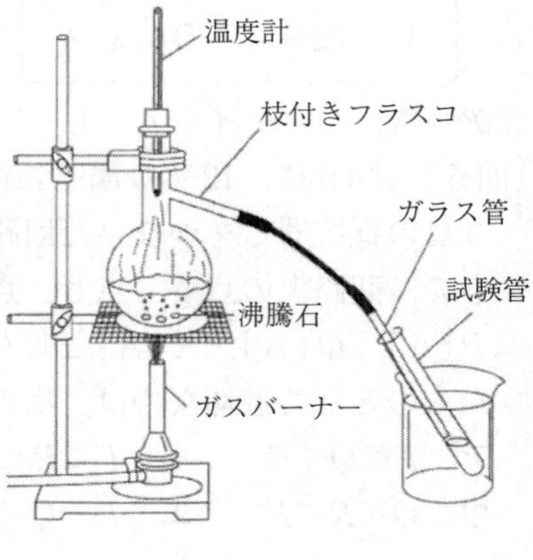

表１

蒸発させた液体	観察した結果
水溶液Ａ	結晶が見られた。
液体Ｂ	結晶が見られなかった。

〔問２〕 **＜レポート２＞**から，結晶になった物質の分類と，水溶液Ａの濃度について述べたものとを組み合わせたものとして適切なのは，次の表の**ア**～**エ**のうちではどれか。

	結晶になった物質の分類	水溶液Aの濃度
ア	混合物	5％より高い。
イ	化合物	5％より高い。
ウ	混合物	5％より低い。
エ	化合物	5％より低い。

＜レポート3＞　国際宇宙ステーションでの植物の栽培について

国際宇宙ステーションでは，宇宙でも効率よく成長する植物を探すため，図3のような装置の中で植物を発芽させ，実験を行っていることが紹介されていた。植物が光に向かって成長することから，装置の上側に光源を設置してあることが分かった。

植物の成長に興味をもち，植物を真上から観察すると，上下にある葉が互いに重ならないようにつき，成長していくことが分かった。

図3

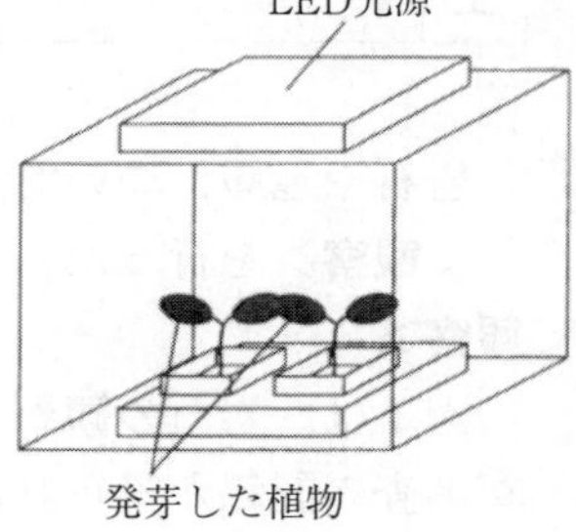

〔問3〕 **＜レポート3＞**から，上下にある葉が互いに重ならないようにつく利点と，葉で光合成でつくられた養分(栄養分)が通る管の名称とを組み合わせたものとして適切なのは，次の表の**ア**～**エ**のうちではどれか。

	上下にある葉が互いに重ならないようにつく利点	光合成でつくられた養分(栄養分)が通る管の名称
ア	光が当たる面積が小さくなる。	道管
イ	光が当たる面積が小さくなる。	師管
ウ	光が当たる面積が大きくなる。	道管
エ	光が当たる面積が大きくなる。	師管

＜レポート4＞　月面での質量と重さの関係について

国際宇宙ステーション内では，見かけ上，物体に重力が働かない状態になるため，てんびんや地球上で使っている体重計では質量を測定できない。そのため，宇宙飛行士は質量を測る際に特別な装置で行っていることが紹介されていた。

地球上でなくても質量が測定できることに興味をもち調べたところ，重力が変化しても物体そのものの量は，地球上と変わらないということが分かった。

また，重力の大きさは場所によって変わり，月面では同じ質量の物体に働く重力の大きさが地球上と比べて約6分の1であることも分かった。

図4のような測定を月面で行った場合，質量300gの物体Aを上皿てんびんに載せたときにつり合う分銅の種類と，物体Aをはかりに載せたときの目盛りの値について考えた。

図4

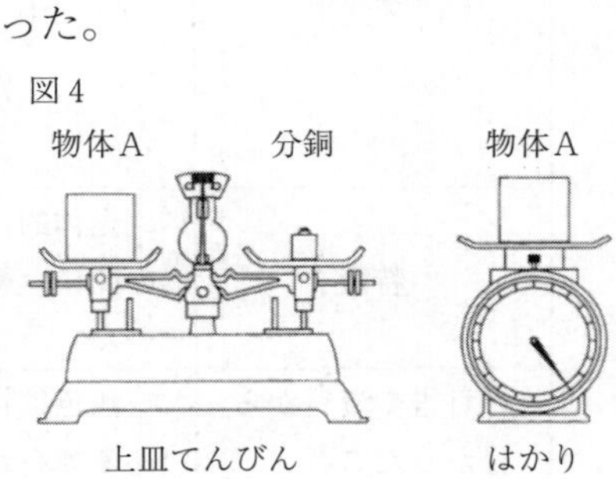

〔問4〕 **＜レポート4＞**から，図4のような測定を月面で行った場合，質量300gの物体Aを上

皿てんびんに載せたときにつり合う分銅の種類と，物体Aをはかりに載せたときの目盛りの値とを組み合わせたものとして適切なのは，次の表の**ア**～**エ**のうちではどれか。

	上皿てんびんに載せたときにつり合う分銅の種類	はかりに載せたときの目盛りの値
ア	50 g の分銅	約50 g
イ	50 g の分銅	約300 g
ウ	300 g の分銅	約50 g
エ	300 g の分銅	約300 g

3　岩石や地層について，次の各問に答えよ。

＜**観察**＞を行ったところ，＜**結果**＞のようになった。

＜**観察**＞

図1は，岩石の観察を行った地域Aと，ボーリング調査の記録が得られた地域Bとを示した地図である。

(1)　地域Aでは，特徴的な岩石Pと岩石Qを採取後，ルーペで観察し，スケッチを行い特徴を記録した。

(2)　岩石Pと岩石Qの，それぞれの岩石の中に含まれているものを教科書や岩石に関する資料を用いて調べた。

(3)　地域BにあるX点とY点でのボーリング調査の記録と，この地域で起きた過去の堆積の様子についてインターネットで調べた。

なお，X点の標高は40.3m，Y点の標高は36.8mである。

図1

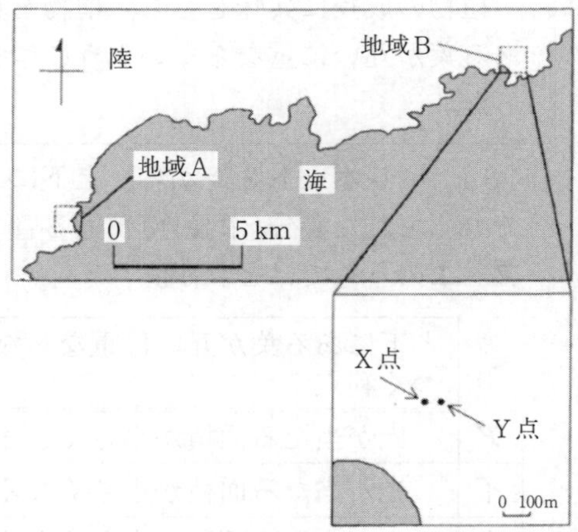

＜**結果**＞

(1)　＜**観察**＞の(1)と(2)を，表1のように，岩石Pと岩石Qについてまとめた。

表1

	岩石P	岩石Q
スケッチ		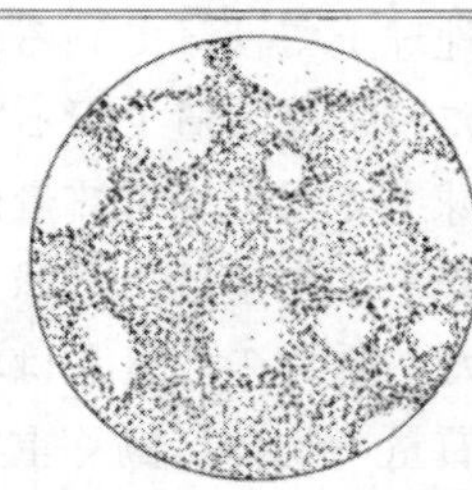
特徴	全体的に黒っぽい色で，小さな鉱物の間に，やや大きな鉱物が散らばっていた。	全体的に灰色で，白く丸いものが多数散らばっていた。
教科書や資料から分かったこと	無色鉱物である長石や，有色鉱物である輝石（きせき）が含まれていた。	丸いものはフズリナの化石であった。

(2)　図2は＜**観察**＞の(3)で調べた地域BにあるX点とY点のそれぞれのボーリング調査の記録

(柱状図)である。凝灰岩の層は同じ時期に堆積している。また，地域Bの地層では上下の入れ替わりは起きていないことが分かった。

図2

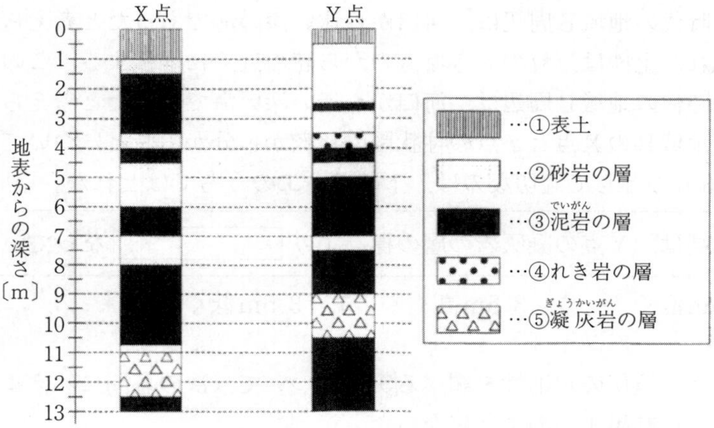

〔問1〕 <**結果**>の(1)の岩石Pと<**結果**>の(2)の④の層に含まれるれき岩の，それぞれのでき方と，れき岩を構成する粒の特徴とを組み合わせたものとして適切なのは，次の表の**ア**～**エ**のうちではどれか。

	岩石Pとれき岩のそれぞれのでき方	れき岩を構成する粒の特徴
ア	岩石Pは土砂が押し固められてできたもので，れき岩はマグマが冷えてできたものである。	角が取れて丸みを帯びた粒が多い。
イ	岩石Pは土砂が押し固められてできたもので，れき岩はマグマが冷えてできたものである。	角ばった粒が多い。
ウ	岩石Pはマグマが冷えてできたもので，れき岩は土砂が押し固められてできたものである。	角が取れて丸みを帯びた粒が多い。
エ	岩石Pはマグマが冷えてできたもので，れき岩は土砂が押し固められてできたものである。	角ばった粒が多い。

〔問2〕 <**結果**>の(1)で，岩石Qが堆積した地質年代に起きた出来事と，岩石Qが堆積した地質年代と同じ地質年代に生息していた生物とを組み合わせたものとして適切なのは，次の表の**ア**～**エ**のうちではどれか。

	岩石Qが堆積した地質年代に起きた出来事	同じ地質年代に生息していた生物
ア	魚類と両生類が出現した。	アンモナイト
イ	魚類と両生類が出現した。	三葉虫(サンヨウチュウ)
ウ	鳥類が出現した。	アンモナイト
エ	鳥類が出現した。	三葉虫(サンヨウチュウ)

〔問3〕 <**結果**>の(2)にある泥岩の層が堆積した時代の地域B周辺の環境について述べたものとして適切なのは，次の**ア**～**エ**のうちではどれか。

ア 流水で運搬され海に流れた土砂は，粒の小さなものから陸の近くに堆積する。このことから，泥岩の層が堆積した時代の地域B周辺は，河口から近い浅い海であったと考えられる。

イ　流水で運搬され海に流れた土砂は，粒の大きなものから陸の近くに堆積する。このことから，泥岩の層が堆積した時代の地域Ｂ周辺は，河口から近い浅い海であったと考えられる。

ウ　流水で運搬され海に流れた土砂は，粒の小さなものから陸の近くに堆積する。このことから，泥岩の層が堆積した時代の地域Ｂ周辺は，河口から遠い深い海であったと考えられる。

エ　流水で運搬され海に流れた土砂は，粒の大きなものから陸の近くに堆積する。このことから，泥岩の層が堆積した時代の地域Ｂ周辺は，河口から遠い深い海であったと考えられる。

〔問４〕　<**結果**>の(2)から，地域ＢのＸ点とＹ点の柱状図の比較から分かることについて述べた次の文の ☐ に当てはまるものとして適切なのは，下の**ア**～**エ**のうちではどれか。

Ｘ点の凝灰岩の層の標高は，Ｙ点の凝灰岩の層の標高より ☐ なっている。

ア　1.5m高く　　**イ**　1.5m低く　　**ウ**　3.5m高く　　**エ**　3.5m低く

4　植物の花のつくりの観察と，遺伝の規則性を調べる実験について，次の各問に答えよ。
<**観察**>を行ったところ，<**結果１**>のようになった。

<**観察**>

(1)　メンデルの実験で用いられた品種と同じエンドウを校庭で育てた。

(2)　(1)から花を１個採取後，分解しセロハンテープに並べて貼り付けた。

(3)　(1)からさらに花をもう１個採取後，花の内側にある花弁が２枚合わさるように重なっている部分(図１の点線)をカッターナイフで切り，断面を観察して，スケッチした。

図１

<**結果１**>

(1)　<**観察**>の(2)から，図２のようにエンドウの花弁は５枚あり，その１枚１枚が離れていた。

(2)　<**観察**>の(3)から，図３のように，おしべとめしべは内側の２枚の花弁で包まれていた。また，子房の中には，胚珠(はいしゅ)が見られた。

図２

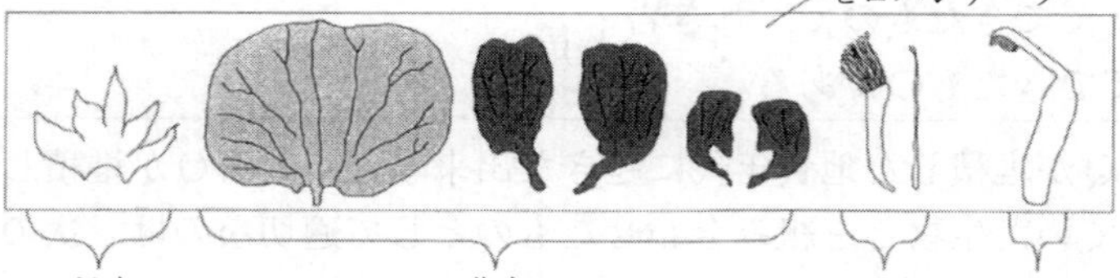

図３

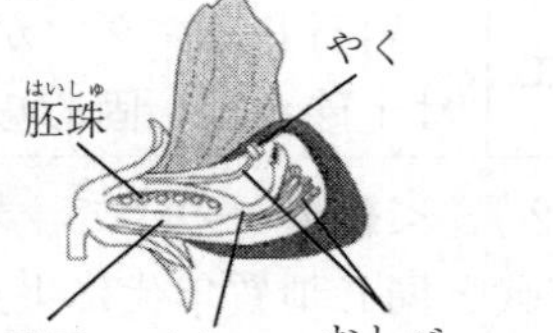

次に，<**実験**>を行ったところ，<**結果２**>のようになった。

<**実験**>

(1)　校庭で育てたエンドウには，草たけ(茎の長さ)の高い個体と低い個体がそれぞれあった。

(2)　草たけが高い個体を１本選び，エンドウが自家受粉し，受精後にできた種子を採取した。

(3)　草たけが低い個体を１本選び，エンドウが自家受粉し，受精後にできた種子を採取した。

(4)　(2)で採取した種子をまいて育て，成長したエンドウの草たけを調べた。

(5)　(3)で採取した種子をまいて育て，成長したエンドウの草たけを調べた。

(6)　(4)で調べたエンドウの花で，花粉がつくられる前に，やくを全て取り除いた。

(7)　(6)のエンドウの花の柱頭に，(5)で調べたエンドウの花のやくから採取した花粉を付け，受精した後にできた種子を採取した。

(8) (7)で採取した種子をまいて育て，成長したエンドウの草たけを調べた。

<**結果２**>

(1) <**実験**>の(4)から，全て草たけの高い個体（図４のＰ）であった。

(2) <**実験**>の(5)から，全て草たけの低い個体（図４のＱ）であった。

(3) <**実験**>の(8)から，全て草たけの高い個体（図４のＲ）であった。

図４　<**実験**>の模式図

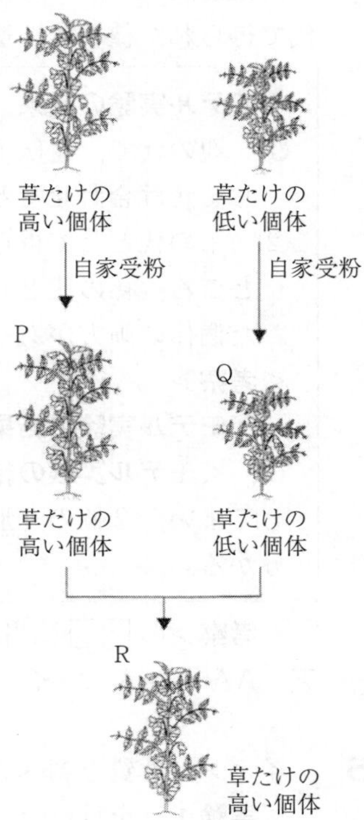

〔問１〕 <**結果１**>の(1)の花のつくりをもつ植物の子葉の枚数と，<**結果１**>の(2)のように胚珠が子房の中にある植物のなかまの名称とを組み合わせたものとして適切なのは，次の表の**ア**～**エ**のうちではどれか。

	子葉の枚数	胚珠が子房の中にある植物のなかまの名称
ア	１枚	被子植物
イ	１枚	裸子植物
ウ	２枚	被子植物
エ	２枚	裸子植物

〔問２〕 <**実験**>の(7)では，花粉から花粉管が伸長し，その中を移動する生殖細胞１個の染色体数は７本である。花粉管の中を移動する生殖細胞のうち１個と合体する細胞と，受精卵１個に含まれる染色体数とを組み合わせたものとして適切なのは，次の表の**ア**～**エ**のうちではどれか。

	花粉管の中を移動する生殖細胞のうち１個と合体する細胞	受精卵１個に含まれる染色体数
ア	卵	７本
イ	卵	14本
ウ	卵細胞	７本
エ	卵細胞	14本

〔問３〕 <**結果２**>の(3)の個体で，花粉がつくられる前にやくを全て取り除き，柱頭に<**結果２**>の(2)の個体のやくから採取した花粉を付け受精させ，種子を採取した。その種子をまいて育て，成長したエンドウの草たけを調べたときの結果として適切なのは，次のうちではどれか。

ア　草たけの高い個体数と草たけの低い個体数のおよその比は１：１であった。

イ　草たけの高い個体数と草たけの低い個体数のおよその比は１：３であった。

ウ　全て草たけの高い個体であった。

エ　全て草たけの低い個体であった。

〔問４〕 メンデルが行ったエンドウの種子の形の遺伝に関する実験では，顕性形質の丸形と，潜性形質のしわ形があることが分かった。遺伝子の組み合わせが分からない丸形の種子を２個まき，育てた個体どうしをかけ合わせる<**モデル実験の結果**>から，<**考察**>をまとめた。

ただし，エンドウの種子が丸形になる遺伝子をA，しわ形になる遺伝子をaとし，子や孫の代で得られた種子は，遺伝の規則性のとおりに現れるものとする。

<モデル実験の結果>

(1)　親の代で，遺伝子の組み合わせが分からない丸形の種子を２個まき，育てた個体どうしをかけ合わせたところ，子の代では丸形の種子だけが得られた。

(2)　子の代として得られた丸形の種子を全てまき，育てた個体をそれぞれ自家受粉させたところ，孫の代として，丸形の種子だけが得られた個体と丸形・しわ形の種子が得られた個体の両方があった。

<考察>

<モデル実験の結果>の(1)で，子の代として得られた丸形の種子の遺伝子の組み合わせは，**<モデル実験の結果>**の(2)から，２種類あることが分かる。このことから，親の代としてまいた２個の丸形の種子の遺伝子の組み合わせを示すと［　　　］であることが分かる。

<考察>の［　　］に当てはまるものとして適切なのは，下の**ア**～**ウ**のうちではどれか。

ア　AAとAA　　**イ**　AaとAa　　**ウ**　AAとAa

5　イオンの性質を調べる実験について，次の各問に答えよ。

<実験１>を行ったところ，**<結果１>**のようになった。

<実験１>

(1)　図１のように，ビーカー①に硫酸亜鉛水溶液を入れ，亜鉛板Pを設置した。次に，ビーカー①に硫酸銅水溶液を入れたセロハンの袋を入れ，セロハンの袋の中に銅板Qを設置した。プロペラ付きモーターに亜鉛板Pと銅板Qを導線でつないだ後に金属板の表面の様子を観察した。

(2)　図２のように，簡易型電気分解装置に薄い水酸化ナトリウム水溶液を入れ，電極Rと電極Sを導線で電源装置につなぎ，電圧を加えて電流を流した後に電極の様子を観察した。

図１

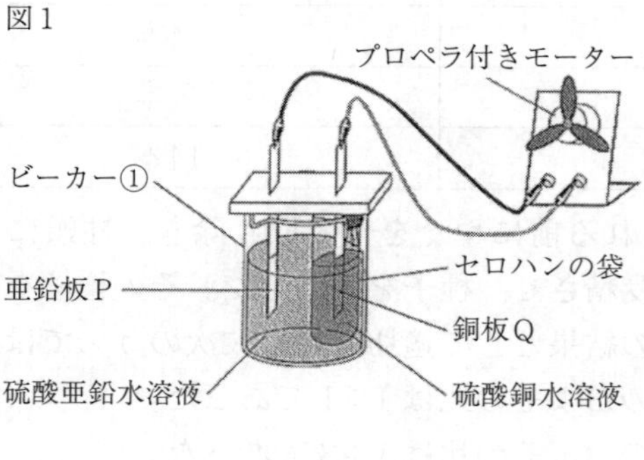

図２

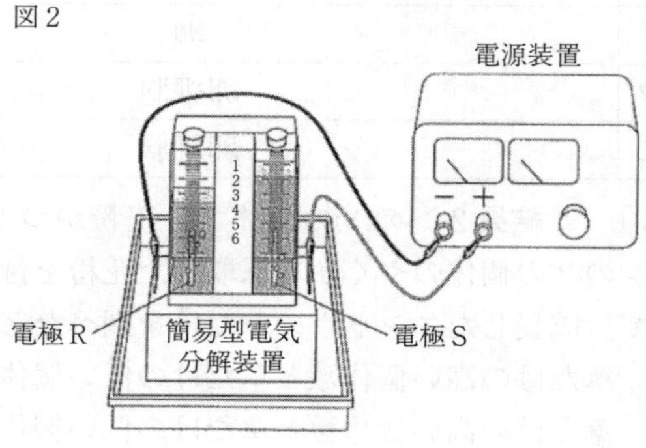

<結果１>

(1)　**<実験１>**の(1)でプロペラは回転した。亜鉛板Pは溶け，銅板Qには赤茶色の物質が付着した。

(2)　**<実験１>**の(2)で電極Rと電極Sからそれぞれ気体が発生した。

〔問１〕　**<結果１>**の(1)から，水溶液中の亜鉛板Pと銅板Qの表面で起こる化学変化について，亜鉛原子1個を ●，亜鉛イオン1個を $●^{2+}$，銅原子1個を ◉，銅イオン1個を $◉^{2+}$，電子1個を • というモデルで表したとき，亜鉛板Pの様子をA，Bから一つ，銅板Qの様子をC，Dから一つ，それぞれ選び，組み合わせたものとして適切なのは，下の**ア**～**エ**のうちではどれか。

A
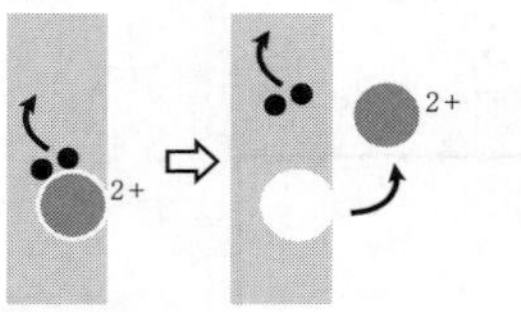

亜鉛板P

B
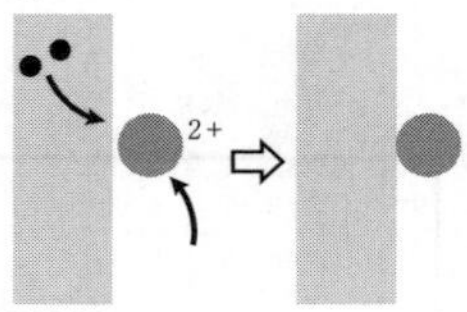

亜鉛板P

C
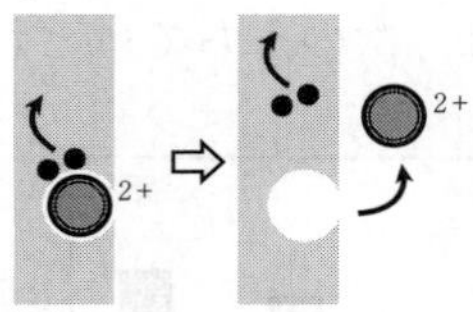

銅板Q

D
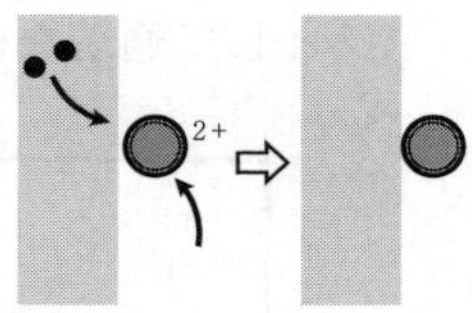

銅板Q

ア　A，C　　**イ**　A，D　　**ウ**　B，C　　**エ**　B，D

〔問2〕　＜**結果1**＞の(1)と(2)から，ビーカー①内の硫酸亜鉛水溶液と硫酸銅水溶液を合わせた水溶液中に含まれる Zn^{2+} の数と Cu^{2+} の数のそれぞれの増減と，電極Rと電極Sでそれぞれ発生する気体の性質とを組み合わせたものとして適切なのは，次の表の**ア**～**カ**のうちではどれか。

	合わせた水溶液に含まれる Zn^{2+} の数	合わせた水溶液に含まれる Cu^{2+} の数	電極Rで発生する気体の性質	電極Sで発生する気体の性質
ア	増える。	減る。	空気より軽い。	水に溶けにくい。
イ	増える。	増える。	空気より軽い。	水に溶けやすい。
ウ	増える。	減る。	空気より重い。	水に溶けにくい。
エ	減る。	増える。	空気より軽い。	水に溶けやすい。
オ	減る。	減る。	空気より重い。	水に溶けやすい。
カ	減る。	増える。	空気より重い。	水に溶けにくい。

次に，＜**実験2**＞を行ったところ，＜**結果2**＞のようになった。

＜**実験2**＞

(1)　ビーカー②に薄い塩酸を12cm^3入れ，BTB溶液を5滴加えてよく混ぜた。図3は，水溶液中の陽イオンを ○，陰イオンを ⊗ というモデルで表したものである。

図3

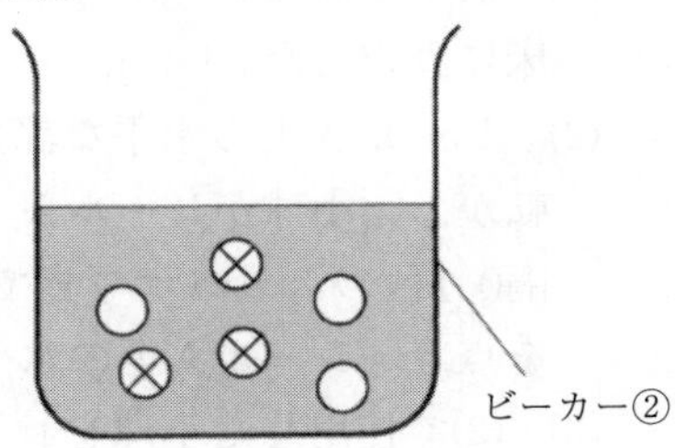

(2)　水酸化ナトリウム水溶液を10cm^3用意した。

(3)　(2)の水酸化ナトリウム水溶液をビーカー②に少しずつ加え，ガラス棒でかき混ぜ水溶液の様子を観察した。

(4)　(3)の操作を繰り返し，水酸化ナトリウム水溶液を合計6cm^3加えると，水溶液は緑色になった。

(5)　緑色になった水溶液をスライドガラスに1滴取り，水を蒸発させた後，観察した。

＜**結果2**＞

スライドガラスには，塩化ナトリウムの結晶が見られた。

〔問3〕　＜**実験2**＞の(4)のビーカー②の水溶液中で起きた化学変化を下の点線で囲まれた＜**化学反応式**＞で表すとき，下線部にそれぞれ当てはまる化学式を一つずつ書け。

ただし，＜**化学反応式**＞において酸の性質をもつ物質の化学式は(酸)の上の____に，アルカリの性質をもつ物質の化学式は(アルカリ)の上の____に，塩は(塩)の上の____に書くこと。

<**化学反応式**>　＿＿＿＿＿＿ ＋ ＿＿＿＿＿＿ → ＿＿＿＿＿＿ ＋ ＿＿＿＿＿＿
（酸）　（アルカリ）　（塩）

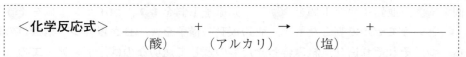

〔問4〕　<**実験2**>の(5)の後，<**実験2**>の(3)の操作を繰り返し，用意した水酸化ナトリウム水溶液を全て加えた。<**実験2**>の(1)のビーカー②に含まれるイオンの総数の変化を表したグラフとして適切なのは，次のうちではどれか。

ア
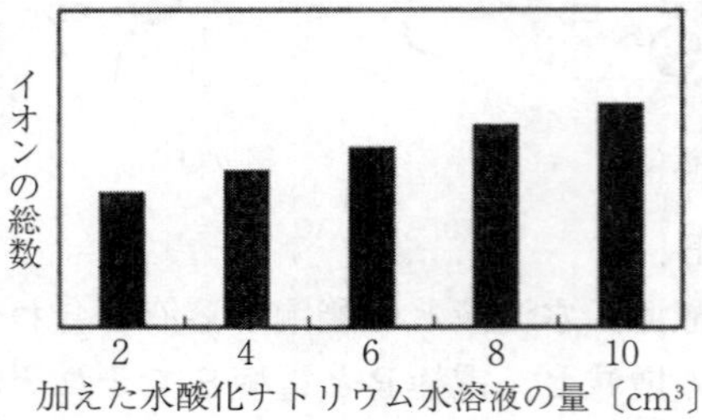

イ
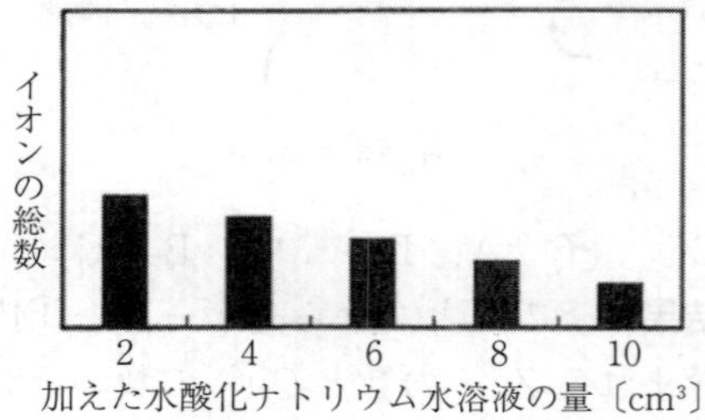

ウ
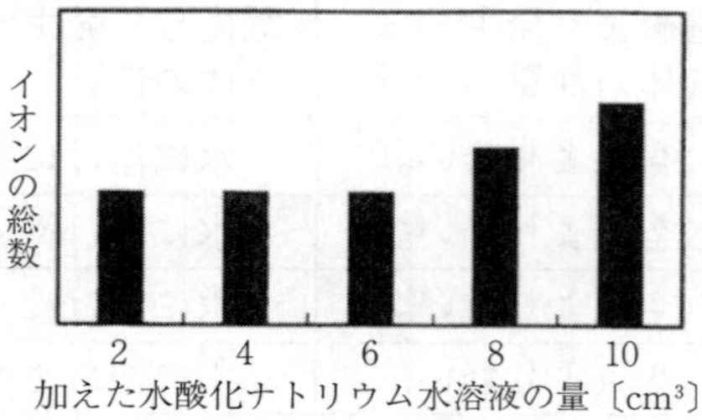

エ
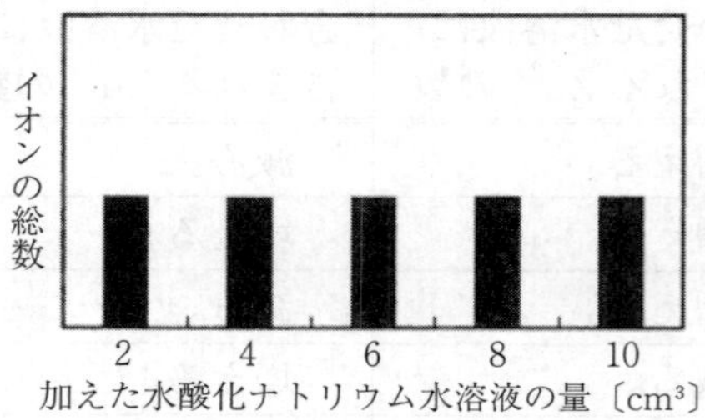

6　物体の運動に関する実験について，次の各問に答えよ。
<**実験**>を行ったところ，<**結果**>のようになった。

<**実験**>

(1)　形が異なるレールAとレールBを用意し，それぞれに目盛りを付け，図1のように水平な床に固定した。

(2)　レールA上の水平な部分から9cmの高さの点aに小球を静かに置き，手を放して小球を転がし，小球がレールA上を運動する様子を，小球が最初に一瞬静止するまで，発光時間間隔0.1秒のストロボ写真で記録した。レールA上の水平な部分からの高さが4cmとなる点を点b，レールA上の水平な部分に達した点を点cとした。

(3)　(2)で使用した小球をレールB上の水平な部分から9cmの高さの点dに静かに置き，(2)と同様の実験をレールB上で行った。レールB上の水平な部分からの高さが5.2cmとなる点を点e，レールB上の水平な部分に達した点を点fとした。

(4)　ストロボ写真に記録された結果から，小球がレールA上の点aから運動を始め，最初に一瞬静止するまでの0.1秒ごとの位置を模式的に表すと図2のようになった。さらに，0.1秒ごとに①から⑪まで，順に区間番号を付けた。

(5)　レールBについて，(4)と同様に模式的に表し，0.1秒ごとに①から⑪まで，順に区間番号を付けた。

(6)　レールAとレールBにおいて，①から⑪までの各区間における小球の移動距離を測定した。

図1

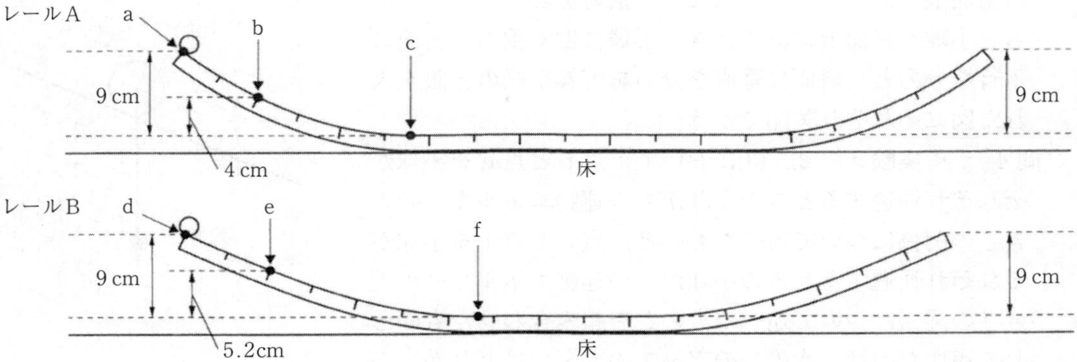

図2

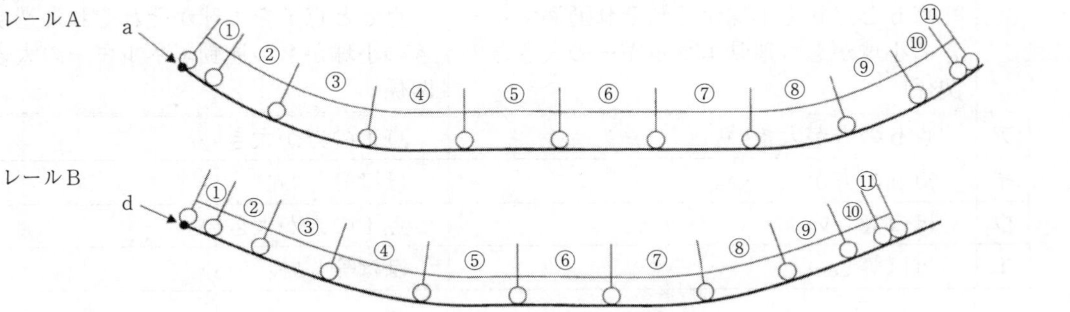

＜**結果**＞

区間番号	①	②	③	④	⑤	⑥	⑦	⑧	⑨	⑩	⑪
時間〔s〕	0〜0.1	0.1〜0.2	0.2〜0.3	0.3〜0.4	0.4〜0.5	0.5〜0.6	0.6〜0.7	0.7〜0.8	0.8〜0.9	0.9〜1.0	1.0〜1.1
レールAにおける移動距離〔cm〕	3.6	7.9	10.4	10.9	10.9	10.9	10.8	10.6	9.0	5.6	1.7
レールBにおける移動距離〔cm〕	3.2	5.6	8.0	10.5	10.9	10.9	10.6	9.5	6.7	4.2	1.8

〔問1〕 ＜**結果**＞から，レールA上の⑧から⑩までの小球の平均の速さとして適切なのは，次のうちではどれか。

ア 0.84m/s　　**イ** 0.95m/s

ウ 1.01m/s　　**エ** 1.06m/s

〔問2〕 ＜**結果**＞から，小球がレールB上の①から③まで運動しているとき，小球が運動する向きに働く力の大きさと小球の速さについて述べたものとして適切なのは，次のうちではどれか。

ア 力の大きさがほぼ一定であり，速さもほぼ一定である。

イ 力の大きさがほぼ一定であり，速さはほぼ一定の割合で増加する。

ウ 力の大きさがほぼ一定の割合で増加し，速さはほぼ一定である。

エ 力の大きさがほぼ一定の割合で増加し，速さもほぼ一定の割合で増加する。

〔問３〕　図３の矢印は，小球がレールＢ上の⑨から⑪までの斜面上にあるときの小球に働く重力を表したものである。小球が斜面上にあるとき，小球に働く重力の斜面に平行な分力と，斜面に垂直な分力を解答用紙の方眼を入れた図にそれぞれ矢印でかけ。

図３

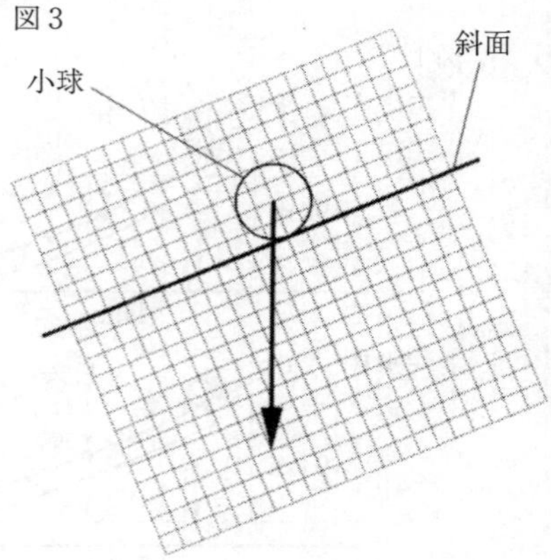

〔問４〕　＜**実験**＞の(2)，(3)において，点ｂと点ｅを小球がそれぞれ通過するときの小球がもつ運動エネルギーの大きさの関係について述べたものと，点ｃと点ｆを小球がそれぞれ通過するときの小球がもつ運動エネルギーの大きさの関係について述べたものとを組み合わせたものとして適切なのは，次の表の**ア**～**エ**のうちではどれか。

	点ｂと点ｅを小球がそれぞれ通過するときの小球がもつ運動エネルギーの大きさの関係	点ｃと点ｆを小球がそれぞれ通過するときの小球がもつ運動エネルギーの大きさの関係
ア	点ｂの方が大きい。	点ｆの方が大きい。
イ	点ｂの方が大きい。	ほぼ等しい。
ウ	ほぼ等しい。	点ｆの方が大きい。
エ	ほぼ等しい。	ほぼ等しい。

社会解答

1〔問１〕 エ　〔問２〕 ウ
〔問３〕 ア

2〔問１〕 略地図中のＡ～Ｄ…Ｄ
Ⅱのア～エ…イ
〔問２〕 Ｐ…ア　Ｑ…エ　Ｒ…イ
Ｓ…ウ
〔問３〕 略地図中のＷ～Ｚ…Ｙ
ⅠとⅡの表のア～エ…エ

3〔問１〕 Ａ…ウ　Ｂ…イ　Ｃ…ア
Ｄ…エ
〔問２〕 Ⅰのア～エ…ア
略地図中のＷ～Ｚ…Ｗ
〔問３〕 変化　(例)地区計画により，工場であった土地に，商業施設が建てられた。
要因　(例)多くの人が集まる駅に近いこと。

4〔問１〕 ア→イ→エ→ウ　〔問２〕 イ
〔問３〕 イ→ウ→エ→ア　〔問４〕 ウ

5〔問１〕 エ　〔問２〕 ウ
〔問３〕 (例)情報処理・通信に携わる人材は，アメリカ合衆国では，情報通信技術を利用する業種についている割合が高いが，我が国では，情報通信技術を提供する業種についている割合が高い。
〔問４〕 イ

6〔問１〕 エ→ア→ウ→イ
〔問２〕 ⅠのＡ～Ｄ…Ｂ
ⅠのＡ～Ｄのア～ウ…イ
〔問３〕 Ｘ

1〔三分野総合―小問集合問題〕

〔問１〕<地形図と資料の読み取り>特にことわりのないかぎり，地形図上では上が北となる。Ａ～Ｃ点に関する資料の説明や写真と，ア～エの地形図を照らし合わせながら考える。まずＡ点について，資料ではＡ点から東を見ると川が曲がっている様子が見えること，Ａ点がある橋を渡った先に水準点(⊡)があることが書かれている。この２つに当てはまるのはエの地形図である。アの川は直線状であり，イではＡ点から東の川は曲がっておらず，ウではＡ点の東に川はない。次にＢ点からＣ点までの道のりについて，資料では，川に並行した道路(約450m)→北東へ曲がって橋を渡る→北西に曲がる→川に並行した道路(約250m)，という順路が書かれている。これに当てはまるのもエであり，ア～ウは曲がる方向や歩く距離(地形図の下に示された目盛りを目安に大まかな距離をつかむ)などが違っている。最後にＣ点について学校の前にあると書かれており，これに当てはまるのは付近に小・中学校(文)が見られるア，ウ，エとなる。以上から，資料はエの地形図についてのものである。

〔問２〕<唐招提寺の所在地>Ⅱの文章は，奈良時代に鑑真が建立した唐招提寺について述べたものである。文中の「都」は，現在の奈良市に位置する平城京を指す。唐招提寺は，周辺の東大寺などとともに「古都奈良の文化財」としてユネスコ〔国連教育科学文化機関〕の世界文化遺産に登録されている。

〔問３〕<地方裁判所>地方裁判所は，各都府県に１か所と北海道に４か所の計50か所に設置されている。地方裁判所では，刑事裁判と行政裁判(国民が原告，国や地方公共団体が被告となる裁判のことで，日本では民事裁判と同じ仕組みで行われる)の第一審，民事裁判の第一審または第二審(簡易裁判所で第一審が行われたもの)が行われる。なお，家庭裁判所は家庭内の争いや少年事件を扱う裁判所(地方裁判所と同数)，高等裁判所は主に第二審の裁判を行う裁判所(８か所)，簡易裁判所は比較的軽微な事件を扱う裁判所(全国438か所)である。

2 〔世界地理―世界の諸地域〕

〔問1〕<世界の気候と歴史>略地図中のA～D．季節風(モンスーン)の影響を受ける気候に属すること，イスラム商人が活動していたことから，アジアに位置するDと判断する。東アジア，東南アジア，南アジアなどの気候に大きな影響を与える季節風は，Dの地域では夏季にインド洋から大陸に向かう南西の風，冬季に大陸からインド洋に向かう北東の風となる。西アジアのイスラム商人は，季節風や海流を利用しながら東南アジアなどと行き来した。　Ⅱのア～エ．Dの範囲内に●で示した都市は，インドの西岸に位置する。この地域は熱帯のサバナ気候に属し，海からの季節風が吹く季節には雨季，大陸からの季節風が吹く季節には乾季となる。したがって，一年中高温で，降水量が多い時期と非常に少ない時期があるイが当てはまる。なお，冷帯〔亜寒帯〕と温帯の境界付近に位置するAの範囲内の都市はウ，寒帯と冷帯の境界付近に位置するBの範囲内の都市はア，南半球にあり熱帯に属するCの範囲内の都市はエに当てはまる。

〔問2〕<世界の国々と港湾都市>略地図中のP～Sの都市は，それぞれPが釜山(韓国)，Qがシンガポール，Rがドバイ(アラブ首長国連邦)，Sがロッテルダム(オランダ)である。　P．釜山は，日本と中国という2つの経済大国を最短距離で結ぶ大圏航路上付近に位置しており，東アジアの物流の拠点となっているのでアが当てはまる。　Q．シンガポールは，人口密度が8000人/km²を超え，東南アジアの国々で構成される東南アジア諸国連合〔ASEAN〕に加盟している。早くから経済が発展し，世界有数の貿易港となっているのでエが当てはまる。　R．ドバイは，石油の輸送路となるホルムズ海峡付近に位置している。近年は，石油で得た資金を使って港湾など交通・通信網の整備や新たな産業への進出なども行われているのでイが当てはまる。　S．ロッテルダムは，国際河川であるライン川の河口に位置し，EU〔ヨーロッパ連合〕域内の中心的な貿易港となっているのでウが当てはまる。

〔問3〕<フィリピンの産業と貿易>略地図中のW～Z．Wはペルー，Xはコスタリカ，Yはフィリピン，Zはマレーシアである。Ⅲの文章のうち，バナナ栽培が盛んであること，人口が1億人を超えていること，英語が公用語であることなどに注目し，フィリピンについて述べた文と判断する。アジア太平洋経済協力会議〔APEC〕には，W～Zの4か国中，コスタリカをのぞく3か国が参加している。　ⅠとⅡの表のア～エ．アとエは，Ⅰの表より日本の輸入総額が他の2か国に比べて大きく，Ⅱの表より輸出相手国の上位に日本やアジアの国が多く見られることから，アジアに位置するフィリピンかマレーシアであると考えられる。このうち，隣国のシンガポールへの輸出額が大きいアがマレーシアであり，1999年の日本の主な輸入品目に果実が見られるエが，バナナの生産・輸出が盛んなフィリピンである。また，イとウのうち，日本の輸入総額がより大きいイがペルーであり，ウがコスタリカとなる。ここでⅢの文中の「1999年と比較して2019年では，…中華人民共和国の重要性が増している。」の部分を見ると，Ⅱの表のエに合致する内容であることが確認できる。

3 〔日本地理―日本の諸地域，地形図〕

〔問1〕<都道府県の自然と工業>Aは北海道，Bは兵庫県，Cは福岡県，Dは長崎県である。　A．北海道は面積が大きいため海岸線が最も長い。室蘭の製鉄所で鉄鋼が生産されており，造船に比べて鉄鋼の生産額が多いのでウが当てはまる。　B．「南部」の工業用地には阪神工業地帯の一部が形成され，鉄鋼と造船の製造品出荷額等が4道県中で最も大きいのは兵庫県である。また，「国際貿易港」とは神戸港であるのでイが当てはまる。　C．「北東部」の湾の埋め立て地に北九州工業地域があるのは福岡県で，「国内炭と中国産の鉄鉱石を原料に鉄鋼を生産していた製鉄所」とは八幡製鉄所であるのでアが当てはまる。　D．島が多くリアス海岸などの入り組んだ地形が見られるため，北海道に次いで海岸線が長いのは長崎県である。長崎や佐世保などで造船業が盛んであり，鉄鋼に比べて造船の生産額が多いのでエが当てはまる。

〔問2〕<工業地域の特徴>略地図中のW～Z． Wは北関東工業地域，Xは北陸工業地域，Yは東海工業地域，Zは瀬戸内工業地域が分布する県を示している。まず，Ⅱの文章はどの地域について述べたものかを考える。絹織物業や航空機産業が早くから発達し，現在は輸送用機械や電気機械の製造が盛んであることなどから，北関東工業地域に当てはまる。群馬県や栃木県では古くから絹織物の生産が盛んで，群馬県では大正時代から航空機の製造が行われた。1980年には関越自動車道によって西部(群馬県)が，1987年には東北自動車道によって中部(栃木県)が東京とつながり，2011年には北関東自動車道によって北関東工業地域と常陸那珂港(茨城県)が結ばれた。　**Ⅰのア～エ．** 2019年の製造品出荷額等が大きいアとウは，瀬戸内工業地域と北関東工業地域のいずれかであると考えられる。このうち，機械工業(輸送用機械，電気機械，その他機械)の割合が高いアが内陸に位置する北関東工業地域であり，化学工業の割合が高いウが臨海部に位置する瀬戸内工業地域である。残るイとエのうち，輸送用機械の割合が高いイは浜松市周辺などでオートバイや自動車の生産が盛んな東海工業地域であり，エが北陸工業地域となる。ここでⅡの文中で「2019年には電気機械の出荷額等は約2兆円…輸送用機械の出荷額等が…5兆円を超える」の部分をⅠの表のアのグラフから算出すると，305296億×0.073≒22287億＝2兆円，305296億×0.184≒56174億＝5.6兆円となり，合致する内容であることが確認できる。

〔問3〕<地形図と資料の読み取り>変化． 太線で囲まれた地域には，Ⅰの(2)とⅡの(2)では工場が見られ，Ⅰの(3)とⅡの(3)では商業施設が見られる。つまり，ⅠとⅡのどちらも，1980年代には工場であった場所が現在(2017・2018年)は商業施設となっていることがわかる。その理由は，Ⅰ，Ⅱの(1)の地区計画において，この地域を商業地域とする方針が示されたためである。　**要因．** Ⅰ，Ⅱの太線で囲まれた地域は，それぞれ福島駅，岡山駅の近くに位置する。乗降客数の多いこれらの駅の周辺には多くの人が集まってくることから，商業施設をつくるのに適していると考えられる。

4 **〔歴史―古代～現代の日本と世界〕**

〔問1〕<年代整序> 年代の古い順に，ア(奈良時代―墾田永年私財法)，イ(平安時代―摂関政治)，エ(鎌倉時代―元寇)，ウ(南北朝時代―建武の新政)となる。

〔問2〕<太閤検地> Ⅱは，安土桃山時代に豊臣秀吉が行った太閤検地について述べたものである。太閤検地では，統一的な基準で全国の田畑の面積や土地のよしあしなどを調べ，予想収穫量を「石」で表した。秀吉が政治を行ったのは，Ⅰの略年表中のイの時期である。なお，1560年に桶狭間の戦いで織田信長によって倒されたのは今川義元，1582年に本能寺の変によって倒されたのは織田信長，1600年に関ヶ原の戦いに勝利して全国支配の実権をにぎったのは徳川家康である。

〔問3〕<年代整序> 年代の古い順に，イ(18世紀後半―寛政の改革)，ウ(19世紀半ば―黒船来航)，エ(1902年―日英同盟)，ア(1920年代―地下鉄の運行開始)となる。

〔問4〕<昭和～平成時代の出来事> 東西ドイツが統一されたのは1990年，京都議定書が採択されたのは1997年，長野でオリンピック・パラリンピック冬季競技大会が開催されたのは1998年である。したがって，Ⅱの文章で述べている時期はⅠのグラフ中のウの時期に当てはまる。

5 **〔公民・歴史総合―情報を題材とする問題〕**

〔問1〕<精神の自由>「集会・結社及び言論，出版その他一切の表現の自由」(日本国憲法第21条)は，自由権の1つである精神の自由のうち，自分の意見や感情などを外部に発表する権利である。なお，イの「思想及び良心の自由」も精神の自由に含まれるが，これは心の中で自由に物事を考えたり判断したりする権利である。アは身体の自由，ウは経済活動の自由に含まれる。

〔問2〕<昭和時代の出来事> Ⅱの文章中に「石油危機から3年後の現在」とある。石油危機が起こったのは1973年で，その３年後は1976年となる。これは，Ⅰの略年表中のウの時期に当てはまる。

〔問３〕<資料の読み取り>Ⅱのグラフから読み取れることを整理すると，次の２つにまとめられる。まず，日本では，情報処理・通信に携わる人材のうち，情報通信技術を提供する業種についている人の割合が高く，情報通信技術を利用する業種についている人の割合は低いことがⅡの日本のグラフからわかり，次に，アメリカ合衆国では，情報処理・通信に携わる人材のうち，情報通信技術を利用する業種についている人の割合が高く，情報通信技術を提供する業種についている人の割合は低いことがⅡのアメリカ合衆国のグラフから読み取れる。このような現状を受けて，今後は「情報通信技術を利用する業種に十分な情報通信技術をもった人材が必要である」とするⅠの文章が示されたことがわかる。解答の際には，「アメリカ合衆国と比較して，情報通信技術を提供する業種と利用する業種の構成比の違いに着目」するという設問の条件に注意しながらまとめる。

〔問４〕<法律案の審議>内閣や議員によって国会に提出された法律案は，数十人の議員で構成される委員会でまず審議される。その後，議員全員が参加する本会議で審議・議決が行われる。可決された法律案はもう一方の議院へ送られ，同様の過程で審議・議決される。衆参両議院で可決された法律案は法律となり，内閣の助言と承認に基づいて天皇が公布する。Ⅱの文中に「衆議院の内閣委員会」とあることから，Ⅱは衆議院の委員会での審議について述べたものである。したがって，ⅠのＢとＣの間に行われたことになる。

6〔三分野総合—都市を題材とする問題〕

〔問１〕<年代整序>年代の古い順に，エ(18世紀—絶対王政とマリア・テレジア)，ア(19世紀—ビスマルクとドイツ帝国)，ウ(1930年代—ニューディール政策)，イ(20世紀後半—冷戦)となる。

〔問２〕<オタワ>ⅠのＡ～Ｄ．地図中のＡはブラジル，Ｂはカナダ，Ｃはオーストラリア，Ｄはナイジェリアの首都周辺の地域を示している。Ⅱの文章は，カナダの首都オタワについて述べたものである。カナダはかつてイギリスの植民地であった国だが，東部のケベック州を中心とする地域は最初にフランスが進出した。そのため，国内にはイギリスとフランスの２つの文化圏が形成され，現在も英語とフランス語が公用語となっている。文中の「首都から約350km離れイギリス系住民が多い都市」はトロント，「首都から約160km離れフランス系住民が多い都市」はモントリオールである。　ⅠのＡ～Ｄのア～ウ．オタワは，Ｂの地図中のイに位置する。なお，同じ地図中のアはモントリオール，ウはトロントである。トロントが面している湖は五大湖の１つであるオンタリオ湖であり，オンタリオ湖から北東に流れ出ている川はセントローレンス川である。

〔問３〕<インドネシアと資料の読み取り>地図中のＷはメキシコ，Ｘはインドネシア，Ｙはバングラデシュ，Ｚはエジプトである。Ⅱの文章は，オランダから独立したこと，イスラム教徒が８割を超えることなどからインドネシアについて述べた文と判断できる。また，ⅠのＸのグラフをⅡの文章と照らし合わせると，第１位の都市圏と第２位の都市圏の人口差は，1950年に100万人を下回っており，1990年には1950年の約７倍になっていることや，1990年以降は拡大傾向が緩やかであることが確認できる。

理科解答

1　〔問1〕 イ　〔問2〕 ア
〔問3〕 エ　〔問4〕 ウ
〔問5〕 エ

2　〔問1〕 ア　〔問2〕 イ
〔問3〕 エ　〔問4〕 ウ

3　〔問1〕 ウ　〔問2〕 イ
〔問3〕 エ　〔問4〕 ア

4　〔問1〕 ウ　〔問2〕 エ
〔問3〕 ア　〔問4〕 ウ

5　〔問1〕 イ　〔問2〕 ア
〔問3〕 $\underset{(酸)}{\underline{HCl}}+\underset{(アルカリ)}{\underline{NaOH}}\longrightarrow\underset{(塩)}{\underline{NaCl}}+H_2O$
〔問4〕 ウ

6　〔問1〕 ア
〔問2〕 イ
〔問3〕 右図
〔問4〕 イ

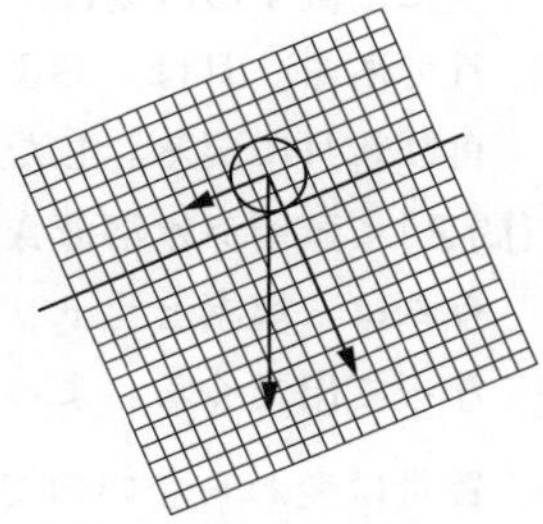

1　〔小問集合〕

〔問1〕＜燃焼＞木片を燃焼させると，木片に含まれる炭素が空気中の酸素と結びついて二酸化炭素になり，空気中に出ていく。そのため，燃焼させた後の木片の質量は小さくなり，石灰水が白くにごる。一方，スチールウール(鉄)を燃焼させると，鉄と空気中の酸素が結びついて酸化鉄ができるため，燃焼させた後のスチールウールの質量は大きくなる。なお，二酸化炭素は発生しないので，石灰水は変化しない。

〔問2〕＜心臓＞図3で，全身から血管C(大静脈)を通って右心房に戻った血液は，右心室に入り，右心室から血管A(肺動脈)を通って肺へ送り出される。肺で酸素を取り入れた血液は，血管D(肺静脈)から左心房に入り，左心室へ移動し，血管B(大動脈)を通って全身に送り出される。動脈は心臓から送り出された血液が流れる血管だから，血管Aと血管Bである。また，動脈血は酸素を多く含む血液だから，血管Dと血管Bに流れる。なお，静脈は心臓に戻る血液が流れる血管だから，血管Cと血管Dで，静脈血は血管Cと血管Aに流れる。

〔問3〕＜光の屈折＞右図1のように，光が水中から空気中へ進むときは，入射角より屈折角の方が大きくなり，水面に近づくように屈折する。また，図1では，「A」の文字の下端から出て水面で屈折した光は目に届かないが，右図2のように，容器の中の水の量を増やすと，下端から出た光も目に届くようになり，文字の形が全て見えるようになる。

図1

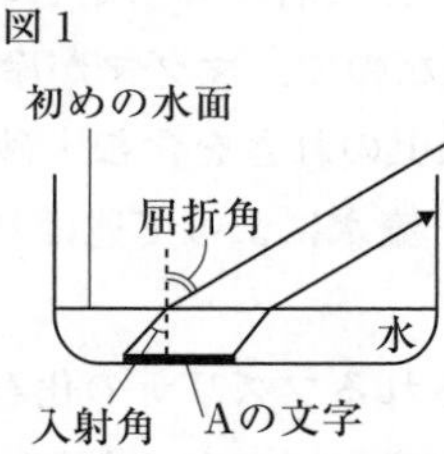

図2

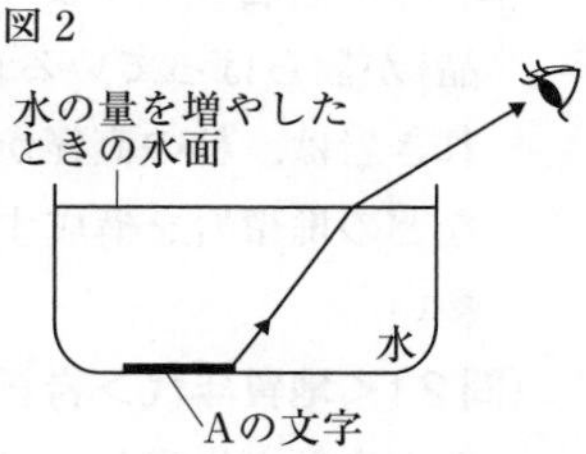

〔問4〕＜温暖前線＞温暖前線は暖気が寒気の上にはい上がりながら寒気を押して進む前線であるから，温暖前線付近の暖気と寒気の動きを表しているのはBである。また，空気はあたたまると膨張して，体積が大きくなる。このとき，質量は変わらないから，$〔密度(g/cm^3)〕=\frac{〔質量(g)〕}{〔体積(cm^3)〕}$より，密度は小さくなる。よって，密度が小さいのは暖気である。なお，Aは寒冷前線付近の暖気と寒気の動きを表している。また，密度が小さい空気は上昇するため，A，Bで上昇している暖気の方が密度が小さいことがわかる。

〔問5〕＜回路と電流＞図5で，抵抗器Bと抵抗器Cは並列につながれているので，どちらにも同じ大きさの電圧が加わる。よって，オームの法則$〔電流〕=\frac{〔電圧〕}{〔抵抗〕}$より，抵抗が小さいほど流れる電流は大きくなるので，$Q>R$である。また，点pを流れる電流の大きさは，点q，rを流れる電流の大きさの和になるから，$P=Q+R$となる。以上より，$R<Q<P$である。

2 〔小問集合〕

〔問1〕<月の見え方>図1のとき，観測地点Aでは，月は太陽と同じ方向に見えるから，月が真南の空に位置する時刻は，太陽が真南の空に位置する時刻で，12時である。また，図1のとき，月は新月である。月は，およそ1週間ごとに新月から上弦の月，満月，下弦の月と変化して，約29.5日で再び新月に戻る。したがって，図1の日から1週間後に観察できる月は，上弦の月である。

〔問2〕<蒸留>水溶液Aから水を蒸発させると，塩化ナトリウム(食塩)の結晶が現れる。塩化ナトリウムは，塩素とナトリウムの化合物である。また，塩化ナトリウム水溶液を加熱すると水が気体となって出てくる。よって，加熱により水溶液Aの質量は減少するが，溶質である塩化ナトリウムの質量は変わらないので，〔質量パーセント濃度(%)〕$=\dfrac{〔溶質の質量(g)〕}{〔水溶液の質量(g)〕}\times 100$より，水溶液の質量が小さくなると質量パーセント濃度は大きくなるから，濃度は5%より高くなる。

〔問3〕<植物の体のつくり>上下にある葉が互いに重ならないようにつくことで，光が当たる面積が大きくなり，光合成によって多くの養分をつくり出すことができる。また，光合成でつくられた養分が通る管は師管である。なお，道管は根から吸収した水や水に溶けた養分が通る管である。

〔問4〕<重さと質量>上皿てんびんではかることができるのは物体の質量で，物体そのものの量だから場所が変わっても変化しない。そのため，質量300gの物体Aは月面でも300gの分銅とつり合う。一方，はかりではかることができるのは物体の重さで，物体にはたらく重力の大きさだから場所によって変化し，月面では，質量300gの物体Aにはたらく重力の大きさは地球上の約$\dfrac{1}{6}$になる。よって，質量300gの物体Aを月面ではかりに載せたときの目盛りの値は$300\times\dfrac{1}{6}=50$より，約50gになる。

3 〔大地の変化〕

〔問1〕<岩石>表1より，岩石Pは長石や輝石を含み，小さな鉱物(石基)の間にやや大きな鉱物(斑晶)が散らばっている斑状組織なので，マグマが冷えてできた火成岩の火山岩と考えられる。また，れき岩は，粒の直径が2mm以上のれきを含む土砂が押し固められてできた堆積岩である。れき岩などの堆積岩を構成する粒は，流水によって運ばれる間に角がけずられ，丸みを帯びているものが多い。

〔問2〕<地質年代>岩石Qに見られるフズリナの化石は古生代の示準化石である。古生代には，魚類や両生類が出現し，三葉虫が生息していた。なお，鳥類が出現し，アンモナイトが生息していたのは中生代である。

〔問3〕<泥岩>泥岩を構成する粒は，直径が0.06mm以下である。流水によって海まで運搬された土砂は，粒の大きなものほど沈みやすいので，陸の近くに堆積し，粒の小さなものほど沈みにくいので，河口から遠い深い海に堆積する。よって，泥岩の層が堆積した時代の地域B周辺は，河口から遠い深い海であったと考えられる。

〔問4〕<地層の広がり>X点の標高は40.3m，Y点の標高は36.8mであり，図2より，凝灰岩の層の上面の地表からの深さは，X点では11.0m，Y点では9.0mなので，凝灰岩の層の上面の標高は，X点では$40.3-11.0=29.3$(m)，Y点では$36.8-9.0=27.8$(m)である。よって，X点の方が，Y点より，$29.3-27.8=1.5$(m)高くなっている。

4 〔生物の世界，生命・自然界のつながり〕

〔問１〕＜植物の分類＞〈結果１〉の(1)より，花弁が１枚１枚離れていたので，エンドウは離弁花類である。離弁花類は双子葉類に分類されるから，子葉の枚数は２枚である。また，胚珠が子房の中にある植物を被子植物という。なお，子葉の枚数が１枚なのは単子葉類で，裸子植物は子房がなく，胚珠はむき出しである。

〔問２〕＜受精＞花粉の中を移動する生殖細胞は精細胞である。花粉管が胚珠に達すると，精細胞は胚珠の中の卵細胞と受精して受精卵ができる。精細胞や卵細胞などの生殖細胞は減数分裂によってつくられ，染色体数は体細胞の半分である。よって，卵細胞に含まれる染色体数は，精細胞と同じ７本で，精細胞と卵細胞の受精によってできる受精卵１個に含まれる染色体数は $7+7=14$(本)になる。なお，卵は動物の雌がつくる生殖細胞で，雄がつくる生殖細胞である精子と受精する。

〔問３〕＜遺伝の規則性＞〈実験〉の(2)，(4)で，草たけの高い個体を自家受粉してできた種子を育てると，〈結果２〉の(1)より，全て草たけの高い個体になったことから，図４のＰは草たけの高い純系である。一方，〈実験〉の(3)，(5)で，草たけの低い個体を自家受粉してできた種子を育てると，〈結果２〉の(2)より，全て草たけの低い個体になったことから，図４のＱは草たけの低い純系である。また，〈実験〉の(7)，(8)で，ＰとＱをかけ合わせると，〈結果２〉の(3)より，全て草たけの高い個体になったことから，草たけの高さは，高いが顕性形質，低いが潜性形質である。ここで，草たけを高くする遺伝子をＢ，低くする遺伝子をｂとすると，草たけの高い純系のＰの遺伝子の組み合わせはBB，草たけの低い純系のＱの遺伝子の組み合わせはbbになる。草たけの高い純系と低い純系のエンドウがつくる生殖細胞には，それぞれＢとｂだけが含まれるから，これらをかけ合わせてできた子である図４のＲの遺伝子の組み合わせは全てBbになる。よって，ＲとＱをかけ合わせてできた種子の遺伝子の組み合わせと個数の比は，右表のように，Bb：bb＝２：２＝１：１となる。Bbは草たけの高い個体，bbは草たけの低い個体になるので，これらの個体数のおよその比は1：1である。

	B	b
b	Bb	bb
b	Bb	bb

〔問４〕＜遺伝の規則性＞エンドウの種子の形は，丸形が顕性形質，しわ形が潜性形質だから，親の代の丸形の種子の遺伝子の組み合わせはAAかAaであり，〈モデル実験の結果〉の(1)で，子の代では丸形の種子だけが得られたことから，両親がともにａを持つことはないのがわかる。また，〈モデル実験の結果〉の(2)で，子の代の種子を自家受粉させると，孫の代には丸形の種子だけが得られた個体と丸形・しわ形の種子が得られた個体があったことから，孫の代に丸形の種子だけが得られた個体の遺伝子の組み合わせはAA，丸形・しわ形の種子が得られた個体の遺伝子の組み合わせはAaとなる。これより，親の代の種子の一方はａを持つので，親の代の遺伝子の組み合わせはAAとAaである。

5〔化学変化とイオン〕

〔問１〕＜ダニエル電池＞亜鉛板Ｐは溶けたので，亜鉛板Ｐの表面では，亜鉛原子(Zn)が電子を２個放出して亜鉛イオン(Zn^{2+})となって水溶液中に溶け出している。また，銅板Ｑには赤茶色の物質が付着したので，銅板Ｑの表面では，水溶液中の銅イオン(Cu^{2+})が電子２個を受け取って銅原子(Cu)になって付着する。よって，亜鉛板Ｐの様子はＡ，銅板Ｑの様子はＤである。

〔問２〕＜ダニエル電池，水の電気分解＞図１のダニエル電池では，亜鉛板Ｐから亜鉛原子(Zn)が亜鉛イオン(Zn^{2+})となって溶け出すので，水溶液中のZn^{2+}の数は増える。一方，銅板Ｑでは，銅イオン(Cu^{2+})が銅原子(Cu)になって付着するので，水溶液中のCu^{2+}の数は減る。また，図２では水の電気分解が起こり，電源装置の－極につながれた電極Ｒは陰極，＋極につながれた電極Ｓは陽極で，電極Ｒでは水分子(H_2O)が電子を受け取り水素が発生し，電極Ｓでは，水酸化物イオン(OH^-)が電子を渡し，水と酸素ができる。水素は最も軽い気体で，空気より軽く，酸素は水に溶けにくい気体である。

〔問３〕＜中和＞〈実験２〉で，酸の性質を持つ物質は，薄い塩酸中に溶けている塩化水素(HCl)であり，アルカリの性質を持つ物質は水酸化ナトリウム水溶液中に溶けている水酸化ナトリウム(NaOH)である。HClとNaOHが中和すると，水(H_2O)と，塩として塩化ナトリウム(NaCl)ができる。

〔問４〕＜中和とイオン＞薄い塩酸中には，塩化水素(HCl)が電離して生じた水素イオン(H^+)と塩化物イオン(Cl^-)が同数含まれ，水酸化ナトリウム水溶液中には，水酸化ナトリウム(NaOH)が電離して生じたナトリウムイオン(Na^+)と水酸化物イオン(OH^-)が同数含まれる。また，薄い塩酸に水酸化ナトリウム水溶液を加えると，H^+とOH^-が結びついて水(H_2O)になり，Cl^-とNa^+が結びついて塩として塩化ナトリウム(NaCl)になるが，NaClは溶液中で電離しているため，イオンのままCl^-とNa^+として含まれる。〈実験２〉の(4)より，薄い塩酸12cm^3と水酸化ナトリウム水溶液６cm^3がちょうど中和するので，水酸化ナトリウム水溶液を６cm^3加えるまでは，加えたOH^-はH^+と結びつき，減ったH^+と同数のNa^+が増えるので，イオンの総数は変わらない。さらに，水酸化ナトリウム水溶液を加えると，H^+の数は０のままで，加えたNa^+とOH^-が増えていくので，イオンの総数は増加していく。なお，Cl^-の数は変化しない。

6 〔運動とエネルギー〕

〔問１〕＜速さ＞〈結果〉より，レールＡにおける⑧から⑩までの移動距離は，$10.6+9.0+5.6=25.2$(cm)で，25.2cmは$25.2\div100=0.252$(m)である。また，かかった時間は，$1.0-0.7=0.3$(秒)である。よって，このときの小球の平均の速さは，〔平均の速さ(m/s)〕＝〔移動した距離(m)〕÷〔移動にかかった時間(s)〕より，$0.252\div0.3=0.84$(m/s)となる。

〔問２〕＜運動と力＞斜面上にある小球には，重力の斜面に平行な方向の分力が運動の方向にはたらく。また，小球に一定の力がはたらくとき，小球の速さは一定の割合で増加する。よって，図２で，レールＢ上の①から③までは斜面の傾きがほぼ一定なので，小球には，重力の斜面に平行な方向の分力がほぼ一定の大きさではたらき続け，速さはほぼ一定の割合で増加する。なお，〈結果〉より，レールＢ上の①から③まで，0.1秒ごとの移動距離は，$5.6-3.2=2.4$(cm)，$8.0-5.6=2.4$(cm)と等しいから，速さは一定の割合で増加していることがわかる。

〔問３〕＜力の分解＞重力の矢印を対角線として，斜面に平行な方向と斜面に垂直な方向を２辺とする平行四辺形(この場合は長方形)をかくと，２辺がそれぞれ分力になる。解答参照。

〔問４〕＜運動エネルギー＞小球が斜面上を下るとき，小球が点ａと点ｄで持っていた位置エネルギーは運動エネルギーに移り変わる。図１で，点ａと点ｄは高さが等しいから，それぞれの点で小球が持つ位置エネルギーの大きさは等しく，点ｂは点ｅより高さが低いから，小球が持つ位置エネルギーの大きさは点ｂの方が点ｅより小さい。よって，位置エネルギーが移り変わった運動エネルギーの大きさは，点ｂの方が点ｅより大きい。また，点ｃと点ｆは高さが等しく，位置エネルギーの大きさは等しいから，運動エネルギーの大きさも等しい。

●2021年度

都立国立高等学校

独 自 問 題

【英語・数学・国語】

2021年度 都立国立高等学校

【英　語】（50分）〈満点：100点〉

1 リスニングテスト（**放送**による**指示**に従って答えなさい。）

〔**問題A**〕 次のア～エの中から適するものをそれぞれ**一つずつ**選びなさい。

<対話文1>

ア　On the highest floor of a building.

イ　At a temple.

ウ　At their school.

エ　On the seventh floor of a building.

<対話文2>

ア　To see Mr. Smith.　　イ　To return a dictionary.

ウ　To borrow a book.　　エ　To help Taro.

<対話文3>

ア　At eleven fifteen.　　イ　At eleven twenty.

ウ　At eleven thirty.　　エ　At eleven fifty-five.

〔**問題B**〕 <Question 1> では，下の**ア**～**エ**の中から適するものを**一つ**選びなさい。
<Question 2> では，質問に対する答えを英語で書きなさい。

<Question 1>

ア　For six years.　　イ　For three years.

ウ　For two years.　　エ　For one year.

<Question 2>

（15秒程度，答えを書く時間があります。）

※（編集部注）<**英語学力検査リスニングテスト台本**>を英語の問題の終わりに掲載しています。

2 次の対話の文章を読んで，あとの各問に答えなさい。
（＊印の付いている単語・語句には，本文のあとに〔注〕がある。）

Ken and Tom go to the same high school in the U.S.A. Ken is a student from Japan. One Sunday afternoon, they are in a department store and have just finished shopping.

Ken: It's already six o'clock. We're going to be late.

Tom: Let's hurry home.

Ken: Oh, no! All the elevators have gone.

Tom: What a bad luck!

Ken: And, the elevators are so slow. They should [(1)].

Tom: There are already three elevators in this department store, but (2) <u>all of them are arriving at the 1st floor</u>. *At least one elevator should be up here. Actually, I often have the same experience.

Ken: Me, too! Why does it happen?

Tom: Are we just unlucky? Let's ask Mr. Jones. I'm sure he knows something about it.

Ken: That's a good idea.

The next day, Ken and Tom visit Mr. Jones, a science teacher after school.

Tom: Hello, can we talk for a minute?

Ken: We need your help.

Mr. Jones: Sure.

Sana: Hi, Tom.

Tom: Hi, Sana. Ken, this is Sana. She's a student from *Saudi Arabia.

Ken: Nice to meet you.

Sana: Nice to meet you, too.

Mr. Jones: How can I help you?

Ken: We went shopping at a department store yesterday. When we were trying to catch an elevator on the 10th floor, all the elevators were arriving at the 1st floor and we had to wait so long.

Tom: There were three elevators, and we often have the same experience.

Ken: We want to know why it happens.

Mr. Jones: Well, do you think it happens *by chance?

Tom: I think so.

Mr. Jones takes a piece of paper and starts to draw Chart I.

Mr. Jones: Look at (3)<u>Chart I</u>. Elevators X, Y, and Z move *clockwise along the *edge of the circle. When they go up, they move along the left side of the circle, and when they go down, they move along the right side of the circle.

Ken: I see.

Mr. Jones: Now, they're on the 2nd, 6th, and 8th floor. Elevators X and Z are going down, and elevator Y is going up. If we draw a line from the center of the circle to each of elevators X, Y, and Z, we can *divide the circle into three. Then we have three *angles of 120° in the circle.

Sana: If all the elevators in the circle move at the same speed and keep these angles, we don't have to wait so long, right?

Mr. Jones: Yes, but the elevators sometimes get close to each other.

Ken: How does that happen?

Mr. Jones: Let's say many people finish lunch at the 10th floor restaurants and are waiting for elevator Y to get down to the 1st floor. Do you know what happens?

Tom: Many people take elevator Y. So, it has a [(4)-a] stop both on the 10th floor and on the 1st floor because they get in or out.

Mr. Jones: How about elevators X and Z ?

Sana: Many people take elevator Y, and fewer people take elevators X and Z.

Ken: Then, elevators X and Z travel [(4)-b] and get close to elevator Y.

Mr. Jones: That's right.

Tom: Do you know how to solve this problem?

Mr. Jones: Some companies work very hard to solve it.

Sana: I hear they're trying to increase the speed of elevators and make them bigger to carry more people at the same time.

Mr. Jones: Yes, and there is another way to solve it.

Tom: [(5)-a]

Mr. Jones: It's by improving elevator *algorithms.

Ken: Elevator algorithms?

Mr. Jones: They're how elevators are *controlled.

Ken: Controlled? If we *press an elevator button, the elevator closest to us comes, right?

Mr. Jones: Of course it does, but it's not so simple when there are two or more elevators in a building and many people are waiting on different floors.

Sana: How are they controlled?

Mr. Jones: Elevators today are controlled by several *factors.

Tom: Can you tell us more about the factors?

Mr. Jones: Sure. I'll tell you about three important factors. The first factor is *average waiting time.

Tom: (6)<u>It's【 ① all the ② important ③ people ④ about ⑤ for ⑥ to ⑦ waiting ⑧ think 】 the elevator and reduce the time.</u>

Mr. Jones: The second factor is *rate of long waiting.

Sana: What's that?

Mr. Jones: It's the rate of people waiting on each floor for more than one minute.

Ken: [(5)-b]

Mr. Jones: People start to get angry when they wait for more than one minute.

Sana: [(5)-c]

Mr. Jones: The third factor is how many times elevators stop when they move up and down.

Tom: Does it make any difference?

Mr. Jones: If the number of floor stops are reduced, we can travel faster.

Sana: Now I know why (7)<u>they pass floors when they're full.</u>

Mr. Jones: Some of these factors are *simulated by computers.

Ken: Simulated?

Mr. Jones: Yes, the computers know how many people use the elevators and when people use them.

Tom: Wow.

Mr. Jones: I'll give you a quiz.

Mr. Jones starts to draw Chart II.

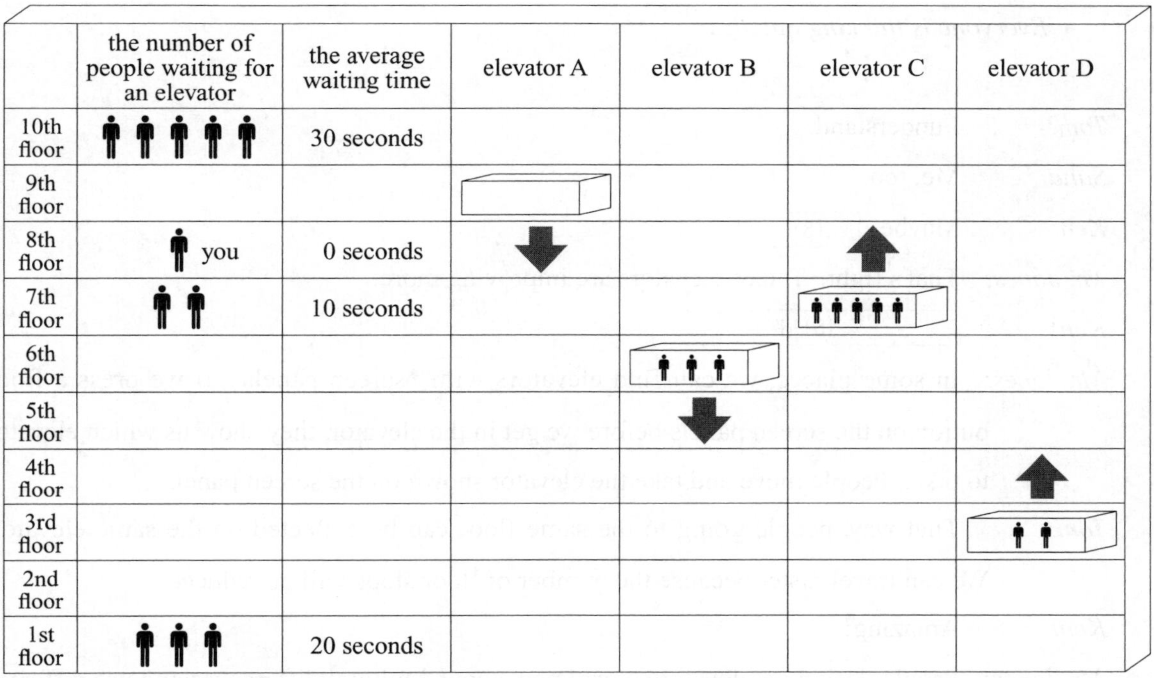

the number of people waiting for an elevator
the average waiting time
elevator A
elevator B
elevator C
elevator D
10th floor
30 seconds
9th floor
8th floor
you
0 seconds
7th floor
10 seconds
6th floor
5th floor
4th floor
3rd floor
2nd floor
1st floor
20 seconds

Chart II

- All the elevators move at the same speed, and each of them can carry five people at the same time.
- Elevators A and B are going down and elevators C and D are going up.
- All the people in elevator C are going straight up to the 10th floor.
- All the people in elevator D are going straight up to the 9th floor.
- Three people are waiting on the 1st floor to go straight up to the 10th floor.
- Two people are waiting on the 7th floor to go straight down to the 1st floor.
- Five people are waiting on the 10th floor to go straight down to the 1st floor.

Mr. Jones: Let's say you are on the 8th floor and have just pressed the elevator button to go down to the 1st floor in an elevator. The elevator getting closer to you will stop at your floor, but it doesn't stop at your floor when your waiting time is shorter than the average waiting time of the people on the 7th or 9th floor. Also, it doesn't stop when it's full. Which elevator will stop at your floor?

Everyone is thinking quietly.

Tom: I understand.

Sana: Me, too.

Ken: Maybe, [(8)] ?

Mr. Jones: That's right. Today, elevators are improving more.

Ken: [(5)-d]

Mr. Jones: In some places, we can find elevators with *screen panels. If we press a floor button on the screen panels before we get in the elevator, they show us which elevator to take. People move and take the elevator shown on the screen panel.

Tom: That way, people going to the same floor can be collected on the same elevator. We can travel faster because the number of floor stops will be reduced.

Ken: Amazing!

Mr. Jones: People designing elevators must know about *cultural differences and use different systems and programs in different countries.

Tom: Why do they have to do that?

Mr. Jones: Tell me about elevators in your country or how people use them.

Sana: In my country, many people take an elevator at *certain hours several times a day for *religious reasons, so we need elevators to carry a large number of people quickly at the same time.

Ken: In Japan, when people are waiting for an elevator, they usually stand in line, so some elevators in Japan show which elevator is coming next.

Tom: In the U.S., we keep more space between people, so we have bigger elevators.

Sana: (9) So many countries, so many customs.

Tom: When we create something, it's important to know how it works and understand what people in different cultures do and think.

Ken: Let's study more about the things around us and different cultures.

〔注〕
at least　少なくとも　　Saudi Arabia　サウジアラビア
by chance　偶然　　clockwise　時計回りに
edge　端　　divide　分ける　　angle　角度
algorithm　アルゴリズム　　control　制御(せいぎょ)する　　press　押す
factor　要因　　average　平均の　　rate　率
simulate　シミュレーションをする
screen panel　スクリーンパネル　　cultural　文化的な
certain　ある特定の　　religious　宗教的な

〔問１〕　本文の流れに合うように，［ (1) ］に英語を入れるとき，最も適切なものは次の中ではどれか。

ア　increase the number of stores
イ　increase the number of elevators
ウ　reduce the number of elevators
エ　reduce the number of stores

〔問２〕　(2)<u>all of them are arriving at the 1st floor</u> とあるが，その内容を次のように書き表すとすれば，［　　］の中にどのような英語を入れるのがよいか。本文中の**連続する３語**で答えなさい。

all of them are ［　　　　　　］ the 1st floor.

〔問３〕　(3)<u>Chart Ⅰ</u> を表している図として適切なものは次の中ではどれか。

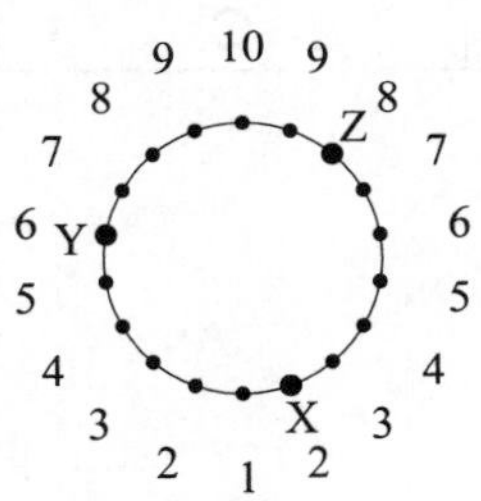

ア

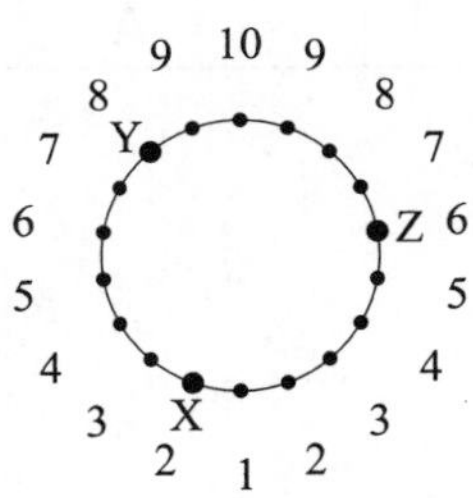

イ

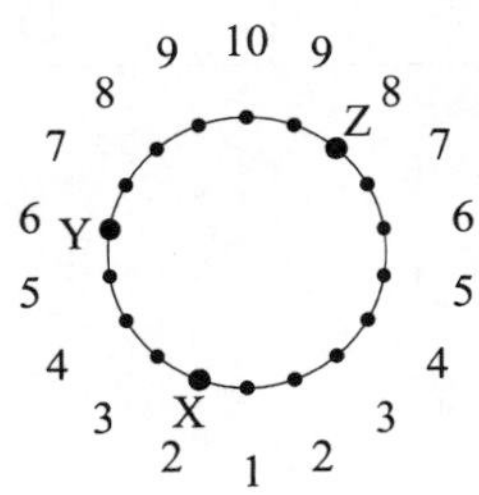

ウ

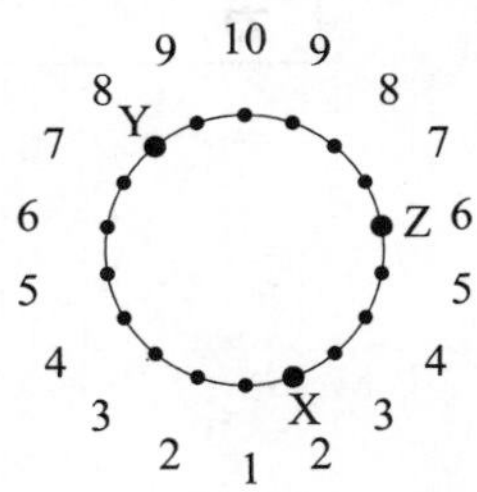

エ

The numbers from 1 to 10 show the floors of the building. X, Y, and Z are the elevators.

〔問４〕 [(4)-a] と [(4)-b] の中に入る単語・語句の組み合せとして最も適切なものは次の中ではどれか。

	(4)-a	(4)-b
ア	shorter	more slowly
イ	shorter	faster
ウ	longer	faster
エ	longer	more slowly

〔問５〕 [(5)-a] ～ [(5)-d] の中に，それぞれ次のＡ～Ｄのどれを入れるのがよいか。その組み合せとして最も適切なものは下のア～カの中ではどれか。

A Like what?

B How do they do it?

C Why is it important?

D That's interesting.

	(5)-a	(5)-b	(5)-c	(5)-d
ア	A	B	D	C
イ	A	C	B	D
ウ	A	D	C	B
エ	B	A	C	D
オ	B	C	D	A
カ	B	D	A	C

〔問６〕 (6) It’s【 ① all the ② important ③ people ④ about ⑤ for ⑥ to ⑦ waiting ⑧ think 】 the elevator and reduce the time. とあるが，本文の流れに合うように，【　　】内の単語・語句を正しく並べかえたとき，**２番目**と**５番目**と**７番目**にくるものの組み合わせとして最も適切なものは次の**ア～カ**の中ではどれか。

	２番目	５番目	７番目
ア	⑤	③	⑧
イ	⑤	⑥	④
ウ	⑤	⑦	⑧
エ	⑥	①	⑦
オ	⑥	⑤	③
カ	⑥	⑦	①

〔問７〕 (7) they pass floors when they’re full とあるが，この理由として最も適切なものは次の中ではどれか。

ア If elevators stop at every floor, they can travel faster.
イ If elevators stop at fewer floors, they can travel faster.
ウ When elevators are full, people don’t want to take them.
エ When elevators are full, people try to take them.

〔問８〕 本文の流れに合うように， (8) の中に入るものは次の中ではどれか。

ア elevator A
イ elevator B
ウ elevator C
エ elevator D

〔問 9〕 (9) <u>So many countries, so many customs.</u> とあるが，その表す意味とほぼ同じ表現は次の中ではどれか。

ア There are so many countries and customs that we should design the same kind of elevator.

イ There are so many countries and customs in the world that it is difficult to tell the differences.

ウ People in different countries must follow the custom of their own country.

エ People in different countries have different ways of thinking and doing things.

〔問 10〕 本文の内容と合っているものを，次のア～カの中から一つ選びなさい。

ア Tom and Ken went shopping at the department store but they couldn't find the elevators.

イ When Tom and Ken were going home, they found only one elevator was on the 10th floor.

ウ Some companies are trying to make faster and bigger elevators to improve the algorithms.

エ Rate of long waiting is the rate of elevators waiting on each floor for more than one minute.

オ Mr. Jones says some of the factors controlling elevators today are simulated by computers.

カ Mr. Jones says some elevators have screen panels and the panels show which floor to go to.

3 次の文章を読んで，あとの各問に答えなさい。
（＊印の付いている単語・語句には，本文のあとに〔注〕がある。）

My name is Ogawa Misaki. I teach Japanese at a high school in *Vancouver. Every year, in my first Japanese lesson, I tell my students about myself and my experiences, and I explain why I became a teacher of Japanese. I hope that my story will give some messages to my new students. I believe that learning Japanese will be a very good experience for them. This is my story.

After graduating from university, I became a music teacher at a junior high school in Japan, and I was asked to be a soccer *club adviser. I thought that it would be *impossible because the soccer club was for boys and I didn't like any sports. However, I knew that the soccer club members loved soccer and their club, and I decided to be the club adviser.

I had to understand the soccer rules, and the members helped me. With them, I learned about players and great teams around the world. I also learned about the history of soccer, and I became interested in different cultures. Then, I began to travel abroad, and I thought about living in a different country.

After the third-year members left the team in May, the first-year and second-year members needed to choose the next club captain. They asked Vance to be the captain because he was an excellent *goalkeeper and always practiced very hard. He liked teaching how to play soccer better, and he was respected by his teammates. [(1)-a], he didn't say yes. He said, "I moved here from Canada last April, and I can't speak Japanese well. In addition to the language problem, I'm shy, and I have never been a captain or a leader." The other members encouraged Vance. I said, "I didn't think I would be this club adviser, and (2)<u>I didn't think I could</u>. But now I'm happy in this new situation." Finally, Vance became the team captain.

Our team was not strong, but there were 20 wonderful members. Some were quite good soccer players, and others were not so good at playing soccer. Each had a different and important *role. [(1)-b], Yuta was one of the good soccer players. He always tried to understand what the other members were thinking and find ways to solve problems. Though Taro was not a very good player, he was good at *tactics. He learned tactics through watching soccer games all over the world on TV and on the Internet, and he shared the tactics with his teammates.

I was sure that they would build a stronger team with their different *strengths and ideas.

Vance believed that it was necessary for the members to practice harder. He became angry when the team lost the games or his teammates didn't practice hard. He couldn't express his ideas clearly in Japanese, and he was often *irritated. His teammates were afraid of Vance, and they couldn't speak to Vance easily. The communication between them got worse, and they kept losing all the games.

(3)

Vance was so shocked, and he learned that everyone thinks in different ways.

(1)-c , Vance talked with his teammates more often than before, and they tried to find better ways to be stronger. They started to *exchange their ideas more. The members tried to use English, and Vance made a big effort to learn Japanese. They understood that they needed to communicate well with each other to build a stronger team. They respected each other's differences, and they talked a lot to practice in more *effective ways. The communication improved a lot, and the team became much stronger than before.

The next July, our team lost the game against the strongest team in the area. That was the last game for Vance and the other third-year students. After the last game, Vance said to his teammates, "(4) Now I know that the things 【 ① make ② are ③ strong ④ exchanging ⑤ not only ⑥ our team ⑦ but also ⑧ practicing hard ⑨ to 】 ideas. Thank you for supporting me all the time." Yuta said, "Everyone here has learned something important in life through soccer and our club activities." Vance said, "We have become stronger because we have communicated well with each other. And now, I'm not shy at all!" Everyone laughed.

I was glad that each club member tried something new and learned something from their experiences. Vance learned that effective leadership begins with effective (5) . Using English was a new and quite difficult situation for the club members. However, most of them became more interested in English and started learning it harder.

I learned that we can have a new world through trying something new. Soccer was quite new to me, and it changed my life. Before I became a soccer club adviser, I never traveled to foreign countries. I started visiting soccer stadiums in various countries, and I made a lot of friends through traveling. After working as a music teacher for ten years, I decided to work and live abroad.

[(1)-d], the club members showed me the importance of communication. I realized that we have to communicate well with other people to grow up as a person. I thought of becoming a teacher of Japanese in a foreign country because language has a strong *connection with communication. To teach at a high school in a foreign country, I thought that it would be the best way to study at a university in that same country. I was interested in Vancouver because Vance often talked about it. I learned that people in Vancouver respect each other's differences and they like to study languages different from their own language. So, (6)I came here.

After my story, I say to my students, "I'm always trying and learning new things, and my life is richer because of this. I have had a lot of new experiences such as being a soccer club adviser, studying at a university abroad, and working in a foreign country. (7)I believe that having another language is having a new life. When you communicate well with various people, your world will be bigger."

〔注〕 Vancouver バンクーバー（カナダの都市） club adviser 部活動の顧問
impossible 不可能な goalkeeper ゴールキーパー
role 役割 tactics 戦術 strength 長所
irritated いらいらして exchange 交換する
effective 効果的な connection 結びつき

〔問1〕 [(1)-a] ～ [(1)-d] の中に，それぞれ次のA～Dのどれを入れるのがよいか。その組み合わせとして最も適切なものは下のア～カの中ではどれか。

A After that B Also C For example D At first

	(1)-a	(1)-b	(1)-c	(1)-d
ア	A	B	D	C
イ	A	C	B	D
ウ	C	B	D	A
エ	C	D	A	B
オ	D	C	A	B
カ	D	C	B	A

〔問２〕 (2)I didn't think I could とあるが，Ms. Ogawa がこのように考えた理由として最も適切なものは次の中ではどれか。

ア I didn't think of becoming a soccer club adviser because I wanted to teach Japanese.
イ I didn't like sports and I could not take care of a soccer club for boys.
ウ I understood that each member in the soccer club loved soccer so much.
エ I knew that I would be a soccer club adviser before I became a music teacher.

〔問３〕 (3) の中には次の①～④の文が入る。本文の流れに合うように正しく並べかえたとき，その組み合わせとして最も適切なものは下のア～エの中ではどれか。

① "Vance, now you should know that everyone is different," said Yuta.
② One day, Taro finally cried out to Vance, "We can't enjoy playing soccer with you!"
③ Another member said, "I want to be a doctor in the future, and I need more time to study."
④ Some other members said that they also couldn't.

ア ① → ③ → ④ → ②
イ ① → ④ → ② → ③
ウ ② → ③ → ④ → ①
エ ② → ④ → ③ → ①

〔問４〕 (4) Now I know that the things【 ① make ② are ③ strong ④ exchanging ⑤ not only ⑥ our team ⑦ but also ⑧ practicing hard ⑨ to 】ideas. とあるが，本文の流れに合うように，【　　　】内の単語・語句を正しく並べかえたとき，**２番目**と**５番目**と**８番目**にくるものの組み合わせとして最も適切なものは次の**ア～カ**の中ではどれか。

	２番目	５番目	８番目
ア	①	②	⑦
イ	①	②	⑧
ウ	①	③	②
エ	⑤	①	⑦
オ	⑤	③	⑥
カ	⑤	④	⑥

〔問５〕 本文中の［ (5) ］の中にどのような英語を入れるのがよいか。本文中の**１語**で答えなさい。

〔問６〕 (6) I came here の内容を，語句を補って書き表したものとして最も適切なものは次の中ではどれか。

ア I chose Vancouver because I was interested in Vance's stories and I found a strong connection between culture and language.

イ I chose Vancouver because people here like to learn foreign languages to respect their own language and culture.

ウ I came here because people in Vancouver respect differences in each person and they like to learn foreign languages.

エ I came here because I wanted to grow up as a person and study music abroad after making a lot of friends around the world.

〔問7〕 (7)I believe that having another language is having a new life. とあるが，Ms.Ogawaがバンクーバーの生徒に伝えたい内容を次のように書き表すとすれば，［(7)-a］と［(7)-b］の中にそれぞれどのような英語を入れるのがよいか。［(7)-a］は**本文中の連続する2語**，［(7)-b］は**本文中の連続する3語**で答えなさい。ただし，［(7)-a］には another 及び new を使ってはならない。

I believe that ［(7)-a］ will show you ［(7)-b］.

〔問8〕 本文の内容と合っているものを，次の**ア～カ**の中から**一つ**選びなさい。

ア At first, Ms. Ogawa didn't know the soccer rules, and she read soccer rule books by herself without anyone's help.

イ Vance was sometimes upset before becoming a captain because he wanted his teammates to practice harder.

ウ Ms. Ogawa was interested in foreign countries and wanted to go abroad before she became a soccer club adviser.

エ Vance learned the most important lesson because he always made a big effort to solve problems by himself.

オ Ms. Ogawa started traveling abroad and visiting various stadiums because she wanted to make a lot of friends.

カ Ms. Ogawa experienced a lot of new things after she became a music teacher at a junior high school in Japan.

〔問9〕 この文章を読んで，下の英文の指示にこたえる英文を**30語以上40語程度の英語**で書きなさい。英文は**二つ以上**になってもかまいません。ただし，部活動や語学学習に関わる活動を用いてはいけません。「.」「,」などは，語数に含めません。これらの符号は，解答用紙の下線部と下線部の間に入れなさい。

Imagine that you will experience something new to improve your communication skills. Write one of your ideas. What do you want to experience? And why do you think that it will improve your communication skills?

2021 年度　英語学力検査リスニングテスト台本

開始時の説明

これから，リスニングテストを行います。

問題用紙の１ページを見なさい。リスニングテストは，全て放送による指示で行います。リスニングテストの問題には，問題Ａと問題Ｂの二つがあります。問題Ａと，問題Ｂの ＜Question １＞ では，質問に対する答えを選んで，その記号を答えなさい。問題Ｂの ＜Question ２＞ では，質問に対する答えを英語で書きなさい。

英文とそのあとに出題される質問が，それぞれ全体を通して二回ずつ読まれます。問題用紙の余白にメモをとってもかまいません。答えは全て解答用紙に書きなさい。

（２秒の間）

〔問題Ａ〕

問題Ａは，英語による対話文を聞いて，英語の質問に答えるものです。ここで話される対話文は全部で三つあり，それぞれ質問が一つずつ出題されます。質問に対する答えを選んで，その記号を答えなさい。

では，＜対話文１＞を始めます。

（３秒の間）

Yumi: David, we are on the highest floor of this building. The view from here is beautiful.

David: I can see some temples, Yumi.

Yumi: Look! We can see our school over there.

David: Where?

Yumi: Can you see that park? It's by the park.

David: Oh, I see it. This is a very nice view.

Yumi: I'm glad you like it. It's almost noon. Let's go down to the seventh floor. There are nice restaurants there.

（３秒の間）

Question : Where are Yumi and David talking?

（５秒の間）

繰り返します。

（２秒の間）

（対話文１の繰り返し）

（３秒の間）

Question： Where are Yumi and David talking?

（10秒の間）

＜対話文２＞を始めます。

（３秒の間）

Taro: Hi, Jane. Will you help me with my homework? It's difficult for me.

Jane: OK, Taro. But I have to go to the teachers' room now. I have to see Mr. Smith to give this dictionary back to him.

Taro: I see. Then, I'll go to the library. I have a book to return, and I'll borrow a new one for my homework.

Jane: I'll go there later and help you.

Taro: Thank you.

（３秒の間）

Question： Why will Jane go to the library?

（５秒の間）

繰り返します。

（２秒の間）

（対話文２の繰り返し）

（３秒の間）

Question： Why will Jane go to the library?

（10秒の間）

＜対話文３＞を始めます。

（３秒の間）

Woman: Excuse me. I'd like to go to Minami Station. What time will the next train leave?

Man: Well, it's eleven o'clock. The next train will leave at eleven fifteen.

Woman: My mother hasn't come yet. I think she will get here at about eleven twenty.

Man: OK. Then you can take a train leaving at eleven thirty. You will arrive at Minami Station at eleven fifty-five.

Woman: Thank you. We'll take that train.

（３秒の間）

Question： When will the woman take a train?

（５秒の間）

繰り返します。

（２秒の間）

（対話文３の繰り返し）

（３秒の間）

Question： When will the woman take a train?

（10秒の間）

これで問題Ａを終わり，問題Ｂに入ります。

〔問題Ｂ〕

（３秒の間）

これから聞く英語は，ある外国人の英語の先生が，新しく着任した中学校の生徒に対して行った自己紹介です。内容に注意して聞きなさい。

あとから，英語による質問が二つ出題されます。<Question 1> では，質問に対する答えを選んで，その記号を答えなさい。<Question 2> では，質問に対する答えを英語で書きなさい。

なお，<Question 2> のあとに，15秒程度，答えを書く時間があります。

では，始めます。（２秒の間）

Good morning, everyone. My name is Margaret Green. I'm from Australia. Australia is a very large country. Have you ever been there? Many Japanese people visit my country every year. Before coming to Japan, I taught English for five years in China. I had a good time there.

I have lived in Japan for six years. After coming to Japan, I enjoyed traveling around the country for one year. I visited many famous places. Then I went to school to study Japanese for two years. I have taught English now for three years. This school is my second school as an English teacher in Japan. Please tell me about your school. I want to know about it. I'm glad to become a teacher of this school. Thank you.

（３秒の間）

<Question 1> How long has Ms. Green taught English in Japan?

（５秒の間）

<Question 2> What does Ms. Green want the students to do?

（15秒の間）

繰り返します。

（２秒の間）

（問題Ｂの英文の繰り返し）

（３秒の間）

＜Question １＞　How long has Ms. Green taught English in Japan?

（５秒の間）

＜Question ２＞　What does Ms. Green want the students to do?

（15秒の間）

以上で，リスニングテストを終わります。２ページ以降の問題に答えなさい。

【数　学】（50分）〈満点：100点〉

1 次の各問に答えよ。

〔問1〕 $-\left(\dfrac{\sqrt{6}-\sqrt{3}}{3}\right)^2-\dfrac{2}{9}\sqrt{3}\div\left(-\sqrt{\dfrac{2}{3}}\right)$ を計算せよ。

〔問2〕 連立方程式 $\begin{cases}2x+4y=3\\ \dfrac{3}{10}x-\dfrac{1}{2}y=1\end{cases}$ を解け。

〔問3〕 二次方程式 $2\left(x-\dfrac{1}{4}\right)^2-3=x^2+\dfrac{1}{8}$ を解け。

〔問4〕 箱の中に1，2，3の数字を1つずつ書いた3枚のカード [1]，[2]，[3] が入っている。
箱の中から1枚カードを取り出し，取り出したカードを箱に戻すという作業を3回繰り返す。
1回目に取り出したカードに書かれた数字を a，2回目に取り出したカードに書かれた数字を b，3回目に取り出したカードに書かれた数字を c とするとき，$a^2+b^2+c^2\leqq14$ となる確率を求めよ。
ただし，どのカードが取り出されることも同様に確からしいものとする。

〔問5〕 3つの連続した奇数を小さい方から順に a，b，c とする。
$b^2=2025$ のとき，a と c の積 ac の値を求めよ。

〔問6〕 右の**図1**は，点Aを頂点，線分BCを直径とする円Oを底面とする円すいで，点Aと点Oを結んだ線分AOは円すいの高さである。

点Dは $\overset{\frown}{BC}$ 上にあり，$\overset{\frown}{BD}=\overset{\frown}{CD}$ である。
線分AB上にあり，点A，点Bのいずれにも一致（いっち）しない点をEとし，線分AC上にあり，点A，点Cのいずれにも一致しない点をF，円すいの側面上の3点D，F，Eを通るように結んだ曲線を ℓ とする。
図2が**図1**の側面の展開図であるとき，
解答欄（かいとうらん）に示した図をもとにして，曲線 ℓ の長さが最小になるような点Fを，定規とコンパスを用いて作図によって求め，点Fの位置を示す文字Fもかけ。
ただし，作図に用いた線は消さないでおくこと。

図1

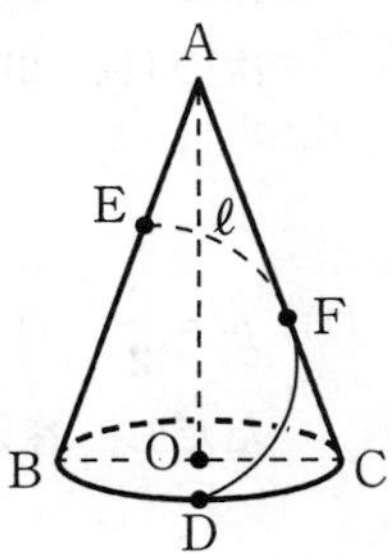

図2

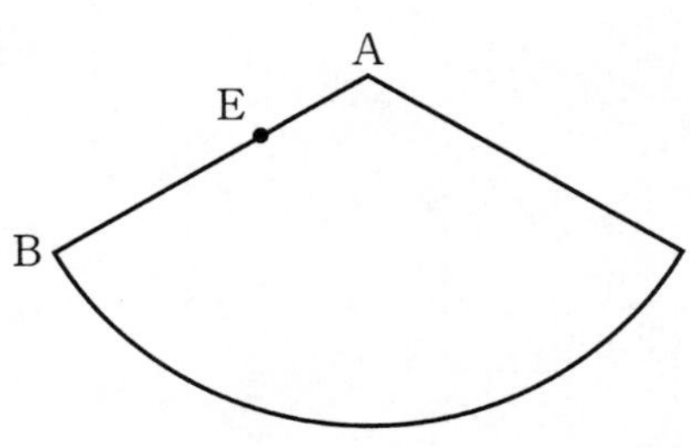

2 右の**図 1** で，点Oは原点，曲線ℓは関数$y=ax^2$ $(a>0)$ のグラフを表している。

原点から点 (1，0) までの距離，および原点から点 (0，1) までの距離をそれぞれ 1 cmとする。

次の各問に答えよ。

図 1

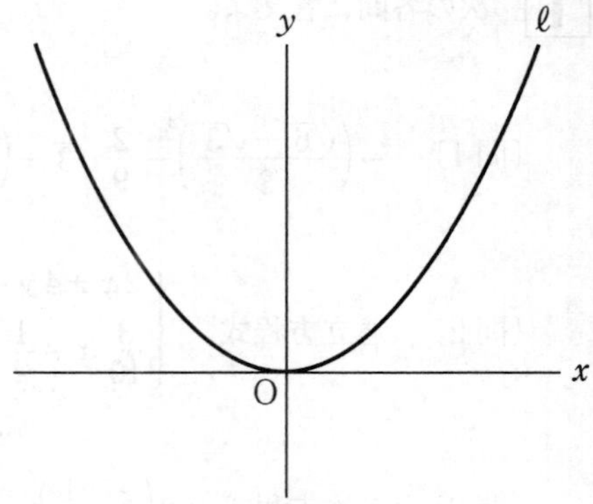

〔問 1〕 関数$y=ax^2$について，xの変域が$-3 \leqq x \leqq 4$であるとき，yの変域を不等号とaを用いて $\boxed{} \leqq y \leqq \boxed{}$ で表せ。

〔問 2〕 右の**図 2** は，**図 1** において，y軸上にあり，y座標がp $(p>0)$ である点をPとし，点Pを通り，傾き$-\dfrac{1}{2}$の直線をm，曲線ℓと直線mとの交点のうち，x座標が正の数である点をA，x座標が負の数である点をBとし，点Oと点A，点Oと点Bをそれぞれ結んだ場合を表している。

次の (1)，(2) に答えよ。

図 2

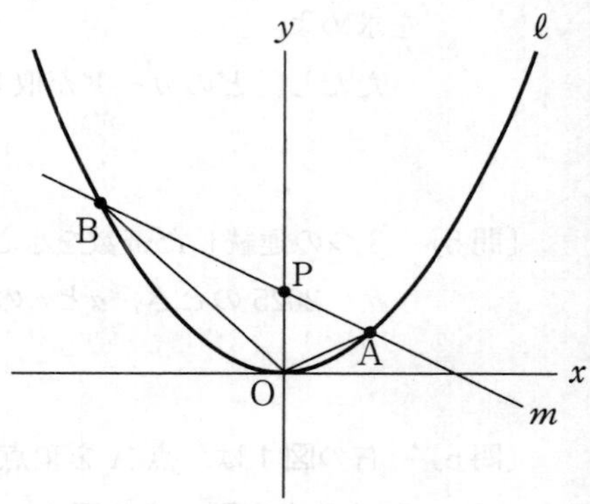

(1) $p=\dfrac{3}{2}$，点Bのx座標が-4であるとき，△OABの面積は何cm^2か。

ただし，答えだけでなく，答えを求める過程がわかるように，途中の式や計算なども書け。

(2) $a=\frac{1}{4}$とする。

右の**図3**は**図2**において，曲線ℓ上にあり，x座標が5である点をCとし，点Aと点C，点Bと点Cをそれぞれ結んだ場合を表している。

△OABの面積をS cm^2，△CBAの面積をT cm^2とする。

S：T＝4：7であるとき，pの値を求めよ。

図3

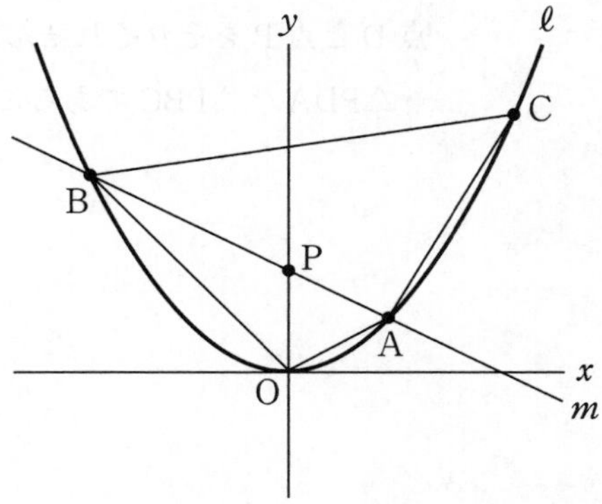

3 右の**図1**において，△ABCは1辺の長さが10 cmの正三角形で，点Oは辺ACを直径とする円の中心である。

辺BCと円Oとの交点をDとし，線分BDを直径とする円の中心をO′とする。

円O′と辺ABとの交点のうち，点Bと異なる点をEとする。

次の各問に答えよ。

図1

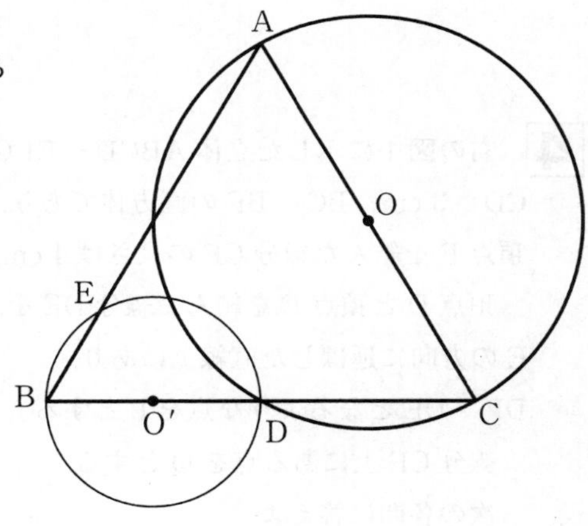

〔問1〕 円O′の弧のうち，点Dを含まない$\overset{\frown}{\mathrm{BE}}$の長さは何cmか。
ただし，円周率はπとする。

〔問 2〕 右の**図 2** は，**図 1** において，円 O と円 O′ の交点のうち，点 D と異なる点を P とし，点 A と点 D，点 A と点 P，点 B と点 P，点 C と点 P，点 D と点 P をそれぞれ結んだ場合を表している。

△PDA ∽ △PBC であることを証明せよ。

図 2

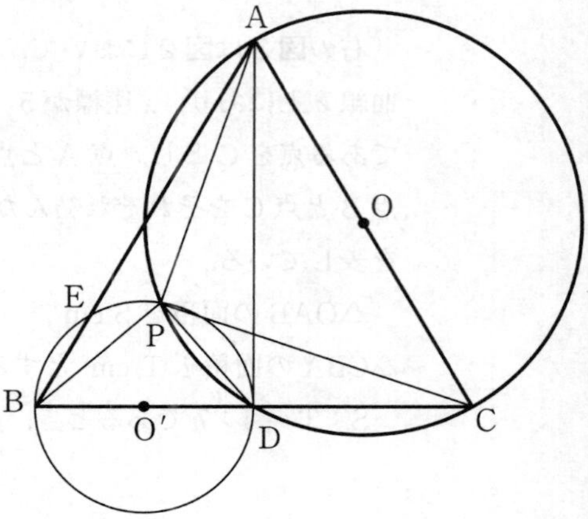

〔問 3〕 **図 2** において，点 O と点 D，点 O と点 P，点 O′ と点 P をそれぞれ結んだ場合を考える。四角形 OPO′D の面積は，△ABC の面積の何倍か。

4 右の**図 1** に示した立体 ABCD − EFGH は，CD = 3 cm，BC = BF の直方体であり，頂点 C と頂点 F を結んだ線分 CF の長さは 4 cm である。

頂点 D と頂点 E を結んだ線分 DE を，E の方向に延ばした直線上にあり，DP > DE となるような点を P とする。

線分 CF 上にある点を Q とする。

次の各問に答えよ。

図 1

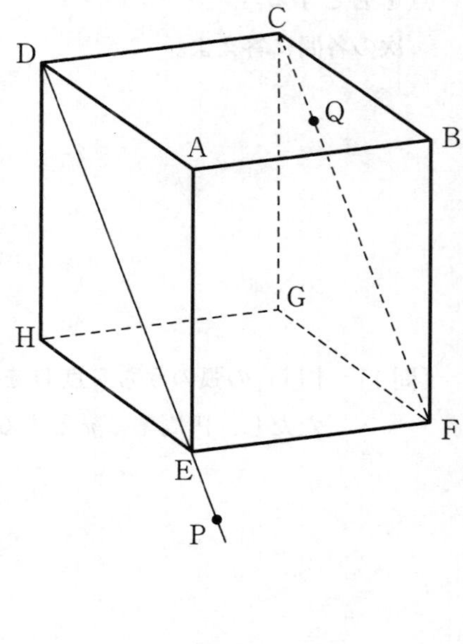

〔問 1〕　右の**図 2** は，**図 1** において，
点 P と点 Q を結んだ場合を表している。
$\angle$FQP = 30° のとき，PQ の長さは何 cm か。

図 2

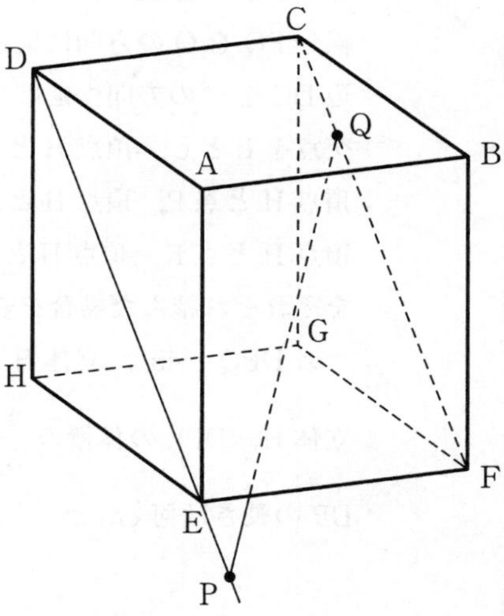

〔問 2〕　右の**図 3** は，**図 1** において，頂点 C と点 P，頂点 E と点 Q をそれぞれ結び，線分 CP と線分 EQ との交点を I，線分 CP と辺 EF との交点を J とした場合を表している。

DP = 6 cm，FQ = 3 cm のとき，■ で塗（ぬ）られた四角形 IJFQ の面積は何 cm² か。

ただし，答えだけでなく，答えを求める過程がわかるように，図や途中の式なども かけ。

図 3

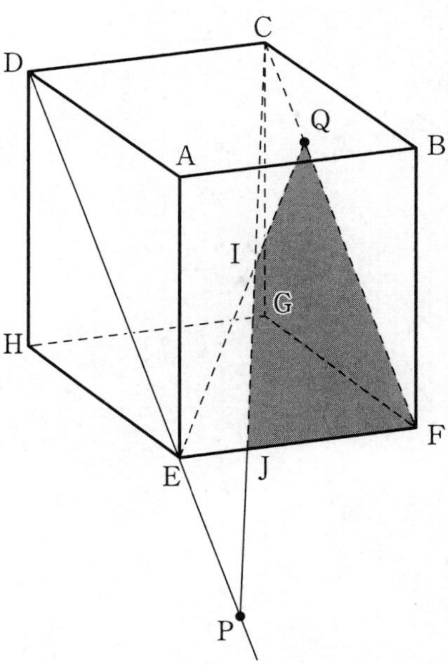

〔問 3〕 右の**図 4** は，**図 2** において，

線分 PQ と辺 EF との交点を K，
線分 PQ を Q の方向に延ばした直線と
辺 DC を C の方向へ延ばした直線との
交点を L とし，頂点 H と頂点 C，
頂点 H と点 P，頂点 H と点 Q，
頂点 H と点 K，頂点 H と点 L
をそれぞれ結んだ場合を表している。

$\angle DPQ = 45^\circ$，立体 H－CDEKQ の体積が
立体 H－DPL の体積の $\frac{4}{5}$ 倍のとき，
DP の長さは何 cm か。

図 4

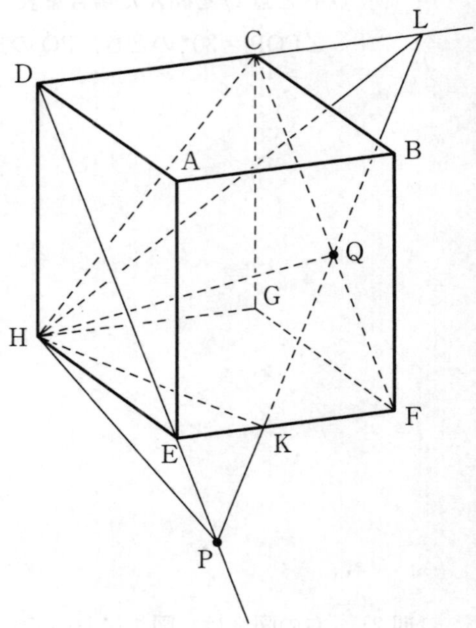

イ　変動する諸現象を統一した一瞬でなければ詩は成立しない、と芭蕉は考えていたということ。

ウ　句と信仰が一致した一瞬でなければ詩は成立しない、と芭蕉は考えていたということ。

エ　決定的な一瞬を捉えることでしか詩は成立しない、と芭蕉は考えていたということ。

〔問4〕(4)補助線を引いてみるとあるが、どういうことか。次のうちから最も適切なものを選べ。

ア　明恵上人の考えを理解する上で、自然との出会いによる感動を即興で句にし、記憶に留めることが大切だという、土芳に語った芭蕉の言葉が参考にできるということ。

イ　芭蕉の考えを理解する上で、縁と興に即して概念化すれば、どんなものでも趣のあるものとなりえるという、明恵に語った西行の言葉が参考にできるということ。

ウ　芭蕉の考えを理解する上で、信仰心に基づく人や自然との出会いによって、良い句は生まれてくるという、土芳に語った芭蕉の言葉が参考にできるということ。

エ　明恵上人の考えを理解する上で、風雅に必要なものは、詩歌の中に伝統を詠み込むことであるという、明恵に語った西行の言葉が参考にできるということ。

〔問5〕本文の内容に合致するものとして、次のうちから最も適切なものを選べ。

ア　『笈の小文』に見られる芭蕉の文学観は、直接西行から得たとは言い切れないものの、先行者として西行の影響を受けている。

イ　『野ざらし紀行』に見られる芭蕉の理念は、芸道の根底を貫くものを追求した、西行への敬愛の念によって生み出されている。

ウ　『三冊子』に見られる土芳の文学観は、「静」と「動」という観念によって、宇宙の諸現象を静止・定着させるということである。

エ　『明恵上人伝記』に見られる西行の理念は、芸術的真理を追求しつつ、人を思いやる心を持って和歌を完成するということである。

〔注〕伊勢――旧国名。現在の三重県の大半に相当する。
吉野――奈良県南部の地名。
『野ざらし紀行』――芭蕉の書いた作品。『笈の小文』も同じ。
外宮――伊勢神宮を構成する社の一つ。
『千載集』――平安時代末期の『千載和歌集』のこと。
神路山――三重県伊勢市にある伊勢神宮南方の山。
釈迦――仏教の開祖。
西行庵――西行の仮住まい。
景慕――仰ぎ慕うこと。
宗祇・雪舟・利休――芭蕉以前の著名な風雅人。連歌の宗祇、墨絵の雪舟、茶の湯の利休。
把捉する――しっかりとつかまえること。
服部土芳――江戸時代の俳人。芭蕉の弟子。『三冊子』は服部土芳の俳諧論書。
法――仏教の教え。
随縁随興――出会いと興趣に従って歌を詠むこと。
明恵――鎌倉時代の僧。『明恵上人伝記』は明恵の言行をつづった本。
真言が成ってはじめてものはものである――言葉で本質をとらえることによって、ものは意味をもつということ。
俳諧――芭蕉がつくる俳句などのこと。

〔問1〕(1)造化にしたがひて四時を友とす。とあるが、筆者はどのように解釈しているか。次のうちから最も適切なものを選べ。

ア　芭蕉のいう風雅とは、自然に従い、四季を友として生み出されるものだということ。
イ　芭蕉のいう風雅とは、四季の流れに随順し、季節にあう句を詠むものだということ。
ウ　芭蕉のいう風雅とは、自然の真髄を自身で見定めることで、生まれるものだということ。
エ　芭蕉のいう風雅とは、自然の風物そのものに即して、素直な句を詠むものだということ。

〔問2〕(2)重要なのは、そこに逆説が介在していることである。とあるが、どういうことか。次のうちから最も適切なものを選べ。

ア　おのれの眼と心のすべてをあげて自然を見出すことが大切であるのに、同時に見たままの写実的な表現をしなければならないということ。
イ　自分の感覚と感性にもとづいて自然の美を見出しながらも、自分自身を無にすることで、作品として定着させなければならないということ。
ウ　自分が感じたままの素直な気持ちを言語化しながらも、同時に人々を感動させるような至高の言葉を選んで使わねばならないということ。
エ　実際には美しい風景などそれほど多くは実在していないのに、自然の美という理念の確立のために、多くの詩を詠まねばならないということ。

〔問3〕(3)瞬間的な機縁を重んずる思想とあるが、どういうことか。次のうちから最も適切なものを選べ。

ア　美しい言葉で読者を感動させた一瞬にしか詩は成立しない、と芭蕉は考えていたということ。

とすることによって醸し出されてゆくものである。しかし自然は即物的にものとして、外在としてそこにただ在るのではない。「風雅」の眼と心とをもって見、また思うのでなければならない。「見る処花にあらずといふ事なし。おもふ所月にあらずといふ事なし」なのだ。それが「造化にしたがひ、造化にかへ」ることにほかならない。人間は自然に随順し、最後は自然に帰着してゆくのである。

(2)重要なのは、そこに逆説が介在していることである。人間はおのれを無たらしめて、自然の一部に化してゆくのだが、そのことを反面からみれば、人間はおのれの眼と心のすべてをあげて自然を見出し、自然に帰する道をさぐり当てなければならない。おのれを自然の中で無化することによって、風雅の最高最純の輝き、煌めきの一瞬を*把捉するのでなければならない。おのれを「無」に帰することと「風雅」を実現すること――この二つのものの間に横たわる逆説に堪えられなければ「風雅」は成立しようがない。

この文学観――自己と「風雅」の対応でもあれば反・対応でもあるようなもの――を、芭蕉が直接に西行から得たというふうには言えないだろう。具体的な証拠などはなく、実証はできないからである。また、西行の和歌のどれがそういう文学観の具現となっていたのかということも、そう簡単には言えないようなところがある。そうであっただけ、『笈の小文』の西行言及は、理念的になりすぎていた観もなくはない。しかし芭蕉が「風雅」という詩の成立を、閃めきの一瞬をとらえることによってのみ可能であると考えていたのは明らかで、それは弟子*服部土芳の『三冊子』の一節からもはっきり読み取れるものだが、こういう(3)瞬間的な機縁を重んずる思想の先人のひとりに、和歌と「*法」の一致を求め、「*随縁随興」を説いた西行がいたことは否定しようがなかった。

芭蕉はここで「静」と「動」という観念を導入して語っている。宇宙の諸現象の変幻は動で、この動が「風雅」のたねとすれば、それを「見とめ聞きとめ」て「定着」の形で静止させなければならないのだ。この静止は動かない自然のようなものとは異るが、それだけではなく、「静」の成就のためには一瞬の決定的な時というものがある。

「物の見えたるひかり、いまだ心に消えざる中に言ひとむべし」

> 対象の本質が光のように心にきらめいたら、その印象のまだ消えないうちに句作すべきだ。
> 『三冊子』

――光を見たその一瞬に事が成らないなら、それは駄目なのであり、消え失せるしかないのである。

芭蕉のこの教えの中に、*明恵に語った西行の言葉が遠く交響しているように聞こえる。西行はものの「詩人」ではなく「心」の「詩人」だったといえるが、それだけにものと「心」の関係に思いをひそめた。即物的にものが在るのではない、*真言が成ってはじめてものはものである――「華を読めども、実に華と思ふ事なく、月を詠ずれども、実に月と思はず、只此の如くして縁に随ひ興に随ひ読み置く処なり」

> 歌は、現実の花や月をきっかけにして詠むのではあるが、歌の言葉はあくまでも概念であって、実体としての花や月のことではない。言語世界は実物世界から独立しているのだから、このことを心得て、心を自由にして詠むのがよいのだ。
> 『明恵上人伝記』

――縁と興にしたがって詠めば、花ならぬ花も花となり、月ならぬ月も月となるという(4)補助線を引いてみることがここで許されるだろう。こう考えると虚実の反転という逆説性を媒介にした西行の歌論は、『笈の小文』や『三冊子』からうかがい知りうる芭蕉の*俳諧論――静と動の融合一致、瞬間の重視、光への志向――に呼びかけている。

(高橋英夫「西行」による)

ア aとb　イ bとf　ウ cとd　エ aとe　オ bとe

〔問7〕 現代の情報環境下に生きる私たちは、どのようなことに留意するべきだと考えるか。本文を踏まえ、あなたの考えを**二〇〇字以内**にまとめて書け。なお、書き出しや改行の際の空欄や、や。や「なども それぞれ字数に数えよ。

五 次の文章を読んで、あとの各問に答えよ。なお、本文の前では、松尾芭蕉が西行を慕い、その影響を受けていることが述べられている。［　　］内は、本文に引用されている古文の現代語訳を補ったものである。（*印の付いている言葉には、本文のあとに〔注〕がある。）

芭蕉がはじめから西行を究極的な場所に位置づけていたとはいえない。比較的早い時期では、貞享元年（一六八四）から翌年にかけて東海、伊勢*、吉野*、奈良、京都をめぐる『野ざらし紀行』*の旅がなされているが、その中に次のように「西行」があらわれる。

外宮*参拝のところで芭蕉が思い出している歌「また上もなき峯の松風」は、西行の『千載集』*に入った一首

「深く入りて神路の奥をたづぬればまた上もなき峯の松風」

［深く入って神路山*の奥を尋ねてみると、釈迦*が教えを説いたこの上ない峰、霊鷲山の松のこずえを吹く風がここにも吹いているよ。］

で、和歌の引用は西行への敬意である。神宮に近い西行谷で芋を洗う女たちの情景でも、吉野西行庵*近くの湧水「とくとくの清水」でも、西行景慕*の念は明らかである。しかしこれらはまだ西行を景物の中でとらえているとしか言えない。

貞享四年（一六八七）からの旅を記した紀行『笈の小文』にいたって、芭蕉にとっての西行は景物から切り離され、象徴的存在となる。実はそこでの西行は理念化されすぎていたかもしれないのだが、『笈の小文』の冒頭、芭蕉はおのれを風に破れやすいうすもの「風羅坊」と自己規定してから、次のように記した。

西行の和歌における、宗祇*の連歌における、雪舟*の絵における、利休*が茶における、其貫道する物は一なり。しかも風雅におけるもの、(1)造化にしたがひて四時を友とす。見る処花にあらずといふ事なし。おもふ所月にあらずといふ事なし。像花にあらざる時は夷狄にひとし。心花にあらざる時は鳥獣に類す。夷狄を出で、鳥獣を離れて、造化にしたがひ、造化にかへれとなり。

［和歌の道で西行のしたこと、連歌の道で宗祇のしたこと、絵画の道で雪舟のしたこと、茶の道で利休のしたこと、それぞれの携わった道は別々だが、その人々の芸道の根底を貫いているものは同一である。その上、風雅というものは、天地自然に則って、四季の移り変わりを友とするものである。見るものすべてが花であり、思うことすべてが月でないものはない。人は見るものが花のような優雅さを持たないならば、野蛮な人々と同様であり、心に思うところが花のような優雅さでないならば、鳥獣の類である。だから、野蛮な人々や、鳥獣のような境涯から抜け出て、天地自然に則り、天地自然に帰一せよというのである。］

「風雅」とは、芭蕉によれば造化（「自然」）に随順することにはじまり、四時、すなわち春夏秋冬という「自然」の折々のあらわれを自分の「友」

〔問2〕 (2)往復運動 とあるが、どういうことか。次のうちから最も適切なものを選べ。

ア 脊髄反射的に書く習慣の上に、多量の文章を読むことを加えて、しだいに良く書くことができるように訓練すること。

イ 思ったままをすぐ書くのではなく、良質な発信を目指した読む経験を踏まえて、改めて書くように訓練すること。

ウ 読むことではなく、書くことを訓練の起点としていくことで、素早く情報発信ができるように習慣づけること。

エ 読むことと書くことを並行して訓練することで、両者を自由に行き来しながら、良質な発信が行えるよう習慣づけること。

〔問3〕 (3)「書く」ことと「読む」こと とあるが、これについて次の［　　］のように説明するとき、［1］と［2］に当てはまる最も適切な表現を、本文中から［1］は**二十九字**、［2］は**三十字**で探し、そのまま抜き出して書け。

> 現代に求められる新しい「読む」力とは、［1］力であり、また現代に求められる新しい「書く」力とは、［2］発信を可能にする力のことである。

〔問4〕 (4)「共感」の「いいね」の外側にある。とあるが、どういうことか。次のうちから最も適切なものを選べ。

ア 以前からあった価値観の表明にすぎない、ある情報に対する賛同の意思表示とは、異なるということ。

イ 他人の意見に対して、自分の価値観に基づいた論評をするような発信とは、異なるということ。

ウ 他者の発信に対して、賛同の意思表示をするだけではなく、時には否定的な意見の発信をしていくこと。

エ 他者の意見に迎合するだけではなく、他者の意見をもとに、自分の利益となる発信をしていくこと。

〔問5〕 本文で対比されている「他人の物語」と「自分の物語」の違いについて、次の［　　］のように説明するとき、［　　］に当てはまる表現を、必ず本文中の語句を用いて、**二十字以上二十五字以内**で書け。

> 自己以外の何かについて、［　　］がなされているかどうかという違い。

〔問6〕 この文章の構成、内容の説明として適切なものはどれとどれか。正しい組み合わせを、後の**ア**～**オ**の選択肢の中から一つ選べ。

a 新しい情報発信のあり方という主要な論点について、言葉を変えながら繰り返し論じている。

b 発信が日常となった現代の情報環境を中心にしつつ、時代を超えた普遍的主張に論が進んでいる。

c 現代のSNSの状況を分析し、その問題点を指摘したうえで、若い人々に警鐘を鳴らしている。

d 報道と批評を比較することで、対象との距離感を設定しにくいという批評の問題点を指摘している。

e 論の序盤では、問いを投げかけることを重ねて論点を深めながら、段階的に論を進めている。

f 異なる立場の主張にも触れながら、特定の立場に偏ることなく対比的に論を展開している。

という言葉を充てたい。「報道」が伝えることができるのは、ある事実の一側面だ。そして「批評」はその事実の一側面と、自己との関係性を考える行為だ。距離感と進入角度を試行錯誤し続ける行為だ。「報道」は世界のどこかで生まれた「他人の物語」を伝える。報道を受信した人々はそれを解釈して「自分の物語」として再発信する。このとき与えられた問いにＹＥＳかＮＯか、０か１かを表明することだけでは世界は貧しくなる。このときあたらしく問いを立て直し「共感する／しない」という二者択一の外側に世界を広げるためには「批評」の言葉が必要なのだ。「批評」とは自分以外の何かについての思考だ。それは小説や映画についてでも構わない。料理や家具についてでも構わない。それは、対象と自分との関係性を記述する行為だ。そこから生まれた思考で、世界の見え方を変える行為だ。最初から想定している結論を確認して、考えることを放棄して安心する行為ではなく、考えることそのものを楽しむ行為だ。ニュースサイトのコメント欄やソーシャルブックマーク*への投稿で大喜利*のように閉じた村の中でポイントを稼ぐことで満たされるのではなく、よく読み、よく考えること、ときに迷い袋小路に佇むことそのものを楽しむ行為だ。

誰かが批評を書くとき、書かなくとも批評に触れて世界への接し方が変わるとき、それは紛れもなく自分が発信する自分の物語の発露になる。しかしそれはあくまで自分についての言葉ではない。自分の物語でありながら自己幻想*には直接結びつくことはない。何かについて書くこと（批評）は、自己幻想と自己の外側にある何か（世界）の関係性について言葉にすることだ。それは不可避に自己幻想の肥大するこの時代に、より必要とされる言葉なのだ。

（宇野常寛「遅いインターネット」による）

〔注〕プラットフォーム——個人が情報発信などを行う際に用いるＳＮＳなどのこと。

タイムライン——インターネット上の投稿サイトなどにおいて、投稿者の発言が時系列に並んでいるもの。

僕がスロージャーナリズムのように「報道」に主眼をおかない——情報の価値を十分に吟味し、掘り下げてから発信するスロージャーナリズムと同様に、筆者も単に事実を発信するだけの報道では足りないと考えているということ。

ソーシャルブックマーク——インターネット上でお気に入りのウェブサイトが登録、公開されている場所。

大喜利——お題に従って参加者がひねりや洒落をきかせた回答を行いあうこと。

自己幻想——自分について自分が抱いている思い込み。

〔問1〕(1)この世界の「流れ」に逆らうことなのだ。とあるが、なぜか。次のうちから最も適切なものを選べ。

ア インターネットの普及により、現代では読む訓練をするための情報環境が失われてしまったから。

イ 現代の情報環境下では、読むことと書くことを区別せずに同時に学んでいくことが理想的だから。

ウ 書く環境が充実した結果、現代では書くことの延長線上に読むことを身につける道筋が一般的だから。

エ 読むことと書くことのパワーバランスの変化により、読むことが特殊な価値をもつ行為になったから。

ことなのだ。

ではどうするのか。現代において多くの人は日常的に、脊髄反射的に、たいした思慮も検証もなく「書いて」しまう。ならば「読む」ことと同時に「書く」ことを始めるしかない。いや、より正確には訓練の起点は「書く」ことになるはずだ。まずはプラットフォーム*の促す脊髄反射的な発信ではない良質な発信を動機づけ、その過程で「書く」ためには「読む」ことが必要であることを認識させる。そして「読む」訓練を経た上でもう一度「書く」ことへの挑戦を求める。「読む」ことではなく「書く」ことを起点にした(2)往復運動を設計する必要があるのだ。

ではこの時代に求められているあたらしい「書く」「読む」力とは何か。たとえば能力は高くないけれど、なにか社会に物を申したいという気持ちだけは強い人がいまインターネットで発言しようとするとき、彼／彼女はその問題そのものではなくタイムライン*の潮目のほうを読んでしまう。そしてYESかNOか、どちらに加担すべきかだけを判断してしまう。

タイムラインの潮目を読むのは簡単だ。その問題そのもの、対象そのものに触れることもなく、多角的な検証も背景の調査も必要なくYESかNOかだけを判断すればよいのだから。しかし、具体的にその対象そのものを論じようとすると話はまったく変わってくる。そこには対象を解体し、分析し、他の何かと関連付けて化学反応を起こす能力が必要となる。

そして価値のある情報発信とは、YESかNOかを述べるのではなく、こうしてその対象を「読む」ことで得られたものから、自分で問題を設定することだ。単にこれを叩く／褒めるのが評価経済的に自分に有利か、不利かを考えるのではなく、その対象の投げかけに答えることで、新しく問題を設定することだ。ある記事に出会ったときにその賛否どちらに、どれくらいの距離で加担するかを判断するのではなく、その記事から着想して自分の手であたらしく問いを設定し、世界に存在する視点を増やすことだ。既に存在している問題の、それも既に示されている選択肢（大抵の場合それは二者択一である）に答えを出すのではなく、あらたな問いを生むことこそが、世界を豊かにする発信だ。

(3)「書く」ことと「読む」ことを往復することの意味はここにある。単に「書く」ことだけを覚えてしまった人は、与えられた問いに答えることしかできない。しかし対象をある態度で「読み」、そこから得られたものを「書く」ことで人間はあたらしく問いを設定することができる。そうすることで、世界の見え方を変えることができる。

あらたな問いを生む発信は、既に存在する価値への「共感」の外側にある。人々はインターネットである情報を与えられ、それに「共感」すると「いいね」する。このとき、その人の内面に変化は起きない。それがよいと予め思っていたからこそ「いいね」する。しかし問いを立てる発信は違う。国会を取り巻くデモ隊と、それを取り締まる機動隊のどちらに「共感」するかという回答を行う発信は世界を少しも変えはしない。しかしそこに人出を見込んでアンパン屋を出す人々の視点を導入することで、あらたな問いが生まれる。世界の見え方が変わるのだ。

こうした価値の転倒は、(4)「共感」の「いいね」の外側にある。人間は「共感」したときではなくむしろ想像を超えたものに触れたときに価値転倒を起こす。そして世界の見え方が変わるのだ。

そして価値転倒をもたらすのは「報道」の役目ではない。僕がスロージャーナリズム*のように「報道」に主眼をおかない理由がここにある。事実を報じることは前提として必要だ。しかしそれだけでは足りない。僕たちはその事実に対してどのように接するのか。その距離感と侵入角度を変えるための言葉が必要なのだ。そして様々な距離と角度から対象を眺め、接することではじめて人間はその事物に対しあたらしい問いを設定することができるのだ。そう、その行為に僕はいま改めて「批評」

が、今の自分には過去の思いだと、現実に戻って打ち消そうとしたから。

イ 夏の強い陽射しと大きな歓声に対するかつての思いが鮮明に浮かんだが、今から考えると稚拙な憧れだったと、慌てて振り払おうとしたから。

ウ 忘れていた幼い頃の思い出が現前するような確かな感覚にとらわれたが、すぐに色あせてしまうときめきなのだと、理性的に思い直したから。

エ 恒太の呟きから高校野球への思いを共有していると疑っていない響きを感じたが、自分の心は変わったのだと、まだ知られたくなかったから。

〔問4〕 多分コレは、〝後ろめたい〟のだ。とあるが、「後ろめたい」気持ちは本文のどんなところに表れているか。これを次の［　］のように説明するとき、［1］と［2］に当てはまる表現を、［1］は**十七字**、［2］は**十一字**で、それぞれ本文中から抜き出して書け。

［1］したり、［2］たりするところ。

〔問5〕 本文の「風」の描写の説明として最も適切なのは、次のうちではどれか。

ア 外の開放的な雰囲気を表しながら、人物の心情の比喩としても機能する、二重の表現意図が読み取れる。

イ 季節の変わり目の微妙な変化を表すとともに、人物の心の動きと連動する、象徴的な意味が読み取れる。

ウ 若者たちの物語にふさわしい、初夏の若々しくさわやかな雰囲気を、自然に醸し出す効果が読み取れる。

エ 表面的主題と別に、はかない人間の思惑と悠久の自然を対比する、もう一つの隠れた主題が読み取れる。

〔問6〕 本文における「春菜」の思いの推移を順に表すものとして最も適切なのは、次のうちではどれか。

ア 不安感→安堵感→一時逃れ→罪悪感→憂鬱

イ 憂鬱→不安感→安堵感→罪悪感→一時逃れ

ウ 不安感→憂鬱→安堵感→一時逃れ→罪悪感

エ 憂鬱→安堵感→一時逃れ→不安感→罪悪感

四

次の文章を読んで、あとの各問に答えよ。（＊印の付いている言葉には、本文のあとに〔注〕がある。）

「書く」こと、「発信する」ことはもはや僕たちの日常の生活の一部だ。この四半世紀で、「読む」ことと「書く」ことのパワーバランスは大きく変化した。前世紀まで「読む」ことと「書く」ことでは前者が基礎で後者が応用だった。「読む」ことが当たり前の日常の行為で「書く」というのは非日常の特別な行為だった。しかし現代では多くの人にとっては既にインターネットに文章を「書く」ことのほうが当たり前の日常になっている。そして（本などのまとまった文章を）「読む」ことのほうが特別な非日常になっている。これまで僕たちは「読む」ことの延長線上に「書く」ことを身につけてきた。しかし、これから社会に出る若い人々の多くはそうはならない。彼ら／彼女らの多くはおそらく「書く」ことに「読む」ことより慣れている。現代の情報環境下に生きる人々は、読むことから書くことを覚えるのではなく、書くことから読むことを覚えるほうが自然なのだ。これは現代の人類が十分に「読む」訓練をしないままに、「書く」環境を手に入れてしまっていることを意味する。だが、かつてのように読むこと「から」書くというルートをたどることは、もはや難しい。それは僕たちの生きている(1)この世界の「流れ」に逆らう安にさせる。
「俺は、ただ好きだから自分のために続けてるだけだ。努力なんて自分で使う言葉じゃないけどさ、春菜は努力ってなんだと思ってる？」
恒太の言葉の意味をどうとればいいのかわからなかった。わからず、答えられない。
「春菜さ、〝努力〟って〝才能〟かなんかだと思ってない？」
風が吹く。鳥肌が立つ。肌寒い。恒太の目が、冷たい。
返す言葉が見つからず、恒太を見つめていた。やがて、恒太はゆっくりと歩き出し、春菜の横を通り過ぎて行く。それを見ることも呼び止めることも、追いかけることもできず、春菜はただ、立ちすくんでいた。
どのくらいそうしていただろう。
もう、恒太は見えないところまで行ってしまっただろうか？　振り返りたい気持ちを抑えて考える。確認（かくにん）したいけれど、怖くてできなかった。
怖い？　何が怖いの？
自分に問う。
——〝努力〟って〝才能〟かなんかだと思ってない？
恒太の言葉が、頭の中で反復される。
その声に含まれた温度まで、リアルに再現してしまう。胸の奥が、ズクズクと鈍く痛んだ。
心地悪い。コレは何の痛みだろう？
そう考えて、違うと感じた。
心地悪いのではない。(4)多分コレは、〝後ろめたい〟のだ。
いつからか話題に出さないようにしていたそれを、突然掘（ほ）り返されてごまかし切れなかった。今はコンクールが一番。その一言を、どうしても恒太には伝えることができないでいる。
（和泉実希「空までとどけ」による）

〔問1〕(1)演奏の場。とあるが、この言葉についての説明として最も適切なのは、次のうちではどれか。
ア　先生と先輩のやり取りから、何のために演奏するのかと、音楽の本質的なあり方について目を向け始めたことを暗示する言葉。
イ　先生と先輩が交（か）わした会話を思い出すことで、険悪な雰囲気（ふんいき）から無意識に離れたいと、自分の世界にひたる転換点となる言葉。
ウ　先生の言葉によって、全国大会と壮行会のどちらの場の重要性も無視できないと、決めかねて迷っていることを象徴する言葉。
エ　先生の発言を受けて、コンクールだけでなく聴衆（ちょうしゅう）に聞いてもらう演奏にも意味があると、改めて認識（にんしき）するきっかけとなる言葉。
〔問2〕(2)影が気がついたように春菜を見た。とあるが、この表現の意味の説明として最も適切なのは、次のうちではどれか。
ア　春菜は学校で少し心が重くなる出来事があったけれど、親しい知り合いに会ってほっとしているということが、比喩を用いて強調されている。
イ　春菜は影が誰なのかすぐに認識できたけれど、相手もすでに春菜だと認識しているということが、擬人法（ぎじんほう）を用いて生き生きと表現されている。
ウ　春菜は見慣れて自然に認識できるけれど、影は暗くて本来誰だか特定できない程度のものだということが、擬人法で効果的に表現されている。
エ　春菜は相手が誰なのかはっきりわかっているけれど、これからの展開の予測はできないということが、比喩によって間接的に表現されている。
〔問3〕(3)それを消すように、数度瞬（まばた）きを繰り返した。とあるが、その理由の説明として最も適切なのは、次のうちではどれか。
ア　恒太の言葉でかつて憧れた高校野球の光景がありありと目に浮かんだ

るのは珍しい。子どものころほど一緒に過ごすことは多くない。けれど、こうしてたまに顔を合わせれば普通に会話ができる距離は変わらない。それになんとなくほっとする。

「もうすぐ夏だなぁ。」

「そうだね。恒ちゃんまた黒くなっちゃうね。」

「言うなよ。多少は気にしてるんだから。」

おかしくて笑ってしまう春菜を、恒太はじとりと睨みつけてから同じように笑う。

恒太の肌は決して元から色素が濃い方ではない。子どものころの写真に写る恒太は春菜よりも色白だ。恒太の肌の色は、長年続けてきた練習での日焼けによるところが大きい。

春菜は、恒太を真面目だと思う。決して勇祐のように特別な才能に恵まれたわけではないが、同じように幼いころから野球が好きで、いつもひとりで自主トレをしていた。よく兄のあとをついていた恒太も、そのときだけは河川敷の橋の下や家から少し離れた空き地など、あまり人に見られないところを選んで、ひとりで練習をするのだ。努力を惜しまないところも、そこを人に見せようとしないところも昔から変わらない。

春菜は、恒太のそんな頑張り屋な部分がすごいと思うし、羨ましくもある。

「ちょっと夏っぽくなって来たな。」

五月に入り日もだいぶ延びていた。空気は緑の香りを含み夏が近いと教えている。

「ちょっと気が早いけど。甲子園、楽しみだな。」

恒太が独り言のように呟く。ふっと一瞬、幼いころに見た情景が浮かぶ。

照りつける陽射しと、白い光と大きな声援。

今でもはっきりと覚えている。(3)それを消すように、数度瞬きを繰り返した。

いつの間にか一歩分前に出ていた恒太が春菜を振り返る。

「なぁ、春菜も楽しみだろ、甲子園。」

問われてドキリとする。鼓動がほんの少し早くなる。首筋を、足の隙間を流れていく風が冷たい。

春菜は、「うん、そうだね。」と答えて微笑んでみせる。

その口もとを上げてみせるが、上手く笑えていないような気がしてすぐに笑顔を引っ込めた。

「春菜の夢だもんな。甲子園でブラスバンドの演奏。」

恒太はやはり真面目だ。真面目で、ロマンチスト。きれいな目で見つめられるとドキリとする。それは色っぽいものではなくて、自分の中に隠している何かを見据えられているような、そんな感覚だ。

春菜は妙な居心地の悪さを感じて口を開く。

「恒ちゃんだって、本当に野球好きだよね。」

言いながら、歩く速度が早くなる。恒太より少し前に出る。なんとなく、顔を見られたくないと思ってしまった。

「さっきだって自主練してたんでしょ？ 子どものころからずっと同じことを続けるってすごいことだよ。私にはきっと無理だもん。」

言ってから、自分の言葉に頷く。自分には無理。現に今だって、吹奏楽部にはいるけれど、野球の応援なんかよりコンクールの方がずっと大切だ。自分は、何一つとして曲げずに持っているものはないのかもしれない。

そう思った時、うしろで恒太が立ち止まる気配を感じて、春菜も足を止める。振り返ると、恒太が春菜を見つめていた。

その表情は、悲しみとともに、どこか怒りを含んでいるようにも見える。

「俺は、別に自分がすごいなんて思わない。」

抑揚のない恒太の声は、心無しか普段よりも低い。それが、春菜を不けてはいろんなイベントがあるな。文化部にとってはいろんなコンクールがある。それと同じように夏の運動部と言えば夏の大会だ。」

そう言った石川をつまらなそうに見つめ返す部員たちの中から、声が上がる。

「壮行会ってことですか？」

言ったのは三年生の先輩だ。あまり嬉しそうな顔ではない。春菜には、その理由もなんとなくわかるような気がした。

「流石に三年は察しがいいなぁ。まぁ毎年恒例のことではあるんだが、今年も吹奏楽部が入退場と、各部に送る激励の演奏をすることになってる。」

石川の言葉を聞いて、二年生、三年生はあからさまに嫌そうな顔をする。

「そんなのに時間潰してる暇ないですよ。」

誰かが言った。

「まぁ、そう言うなよ。他の部だって頑張ってるわけだし、一種の演奏の場だと思えばいいだろう？」

「そこでの演奏のために、全国大会の演奏の場を逃したら意味ないじゃないですか。」

すぐに切り返されて石川は困ったように首のうしろをかく。

(1)演奏の場。

確かにそう考えればやってみるのも意外と楽しいかもしれない。演奏をしている時、周囲の反応を見るのは嫌いではない。時々クラスメイトから「吹奏楽部が練習してるあの曲って何？」と聞かれると、不思議と嬉しかったりする。

「だいたい、他の部のために私たちだけが時間を潰されるなんて納得いきません。」

そう言ったのは部長だ。彼女の言葉に賛同するように全員がうなずく。

石川が小さく息をつく。それは、どこか苛ついているように見えて、意外だなと春菜は思った。

石川は温厚で、よほどのことがない限り厳しく叱りつけるような怒り方は決してしない教師だ。もちろん苛立ちを生徒に見せることもない。

「いいか。確かにコンクールは大事だが君たちは中学生だ。部活自体が学校教育の一環として存在していることを忘れてないか。もちろん全部を新しい曲にする必要はないし、一年生の歓迎会や文化祭なんかで何度もやってるノリのいい曲を入れてもいい。俺もできるだけ負担にならない構成を考えるから。」

石川の言葉に、部員たちはまだ納得いかない様子だ。春菜は、そんな空気にどこかで気持ちが落ちて行く感覚を覚えた。

そのまま、なんとなく気分が沈んだまま部活を終えて、春菜は帰り道の土手をゆっくり歩いていた。

ぼんやりと空を仰ぎ見る。夕方の六時を過ぎているのに、まだわずかに橙色を残していた。気候はだいぶ暖かくなってきたけれど、やはり夕暮れ近くになるとほんの少し肌寒い。ゆっくり流れていく大きな風の塊を含んで、スカートが膨らんだ。

春菜はそれを押さえてふと、視界の隅に人影をとらえる。

少し広い河川敷がある。だいぶ日が傾いているため、光の当たらない河川敷はほとんど黒い影にしか見えない。それでも、そのシルエットが誰であるのか春菜にはわかる。幼いころから見てきた影だ。

やがて人影がゆっくり土手の坂を上がって来る。上がり切る数メートル手前で、(2)影が気がついたように春菜を見た。

「恒ちゃん。」

「なんだ、春菜か。」

表情はよく見えないけれど、そういって笑ったのがわかる。

恒太が土手を上り切るのを待って、二人で歩き出す。帰りが一緒にな

二〇二一年度 都立国立高等学校

【国語】（五〇分）〈満点：一〇〇点〉

一 次の各文の――を付けた漢字の読みがなを書け。

(1) 堆積した残土。

(2) 版図を広げる。

(3) 自己を卑下する。

(4) コマ回しに興じる少年。

(5) 一念発起して留学する。

二 次の各文の――を付けたかたかなの部分に当たる漢字を楷書で書け。

(1) 円高によるサエキ。

(2) ドウに入った演技。

(3) 思いあたるフシがある。

(4) 彼にイチジツの長を認める。

(5) キソウテンガイな方法。

三 次の文章を読んで、あとの各問に答えよ。

中学二年の園田春菜は吹奏楽部でトランペットを吹いている。一年上の吉川恒太は、家が近く保育園も同じで、幼時には一緒にいるのが当然の存在だった。勇祐は恒太の一つ上の兄で野球の強豪校に進学している。

春菜が吹奏楽部に入部したのには、子どものころの憧れが大きなきっかけになっていた。

とは言え、それは本当に昔のことだ。当時はまだ吹奏楽という部活があることも知らなかったのではないだろうか。春菜の通っていた小学校には吹奏楽クラブがなかった。中学では吹奏楽部に入ろうとなんとなく思い、そのまま入部してしまった。

それでも、自分たちが県大会に出場できたときは本当に嬉しかったのだ。

春菜自身、いつの間にか子どものころの憧れよりも、目の前の目標の方が大事になっている。県大会出場、そして突破。目指すは全国大会。それが今、自分がここにいる理由なのだ。

窓の外へ目を向ける。グラウンドに点々と散らばる生徒の姿が見える。陸上部、サッカー部。そして、グラウンドの隅の野球部に目が留まる。人数が少ないためか、三階から見下ろすように眺めるとどうしても練習場がスカスカに見えた。

「おーい、みんな一度手を止めて集まってくれ。」

石川の声が音楽室に響く。音がやみ、楽器をその場に置いて全員が中央へ集まる。練習用に机を動かしているためにできた教室の真ん中のスペースにみんなが座り、石川を見た。

そんな部員をぐるりと見渡してから、石川が口を開く。

「みんなは秋のコンクールに向けて頑張ってると思うが、夏から秋にか

英語解答

1 A ＜対話文１＞ ア
＜対話文２＞ エ
＜対話文３＞ ウ
B Q１ イ
Q２ To tell her about their school.

2 〔問１〕 イ
〔問２〕 getting closer to
〔問３〕 ア 〔問４〕 ウ
〔問５〕 オ 〔問６〕 エ
〔問７〕 イ 〔問８〕 エ
〔問９〕 エ 〔問10〕 オ

3 〔問１〕 オ 〔問２〕 イ
〔問３〕 エ 〔問４〕 ア
〔問５〕 communication
〔問６〕 ウ
〔問７〕 (7)-a learning Japanese
(7)-b a new world
〔問８〕 カ
〔問９〕 (例)I want to read picture books to little children as volunteer activities. I will have to explain things easily and clearly to them. I will also need to talk with their parents. So, I will be able to improve my communication skills. (42語)

1 〔放送問題〕

〔問題A〕＜対話文１＞≪全訳≫ユミ(Y)：デービッド，私たちはこの建物の最上階にいるの。ここからの眺めはきれいね。／デービッド(D)：お寺がいくつか見えるね，ユミ。／Y：見て！　向こうに私たちの学校が見えるわ。／D：どこ？／Y：あの公園が見える？　その公園のそばよ。／D：ああ，見えた。これはすごくすてきな景色だね。／Y：あなたが気に入ってくれてよかったわ。もうすぐ正午ね。７階まで降りましょう。そこにいいレストランがあるの。

Q：「ユミとデービッドはどこで話しているか」―ア．「建物の最上階」

＜対話文２＞≪全訳≫タロウ(T)：やあ，ジェーン。宿題を手伝ってくれない？　僕には難しくて。／ジェーン(J)：いいわよ，タロウ。でも，今は職員室に行かなきゃならないの。スミス先生のところへ行ってこの辞書を返さないといけないのよ。／T：わかった。じゃあ，僕は図書館に行ってる。返す本があるし，宿題のために新しい本を借りるよ。／J：後でそこへ行ってあなたを手伝うわね。／T：ありがとう。

Q：「なぜジェーンは図書館へ行くのか」―エ．「タロウを手伝うため」

＜対話文３＞≪全訳≫女性(W)：すみません。ミナミ駅へ行きたいんです。次の電車は何時に出ますか？／男性(M)：えっと，今は11時ですね。次の電車は11時15分に発車します。／W：母がまだ来ないんです。11時20分頃にはここに着くと思うんですが。／M：わかりました。それなら11時30分発の電車に乗れますよ。ミナミ駅には11時55分に到着します。／W：ありがとうございます。その電車に乗ることにします。

Q：「この女性はいつ電車に乗るか」―ウ．「11時30分」

〔問題B〕≪全訳≫皆さん，おはようございます。私の名前はマーガレット・グリーンです。オーストラリア出身です。オーストラリアはとても広い国です。皆さんはそこへ行ったことがありますか？毎年，大勢の日本人が私の国を訪れます。日本に来る前，私は中国で５年間英語を教えていました。そこで楽しく過ごしました。／私は日本に住んで６年になります。日本に来た後，１年間はこの国中を旅して楽しみました。数多くの有名な場所を訪れました。それから，２年間学校へ通って日本語を学びました。今は英語を教えて３年になります。この学校は私が日本で英語教師として勤める２つ目の学校となります。どうぞ皆さんの学校について私に教えてください。この学校のことを知りたいのです。この学校の先生になれてうれしく思います。ありがとうございます。

Ｑ１：「グリーン先生はどのくらいの間，日本で英語を教えているか」―イ．「３年間」

Ｑ２：「グリーン先生が生徒にしてほしいことは何か」―「彼らの学校について彼女に教えること」

２〔長文読解総合―会話文〕

≪全訳≫ **1**ケンとトムはアメリカで同じ高校に通っている。ケンは日本からの留学生だ。ある日曜日の午後，２人はデパートにいて，ちょうど買い物を終えたところである。**2**ケン(Ｋ)：もう６時だよ。遅くなっちゃうね。**3**トム(Ｔ)：急いで帰ろう。**4**Ｋ：あーあ！　エレベーターが全部行っちゃったよ。**5**Ｔ：なんて運が悪いんだ！**6**Ｋ：それにここのエレベーターってすごくゆっくりだね。エレベーターの台数を増やした方がいいよ。**7**Ｔ：このデパートにはエレベーターが３台あるけど，３台とも全部１階に着くところだよ。少なくとも１台はこっちに上がってきてもいいのにね。実はよく同じような目に遭うんだ。**8**Ｋ：僕もだよ！　どうしてこういうことが起きるのかな？**9**Ｔ：僕らがついてないだけなのかな？　ジョーンズ先生にきいてみようよ。きっと先生ならこのことについて何か知ってると思うよ。**10**Ｋ：それは名案だね。**11**翌日，ケンとトムは放課後に理科のジョーンズ先生のところへ行く。**12**Ｔ：こんにちは，少しお話しできますか？**13**Ｋ：先生の助けが必要なんです。**14**ジョーンズ先生(Ｊ)：もちろんいいよ。**15**サナ(Ｓ)：こんにちは，トム。**16**Ｔ：やあ，サナ。ケン，こちらはサナだよ。彼女はサウジアラビアからの留学生なんだ。**17**Ｋ：初めまして。**18**Ｓ：こちらこそ初めまして。**19**Ｊ：私にききたいことって何だい？**20**Ｋ：僕らは昨日デパートに買い物に行ったんです。10階でエレベーターに乗ろうとしたら，エレベーターが全部１階に向かっていて，僕らはすごく長いこと待たなくてはいけなかったんです。**21**Ｔ：エレベーターは３台あるんですけど，僕らは同じ経験をすることがよくあるんです。**22**Ｋ：どうしてこういうことが起きるのか知りたいんです。**23**Ｊ：なるほど，君たちはそれが偶然起きてると思うかい？**24**Ｔ：僕はそう思います。**25**ジョーンズ先生は紙を１枚取って図１を描き始める。**26**Ｊ：図１を見てごらん。エレベーターＸ，Ｙ，Ｚが円周に沿って時計回りに動いているとする。エレベーターが昇るときは円の左側に沿って動き，降りるときは円の右側に沿って動くよ。**27**Ｋ：なるほど。**28**Ｊ：今，３台のエレベーターが２階，６階，８階にいるとしよう。エレベーターＸとＺは降り，Ｙは昇っている。この円の中心からエレベーターＸ，Ｙ，Ｚ，それぞれに線を引くと，この円を３つに分割できるよ。すると円の中に120°の角が３つできあがるね。**29**Ｓ：もしもこの円にあるエレベーターが同じ速度でこの角度を保ちながら動いていれば，私たちはそんなに長く待たずに済むってことですよね？**30**Ｊ：そうだね，でもエレベーターはときどき互いに近づくことがあるんだ。**31**Ｋ：なぜそうなるんですか？**32**Ｊ：例えば，大勢の人が10階のレストランで昼食を終えて，１階まで降りようとしてエレベーターＹを待っているとしよう。どうなるかわかるかい？**33**Ｔ：大勢の人がエレベーターＹに乗ります。すると，その人たちが乗り降りするせいで，このエレベーターは10階と１階の２つの階でより長く停止します。34 J：エレベーターXとZはどうかな？35 S：大勢の人がエレベーターYに乗るので，エレベーターXとZに乗る人は少なくなります。36 K：そうすると，エレベーターXとZの方が速く動くから，エレベーターYに近づくことになるのか。37 J：そのとおり。38 T：この問題の解決法を先生はご存じですか？39 J：いくつかの企業はこの問題を解決するためにとても懸命に取り組んでいるよ。40 S：エレベーターの速度を上げたり，同時に乗れる人を増やすためにエレベーターをもっと大きくしようとしているそうですね。41 J：そうだね，それに別の解決法もあるんだ。42 T：(5)-aどうするんですか？43 J：エレベーターのアルゴリズムを改善することによってだよ。44 K：エレベーターのアルゴリズム？45 J：それはエレベーターをどう制御するかってことだよ。46 K：制御ですか？　エレベーターのボタンを押したら，一番近くにあるエレベーターが来るんですよね？47 J：もちろんそうだよ，でも1つの建物にエレベーターが2台以上あって，別々の階に待っている人が大勢いる場合には，そう単純にはいかないんだ。48 S：どんなふうに制御されてるんですか？49 J：今のエレベーターはいくつかの要因によって制御されてるんだ。50 T：その要因について詳しく教えていただけますか？51 J：いいとも。3つの重要な要因について説明しよう。第1の要因は，平均待ち時間だよ。52 T：(6)エレベーターを待っている人全員のことを考えて，その時間を減らすことが大切なんですね。53 J：第2の要因は長待ち率だよ。54 S：何のことですか？55 J：それぞれの階で1分以上待っている人の割合だよ。56 K：(5)-bどうしてそれが重要なんですか？57 J：人は1分以上待たされるとイライラし始めるんだよ。58 S：(5)-cそれはおもしろいですね。59 J：第3の要因は，エレベーターが昇降しているときに止まる回数だよ。60 T：それが何か重要なんですか？61 J：止まる階の数が減れば，それだけ速く移動できるだろう。62 S：エレベーターが満員だと階を通過していくのはなぜなのか，これでわかりました。63 J：これらの要因のいくつかはコンピューターでシミュレーションされているんだよ。64 K：シミュレーション？65 J：そう，コンピューターにはエレベーターを利用している人の数や，いつ人々がエレベーターを利用するかがわかるんだ。66 T：すごいや。67 J：みんなに1つクイズを出そう。68 ジョーンズ先生が図2を描き始める。／全てのエレベーターは同じ速さで動き，1台が同時に運べるのは5人である。／エレベーターAとBは降りており，エレベーターCとDは昇っている。／エレベーターCに乗っている人は全員10階まで直接向かっている。／エレベーターDに乗っている人は全員9階まで直接向かっている。／1階では3人が10階まで直接向かうために待っている。／7階では2人が1階まで直接向かうために待っている。／10階では5人が1階まで直接向かうために待っている。／69 J：君たちは8階にいて，エレベーターで1階まで降りるためにボタンを押したところだとしよう。君たちの近くまで来ているエレベーターは君たちのいる階に止まるだろうが，君たちの平均待ち時間が7階や9階にいる人の平均待ち時間よりも短ければ，エレベーターは君たちのいる階には止まらないんだ。それに，満員の場合にもエレベーターは止まらないよ。君たちのいる階に止まるエレベーターはどれになるかな？70 皆，黙って考えている。71 T：わかったぞ。72 S：私も。73 K：たぶん，エレベーターDじゃありませんか？74 J：そのとおり。今では，エレベーターはさらに進化しているんだよ。75 K：(5)-dどんなふうにですか？76 J：場所によっては，スクリーンパネルのついたエレベーターを見かけるね。エレベーターに乗る前にスクリーンパネルのフロアボタンを押すと，どのエレベーターに乗ればいいか教えてくれるんだ。乗る人は移動してスクリーンパネルに表示されたエレベーターに乗るんだよ。77 T：そうすれば，同じ階に行く人たちを同じエレベーターに集めることができるんだ。停止する階の数が減るから，より速く移動できますね。78K：驚いたなあ！79J：エレベーターを設計している人たちは文化の違いを知り，国によって異なるシステムやプログラムを使わないといけないんだ。80T：どうしてそうしないといけないんですか？81J：君たちの国のエレベーターについて，あるいは人々がどうやってそれを利用しているのかについて教えてくれるかな。82S：私の国では宗教上の理由で１日に数回，特定の時間に大勢の人たちがエレベーターに乗るんです，だから同時に大人数を速く運べるエレベーターが必要です。83K：日本では，エレベーターを待っているときは列に並ぶのが普通なので，日本のエレベーターの中には次にどのエレベーターが来るのか表示してくれるものがあります。84T：アメリカでは，人と人との間のスペースをより広く取るので，エレベーターは比較的大きくなっています。85S：国の数だけ慣習もたくさんあるってことね。86T：何かをつくるときには，それがどんなふうに機能するかを知り，さまざまな文化の人たちの行動や考えを理解することが大切なんだね。87K：身の回りの物やさまざまな文化について，もっと調べてみようよ。

〔問１〕＜適語句選択＞乗ろうとしたエレベーターが全て階下に行ってしまったうえ，速度が遅いのでいら立っている場面。ケンはエレベーターの台数を増やすべきだと不満を言ったのである。

〔問２〕＜書き換え―適語句補充＞are arriving at ～ は「～に到着しつつある」という意味。これは「～に近づいている」ということ。第69段落第２文に getting closer to ～「～により近づいている」がある。第30段落や第36段落の get close to は進行形にならないので不可。

〔問３〕＜要旨把握―図を見て答える問題＞「１から10の数字は建物の階を表している。X，Y，Zはエレベーターである」　第28段落参照。XとZは降り，Yは昇っていて，円の中心からX，Y，Zに向かって線を引いて３分割したとき，中心角がそれぞれ120度になるのはア。

〔問４〕＜適語(句)選択＞(4)-a. 大勢の人が同時に乗降しようとするので，エレベーターの停止時間は longer「より長く」なる。　(4)-b. エレベーターXとZはYよりも人が少ないので，移動速度が faster「より速く」なる。

〔問５〕＜適文選択＞(5)-a. ジョーンズ先生の「別の解決法もある」という言葉を受けてのトムの発言。この後，ジョーンズ先生が具体的な解決策を挙げているので，トムはその方法を尋ねたのである。Bの主語 they は第39段落の Some companies を受ける。　(5)-b. 空所の後で，ジョーンズ先生が説明している「人は１分以上待たされるとイライラし始める」という内容は，C．「なぜそれ(＝１分以上待っている人の割合)が重要なのか」の質問の答えとなっている。　(5)-c. 空所の後，先生は３つ目の要因に話題を移しているので，空所で話が切れると考えて，直前の先生の説明に対する感想となるDを入れる。　(5)-d. この後，ジョーンズ先生は最新のエレベーターのシステムについて説明しているので，ケンは，直前のジョーンズ先生の「エレベーターはさらに進化している」という言葉を聞いて「どのように」と具体的に説明してもらうことを求めたのだとわかる。

〔問６〕＜整序結合＞'It is ～ for … to ―'「…が〔にとって〕―することは～だ」の形が想定されるが，この形だとうまくまとまらないので，'It is ～ to …'「…することは～だ」の形で，for は wait for ～「～を待つ」として使うことを考える。It's の後に important を置き，to の後は think about ～「～について考える」とする。all the people の後に現在分詞の形容詞的用法として waiting for the elevator を続けると，「エレベーターを待っている全ての人のことを考えることが大切だ」となり意味が通る。 It's important to think about all the people waiting for the elevator …

〔問7〕<文脈把握>直前のジョーンズ先生の説明を聞いてサナは，満員のエレベーターが通過してしまう理由がわかったと言っている。ジョーンズ先生が説明した内容と一致するのは，イ.「エレベーターが止まる階が少なければ，それだけ速く移動できる」。

〔問8〕<適語句選択>まずエレベーターAは8階に降りてくるが，7階の2人の方が待ち時間が長いので8階には止まらない。Cは10階で5人載せて満員になるので8階には止まらない。Dは9階まで昇り，乗客を降ろして空の状態で降りてくるので，これに乗ることができる。

〔問9〕<英文解釈>'So many ～, so many …'で「～の数だけ，…がある」という意味。つまり「国の数だけ，慣習もある」ということ。これに最も近いのは，エ.「違う国の人々は，考え方や物事の行い方も異なる」。

〔問10〕<内容真偽>ア.「トムとケンはデパートに買い物に行ったが，エレベーターが見つからなかった」…× 第4段落参照。 イ.「トムとケンが家に帰るとき，10階にはエレベーターは1台しか見つからなかった」…× 第7段落参照。 ウ.「アルゴリズムを改善するために，より速くて大きいエレベーターをつくろうとしている会社もある」…× 第40～43段落参照。 エ.「長待ち率とはエレベーターがそれぞれの階で1分以上待っている比率のことである」…× 第55段落参照。エレベーターではなく人が待っている時間である。 オ.「ジョーンズ先生は，今日のエレベーターを制御しているいくつかの要因はコンピューターでシミュレーションされていると言っている」…○ 第63段落に一致する。 カ.「ジョーンズ先生は，いくつかのエレベーターにはスクリーンパネルがついていて，そのパネルはどの階に行くかを表示すると言っている」…× 第76段落参照。どの階に行くかではなく，人がどのエレベーターに乗るべきかを表示する。

3 〔長文読解総合―物語〕

≪全訳≫❶私の名前はオガワミサキ。私はバンクーバーの高校で日本語を教えている。毎年，私の最初の日本語の授業のとき，生徒たちに自分自身のことと自分の経験について話し，なぜ自分が日本語の教師になったのかを説明している。私の話で新しい生徒たちに何らかのメッセージが伝わることを願っている。日本語を学ぶことは彼らにとって非常に良い経験になるだろうと信じている。以下は私の物語である。❷大学を卒業した後，私は日本の中学校の音楽教師となり，サッカー部の顧問になるよう頼まれた。このサッカー部は男子のクラブで，私はスポーツがどれも好きではなかったので，それは無理だと思った。だが，サッカー部の部員たちはサッカーと自分たちのクラブが大好きだということは知っていたので，顧問になることに決めた。❸私はサッカーのルールを理解しなければならず，部員たちは力になってくれた。彼らと一緒に世界中の選手やすごいチームのことを学んだ。また，サッカーの歴史についても学び，さまざまな文化に興味を覚えた。それから私は海外を旅するようになり，他の国で暮らすことを考えた。❹5月に3年生が部を引退した後，1年生と2年生は次のキャプテンを選ぶ必要があった。彼らはバンスに部長になってくれるように頼んだ，というのも彼が優秀なゴールキーパーであり，いつもとても熱心に練習していたからだ。彼はサッカーがよりうまくなる方法を教えるのが好きで，チームメイトたちから尊敬されていた。最初，彼はイエスと言わなかった。彼はこう言った。「僕がカナダからここに来たのはこの前の4月で，日本語をうまく話せない。言葉の問題に加えて，僕は内気で，キャプテンやリーダーになったことが一度もないんだよ」　他の部員たちはバンスを励ました。私はこう言った。「私はこの部の顧問になるとは思わなかったし，なれるとも思ってなかったの。でも今はこうして新しい立場で楽しくやってるのよ」　結局，バンスはキャプテンになった。**5**私たちのチームは強くはなかったが，20人のすばらしいメンバーがいた。非常に優秀なサッカー選手もいれば，サッカーがそんなにうまくない選手もいた。それぞれが(他の選手とは)違った重要な役割を担っていた。例えば，ユウタは優れたサッカー選手の１人だった。彼はいつも他のメンバーたちが考えていることを理解し，問題の解決方法を見出そうと努めていた。タロウはそれほど優秀な選手ではなかったが，戦術に長(た)けていた。彼はテレビやインターネットで世界中のサッカーの試合を見ることで戦術を学び，その戦術をチームメイトと共有した。それぞれ異なる長所と考えを持っている彼らはチームをより強くすると私は確信した。**6**バンスはメンバーがもっと練習をがんばることが必要だと信じていた。チームが負けたり，チームメイトが練習をがんばらなかったりすると，彼は腹を立てた。彼は自分の考えを日本語で明確に表現できず，いら立つことが多かった。彼のチームメイトはバンスを怖がり，気安く話しかけられなくなった。彼らの間のコミュニケーションは悪化し，全ての試合に負け続けた。／→②ある日，タロウがついにバンスに向かってこう叫んだ。「君と一緒じゃ，僕らは楽しくサッカーができないよ！」／→④他の数人の部員たちは，自分たちもできないと言った。／→③また別の部員はこう言った。「僕は将来医者になりたいんだ，だからもっと勉強する時間が必要なんだよ」／→①「バンス，誰もがみんな違ってるってことをそろそろわかるべきだよ」とユウタが言った。／バンスはとてもショックを受けた，そして皆がそれぞれ違ったふうに考えているということを知った。**7**その後，バンスは以前よりも頻繁にチームメイトと話し合うようになり，彼らはもっと強くなるためのより良い方法を見つけようと努力した。彼らは以前よりもっと自分たちの考えを交換するようになった。部員たちは英語を使うようにし，バンスは日本語を身につけるために大いに努力した。彼らは強いチームをつくるためにはお互いに十分なコミュニケーションをとる必要があるということを理解した。お互いの違いを尊重し，より効果的な方法で練習するために話し合いを重ねた。コミュニケーションは大幅に向上し，チームは以前よりずっと強くなった。**8**翌年の７月に，私たちのチームはその地域で最強のチームとの試合に敗れた。それがバンスと他の３年生たちにとって最後の試合だった。最終試合の後，バンスはチームメイトたちにこう言った。「(4)僕らのチームを強くしてくれるのは，練習をがんばることだけじゃなくて意見を交換することもだ，ってことがわかったよ。いつも僕を支えてくれてありがとう」　ユウタは言った。「ここにいる全員が，サッカーとクラブ活動を通じて，人生において大切なことを学んだんだよ」　バンスは言った。「僕らはお互いにうまくコミュニケーションをとってきたから前より強くなれたんだ。それに今では，僕はちっとも内気じゃなくなったよ！」　皆が笑った。**9**それぞれの部員が新しいことに挑戦し，自分の経験から何かを学んだことを，私はうれしく思った。バンスは，効果的なリーダーシップは効果的なコミュニケーションに始まるということを学んだ。英語を使うというのは部員たちにとってこれまでになくかなり困難な状況だった。しかし，彼らの大半は英語により興味を持つようになり，英語の勉強をがんばるようになった。**10**新しいことへの挑戦を通じて新たな世界を持つことができる，ということを私は学んだ。サッカーは私にとっては非常に新しいものだったが，それが私の人生を変えた。サッカー部の顧問になる前，私は一度も海外旅行へ行ったことがなかった。さまざまな国のサッカースタジアムを訪れるようになり，旅を通じてたくさんの友人ができた。音楽の教師として10年間勤めた後，私は海外で暮らして働くことを決意した。⓫また，部員たちはコミュニケーションの大切さを私に教えてくれた。人間として成長するためには他者とうまくコミュニケーションをとらなければならないということに気がついた。私が外国で日本語の教師になろうと考えたのは，言語はコミュニケーションと強い結びつきがあるからだ。外国の高校で教えるためには，その国の大学で学ぶのが最善の方法だと私は考えた。バンスがよく話してくれたので，私はバンクーバーに関心があった。バンクーバーの人々はお互いの違いに敬意を払い，自分たちの言語とは違った言語を学習するのが好きだということを知った。だから私はここにやってきたのだ。⓬自分の話を終えると，私は生徒たちにこう言っている。「私はいつも新しいことに挑戦して学んでいます，そしてそのおかげで私の人生はより豊かになるのです。サッカー部の顧問になったり，海外の大学で学んだり，外国で働いたりするといった，たくさんの新しい経験をしてきました。もう１つの言語を身につけることは，新たな人生を開くことだと私は信じています。さまざまな人とうまくコミュニケーションをとれば，皆さんの世界は一層広がるでしょう」

〔問１〕＜適語(句)選択＞(1)-a. 同じ段落の最終文に Finally, Vance became the team captain. とある。「最初は」キャプテンになるのを断ったが，最後には引き受けた。このように，At first「最初は」には，後にはそうではなかったという意味が含まれる。　(1)-b. この後で述べているユウタとタロウは，この前で言及した20人のサッカー部員の具体例である。　(1)-c. この前で他の部員たちから正直な意見をぶつけられたバンスは，「その後」考えを改め，彼らと意見を交換し合うようになったという転機となる部分である。　(1)-d. 前の第10段落では，新たなことへの挑戦の大切さが述べられ，第11段落ではコミュニケーションという別の大切なことが述べられているので‘追加’を示す Also「また」が適切。

〔問２〕＜文脈把握＞第２段落第２文参照。サッカー部が男子の部であり，またスポーツに興味もなかったため，顧問になるのは無理だと考えていた。この内容に一致するのは，イ.「私はスポーツが好きではなかったし，男子のサッカー部の面倒などみられなかった」。

〔問３〕＜文整序＞サッカー部内が険悪な状態に陥っている中で，それを打開するきっかけとなる出来事を描写する場面。まずその出来事が起きた日を示す One day「ある日」で始まる②を最初に置く。次に④の couldn't の後に省略されている語句を考えると，この後には②の enjoy 以下が省略されていると考えられ，他の部員も同意見だったことを示す文となるのでこれを次に置く。この後は，部活に対する別の意見である③を続け，これらの意見を受けた内容になっている①を最後に置く。

〔問４〕＜整序結合＞語群より，‘not only *A* but also *B*’「*A*だけでなく*B*も」の形が予測でき，この‘*A*’と‘*B*’に２つある動名詞(句)をあてて，not only practicing hard but also exchanging ideas とまとめる。あとは，残りの語句から‘make＋目的語＋形容詞’「～を…(の状態)にする」の形で make our team strong とし，これを to不定詞の形容詞的用法で things を修飾して that節の主語とする。残った are はこれに対する動詞となる。　Now I know that the things to make our team strong are not only practicing hard but also exchanging ideas.

〔問５〕＜適語補充＞第６段落で部員の正直な意見を聞いたバンスは，第７段落以降で，部員たちと頻繁に話をし，意見を交換することで関係を改善し，チームを変えていったことが読み取れる。つまり，バンスは「コミュニケーション」を通じてリーダーシップを発揮していったのであり，それこそが彼が学んだことである。

〔問6〕＜文脈把握＞前に So「だから」とあるので，その直前の内容がここ(＝バンクーバー)に来た理由になっている。その内容と一致する，ウ.「バンクーバーの人々はお互いの違いに敬意を払い，外国語を学ぶことが好きなので，私はここに来た」が適切。

〔問7〕＜内容一致＞「私は，日本語を学ぶことがあなたたちに新たな世界を示してくれるだろうと信じている」　下線部は，「別の言語を身につけることは，新たな人生を開くことだと信じている」という意味だが，オガワ先生はバンクーバーで日本語の教師をしているので，ここでの「別の言語を持つこと」とは第１段落の learning Japanese「日本語を学ぶこと」と言い換えられる。また，「新たな人生」に近い意味の語句として，第10段落第１文に a new world「新たな世界」がある。

〔問8〕＜内容真偽＞ア.「最初のうち，オガワ先生はサッカーのルールを知らず，誰の助けもなしに１人でサッカーのルールブックを読んだ」…×　第３段落第１，２文参照。　イ.「バンスはチームメイトにもっと練習をがんばってほしかったので，キャプテンになる前にときどき腹を立てた」…×　第６段落第１，２文参照。キャプテンになった後である。　ウ.「オガワ先生はサッカー部の顧問になる前から外国に興味があり海外に行きたいと思っていた」…×　第３段落終わりの２文参照。顧問になってからである。　エ.「バンスはいつも１人で問題を解決するために大いに努力していたので，最も重要な教訓を学んだ」…×　「１人で問題を解決するために」という記述はない。　オ.「オガワ先生はたくさんの友達をつくりたかったので，海外旅行を始め，さまざまなスタジアムを訪れた」…×　第10段落第３，４文参照。友達をつくるのが目的ではない。　カ.「オガワ先生は日本の中学校で音楽の教師になった後，たくさんの新しいことを経験した」…○　第２段落第１文および第12段落に一致する。

〔問9〕＜テーマ作文＞「自分のコミュニケーション能力を向上させるために，新しいことを経験するとしよう。あなたの考えを１つ書きなさい。どんなことを経験したいですか。そしてそれがあなたのコミュニケーション能力を向上させるのはなぜだと思いますか」　コミュニケーション能力の向上に役立つ新しい経験という条件なので，他者と関わり，意見を交換したり何かを伝えたりする経験の例を挙げるとよい。

数学解答

1 〔問1〕 $-1+\sqrt{2}$

〔問2〕 $x=\frac{5}{2}$，$y=-\frac{1}{2}$

〔問3〕 $x=\frac{1\pm\sqrt{13}}{2}$ 〔問4〕 $\frac{17}{27}$

〔問5〕 2021 〔問6〕 右下図

2 〔問1〕 $0\leqq y\leqq 16a$

〔問2〕 (1) $\frac{30}{7}\mathrm{cm}^2$ (2) $\frac{35}{11}$

3 〔問1〕 $\frac{5}{6}\pi\mathrm{cm}$

〔問2〕 (例)△PDA と△PBC において，円Oの $\overset{\frown}{\mathrm{PD}}$ に対する円周角の大きさは等しいので，∠PAD＝∠PCB ……① また，半円の弧に対する円周角より，∠APC＝∠BPD＝90°だから，∠DPA＝90°＋∠DPC……②，∠BPC＝90°＋∠DPC……③ ②，③より，∠DPA＝∠BPC……④ ①，④より，2組の角がそれぞれ等しいので，△PDA∽△PBC

〔問3〕 $\frac{1}{4}$倍

4 〔問1〕 6 cm 〔問2〕 $\frac{7}{2}\mathrm{cm}^2$

〔問3〕 5 cm

(例)

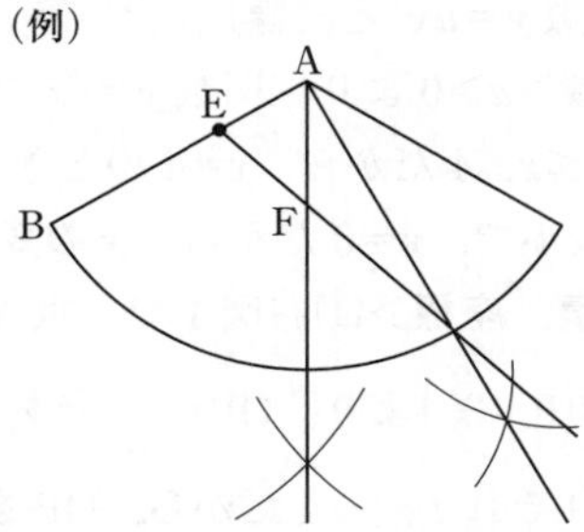

1 〔独立小問集合題〕

〔問1〕＜平方根の計算＞与式＝$-\frac{6-2\times3\sqrt{2}+3}{9}-\frac{2\sqrt{3}}{9}\div\left(-\frac{\sqrt{2}}{\sqrt{3}}\right)=-\frac{9-6\sqrt{2}}{9}-\frac{2\sqrt{3}}{9}\times\left(-\frac{\sqrt{3}}{\sqrt{2}}\right)=-\frac{3-2\sqrt{2}}{3}-\left(-\frac{2\times3}{9\sqrt{2}}\right)=\frac{-(3-2\sqrt{2})}{3}+\frac{2}{3\sqrt{2}}=\frac{-3+2\sqrt{2}}{3}+\frac{2\times\sqrt{2}}{3\sqrt{2}\times\sqrt{2}}=\frac{-3+2\sqrt{2}}{3}+\frac{2\sqrt{2}}{3\times2}=\frac{-3+2\sqrt{2}}{3}+\frac{\sqrt{2}}{3}=\frac{-3+2\sqrt{2}+\sqrt{2}}{3}=\frac{-3+3\sqrt{2}}{3}=-1+\sqrt{2}$

〔問2〕＜連立方程式＞$2x+4y=3$……①，$\frac{3}{10}x-\frac{1}{2}y=1$……②とする。②×10 より，$3x-5y=10$……②′ ①×3－②′×2 より，$12y-(-10y)=9-20$，$22y=-11$ $\therefore y=-\frac{1}{2}$ これを①に代入して，$2x-2=3$，$2x=5$ $\therefore x=\frac{5}{2}$

〔問3〕＜二次方程式＞$2\left(x^2-\frac{1}{2}x+\frac{1}{16}\right)-3=x^2+\frac{1}{8}$，$2x^2-x+\frac{1}{8}-3=x^2+\frac{1}{8}$，$x^2-x-3=0$ となるから，解の公式より，$x=\frac{-(-1)\pm\sqrt{(-1)^2-4\times1\times(-3)}}{2\times1}=\frac{1\pm\sqrt{13}}{2}$ である。

〔問4〕＜確率―カード＞カードの取り出し方は，1回目，2回目，3回目とも3通りだから，全部で $3\times3\times3=27$(通り)あり，a，b，c の組も27通りある。このうち，$a^2+b^2+c^2\leqq14$ となるのは，1と1と1，1と1と2，1と1と3，1と2と2，1と2と3，2と2と2を取り出す場合である。1と1と1を取り出すとき，$(a,\ b,\ c)=(1,\ 1,\ 1)$の1通りあり，2と2と2を取り出すときも同様に1通りある。1と1と2を取り出すとき，(1, 1, 2)，(1, 2, 1)，(2, 1, 1)の3通りあり，1と1と3，1と2と2を取り出すときも同様にそれぞれ3通りある。1と2と3を取り出すとき，(1, 2, 3)，(1, 3, 2)，(2, 1, 3)，(2, 3, 1)，(3, 1, 2)，(3, 2, 1)の6通りある。以上より，$a^2+b^2+c^2\leqq14$ となる場合は $1\times2+3\times3+6=17$(通り)あるから，求める確率は$\frac{17}{27}$である。

〔問５〕＜整数の性質＞$2025=3^4\times5^2=(3^2\times5)^2=45^2$だから，$b^2=2025$より，$b=\pm45$である。$a$，$b$，$c$は連続した奇数であり，$a<b<c$だから，$(a,\ b,\ c)=(-47,\ -45,\ -43)$，$(43,\ 45,\ 47)$である。$(-47)\times(-43)=2021$，$43\times47=2021$だから，いずれにおいても$ac=2021$である。

≪別解≫a，b，cは連続した奇数であり，$a<b<c$だから，$a=b-2$，$c=b+2$と表せる。よって，$ac=(b-2)(b+2)=b^2-4$となる。$b^2=2025$だから，$ac=2025-4=2021$である。

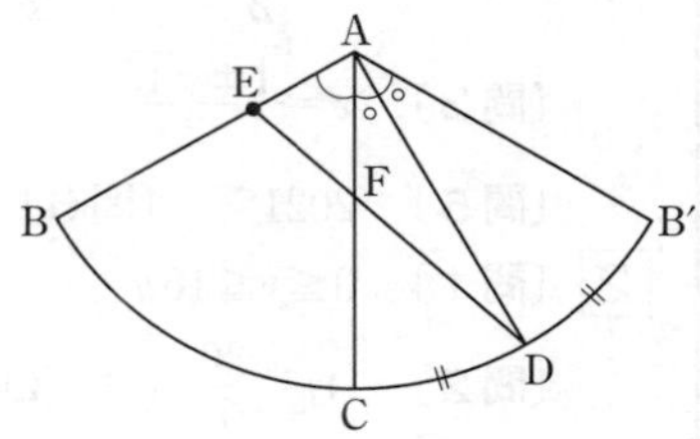

〔問６〕＜図形—作図＞右図で，$\overset{\frown}{BC}=\overset{\frown}{B'C}$だから，点Cは∠BAB′の二等分線と$\overset{\frown}{BB'}$との交点である。また，$\overset{\frown}{B'D}=\overset{\frown}{CD}$だから，点Dは∠B′ACの二等分線と$\overset{\frown}{B'C}$との交点である。曲線$l$の長さが最小になるとき，３点D，F，Eは一直線上に並ぶ。解答参照。

2〔関数—関数$y=ax^2$と直線〕

〔問１〕＜変域＞$a>0$より，関数$y=ax^2$は，xの絶対値が大きくなるほどyの値も大きくなる。xの変域が$-3\leqq x\leqq4$だから，$x=4$のときyの値は最大で，$y=a\times4^2=16a$となる。また，$x=0$のときyの値は最小で，$y=0$だから，yの変域は$0\leqq y\leqq16a$である。

図１

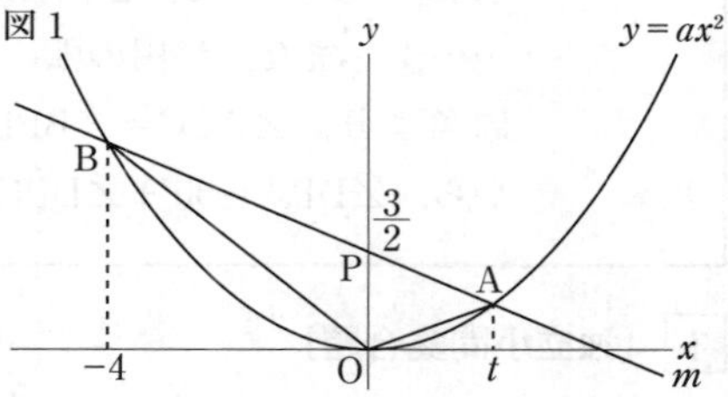

〔問２〕＜面積，座標＞(1)右図１で，点Aのx座標を$t(t>0)$とする。$P\left(0,\ \frac{3}{2}\right)$より，$OP=\frac{3}{2}$であり，２点A，Bの$x$座標がそれぞれ$t$，$-4$だから，OPを底辺としたときの△OAPの高さは$t$，△OPBの高さは４である。よって，$\triangle OAB=\triangle OAP+\triangle OPB=\frac{1}{2}\times\frac{3}{2}\times t+\frac{1}{2}\times\frac{3}{2}\times4=\frac{3}{4}t+3$となる。直線$m$の傾きが$-\frac{1}{2}$だから，直線$m$の式は$y=-\frac{1}{2}x+\frac{3}{2}$である。点Bは直線$m$上にあって，$x$座標は$-4$だから，$y=-\frac{1}{2}\times(-4)+\frac{3}{2}=\frac{7}{2}$より，$B\left(-4,\ \frac{7}{2}\right)$である。放物線$y=ax^2$は点Bを通るから，$\frac{7}{2}=a\times(-4)^2$が成り立ち，$a=\frac{7}{32}$となる。したがって，点Aは放物線$y=\frac{7}{32}x^2$上の点となるから，$A\left(t,\ \frac{7}{32}t^2\right)$と表せ，点Aは直線$y=-\frac{1}{2}x+\frac{3}{2}$上にもあるから，$\frac{7}{32}t^2=-\frac{1}{2}t+\frac{3}{2}$が成り立つ。これを解くと，$7t^2+16t-48=0$より，$t=\frac{-16\pm\sqrt{16^2-4\times7\times(-48)}}{2\times7}=\frac{-16\pm\sqrt{1600}}{14}=\frac{-16\pm40}{14}$だから，$t=\frac{-16-40}{14}=-4$，$t=\frac{-16+40}{14}=\frac{12}{7}$となる。$t>0$より，$t=\frac{12}{7}$だから，$\triangle OAB=\frac{3}{4}\times\frac{12}{7}+3=\frac{30}{7}(\text{cm}^2)$となる。

図２

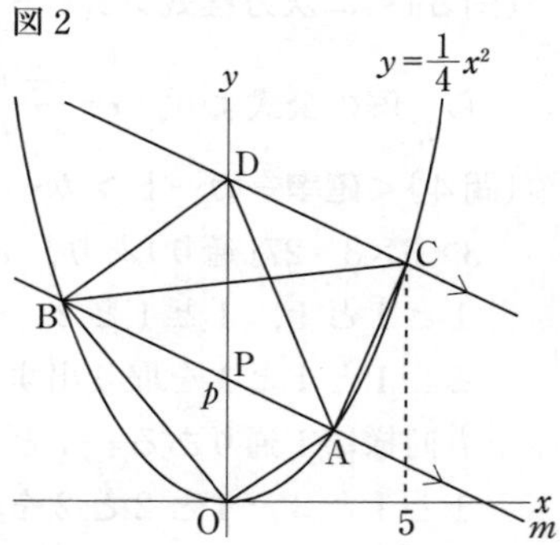

(2)右図２で，△CBA＝△DBAとなる点Dをy軸上の点Pより上側にとる。このとき，CD∥ABとなるので，直線mの傾きが$-\frac{1}{2}$より，直線CDの傾きも$-\frac{1}{2}$となる。また，△OAB：△DBA＝△OAB：△CBA＝S：T＝4：7である。点Cは放物線$y=\frac{1}{4}x^2$上にあってx座標は５だから，$y=\frac{1}{4}\times5^2=\frac{25}{4}$より，$C\left(5,\ \frac{25}{4}\right)$である。直線CDの式を$y=-\frac{1}{2}x+b$とおくと，点Cを通ることより，$\frac{25}{4}=-\frac{1}{2}\times5+b$，$b=\frac{35}{4}$となるので，$D\left(0,\ \frac{35}{4}\right)$

である。P(0, p)だから，OP$=p$，PD$=\frac{35}{4}-p$ である。OP，PD を底辺と見たときの△OAP，△PAD の高さを h，△OPB，△PDB の高さを i とすると，△OAB＝△OAP＋△OPB$=\frac{1}{2}\times p\times h+\frac{1}{2}\times p\times i=\frac{1}{2}p(h+i)$，△DBA＝△PAD＋△PDB$=\frac{1}{2}\times\left(\frac{35}{4}-p\right)\times h+\frac{1}{2}\times\left(\frac{35}{4}-p\right)\times i=\frac{1}{2}\left(\frac{35}{4}-p\right)(h+i)$ となるので，△OAB：△DBA$=\frac{1}{2}p(h+i):\frac{1}{2}\left(\frac{35}{4}-p\right)(h+i)=p:\left(\frac{35}{4}-p\right)$ となる。よって，$p:\left(\frac{35}{4}-p\right)=4:7$ が成り立ち，$7p=4\left(\frac{35}{4}-p\right)$，$7p=35-4p$ より，$p=\frac{35}{11}$ となる。

3 〔平面図形―正三角形，円〕

≪基本方針の決定≫〔問１〕 ∠O′BE の大きさに着目する。

〔問１〕＜長さ＞右図１のように，点Aと点D，点Eと点 O′ をそれぞれ結ぶ。円 O′ の半径より，O′E＝O′B であり，△ABC が正三角形より，∠O′BE$=60^\circ$ だから，△O′EB は正三角形である。よって，∠BO′E$=60^\circ$ である。また，辺 AC は円Oの直径だから，∠ADC$=90^\circ$ であり，△ABC は正三角形だから，点Dは辺 BC の中点となる。したがって，BD＝DC$=\frac{1}{2}$BC$=\frac{1}{2}\times10=5$ となるから，$\overset{\frown}{\text{BE}}=5\pi\times\frac{60^\circ}{360^\circ}=\frac{5}{6}\pi$(cm)である。

図１

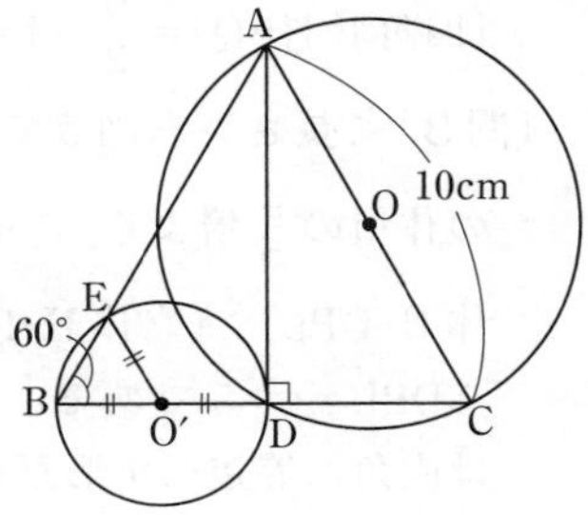

〔問２〕＜論証―相似＞右図２の△PDA と△PBC において，２組の角がそれぞれ等しいことを示せばよい。解答参照。

図２

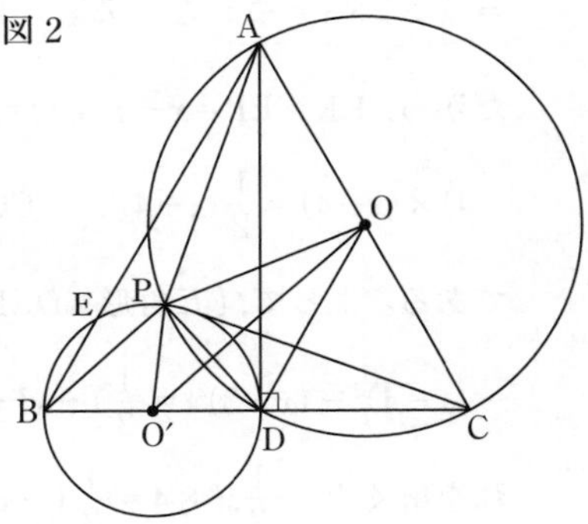

〔問３〕＜面積比―合同＞右図２で，２点O，O′ を結ぶ。OP＝OD，O′P＝O′D，OO′＝OO′ より，△OPO′≡△ODO′ だから，〔四角形 OPO′D〕＝2△ODO′ である。BD＝DC より，△ABD＝△ADC$=\frac{1}{2}$△ABC であり，AO＝OC より，△ADO＝△ODC$=\frac{1}{2}$△ADC$=\frac{1}{2}\times\frac{1}{2}$△ABC$=\frac{1}{4}$△ABC となる。また，O′D$=\frac{1}{2}BD=\frac{1}{2}$DC より，O′D：DC$=\frac{1}{2}$DC：DC＝1：2 だから，△ODO′：△ODC＝1：2 となり，△ODO′$=\frac{1}{2}$△ODC$=\frac{1}{2}\times\frac{1}{4}$△ABC$=\frac{1}{8}$△ABC となる。よって，〔四角形 OPO′D〕$=2\times\frac{1}{8}$△ABC$=\frac{1}{4}$△ABC である。

4 〔空間図形―直方体〕

≪基本方針の決定≫〔問１〕 特別な直角三角形の辺の比を利用する。

〔問２〕 四角形 IJFQ は△EFQ の一部である。 〔問３〕 ２つの立体は頂点Hを共有し，底面は同じ平面上にある。

〔問１〕＜長さ―特別な直角三角形＞右図１で，立体 ABCD-EFGH は直方体だから，∠PDC＝∠DCF$=90^\circ$ であり，DP∥CF である。点Qから線分 DP に垂線 QM を引くと，四角形 CDMQ は長方形となるから，QM＝CD＝3 である。∠PQM$=90^\circ-30^\circ=60^\circ$ より，△PQM は３辺の比が $1:2:\sqrt{3}$ の直角三角形だから，PQ＝2QM$=2\times3=6$(cm)である。

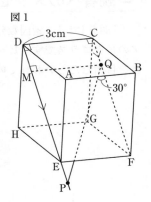

図１

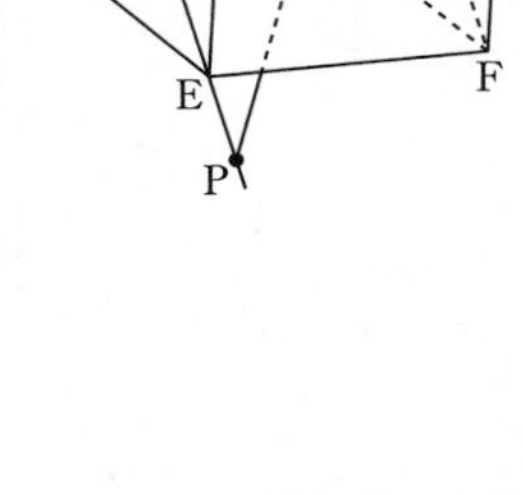

〔問２〕＜面積―相似＞右図２で，〔四角形 IJFQ〕＝△EFQ－△EJI である。∠EFQ＝90° だから，△EFQ＝$\frac{1}{2}$×3×3＝$\frac{9}{2}$ である。DP∥CF より，△IEP∽△IQC だから，IE：IQ＝EP：QC＝(6－4)：(4－3)＝2：1 である。２点 F，I を結ぶと，△EFI：△EFQ＝IE：EQ＝2：(2＋1)＝2：3 である。よって，△EFI＝$\frac{2}{3}$△EFQ＝$\frac{2}{3}$×$\frac{9}{2}$＝3 である。同様にして，△JEP∽△JFC より，JE：JF＝EP：FC＝2：4＝1：2 だから，△EJI：△EFI＝EJ：EF＝1：(1＋2)＝1：3 であり，△EJI＝$\frac{1}{3}$△EFI＝$\frac{1}{3}$×3＝1 となる。よって，〔四角形 IJFQ〕＝$\frac{9}{2}$－1＝$\frac{7}{2}$(cm^2) である。

図２

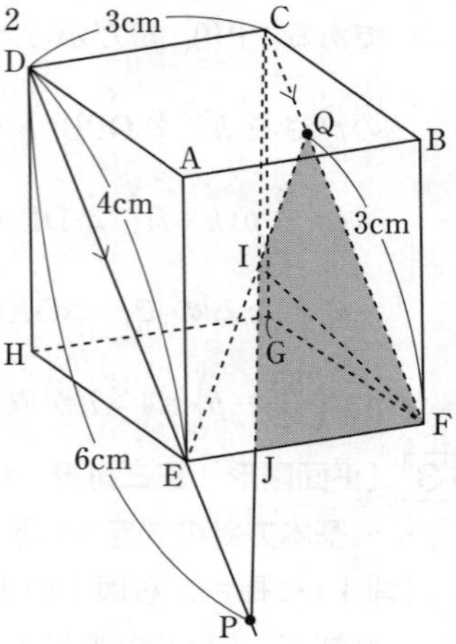

〔問３〕＜長さ＞右図３で，立体 H-CDEKQ の体積が立体 H-DPL の体積の$\frac{4}{5}$倍より，〔立体 H-CDEKQ〕：〔立体 H-DPL〕＝$\frac{4}{5}$〔立体 H-DPL〕：〔立体 H-DPL〕＝4：5 だから，〔五角形 CDEKQ〕：△DPL＝4：5 である。∠PDL＝90°，∠DPQ＝45° より，△DPL は直角二等辺三角形だから，DP＝DL＝x(cm) とおくと，△DPL＝$\frac{1}{2}$×x×x＝$\frac{1}{2}x^2$ となる。△EPK，△CQL も直角二等辺三角形だから，EK＝EP＝x－4，CQ＝CL＝x－3 となり，△EPK＝$\frac{1}{2}$×(x－4)×(x－4)＝$\frac{1}{2}(x-4)^2$，△CQL＝$\frac{1}{2}$×(x－3)×(x－3)＝$\frac{1}{2}(x-3)^2$ である。よって，〔五角形 CDEKQ〕＝△DPL－△EPK－△CQL＝$\frac{1}{2}x^2-\frac{1}{2}(x-4)^2-\frac{1}{2}(x-3)^2=\frac{1}{2}\{x^2-(x-4)^2-(x-3)^2\}=\frac{1}{2}(-x^2+14x-25)$ だから，$\frac{1}{2}(-x^2+14x-25):\frac{1}{2}x^2=4:5$ が成り立つ。これを解くと，$\frac{1}{2}x^2\times4=\frac{1}{2}(-x^2+14x-25)\times5$，$4x^2=-5x^2+70x-125$，$9x^2-70x+125=0$ より，$x=\frac{-(-70)\pm\sqrt{(-70)^2-4\times9\times125}}{2\times9}=\frac{70\pm\sqrt{400}}{18}=\frac{70\pm20}{18}$ となり，$x=\frac{70-20}{18}=\frac{25}{9}$，$x=\frac{70+20}{18}=5$ となる。DP＞DE より，x＞4 だから，x＝5(cm) である。

図３

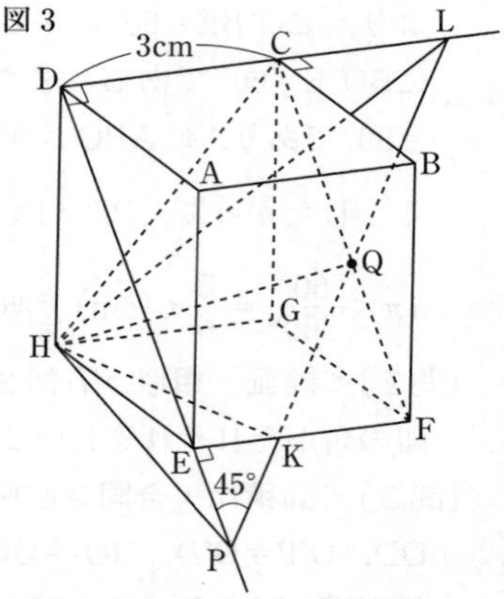

＝読者へのメッセージ＝

①〔問５〕では，素因数分解を利用して2025の平方根を求めました。素数を発見したのは，古代ギリシアのピタゴラスです。ピタゴラスは学校をつくり，音楽と数学の研究を通して，宇宙の本質をつかむことを目指したといわれています。

国語解答

一 (1) たいせき　(2) はんと
(3) ひげ　(4) きょう
(5) いちねんほっき

二 (1) 差益　(2) 堂　(3) 節
(4) 一日　(5) 奇想天外

三 〔問1〕 エ　〔問2〕 ウ
〔問3〕 ア
〔問4〕 1 きれいな目で見つめられるとドキリと
2 妙な居心地の悪さを感じ
〔問5〕 イ　〔問6〕 エ

四 〔問1〕 ウ　〔問2〕 イ
〔問3〕 1 対象を解体し，分析し，他の何かと関連付けて化学反応を起こす
2 自分の手であたらしく問いを設定し，世界に存在する視点を増やす
〔問4〕 ア
〔問5〕 自己との関係性の中でとらえ直し，自分なりの解釈(23字)
〔問6〕 エ
〔問7〕 (例)現代の情報環境の中で私たちは安易な情報発信をしがちであり，ともすれば発信は他者の意見の反復あるいはただの否定に終わり，発信者自身の姿も見えない。有意義な情報発信のために必要なのは，発信を行う自分自身との関わりである。目にした意見と自分自身がどのように関係し，どうあらねばならないのか，そのことを吟味できるようになることが重要だと思った。日頃から自分を取り巻く社会や人々に関心を持ち続けたいと考える。(199字)

五 〔問1〕 ア　〔問2〕 イ
〔問3〕 エ　〔問4〕 イ
〔問5〕 ア

一〔漢字〕
(1)「堆積」は，幾重にも積み重なること。　(2)「版図」は，勢力の及ぶ範囲のこと。　(3)「卑下」は，劣ったものとして自らを卑しめること。　(4)「興じる」は，おもしろがって楽しむ，という意味。　(5)「一念発起」は，あることを成し遂げようと決心すること。

二〔漢字〕
(1)「差益」は，売買の収支，相場の変動などで生じた差額の利益のこと。　(2)「堂に入る」は，学問や技芸に習熟している，という意味。　(3)「節」は，そのように思われる点のこと。　(4)「一日の長」は，経験，技術が他よりも少し優れていること。　(5)「奇想天外」は，普通では思いつかないほど奇抜であること。

三〔小説の読解〕出典；和泉実希『空までとどけ』。
〔問1〕<文章内容>春菜は，「甲子園でブラスバンドの演奏」をするという「子どものころの憧れ」がきっかけで吹奏楽部に入部したが，今はそれよりも，目の前の目標である県大会出場の方が大事になっていた。しかし，先生の話を聞いて，「演奏の場」とはコンクールだけではなく，壮行会のような周囲の反応を見る場も楽しいかもしれない，と春菜は改めて考えたのである。
〔問2〕<表現>視界の隅にとらえた人影を，春菜は，幼い頃から見てきた恒太の影だと自然に見分けたが，本当は，夕暮れの河川敷は人の見分けがつかないほどの暗さであることが，効果的に表現さ

れている。

〔問3〕＜**文章内容**＞春菜の夢は,「甲子園でブラスバンドの演奏」をすることであり, 一瞬, 幼い頃に見た「照りつける陽射しと, 白い光と大きな声援」が春菜の頭に浮かんだが, 今は「子どものころの憧れよりも, 目の前の目標」であるコンクールの方が大切だと思い, 過去の気持ちを振りきろうとしたのである。

〔問4〕＜**文章内容**＞恒太に「春菜の夢だもんな。甲子園でブラスバンドの演奏」と言われて,「いつの間にか子どものころの憧れよりも, 目の前の目標の方が大事になっている」春菜は, 恒太の「きれいな目」で見つめられると,「隠している何かを見据えられているような」気がして「ドキリと」した(…1)。また, 春菜は,「子どものころからずっと同じことを続ける」恒太とは違い, 変わってしまった自分に「妙な居心地の悪さ」を感じたのである(…2)。

〔問5〕＜**表現**＞五月に入ったが夕暮れは冷たい風が吹いていた。風は, 季節の微妙な移り変わりを表現していると同時に, 人物の心と連動している。コンクールの方が大事だと思う春菜にとって, 恒太の「春菜の夢」という言葉は, 自分は「何一つとして曲げずに持っているものはないのかもしれない」という居心地の悪さを感じさせた。その居心地の悪さが, 春菜に「首筋を, 足の隙間を流れていく風が冷たい」と感じさせたのである。また, 春菜は,「“努力”って“才能”かなんかだと思ってない？」という恒太の言葉に返す言葉が見つからず,「鳥肌が立つ」ような冷たい風を感じた。

〔問6〕＜**心情**＞壮行会に時間を潰されるのは嫌だと納得しない部員たちの反応に, 春菜は「どこかで気持ちが落ちて行く感覚を覚え」た。夕暮れ近くの河川敷で恒太と一緒になった春菜は, 彼と会話することに「なんとなくほっと」した。「春菜も楽しみだろ, 甲子園」という恒太の言葉に, 春菜は, 一応「うん, そうだね」と答えて微笑んで見せた。恒太に見つめられて, 春菜は,「自分の中に隠している何かを見据えられているような」居心地の悪さを感じた。「今はコンクールが一番」という一言をどうしても恒太に伝えることができず, 春菜は後ろめたさに, 胸の奥が「ズクズクと鈍く痛んだ」のである。

四 〔**論説文の読解—社会学的分野—現代社会**〕出典；宇野常寛『遅いインターネット』。

≪**本文の概要**≫インターネットに文章を書くことが, 当たり前の日常になっている。人々は, 十分に読む訓練をしないままに書く環境を手に入れ, 大した思慮も検証もなく書いてしまう。反射的な発信ではない良質な発信を動機づけ, 書くためには, 読むことが必要だと認識させることが大切である。価値のある情報発信とは, 対象を読むことで得られたものから, 自分で問題を設定することであり, 既に示されている選択肢に答えを出すのではなく, 新たな問いを生むことこそが, 世界を豊かにする発信である。新たな問いを生む発信は, 既に存在する価値への共感の外側にある。共感したときではなく, 想像を超えたものにふれたときに人間は価値転倒を起こし, 世界の見え方が変わるのである。さまざまな距離と角度から対象を眺め, 接することで初めて人間はその事物に対し新しい問いを設定することができる。報道が伝えることが可能なのは, ある事実の一側面である。批評は, その事実の一側面と自己との関係性を考え, 世界の見え方を変える行為であり, 最初から想定されている結論を確認し考えることを放棄して安心する行為ではなく, よく読み, よく考え, ときに迷い袋小路にたたずむことそのものを楽しむ行為なのである。

〔問1〕＜**文章内容**＞現代では,「多くの人にとっては既にインターネットに文章を『書く』ことのほうが当たり前の日常」になっている。「現代の情報環境下に生きる人々は, 読むことから書くことを覚えるのではなく, 書くことから読むことを覚えるほうが自然」だからである。

〔問２〕＜文章内容＞現代の「書く」「読む」力のためには，「脊髄反射的な発信ではない良質な発信を動機づけ」，その過程で「書く」ために必要なのは「読む」ことだと人々に認識させ，さらに「『読む』訓練を経た上でもう一度『書く』ことへの挑戦を求める」というような設計が必要なのである。

〔問３〕＜文章内容＞新しい「読む力」には，タイムラインの潮目を読むのではなく，具体的に対象そのものを論じようとするときに，「対象を解体し，分析し，他の何かと関連付けて化学反応を起こす能力が必要」になってくるのである(…１)。価値のある情報発信とは，YESかNOかを述べるのではなく，「自分の手であたらしく問いを設定し，世界に存在する視点を増やすこと」である。新たな問いを生むことこそが，世界を豊かにする発信であり，新しい「書く力」なのである(…２)。

〔問４〕＜文章内容＞「あらたな問いを生む発信は，既に存在する価値への『共感』」ではない。既に存在している価値への共感では，世界を変えることはできないのである。

〔問５〕＜文章内容＞報道は，事実の一側面であり，世界のどこかで生まれた「他人の物語」を発信する。報道を受信した人々は，自己との関係性の中で報道を解釈して，「自分の物語」として再発信するのである。

〔問６〕＜要旨＞「読む」「書く」力とは何かということから始まって，「共感」と「あらたな問い」，「報道」と「批評」というように，情報発信について言葉を変えて繰り返し述べている(…ａ)。本文の前半では，「読むこと『から』書くというルートをたどることは，もはや難しい」現代において，「ではどうするのか」という問いや，「あたらしい『書く』『読む』力とは何か」という問いを立てながら，論が進められている(…ｅ)。

〔問７〕＜作文＞筆者は，安易な情報発信に警鐘を鳴らし，既に示されている選択肢に対してYESかNOかを述べるだけの情報発信ではなく，世界を豊かにする情報発信の必要性を説いている。本文の内容をふまえ，何に留意して情報に接すればいいのか，自分の考えをまとめる。

五〔説明文の読解―芸術・文学・言語学的分野―文学〕出典；高橋英夫『西行』。

〔問１〕＜文章内容＞芭蕉の言う風雅とは，「造化」すなわち自然に随順し，「春夏秋冬という『自然』の折々のあらわれを自分の『友』とすることによって醸し出されてゆく」ものなのである。

〔問２〕＜文章内容＞人間は，「おのれの眼と心のすべてをあげて自然を見出し，自然に帰する道をさぐり当てなければならない」のである。自分を「無」に帰しつつ，「風雅の最高最純の輝き，煌めきの一瞬を把捉」し作品として定着させる，という逆説の中で初めて，風雅が成立するというのである。

〔問３〕＜文章内容＞芭蕉は，「閃めきの一瞬をとらえること」によってのみ「風雅」という詩は成立する，と考えていたのである。

〔問４〕＜文章内容＞対象の本質をつかめば見るもの全てが花であり月であるという芭蕉の考えは，歌の言葉は概念であって実物世界から独立しているという西行の言葉と通じ合うところがあると考えることが，可能なのである。

〔問５〕＜要旨＞『笈の小文』に見られる，見るもの全てが花であり月であるという芭蕉の俳論は，明恵に語った西行の歌論に影響を受けていると考えられる(ア…○)。『野ざらし紀行』の段階では，芭蕉は，西行を敬慕はしていたが究極的な場所に位置づけていたわけではない(イ…×)。弟子の服部土芳が著した『三冊子』からは，芭蕉の「瞬間的な機縁を重んずる思想」が読み取れる(ウ…×)。『明恵上人伝記』には，実体としての花や月ではなく概念として花や月を自由によめばよいという西行の歌論が記されている(エ…×)。

Memo

●2021年度

東京都立高等学校

共　通　問　題

【社会・理科】

2021年度 東京都立高等学校（共通問題）

【社　会】（50分）〈満点：100点〉

1　次の各問に答えよ。

〔問１〕　次のページのⅠの地形図は，2006年と2008年の「国土地理院発行２万５千分の１地形図（川越南部・川越北部）」の一部を拡大して作成したものである。３ページのⅡの図は，埼玉県川越市中心部の地域調査で確認できる城下町の痕跡を示したものである。Ⅰの**ア**～**エ**の経路は，地域調査で地形図上に●で示した地点を起点に矢印（ ➡ ）の方向に移動した様子を ―― で示したものである。Ⅱの図で示された痕跡を確認することができる経路に当てはまるのは，Ⅰの**ア**～**エ**のうちではどれか。

I

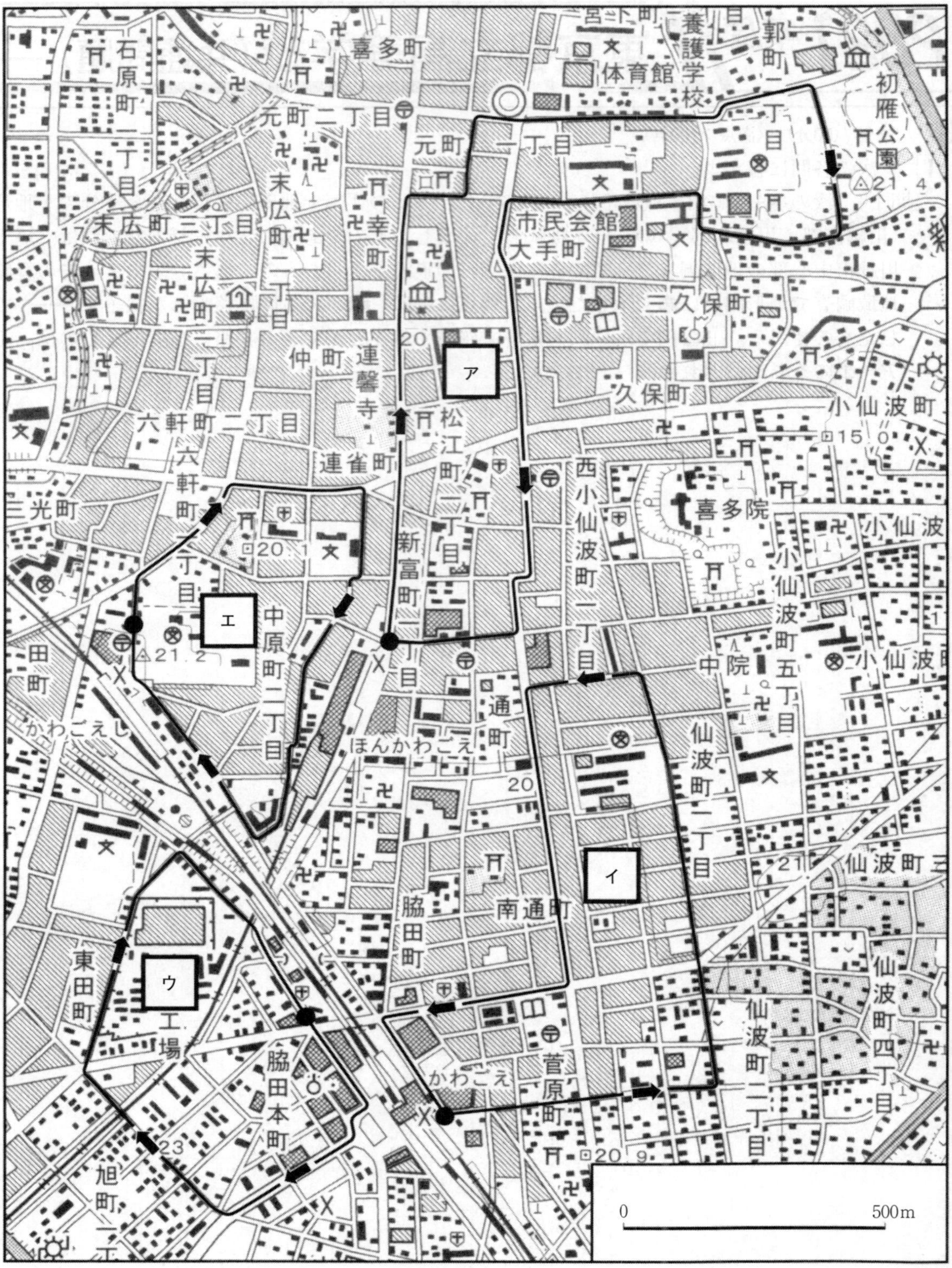
喜多町
宮下町二丁目
養護学校
郭町二丁目
体育館
初雁公園
石原町一丁目
元町二丁目
元町一丁目
末広町二丁目
末広町三丁目
末広町一丁目
幸町
市民会館
大手町
三久保町
仲町
連馨寺
久保町
小仙波町
六軒町二丁目
松江町一丁目
連雀町
六軒町一丁目
西小仙波町一丁目
喜多院
三光町
新富町一丁目
小仙波町五丁目
中原町二丁目
田町
中院
かわごえし
ほんかわごえ
通町
仙波町一丁目
仙波町三丁目
脇田町
南通町
東田町
工場
脇田本町
かわごえ
菅原町
仙波町四丁目
仙波町二丁目
旭町
ア
イ
ウ
エ
0
500m

Ⅱ

城下町の痕跡を探そう

調 査 日　令和２年10月３日(土)　　集合時刻　午前９時

集合場所　駅前交番前

移動距離　約4.1km

痕跡１　城に由来するものが，現在の町名に残っている。

郭 町　城の周囲にめぐらした郭に由来する。

大手町　川越城の西大手門に由来する。

痕跡２　城下に「時」を告げてきた鐘つき堂

地形図上では，「高塔」の地図記号で示されている。

痕跡３　見通しを悪くし，敵が城に侵入しづらくなるようにした鍵型の道路

通行しやすくするために，鍵型の道路は直線的に結ばれている。

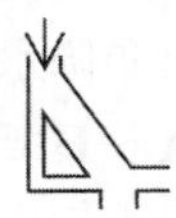

（↓は写真を撮った向きを示す。）

〔問２〕　次の文章で述べている我が国の歴史的文化財は，下の**ア**～**エ**のうちのどれか。

平安時代中期の貴族によって建立された，阿弥陀如来坐像を安置する阿弥陀堂であり，極楽浄土の世界を表現している。1994年に世界遺産に登録された。

ア　法隆寺　　**イ**　金閣　　**ウ**　平等院鳳凰堂　　**エ**　東大寺

〔問３〕　次の文章で述べている人物は，下の**ア**～**エ**のうちのどれか。

この人物は，江戸を中心として町人文化が発展する中で，波間から富士山を垣間見る構図の作品に代表される「富嶽三十六景」などの風景画の作品を残した。大胆な構図や色彩はヨーロッパの印象派の画家に影響を与えた。

ア　雪舟　　**イ**　葛飾北斎　　**ウ**　菱川師宣　　**エ**　狩野永徳

〔問４〕 次の条文がある法律の名称は，下の**ア**～**エ**のうちのどれか。

> ○労働条件は，労働者と使用者が，対等の立場において決定すべきものである。
> ○使用者は，労働者に，休憩時間を除き一週間について四十時間を超えて，労働させてはならない。

ア 男女共同参画社会基本法　**イ** 労働組合法
ウ 男女雇用機会均等法　**エ** 労働基準法

2 次の略地図を見て，あとの各問に答えよ。

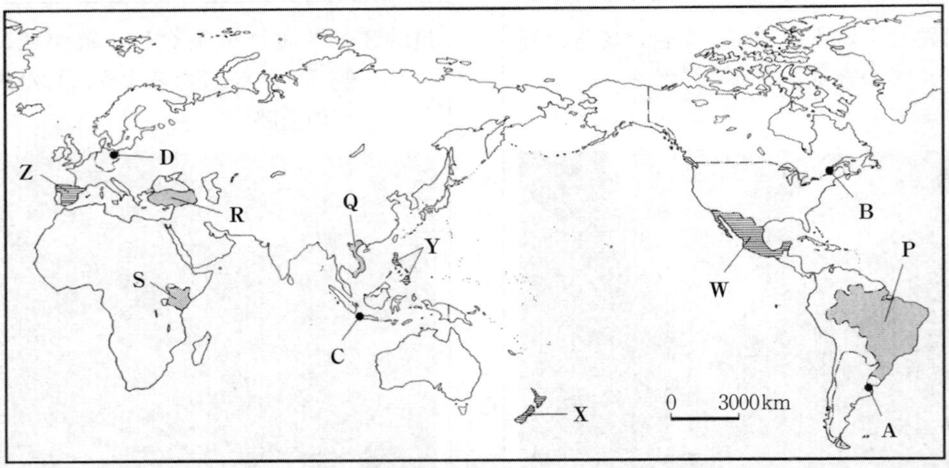

〔問１〕 次のⅠの**ア**～**エ**のグラフは，略地図中に**A**～**D**で示した**いずれか**の都市の，年平均気温と年降水量及び各月の平均気温と降水量を示したものである。Ⅱの表の**ア**～**エ**は，略地図中に**A**～**D**で示した**いずれか**の都市を含む国の，2017年における米，小麦，とうもろこし，じゃがいもの生産量を示したものである。略地図中の**D**の都市のグラフに当てはまるのは，Ⅰの**ア**～**エ**のうちのどれか，また，その都市を含む国の，2017年における米，小麦，とうもろこし，じゃがいもの生産量に当てはまるのは，Ⅱの表の**ア**～**エ**のうちのどれか。

Ⅰ

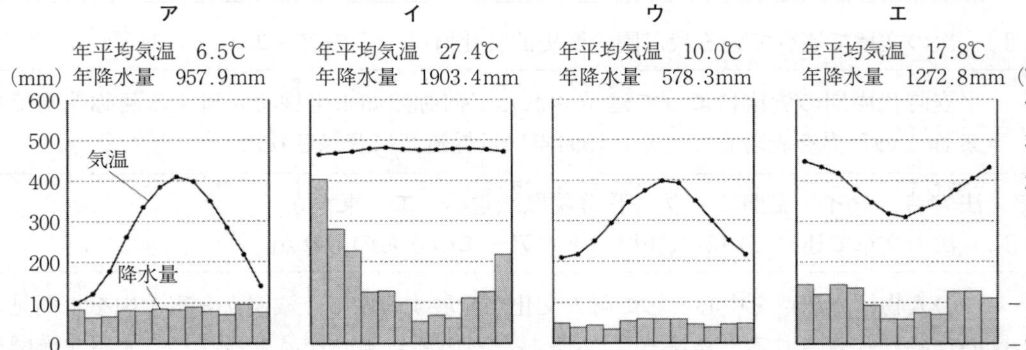

（「理科年表」令和２年などより作成）

Ⅱ

	米(万ｔ)	小麦(万ｔ)	とうもろこし(万ｔ)	じゃがいも(万ｔ)
ア	8138	―	2795	116
イ	133	1840	4948	245
ウ	―	2998	1410	441
エ	―	2448	455	1172

（注）―は，生産量が不明であることを示す。（「データブック オブ・ザ・ワールド」2020年版などより作成）

〔問２〕 次の表の**ア**～**エ**は，略地図中に ▒ で示した**P**～**S**の**いずれか**の国の，2017年におけるコーヒー豆と茶の生産量，国土と食文化の様子についてまとめたものである。略地図中の**P**～**S**のそれぞれの国に当てはまるのは，次の表の**ア**～**エ**のうちではどれか。

	コーヒー豆(百ｔ)	茶(百ｔ)	国土と食文化の様子
ア	―	2340	○北西部には二つの州を隔てる海峡が位置し，北部と南部も海に面し，中央部には首都が位置する高原が広がっている。 ○帝国時代からコーヒーが飲まれ，共和国時代に入り紅茶の消費量も増え，トマトや羊肉のスープを用いた料理などが食べられている。
イ	26845	5	○北部の盆地には流域面積約700万km^{2}の河川が東流し，南部にはコーヒー栽培に適した土壌が分布し，首都が位置する高原が広がっている。 ○ヨーロッパ風に，小さなカップで砂糖入りの甘いコーヒーが飲まれ，豆と牛や豚の肉を煮込んだ料理などが食べられている。
ウ	15424	2600	○南北方向に国境を形成する山脈が走り，北部には首都が位置する平野が，南部には国内最大の稲作地域である三角州が広がっている。 ○練乳入りコーヒーや主に輸入小麦で作られたフランス風のパンが見られ，スープに米粉の麺と野菜を入れた料理などが食べられている。
エ	386	4399	○中央部には標高5000mを超える火山が位置し，西部には茶の栽培に適した土壌が分布し，首都が位置する高原が広がっている。 ○イギリス風に紅茶を飲む習慣が見られ，とうもろこしの粉を湯で練った主食と，野菜を炒め塩で味付けした料理などが食べられている。

（注）―は，生産量が不明であることを示す。（「データブック オブ・ザ・ワールド」2020年版などより作成）

〔問３〕 次のⅠとⅡの表の**ア**～**エ**は，略地図中に ▒ で示した**W**～**Z**の**いずれか**の国に当てはまる。Ⅰの表は，1999年と2019年における日本の輸入総額，農産物の日本の主な輸入品目と輸入額を示したものである。Ⅱの表は，1999年と2019年における輸出総額，輸出額が多い上位3位までの貿易相手国を示したものである。Ⅲの文章は，ⅠとⅡの表における**ア**～**エ**の**いずれか**の国について述べたものである。Ⅲの文章で述べている国に当てはまるのは，ⅠとⅡの表の**ア**～**エ**のうちのどれか，また，略地図中の**W**～**Z**のうちのどれか。

Ⅰ

		日本の輸入総額(億円)	農産物の日本の主な輸入品目と輸入額(億円)					
ア	1999年	2160	野菜	154	チーズ	140	果実	122
	2019年	2918	果実	459	チーズ	306	牛肉	134
イ	1999年	6034	果実	533	野菜	34	麻類	6
	2019年	11561	果実	1033	野菜	21	植物性原材料	8
ウ	1999年	1546	アルコール飲料	44	果実	31	植物性原材料	11
	2019年	3714	豚肉	648	アルコール飲料	148	野菜	50
エ	1999年	1878	豚肉	199	果実	98	野菜	70
	2019年	6440	豚肉	536	果実	410	野菜	102

（財務省「貿易統計」より作成）

Ⅱ

		輸出総額（億ドル）	輸出額が多い上位3位までの貿易相手国		
			1位	2位	3位
ア	1999年	125	オーストラリア	アメリカ合衆国	日　本
	2019年	395	中華人民共和国	オーストラリア	アメリカ合衆国
イ	1999年	350	アメリカ合衆国	日　本	オランダ
	2019年	709	アメリカ合衆国	日　本	中華人民共和国
ウ	1999年	1115	フランス	ドイツ	ポルトガル
	2019年	3372	フランス	ドイツ	イタリア
エ	1999年	1363	アメリカ合衆国	カナダ	ドイツ
	2019年	4723	アメリカ合衆国	カナダ	ドイツ

（国際連合貿易統計データベースより作成）

Ⅲ

現在も活動を続ける造山帯に位置しており，南部には氷河に削られてできた複雑に入り組んだ海岸線が見られる。偏西風の影響を受け，湿潤な西部に対し，東部の降水量が少ない地域では，牧羊が行われている。一次産品が主要な輸出品となっており，1999年と比べて2019年では，日本の果実の輸入額は3倍以上に増加し，果実は外貨獲得のための貴重な資源となっている。貿易の自由化を進め，2018年には，日本を含む6か国による多角的な経済連携協定が発効したことなどにより，貿易相手国の順位にも変化が見られる。

3　次の略地図を見て，あとの各問に答えよ。

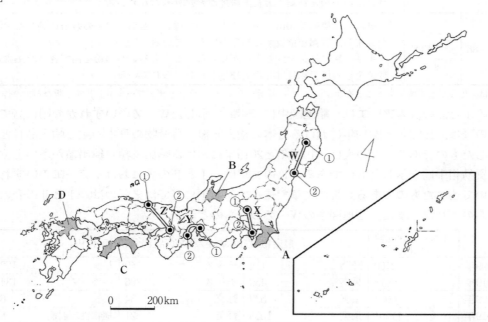

〔問1〕　次の表の**ア**～**エ**は，略地図中に ▒ で示した，**A**～**D**の**いずれか**の県の，2019年における人口，県庁所在地(市)の人口，県内の自然環境と情報通信産業などの様子についてまとめたものである。**A**～**D**のそれぞれの県に当てはまるのは，次の表の**ア**～**エ**のうちではどれか。

	人口（万人） 県庁所在地（市）の人口（万人）	県内の自然環境と情報通信産業などの様子
ア	70	○北部には山地が位置し，中央部には南流する複数の河川により形成された平野が見られ，沖合を流れる暖流の影響で，気候が温暖である。
	33	○県庁が所在する平野部には，園芸農業を行う施設内の環境を自動制御するためのシステムを開発する企業が立地している。
イ	510	○北西部に広がる平野の沖合には暖流が流れ，北東部には潮流が速い海峡が見られ，南西部に広がる平野は干満差の大きい干潟のある海に面している。
	154	○県庁所在地の沿岸部には，住宅地開発を目的に埋め立てられた地域に，報道機関やソフトウェア設計の企業などが集積している。
ウ	104	○冬季に降水が多い南部の山々を源流とし，北流する複数の河川が形成する平野が中央部に見られ，東部には下流に扇状地を形成する河川が見られる。
	42	○県庁が所在する平野部には，豊富な水を利用した医薬品製造拠点があり，生産管理のための情報技術などを開発する企業が立地している。
エ	626	○平均標高は約40mで，北部にはローム層が堆積する台地があり，西部には大都市が立地し，南部には温暖な気候の丘陵地帯が広がっている。
	97	○県庁所在地に近い台地には，安定した地盤であることを生かして金融関係などの情報を処理する電算センターが立地している。

（「日本国勢図会」2020/21年版などより作成）

〔問２〕 略地図中に①◉═◉②で示した**W**～**Z**は，それぞれの①の府県の府県庁所在地と②の府県の府県庁所在地が，鉄道と自動車で結び付く様子を模式的に示したものである。次の表の**ア**～**エ**は，**W**～**Z**の**いずれか**の府県庁所在地間の直線距離，2017年における，府県相互間の鉄道輸送量，自動車輸送量，起点となる府県の産業の様子を示したものである。略地図中の**W**～**Z**のそれぞれに当てはまるのは，次の表の**ア**～**エ**のうちではどれか。

	起点→終点	直線距離（km）	鉄道（百ｔ）	自動車（百ｔ）	起点となる府県の産業の様子
ア	①→②	117.1	1078	32172	輸送用機械関連企業が南部の工業団地に立地し，都市部では食品加工業が見られる。
	②→①		10492	25968	沿岸部では鉄鋼業や石油化学コンビナートが，内陸部では電子機械工業が見られる。
イ	①→②	161.1	334	41609	中山間部には畜産業や林業，木材加工業が，南北に走る高速道路周辺には電子工業が見られる。
	②→①		3437	70931	平野部には稲作地帯が広がり，沿岸部では石油精製業が見られる。
ウ	①→②	147.9	209	11885	漁港周辺には水産加工業が，砂丘が広がる沿岸部には果樹栽培が見られる。
	②→①		33	9145	沿岸部には鉄鋼業が，都市中心部には中小工場が，内陸部には電気機械工業が見られる。
エ	①→②	61.8	1452	79201	世界を代表する輸送用機械関連企業が内陸部に位置し，沿岸部には鉄鋼業などが見られる。
	②→①		1777	95592	石油化学コンビナートや，岬と入り江が入り組んだ地形を生かした養殖業が見られる。

（国土交通省「貨物地域流動調査」などより作成）

〔問３〕　次のⅠとⅡの地形図は，千葉県八千代市の1983年と2009年の「国土地理院発行２万５千分の１地形図（習志野）」の一部である。Ⅲの略年表は，1980年から1996年までの，八千代市（萱田）に関する主な出来事についてまとめたものである。ⅠとⅡの地形図を比較して読み取れる，◯で示した地域の変容について，宅地に着目して，簡単に述べよ。また，Ⅰ〜Ⅲの資料から読み取れる，◯で示した地域の変容を支えた要因について，八千代中央駅と東京都（大手町）までの所要時間に着目して，簡単に述べよ。

Ⅰ

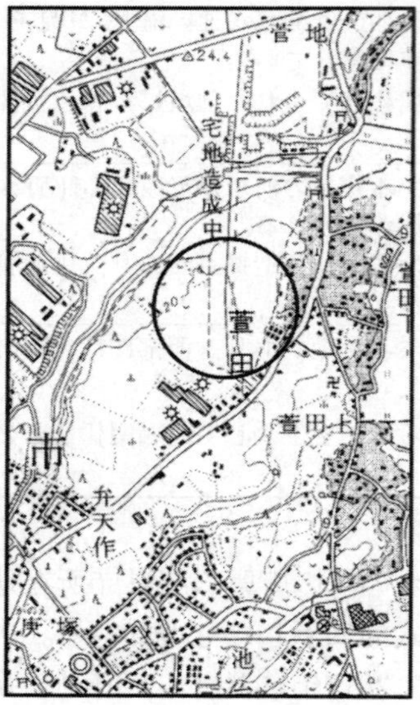

（1983年）

Ⅱ

（2009年）

Ⅲ

西暦	八千代市（萱田）に関する主な出来事
1980	●萱田の土地区画整理事業が始まった。
1985	●東葉高速鉄道建設工事が始まった。
1996	●東葉高速鉄道が開通した。 ●八千代中央駅が開業した。 ●東京都（大手町）までの所要時間は60分から46分に，乗換回数は３回から０回になった。

（注）　所要時間に乗換時間は含まない。

（「八千代市統計書」などより作成）

４　次の文章を読み，あとの各問に答えよ。

> 政治や行政の在り方は，時代とともにそれぞれ変化してきた。
>
> 古代では，クニと呼ばれるまとまりが生まれ，政治の中心地が，やがて都となり，行政を行う役所が設けられるようになった。さらに，(1)都から各地に役人を派遣し，土地や人々を治める役所を設け，中央集権体制を整えた。
>
> 中世になると，武家が行政の中心を担うようになり，(2)支配を確実なものにするために，独自の行政の仕組みを整え，新たな課題に対応してきた。
>
> 明治時代に入ると，近代化政策が推進され，欧米諸国を模範として，(3)新たな役割を担う行政機関が設置され，地方自治の制度も整備された。そして，社会の変化に対応した政策を実現するため，(4)様々な法律が整備され，行政が重要な役割を果たすようになった。

〔問１〕　(1)都から各地に役人を派遣し，土地や人々を治める役所を設け，中央集権体制を整えた。とあるが，次のア〜エは，飛鳥時代から室町時代にかけて，各地に設置された行政機関について述べたものである。時期の古いものから順に記号を並べよ。

ア　足利尊氏は，関東への支配を確立する目的で，関東８か国と伊豆・甲斐の２か国を支配する機関として，鎌倉府を設置した。

イ　桓武天皇は，支配地域を拡大する目的で，東北地方に派遣した征夷大将軍に胆沢城や志波城を設置させた。

ウ　中大兄皇子は，白村江の戦いに敗北した後，大陸からの防御を固めるため，水城や山城を築き，大宰府を整備した。

エ　北条義時を中心とする幕府は，承久の乱後の京都の治安維持，西国で発生した訴訟の処理，朝廷の監視等を行う機関として，六波羅探題を設置した。

〔問２〕 (2)支配を確実なものにするために，独自の行政の仕組みを整え，新たな課題に対応してきた。とあるが，次のⅠの略年表は，室町時代から江戸時代にかけての，外国人に関する主な出来事をまとめたものである。Ⅱの略地図中の**A**～**D**は，幕府が設置した奉行所の所在地を示したものである。Ⅲの文章は，幕府直轄地の奉行への命令の一部を分かりやすく書き改めたものである。Ⅲの文章が出されたのは，Ⅰの略年表中の**ア**～**エ**の時期のうちではどれか。また，Ⅲの文章の命令を主に実行する奉行所の所在地に当てはまるのは，Ⅱの略地図中の**A**～**D**のうちのどれか。

Ⅰ

西暦	外国人に関する主な出来事	
1549	●フランシスコ・ザビエルが，キリスト教を伝えるため来航した。	
		ア
1600	●漂着したイギリス人ウィリアム・アダムスが徳川家康と会見した。	
		イ
1641	●幕府は，オランダ商館長によるオランダ風説書の提出を義務付けた。	
		ウ
1709	●密入国したイタリア人宣教師シドッチを新井白石が尋問した。	
		エ
1792	●ロシア使節のラクスマンが来航し，通商を求めた。	

Ⅱ

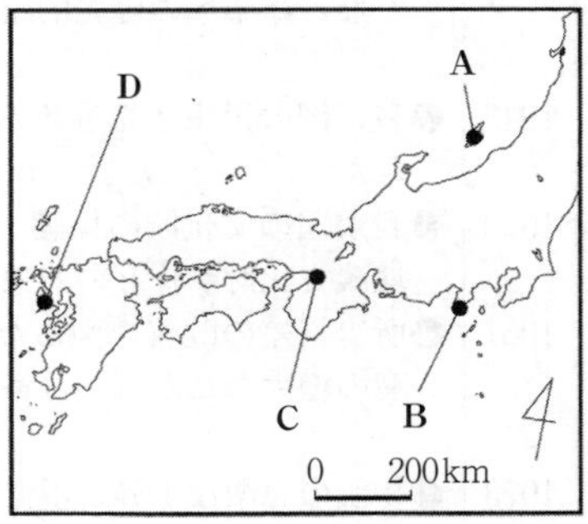

Ⅲ

○外国へ日本の船を行かせることを厳禁とする。
○日本人を外国へ渡航させてはならない。

〔問３〕 (3)新たな役割を担う行政機関が設置され，とあるが，次の文章は，帝都復興院総裁を務めることになる後藤新平が，1923年９月６日に，閣議に文書を提出する際に記した決意の一部を分かりやすく書き改めたものである。この決意をした時期の東京の様子について述べているのは，下の**ア**～**エ**のうちではどれか。

○大変災は突如として帝都を震え上がらせた。
○火災に包まれる帝都を目撃し，自分の任務が極めて重要であることを自覚すると同時に，復興の計画を策定することが急務であることを痛感した。
○第一に救護，第二に復旧，第三に復興の方針を執るべきである。

ア　新橋・横浜間に鉄道が開通するなど，欧米の文化が取り入れられ始め，現在の銀座通りに洋風れんが造りの２階建ての建物が建設された。

イ　我が国の国際的な地位を高めるために，イギリスと同盟を結び，我が国最初の国立図書館である帝国図書館が上野公園内に建設された。

ウ　大日本帝国憲法が制定され，近代的な政治制度が整えられ，東京では，都市の整備が進み，我が国最初のエレベーターを備える凌雲閣(りょううんかく)が浅草(あさくさ)に建設された。

エ　東京駅が開業し，都市で働くサラリーマンや工場労働者の人口が大きく伸び，バスの車掌やタイピストなどの新しい職業に就(つ)く女性が増え，丸(まる)の内(うち)ビルヂング(丸ビル)が建設された。

〔問４〕 (4)様々な法律が整備され，行政が重要な役割を果たすようになった。とあるが，次の略年表は，大正時代から昭和時代にかけての，我が国の法律の整備に関する主な出来事についてまとめたものである。略年表中の**Ａ**～**Ｄ**のそれぞれの時期に当てはまるのは，下の**ア**～**エ**のうちではどれか。

西暦	我が国の法律の整備に関する主な出来事	
1921	●工業品規格の統一を図るため，度量衡法(どりょうこうほう)が改正され，メートル法への統一が行われた。	
		A
1931	●国家による電力の管理体制を確立するため，電気事業法が改正され，国家経済の基礎となる産業への優先的な電力供給が始まった。	
		B
1945	●我が国の民主化を進めるため，衆議院議員選挙法が改正され，女性に選挙権が与えられた。	
1950	●我が国の文化財の保護・活用のため，文化財保護法が公布され，新たに無形文化財や埋蔵文化財が保存の対象として取り入れられた。	C
1961	●所得格差の改善を図るため，農業基本法が公布され，農業の生産性向上及び農業総生産の増大などが国の施策として義務付けられた。	
		D
1973	●物価の急激な上昇と混乱に対処するため，国民生活安定緊急措置法(きんきゅうそちほう)が公布され，政府は国民生活に必要な物資の確保と価格の安定に努めることを示した。	

ア　普通選挙などを求める運動が広がり，連立内閣が成立し，全ての満25歳以上の男子に選挙権を認める普通選挙法が制定され，国民の意向が政治に反映される道が開かれた。

イ　急速な経済成長をとげる一方で，公害が深刻化し，国民の健康と生活環境を守るため，公害対策基本法が制定され，環境保全に関する施策が展開された。

ウ　農地改革などが行われ，日本国憲法の精神に基づく教育の基本を確立するため，教育基本法が制定され，教育の機会均等，男女共学などが定められた。

エ　日中戦争が長期化し，国家総動員法(こっかそうどういんほう)が制定され，政府の裁量により，経済，国民生活，労務，言論などへの広範(こうはん)な統制が可能となった。

５　次の文章を読み，あとの各問に答えよ。

地方自治は，民主政治を支える基盤(きばん)である。地方自治を担(にな)う地方公共団体は，住民が安心した生活を送ることができるように，地域の課題と向き合い，その課題を解決する重要な役割を担っている。(1)日本国憲法では，我が国における地方自治の基本原則や地方公共団体の仕組みなどについて規定している。

地方自治は，住民の身近な生活に直接関わることから，(2)住民の意思がより反映できるように，直接民主制の要素を取り入れた仕組みになっている。

国は，民主主義の仕組みを一層充実(じゅうじつ)させ，住民サービスを向上させるなどの目的で，(3)1999年に地方分権一括法(ちほうぶんけんいっかつほう)を成立させ，国と地方が，「対等・協力」の関係で仕事を分担できることを目指して，地方公共団体に多くの権限を移譲(いじょう)してきた。現在では，全国の地方公共団体が地域の課題に応じた新たな取り組みを推進できるように，国に対して地方分権改革に関する提案を行うことができる仕組みが整えられている。

〔問１〕 (1)日本国憲法では，我が国における地方自治の基本原則や地方公共団体の仕組みなどについて規定している。とあるが，日本国憲法が規定している地方公共団体の仕事について述べているのは，次の**ア**～**エ**のうちではどれか。

ア 条約を承認(しょうにん)する。

イ 憲法及び法律の規定を実施するために，政令を制定する。

ウ 条例を制定する。

エ 一切の法律，命令，規則又(また)は処分が憲法に適合するかしないかを決定する。

〔問２〕 (2)住民の意思がより反映できるように，直接民主制の要素を取り入れた仕組みになっている。とあるが，住民が地方公共団体に対して行使できる権利について述べているのは，次の**ア**～**エ**のうちではどれか。

ア 有権者の一定数以上の署名を集めることで，議会の解散や，首長及び議員の解職，事務の監査(かんさ)などを請求(せいきゅう)することができる。

イ 最高裁判所の裁判官を，任命後初めて行われる衆議院議員総選挙の際に，直接投票によって適任かどうかを審査(しんさ)することができる。

ウ 予算の決定などの事項(じこう)について，審議して議決を行ったり，首長に対して不信任決議を行ったりすることができる。

エ 国政に関する調査を行い，これに関して，証人の出頭及び証言，記録の提出を要求することができる。

〔問３〕 (3)1999年に地方分権一括法(ちほうぶんけんいっかつほう)を成立させ，国と地方が，「対等・協力」の関係で仕事を分担できることを目指して，地方公共団体に多くの権限を移譲(いじょう)してきた。とあるが，次のⅠのグラフは，1995年から2019年までの我が国の地方公共団体への事務・権限の移譲を目的とした法律改正数を示したものである。Ⅱの文章は，2014年に地方公共団体への事務・権限の移譲を目的とした法律改正が行われた後の，2014年６月24日に地方分権改革有識者会議が取りまとめた「個性を活(い)かし自立した地方をつくる～地方分権改革の総括と展望～」の一部を分かりやすく書き改めたものである。ⅠとⅡの資料を活用し，1995年から2014年までの期間と比較(ひかく)した，2015年から2019年までの期間の法律改正数の動きについて，地方分権改革の推進手法と，毎年の法律改正の有無及び毎年の法律改正数に着目して，簡単に述べよ。

Ⅰ

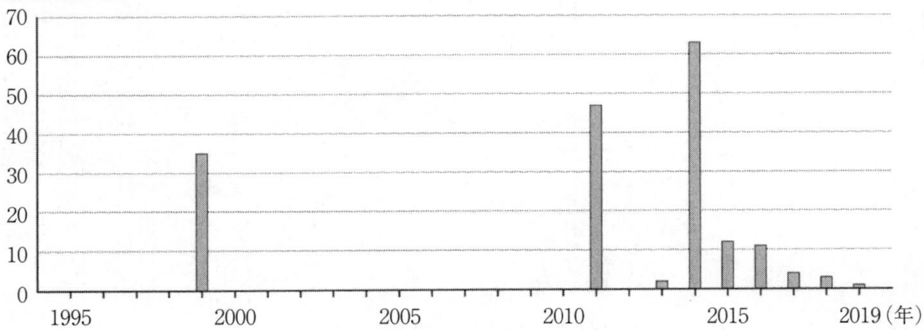

(内閣府資料より作成)

Ⅱ

○これまでの地方分権改革の推進手法は，国が主導する短期集中型の方式であり，この取組を実施することで一定の成果を得ることができた。 ○今後は，これまでの改革の理念を継承し，更に発展させていくことが重要である。 ○今後の地方分権改革の推進手法については，地域における実情や課題を把握している地方公共団体が考え提案する長期継続型の方式を導入する。

6 次の文章を読み，あとの各問に答えよ。

世界各国では，株式会社や国営企業などが，(1)<u>利潤を追求するなどの目的で誕生してきた。</u> 人口が集中し，物資が集積する交通の要衝に設立された企業や，地域の自然環境や地下資源を生かしながら発展してきた企業など，(2)<u>企業は立地条件に合わせ多様な発展を見せてきた。</u> (3)<u>我が国の企業は，世界経済の中で，高度な技術を生み出して競争力を高め，我が国の経済成長を支えてきた。</u>今後は，国際社会において，地球的規模で社会的責任を果たしていくことが，一層求められている。

〔問１〕 (1)<u>利潤を追求するなどの目的で誕生してきた。</u>とあるが，次の**ア**～**エ**は，それぞれの時代に設立された企業について述べたものである。時期の古いものから順に記号を並べよ。

ア 綿織物を大量に生産するために産業革命が起こったイギリスでは，動力となる機械の改良が進み，世界最初の蒸気機関製造会社が設立された。

イ 南部と北部の対立が深まるアメリカ合衆国では，南北戦争が起こり，西部開拓を進めるために大陸を横断する鉄道路線を敷設する会社が設立された。

ウ 第一次世界大戦の休戦条約が結ばれ，ベルサイユ条約が締結されるまでのドイツでは，旅客輸送機の製造と販売を行う会社が新たに設立された。

エ スペインの支配に対する反乱が起こり，ヨーロッパの貿易で経済力を高めたオランダでは，アジアへの進出を目的とした東インド会社が設立された。

〔問２〕 (2)<u>企業は立地条件に合わせ多様な発展を見せてきた。</u>とあるが，下の表の**ア**～**エ**の文章は，略地図中に示した**A**～**D**の**いずれか**の都市の歴史と，この都市に立地する企業の様子についてまとめたものである。**A**～**D**のそれぞれの都市に当てはまるのは，下の表の**ア**～**エ**のうちではどれか。

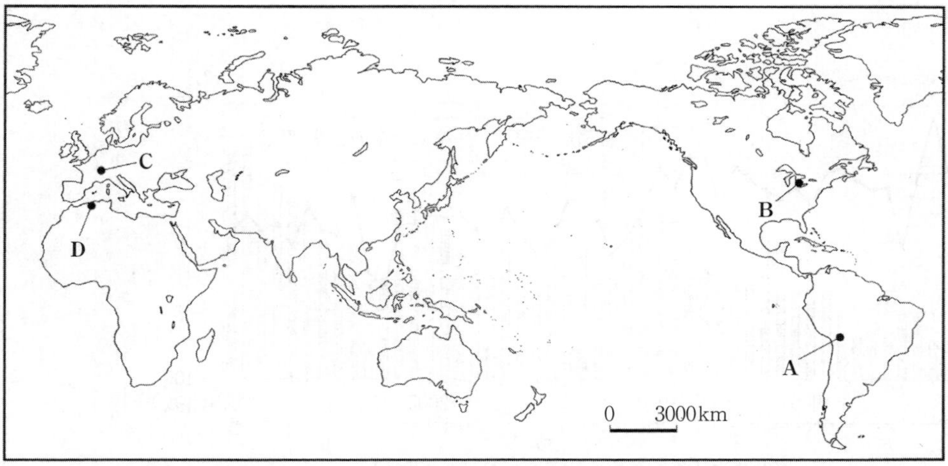

	都市の歴史と，この都市に立地する企業の様子
ア	○この都市は，標高3000mを超え，強風を遮(さえぎ)るすり鉢(ばち)状の地形に位置する首都で，1548年にスペイン人により建設され，金鉱もあったことから発展し，政治と経済の拠点となった。 ○国営企業が，銀，亜鉛(あえん)などの鉱山開発を行っており，近年では，新たに国営企業が設立され，塩湖でのリチウムイオン電池の原料の採取を複数の外国企業と共同で行っている。
イ	○この都市は，標高3000mを超える山脈の北側に位置する首都で，内陸部にはイスラム風の旧市街地が，沿岸部にはフランスの影響を受けた建物が見られる港湾都市となっている。 ○独立後に設立された，砂漠(さばく)地帯で採掘(さいくつ)される天然ガスや石油などを扱う国営企業は，近年，石油の増産と輸出の拡大に向けて外国企業との共同開発を一層進めている。
ウ	○この都市は，1701年にフランス人により砦(とりで)が築かれ，毛皮の交易が始まり，水運の拠点となり，1825年に東部との間に運河が整備され，20世紀に入り海洋とつながった。 ○19世紀後半には自動車の生産が始まり，20世紀に入ると大量生産方式の導入により，自動車工業の中心地へと成長し，現在でも巨大自動車会社が本社を置いている。
エ	○この都市は，20世紀に入り，湖の南西部に広がる市街地に国際連盟の本部が置かれ，第二次世界大戦後は200を超える国際機関が集まる都市となった。 ○16世紀後半に小型時計製造の技術が伝わったことにより精密機械関連企業が立地し，近年では生産の合理化や販売網の拡大などを行い，高価格帯腕時計の輸出量を伸ばしている。

〔問３〕 (3)我が国の企業は，世界経済の中で，高度な技術を生み出して競争力を高め，我が国の経済成長を支えてきた。とあるが，次のⅠのグラフは，1970年度から2018年度までの我が国の経済成長率と法人企業の営業利益の推移を示したものである。Ⅱの文章は，Ⅰのグラフの**ア**～**エ**の**いずれか**の時期における我が国の経済成長率と法人企業の営業利益などについてまとめたものである。Ⅱの文章で述べている時期に当てはまるのは，Ⅰのグラフの**ア**～**エ**の時期のうち

ではどれか。

Ⅰ

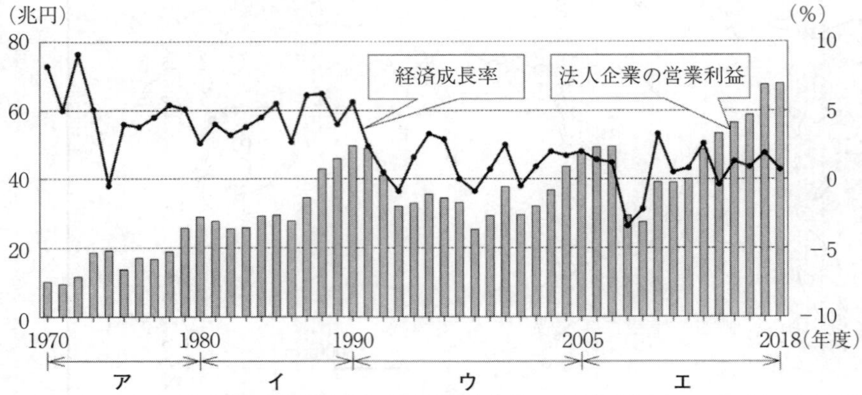

(財務省「法人企業統計調査」などより作成)

Ⅱ

> ○この時期の前半は，アメリカ合衆国の経済政策によって円安・ドル高が進行し，自動車などの輸送用機械や電気機械の輸出量が増えたことで，我が国の貿易収支は大幅な黒字となり，経済成長率は上昇傾向を示した。
> ○この時期の後半は，国際社会において貿易収支の不均衡（ふきんこう）を是正（ぜせい）するために為替相場（かわせそうば）を円高・ドル安へ誘導（ゆうどう）する合意がなされ，輸出量と輸出額が減少し，我が国の経済成長率は一時的に下降した。その後，日本銀行が貸付のための金利を下げたことなどで，自動車や住宅の購入（こうにゅう），株式や土地への投資が増え，株価や地価が高騰（こうとう）する好景気となり，法人企業の営業利益は増加し続けた。

【理　科】（50分）〈満点：100点〉

1　次の各問に答えよ。

〔問１〕　図１は，ヒトのからだの器官を模式的に表したものである。消化された養分を吸収する器官を図１のA，Bから一つ，アンモニアを尿素に変える器官を図１のC，Dから一つ，それぞれ選び，組み合わせたものとして適切なのは，次のうちではどれか。

図１

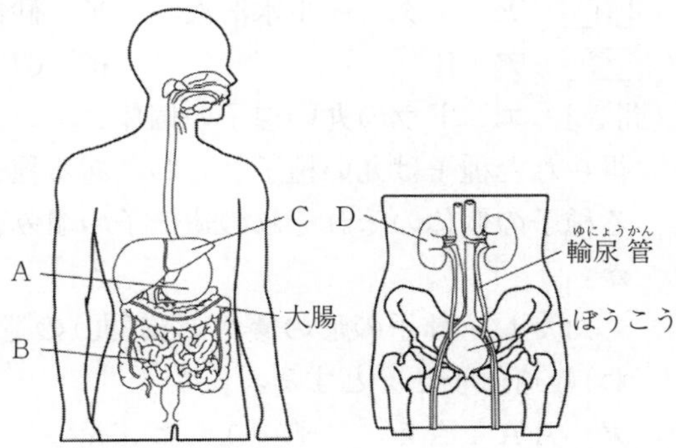

ア　A，C
イ　A，D
ウ　B，C
エ　B，D

〔問２〕　音さXと音さYの二つの音さがある。音さXをたたいて出た音をオシロスコープで表した波形は，図２のようになった。図中のAは１回の振動にかかる時間を，Bは振幅を表している。音さYをたたいて出た音は，図２で表された音よりも高くて大きかった。この音をオシロスコープで表した波形を図２と比べたとき，波形の違いとして適切なのは，次のうちではどれか。

図２

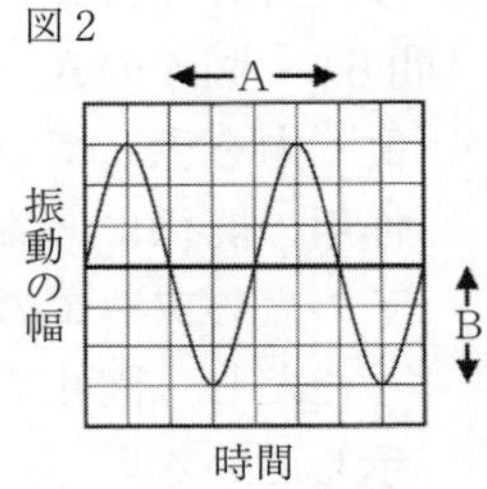

ア　Aは短く，Bは大きい。　　**イ**　Aは短く，Bは小さい。
ウ　Aは長く，Bは大きい。　　**エ**　Aは長く，Bは小さい。

〔問３〕　表１は，ある場所で起きた震源が浅い地震の記録のうち，観測地点A～Cの記録をまとめたものである。この地震において，震源からの距離が90kmの地点で初期微動の始まった時刻は10時10分27秒であった。震源からの距離が90kmの地点で主要動の始まった時刻として適切なのは，下の**ア**～**エ**のうちではどれか。

ただし，地震の揺れを伝える２種類の波は，それぞれ一定の速さで伝わるものとする。

表１

観測地点	震源からの距離	初期微動の始まった時刻	主要動の始まった時刻
A	36km	10時10分18秒	10時10分20秒
B	54km	10時10分21秒	10時10分24秒
C	108km	10時10分30秒	10時10分36秒

ア　10時10分28秒　　**イ**　10時10分30秒
ウ　10時10分31秒　　**エ**　10時10分32秒

〔問４〕　スライドガラスの上に溶液Aをしみ込ませたろ紙を置き，図３のように，中央に ✕ 印を付けた２枚の青色リトマス紙を重ね，両端をクリップで留めた。薄い塩酸と薄い水酸化ナトリウム水溶液を青色リトマス紙のそれぞれの ✕ 印に少量付けたところ，一方が赤色に変色した。両端のクリップ

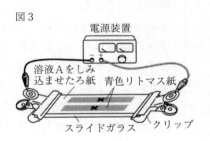

図３

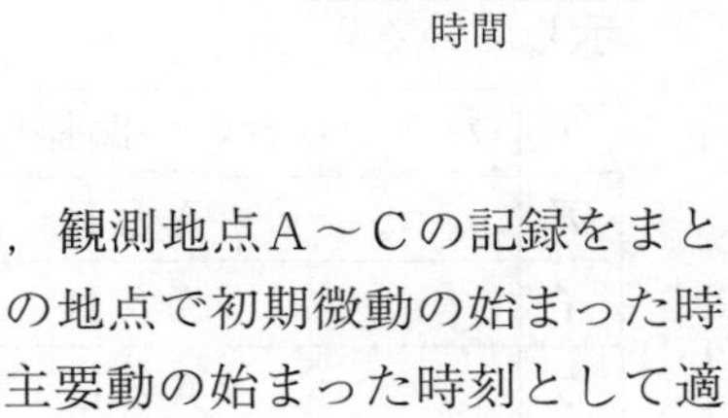

を電源装置につないで電流を流したところ，赤色に変色した部分は陰極側に広がった。このとき溶液Aとして適切なのは，下の ① の**ア**～**エ**のうちではどれか。また，青色リトマス紙を赤色に変色させたイオンとして適切なのは，下の ② の**ア**～**エ**のうちではどれか。

① **ア**　エタノール水溶液　**イ**　砂糖水　**ウ**　食塩水　**エ**　精製水(蒸留水)

② **ア**　H^{+}　**イ**　Cl^{-}　**ウ**　Na^{+}　**エ**　OH^{-}

〔問5〕　エンドウの丸い種子の個体とエンドウのしわのある種子の個体とをかけ合わせたところ，得られた種子は丸い種子としわのある種子であった。かけ合わせた丸い種子の個体としわのある種子の個体のそれぞれの遺伝子の組み合わせとして適切なのは，下の**ア**～**エ**のうちではどれか。

ただし，種子の形の優性形質(丸)の遺伝子をA，劣性形質(しわ)の遺伝子をaとする。

ア　AAとAa　**イ**　AAとaa

ウ　AaとAa　**エ**　Aaとaa

〔問6〕　図4のA～Cは，机の上に物体を置いたとき，机と物体に働く力を表している。力のつり合いの関係にある2力と作用・反作用の関係にある2力とを組み合わせたものとして適切なのは，下の表の**ア**～**エ**のうちではどれか。

ただし，図4ではA～Cの力は重ならないように少しずらして示している。

図4

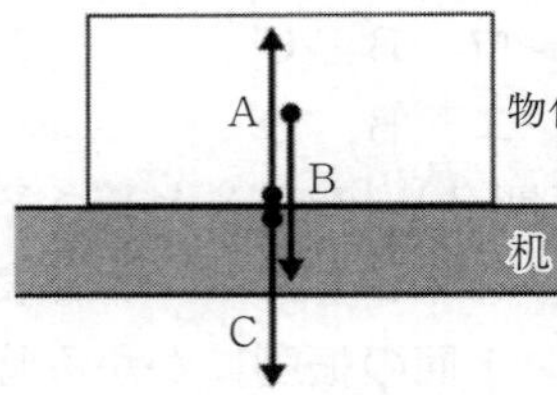

A：机が物体を押す力
B：物体に働く重力
C：物体が机を押す力

	力のつり合いの関係にある2力	作用・反作用の関係にある2力
ア	AとB	AとB
イ	AとB	AとC
ウ	AとC	AとB
エ	AとC	AとC

2　生徒が，毎日の暮らしの中で気付いたことを，科学的に探究しようと考え，自由研究に取り組んだ。生徒が書いたレポートの一部を読み，次の各問に答えよ。

<レポート1>　しらす干しに混じる生物について

食事の準備をしていると，しらす干しの中にはイワシの稚魚だけではなく，エビのなかまやタコのなかまが混じっていることに気付いた。しらす干しは，製造する過程でイワシの稚魚以外の生物を除去していることが分かった。そこで，除去する前にどのような生物が混じっているのかを確かめることにした。

表1

グループ	生物
A	イワシ・アジのなかま
B	エビ・カニのなかま
C	タコ・イカのなかま
D	二枚貝のなかま

しらす漁の際に捕れた，しらす以外の生物が多く混じっているものを購入(こうにゅう)し，それぞれの生物の特徴を観察し，表1のように4グループに分類した。

〔問1〕　**<レポート1>**から，生物の分類について述べた次の文章の ① と ② にそれぞれ当てはまるものとして適切なのは，下の**ア**～**エ**のうちではどれか。

表1の4グループを，セキツイ動物とそれ以外の生物で二つに分類すると，セキツイ動物のグループは，［①］である。また，軟体動物（なんたいどうぶつ）とそれ以外の生物で二つに分類すると，軟体動物のグループは，［②］である。

［①］　**ア**　A　　**イ**　AとB　　**ウ**　AとC　　**エ**　AとBとD

［②］　**ア**　C　　**イ**　D　　**ウ**　CとD　　**エ**　BとCとD

＜レポート2＞　おもちゃの自動車の速さについて

ぜんまいで動くおもちゃの自動車で弟と遊んでいたときに，本物の自動車の速さとの違いに興味をもった。そこで，おもちゃの自動車が運動する様子をビデオカメラで撮影し，速さを確かめることにした。

ストップウォッチのスタートボタンを押すと同時におもちゃの自動車を走らせて，方眼紙の上を運動する様子を，ビデオカメラの位置を固定して撮影した。おもちゃの自動車が運動を始めてから0.4秒後，0.5秒後及び0.6秒後の画像は，図1のように記録されていた。

図1

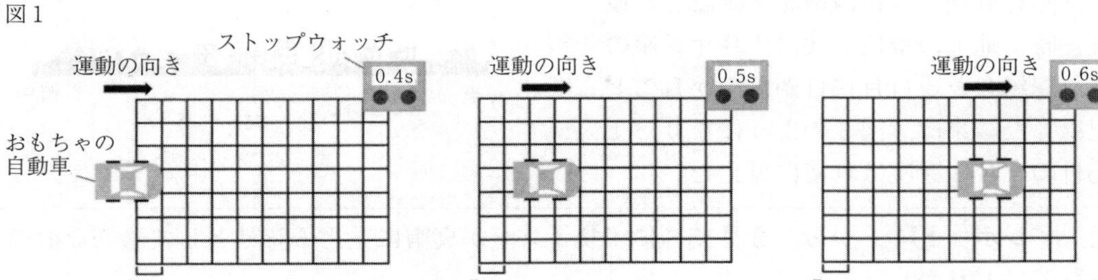

〔問2〕　**＜レポート2＞**から，おもちゃの自動車が運動を始めて0.4秒後から0.6秒後までの平均の速さとして適切なのは，次のうちではどれか。

ア　2.7km/h　　**イ**　5.4km/h　　**ウ**　6.3km/h　　**エ**　12.6km/h

＜レポート3＞　プラスチックごみの分別について

ペットボトルを資源ごみとして分別するため，ボトル，ラベル，キャップに分けて水を入れた洗いおけの中に入れた。すると，水で満たされたボトルとラベルは水に沈み，キャップは水に浮くことに気付いた。ボトルには，図2の表示があったのでプラスチックの種類はPETであることが分かったが，ラベルには，プラスチックの種類の表示がなかったため分からなかった。そこで，ラベルのプラスチックの種類を調べるため食塩水を作り，食塩水への浮き沈みを確かめることにした。

図2

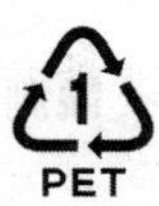

水50cm^{3}に食塩15gを加え，体積を調べたところ55cm^{3}であった。この食塩水に小さく切ったラベルを，空気の泡が付かないように全て沈めてから静かに手を放した。すると，小さく切ったラベルは食塩水に浮いた。

また，ペットボトルに使われているプラスチックの種類を調べたところ，表2のうちの，いずれかであることが分かった。

表2

プラスチックの種類	密度〔g/cm^3〕
ポリエチレンテレフタラート	1.38～1.40
ポリスチレン	1.05～1.07
ポリエチレン	0.92～0.97
ポリプロピレン	0.90～0.92

〔問3〕 ＜**レポート3**＞から，食塩水に浮いたラベルのプラスチックの種類として適切なのは，下の**ア**～**エ**のうちではどれか。

ただし，ラベルは1種類のプラスチックからできているものとする。

ア ポリエチレンテレフタラート

イ ポリスチレン

ウ ポリエチレン

エ ポリプロピレン

＜**レポート4**＞ **夜空に見える星座について**

毎日同じ時刻に戸じまりをしていると，空に見える星座の位置が少しずつ移動して見えることに気付いた。そこで，南の空に見られるオリオン座の位置を，同じ時刻に観察して確かめることにした。

方位磁針を使って東西南北を確認（かくにん）した後，午後10時に地上の景色と共にオリオン座の位置を記録した。11月15日から1か月ごとに記録した結果は，図3のようになり，1月15日のオリオン座は真南に見えた。

図3

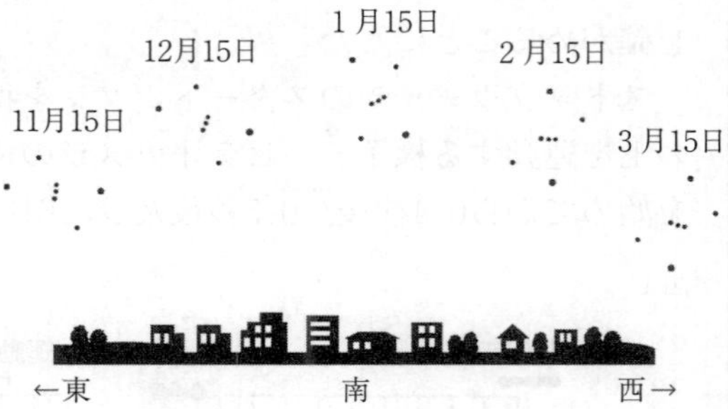

〔問4〕 ＜**レポート4**＞から，2月15日にオリオン座が真南に見える時刻として適切なのは，次のうちではどれか。

ア 午前0時頃（ころ）

イ 午前2時頃

ウ 午後6時頃

エ 午後8時頃

3 天気の変化と気象観測について，次の各問に答えよ。

＜**観測**＞を行ったところ，＜**結果**＞のようになった。

＜**観測**＞

天気の変化について調べるために，ある年の3月31日から連続した3日間，観測地点Pにおいて，気象観測を行った。気温，湿度，気圧は自動記録計により測定し，天気，風向，風力，天気図はインターネットで調べた。図1は観測地点Pにおける1時間ごとの気温，湿度，気圧の気象データを基に作成したグラフと，3時間ごとの天気，風向，風力の気象データを基に作成した天気図記号を組み合わせたものである。図2，図3，図4はそれぞれ3月31日から4月2日までの12時における日本付近の天気図であり，前線X（ ▼▼ ）は観測を行った期間に観測地点Pを通過した。

<**結果**>

図1

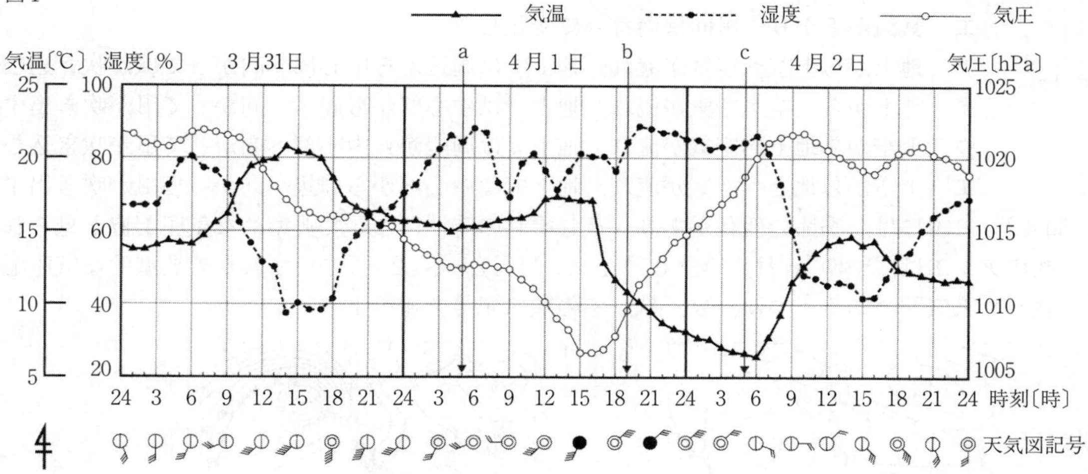

図2　3月31日12時の天気図

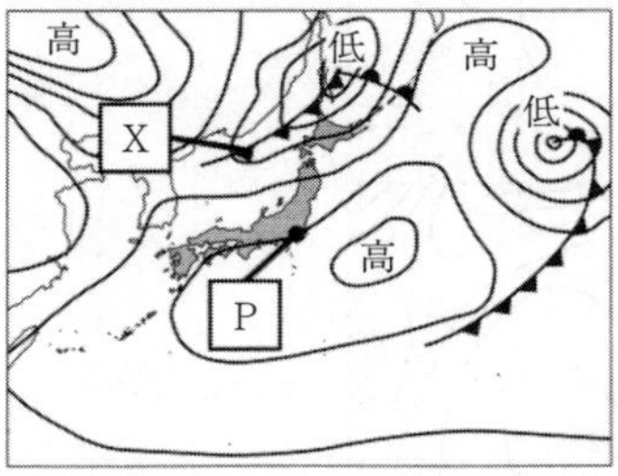

図3　4月1日12時の天気図

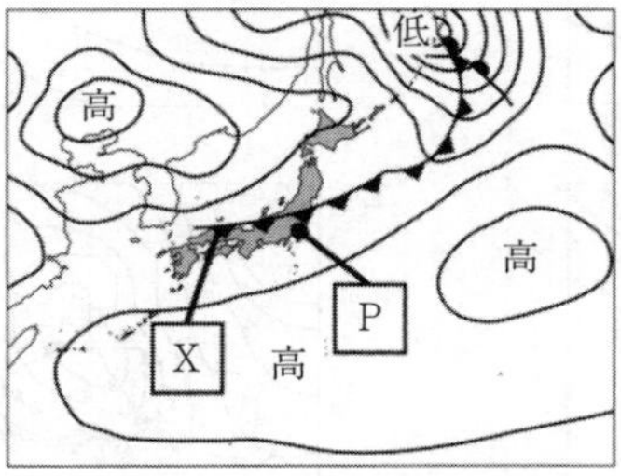

図4　4月2日12時の天気図

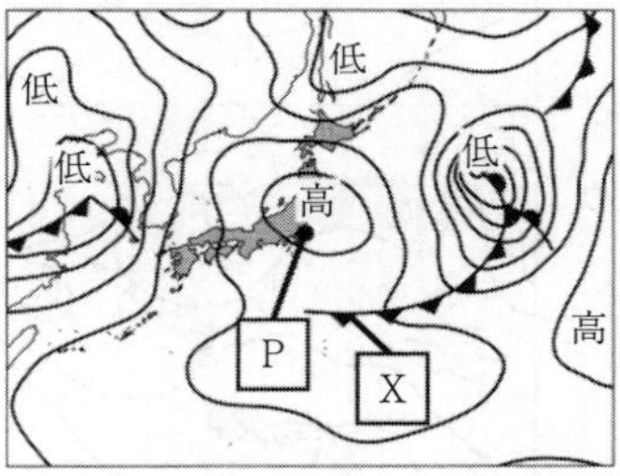

〔問1〕　<**結果**>の図1のa，b，cの時刻における湿度は全て84%であった。a，b，cの時刻における空気中の水蒸気の量をそれぞれA〔g/m³〕，B〔g/m³〕，C〔g/m³〕としたとき，A，B，Cの関係を適切に表したものは，次のうちではどれか。

ア　A＝B＝C　　**イ**　A＜B＜C　　**ウ**　B＜A＜C　　**エ**　C＜B＜A

〔問2〕　<**結果**>の図1から分かる，3月31日の天気の概況について述べた次の文章の［①］～［③］にそれぞれ当てはまるものとして適切なのは，下の**ア**～**ウ**のうちではどれか。

> 日中の天気はおおむね［　①　］で，［　②　］が吹く。［　③　］は日が昇るとともに上がり始め，昼過ぎに最も高くなり，その後しだいに下がる。

［①］　**ア**　快晴　　**イ**　晴れ　　**ウ**　くもり

［②］　**ア**　東寄りの風　　**イ**　北寄りの風　　**ウ**　南寄りの風

［③］　**ア**　気温　　**イ**　湿度　　**ウ**　気圧

〔問3〕　<**結果**>から，4月1日の15時～18時の間に前線Xが観測地点Pを通過したと考えられる。前線Xが通過したときの観測地点Pの様子として適切なのは，下の［①］の**ア**～**エ**のうちではどれか。また，図4において，観測地点Pを覆（おお）う高気圧の中心付近での空気の流れについて述べたものとして適切なのは，下の［②］の**ア**～**エ**のうちではどれか。

［①］　**ア**　気温が上がり，風向は北寄りに変化した。

イ　気温が上がり，風向は南寄りに変化した。
ウ　気温が下がり，風向は北寄りに変化した。
エ　気温が下がり，風向は南寄りに変化した。

②　ア　地上から上空へ空気が流れ，地上では周辺から中心部へ向かって風が吹き込む。
イ　地上から上空へ空気が流れ，地上では中心部から周辺へ向かって風が吹き出す。
ウ　上空から地上へ空気が流れ，地上では周辺から中心部へ向かって風が吹き込む。
エ　上空から地上へ空気が流れ，地上では中心部から周辺へ向かって風が吹き出す。

〔問４〕　日本には，季節の変化があり，それぞれの時期において典型的な気圧配置が見られる。次の**ア**～**エ**は，つゆ（６月），夏（８月），秋（11月），冬（２月）のいずれかの典型的な気圧配置を表した天気図である。つゆ，夏，秋，冬の順に記号を並べよ。

ア
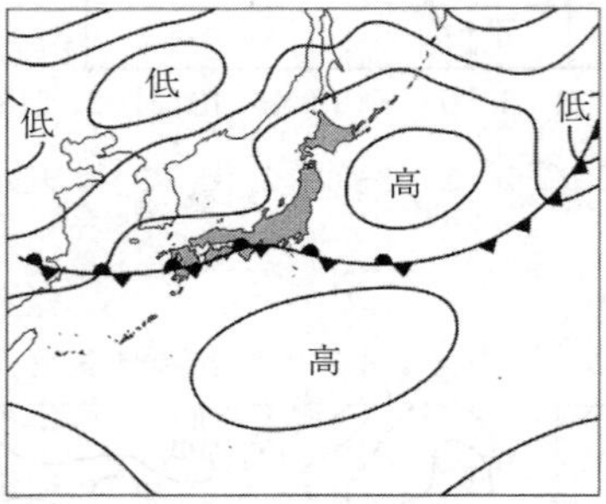

イ
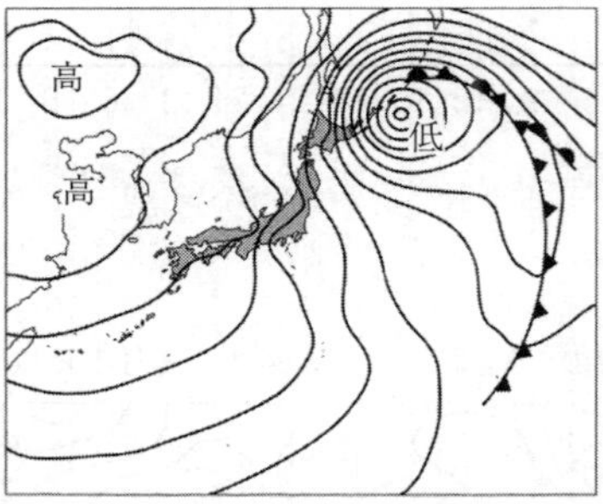

ウ
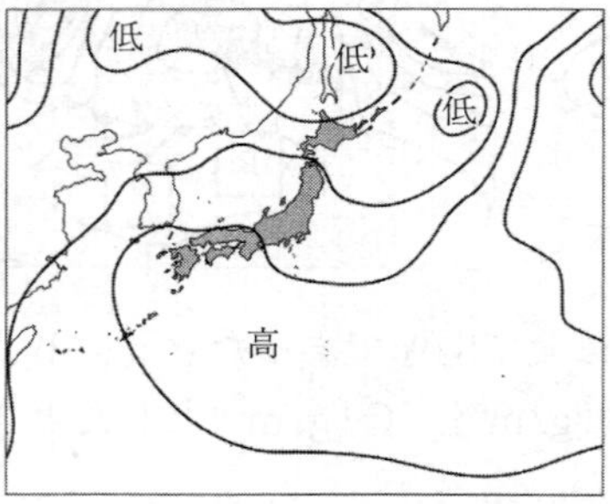

エ
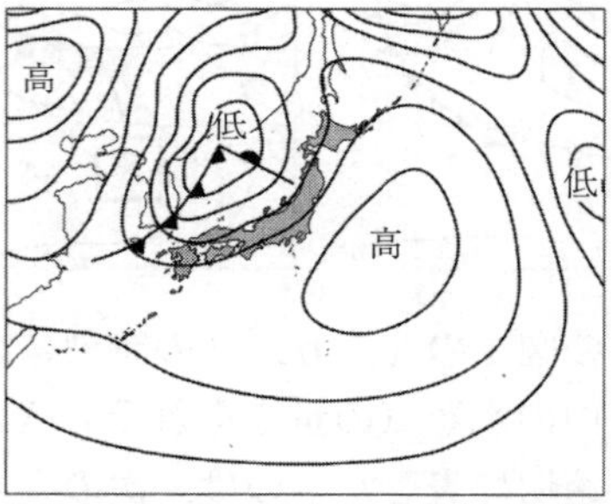

4　ツユクサを用いた観察，実験について，次の各問に答えよ。
　＜観察＞を行ったところ，**＜結果１＞**のようになった。

＜観察＞

(1)　ツユクサの葉の裏側の表皮をはがし，スライドガラスの上に載せ，水を１滴（てき）落とし，プレパラートを作った。

(2)　(1)のプレパラートを顕微鏡（けんびきょう）で観察した。

(3)　(1)の表皮を温めたエタノールに入れ，脱色されたことを顕微鏡で確認（かくにん）した後，スライドガラスの上に載せ，ヨウ素液を１滴落とし，プレパラートを作った。

(4)　(3)のプレパラートを顕微鏡で観察した。

図１
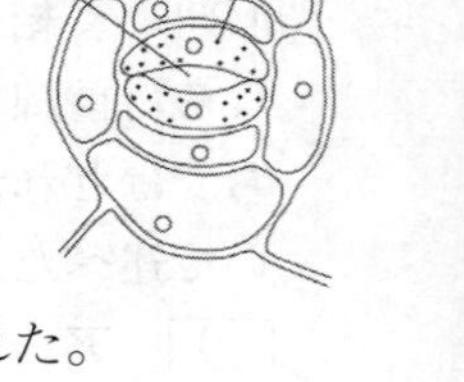

＜結果１＞

(1)　**＜観察＞**の(2)では，図１のＡのような２個の三日月形の細胞で囲まれた隙間（すきま）が観察された。三日月形の細胞にはＢのような緑色の粒（つぶ）が複数見られた。

(2)　＜**観察**＞の(4)では，＜**結果１**＞の(1)のＢが青紫色に変化した。

〔問１〕　＜**結果１**＞で観察されたＡについて述べたものと，Ｂについて述べたものとを組み合わせたものとして適切なのは，次の表の**ア**～**エ**のうちではどれか。

	Ａについて述べたもの	Ｂについて述べたもの
ア	酸素，二酸化炭素などの気体の出入り口である。	植物の細胞に見られ，酸素を作る。
イ	酸素，二酸化炭素などの気体の出入り口である。	植物の細胞の形を維持(いじ)する。
ウ	細胞の活動により生じた物質を蓄(たくわ)えている。	植物の細胞に見られ，酸素を作る。
エ	細胞の活動により生じた物質を蓄えている。	植物の細胞の形を維持する。

次に，＜**実験１**＞を行ったところ，＜**結果２**＞のようになった。

＜**実験１**＞

(1)　無色透明なポリエチレンの袋４枚と，ツユクサの鉢(はち)植えを１鉢用意した。大きさがほぼ同じ４枚の葉を選び，葉Ｃ，葉Ｄ，葉Ｅ，葉Ｆとした。

(2)　図２のように，葉Ｄ，葉Ｆは，それぞれアルミニウムはくで葉の両面を覆(おお)った。葉Ｃ，葉Ｄは，それぞれ袋で覆い，紙ストローで息を吹き込み密封した。葉Ｅ，葉Ｆは，それぞれ袋で覆い，紙ストローで息を吹き込んだ後，二酸化炭素を吸収する性質のある水酸化ナトリウム水溶液をしみ込ませたろ紙を，葉に触れないように入れて密封した。

(3)　＜**実験１**＞の(2)のツユクサの鉢植えを暗室に24時間置いた。

(4)　＜**実験１**＞の(3)の鉢植えを明るい場所に３時間置いた後，葉Ｃ～Ｆをそれぞれ切り取った。

(5)　切り取った葉Ｃ～Ｆを温めたエタノールに入れて脱色し，ヨウ素液に浸して色の変化を調べた。

図２

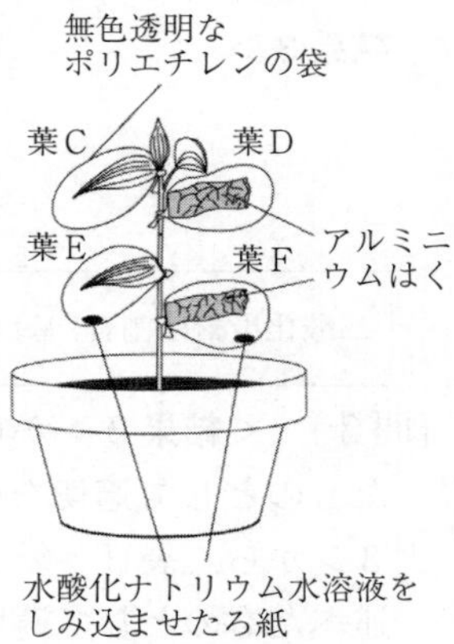

＜**結果２**＞

	色の変化
葉Ｃ	青紫色に変化した。
葉Ｄ	変化しなかった。
葉Ｅ	変化しなかった。
葉Ｆ	変化しなかった。

〔問２〕　＜**実験１**＞の(3)の下線部のように操作する理由として適切なのは，下の ① の**ア**～**ウ**のうちではどれか。また，＜**結果２**＞から，光合成には二酸化炭素が必要であることを確かめるための葉の組合せとして適切なのは，下の ② の**ア**～**ウ**のうちではどれか。

①　**ア**　葉にある水を全て消費させるため。
　　イ　葉にある二酸化炭素を全て消費させるため。
　　ウ　葉にあるデンプンを全て消費させるため。

②　**ア**　葉Ｃと葉Ｄ　　**イ**　葉Ｃと葉Ｅ　　**ウ**　葉Ｄと葉Ｆ

次に，＜**実験２**＞を行ったところ，＜**結果３**＞のようになった。

<実験２>

(1)　明るさの度合いを１，２の順に明るくすることができる照明器具を用意した。葉の枚数や大きさ，色が同程度のツユクサを入れた同じ大きさの無色透明なポリエチレンの袋を３袋用意し，袋Ｇ，袋Ｈ，袋Ｉとした。

図３

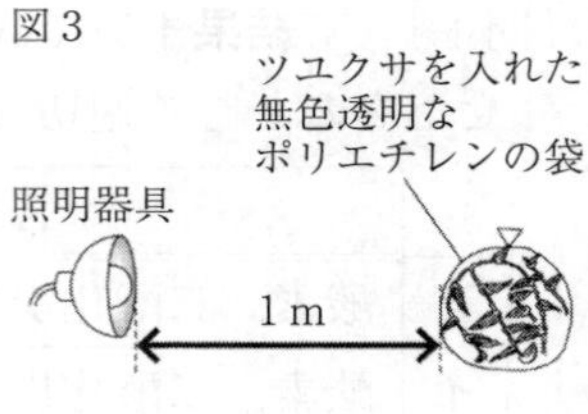

(2)　袋Ｇ～Ｉのそれぞれの袋に，紙ストローで息を十分に吹き込み，二酸化炭素の割合を気体検知管で測定した後，密封した。

(3)　袋Ｇは，暗室に５時間置いた後，袋の中の二酸化炭素の割合を気体検知管で測定した。

(4)　袋Ｈは，図３のように，照明器具から１ｍ離れたところに置き，明るさの度合いを１にして５時間光を当てた後，袋の中の二酸化炭素の割合を気体検知管で測定した。

(5)　袋Ｉは，図３のように，照明器具から１ｍ離れたところに置き，明るさの度合いを２にして５時間光を当てた後，袋の中の二酸化炭素の割合を気体検知管で測定した。

<結果３>

		暗い → 明るい		
		袋Ｇ 暗室	袋Ｈ 明るさの度合い１	袋Ｉ 明るさの度合い２
二酸化炭素の割合〔％〕	実験前	4.0	4.0	4.0
	実験後	7.6	5.6	1.5

〔問３〕　<結果３>から，袋Ｈと袋Ｉのそれぞれに含（ふく）まれる二酸化炭素の量の関係について述べたものとして適切なのは，下の ① のア～ウのうちではどれか。また，<結果２>と<結果３>から，袋Ｈと袋Ｉのそれぞれのツユクサでできるデンプンなどの養分の量の関係について述べたものとして適切なのは，下の ② のア～ウのうちではどれか。

①　**ア**　呼吸によって出される二酸化炭素の量よりも，光合成によって使われた二酸化炭素の量の方が多いのは，袋Ｈである。

イ　呼吸によって出される二酸化炭素の量よりも，光合成によって使われた二酸化炭素の量の方が多いのは，袋Ｉである。

ウ　袋Ｈも袋Ｉも呼吸によって出される二酸化炭素の量と光合成によって使われた二酸化炭素の量は，同じである。

②　**ア**　デンプンなどの養分のできる量が多いのは，袋Ｈである。

イ　デンプンなどの養分のできる量が多いのは，袋Ｉである。

ウ　袋Ｈと袋Ｉでできるデンプンなどの養分の量は，同じである。

5　物質の変化やその量的な関係を調べる実験について，次の各問に答えよ。

<実験１>を行ったところ，<結果１>のようになった。

図１

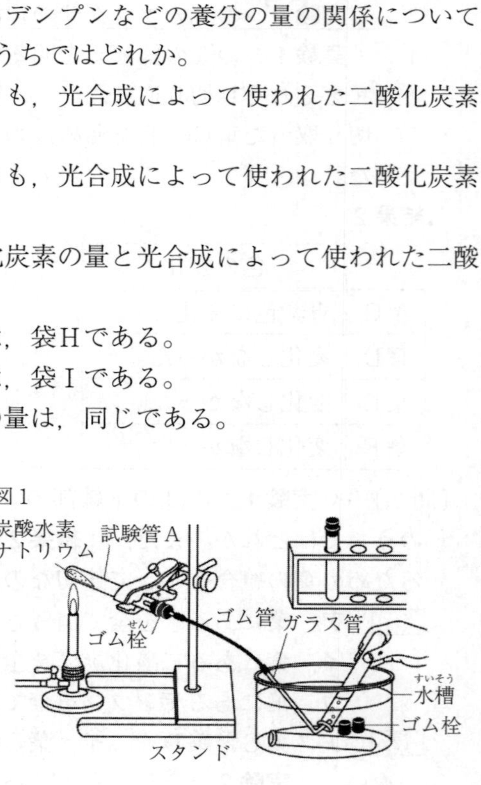

<実験１>

(1)　乾いた試験管Ａに炭酸水素ナトリウム2.00ｇを入れ，ガラス管をつなげたゴム栓（せん）をして，試験管Ａの口を少し下げ，スタンドに固定した。

(2) 図1のように，試験管Aを加熱したところ，ガラス管の先から気体が出てきたことと，試験管Aの内側に液体が付いたことが確認（かくにん）できた。出てきた気体を3本の試験管に集めた。

(3) <u>ガラス管を水槽（すいそう）の水の中から取り出した後，試験管Aの加熱をやめ，</u>試験管Aが十分に冷めてから試験管Aの内側に付いた液体に青色の塩化コバルト紙を付けた。

(4) 気体を集めた3本の試験管のうち，1本目の試験管には火のついた線香を入れ，2本目の試験管には火のついたマッチを近付け，3本目の試験管には石灰水（せっかいすい）を入れてよく振った。

(5) 加熱後の試験管Aの中に残った物質の質量を測定した。

(6) 水5.0cm^3を入れた試験管を2本用意し，一方の試験管には炭酸水素ナトリウムを，もう一方の試験管には＜**実験1**＞の(5)の物質をそれぞれ1.00g入れ，水への溶け方を観察した。

＜**結果1**＞

塩化コバルト紙の色の変化	火のついた線香の変化	火のついたマッチの変化	石灰水の変化	加熱後の物質の質量	水への溶け方
青色から赤色（桃色（ももいろ））に変化した。	線香の火が消えた。	変化しなかった。	白く濁った。	1.26g	炭酸水素ナトリウムは溶け残り，加熱後の物質は全て溶けた。

〔問1〕 ＜**実験1**＞の(3)の下線部のように操作する理由として適切なのは，下の ① の**ア**～**エ**のうちではどれか。また，＜**実験1**＞の(6)の炭酸水素ナトリウム水溶液と加熱後の物質の水溶液のpHの値（あたい）について述べたものとして適切なのは，下の ② の**ア**～**ウ**のうちではどれか。

① **ア** 試験管A内の気圧が上がるので，試験管Aのゴム栓が飛び出すことを防ぐため。
イ 試験管A内の気圧が上がるので，水槽の水が試験管Aに流れ込むことを防ぐため。
ウ 試験管A内の気圧が下がるので，試験管Aのゴム栓が飛び出すことを防ぐため。
エ 試験管A内の気圧が下がるので，水槽の水が試験管Aに流れ込むことを防ぐため。

② **ア** 炭酸水素ナトリウム水溶液よりも加熱後の物質の水溶液の方がpHの値が小さい。
イ 炭酸水素ナトリウム水溶液よりも加熱後の物質の水溶液の方がpHの値が大きい。
ウ 炭酸水素ナトリウム水溶液と加熱後の物質の水溶液のpHの値は同じである。

〔問2〕 ＜**実験1**＞の(2)で試験管A内で起きている化学変化と同じ種類の化学変化として適切なのは，下の ① の**ア**～**エ**のうちではどれか。また，＜**実験1**＞の(2)で試験管A内で起きている化学変化をモデルで表した図2のうち，ナトリウム原子1個を表したものとして適切なのは，下の ② の**ア**～**エ**のうちではどれか。

① **ア** 酸化銀を加熱したときに起こる化学変化
イ マグネシウムを加熱したときに起こる化学変化
ウ 鉄と硫黄（いおう）の混合物を加熱したときに起こる化学変化
エ 鉄粉と活性炭の混合物に食塩水を数滴（すうてき）加えたときに起こる化学変化

図2

[●, ○, ◎, ◎, ◎, ■]
[●, ○, ◎, ◎, ◎, ■] → [○, ◎, ◎, ◎, ■, ■] + [○, ◎, ◎] + [●, ●, ◎]

② **ア** ●　**イ** ○　**ウ** ◎　**エ** ■

次に，＜**実験2**＞を行ったところ，＜**結果2**＞のようになった。

＜**実験２**＞

図３

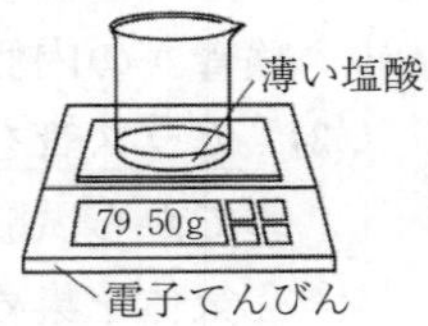

(1)　乾いたビーカーに薄い塩酸10.0cm^{3}を入れ，図３のようにビーカーごと質量を測定し，反応前の質量とした。

(2)　炭酸水素ナトリウム0.50ｇを，＜**実験２**＞の(1)の薄い塩酸の入っているビーカーに少しずつ入れたところ，気体が発生した。気体の発生が止まった後，ビーカーごと質量を測定し，反応後の質量とした。

(3)　＜**実験２**＞の(2)で，ビーカーに入れる炭酸水素ナトリウムの質量を，1.00ｇ，1.50ｇ，2.00ｇ，2.50ｇ，3.00ｇに変え，それぞれについて＜**実験２**＞の(1)，(2)と同様の実験を行った。

＜**結果２**＞

反応前の質量〔ｇ〕	79.50	79.50	79.50	79.50	79.50	79.50
炭酸水素ナトリウムの質量〔ｇ〕	0.50	1.00	1.50	2.00	2.50	3.00
反応後の質量〔ｇ〕	79.74	79.98	80.22	80.46	80.83	81.33

〔問３〕　＜**結果２**＞から，炭酸水素ナトリウムの質量と発生した気体の質量との関係を表したグラフとして適切なのは，次のうちではどれか。

ア

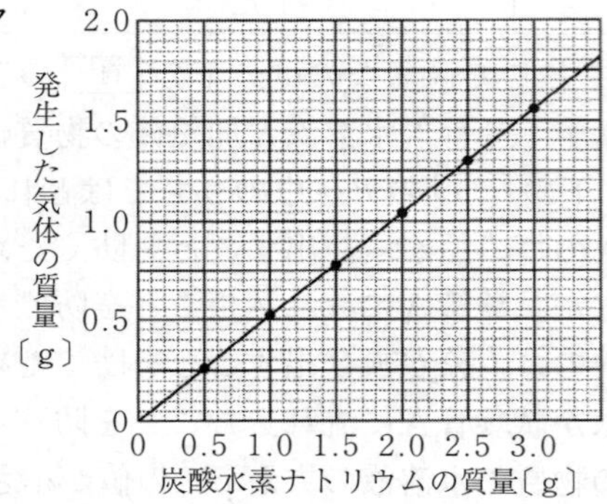

イ

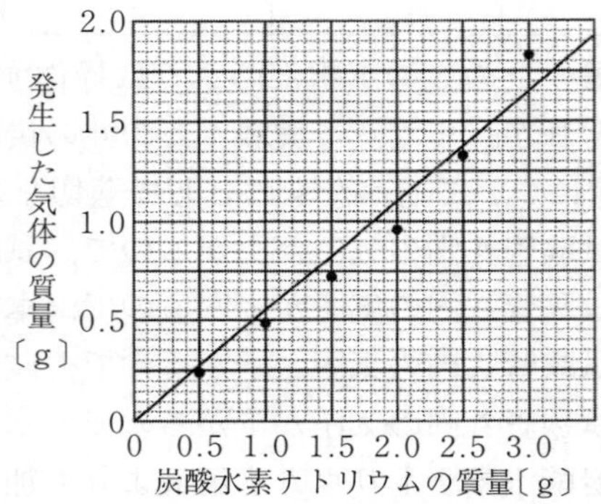

ウ

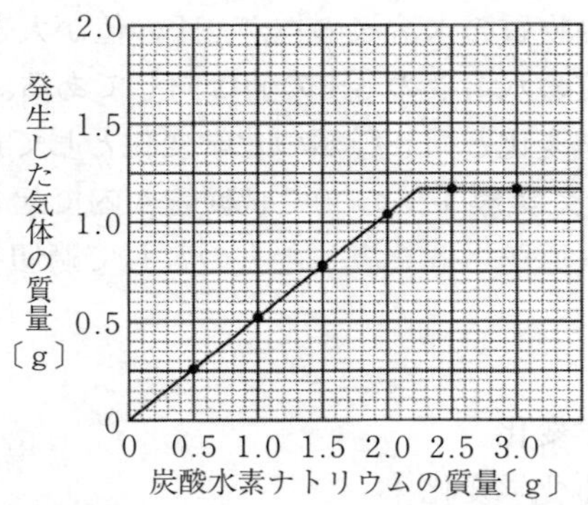

エ

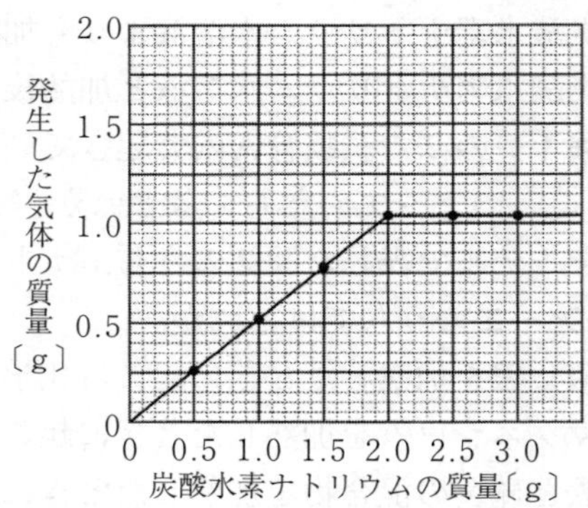

〔問４〕　＜**実験２**＞で用いた塩酸と同じ濃度(のうど)の塩酸10.0cm^{3}に，炭酸水素ナトリウムが含(ふく)まれているベーキングパウダー4.00ｇを入れたところ，0.65ｇの気体が発生した。ベーキングパウダーに含まれている炭酸水素ナトリウムは何％か。答えは，小数第一位を四捨五入して整数で求めよ。

ただし，発生した気体はベーキングパウダーに含まれている炭酸水素ナトリウムのみが反応して発生したものとする。

6　電流と磁界に関する実験について，次の各問に答えよ。

＜**実験１**＞を行ったところ，＜**結果１**＞のようになった。

＜**実験１**＞

(1)　木の棒を固定したスタンドを水平な机の上に置き，図１のように電源装置，導線，スイッチ，20Ωの抵抗器（ていこうき），電流計，コイルＡを用いて回路を作った。

(2)　コイルＡの下にＮ極が黒く塗（ぬ）られた方位磁針を置いた。

(3)　電源装置の電圧を５Ｖに設定し，回路のスイッチを入れた。

(4)　＜**実験１**＞の(1)の回路に図２のようにＵ字型磁石をＮ極を上にして置き，＜**実験１**＞の(3)の操作を行った。

＜**結果１**＞

(1)　＜**実験１**＞の(3)では，磁針は図３で示した向きに動いた。

(2)　＜**実験１**＞の(4)では，コイルＡは図２のＨの向きに動いた。

図１

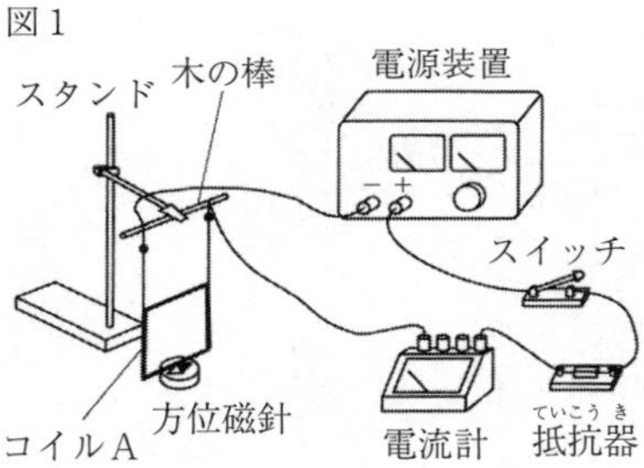

図２

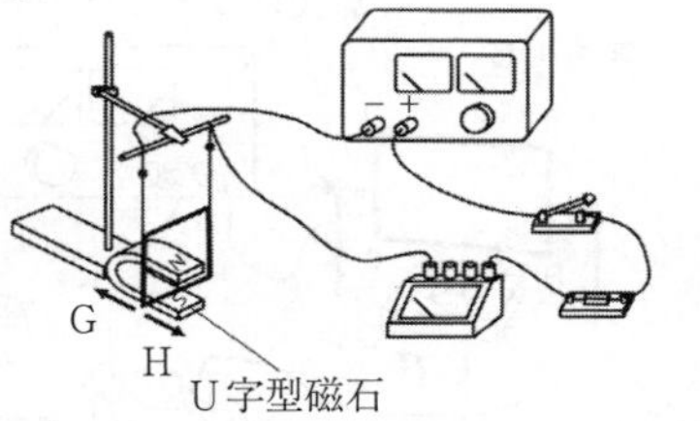

図３

〔問１〕　＜**実験１**＞の(1)の回路と木の棒を固定したスタンドに図４のようにアクリル板２枚を取り付け，方位磁針２個をコイルＡの内部と上部に設置し，＜**実験１**＞の(3)の操作を行った。このときの磁針の向きとして適切なのは，次のうちではどれか。

図４

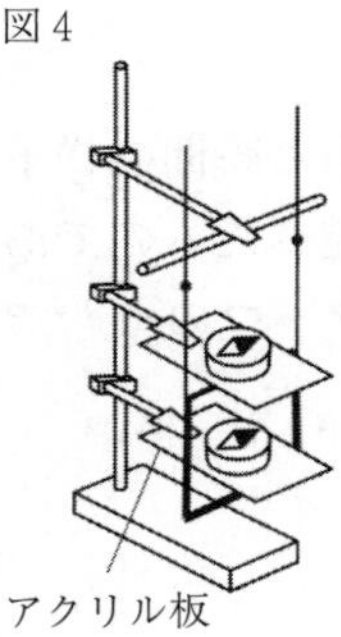

ア

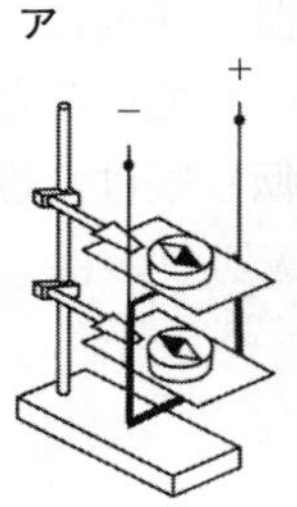

イ

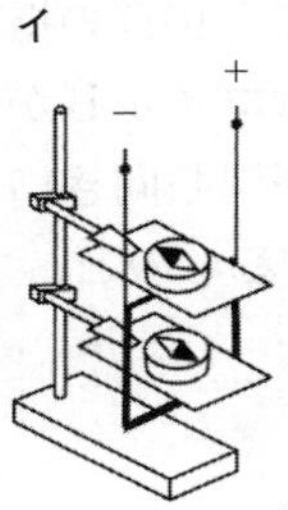

ウ

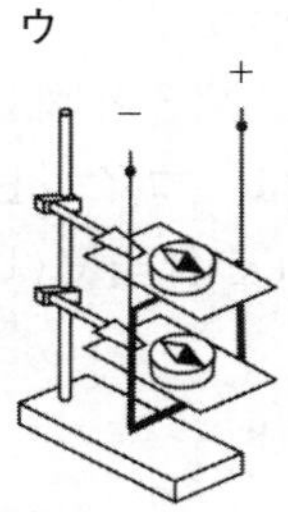

エ

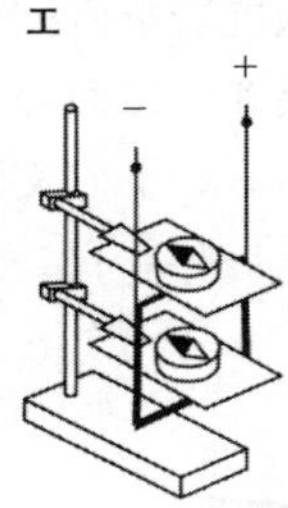

次に，＜**実験２**＞を行ったところ，＜**結果２**＞のようになった。

＜**実験２**＞

(1)　図５のようにコイルＡに導線で検流計をつないだ。

(2)　コイルＡを手でＧとＨの向きに交互に動かし，検流計の針の動きを観察した。

図５

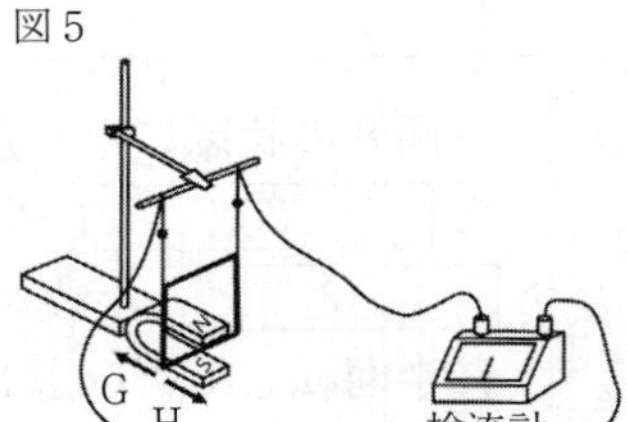

＜**結果２**＞

コイルＡを動かすと，検流計の針は左右に振れた。

〔問２〕　＜**結果２**＞から，コイルＡに電圧が生じていることが分かる。コイルAに電圧が生じる理由を簡単に書け。

次に，<**実験3**>を行ったところ，<**結果3**>のようになった。

<**実験3**>

(1) 図6において，電流をeからfに流すとき，a→b→c→dの向きに電流が流れるようエナメル線を巻き，左右に軸を出した。e側の軸のエナメルを下半分，f側の軸のエナメルを全てはがしたコイルBを作った。

なお，図6のエナメル線の白い部分はエナメルをはがした部分を表している。

(2) 図7のように，磁石のS極を上にして置き，その上にコイルBをabの部分が上になるように金属製の軸受けに載せた。電源装置，導線，スイッチ，20Ωの抵抗器，電流計，軸受けを用いて回路を作り，<**実験1**>の(3)の操作を行った。

<**結果3**>

コイルBは，同じ向きに回転し続けた。

図6

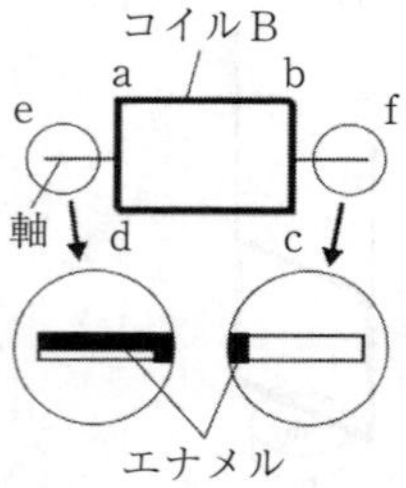

図7

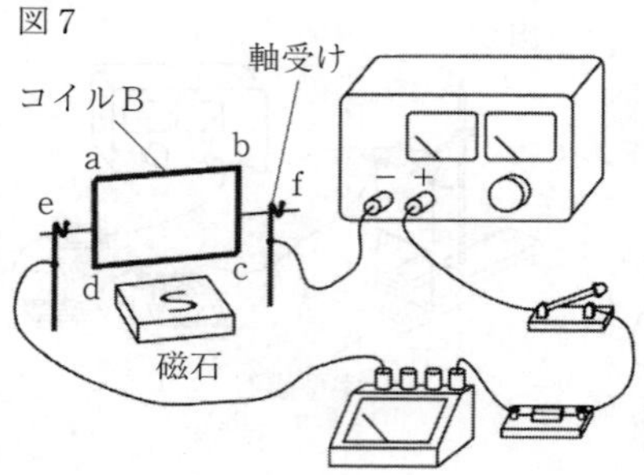

〔問3〕 <**実験3**>の(2)において，コイルBを流れる電流を大きくするとコイルの回転が速くなる。次の**ア**～**エ**は，図7の回路の抵抗器にもう一つ抵抗器をつなぐ際の操作を示したものである。<**実験1**>の(3)の操作を行うとき，コイルBが速く回転するつなぎ方の順に記号を並べよ。

ア 5Ωの抵抗器を直列につなぐ。　　**イ** 5Ωの抵抗器を並列（へいれつ）につなぐ。

ウ 10Ωの抵抗器を直列につなぐ。　　**エ** 10Ωの抵抗器を並列につなぐ。

〔問4〕 <**結果3**>において，図8と図9はコイルBが回転しているときのある瞬間の様子を表したものである。下の文章は，コイルBが同じ向きに回転し続けた理由を述べたものである。文章中の ① ～ ④ にそれぞれ当てはまるものとして適切なのは，下の**ア**～**ウ**のうちではどれか。

図8

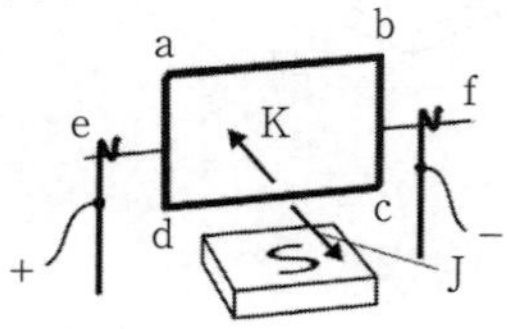

図9

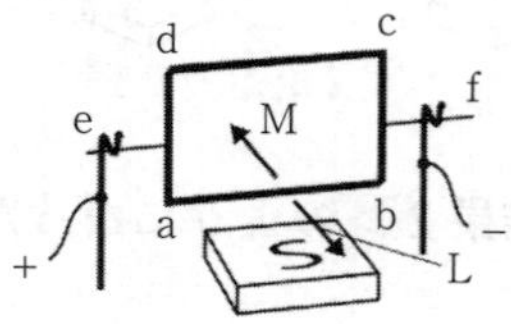

> 図8の状態になったときには，コイルBのcdの部分には [①] ため，磁界から [②] 。半回転して図9の状態になったときには，コイルBのabの部分には [③] ため，磁界から [④] 。そのため，同じ向きの回転を続け，さらに半回転して再び図8の状態になるから。

① ア　c→dの向きに電流が流れる
イ　d→cの向きに電流が流れる
ウ　電流が流れない

② ア　Jの向きに力を受ける
イ　Kの向きに力を受ける
ウ　力を受けない

③ ア　a→bの向きに電流が流れる
イ　b→aの向きに電流が流れる
ウ　電流が流れない

④ ア　Lの向きに力を受ける
イ　Mの向きに力を受ける
ウ　力を受けない

社会解答

1 〔問1〕 ア 〔問2〕 ウ
〔問3〕 イ 〔問4〕 エ

2 〔問1〕 Ⅰのア～エ…ウ
Ⅱの表のア～エ…エ
〔問2〕 P…イ Q…ウ R…ア
S…エ
〔問3〕 ⅠとⅡの表のア～エ…ア
略地図中のW～Z…X

3 〔問1〕 A…エ B…ウ C…ア
D…イ
〔問2〕 W…イ X…ア Y…エ
Z…ウ
〔問3〕 変容 (例)畑や造成中だった土地に，住宅がつくられた。
要因 (例)八千代中央駅が開業し，東京都(大手町)までの所要時間が短くなり，移動が便利になった。

4 〔問1〕 ウ→イ→エ→ア
〔問2〕 Ⅰの略年表中のア～エ…イ
Ⅱの略地図中のA～D…D
〔問3〕 エ
〔問4〕 A…ア B…エ C…ウ
D…イ

5 〔問1〕 ウ 〔問2〕 ア
〔問3〕 (例)国が主導する短期集中型の方式から地方公共団体が考え提案する長期継続型の方式となり，毎年ではなく特定の年に多く見られていた法律改正数は，数は少なくなったものの毎年見られるようになった。

6 〔問1〕 エ→ア→イ→ウ
〔問2〕 A…ア B…ウ C…エ
D…イ
〔問3〕 イ

1 〔三分野総合―小問集合問題〕

〔問1〕＜地形図の読み取り＞特にことわりのないかぎり，地形図上では上が北となる。Ⅱの図中の痕跡1～3に書かれた内容が，Ⅰの地形図中のア～エのどの経路で見られるかを読み取る。痕跡1については，アの経路の北東端付近に「郭町二丁目」，そこから矢印(➡)の向きに経路を進んだ先に「大手町」の地名が見られる。痕跡2については，アの経路沿いの「元町」付近に「高塔」の地図記号(□)があり，これが鐘つき堂だと考えられる。痕跡3については，「大手町」のすぐ西側に鍵型の道路が見られる。以上から，Ⅱの図はアの経路についてのものである。

〔問2〕＜平等院鳳凰堂＞平安時代には，阿弥陀如来にすがって死後に極楽浄土に生まれ変わることを願う浄土信仰が広まり，阿弥陀如来像とそれを納める阿弥陀堂が各地につくられた。平等院鳳凰堂は，1053年に藤原頼通が京都の宇治に建てた阿弥陀堂であり，世界文化遺産に登録されている。なお，法隆寺は飛鳥時代に聖徳太子が建てた寺院，金閣は室町時代に足利義満が建てた建物，東大寺は奈良時代に聖武天皇が建てた寺院である。

〔問3〕＜葛飾北斎＞葛飾北斎は，江戸時代後期に栄えた化政文化を代表する浮世絵画家で，「富嶽三十六景」などの作品を残した。北斎などによる浮世絵は，幕末に始まった貿易を通じて欧米諸国に広まり，印象派の画家などに影響を与えた。なお，雪舟は室町時代に日本の水墨画を大成した人物，菱川師宣は江戸時代前期に栄えた元禄文化の頃に「見返り美人図」などの浮世絵を描いた人物，狩野永徳は安土桃山時代に「唐獅子図屏風」などの屏風絵やふすま絵を描いた人物である。

〔問4〕＜労働基準法＞労働基準法は，労働条件の最低基準を定めた法律である。労働条件は労働者と使用者が対等の立場で決定するものとし，労働時間を週40時間以内，1日8時間以内とすること，毎週少なくとも1日を休日とすること，男女同一賃金とすることなどを定めている。なお，男女共同参画社会基本法は男女が個人として尊厳を重んじられ対等な立場で能力を発揮しながら活動できる社会を目指すための法律，労働組合法は労働者の団結権や労働組合の活動を守るための法律，男女雇用機会均等法は雇用における男女平等を目指すための法律である。

2 〔世界地理―世界の諸地域〕

〔問１〕<世界の気候と農業>Ⅰのア～エ．Ｄの都市はベルリン(ドイツ)で，温帯の西岸海洋性気候に属する。したがって，温暖で季節による気温の変化があり，年間を通して少しずつ雨が降るウがＤの気候を示したグラフである。なお，Ａの都市はブエノスアイレス(アルゼンチン)で，温暖で夏の降水量が多い温帯の温帯〔温暖〕湿潤気候(エ)，Ｂの都市はモントリオール(カナダ)で，夏と冬の気温差が大きく冬の寒さが厳しい冷帯〔亜寒帯〕気候(ア)，Ｃの都市はジャカルタ(インドネシア)で，１年中高温で降水量が多い熱帯の熱帯雨林気候(イ)に属する。　　Ⅱの表のア～エ．Ａ～Ｄの都市を含む国とは，アルゼンチン(Ａ)，カナダ(Ｂ)，インドネシア(Ｃ)，ドイツ(Ｄ)である。ドイツは，じゃがいもの生産量が世界有数であり，また混合農業などによる小麦の生産も盛んである。したがって，Ⅱの表中でじゃがいもの生産量が最も多く，小麦の生産量も２番目に多いエがドイツとなる。なお，米の生産量が最も多いアはインドネシア，とうもろこしの生産量が最も多いイはアルゼンチン，小麦の生産量が最も多いウはカナダである。

〔問２〕<国々の特徴>Ｐはブラジル，Ｑはベトナム，Ｒはトルコ，Ｓはケニアである。　ア．「二つの州を隔てる海峡」とは，トルコにあるボスポラス海峡であり，アジア州とヨーロッパ州の境界となっている。北部が黒海，南部が地中海に面しているトルコでは，20世紀初めまでおよそ600年にわたってオスマン帝国が存続したが，第一次世界大戦後に現在のトルコ共和国が成立した。　イ．ブラジルの北部には，世界最大の流域面積を持つアマゾン川がおよそ西から東へ流れている。ブラジル南東部に位置するブラジル高原の南部ではコーヒーの栽培が盛んに行われ，内陸には首都のブラジリアが位置している。　　ウ．ベトナムは，国土が南北に細長く，西側に位置するラオスとの国境地帯には山脈(アンナン山脈)が走っている。北部には首都のハノイがあり，メコン川の三角州が広がる南部では稲作が盛んである。ベトナムコーヒーと呼ばれる練乳入りのコーヒーがよく知られているほか，かつてこの地域を植民地としていたフランスの影響を受けた食生活も見られる。　エ．ケニアは，中央部に標高5000mを超えるケニア〔キリニャガ〕山がそびえ，首都のナイロビをはじめ国土の大部分が高原になっている。高原の気候や土壌が茶の栽培に適しており，茶の生産量は世界有数となっている。

〔問３〕<ニュージーランドの特徴と各国の貿易>Ｗはメキシコ，Ｘはニュージーランド，Ｙはフィリピン，Ｚはスペインである。まず，Ⅲの文章がどの国について述べたものかを考える。「南部には氷河に削られてできた複雑に入り組んだ海岸線が見られる」という記述に注目すると，高緯度地域に分布するフィヨルドが国土の南部に見られることから，南半球に位置するニュージーランドであると推測できる。また，偏西風の影響を受けた気候(温帯の西岸海洋性気候)であること，牧羊が盛んであることもニュージーランドの特徴に当てはまる。なお，2018年に発効した「日本を含む６か国による多角的な経済連携協定」とは環太平洋経済連携協定〔TPP〕を指す。次にⅠとⅡの表を見ると，アは，日本の主な輸入品目にチーズが含まれていること，貿易相手国の上位にオーストラリアが含まれていることからニュージーランドである。また，Ⅲの文章中には「1999年と比べて2019年では，日本の果実の輸入額は３倍以上に増加し」とあり，Ⅰの表中のアで日本の果実の輸入額を見ると，2019年(459億円)は1999年(122億円)の３倍以上であることが確認できる。なお，イは，1999年，2019年とも日本の最大の輸入品目が果実であることから，日本がバナナを多く輸入しているフィリピンである。ウは，日本の主な輸入品目にアルコール飲料(ワインなど)が含まれていること，貿易相手国の上位がヨーロッパの国々であることからスペインである。エは貿易相手国の上位にアメリカ合衆国とカナダが含まれていることから，これらの国と自由貿易協定を結んでいるメキシコである。

3 〔日本地理―日本の諸地域，地形図〕

〔問１〕＜都道府県の特徴＞Ａは千葉県，Ｂは富山県，Ｃは高知県，Ｄは福岡県である。　ア．４県の中で最も人口が少ないのは高知県である。高知県は，北部に四国山地，中央部に高知平野が分布し，沖合を流れる黒潮〔日本海流〕の影響で温暖な気候である。高知平野では，ビニールハウスなどを用いて野菜の促成栽培を行う施設園芸農業が行われている。　イ．県の北東部に海峡が見られるのは福岡県である。福岡県の北西部には福岡平野が広がり，沖合には暖流の対馬海流が流れる。北東部の海峡は，山口県との県境である関門海峡である。また，南西部の筑紫平野は，干潟のある有明海に面する。県庁所在地の福岡市は九州地方の中心都市であり，報道機関や大企業，政府の出先機関などが集中している。　ウ．冬季に降水（雪）が多いのは北陸地方に位置する富山県である。富山県では，南部の山地から神通川などの河川が北へ向かって流れ，富山平野を通って日本海へ注いでいる。また，東部を流れる黒部川の下流には扇状地が見られる。地場産業として古くから製薬・売薬が行われており，また豊富な雪解け水を利用した産業が盛んである。　エ．４県の中で最も人口が多いのは千葉県である。千葉県は，北部に関東ロームと呼ばれる赤土におおわれた下総台地が広がり，南部の房総半島は温暖な丘陵地帯となっている。県庁所在地の千葉市をはじめとする大都市は東京湾沿いの西部に集まっている。

〔問２〕＜都道府県の産業や交通＞ア．②→①の鉄道輸送量が最も多く，②は，沿岸部に重化学工業が発達していることから神奈川県横浜市である。よって，Ｘが当てはまる。なお，①は，県の南部で輸送用機械工業（自動車工業）などが発達している群馬県前橋市である。　イ．２地点間の直線距離が最も長く，①は，畜産業や林業が盛んで，南北に走る高速道路周辺で電子工業が見られることから岩手県盛岡市である。よって，Ｗが当てはまる。なお，②は，仙台平野で稲作が盛んな宮城県仙台市である。　ウ．２地点間の直線距離が２番目に長く，①は，水産加工業が盛んで砂丘が広がることから鳥取県鳥取市である。よって，Ｚが当てはまる。なお，②は，都市中心部に中小工場が密集する大阪府大阪市である。　エ．２地点間の直線距離が最も短く，①は，輸送用機械工業（自動車工業）が特に盛んであることから愛知県名古屋市である。よって，Ｙが当てはまる。なお，②は，石油化学コンビナートが見られ，リアス海岸が広がることなどから三重県津市である。

〔問３〕＜地形図と資料の読み取り＞変容．Ⅰの地形図では，○で示した地域には畑（∨）が広がり，付近一帯は「宅地造成中」となっている。Ⅱの地形図では，同じ地域に小規模な建物（　）が多く見られ，住宅地が形成されていることがわかる。　要因．Ⅱの地形図中には，Ⅰの地形図中にはなかった鉄道線路と「やちよちゅうおう」駅が見られる。Ⅲの資料から，八千代中央駅は1996年に開業し，これにより東京都（大手町）までの所要時間が短縮されたことがわかる。そのため，東京への通勤通学が便利になったこの地域で宅地開発が進んだと考えられる。

4〔歴史―古代～現代の日本〕

〔問１〕＜年代整序＞年代の古い順に，ウ（飛鳥時代），イ（平安時代），エ（鎌倉時代），ア（室町時代）となる。

〔問２〕＜鎖国政策＞江戸幕府は，キリスト教の禁止や貿易の統制を徹底するため，外国船の来航や日本人の海外渡航などを段階的に禁止していった。Ⅲは，この過程で1635年に出されたものであり，日本人の海外渡航と帰国を全面的に禁止した。同年，外国船の来航地が平戸と長崎のみに制限され，1641年にはオランダ商館が平戸から出島（どちらも現在の長崎県）に移されて，以後は中国とオランダのみが長崎での貿易を許されることになった。したがって，Ⅲの命令を主に実行したのは，略地図中のＤに置かれた長崎奉行所であったと考えられる。

〔問３〕＜大正時代の様子＞問題中の文章は，1923年９月１日に発生した関東大震災に関する内容である。大正時代にあたるこの時期には，工業の発展とともに都市人口が増え，職業について働く女性も見られるようになった。また，東京駅が開業し，鉄筋コンクリートの丸の内ビルヂングが建設された。なお，新橋・横浜間に日本初の鉄道が開通したのは1872年，イギリスとの間に日英同盟を結んだのは1902年，大日本帝国憲法が制定されたのは1889年であり，いずれも明治時代のことである。

〔問４〕＜大正時代～昭和時代の出来事＞ア．第二次護憲運動の結果，1924年に連立内閣である加藤高明内閣が成立し，翌1925年に満25歳以上の全ての男子に選挙権を認める普通選挙法が制定された(Ａ)。　イ．高度経済成長期に公害が深刻化し，1967年に公害対策基本法が制定された(Ｄ)。　ウ．第二次世界大戦が終結した1945年から日本の民主化が進められ，農地改革や教育基本法の制定などが行われた(Ｃ)。　エ．1937年に始まった日中戦争が長期化する中，1938年に国家総動員法が制定された(Ｂ)。

5〔公民―地方自治〕

〔問１〕＜地方公共団体の仕事＞日本国憲法第94条では，地方公共団体は「法律の範囲内で条例を制定することができる」と定めている。なお，アの条約の承認は国会，イの政令の制定は内閣，エの違憲審査は裁判所の仕事である。

〔問２〕＜直接請求権＞住民は，一定数以上の署名を集めることにより，地方公共団体に政治上の請求を行うことが認められている。これを直接請求権といい，条例の制定・改廃，議会の解散，首長・議員などの解職，事務の監査を請求することができる。なお，イの最高裁判所の裁判官に対する国民審査は地方公共団体に対して行使する権利ではない。ウは地方議会が持つ権限，エは国会が持つ権限である。

〔問３〕＜資料の読み取り＞この問題で求められているのは，「1995年から2014年までの期間と比較した，2015年から2019年までの期間の法律改正数の動き」について，①「地方分権改革の推進手法」と②「毎年の法律改正の有無及び毎年の法律改正数」に着目して述べることである。これをふまえて，Ⅰ，Ⅱからわかることを整理する。まず，Ⅰのグラフから，1995年から2014年までは法律改正が毎年ではなく特定の年に多く行われており，2015年から2019年までは法律改正が毎年行われているが，年ごとの改正数は少ないことがわかる(着目点②)。次に，Ⅱの文章から，2014年までは国が主導する短期集中型の推進手法が行われており，2014年より後は地方公共団体が考え提案する長期継続型の推進手法が導入されたことがわかる。以上の内容を組み合わせ，「1995年から2014年まで」と「2015年から2019年まで」の特徴を比較する形で説明する。

6〔三分野総合―企業を題材とする問題〕

〔問１〕＜年代整序＞年代の古い順に，エ(オランダ東インド会社の設立―1602年)，ア(ワットによる蒸気機関の改良―1765～69年)，イ(アメリカ南北戦争―1861～65年)，ウ(ベルサイユ条約の締結―1919年)となる。

〔問２〕＜世界の都市＞ア．標高3000mを超えること，16世紀にスペイン人が進出していることから，アンデス山脈中に位置するＡのラパス(ボリビア)である。ボリビアでは，銀や亜鉛などの鉱産資源が豊富に産出する。　イ．山脈の北側に位置する港湾都市であること，イスラム教とフランスの影響が見られること，砂漠地帯があることから，アトラス山脈の北側に位置するＤのアルジェ(アルジェリア)である。アルジェリアは，天然ガスや石油の産出量が多い。　ウ．水運の拠点であったこと，20世紀に自動車工業の中心地となったことから，五大湖沿岸に位置するＢのデトロイト(アメリカ合衆国)である。　エ．国際連盟の本部が置かれたこと，時計などの精密機械工業が盛んであることから，Ｃのジュネーブ(スイス)である。

〔問３〕＜1980年代の日本経済＞Ⅱの文章の内容と，Ⅰのグラフのア～エの時期を照らし合わせて考える。Ⅱの文中には，この時期の前半は，「経済成長率は上昇傾向を示した」とあり，またこの時期の後半は，「経済成長率は一時的に下降した。その後，(中略)法人企業の営業利益は増加し続けた」とまとめられている。これらをもとにⅠのグラフを確認すると，当てはまる期間はイとなる。Ⅱの文中の「株価や地価が高騰する好景気」とは，1980年代後半から1990年代初めに見られたバブル経済のことである。

理科解答

1 〔問1〕ウ　〔問2〕ア
〔問3〕エ　〔問4〕①…ウ　②…ア
〔問5〕エ　〔問6〕イ

2 〔問1〕①…ア　②…ウ　〔問2〕ウ
〔問3〕イ　〔問4〕エ

3 〔問1〕エ
〔問2〕①…イ　②…ウ　③…ア
〔問3〕①…ウ　②…エ
〔問4〕ア→ウ→エ→イ

4 〔問1〕ア　〔問2〕①…ウ　②…イ
〔問3〕①…イ　②…イ

5 〔問1〕①…エ　②…イ
〔問2〕①…ア　②…エ
〔問3〕ウ　〔問4〕31％

6 〔問1〕ア
〔問2〕(例)コイルAの中の磁界が変化するから。
〔問3〕イ→エ→ア→ウ
〔問4〕①…ア　②…ア　③…ウ　④…ウ

1 〔小問集合〕

〔問1〕＜吸収，排出＞図1で，消化された養分を吸収するのはBの小腸，アンモニアを尿素に変えるのはCの肝臓である。なお，Aは胃で，タンパク質が消化され，Dはじん臓で，血液中から尿素などがこし取られて尿がつくられる。

〔問2〕＜音＞音が高くなると振動数が大きくなり，音が大きくなると振幅が大きくなる。よって，図2のときと比べて，音が高くなると振動数が大きくなり，振動数は1秒間に振動する回数なので，Aは短くなる。また，音が大きくなると，Bは大きくなる。

〔問3〕＜地震＞初期微動はP波によって伝えられ，主要動はS波によって伝えられる。地震の揺れを伝えるP波とS波はそれぞれ一定の速さで伝わるから，2種類の波の到着時刻の差である初期微動継続時間は，震源からの距離に比例する。震源からの距離が36kmの観測地点Aでの初期微動継続時間は，10時10分20秒－10時10分18秒＝2秒だから，震源からの距離が90kmの地点での初期微動継続時間をx秒とすると，$36:90=2:x$が成り立つ。これを解くと，$36\times x=90\times 2$より，$x=5$(秒)となるから，主要動が始まった時刻は，初期微動が始まった10時10分27秒の5秒後で，10時10分32秒である。

〔問4〕＜酸・アルカリ＞溶液Aには，電流を流れやすくし，結果に影響を与えない中性の電解質の水溶液である食塩水を使う。なお，エタノール水溶液や砂糖水，精製水には電流が流れない。また，青色リトマス紙を赤色に変色させる酸性の性質を示すイオンは，水素イオン(H^+)である。薄い塩酸は塩化水素(HCl)の水溶液で，水溶液中でH^+と塩化物イオン(Cl^-)に電離している。このうち，＋の電気を帯びたH^+が陰極側に引かれるため，青色リトマス紙の赤色に変色した部分が陰極側に広がる。なお，薄い水酸化ナトリウム水溶液には，アルカリ性の性質を示す水酸化物イオン(OH^-)が含まれ，赤色リトマス紙を青色に変色させる。

〔問5〕＜遺伝の規則性＞エンドウの種子の形は丸が優性(顕性)形質だから，丸い種子の遺伝子の組み合わせはAAかAa，しわのある種子の遺伝子の組み合わせはaaである。まず，AAとaaをかけ合わせた場合，AAがつくる生殖細胞の遺伝子はAのみ，aaがつくる生殖細胞の遺伝子はaのみだから，かけ合わせてできる子の遺伝子の組み合わせは全てAaで，丸い種子しか得られない。一方，Aaとaaをかけ合わせた場合，Aaがつくる生殖細胞の遺伝子はAとaだから，aaとかけ合わせてできる子の遺伝子の組み合わせはAaとaaになり，丸い種子(Aa)としわのある種子(aa)ができる。よって，かけ合わせたエンドウの遺伝子の組み合わせは，Aaとaaである。

〔問6〕＜力＞力のつり合いの関係にある2力は，1つの物体にはたらくので，図4では，机が物体を押す力(垂直抗力)Aと物体にはたらく重力Bである。また，作用・反作用の関係にある2力は，2

つの物体の間で互いにはたらくので，図４では，机が物体を押す力Ａと物体が机を押す力Ｃである。

2 〔小問集合〕

〔問１〕＜動物の分類＞表１で，セキツイ動物のグループはＡの魚類である。また，ＢとＣ，Ｄは無セキツイ動物のグループで，このうち，軟体動物のグループはＣとＤで，Ｂは節足動物の甲殻類のグループである。

〔問２〕＜速さ＞おもちゃの自動車は，0.6－0.4＝0.2(秒)で，図１より，5×7＝35(cm)運動している。よって，平均の速さは，35÷0.2＝175(cm/s)である。これより，１秒間に175cm運動するので，１時間，つまり，60×60＝3600(秒)で運動する距離は，175×3600＝630000(cm)で，630000÷100÷1000＝6.3(km)となる。したがって，平均の速さは 6.3km/hである。

〔問３〕＜浮き沈み＞水の密度を1.0g/cm^{3}とすると，液体の密度より密度が大きい物質は液体に沈み，密度が小さい物質は液体に浮くから，水に沈んだラベルの密度は1.0g/cm^{3}より大きいことがわかる。また，水50cm^{3}の質量は50gとなるから，食塩水の質量は50＋15＝65(g)で，体積が55cm^{3}より，食塩水の密度は，65÷55＝1.181…となり，約1.18g/cm^{3}である。よって，ラベルが食塩水に浮いたことから，ラベルの密度は，1.18g/cm^{3}より小さいことがわかる。したがって，ラベルは，表２で，密度が1.0g/cm^{3}より大きく，1.18g/cm^{3}より小さいポリスチレンである。

〔問４〕＜星の動き＞星の南中する時刻は１か月に約２時間ずつ早くなるので，１月15日午後10時に南中したオリオン座は，１か月後の２月15日には午後10時の２時間前の午後８時頃に南中する。なお，地球の公転により，南の空の星は東から西へ，１か月に360°÷12＝30°動いて見えるので，午後10時のオリオン座は，１月15日から２月15日までの１か月で約30°動いて見える。また，１日のうちでは，地球の自転により，南の空の星は東から西へ，１時間に360°÷24＝15°動いて見える。よって，２月15日午後10時のオリオン座が約30°東に見えていたのは，午後10時の30°÷15°＝2(時間)前の午後８時頃である。

3 〔気象とその変化〕

〔問１〕＜水蒸気量＞湿度は，その気温での飽和水蒸気量に対する実際に含まれる水蒸気の量の割合である。よって，気温が高くなるほど飽和水蒸気量は大きくなるため，湿度が同じとき，気温が高いほど空気中の水蒸気の量は大きくなる。図１より，それぞれの時刻の気温は，大きい順にa＞b＞cだから，空気中の水蒸気の量は，Ａ＞Ｂ＞Ｃである。

〔問２〕＜天気＞図１で，３月31日の天気記号の⦶は晴れ，◎はくもりだから，日中の天気はおおむね晴れである。天気図の記号で風向は矢の向きで表されるから，日中は南寄りの風である。また，日が昇るとともに上がり始め，昼過ぎに最も高くなり，その後下がっているのは気温である。

〔問３〕＜前線，高気圧＞図１より，４月１日の15時から18時の間に前線Ｘ(寒冷前線)が通過したとき，気温は急激に下がり，風向は南寄りから北寄りに変化している。また，高気圧の中心付近では，上空から地上へ向かう空気の流れである下降気流が生じ，地上では中心部から周辺へ向かって風が吹き出している。なお，低気圧の中心付近では上昇気流が生じ，地上では周辺から中心部へ向かって風が吹き込んでいる。

〔問４〕＜日本の気象＞つゆ(６月)の天気図は，日本列島付近に東西にのびる停滞前線(梅雨前線)が見られるアである。夏(８月)の天気図は，日本の南側に高気圧，北側に低気圧がある南高北低の気圧配置のウである。秋(11月)の天気図は，日本付近を西から東へ移動性高気圧と温帯低気圧が交互に通過するエであり，冬(２月)の天気図は，日本の西側に高気圧(シベリア高気圧)，東側に低気圧がある西高東低の気圧配置のイである。

4 〔植物の生活と種類〕

〔問１〕＜葉のはたらき＞図１のＡは気孔で，呼吸や光合成で吸収・放出する酸素や二酸化炭素の出入り口であり，蒸散で放出する水蒸気の出口である。また，Ｂは葉緑体で，水と二酸化炭素を原料に光のエネルギーを利用して光合成を行い，デンプンと酸素をつくる。なお，細胞の活動により生じた物質を蓄えているのは液胞であり，植物の細胞の形を維持するのは細胞壁である。

〔問2〕＜光合成＞実験1では，光合成に必要な条件を調べているので，実験前に葉にあったデンプンを全て消費しておく必要がある。暗室に24時間置くと，葉にあるデンプンは水に溶けやすい物質に変えられて，体全体に運ばれる。また，光合成に二酸化炭素が必要であることは，袋の中の二酸化炭素の有無だけが異なり，それ以外の光合成に必要な条件(光)は同じもので比較する。息には二酸化炭素が多く含まれているから，光が当たっている条件は同じで，二酸化炭素がある葉Cと，水酸化ナトリウム水溶液をしみ込ませたろ紙を入れたため，二酸化炭素が吸収され，ほとんど含まれていない葉Eで比較する。なお，結果2より，青紫色に変化した葉Cでは，デンプンがつくられたことから，光合成が行われ，変化しなかった葉Eでは，デンプンがつくられなかったことから，光合成が行われていない。よって，葉Cと葉Eの結果から，光合成には二酸化炭素が必要であることがわかる。

〔問3〕＜光合成と呼吸＞結果3より，実験後の二酸化炭素の割合は，袋Hでは増加し，袋Iでは減少している。二酸化炭素は，呼吸によって出され，光合成によって吸収されるから，呼吸によって出される二酸化炭素の量よりも，光合成によって使われた二酸化炭素の量の方が多いのは袋Iで，袋Iでは呼吸よりも光合成が盛んに行われたことになる。また，光合成によってデンプンなどの養分がつくられるので，デンプンなどの養分のできる量も多いのは，二酸化炭素を多く使った袋Iである。なお，二酸化炭素の割合が増加していた袋Hでは，光合成は行われたが，光の強さが弱かったため，呼吸よりも光合成のはたらきの方が小さかったと考えられる。

5 〔化学変化と原子・分子〕

〔問1〕＜炭酸水素ナトリウムの分解＞ガラス管を水槽の水の中に入れたまま試験管Aの加熱をやめると，試験管A内の気体が冷えて気圧が下がり，水槽の水が試験管Aに流れ込む。流れ込んだ水が，加熱部分に触れると，試験管Aが割れるおそれがあり，危険である。そのため，ガラス管を水槽の中から取り出してから加熱をやめる必要がある。また，加熱後の物質は炭酸ナトリウムで，炭酸水素ナトリウム水溶液は弱いアルカリ性を示すが，炭酸ナトリウム水溶液は強いアルカリ性を示す。pHの値は中性で7で，数値が大きいほどアルカリ性が強くなるので，炭酸水素ナトリウム水溶液よりも加熱後の物質(炭酸ナトリウム)の水溶液の方がpHの値は大きい。

〔問2〕＜分解＞試験管A内で起こっている化学変化は，1種類の物質が2種類以上の別の物質に分かれる分解である。①のア～エのうち，分解が起こっているのは，酸化銀を加熱したときで，酸化銀は銀と酸素に分解する。なお，イ，ウ，エで起こっている化学変化は，2種類以上の物質が結びついて別の新しい物質ができる化合である。また，炭酸水素ナトリウム($NaHCO_3$)は，加熱すると，炭酸ナトリウム(Na_2CO_3)と二酸化炭素(CO_2)と水(H_2O)に分解する。加熱後の3つの物質全てに酸素原子(O)が含まれているので，図2で酸素原子を表しているのは◎である。さらに，◎2個と○1個がCO_2を表しているから，○は炭素原子(C)で，◎1個と●2個がH_2Oを表しているから，●は水素原子(H)となる。よって，ナトリウム原子(Na)を表しているのは■である。

〔問3〕＜反応する物質の質量＞実験2で発生した気体は二酸化炭素だけで，空気中に逃げるから，発生した気体の質量は，結果2の反応前の質量と加えた炭酸水素ナトリウムの質量の和から，反応後の質量をひくことで求められる。よって，加えた炭酸水素ナトリウムの質量が0.50gのときに発生した気体の質量は，$79.50+0.50-79.74=0.26$(g)となる。以下同様に，発生した気体の質量を求めると，加えた炭酸水素ナトリウムの質量が1.00gのときは0.52g，1.50gのときは0.78g，2.00gのときは1.04g，2.50gのときは1.17g，3.00gのときは1.17gとなる。よって，グラフは，点(0.50，0.26)，(1.00，0.52)，(1.50，0.78)，(2.00，1.04)，(2.50，1.17)，(3.00，1.17)を通る。なお，この反応を化学反応式で表すと，$NaHCO_3+HCl \longrightarrow NaCl+H_2O+CO_2$となる。

〔問４〕＜反応する物質の質量＞〔問３〕で，ウより，発生した気体の質量が1.17g以下のとき，グラフは原点を通る直線なので，加えた炭酸水素ナトリウムの質量と発生した気体の質量は比例している。よって，炭酸水素ナトリウムの質量が1.00gのときに発生した気体の質量は0.52gより，発生した気体の質量が0.65gのときに反応した炭酸水素ナトリウムの質量を x gとすると，$1.00 : x = 0.52 : 0.65$ が成り立つ。これを解くと，$x \times 0.52 = 1.00 \times 0.65$ より，$x = 1.25$(g)となる。したがって，ベーキングパウダー4.00gに含まれている炭酸水素ナトリウムは1.25gなので，$1.25 \div 4.00 \times 100 = 31.25$ より，炭酸水素ナトリウムは約31%含まれている。

6 〔電流とその利用〕

〔問１〕＜電流と磁界＞右図のように，コイルの内側と外側には，逆向きの磁界ができる。よって，コイルＡの内部に置いた方位磁針のN極は，コイルの下部に置いた方位磁針のN極と反対の向きに動き，コイルの上部に置いた方位磁針のN極は，コイルの下部に置いた方位磁針のN極と同じ向きに動く。

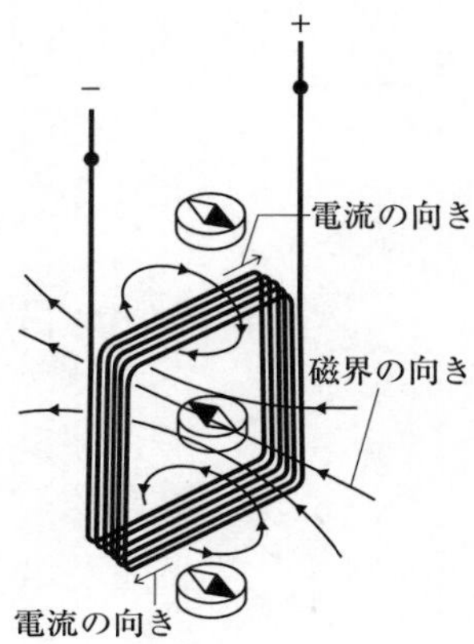

〔問２〕＜電磁誘導＞コイルＡを動かして，コイルＡの中の磁界が変化すると，コイルＡに電圧が生じて電流が流れる。この現象を電磁誘導といい，流れる電流を誘導電流という。

〔問３〕＜回路と電流＞電源装置の電圧が同じとき，オームの法則〔電流〕$= \dfrac{〔電圧〕}{〔抵抗〕}$より，コイルＢに流れる電流は，２つの抵抗器全体の抵抗(合成抵抗)が小さいほど大きくなり，コイルの回転が速くなる。まず，直列つなぎでも並列つなぎでも，抵抗の小さな抵抗器をつないだ方が合成抵抗は小さくなるから，合成抵抗は，ア＜ウ，イ＜エである。次に，抵抗器を直列につなぐと合成抵抗は各抵抗の和になるから，アの合成抵抗は $5 + 20 = 25$(Ω)となる。また，抵抗器を並列につなぐと合成抵抗は各抵抗より小さくなるから，エの合成抵抗は10Ωより小さい。よって，合成抵抗は，エ＜アとなり，合成抵抗の大きさは，イ＜エ＜ア＜ウである。したがって，コイルが速く回転する順も，イ，エ，ア，ウとなる。

〔問４〕＜モーター＞図８の状態のとき，ｅ側の軸はエナメルをはがした部分が軸受けに接していて，電流はｅからｆに流れるから，コイルＢにはａ→ｂ→ｃ→ｄの向きに電流が流れる。このとき，流れる電流の向きと，磁石からの磁界の向きは，実験１の(4)と同じだから，結果１の(2)より，図８ではコイルＢは磁界からＪの向きに力を受ける。次に，図９の状態のとき，ｅ側の軸はエナメルをはがしていない部分が軸受けに接しているので，コイルＢに電流は流れず，磁界から力を受けない。そのため，コイルＢは慣性で回転し，再び図８の状態になって同じ向きに回転を続ける。

Memo

Memo

Memo

●2020年度

都立国立高等学校

独自問題

【英語・数学・国語】

2020年度 都立国立高等学校

【英　語】（50分）〈満点：100点〉

1 リスニングテスト（**放送**による**指示**に従って答えなさい。）

〔問題A〕 次のア～エの中から適するものをそれぞれ**一つずつ**選びなさい。

＜対話文 1＞

ア　Tomorrow.　　イ　Next Monday.

ウ　Next Saturday.　　エ　Next Sunday.

＜対話文 2＞

ア　To call Ken later.　　イ　To leave a message.

ウ　To do Bob's homework.　　エ　To bring his math notebook.

＜対話文 3＞

ア　Because David learned about *ukiyoe* pictures in an art class last weekend.

イ　Because David said some museums in his country had *ukiyoe*.

ウ　Because David didn't see *ukiyoe* in his country.

エ　Because David went to the city art museum in Japan last weekend.

〔問題B〕 ＜Question 1＞ では，下のア～エの中から適するものを**一つ**選びなさい。

＜Question 2＞ では，質問に対する答えを英語で書きなさい。

＜Question 1＞

ア　In the gym.　　イ　In the library.

ウ　In the lunch room.　　エ　In front of their school.

＜Question 2＞

（15 秒程度，答えを書く時間があります。）

※（編集部注）＜**英語学力検査リスニングテストＣＤ台本**＞を英語の問題の終わりに掲載しています。

2 次の対話の文章を読んで，あとの各問に答えなさい。
（＊印のついている単語・語句には，本文のあとに〔注〕がある。）

Dan is visiting his aunt, Ann, and his cousins, Bee and Cal, in New York for the summer. Dan lived in the U.S. after he was born, and goes to high school in Japan. He is going back to Japan next week, and he is talking with his cousins.

Bee: After three weeks here, you're leaving next week. Are you excited?

Dan: Not really. In fact, I'd like to stay longer.

Cal: Why is that? You miss Japan, right?

Dan: I do, but I haven't finished writing a math report. (1)That makes me so nervous. I've read some books and collected information on math, but I cannot decide the topic. I've been worried about it the whole summer, and I am worried even now.

Bee: I see. Can you tell us more about your homework?

Dan: Our math teacher told us to write a math report. (2)We have to write 【 ① about ② interested ③ in ④ will ⑤ something ⑥ make ⑦ that ⑧ children 】learning math. I cannot decide what to write in my report.

Bee: Then, why don't you ask our mom to help you?

Dan: Your mom, Ann?

Cal: Oh, that's a good idea. She is an engineer now, but taught math at a high school before she married.

Dan: I didn't know that.

Bee: She's doing something in the garden now, but I'm sure she has some time.

Bee goes to the garden and returns with Ann.

Ann: OK, Dan. Bee told me about your homework. I understand you want my help.

Dan: Right. (3)Do you have any good ideas?

Ann: Well, first, I'd like to ask you. Do you like math?

Dan: Yes. I became more interested in math after I learned that math is very useful in our life.

Ann: That's a good point. So, tell me this. Where is math necessary in daily life?

Bee: Shopping. Preparing food….

Cal: Playing music. Sports….

Dan: Understanding time, calendar….

Ann: Very good. Our world is full of math, so (4) it is very important to teach young kids the [ ] of math.

Bee: Can you tell us how?

Ann: Well, if we're interested in something, it's easier to learn. So, we have to find a way to make math more exciting for many kids.

Cal: That sounds very difficult.

Ann: Actually, there are a lot of ways to do this.

Dan: Could you tell me more?

Ann: OK. I think that doing math *puzzles is a good start.

Cal: What are those? I don't like math, so even puzzles sound boring.

Ann: That's too bad, but believe me. Have you ever heard of the "*magic square?"

x	1	6
3	y	7
4	z	2

Dan: No, never.

Ann: OK. I will explain it. Look at this. You see some *missing numbers in a 3×3 box. You use each of the numbers, 1–9. In a magic square, the total of numbers in *any row, column, or diagonal is the same. Here, the total is 15. Try this!

A few minutes pass.

Ann: All right, everyone. Have you solved it?

Everyone: Yes.

Bee: [(5)-a], I checked what were the missing numbers. They are 5, 8, 9. [(5)-b], I used simple addition. x + 3 + 4 =15. x + 1 + 6 =15. [(5)-c], x is 8. [(5)-d], I found the other two missing numbers.

Dan: Great! I'm sure kids will like it.

Ann: Actually, magic squares are not only for kids. There are a lot of people who love them. You can do this puzzle anywhere with just a piece of paper and a pencil.

Cal: Wow! I don't have to use anything special.

Ann: That's right. I'll show you another interesting puzzle. This is almost the same as the magic square. It's called a "*word square." The same words are *spelled across and down. Let's try this. You can find all the words in an English dictionary. I'll give you hints.

1			
2			
3			
4			

1. not quick 2. parents' (   ) for their children

3. almost the same meaning as "above" 4. (   ) you busy yesterday?

Dan: I got it! (6)The answers are like this, right?

Ann: You did it.

Cal: I'm getting more interested in puzzles. Kids can even learn words by studying math.

Ann: Now, I'd like to talk about one person. I guess all of you know the story *"Alice's Adventures in Wonderland."

Bee: I read it, and I also saw the movie. I really enjoyed it.

Dan: I thought the book was very funny.

Ann: Then, do you know who wrote that story?

Cal: *Lewis Carroll?

Ann: Yes, and he was a very famous *mathematician. He liked to play with words. For example, he found a way to remember $\pi = 3.1415926$. The number of letters in each word of "May I have a large *container of coffee?" *matches the numbers in π, so Carroll liked to say this expression many times.

Bee: This is my first time to hear that.

Ann: Here, I'd like to show *the doublet, one of his excellent puzzles, to you. You are given a start word and an end word. You must *gradually change the start word into the end word by changing only one letter *at a time, and you have to get a new word with each letter change. Every word must be a real word.

Cal: A word game. I like that.

Ann: I'll give you an example. Take your "cat" to "bed." The answer is like this.

CAT → BAT → BET → BED

Dan: He is really a *genius!

Ann: OK, everyone. Try one of the doublets Lewis Carroll made. Change ***TEARS*** into ***SMILE***. You cannot use a person's name. You cannot use a place name.

TEARS → SEARS → [(7)] → _ _ _ R _ → STALE → STILE → SMILE

(6 changes)

Cal: I solved it. This puzzle is quite surprising.

Dan: The doublet is very good for learning how to think clearly and checking what words you know.

Ann: I'll show you another example. In this doublet, Carroll needed six changes to make FOUR to FIVE. However, in math you just add one to change four to five, like this. Each letter shows a different number.

```
   F O U R
 +   O N E
 ---------
   F I V E
```

You can show this addition is correct by using numbers. This is one of the answers.

```
   9 2 3 0
 +   2 5 1
 ---------
   9 4 8 1
```

Cal: Amazing!

Ann: Can you explain this? R + E = E, so R is 0. If you *substitute 1 for E, E is 1. And?

Bee: [(8)-a]

Cal: [(8)-b]

Dan: [(8)-c]

Bee: [(8)-d]

Ann: Excellent! This is called "*ALPHAMETICS." What do you think? Math puzzles are exciting, right?

Bee: Yes. They are one of the excellent ways to make kids interested in math, and they can learn its joy. (9)A long journey of 1,000 kilometers comes from a single step.

Cal: I've decided to try various math puzzles. When you are interested in something, it *motivates you.

Dan: Everyone, thank you very much for your help. These puzzles are surprising. Now, I know what I should write about. I am ready to go home and finish my report!

Everybody laughs.

〔注〕 puzzle パズル　　magic square 魔方陣（正方形を使った数字のパズル）
missing 欠けている　　any row, column, or diagonal どの縦・横・対角線でも

word square　マス目に単語を埋めるパズル　spelled　つづられている
"Alice's Adventures in Wonderland"　「不思議の国のアリス」
Lewis Carroll　ルイス・キャロル　mathematician　数学者
container　容器　match　一致している
the doublet　ダブレットという単語ゲーム　gradually　段階的に
at a time　一度に　genius　天才　substitute　代入する
ALPHAMETICS　覆面算（計算式の全部または一部の数字を文字か記号に置き換えたもので，それをもとの数字に戻すパズル）
motivate　意欲をかき立てる

〔問1〕 (1)<u>That makes me so nervous.</u> とあるが，このとき Dan が考えている内容として最も適切なものは次の中ではどれか。

ア　My summer math report is so difficult that I'd like to ask my cousins and aunt to help me.

イ　I'm really worried about my math homework because I don't think I'll be able to finish it before summer vacation ends.

ウ　I'm not missing Japan, and I'd like to stay here longer to do my summer math homework.

エ　When I think about my math report, I feel very sad because I haven't done anything yet.

〔問2〕 (2)<u>We have to write【 ① about ② interested ③ in ④ will ⑤ something ⑥ make ⑦ that ⑧ children 】learning math.</u> とあるが，本文の流れに合うように，【　　　】内の単語を正しく並べかえたとき，**2番目と6番目と8番目**にくるものの組み合せとして最も適切なものは次の**ア〜カ**の中ではどれか。

	2番目	6番目	8番目
ア	①	⑥	③
イ	①	⑧	②
ウ	⑤	⑦	①
エ	⑤	⑧	③
オ	⑧	⑤	①
カ	⑧	⑦	①

〔問３〕 (3)<u>Do you have any good ideas?</u> とあるが，その内容を次のように書き表すとすれば，［　　　　］の中にどのような英語を入れるのがよいか。本文中の**連続する６語**で答えなさい。

Please give me some advice. I'd like to ［　　　　］ in my summer math report.

〔問４〕 (4)<u>it is very important to teach young kids the ［　　　］ of math</u> とあるが，本文の内容から判断して，［　　　］の中にどのような英語を入れるのがよいか。本文中の**４文字以内の１語**で答えなさい。

〔問５〕 ［(5)-a］ ～ ［(5)-d］ の中に，それぞれ次の**Ａ～Ｄ**のどれを入れるのがよいか。その組み合せとして最も適切なものは下の**ア～カ**の中ではどれか。

A In this way　　**B** Then　　**C** First　　**D** So

	(5)-a	(5)-b	(5)-c	(5)-d
ア	A	C	B	D
イ	A	D	C	B
ウ	C	A	B	D
エ	C	B	D	A
オ	D	A	C	B
カ	D	C	B	A

〔問６〕 (6)<u>The answers are like this</u> とあるが，ここで説明されているパズルの完成図の一部を示したものとして正しいものは次の**ア～カ**の中ではどれか。

ア

1			
2	I		
3		A	
4			

イ

1			
2		V	
3	B		
4			

ウ

1			
2	V		
3		V	
4			

エ

1			
2		O	
3	W		
4			

オ

1			
2	O		
3		E	
4			

カ

1			
2		L	
3	E		
4			

〔問７〕 本文の説明から判断して [(7)] に入る適切な英単語を書きなさい。ただし，[(7)] の次に来る単語の４文字目はＲである。

〔問８〕 [(8)-a] ～ [(8)-d] の中に，それぞれ次のＡ～Ｄのどれを入れるのがよいか。その組み合せとして最も適切なものは下のア～カの中ではどれか。

Ａ And, if you substitute 5 for N, N is 5. Then, V is 8.

Ｂ Finally, if you substitute 9 for F, F is 9.

Ｃ If you substitute 3 for U, U is 3.

Ｄ If you substitute 2 for O, O is 2. Then, I is 4.

	(8)-a	(8)-b	(8)-c	(8)-d
ア	A	B	C	D
イ	A	C	D	B
ウ	C	D	B	A
エ	C	A	D	B
オ	D	A	C	B
カ	D	C	B	A

〔問９〕 (9)<u>A long journey of 1,000 kilometers comes from a single step.</u> とあるが，その表す意味とほぼ同じ表現は，次の中ではどれか。

ア You have to walk up the steps and practice a lot to get something you want.

イ It is necessary to walk with a quick step to find something excellent.

ウ Taking the first step is necessary for reaching a goal.

エ Experience is the most important in every step you make.

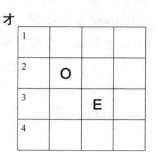

〔問10〕 本文の内容と合っているものを，次のア～カの中から一つ選びなさい。

ア This summer, Dan went back to the U.S. and spent two weeks with his aunt's family.

イ Ann worked as an engineer before she married and then became a high school math teacher.

ウ Dan doesn't like math, but he has to write a summer math report before school starts again.

エ Everyone can enjoy a magic square easily, and people need only a pencil and a special piece of paper to play a magic square.

オ Lewis Carroll is both a writer and a mathematician, and thought of an expression to remember π.

カ At the end of the story, everybody laughed because Dan said something funny and because he finished writing a math report.

3 次の文章を読んで，あとの各問に答えなさい。
（＊印のついている単語・語句には，本文のあとに〔注〕がある。）

I grew up in a family of six. When I was young, my parents worked very hard from morning to night. So, my big sister took care of my little sisters and me. She did everything she could do for us. However, when I was twelve, she got married and left home. We were *at a loss. My little sisters and I could not cook at all, so my mother had to cook dinner after the long hard day's work. I knew it was quite hard for her. One evening, I decided to cook for the first time in my life to help her. Before my parents came home, I started cooking by myself. I put some *miso* and *tofu* into hot water. I also *fried rice, vegetables and eggs. The fried rice and the miso soup did not taste good, but my parents and sisters said, "You are a good cook, Eiji!" and ate them all with a big smile. (1)<u>I felt very proud.</u> I wanted to see their happy smiles again and became interested in cooking.

When I was in high school, I experienced several *part-time jobs. Working as a student was very hard, but I enjoyed meeting and talking with various people. I learned people have different *values. I had various wonderful experiences at different jobs. One of them was carrying heavy boxes of food into the kitchens of restaurants. One day, I carried lots of fresh vegetables to a popular French restaurant. The cooks were preparing and *dishing up food in a very careful way. I asked them, "Do you really need to do this? Does it really taste different?" The *chef said, "Yes, it does. When we think about the customers and make every effort for them, they understand us and give us happy smiles. (2) If we don't, the meal will taste different, and our customers will soon realize the difference." I looked at their customers. They were all enjoying their meals and talking with *staff members with big smiles. That reminded me of my first time cooking. I thought it would be great to see people's smiles every day. Then I decided to be a cook.

After high school, I went to a cooking school for a year, and then went to France to learn more. In France, I met various people and various local foods. Everything I saw looked *sophisticated and beautiful. It was a very exciting experience for me. After coming back to Tokyo, I started to work at a very popular hotel restaurant. I worked quite *efficiently (3) thanks to my experiences in my high school days. I was also *skillful. Just in five years, I became the *sous-chef of the restaurant. I was quite sure that I had excellent cooking skills. I worked harder to cook better meals. I wanted the other staff members to work as hard and efficiently as I did. I also wanted the chef to do his best for us. I really believed that I was doing everything right.

However, one day, we made a serious *mistake at a very important party. Actually, it was not my mistake, but one of my *coworkers said to the chef that it was, and the chef believed that. I was very shocked. I decided to leave the hotel restaurant, and started to work at a small restaurant. I tried hard to cook meals as well as I did at the famous hotel restaurant, but it was difficult because we could not pay much money for better food. My coworkers were all nice, but they were not very skillful and looked *lazy. I tried to teach them how to cook well and how to work efficiently, but they did not listen to me. I was at a loss. I often said to my wife, Fumi, "If they follow my advice, our restaurant will soon become very popular. (4) I don't understand why they don't listen to me."

One Sunday, I went shopping with Fumi and went into a restaurant for lunch. A staff member brought a *hamburg steak to the man sitting next to us. It was only with carrots, with nothing else. I said quietly to Fumi, "It looks like one for a child, not for an adult. They should do their best to make a more delicious hamburg steak and dish it up in a more sophisticated way." However, the man looked very happy to see the plate. He started to eat it, and suddenly said, "This is it!" I was surprised, and asked him, "What's so special about it?" He said, "It may not look so special to you, but it is to me. I came here with my parents forty years ago for my tenth birthday, and I loved their hamburg steak. Today I told about that to a staff member. Guess what happened. This is dished up in *exactly the same way, and tastes exactly the same! I hear they usually make it in a more sophisticated way, but (5)this is exactly the one I want today." I looked around. It was an old but well cleaned restaurant. All the customers looked happy with their meals. There were only three staff members, but all of them were working efficiently. Everybody was smiling. I *regretted my words to Fumi.

After lunch, I had a chance to talk with the chef. He said, " (6)One man's treasure may be another man's waste. We just always think about other people's feelings." His words reminded me of my school days and my stay in France. At that time I had a great time talking with various people and learning various values. However, after I began working, I started pushing my opinion on people around me. Now I know I could not work well with my coworkers at both restaurants because of this reason.

The next morning, I talked with the other staff members about my plans for a better restaurant, and asked them to tell me theirs. (7)I【 ① had ② almost ③ to find ④ was surprised ⑤ their own plans ⑥ them ⑦ all of ⑧ that 】. They just had ideas that were different from mine. I believed that they were lazy, but I was wrong. They just did not have enough skills to realize those ideas. From that day, we have a meeting twice a week to *exchange our opinions. I also began to watch and listen to my coworkers and customers to guess what they want. Now more people smile at me, and I have a busier but happier life. Someday I want to have my own restaurant that is full of smiles.

〔注〕 at a loss　途方にくれて　fry　炒める
part-time job　アルバイトの仕事　value　価値観
dish up　盛りつける　chef　料理長　staff member　従業員
sophisticated　洗練された　efficiently　効率よく　skillful　腕の良い
sous-chef　副料理長　mistake　失敗　coworker　同僚
lazy　怠け者の　hamburg steak　ハンバーグ
exactly　まったく　regret　後悔する　exchange　交換する

〔問１〕 (1)I felt very proud. とあるが，Eiji がこのような感情を抱いた理由として最も適切なものは次の中ではどれか。

ア　He was able to cook fried rice and miso soup well because their big sister taught him before.

イ　He was able to cook for the first time in his life and saw his family members' smiles.

ウ　The dinner he cooked for the first time was not very good, so his family left some.

エ　The dinner he cooked for the first time was delicious because his mother helped him.

〔問2〕 $_{(2)}$If we don't, the meal will taste different, and our customers will soon realize the difference. とあるが，その内容として最も適切なものは次の中ではどれか。

ア If we do not buy fresh vegetables for the customers, they will like the meal.
イ If we do not talk to the customers with a big smile, they will like the meal.
ウ If we do not prepare the meal in a careful way, the customers will not like it.
エ If we do not give the customers happy smiles, they will not like the meal.

〔問3〕 $_{(3)}$thanks to my experiences in my high school days とあるが，その内容として最も適切なものは次の中ではどれか。

ア because in France I met various people and various sophisticated local foods
イ because as a part-time job I carried food into the kitchens of homes in the town
ウ because in high school I worked as a cook at a popular French restaurant
エ because through part-time jobs I talked to many people and learned many things

〔問4〕 $_{(4)}$I don't understand why they don't listen to me. とあるが，このとき Eiji が考えた内容として最も適切なものは次の中ではどれか。

ア They should follow my advice if they want our restaurant to become very popular.
イ They are not lazy, but they need to pay me more money to be better cooks.
ウ I want them to understand that they cook better and work more efficiently than me.
エ I'm afraid that my advice may not be very helpful to our restaurant.

〔問5〕 $_{(5)}$this is exactly the one I want today とあるが，店がこのような形で料理を提供することができるのはなぜか，その理由を次のように書き表すとすれば，［　　　］の中にどのような英語を入れるのがよいか。本文中の**連続する10語**で答えなさい。

The staff members of the restaurant are people who can ［　　　］.

〔問６〕 ₍₆₎One man's treasure may be another man's waste. とあるが，ここで the chef が言いたい内容として最も適切なものは次の中ではどれか。

ア People have different ideas and different values.

イ Find something special in other people's words.

ウ You must always find your goal by yourself.

エ The most important thing may be right before you.

〔問７〕 ₍₇₎I【 ① had ② almost ③ to find ④ was surprised ⑤ their own plans ⑥ them ⑦ all of ⑧ that 】. とあるが，本文の流れに合うように，【　　　　　】内の単語・語句を正しく並べかえたとき，**２番目**と**５番目**と**７番目**にくるものの組み合せとして最も適切なものは次の**ア～カ**の中ではどれか。

	２番目	５番目	７番目
ア	①	④	⑦
イ	③	②	⑥
ウ	③	⑦	①
エ	⑤	⑦	④
オ	⑧	①	②
カ	⑧	⑤	③

〔問８〕 本文の内容と合っているものを，次の**ア～カ**の中から**一つ**選びなさい。

ア After high school, Eiji went to France to learn more about cooking, and became the sous-chef of a very popular restaurant there.

イ Eiji decided to be a cook because he was very skillful and found that learning different cultures and values was interesting.

ウ Eiji's boss did not believe that the mistake at the party was Eiji's, but Eiji left the restaurant for all the other staff members.

エ When Eiji started working at the small restaurant, his coworkers did not listen to him because he just pushed his opinion on them.

オ Eiji said to Fumi that the staff members of the restaurant should listen to the customers, but later he felt sorry about that.

カ　Eiji now watches people around him because he wants useful information for the new restaurant he has opened.

〔問９〕　この文章を読んで，下の英文の指示にこたえる英文を **30 語以上 40 語程度の英語**で書きなさい。英文は**二つ以上**になってもかまいません。ただし，本文中の例をそのまま用いてはいけません。「.」「,」などは，語数に含めません。これらの符号は，解答用紙の下線部と下線部の間に入れなさい。

Imagine you and your classmates have to decide what to do for the school festival. You are the leader. You have already talked about it many times for a long time. However, everyone has a different opinion, and you cannot decide. What will you do to solve this problem as a leader? Write one of your own ideas. Explain what you want to do, and why you want to do it.

2020 年度　英語学力検査リスニングテスト台本

開始時の説明

これから，リスニングテストを行います。

問題用紙の１ページを見なさい。リスニングテストは，全て放送による指示で行います。リスニングテストの問題には，問題Ａと問題Ｂの二つがあります。問題Ａと，問題Ｂの ＜Question 1＞ では，質問に対する答えを選んで，その記号を答えなさい。問題Ｂの ＜Question 2＞ では，質問に対する答えを英語で書きなさい。

英文とそのあとに出題される質問が，それぞれ全体を通して二回ずつ読まれます。問題用紙の余白にメモをとってもかまいません。答えは全て解答用紙に書きなさい。

（２秒の間）

〔問題Ａ〕

問題Ａは，英語による対話文を聞いて，英語の質問に答えるものです。ここで話される対話文は全部で三つあり，それぞれ質問が一つずつ出題されます。質問に対する答えを選んで，その記号を答えなさい。

では，＜対話文１＞を始めます。

（３秒の間）

Tom:	I am going to buy a birthday present for my sister. Lisa, can you go with me?
Lisa:	Sure, Tom.
Tom:	Are you free tomorrow?
Lisa:	Sorry, I can't go tomorrow. When is her birthday?
Tom:	Next Monday. Then, how about next Saturday or Sunday?
Lisa:	Saturday is fine with me.
Tom:	Thank you.
Lisa:	What time and where shall we meet?
Tom:	How about at eleven at the station?
Lisa:	OK. See you then.

（３秒の間）

Question： When are Tom and Lisa going to buy a birthday present for his sister?

（５秒の間）

繰り返します。

（２秒の間）

（対話文１の繰り返し）

（３秒の間）

Question： When are Tom and Lisa going to buy a birthday present for his sister?

（10秒の間）

＜対話文２＞を始めます。

（３秒の間）

（呼び出し音）

Bob's mother:	Hello?
Ken:	Hello. This is Ken. Can I speak to Bob, please?
Bob's mother:	Hi, Ken. I'm sorry, he is out now. Do you want him to call you later?
Ken:	Thank you, but I have to go out now. Can I leave a message?
Bob's mother:	Sure.
Ken:	Tomorrow we are going to do our homework at my house. Could you ask him to bring his math notebook? I have some questions to ask him.
Bob's mother:	OK, I will.
Ken:	Thank you.
Bob's mother:	You're welcome.

（３秒の間）

Question： What does Ken want Bob to do?

（５秒の間）

繰り返します。

（２秒の間）

（対話文２の繰り返し）

（３秒の間）

Question : What does Ken want Bob to do?

（10秒の間）

<対話文３>を始めます。

（３秒の間）

Yumi: Hi, David. What kind of book are you reading?

David: Hi, Yumi. It's about *ukiyoe* pictures. I learned about them last week in an art class.

Yumi: I see. I learned about them, too. You can see *ukiyoe* in the city art museum now.

David: Really? I want to visit there. In my country, there are some museums that have *ukiyoe*, too.

Yumi: Oh, really? I am surprised to hear that.

David: I have been there to see *ukiyoe* once. I want to see them in Japan, too.

Yumi: I went to the city art museum last weekend. It was very interesting. You should go there.

（３秒の間）

Question : Why was Yumi surprised?

（５秒の間）

繰り返します。

（２秒の間）

（対話文３の繰り返し）

（３秒の間）

Question : Why was Yumi surprised?

（10秒の間）

これで問題Ａを終わり，問題Ｂに入ります。

〔**問題Ｂ**〕

（３秒の間）

これから聞く英語は，カナダの高校に留学している日本の生徒たちに向けて，留学先の生徒が行った留学初日の行動についての説明及び連絡です。内容に注意して聞きなさい。

あとから，英語による質問が二つ出題されます。<Question 1> では，質問に対する答えを選んで，その記号を答えなさい。<Question 2> では，質問に対する答えを英語で書きなさい。

なお，<Question 2> のあとに，15秒程度，答えを書く時間があります。

では，始めます。（2秒の間）

Welcome to our school. I am Linda, a second-year student of this school. We are going to show you around our school today.

Our school was built in 2015, so it's still new. Now we are in the gym. We will start with the library, and I will show you how to use it. Then we will look at classrooms and the music room, and we will finish at the lunch room. There, you will meet other students and teachers.

After that, we are going to have a welcome party.

There is something more I want to tell you. We took a group picture in front of our school. If you want one, you should tell a teacher tomorrow. Do you have any questions? Now let's start. Please come with me.

（3秒の間）

＜Question 1＞ Where will the Japanese students meet other students and teachers?

（5秒の間）

＜Question 2＞ If the Japanese students want a picture, what should they do tomorrow?

（15秒の間）

繰り返します。

（2秒の間）

（問題Bの英文の繰り返し）

（3秒の間）

＜Question 1＞ Where will the Japanese students meet other students and teachers?

（5秒の間）

＜Question 2＞ If the Japanese students want a picture, what should they do tomorrow?

（15秒の間）

以上で，リスニングテストを終わります。2ページ以降の問題に答えなさい。

【数　学】（50分）〈満点：100点〉

1 次の各問に答えよ。

〔問1〕 $\frac{1}{\sqrt{3}}\left(2-\frac{5}{\sqrt{3}}\right)-\frac{(\sqrt{3}-2)^2}{3}$ を計算せよ。

〔問2〕 連立方程式 $\begin{cases} \frac{4x+y-5}{2}=x+0.25y-2 \\ 4x+3y=-6 \end{cases}$ を解け。

〔問3〕 右の図のように，3つの袋A，B，Cがあり，
袋Aの中には1，2，3の数字が1つずつ書かれた3個の玉が，
袋Bの中には1，2，3，4の数字が1つずつ書かれた4個の玉が，
袋Cの中には1，2，3，4，5の数字が1つずつ書かれた5個の玉が
入っている。

3つの袋A，B，Cから同時に玉をそれぞれ1つずつ取り出す。
このとき，取り出した3つの玉に書かれた数の和が7になる確率を求めよ。
ただし，3つの袋それぞれにおいて，どの玉が取り出されることも同様に確からしいものとする。

〔問4〕 右の**図1**に示した立体ABCDは，1辺の長さが6cmの正四面体である。
辺AB上にある点をP，Q，辺CD上にある点をMとする。
点Pと点M，点Qと点Mをそれぞれ結ぶ。
AP＝2cm，BQ＝2cm，CM＝3cmとするとき，
次の(1)，(2)に答えよ。

図1

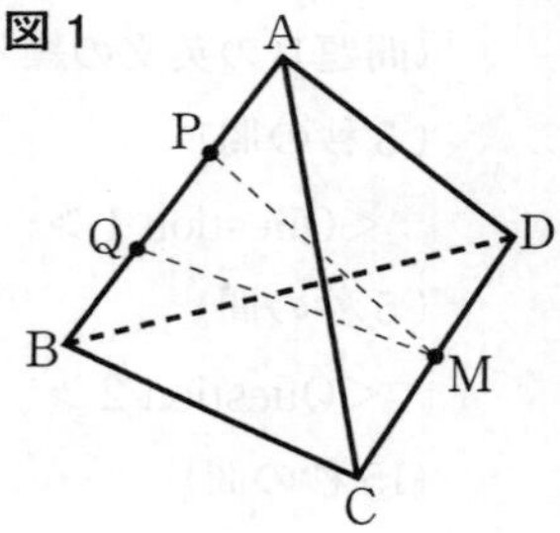

(1) 右の**図2**は**図1**において，平面ABM上にある辺AB
および点P，点Qを表している。
解答欄に示した図をもとにして，**図1**の平面ABM上
にある△PQMを定規とコンパスを用いて作図せよ。
また，頂点Mの位置を示す文字Mも書け。
ただし，作図に用いた線は消さないでおくこと。

図2

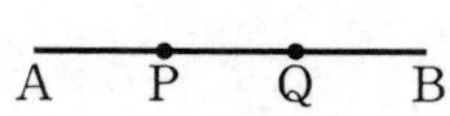

(2) 右の**図3**は**図1**において，辺AD上に点Rをとり，
点Pと点R，点Rと点Mをそれぞれ結んだ場合を表している。
PR＋RM＝ℓ cmとする。
ℓの値が最も小さくなるとき，ℓの値を求めよ。

図3

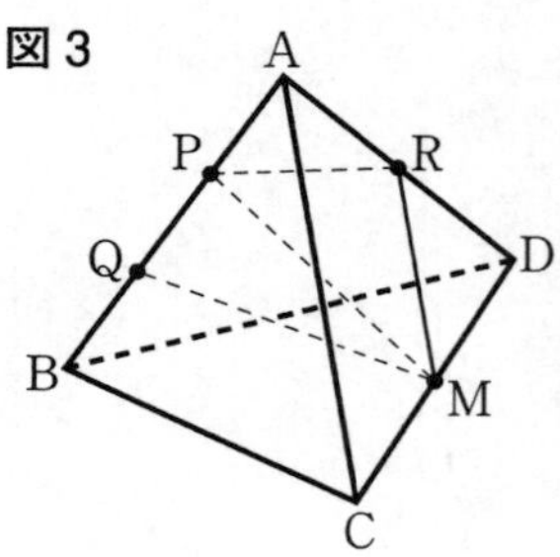

2 右の**図1**で，点Oは原点，曲線fは関数$y=-\frac{1}{2}x^2$のグラフを表している。

原点から点（1，0）までの距離，および原点から点（0，1）までの距離をそれぞれ1cmとする。

次の各問に答えよ。

図1

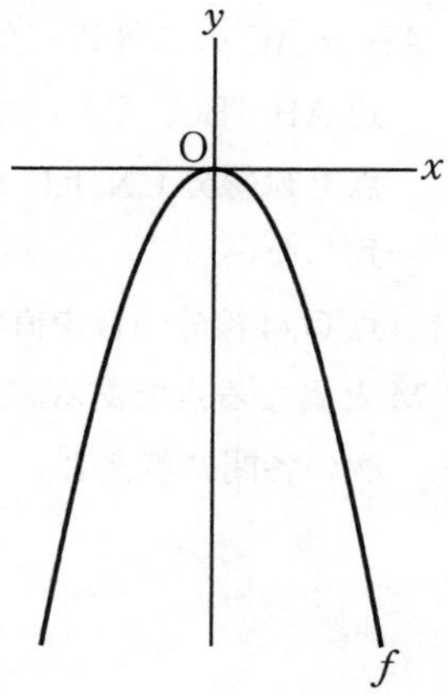

〔問1〕 関数$y=-\frac{1}{2}x^2$において，
xの変域が$-2 \leqq x \leqq 4$であるとき，
yの最大値から最小値を引いた値を求めよ。

〔問2〕 右の**図2**は**図1**において，x軸上にあり，
x座標が正の数である点をA，曲線f上にあり，
x座標が正の数である点をPとし，点Oと点P，
点Aと点Pをそれぞれ結んだ場合を表している。
OP＝PAのとき，次の(1)，(2)に答えよ。

図2

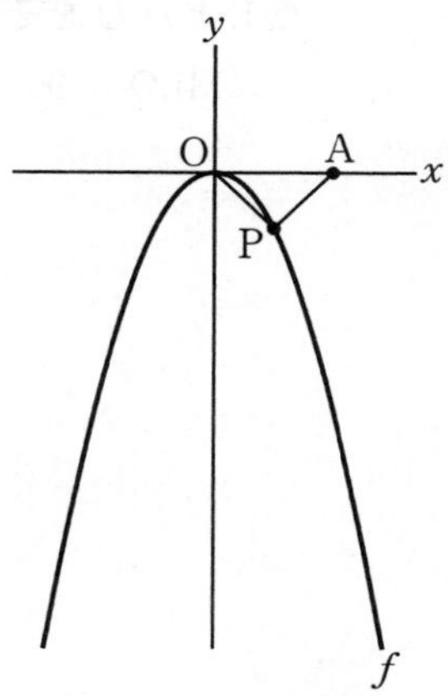

(1) ∠OPA＝90°であるとき，OPの長さは何cmか。
ただし，答えだけではなく，答えを求める過程がわかるように，途中の式や計算なども書け。

(2) 右の**図3**は**図2**において，点Aを通りx軸に垂直な直線上にある点で，y座標が$\frac{15}{2}$である点をQ，直線APと曲線fとの交点のうち，点Pと異なる点をR，点Qと点Rを通る直線と曲線fとの交点のうち点Rと異なる点をSとした場合を表している。

RS：SQ＝3：2

であるとき，点Pのx座標を求めよ。

図3

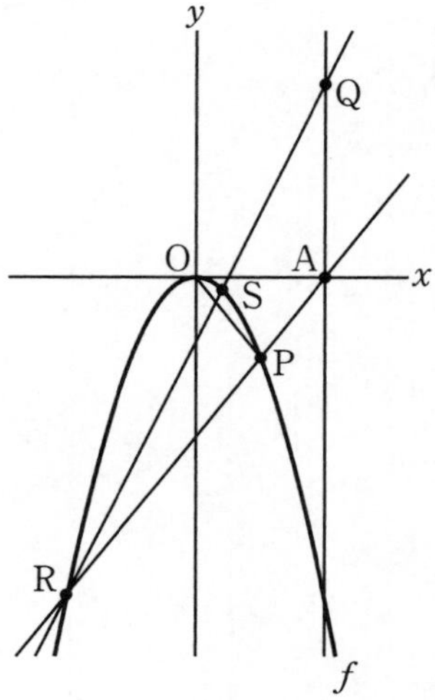

3 右の**図1**において，△ABCは，∠BACが鈍角で，AB = ACの二等辺三角形である。

辺AB，BC，CAの中点をそれぞれL，M，Nとする。

点Pは線分CN上にある点で，頂点Cと点Nのいずれにも一致しない。

点Qは線分ABを直径とする円と直線PMとの交点のうちMと異なる点である。

次の各問に答えよ。

図1

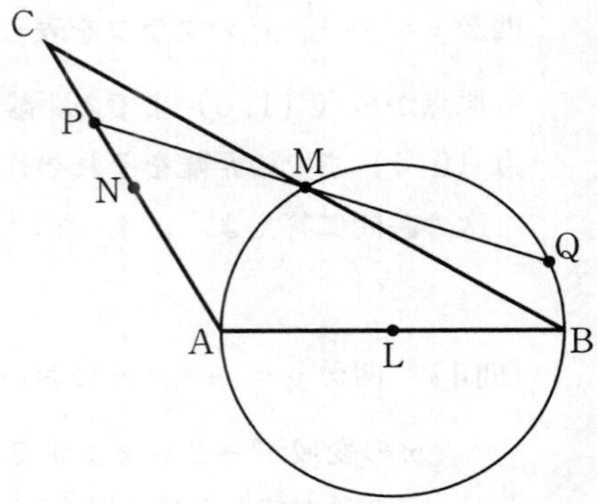

〔問1〕 右の**図2**は，**図1**において，点Mと点L，点Lと点Qをそれぞれ結んだ場合を表している。

∠MLQ = 96°のとき，∠APMの大きさは何度か。

図2

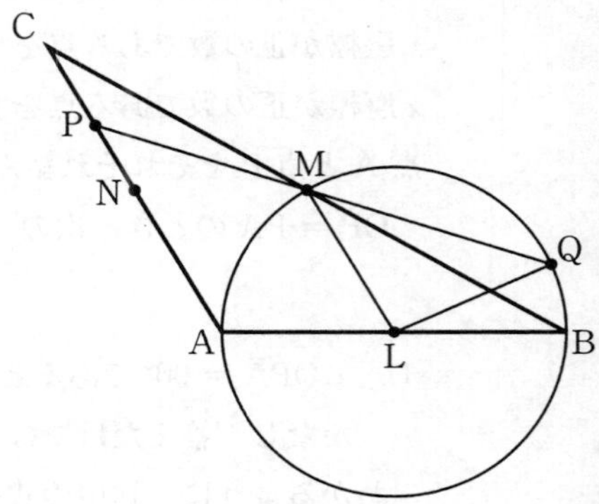

〔問 2〕 右の**図 3** は，**図 1** において，直線 PQ と直線 AB の交点を R とし，点 L と点 Q，点 M と点 N をそれぞれ結んだ場合を表している。

次の (1)，(2) に答えよ。

図 3

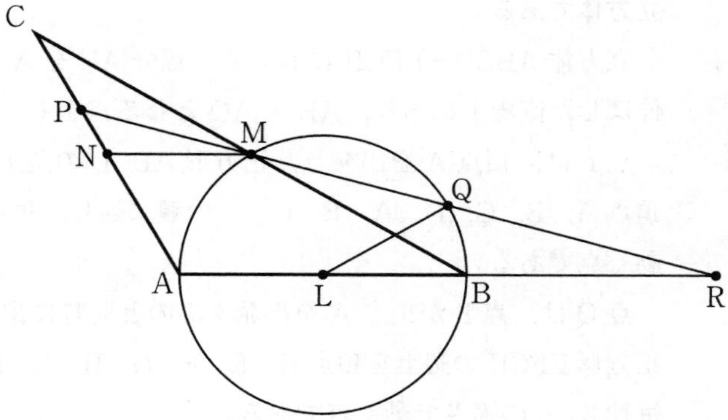

(1) ∠PMC ＝ ∠PMN であるとき，

△CPM ∽ △LQR

であることを次のように証明した。

[　　] の部分では，∠PCM ＝ ∠QLR を示している。

[　　] に当てはまる証明の続きを解答欄に書き，この証明を完成させなさい。

証明

△CPM と △LQR において

はじめに，∠PMC ＝ ∠QRL であることを示す。

仮定より

∠PMC ＝ ∠PMN … ①

また，△ABC において点 M と点 N はそれぞれ辺 BC，辺 AC の中点である。

したがって，中点連結定理より

MN ∥ AB

よって

MN ∥ AR

平行線の同位角は等しいので

∠PMN ＝ ∠QRL … ②

①，②より

∠PMC ＝ ∠QRL … (ア)

次に，∠PCM ＝ ∠QLR であることを示す。

ここで，∠PMC ＝ ∠a とおく。

したがって

∠PCM ＝ ∠QLR … (イ)

(ア)，(イ) より，2 組の角がそれぞれ等しいので，

△CPM ∽ △LQR **終**

(2) **図 3** において，CP ＝ PN，∠BAC ＝ 120°，AB ＝ 8 cm であるとき，線分 PR は何 cm か。

4 右の**図１**に示した立体 ABCD－EFGH は，１辺の長さが２cm の立方体である。

立方体 ABCD－EFGH において，線分 AE を A の方向に伸ばした直線上にあり，AE ＝ AO となる点を O とする。

点 P は，頂点 A を出発し，正方形 ABCD の辺上を頂点 A，B，C，D，A，B，C，…の順に通り，毎秒１cm の速さで動く点である。

点 Q は，点 P が頂点 A を出発するのと同時に頂点 H を出発し，正方形 EFGH の辺上を頂点 H，E，F，G，H，E，F，…の順に通り，毎秒２cm の速さで動く点である。

点 O と点 P，点 P と点 Q，点 Q と点 O をそれぞれ結ぶ。

点 P が頂点 A を出発してからの時間を t 秒とする。

図１

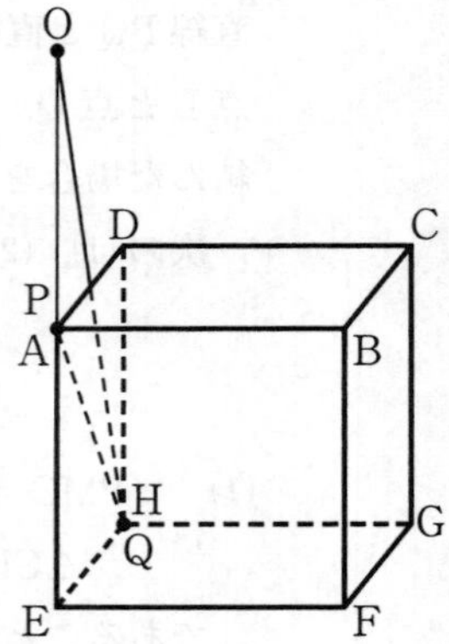

例えば，**図２**は**図１**において，$t = 1$ のときの点 P，点 Q の位置を表している。

次の各問に答えよ。

図２

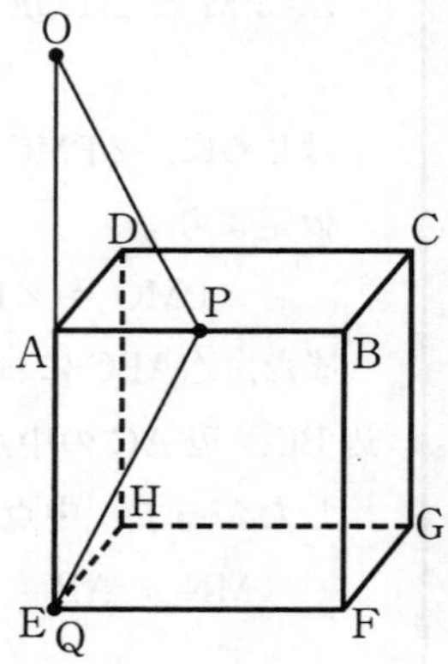

〔問１〕 t は７以下の自然数とする。
直線 PQ が直線 OE とねじれの位置にあるときの t の値をすべて求めよ。

〔問２〕 円周率を π とする。
$t = 2$ のとき，△OPQ を直線 OE を軸として１回転させてできる立体の体積は何 cm^3 か。
ただし，答えだけではなく，答えを求める過程が分かるように，図や途中の式などもかけ。

〔問３〕 $t = 3$ のとき，点 O，点 P，点 Q，点 F の４点を頂点とする立体 OPQF と立方体 ABCD－EFGH が重なる部分の体積を $V\,cm^3$，立方体 ABCD－EFGH の体積を $W\,cm^3$ とする。
V は W の何倍か。

るものであったが、実際の詩にはこっけいな趣が感じられ、そこに人々は魅力を感じているということ。

〔問3〕(3)たんなる安逸の空間では、おそらくこうした描写は生まれなかった。とあるが、なぜか。次のうちから最も適切なものを選べ。

ア　一般には自然描写に優れていると言われるが、大切な家族を描写することによって、草堂の杜甫の詩は成立しているから。

イ　人生への焦燥を感じながらも、鋭い観察眼を備えた恵まれた才能によって、草堂での杜甫の詩は編まれたものであるから。

ウ　不幸な境遇の中、人生をかけて家族のことを大切にした思いを表現する情熱ゆえに、草堂での杜甫の描写は成立したから。

エ　単に才能だけでなく、波乱の人生の中で不安定な環境であったからこそ、草堂での杜甫の詩は生まれてきた面もあるから。

〔問4〕(4)南京久客耕南畝　北望傷神坐北窓　とあるが、本文の筆者はこれをどのように解釈しているか。次のうちから最も適切なものを選べ。

ア　たまたま成都で足を止めた上流階級の私にとって、慣れない畑仕事はつらいだけであり、かつての豊かな暮らしがしのばれる。

イ　上流階級であった私が旅先の成都で畑を耕すことになり、北の山々を見上げても、心の痛みはいっそう増すばかりである。

ウ　異郷の地の成都で田畑を耕しながら都に思いをはせて暮らしていると、知識人としての誇りがゆさぶられることもある。

エ　成都の町から北側にそびえ立つ山々を見上げていると、そこには知識人でさえもすがりたくなる神仏が鎮座している。

〔問5〕*トポスとしての浣花草堂は、人々が杜甫を憶(おも)うよすがとなっている。とあるが、これはどういうことか。次のうちから最も適切なものを選べ。

ア　詩に描かれた浣花草堂という場のイメージは、苦難の多い中でも家族とともに穏やかな生活を送ることもあった詩人として、人々が杜甫に想(おも)いを寄せる手がかりとなっているということ。

イ　詩に描かれた浣花草堂という場のイメージは、その苦難の人生を詩によって明らかにしようとする意思を感じさせ、人々が杜甫を思いおこすのにふさわしい理由になっているということ。

ウ　浣花草堂という場所があることによって、家族とのつながりを実感する杜甫の姿の印象が強まり、詩作に没頭していた故郷とは異なる姿を人々が想起するきっかけになっているということ。

エ　浣花草堂という場所があることによって、人事と自然の交錯する杜甫の詩の価値が高まり、故郷とは異なる美しい成都の趣きが人々により深く印象付けられる結果となっているということ。

(5)*トポスとしての浣花草堂は、人々が杜甫を憶うよすがとなっている。杜甫自身が「久客」と言うように、大きく見れば旅の途中でありながら、そこに生活を組み立て、人生を営もうとしている詩人のすがたは、故郷に帰って自足する隠者よりも、かえって心に響く。成都が浣花草堂を得たのは、錦官城にまさるものであったとせねばなるまい。

(齋藤希史「詩のトポス　人と場所をむすぶ漢詩の力」による)

〔注〕浣花渓――河川名。中国四川省成都の西にある。
杜甫――中国唐代の詩人。
成都――中国四川省の省都。
錦――金糸・銀糸など種々の色糸を用いて華やかな文様を織りだした絹織物。
蜀――中国四川省の別称。
縁語――ここでは、意味の上で関連することば。
隠棲――俗世を離れて静かに暮らすこと。
岷江――成都を流れ、やがて長江に合流する川。
梓州――中国の地名。
久客――旅を多くしている人。
中原――古代中国の中央部で、河南省一帯。黄河中流から下流にかけての地帯。
士大夫――古代中国における上流階級の人。知識人。
湘江・耒陽――中国の地名。
トポス――ギリシャ語で「場所」を意味する語。

〔問1〕(1)浣花の語も、そうした成都のイメージと結びついて選ばれたとあるが、これはどういうことか。次のうちから最も適切なものを選べ。

ア　浣花ということばは、花をあらうという意味で、成都の異名の錦官城で作られた錦織の布の模様のような、雨に濡れた淡い色の町のイメージで詩に使われてきたものであるということ。

イ　浣花ということばは、杜甫の「春夜喜雨」の詩のイメージから生まれたものであり、成都が雨の中咲き誇る花のような姿にとらえられることから詩に使われてきたものであるということ。

ウ　浣花ということばは、成都を流れる川で錦を洗うことから生まれたもので、錦が蜀の名産であり錦城は成都の異名であることを踏まえたはるか昔から使われていたものであるということ。

エ　浣花ということばは、雨にぬれた花によって彩られたという意味で、まるで錦織りの布であるかのような成都の町のイメージと重ね合わせて詩に使われていたものであるということ。

〔問2〕(2)草堂の杜甫の自足は、そうではないところに意味があるし、そうではないからこそ、人々に読みつがれている。とあるが、これはどういうことか。次のうちから最も適切なものを選べ。

ア　草堂での杜甫の暮らしは、悟りを開いたような落ち着きを感じさせるものであり、自然の中で家族を支えとしながら心豊かに制作された詩であるために、人々は魅力を感じるということ。

イ　草堂での杜甫の暮らしは、俗事にまどわされることもあったが、家族とともに慎ましく穏やかな日常生活を送る充足感が詩に表われているところに、人々は魅力を感じるということ。

ウ　草堂での杜甫の暮らしは、短い間であったが慎ましやかな幸福を家族と共有し、その生活が本当の隠者暮らしのようであったという点に、人々が魅力を感じているということ。

エ　草堂での杜甫の暮らしは、外界とは独立した空間で本物の自足を求め恐れて、梓州(*ししゅう)へ一年ほど避難している。あれこれ足し算すれば、杜甫が落ち着いて草堂で暮らしたのは三年半といったところだろうか。そこで書かれ、今にのこされた詩は二百首あまり。その多寡よりも、草堂にモザイクを埋めていくような詩のありかたが、そのすみかを詩によって縁どろうとした杜甫の意思を感じさせる。

　草堂の杜甫の詩は自然描写においてすぐれる、もしくは画期をなすと説明されることが多い。たしかに、ここで取り上げた数首からだけでも、類型的な表象を脱した観察眼のするどさとあたたかさは感得される。しかしそれもまた、草堂をめぐる空間であればこそ、仔細(しさい)に描かれ、そこにそうあるものとして置かれる。そこにそうあるものであることを示すためには、そのありかたを微細に描写するのがもっとも適切であり、そしてそれを善くする条件を杜甫はそなえていた。杜甫の才能というだけではない。(3)たんなる安逸の空間では、おそらくこうした描写は生まれなかった。

　その意味では、妻も子も、そして杜甫自身も、そこにそうあるものとして区別はない。

(4)南京久客耕南畝　北望傷神坐北窓
昼引老妻乗小艇　晴看稚子浴清江
倶飛蛺蝶元相逐　並蔕芙蓉本自双
茗飲蔗漿携所有　瓷甖無謝玉為缸

　南京(なんけい)の久客(*きゅうかく) 南畝(なんぽ)を耕し、北望(ほくぼう)して神(こころ)を傷(いた)め北窓(ほくそう)に坐(ざ)す。昼は老妻を引いて小艇(しょうてい)に乗り、晴れには稚子(ちし)の清江(せいこう)に浴するを看(み)る。倶(とも)に飛ぶ蛺蝶(たては)は元(もと)と相い逐(お)い、蔕(へた)を並ぶ芙蓉(ふよう)は本(もと)と自(おのずか)ら双(なら)ぶ。茗飲(めいいん) 蔗漿(しょしょう) 有る所を携(たずさ)えれば、瓷甖(しおう)は玉(ぎょく)を缸(かめ)と為(な)すに謝(しゃ)する無し。

「進艇(艇を進む)」。上元二年(七六一)の作、季節は夏。

　南京は、成都のこと。北望は、はるかかなたの中原(*ちゅうげん)を望んで。南畝と北窓は、農地と書斎の対比にもなっており、ただ故郷を思うだけではなく、士大夫(*したいふ)としての意識が心を傷ましめているのだと知れる。そうした生活の中で、妻と小舟に乗り、子どもは水浴びをするのが夏の楽しみ。蝶々(ちょうちょう)も蓮(はす)の花も、もとからそうであったそのままに、つがいで飛び、つがいで咲く。お茶やらさとうきびの汁やら、家にあるものを携えれば、土瓶のかめでも玉に劣りはしない。

　愁(うれ)いは愁いとして、楽しみは楽しみとして、蝶や蓮を見ながら、自分たち家族もまたあるがままに生きていることを記そうとしている。「江村」とは、中間の妻子と自然の句の配置がちょうど反対になっているけれども、人事と自然の交錯が印象づけられる結果となっていよう。繰り返しになるが、どちらかがどちらかの表象というのではない。人事も自然も、そこにそうあるものとして並べられているのである。

　先に述べたように、七六五年、杜甫は草堂を後にする。浣花の流れは錦江となり、さらに岷江、長江(ちょうこう)と続く。川の流れは気ままな興ではなく情勢の不安と人生の焦燥に迫られて東へ向かう杜甫を載せた。

　そしてわずか五年後の大暦五年(七七〇)、長江から南の湘江(*しょうこう)へと川をさかのぼって耒陽(*らいよう)にまで至ったところで、杜甫は病のために舟中で死を迎える。

　草堂に居をかまえて以来、その生活をぐるりとめぐり、家族のいこいの場でもあった浣花の流れに、杜甫は深い愛着を示した。故郷の河南(かなん)とは肌合いの違う長江上流の川のおもむきに魅了されたのかもしれない。その死について、魅了のままに川に身をゆだねたのだと言いなしてしまえば、感傷に過ぎるきらいはあるけれども。

われた錦さながらの美しさをうたう。
となると、(1)浣花の語も、そうした成都のイメージと結びついて選ばれたものかもしれない。草堂がかまえられたのは錦江の上流、かつての錦官城から少しさかのぼったところである。濯錦（錦を濯ぐ）の*縁語として浣花（花を浣う）はつりあう。もちろん、杜甫がこの地に住む以前から、浣花渓の称があった可能性を否定できるものではないが、少なくとも詩にそれを登場させたのは、杜甫が最初である。
草堂をめぐる杜甫の詩には、「浣花村」「浣花橋」「浣花竹」などの語も見える。杜甫は自分の住もうとする土地を浣花と呼びなすことで、成都という街のかたわらに安逸の世界を作ろうとしたのだろう。
草堂での杜甫は、のびやかな時間を家族と過ごし、それを詩に描く。

清江一曲抱村流　長夏江村事事幽
自去自来梁上燕　相親相近水中鷗
老妻画紙為棋局　稚子敲針作釣鉤
多病所須唯薬物　微軀此外更何求

清江一曲　村を抱いて流れ、長夏　江村　事事幽かなり。自ら去り自ら来る梁上の燕、相い親しみ相い近づく水中の鷗。老妻は紙に画いて棋局を為り、稚子は針を敲いて釣鉤を作る。多病　須つ所は唯だ薬物、微軀　此の外に更に何をか求めん。

「江村」。上元元年（七六〇）、草堂を建てた年の夏の作。
川はぐるりと村をめぐって流れる。夏の長い日の静かな村。杜甫が草堂のある場所を気に入っていたのは、まるで堀がめぐるように、川が村を囲んで流れていたこともあったのではと想像する。翌年に書かれた七言律詩「客至（客至る）」は「舎南舎北皆春水」と始められ、草堂の地はたしかに川の湾曲部の内側にあった。外界とはつながりつつも、そこは一つの独立した空間であり、草堂だけではなく村全体が、*隠棲の場だったのである。
そうした空間で、いま目の前にあるのは、巣との往復に忙しい燕、川で群れながら泳いでいる鷗。小さな集団の平和な営み。
草堂の内へと目をやれば、妻は紙に線を引いて碁盤を作り、子どもは針をたたいて釣りばりを作る。碁も釣りも隠者らしい営みではあるが、その道具を作る手伝いを家族がしているという描写は、杜甫ならではのものだ。たぶんそれはリアリズムとかそういうことではない。日常生活の活写などでもない。むしろ、戯画的なおもむきがここには感じられ、七言のリズムもそれを助けている。妻や子にありあわせの材料で隠者暮らしを手伝わせているんですよ、まあ、わたしなどはそんなところです、隠者のまねごとですな。
そう読めば、結びもまた、自然な感慨として受け取れる。病気がちのこの身、薬があればそれでけっこう、ほかに何かを求めようとて、そりゃ無理だとわかってますよ。
人によっては、ほんとうの自足とはそういうものではないと言うかもしれない。すべてに不満はなく、まるで悟りを開いたかのように、何があっても心を波立たせない精神こそが自足だと。しかし(2)草堂の杜甫の自足は、そうではないところに意味があるし、そうではないからこそ、人々に読みつがれている。もとより安閑ではないが、諦念とも少し違う。むしろモザイクのように、小さな感情のかけらがあちこちに埋めこまれているような、そんな感覚に誘われる。
杜甫が草堂で暮らしていた時期は、意外に短い。永泰元年（七六五）には、*岷江を船で下り、蜀を去る。その間には、成都に生じた混乱を

〔問5〕(5)そういえば とあるが、ここで筆者はどのような意図で論を進めようとしていると言えるか。次のうちから最も適切なものを選べ。

ア 対照的な例を挙げて、法律の文体は、人間以外の存在が主体でも命令の形式をとることを、特に強調する意図。

イ 類似の例を挙げて、法律の条文では、命令の主体が表現されないことを、より明確にする意図。

ウ 同様の例を挙げて、法律の背後に存在する立法の主体は、自己の存在を隠蔽することを、暗示する意図。

エ 性質の違う例を挙げて、近代的な法律でも、神と同等の権威性が必要なことを、示唆する意図。

〔問6〕この文章の構成、内容の説明として適切なものはどれとどれか。正しい組み合わせを、後の**ア**～**オ**の選択肢から一つ選べ。

a 一般になじみの薄い法律論を展開しながらも、著名なことわざ等を引用して親しみやすく説明をしている。

b 法律の条文を対象としながら、分析の過程では他の分野の文体との共通点も視野に入れている。

c 日本と欧米それぞれの文化的背景を念頭に置いて、法律に表れた文体の相違を指摘している。

d 最近の法律の条文を例にし、標準的な文体と時代に合わせて変化する文体とを論じている。

e 全体を起承転結の流れで構成し、一貫した観点で法律の文体を分析している。

f 法律の条文を大きく二つの異なる視点から分析し、文体の特徴について考察している。

ア aとf　**イ** bとe　**ウ** cとd　**エ** aとe　**オ** bとf

〔問7〕この文章で指摘されている法律の文章の特徴を一点挙げ、そうした特徴を踏まえて、法律の文章についてどう思うか、あなたの考えを**二〇〇字以内**で書け。なお、書き出しや改行の際の空欄や、、や。や「などもそれぞれ字数に数えよ。

五 次の文章を読んで、あとの各問に答えよ。（＊印の付いている言葉には、本文のあとに〔**注**〕がある。）

今日では＊浣花渓(かんかけい)は広く知られた川の名で、＊杜甫(とほ)がここに建てた草堂もしばしば浣花草堂と称されるのだけれども、じつはその地名を杜甫以前の文献に見いだすことは難しい。浣花は川の名であるというよりは、その形容ということになる。

＊成都(せいと)を流れる川を錦江(きんこう)と称するのは、そこで＊錦(にしき)を洗うからだ。役所としての錦官は唐代にはすでになかったが、錦が＊蜀(しょく)の名産であることにかわりはなく、錦官城あるいは錦城は成都の異名ともなった。杜甫の五言律詩「春夜喜雨（春夜 雨を喜ぶ）」は、錦官城の名で結ばれる。

暁看紅湿処　花重錦官城

暁に紅(くれない)の湿れる処(ところ)を看(み)れば、花は錦官城に重からん。

ここには、生産物としての錦というよりも、街全体が錦であるかのようなイメージがある。雨に濡(ぬ)れた春の花によって綾(あや)なされた街。水で洗として書かれる必要があるために、本来そこにいるはずの人間の姿が隠されるのではないか。もう少し言えば、特定の個人が話者とならないのだから、対話体は選べず、独話体となる。しかし、特定の個人が語る独話体ではなく、語り手が姿を隠す独話体、非人称の独話体という、この言葉面(ことばづら)だけを見ると矛盾しているような文体が選ばれるのである。

非人称独話体で書かれる法律の文章には、もう一つ面白い特徴がある。法令全体は、私たちがそのうちのどの部分を読んでいようが、あるいは読まずにお茶を飲んでのほほんとしているときであれ、寝ている間であれ、それらの法令が有効である限り、その全体が一挙に存在し、擬人的に言うことをお許しいただければ、同時に稼働(かどう)しているのである。

他方で、人間の側は、その全体を一挙に把握するというわけにゆかない。いま目にしている箇所を読み、解釈し、理解するばかりだ。そうしている間にも、いま自分が読みつつある法令は、残る全体と関係しながら、そこに在る。そして、法律が他のことばと違うのは、それが対象とするすべての人の行いに関係しているということだ。

(山本貴光「文体の科学」による)

〔注〕『老子』――古代中国の思想書。
モーセの十戒――モーセが神から与えられた十箇条の戒め。

〔問1〕(1)法律とはなかなか大変な役割を持った文章だ。とあるが、どういう点が「大変な役割」なのか。次のうちから最も適切なものを選べ。

ア　法律は、成文法を根源とする場合、全ての事態を想定した完全な文書として固定しなければならない点。

イ　法律は、人間が犯す未知の違反行為を、可能な限り網羅して制定しなければならない点。

ウ　法律は、社会に起きる多様な個別の事例を、既成の条文によって判断しなければならない点。

エ　法律は、前例となる判決例を根源とする場合、現実の事態に適合する過去の例を探さなければならない点。

〔問2〕(2)法律のことばは、世界を切り分ける とあるが、これをわかりやすく言い換えた**三十八字**の表現を本文から探し、その始めと終わりの**五字**を書け。

〔問3〕(3)こう書くことで、論理的な階層の区別がなされている。とあるが、本文における「若しくは」と「又は」の使い分けの説明を踏まえて、次の［　］の文の波線部を、「若しくは」と「又は」を必ず使って言い換えよ。

> 今後の天候によって、明日の体育祭は、一日か二日順延になるか、中止になる。

〔問4〕(4)この文からは人間の姿や匂いが消されている。とあるが、それを筆者はなぜだと考えているか。その理由を次の［　］のように説明するとき、［　］に当てはまる表現を、必ず本文中の語句を用いて、**二十五字以上、二十六字以内**で書け。

> 法律は、［　　　　］から。

することを目的とする。

第一条は、先にも見たように法律の目的を謳（うた）ったものだ。一見すると、この文の主語は「この法律」である。しかし、ここには直接書かれていない前提が背後に潜んでいる。というのも、法律は人がつくるものであって、それ自体が生物のように主体とはならないからだ。当たり前のことながら、法律にはそれを定めた人間がいる。それを明示するなら、次のようになるだろうか。

この法律は（中略）寄与することを目的として、立法者によって定められた。

これをさらに書き改めればこうなる。

立法者は、この法律を（中略）寄与することを目的として定めた。

もちろん、すべての条文は、同様にそれを立法した主体によって定められたものだ（立法の過程はさまざまにせよ）。だから、わざわざ条文ごとにそう書かなくても、別のところで誰が立法するのかという手続きや法律の条文が制定される過程がはっきり定められていればよい、ということにもなるだろう。

しかし、実際の条文のように、立法者という人間（あるいは人間の集団）が文面から姿を消すとどうなるか。もう一度原文を見てみよう。

この法律は（中略）高度情報通信社会の健全な発展に寄与することを目的とする。

あたかも法律そのものが、なにか自律した存在のように感じられてこないだろうか。そこまで想像しないにしても、(4)この文からは人間の姿や匂いが消されている。そのことを強調して言えば、これはいわゆる非人称の文であろう。「雨が降る」のように、人間が主語ではない文と似ている。

同じように第三条も眺め直してみよう。

第三条　何人（なんぴと）も、不正アクセス行為をしてはならない。

こちらはこの法律が人びとに禁ずることを示している。「してはならない」という命令文だ。命令文の主語は誰か。誰が全員に命令しているのか。ここも仮に主語を「立法者」としてみる。

立法者は、何人も、不正アクセス行為をしてはならないと命ずる。

これが省略なしの形であろう。しかし、実際には最前見たように、もともとの条文では、命令の主体は表現されていない。ある人間（あるいは人間の集団）が禁じているという文脈は隠れて、やはり非人称の形になっている。

(5)そういえば、古い法律の一つであるモーセ*の十戒の逸話では、「汝（なんじ）殺すなかれ」といった命令が刻まれた石板を神から与えられたのだった。これなどは、まさに人ならぬ神からの命令という形をとっていたわけである。

こうした非人称の文体は、後に見る科学の文体にも通じる。科学の場合は、自然の性質に関する発見が文章として報じられるわけだが、その際、発見された知識の記述は非人称で書かれることが多い。つまり、法律も科学も、特定の個人から離れて、誰にでも当てはまる普遍的なものれるとしても)。そこで、無際限に生じる人間社会の出来事(自然の出来事による影響も含まれる)のうちから、どのような行為を法律の対象とするかをきちんと区別する必要がある。なおかつ、法律が有効であるためには、該当する対象について、可能な限り漏れのない規定が目指されることになる。今回俎上に載せている「不正アクセス禁止法」で言えば、ネット経由でコンピュータを使うことのうち、どこの誰のどのような行いが禁止の対象となるのかが問題だ。つまり、(2)法律のことばは、世界を切り分けることを使命としている。このことは「不正アクセス禁止法」の第三条第一項と罰則を定めた第八条を合わせてみると見やすい。

まず第三条第一項には「何人も、不正アクセス行為をしてはならない」とある。「何人も」であるから、この法律が対象とするすべての人間が規制の対象だ。そのうえで処罰されるのは誰かといえば、第八条に「次の各号の一に該当する者は、一年以下の懲役又は五十万円以下の罰金に処する」とある。詳しい条件は置くとして、文は「その条件を満たした者が罰せられる」というかたちをしている。つまり、「この法律の対象となるすべての人間のうち、第八条の条件を満たす者は罰する」という次第。

これは禁止を定める法律の典型的なかたちで、「もしAを満たしたら、Bとする(if A then B)」という条件文である。このように書かれた文は、対象全体を「Aを満たす者」と「それ以外(Aを満たさない者)」とに区別する。条件がさらに複雑になる場合もあれば、一見してそのように書かれていなくとも結果的にはIF-THEN形式の条文もある。

また、法律の世界では、対象をきっちり区別するために、論理学で言うところの「かつ(AND)」と「または(OR)」の使い分けが細かくなされている。例えば、第二条第二項第二号に「当該利用権者等の身体の全部若しくは一部の影像又は音声を用いて」とある。この「若しくは」と「又は」がどのように使い分けられているか、お分かりだろうか。この例は意味から類推しやすいかもしれない。実は(3)こう書くことで、論理的な階層の区別がなされている。カッコを使って書けばこうなる。

(「身体の全部」若しくは「一部」の)影像又は音声

「影像」と「音声」が「又は」で並置され、「影像」に関連する「身体の全部」と「(身体の)一部」が「若しくは」で並置されているのである。この論理に関わることばの使い分けは、法律の読み方を教える教科書を開けば、たいてい載っている基本的な事柄であるらしいのだ。そして、凄まじいことには、そのつもりで法律文書を見るとこの形式が徹底されているのが分かる。

こうした努力は、ひとえに人間やその行為やその結果として生じる出来事全体を、法律の目的に沿って区別するために発展したものだ。なにしろ条件が具体的過ぎると、それとちょっとでも違うものは対象にならず漏らしてしまうことになるし、さりとて条件が抽象的過ぎると、今度は運用次第でなんでもかんでも引っかかってしまいかねない。『老子』*にある「天網恢々疎にして漏らさず」というかたちで人口に膾炙していることばも、もとは天(自然)について言ったものだが、抽象と具象のあいだで文章を整えて、もって社会の百般を規定する法律にとっても、理想のあり方を指しているのではないか。

さらにもう一点、独話体として見た場合、法律の文章がどのような特徴を備えているかということを観察してみよう。

まず、主語に注目してみたい。今回眺めている条文のうち、第二条は定義なので置くとして、第一条(目的)と第三条(不正アクセス行為の禁止)を、そのつもりで見直してみる。まずは第一条から。

第一条　この法律は(中略)高度情報通信社会の健全な発展に寄与

の光景にすがろうと思ったが、それでは何も解決しないので、自分の力で厳しい現実を乗り越えなければならないのだと覚悟している。

エ　ゆるキャラたちの心なごむ光景で、一度は「僕」の精神的なダメージは緩和されたが、七瀬先輩の数々の的確な指摘によって突きつけられた現実からはもはや目を背けられないのだと思い知らされている。

〔問5〕(5)僕は何度か寝返りを打ち、起き上がると、ゴミ箱から丸めた入部届を拾い上げた。とあるが、その理由の説明として最も適切なのは、次のうちではどれか。

ア　七瀬先輩が、「僕」の作品の良い所を教えてくれたのは、まだまだ完成度は低いが、これから磨けばいくらでも良くなるということを、「僕」に気づかせようとしたのかもしれないと前向きになれたから。

イ　厳しく批判された「僕」の作品の中にも、胸に響く言葉があることを教えてくれた七瀬先輩の言葉に困惑しながらも、夢中で小説を書いていた頃の気持ちを思い出し、この先のことを決めかねていたから。

ウ　七瀬先輩の感想によって、「僕」の作品にも人から認められるような所があるのだということを理解し、今後も書き続けることに不安はあるが、もう一度自分の手で小説を書き上げてみようと思えたから。

エ　「僕」の作品に対する七瀬先輩の感想が、単なる否定的な批判であるのか、それとも実は「僕」への激励であるのかが判断できず、入部届の走り書きをもう一度見て、心の中を整理してみようと思ったから。

〔問6〕本文の特徴について説明したものとして最も適切なのは、次のうちではどれか。

ア　先輩である七瀬が「僕」の書いた小説について語った手紙文がそのまま挿入され、そのコメントに心が折れそうになりながらも小説に関する自分の複雑な心に向き合う「僕」の様子が一人称で語られている。

イ　小説を書くということに、かつては夢中になっていたが、今では自信を無くしてしまった「僕」の内面が、前半の「ガラスの向こう」や後半の「広げてしわを伸ばし」などによって間接的に表現されている。

ウ　後輩の光太郎の力になろうと、あえてきつい表現で批判していた七瀬の本当の気持ちを表すために、七瀬の手紙の最後の一文をそれまでの手紙文とは別に一行だけで挿入し読み手への印象が強められている。

エ　「檻のなかの熊のように、部屋のなかをぐるぐる歩き回った」や「ニンジャなんだろうか、と、半ば本気で疑っていた。」などの表現には、七瀬の手紙に動転して、思考が停止した「僕」の様子が表されている。

四

次の文章を読んで、あとの各問に答えよ。（＊印の付いている言葉には、本文のあとに〔注〕がある。）

考えてみれば(1)法律とはなかなか大変な役割を持った文章だ。とりわけ成文法主義（制定法主義、文書で制定された成文法を最も重要な法律の源と考える主義）を採る日本のような場合はなおのこと。世の中では日々数え切れないほど、さまざまなことが起きている。具体的な出来事はどれ一つとして同じということがない。それにもかかわらず、次から次へと持ち上がる人間同士の問題を、必要に応じてすでに書かれた文章によって判断するというのだから、思えば大変なことである。これに対して判例法主義（前例である裁判の判決例を最も重要な法律の源と考える主義）を採る国では、ウエイトを個別具体的な事例のほうに置いている。要するに、法律の文章そのものというよりは、それを使ってどのように解釈・判断したかという前例を重視するという発想だ。

いずれにしても、法律を文書として固定する必要がある（時に改訂さ

〔問1〕(1)自己嫌悪に陥りながらあと数十分で日付が変わるというタイミングだった。とあるが、この時の「自己嫌悪」を説明したものとして最も適切なのは、次のうちではどれか。

ア 心の一番奥底に残っていた自分への期待をこめて小説を書いたはずだったが、その小説が先輩からの評価で傷つけられるかもしれないと思い、その「期待」すらも捨ててしまった自分への嫌悪。

イ 七瀬先輩がわざわざ時間を割いて「僕」の小説を読んでくれたのに、手厳しい感想を聞かされることに怖さを感じて、先輩から逃げるように立ち去り、その後も先輩に会えなかった自分への嫌悪。

ウ 自分が書いた小説を、一度も良い作品であると思ったことがなかったが、自分の小説を読んでくれた七瀬先輩から、ひょっとしたら良い評価をもらえるかもしれないと勘違いした自分への嫌悪。

エ 小説を書いて先輩に見せるにあたって、自分の作品に強い自信をもって臨んでいたはずなのに、いざ先輩から小説の感想を聞かされることになると、恐れて目をそむけてしまった自分への嫌悪。

〔問2〕(2)ベッドに腰かけて深夜ラジオを聴き、携帯ゲームを少しだけやって、日付があたらしくなったころ、ふたたび便せんを手に取る。とあるが、その理由の説明として最も適切なのは、次のうちではどれか。

ア 自宅で気をまぎらわせているうちに少しずつ冷静になり、七瀬先輩の感想が、否定的な内容ばかりであると考えるのは、自分の思い過ごしなのかもしれないと楽観的になれたから。

イ ラジオを聴いたりゲームをしたりするという自分の好きなことをすることで前向きな気持ちになり、七瀬先輩からの感想が、自分のことを褒めた内容なのではないかと思ったから。

ウ 普段の行動をしながら昼間の学校での出来事を思い返してみると、新入部員がせっかく書き上げた小説に対して、厳しく批評する感想を七瀬先輩は書かないだろうと思えたから。

エ 自分の心を落ち着かせるための拠り所となる深夜ラジオや携帯ゲームによって、七瀬先輩の感想への恐怖が緩み、しっかりと向き合うことで良い方に捉えられると開き直れたから。

〔問3〕(3)今日は小説を読ませてくれてありがとう。とあるが、なぜ七瀬先輩はお礼を述べるのか。その理由を次の［　　］のように説明したとき、［　　］にあてはまる最も適切な表現を、本文中から**二十字**で探し、そのまま抜き出して書け。

> 「僕」の書いた小説を読んで、その小説の中の［　　　　　　　　］から。

〔問4〕(4)脳内でゆるキャラたちに助けをもとめたが、彼らは満身創痍の僕に向かって首を横に振るばかりだ。とあるが、このときの「僕」の様子の説明として最も適切なのは、次のうちではどれか。

ア 七瀬先輩の感想によって、「僕」の予想していたよりも、はるかに具体的に小説の表現の甘さを浮き彫りにされ、本来「僕」を救ってくれるはずの脳内のゆるキャラたちにまで、見放されてしまっている。

イ これまで「僕」を何度も救ってきてくれた無二の存在であるゆるキャラたちの心なごむ光景に今回も救いを求めたが、七瀬先輩からの言葉は鋭く「僕」の心に突き刺さり、回復不可能な状態になっている。

ウ 「僕」の傷ついた心をなごませてもらおうと、今回もゆるキャラたち高橋くんがあの小説を書いたのは中学二年生のときだったそうですね。それなら納得です。あのように痛々しい文章のことを、世間では「中二病」などと言い表すのです。作中で日が暮れるときの表現が特に忘れられません。「赤き光が地に沈み、夜の帳が翼を広げ、世界を暗い闇の懐の奥深くへと覆い隠した……」などと書いてありましたが、鼻で笑ってしまいました。しかもまったくおなじ表現が三回も出てきましたね。日没の度にそれを読まされる読者の気分が想像できますか？　もっとシンプルで読みやすい表現のほうが好まれると思いますよ？

(4)脳内でゆるキャラたちに助けをもとめたが、彼らは満身創痍の僕に向かって首を横に振るばかりだ。確かにそうだ。心をなごませてくれたってもう遅い。僕は先輩に言いたかった。しかたないじゃないか！　中学二年の僕は、それが格好いいと思っていたんだから！

もちろん、凝った表現を多用して小説を書いたって私はいいと思います。吐き気をこらえたなどと書いてしまいましたが、それは冗談です。高橋くんの小説には、他にもいくつかの欠点がありました。例えば会話が冗長です。登場人物の書きわけもできていないし、だれがどの台詞をしゃべっているのかもよくわかりません。一人称だったのが、急に三人称になったりと、混乱させられます。文法の間違いも頻出し、途中で読むのをやめようかと思ったくらいです。だけど、最後まで読んでよかったです。

主人公が旅に出発するとき、家族にわかれを告げるシーンがありましたね。私はそこで、ほろりとさせられました。気取った文章に対する、それまでのいらつきも、すっかり消えました。そこに描かれていた、旅立つ少年の内面に、普遍的なものを感じたのです。部員獲得のためにほめているわけではありません。もしもそうだったとしたら、欠点なんか指摘しません。私は思うのです。どんなに駄目なところがあったって、どこか一カ所でも胸にひびく言葉があれば、それはいい小説だったなと。以上が私の感想です。ありがとう。

便せんをめくると、最後に白色の紙があった。高橋の最初の点だけ打った入部届だ。端の空白部分に、先輩の筆跡による走り書きがある。だけどその一文を見なかったことにして、丸めてゴミ箱に捨てた。音を立てながらベッドに横たわる。

耳をすますと、弟の部屋から話し声が聞こえてきた。だれかと電話をしているらしい。友人とだろうか。それとも恋人とだろうか。

先輩の感想に混乱していた。ほとんどは辛辣な言葉だったけれど、それでも最後には救いがあった。中学二年生のとき夢中で書いていた日々のことを思い出す。(5)僕は何度か寝返りを打ち、起き上がると、ゴミ箱から丸めた入部届を拾い上げた。広げてしわを伸ばし、先輩の走り書きをながめる。

まだ、書きたいという気持ちは残ってる？

そりゃあもちろん書きたいですよ。だけど書けないんですよ。七瀬先輩に言いたかった。

小説を書こうと決めたとき、僕はやる気にあふれていた。何かをしようと自ら奮い立ったのは、人生で初めてのことだった。それなのに、その物語はすぐさま途切れてしまった。

（中村航　中田永一「僕は小説が書けない」による）

〔注〕籠絡——他人をうまくまるめこむこと。

ミングだった。明日の準備でもするかと鞄を開けてみると、見知らぬ封筒が入っていた。それを握りしめながら、僕は檻のなかの熊のように、部屋のなかをぐるぐる歩き回った。

どういうことだろう。一体、これはどういうことなんだろう。

封筒の表に、〝高橋光太郎くんへ〟という文字と〝佐野七瀬〟という文字があった。これは七瀬先輩から僕への手紙で間違いない。だけどこんなもの、いつの間に、ここに入れたのだろう。

ニンジャなんだろうか、と、半ば本気で疑っていた。諜報はするわ、*籠絡はするわで、あの人の行動は名探偵というよりニンジャじみている。女の人だから〝くノ一〟なのかもしれないけど、そんなことはどうでもよかった。彫刻刀の刃先には『く』形と『ノ』形と『一』形があって、それらを板に刺すと、〝くノ一〟という文字が彫れるけど、そんなことはもっとどうでもよかった。

なかなか読む勇気が出なくて、封筒を持ったまま部屋のなかを歩き続けた。だけど読まないわけにはいかない。七瀬先輩からの手紙ということは、小説の感想なのだろう。昼休みが終わったとき、僕はPC室から逃げるように走り去ってしまった。あの後、授業の内容そっちのけで、どうしよう、とばかり考えていた。いくらなんでも、逃げ去るってのは幼稚すぎた。放課後になり、図書室に行けば先輩に会えるかと思って行ったけど、会えなかった。文芸部が活動しているという実習室Bに行ってみようかとも思ったけど、そこまでの勇気は出なかった。なのにいつの間にか、この手紙が鞄に入っていた。

封筒には四つ葉のクローバーの形をした小さなシールで封がされている。決意した僕は、シールをはがす。便せんが数枚入っている。

よし、少し休憩をしよう。僕は台所で水を飲んだ。(2)ベッドに腰かけて深夜ラジオを聴き、携帯ゲームを少しだけやって、日付があたらしくなったころ、ふたたび便せんを手に取る。そのころには、ひとつの思いが胸の中に生じていた。

そんなに辛辣な感想は書かれていないんじゃないかな。

七瀬先輩は僕に文芸部へ入部してほしいはずだ。それなら、僕が文芸というものから離れていかないように、たとえ小説がひどかったとしても、そこはオブラートにくるんだような物言いでやさしく書いてくれているはずだ。むしろ執筆意欲がわいてくるように、ほめてくれているかもしれない。僕がほめられて伸びるタイプだというのを、もっともっと十分にアピールしておけばよかった。さあ、心軽やかに読んでみよう。

高橋光太郎くんへ

(3)今日は小説を読ませてくれてありがとう。感想を聞かせたかったけれど、高橋くんが逃げてしまったので、お手紙で伝えることにしました。高橋くんの小説に、私はすっかり驚かされました。あまりにもひどい文章に、頭痛がしてきて、吐き気をこらえるのが大変だったのです。数行を読んだ時点で思いました。私の時間を返してほしい、と。

手紙はまだ続いていたけれど、ひざから崩れおちた。時間を返してもらいたがるの、早くないですか先輩。目をつむり、みぞおちあたりに押し寄せてくるショックの波をやりすごそうとする。忘れよう。現実逃避をしろ。自分に言い聞かせる。

少し前にテレビのバラエティで見た、ゆるキャラたちが大縄跳びをする企画を脳内再生した。一体のゆるキャラが縄にひっかかって転び、首のつなぎめから中の人を露出させてしまった。しかし、他のゆるキャラたちが全員一丸となって壁を作り、中の人がカメラに映るのを阻止していた。

ゆるキャラたちのなんともなごむ光景のおかげで僕の精神的ダメージが散らされた。続きを読むことにした。読みたくはないけれど。

二〇二〇年度　都立国立高等学校

【国語】（五〇分）〈満点：一〇〇点〉

一　次の各文の――を付けた漢字の読みがなを書け。

(1)　熟れた果実。

(2)　窯元に勤める。

(3)　突然の訃報に驚く。

(4)　鋳物工場を見学する。

(5)　仏像の天蓋を掃除する。

二　次の各文の――を付けたかたかなの部分に当たる漢字を楷書で書け。

(1)　剣術のシナン。

(2)　オモテを上げて、相手を見る。

(3)　ジンジュツを施す。

(4)　理想をツイキュウする。

(5)　材木をイッケンの長さに切る。

三　次の文章を読んで、あとの各問に答えよ。（＊印の付いている言葉には、本文のあとに〔注〕がある。）

高校一年生の高橋光太郎は、自分の心の中にタマネギのように何層もの皮を作って、落ち込んだり傷ついたりする自分を護ってきた。ある日、光太郎を文芸部に勧誘している二年生の佐野七瀬が、光太郎の書いた小説を読むことになった。光太郎は、ガラス張りのＰＣ室で小説を読み終えようとしている七瀬の姿を廊下から見ている。

何層にも積み重なった皮の一番奥には、〝期待〟が残っている。自分とか、自分の創り出す世界に期待する気持ちが、本当は僕のなかにもまだ残っている。

ガラスの向こうの時間が、静かに流れた。やがて最後まで小説を読んだらしい七瀬先輩が顔を上げ、ふう、と、息をつくような仕草をする。何かを思案しているような表情にも見えるし、何も感じていないような表情にも見える。僕の小説を読んで、七瀬先輩は何を思ったのだろう。期待してしまったぶんだけ、恐怖の感情が押し寄せてきた。これはヒドい小説だ。社会性が全くない。読まなければよかった。私の時間を返してほしい。私の時間を返してほしい。私の時間を返してほしい。

そのとき昼休みの終了を告げるチャイムが鳴った。我に返ったように体を動かした七瀬先輩と目が合う。先輩は驚いたような表情をする。ＢＧＭみたいなチャイムの音が終わる。プリントを片手に七瀬先輩が立ち上がる。

僕は自分の教室に向かって、逃げるように走り出した。

その封筒に気付いたのは帰宅して夕飯を食べてお風呂にも入って自分の部屋で(1)自己嫌悪に陥りながらあと数十分で日付が変わるというタイ

英語解答

1 A ＜対話文１＞ ウ
＜対話文２＞ エ
＜対話文３＞ イ
B Q１ ウ
Q２ They should tell a teacher.

2 〔問１〕 イ 〔問２〕 エ
〔問３〕 know what I should write about
〔問４〕 joy 〔問５〕 エ
〔問６〕 オ 〔問７〕 STARS〔stars〕
〔問８〕 エ 〔問９〕 ウ
〔問10〕 オ

3 〔問１〕 イ 〔問２〕 ウ
〔問３〕 エ 〔問４〕 ア
〔問５〕 think about the customers and make every effort for them
〔問６〕 ア 〔問７〕 ウ
〔問８〕 エ
〔問９〕 (例) I will talk with my friends about good points and bad points of each plan. Then we will know which points are important and which are not. By talking about each plan like this, we can choose the best plan.
(40語)

1〔放送問題〕

〔問題A〕＜対話文１＞≪全訳≫トム(T)：妹〔姉〕に誕生日プレゼントを買うつもりなんだ。リサ，僕と一緒に行ってくれる？／リサ(L)：もちろんよ，トム。／T：明日は空いてる？／L：ごめんなさい，明日は行けないの。妹〔お姉〕さんのお誕生日はいつ？／T：次の月曜日だよ。じゃあ，今度の土曜日か日曜日はどう？／L：私は土曜日がいいな。／T：ありがとう。／L：何時にどこで待ち合わせようか？／T：11時に駅でどう？／L：了解。じゃあそのときに。

Q：「トムとリサはいつ彼の妹〔姉〕の誕生日プレゼントを買いに行くつもりか」―ウ．「次の土曜日」

＜対話文２＞≪全訳≫ボブの母(B)：もしもし。／ケン(K)：もしもし。ケンです。ボブとお話しできますか？／B：こんにちは，ケン。ごめんなさい，ボブは今，出かけてるの。後であの子からかけ直させましょうか？／K：ありがとうございます，でも，僕も今から出かけないといけなくて。伝言をお願いできますか？／B：もちろんよ。／K：明日，僕の家で一緒に宿題をすることになってるんです。彼に数学のノートを持ってきてくれるよう頼んでおいてもらえますか？　彼にききたい質問がいくつかあるんです。／B：わかったわ，伝えておくわね。／K：ありがとうございます。／B：どういたしまして。

Q：「ケンがボブにしてほしいことは何か」―エ．「数学のノートを持ってくること」

＜対話文３＞≪全訳≫ユミ(Y)：こんにちは，デービッド。何の本を読んでるの？／デービッド(D)：やあ，ユミ。浮世絵に関する本だよ。先週，美術の授業で浮世絵について習ったんだ。／Y：なるほどね。私も浮世絵について習ったわ。今なら市の美術館で浮世絵が見られるわよ。／D：ほんと？　そこへ行ってみたいな。僕の国にも浮世絵を所蔵している美術館がいくつかあるんだ。／Y：えっ，ほんとに？　それはびっくりだな。／D：１度そこへ浮世絵を見に行ったことがあるんだ。日本でも見てみたいな。／Y：私は先週末，市の美術館に行ってきたわ。すごくおもしろかったな。あなたも行ってみるべきよ。

Q：「ユミが驚いたのはなぜか」─イ．「デービッドが自分の国にも浮世絵を所蔵する美術館があると言ったから」

〔問題Ｂ〕≪全訳≫私たちの学校へようこそ。私はリンダ，この学校の２年生です。今日は私たちが皆さんを連れてこの学校をご案内することになっています。／私たちの学校は2015年に建てられたので，まだ新しいです。今，私たちがいるのが体育館です。図書館からスタートして，図書館の利用の仕方を説明します。それから教室と音楽室を見て，最後に食堂へ行く予定です。そこで他の生徒や先生方と会うことになっています。／その後，歓迎会を開く予定です。／他にも皆さんにお伝えしたいことがあります。校舎の前で集合写真を撮影しましたよね。そのときの写真が欲しい方は，明日先生に申し出てください。何かご質問はありますか？　では出発しましょう。一緒に来てください。

Q１：「日本の生徒たちはどこで他の生徒や先生と会うか」─ウ．「食堂」

Q２：「日本の生徒たちは写真が欲しい場合，明日何をすればよいか」─「先生に伝えればよい」

２〔長文読解総合─会話文〕

≪全訳≫**1**ダンは，夏を過ごすためにニューヨークにいるおばのアンといとこのビーとカルを訪問中である。ダンは生まれてからアメリカに住んでいたが，現在は日本の高校に通っている。彼は来週日本に帰ることになっていて，今はいとこたちと話している。**2**ビー（Ｂ）：あなたはここで３週間過ごしたけど，来週は帰っちゃうんだね。楽しみにしてる？**3**ダン（Ｄ）：いや，そんなことないよ。実はもっとここにいたいくらいさ。**4**カル（Ｃ）：どうして？　日本が恋しいでしょ？**5**Ｄ：それはそうだけど，数学のレポートを書き終わってないんだ。そのせいですごく不安なんだよ。数学に関する本を何冊か読んで情報を集めたんだけど，テーマが決まらないんだ。夏の間中そのことがずっと気になっててさ，今もまだ心配なんだよ。**6**Ｂ：なるほどね。あなたの宿題のこと，私たちに詳しく教えてくれない？**7**Ｄ：僕らの数学の先生から，数学のレポートを書くように言われたんだ。(2)子どもたちが数学の勉強に興味を持てるようなものについて書かないといけなくてさ。自分のレポートに何を書けばいいか決められないんだ。**8**Ｂ：じゃあ，うちのお母さんに力を貸してくれるように頼んでみたら？**9**Ｄ：君のお母さんって，アンおばさんに？**10**Ｃ：ああ，それはいい考えだね。母さんは今はエンジニアだけど，結婚する前は高校で数学を教えてたんだよ。**11**Ｄ：それは知らなかったなあ。**12**Ｂ：お母さんは今，庭で何かしてるけど，きっと少しは時間があると思うよ。**13**ビーは庭へ行き，アンと一緒に戻ってくる。**14**アン（Ａ）：了解よ，ダン。ビーがあなたの宿題について説明してくれたわ。私の助けがいるってことよね。**15**Ｄ：そうなんです。何かいいアイデアがありますか？**16**Ａ：そうねえ，まずあなたにききたいことがあるの。あなたは数学が好き？**17**Ｄ：はい。数学が暮らしの中でとても役立っているってことを知ってからは，ますます数学に興味が出てきました。**18**Ａ：いい点を指摘したわね。じゃあ，この質問に答えてみて。日常生活で数学が必要なのはどんな場面？**19**Ｂ：買い物でしょ。お料理でしょ…。**20**Ｃ：音楽の演奏とか。スポーツ…。**21**Ｄ：時間や暦を把握するとき…。**22**Ａ：とてもいいわよ。私たちの世界は数学でいっぱいなの，だから幼い子どもたちに数学の楽しさを教えることはとても大切なのよ。**23**Ｂ：どういうふうに大事なの？**24**Ａ：それはね，何かに興味があると，学ぶのが楽になるでしょ。だからたくさんの子どもたちにとって数学がもっとおもしろくなるような方法を見つけないといけないの。**25**Ｃ：それってすごく難しそう。**26**Ａ：実はね，そうするための方法はたくさんあるのよ。**27**Ｄ：詳しく教えてもらえますか？**28**Ａ：いいわよ。私の考えでは，数学のパズルをすることが第一歩としてはいい方法ね。**29**Ｃ：数学のパズルって何？　僕は数学が好きじゃないから，パズルだってつまらなそうに感じるよ。30A：それは残念ね，でも私を信じてみて。あなたたち，魔方陣って聞いたことある？31D：いいえ，一度もないです。32A：わかったわ。今から説明するわね。これを見て。3×3 のマス目の中に，欠けた数字があるでしょう。1から9の数字を1つずつ使うのよ。魔方陣では，どの横列，縦列，対角線も数字の合計が同じになるの。ここでは合計が15よ。これをやってみて！33数分が経過する。34A：じゃあみんなそこまで。解けたかな？35全員：解けたよ。36B：まず，私は欠けてる数字は何なのかをチェックしたの。それは5と8と9だったよ。次に，簡単なたし算を使ったの。$x+3+4=15$。$x+1+6=15$。だから，xは8でしょ。このやり方で，残りの2つの欠けてる数字を求めたんだ。37D：すごいね！　子どもたちはきっとこれが気に入ると思うな。38A：実は，魔方陣は子どもたちだけのためのものじゃないの。魔方陣が大好きっていう人は大勢いるのよ。このパズルは紙と鉛筆さえあれば，どこでもできるからね。39C：そうか！　特別なものは何も使わなくていいんだね。40A：そうなのよ。別のおもしろいパズルを紹介するわ。これは魔方陣とほとんど同じなんだけどね。「ワード・スクエア」って呼ばれてるの。同じ単語のつづりが横と縦に入るのよ。これをやってみましょう。全ての単語は英語の辞書で見つかるわ。ヒントを出すわね。　1．急いでいないこと　2．子どもに対する両親の(　)　3．above とほぼ同じ意味　4．あなたは昨日忙し(　)？41D：わかったぞ！　答えはこうじゃないですか？42A：合ってるわよ。43C：なんだかパズルに興味がわいてきたぞ。子どもたちは数学を勉強することで単語まで覚えられるんだね。44A：じゃあここで，ある人物について話すわね。あなたたちみんな『不思議の国のアリス』っていうお話を知ってるわよね。45B：それ，読んだことあるし，映画も見たよ。すごくおもしろかった。46D：あの本はとても不思議だと思いました。47A：それじゃあ，あのお話を書いた人は誰なのか知ってる？48C：ルイス・キャロルじゃない？49A：そう，そして彼はとても有名な数学者だったの。彼は言葉遊びをするのが好きだったのよ。例えば，円周率の3.1415926を暗記する方法を見つけたの。「May I have a large container of coffee？(大きな容器に入ったコーヒーを飲んでもいいですか)」っていう文の中にあるそれぞれの単語の文字数は，円周率の数字と一致していてね，それでキャロルはこの表現を何度も口にするのを好んだそうよ。50B：そんなの初めて聞いたな。51A：ではここで，彼が考えたすばらしいパズルの1つ，「ダブレット」をみんなに紹介するわ。始めの単語と終わりの単語は決まっています。始めの単語を少しずつ変化させて，終わりの単語にするんだけど，一度に変えられるのは1字だけで，1字変えるごとに新しい単語になるようにしないといけないの。単語はどれも実際に使われている言葉じゃないとだめよ。52C：言葉を使ったゲームか。そういうのは好きだよ。53A：例を示すわね。「CAT」を「BED」にしてちょうだい。答えはこんなふうになるわ。　CAT→BAT(コウモリ)→BET(賭ける)→BED54D：ルイス・キャロルってほんとに天才だなあ！55A：じゃあ，みんないいわね。ルイス・キャロルが考えたダブレットに挑戦してみて。TEARS(涙)をSMILE(笑顔)に変えるのよ。人名は使っちゃだめよ。地名も使えないからね。TEARS→SEARS(焦がす)→STARS(星)→_ _ _ R _→STALE(古くなった)→STILE(踏み段)→SMILE(変えるのは6回)56C：解けたぞ。このパズルにはほんとにびっくりだなあ。57D：ダブレットは明晰(めいせき)に考える方法を身につけたり，自分の知ってる単語を確認したりするのにすごく適していますね。58A：また別の例を紹介するわね。このダブレットでは，FOURをFIVEに変えるのにキャロルは6回変化させなければならなかったの。ところが，数学では，1をたすだけで4を5にできるでしょう，こんなふうにね。それぞれの文字は別の数字を表してるのよ。　FOUR＋ONE＝FIVE　数字を使ってこのたし算が正しいことを証明できるの。これは答えの一例よ。　9230＋251＝948159C：驚いたなあ！60A：この式を説明できるかな？　R＋E＝E，ってことはRは0ね。Eの代わりに1を入れると，

Eが1でしょ。それから？61B：(8)-aUの代わりに3を入れると，Uが3ね。62C：(8)-bそしてNの代わりに5を入れると，Nが5。するとVが8になるね。63D：(8)-cOの代わりに2を入れるとOが2。するとIは4になるよ。64B：(8)-d最後に，Fの代わりに9を入れると，Fは9。65A：よくできました！　これは「覆面算」って呼ばれてるの。みんなどう思う？　数学のパズルっておもしろいでしょ？66B：うん。これらのパズルは子どもたちに数学に興味を持たせるすばらしい方法の1つで，子どもたちは数学の楽しさを学べるね。千里の道も一歩から，だね。67C：いろんな数学のパズルに挑戦してみようっと。何かに興味を持つと，やる気が出てくるんだなあ。68D：皆さん，力を貸してくださってどうもありがとう。こういうパズルは驚きです。何について書けばいいかもうわかりました。家に帰ってレポートを終わらせる準備ができました！69全員声を立てて笑う。

〔問1〕＜英文解釈＞'make＋目的語＋形容詞'「～を…(の状態)にする」の形。主語のThatが受けるのは，数学のレポートが終わっていないという前文の内容。また，ここでのnervousは「不安な，心配して」という意味。以上から，この文の内容を最もよく表すのは，イ．「夏休みが終わる前に終わりそうにないので，僕は数学の宿題のことが本当に心配だ」。

〔問2〕＜整序結合＞レポートの内容を説明している場面。まず，We have to write about something「何かについて書かなければならない」とまとめ，その後にthatを関係代名詞として用いて，レポートに書くべき具体的な内容を続ける。'make＋目的語＋形容詞'「～を…(の状態)にする」と，(be) interested in ～「～に興味がある」の形を組み合わせれば，that will make children interested inとまとまる。　We have to write about something that will make children interested in learning math.

〔問3〕＜要旨把握―適語句補充＞「僕に何かアドバイスをください。夏の数学のレポートに何を書けばいいのかを知りたいのです」　下線部の「何かいいアイデアはありますか」とは，数学のレポートに書くべき具体的な話題を提供してほしいということである。この後，おばの提案といとこたちの協力のおかげで数学のパズルという適切な題材が見つかり，第68段落で，皆さんのおかげで何について書けばよいかもうわかりましたと礼を述べている。この段落の第3文にあるknow what I should write aboutという連続する6語が空所に最もよく当てはまる。

〔問4〕＜適語補充＞この後の第24段落で，何かに興味を持つことで学びやすくなるので，子どもたちが数学をおもしろいと思える方法を見つけることが大切だと述べていることから，子どもたちに数学の「楽しさ」を教えることが大切だとわかる。第66段落で，数学のパズルを通じて子どもたちは数学のjoy「喜び，うれしさ，楽しさ」を学べると述べており，この単語が空所に最もふさわしい。

〔問5〕＜適語(句)選択＞魔方陣を解いた手順を説明している部分。aには最初の手順であることを示すFirst「まず，最初に」が，bには2番目の手順を示すThen「それから，次に」がそれぞれ適する。cは方程式を解いた'結果'を示すので，「だから」の意味を表すSoが適する。dは今示した手順と同じ手順で残りの数を求めたという部分なので，「この方法で，このようにして」の意味のIn this wayが適する。

〔問6〕＜要旨把握―図を見て答える問題＞縦と横の列に同じ単語が入るという条件で，ヒントに合う単語を補うパズル。ヒントに従って表を埋めると，1にSLOW，2にLOVE，3にOVER，4にWEREが入り，右のようになる。

S	L	O	W
L	O	V	E
O	V	E	R
W	E	R	E

〔問7〕＜要旨把握―適語補充＞空所の後が＿＿＿R＿→STALEと続いていて，4番目の文字が変わっていることに注目する。ダブレットのルールでは一度に1字だけしか変えるこ

とができないので，STALE の前の隠された語は STARE(見つめる)になるとわかる。すると空所の前後は SEARS→(7)＿＿＿R＿→STARE となる。１字ずつしか変えられないことからＳ＿AR＿が確定する。２番目はＥかＴ，５番目はＳかＥである。組み合わせとして SEARE か STARS の２通りが可能だが，意味の通じる単語でなければならず，SEARE という英単語は存在しないので，答えは STARS となる。

〔問８〕＜文整序＞直前で，筆算の一の位から説明が始まったと考えられるので，次は十の位の説明が続くと推測する。ＵとＮの説明はＣとＡだが，まずＵを３とし，次にＮを５とすると3+5でＶが８となるので，Ｃ→Ａの順となる。続いて百の位はＯ＋Ｏ＝Ｉの部分なので，Ｏについて述べたＤがくる。Finally「最後に」で始まり千の位のＦについて述べたＢが最後にくる。

〔問９〕＜英文解釈＞下線部は「1000キロメートルの長い旅はたった１歩から生じる」，つまり「千里の道も一歩から」ということわざである。数学という学問を理解できるようになるまでの長い道のりも，まずはおもしろいパズルで興味を持つことから始まる，と言っているのである。これを最もよく表すのは，ウ．「目標に到達するためには，最初の１歩を踏み出すことが必要である」。

〔問10〕＜内容真偽＞ア．「今年の夏，ダンはアメリカに戻り，おばの家族とともに２週間過ごした」…×　第２段落参照。　イ．「アンは結婚する前はエンジニアとして働いており，その後，数学の教師になった」…×　第10段落参照。　ウ．「ダンは数学が好きではないが，学校がまた始まるまでに夏の数学のレポートを書かなければならない」…×　第16，17段落参照。　エ．「魔方陣は誰もが手軽に楽しむことができ，魔方陣で遊ぶには鉛筆と特別な紙だけあればよい」…×　第38，39段落参照。特別なものは何もいらない。　オ．「ルイス・キャロルは作家であり，数学者でもあり，円周率を暗記するための表現を思いついた」…○　第47～49段落と一致する。　カ．「この話の最後で皆が笑ったのは，ダンがおもしろいことを言い，彼が数学のレポートを書き終えたからである」…×　まだ書き終えていない。

３〔長文読解総合─物語〕

≪全訳≫❶私は６人家族の中で育った。幼い頃，私の両親は朝から晩まで懸命に働いていた。だから，姉が私の妹たちと私の面倒をみてくれていた。姉は私たちのためにできることは何でもしてくれた。ところが，私が12歳のとき，彼女は結婚して家からいなくなってしまった。私たちは途方に暮れた。妹たちと私は料理が全然できなかったので，母は長くてつらい１日の労働の後で夕食をつくらなければならなかった。母にとってそれがひどく大変なことだと私にはわかっていた。ある晩，私は母を手伝うために，生まれて初めて料理をすることにした。両親が帰宅する前に，私は１人で料理を始めた。お湯の中にみそと豆腐を入れた。また，ごはんと野菜と卵を炒めた。そのチャーハンとみそ汁はおいしくなかったが，両親と妹たちは「エイジは料理が上手だね！」と言ってくれ，満面の笑みを浮かべながら完食してくれた。私はとても誇らしかった。家族の幸せそうな笑顔をもう一度見たくて，私は料理に興味を持つようになった。❷高校在学中に，いくつかのアルバイトを経験した。生徒として働くことはとても大変だったが，さまざまな人たちと出会い，話すことは楽しかった。人にはそれぞれ違った価値観があるということを学んだ。さまざまな仕事で，いろいろとすばらしい経験をした。そのうちの１つは，レストランの厨房(ちゅうぼう)に食材の入った重たい箱を搬入することだった。ある日，とある人気のフランス料理店に新鮮な野菜をたくさん搬入した。料理人たちはとてもていねいに調理をしたり，盛りつけをしたりしていた。私は彼らにこう尋ねた。「こうすることって本当に必要なんですか？　こうすることで本当に味が変わるんですかね？」　料理長はこう言った。「ああ，そうだよ。お客様のことを考えて，お客様のためにあらゆる努力をすると，お客様は私たちのことをわかってくれて，うれしそうな笑顔を見せてくれるんだ。それを怠ると，料理の味は変わってくるし，お客様はすぐにその違いに気がつくんだよ」
私はその店の客を見てみた。彼らは皆，料理を楽しみ，従業員たちとにこにこしながら会話していた。その様子が，私が初めて料理したときのことを思い出させてくれた。毎日，人々の笑顔を見られるなんてすばらしいことだろうなと私は思った。そこで，私は料理人になろうと決意した。❸高校卒業後，１年間料理学校に通い，それからさらに料理のことを学ぶためにフランスへ行った。フランスでは，さまざまな人やいろいろな地元の料理に出会った。見るもの全てが洗練され美しく見えた。それは私にとって大変心躍る経験だった。東京に戻った後，とても人気のあるホテルのレストランで働き始めた。高校時代の経験のおかげで，私は非常にてきぱきと働いた。それに腕前も優れていた。たった５年で私はそのレストランの副料理長となった。自分には卓越した料理の技術があると私はひどく確信していた。よりおいしい料理をつくるため，さらに熱心に働いた。私は他の従業員たちにも私と同じくらい熱心にてきぱきと働いてほしいと望んでいた。料理長にも私たちのために最善を尽くしてほしいと思っていた。私は自分があらゆることを完璧にこなしていると信じ込んでいたのだ。❹ところがある日，非常に重要なパーティーで，私たちは重大なミスをしてしまった。実際のところ，それは私のミスではなかったのだが，同僚の１人が料理長に私のせいだと言い，料理長がそれを信じてしまったのである。私はひどくショックを受けた。そのホテルのレストランを辞めることを決断し，小さなレストランで働き始めた。あの有名なホテルのレストランでしていたのと同じようによい料理をつくろうと懸命に努めたが，よりよい食材を手に入れるために多くのお金を払うことはできなかったので，それは難しかった。同僚たちは皆いい人だったが，それほど腕がいいわけではなく，だらけているように見えた。私は彼らにうまい料理の仕方や効率よく働くやり方を教えようとしたが，彼らは私の話に耳を貸さなかった。私は途方に暮れた。私はしょっちゅう妻のフミにこう言った。「彼らが私のアドバイスに従ってくれれば，うちのレストランはすぐに大人気になるんだけどな。どうして彼らが私の言うことを聞いてくれないのか理解できないよ」❺ある日曜日，私はフミと買い物に出かけ，昼食をとるためにあるレストランに入った。１人の従業員が私たちの隣に座っていた男性にハンバーグステーキを運んできた。添えてあるのはニンジンだけで，他には何も添えられていなかった。私は小声でフミに言った。「まるでお子様用だな，あんなの大人向けって感じじゃないよ。もっとおいしいハンバーグをつくって，もっと洗練された感じに盛りつけるよう，この店は努力するべきだよ」　ところが，その男性はその皿を見て非常にうれしそうだった。食べ始めると，いきなりこう言った。「これだよ，これ！」　私は驚いて彼に尋ねた。「それのどこがそんなに特別なんですか？」　彼はこう言った。「あなたからすればそう見えないかもしれませんが，私にとってはとても特別なんです。40年前，10歳の誕生日に，私は両親とここへ来たんです，そして私はこの店のハンバーグが大好きだったんですよ。今日，店員の方にそのことを話したんです。そしたらどうなったと思いますか。これは(あのときと)全く同じように盛りつけられていて，味も全く同じなんですよ！　ふだんはもっと洗練された感じにつくっているそうですが，これこそまさに今日，私が求めていたものなんですよ」　私は辺りを見回した。古くはあったが，掃除の行き届いたレストランだった。客たちは皆，料理に満足している様子だった。従業員は３人しかいなかったが，皆きびきびと働いていた。誰もが笑顔だった。私はフミに言ったことを後悔した。❻食後，そこの料理長と話す機会を持てた。彼はこう言った。「ある人にとっての宝物は，別の人にとってはゴミなのかもしれません。私たちはいつでも他の人の気持ちを思いやるようにしているだけなんです」　彼の言葉は自分の学校時代とフランスにいた頃のことを思い出させた。当時私はいろいろな人たちと話し，さまざまな価値観を知ることですばらしい時間を過ごしていたのだった。それなのに，働き出してからというもの，私は自分の意見を周りの人たちに押しつけるようになっていた。これが原因で，どちらのレストランでも自分が同僚たちとうまくやれなかったのだということがやっとわかった。**7**翌朝，私はよりよいレストランにするための自分のプランについて他の従業員たちと話し，彼らにも自分の考えを話してくれるように頼んだ。(7)彼らのほぼ全員が自分なりのプランを持っているとわかって私は驚いた。彼らは私のとは違ったアイデアを持っていたというだけのことだったのだ。彼らは怠けていると思い込んでいたが，私は間違っていたのだ。彼らは自分たちのアイデアを実現するための十分な技術を持っていないだけだったのだ。その日から，私たちは週に2回，ミーティングを開いて意見交換するようになった。また私は同僚やお客様を観察し耳を傾けることで彼らが何を求めているかを考えるようになった。今では，前よりも多くの人が私に笑顔を見せてくれるし，私は以前より多忙だがより幸せに暮らしている。いつか笑顔でいっぱいの自分のレストランを持ちたいと望んでいる。

〔問1〕＜文脈把握＞共働きの両親を助けようと1人で夕食づくりに初めて挑戦し，味はよくなかったが家族が喜んでくれた様子を目にして，皆に喜んでもらったことを誇らしく思ったことがわかる。この内容に最も近いのはイ．「彼は生まれて初めて料理をすることができて，家族の笑顔を見た」。

〔問2〕＜英文解釈＞直前で料理長は，お客様のことを考えてあらゆる努力をすれば，それがお客様に伝わり喜んでもらえる，ということを言っている。この言葉の後にIf we don't と続くので，don't の後には繰り返しとなる，think about the customers and make every effort for them が省略されていると判断できる。これは prepare the meal in a careful way と言い換えられ，また下線部の the meal 以下の「料理の味が変わり，客がそれに気づく」という内容は「客がそれを好まなくなる」ということなので，ウ．「ていねいに調理しなければ，客はそれを好まないだろう」が適切。

〔問3〕＜語句解釈＞thanks to ～ は「～のおかげで」という意味。第2段落前半に，高校時代にいろいろな職種のアルバイトを経験したおかげで多様な人々と出会い，人には違った価値観があることを学んだとある。その経験がホテルのレストランで働き始めた後に生かされたということである。この内容に最も近いのは，エ．「アルバイトを通じて私はたくさんの人々と話し，たくさんのことを学んだから」。

〔問4〕＜文脈把握＞直前で「彼らが私のアドバイスに従ってくれれば，うちのレストランはすぐに大人気になるんだけどな」と言っている。自分の料理の腕と効率のよい仕事ぶりに誇りを持っているエイジは，この時点では皆が自分と同じように働けばレストランの質が上がり人気が出ると信じていたのである。これに最も近いのは，ア．「彼らが私たちのレストランを人気店にしたいのなら，彼らは私のアドバイスに従うべきだ」。

〔問5〕＜文脈把握＞「そのレストランの従業員たちは，顧客のことを考え，彼らのためにあらゆる努力をすることができる人たちである」　エイジの隣の客が子ども向けのようなハンバーグに感激しているのは，40年前の思い出のハンバーグを懐かしむ客の気持ちを聞いたレストラン側が，それを再現しようと努力したからである。このように顧客の思いを大切にし，喜ばせるための努力を惜しまない姿勢は，第2段落第11文の think about the customers and make every effort for them という言葉に表れている。

〔問6〕＜英文解釈＞下線部の「ある人にとっての宝物は，別の人にとってはゴミなのかもしれない」とは，同じ物事でもそれを貴重だと思う人もいれば価値を見出さない人もいる，つまり，人によって価値観は違うということである。この内容に最も近いのは，ア.「人々はそれぞれ違った考えや価値観を持っている」。

〔問７〕＜**整序結合**＞この後，自分の思い違いがあったことを認めていることから，想定していたことと違って驚いた，という内容になると考える。まずI was surprised とまとめる。この後にはto不定詞か that節が続く可能性があるが，that節を続けると to find が余ってしまうので，ここは to不定詞を続けて to find とし，find の目的語を that節で続ける。that節中の主語は almost all of them「彼らのうちのほとんど全員」とまとめ，この後，had their own plans と続ける。I was surprised to find that almost all of them had their own plans.

〔問８〕＜**内容真偽**＞ア.「高校卒業後，エイジは料理についてさらに学ぶためにフランスへ行き，そこの超人気レストランの副料理長になった」…×　第３段落参照。　イ.「エイジはとても腕がよく，さまざまな文化や価値観について学ぶことはおもしろいと思ったので料理人になることに決めた」…×　このような記述はない。　ウ.「エイジの上司は，そのパーティーでのミスがエイジのミスだと信じなかったが，他の全ての従業員のためにエイジはそのレストランを辞めた」…×　第４段落第２文参照。　エ.「エイジが小さなレストランで働き出したとき，彼が自分の意見を押しつけるばかりだったので，彼の同僚たちはエイジの言うことを聞かなかった」…○　第４段落後半，および第６段落終わりの２文と一致する。　オ.「エイジはフミに，そのレストランの従業員たちは顧客の話を聞くべきだと言ったが，後になって彼はそのことを申し訳なく思った」…×　このような記述はない。　カ.「自分が開いた新しいレストランのために有益な情報が欲しいので，今エイジは周りの人々を観察している」…×　第７段落最後から３文目参照。

〔問９〕＜**テーマ作文**＞「あなたとあなたのクラスメイトは，文化祭で何をするかを決めなければならないとします。あなたがリーダーです。あなたたちはすでに長い間何度もそれについて話し合ってきました。ですが，皆が違う意見を持っていて，あなたは決めることができません。リーダーとして，この問題を解決するために，あなたならどうしますか。自分のアイデアを１つ書きなさい。何をしたいか，そしてなぜそれをしたいのかを説明しなさい」　本文では，人にはそれぞれ違った価値観があるということと，人の気持ちを考えることが大切だということが述べられている。これらをふまえると，それぞれのアイデアについてさらに話し合い，それぞれの良い点，悪い点，重要な点をまとめることで最良のアイデアを導き出すといった解決法が考えられる。

数学解答

1　〔問１〕　$-4+2\sqrt{3}$

〔問２〕　$x=\frac{3}{2}$，$y=-4$

〔問３〕　$\frac{11}{60}$

〔問４〕　(1)　右図　(2)　$\sqrt{31}$

（例）

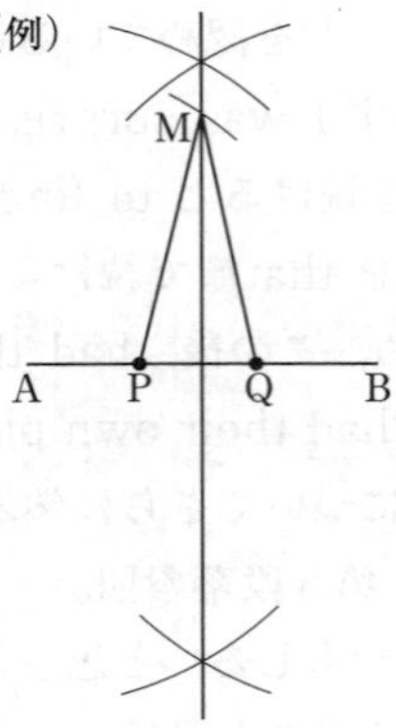

2　〔問１〕　8

〔問２〕　(1)　$2\sqrt{2}$cm　(2)　$\frac{5}{2}$

3　〔問１〕　42°

〔問２〕

(1)　(例)次に，∠PCM＝∠QLR であることを示す。ここで，∠PMC＝∠a とおく。仮定より，∠CMN＝2∠PMC すなわち，∠CMN＝2∠a　MN∥AR より，平行線の同位角は等しいので，∠CMN＝∠CBA　また，△ABC は二等辺三角形なので，∠CBA＝∠BCA　よって，∠BCA＝2∠a　すなわち，∠PCM＝2∠a……③　対頂角は等しいので，∠PMC＝∠QMB＝∠a　円周角の定理より，∠QMB＝$\frac{1}{2}$∠QLB　したがって，∠QLB＝2∠QMB＝2∠a　すなわち，∠QLR＝2∠a……④　③，④より，∠PCM＝∠QLR　したがって，∠PCM＝∠QLR……(イ)

(2)　$6\sqrt{7}$cm

4　〔問１〕　3，4，6，7

〔問２〕　$\frac{16}{3}\pi$cm³　〔問３〕　$\frac{1}{8}$倍

1　〔独立小問集合題〕

〔問１〕＜平方根の計算＞与式＝$\frac{2}{\sqrt{3}}-\frac{5}{3}-\frac{3-4\sqrt{3}+4}{3}=\frac{2\times\sqrt{3}}{\sqrt{3}\times\sqrt{3}}-\frac{5}{3}-\frac{7-4\sqrt{3}}{3}=\frac{2\sqrt{3}}{3}-\frac{5}{3}-\frac{7-4\sqrt{3}}{3}=\frac{2\sqrt{3}-5-(7-4\sqrt{3})}{3}=\frac{2\sqrt{3}-5-7+4\sqrt{3}}{3}=\frac{-12+6\sqrt{3}}{3}=-4+2\sqrt{3}$

〔問２〕＜連立方程式＞$\frac{4x+y-5}{2}=x+0.25y-2$……①，$4x+3y=-6$……②とする。①×4より，$2(4x+y-5)=4x+y-8$，$8x+2y-10=4x+y-8$，$4x+y=2$……①′　②－①′より，$3y-y=-6-2$，$2y=-8$　∴$y=-4$　これを①′に代入して，$4x-4=2$，$4x=6$　∴$x=\frac{3}{2}$

〔問３〕＜確率―玉＞袋A，B，Cにはそれぞれ３個，４個，５個の玉が入っているので，袋A，B，Cから同時に玉をそれぞれ１つずつ取り出すとき，袋Aからの取り出し方が３通り，袋Bからの取り出し方が４通り，袋Cからの取り出し方が５通りより，取り出し方は全部で3×4×5＝60(通り)ある。このうち，取り出した３つの玉に書かれた数の和が７になるのは，袋Aから１の玉を取り出したとき，(B，C)＝(1，5)，(2，4)，(3，3)，(4，2)の４通りあり，袋Aから２の玉を取り出したとき，(B，C)＝(1，4)，(2，3)，(3，2)，(4，1)の４通りあり，袋Aから３の玉を取り出したとき，(B，C)＝(1，3)，(2，2)，(3，1)の３通りある。よって，取り出した３つの玉に書かれた数の和が７になる場合は4＋4＋3＝11(通り)だから，求める確率は$\frac{11}{60}$である。

〔問４〕＜図形―作図，長さ―三平方の定理＞(1)次ページの図１で，点Mと２点A，Bを結ぶ。△ACD，△BCDは１辺6cmの正三角形であり，CD＝6，CM＝3より，点Mは辺CDの中点である。次ページの図２のように，線分ABを１辺とする２つの正三角形ABE，ABFを考え，線分EFと辺

ABの交点をGとすると，点Gは辺ABの中点となるから，線分EG，線分FGの長さは図1の線分AM，線分BMの長さと等しくなる。よって，直線EF上にあって，点Aからの距離が線分EGの長さに等しい点をMとし，点Mと2点P，Qを結べばよい。解答参照。　(2)図1で，線分PR，線分RMが通る2つの面ABD，ACDを右下図3のように展開する。PR＋RMが最も短くなるのは，3点P，R，Mが一直線上に並ぶときだから，l＝PR＋RMが最も小さくなるとき，lの値は線分PMの長さとなる。△ABD，△ACDは1辺が6 cmの正三角形であり，点Mは辺CDの中点だから，∠MAD＝30°，∠DAP＝60°より，∠MAP＝30°＋60°＝90°である。また，△ACMは3辺の比が$1:2:\sqrt{3}$の直角三角形だから，AM＝$\sqrt{3}$CM＝$\sqrt{3}\times3=3\sqrt{3}$である。よって，$l$の値が最も小さくなるとき，△AMPで三平方の定理より，l＝PM＝$\sqrt{\mathrm{AM}^2+\mathrm{AP}^2}=\sqrt{(3\sqrt{3})^2+2^2}=\sqrt{31}$(cm)となる。

図1

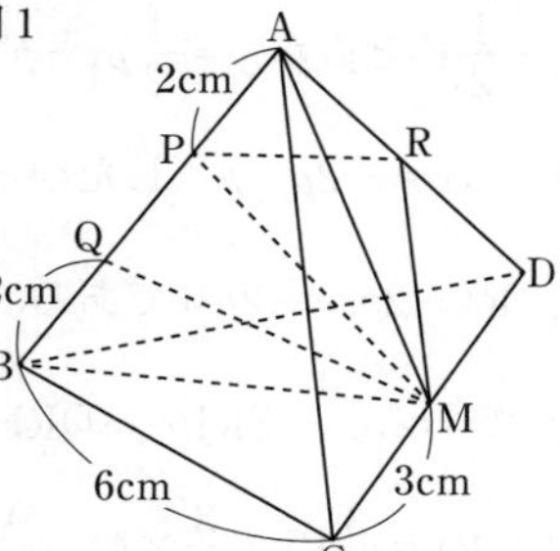

図2

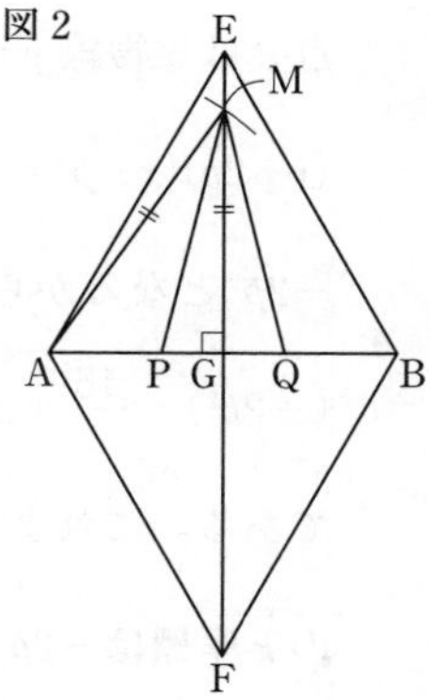

図3

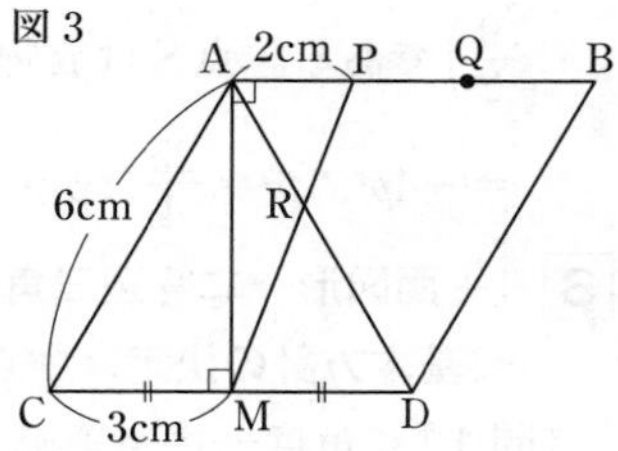

2〔関数―関数 $y=ax^2$ と直線〕

〔問1〕＜最大値，最小値＞関数$y=-\frac{1}{2}x^2$で，xの変域が$-2\leqq x\leqq4$におけるyの最大値は，$x=0$のときで$y=0$である。また，最小値は，$x=4$のときで$y=-\frac{1}{2}\times4^2=-8$である。よって，$y$の最大値から最小値をひいた値は，$0-(-8)=8$である。

〔問2〕＜長さ―三平方の定理＞(1)右図1で，点Pのx座標をpとする。点Pは放物線$y=-\frac{1}{2}x^2$上にあるから，$\mathrm{P}\left(p,\ -\frac{1}{2}p^2\right)$である。OP＝PA，∠OPA＝90°より，△OPAは直角二等辺三角形だから，∠AOP＝45°である。よって，点Pからx軸に垂線PHを引くと，△OPHも直角二等辺三角形となる。このとき，PH＝OHであり，PH＝$\frac{1}{2}p^2$，OH＝pだから，$\frac{1}{2}p^2=p$が成り立つ。これを解くと，$p^2-2p=0$，$p(p-2)=0$　∴$p=0$，2　$p>0$だから，$p=2$である。これより，PH＝OH＝2だから，OP＝$\sqrt{2}$PH＝$\sqrt{2}\times2=2\sqrt{2}$(cm)となる。　(2)右図2のように，点Rを通りx軸に平行な直線と直線AQの交点をIとし，点Sから直線RIに垂線SJを引く。OP＝PAより，△OPAは二等辺三角形であり，PH⊥OAだから，OH＝HAである。よって，OA＝2OH＝$2p$だから，A$(2p,\ 0)$である。$\mathrm{P}\left(p,\ -\frac{1}{2}p^2\right)$だから，直線APの傾きは$\left\{0-\left(-\frac{1}{2}p^2\right)\right\}\div(2p-p)=\frac{1}{2}p$となり，その式は$y=\frac{1}{2}px+b$とおける。これが点Aを通ることより，$0=\frac{1}{2}p\times2p+b$，$b=-p^2$となるから，直線APの式は$y=\frac{1}{2}px-p^2$である。

図1

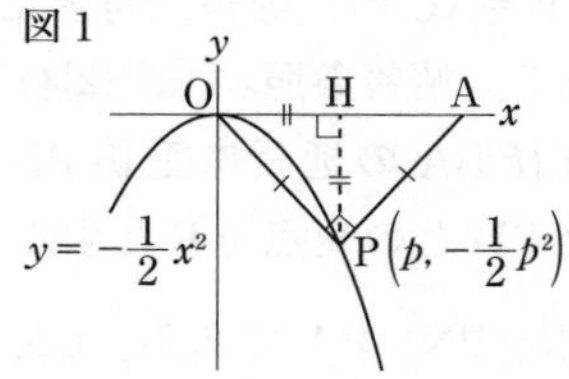

図2

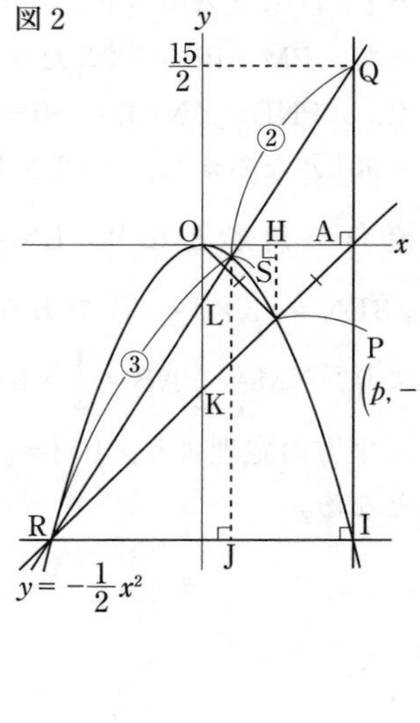

点Rは放物線 $y=-\frac{1}{2}x^2$ と直線 $y=\frac{1}{2}px-p^2$ の交点だから，$-\frac{1}{2}x^2=\frac{1}{2}px-p^2$ より，$x^2+px-2p^2=0$，$(x+2p)(x-p)=0$　$\therefore x=-2p$，p　したがって，点Rの x 座標は $-2p$ であり，$y=-\frac{1}{2}\times(-2p)^2=-2p^2$ となるから，$\mathrm{R}(-2p,\ -2p^2)$ である。$\mathrm{Q}\left(2p,\ \frac{15}{2}\right)$ だから，$\mathrm{RI}=2p-(-2p)=4p$，$\mathrm{IQ}=\frac{15}{2}-(-2p^2)=\frac{15}{2}+2p^2$ である。$\triangle\mathrm{SRJ}\backsim\triangle\mathrm{QRI}$ だから，$\mathrm{RJ}:\mathrm{RI}=\mathrm{JS}:\mathrm{IQ}=\mathrm{RS}:\mathrm{RQ}=3:(3+2)=3:5$ である。これより，$\mathrm{RJ}=\frac{3}{5}\mathrm{RI}=\frac{3}{5}\times4p=\frac{12}{5}p$，$\mathrm{JS}=\frac{3}{5}\mathrm{IQ}=\frac{3}{5}\left(\frac{15}{2}+2p^2\right)=\frac{9}{2}+\frac{6}{5}p^2$ だから，点Sの x 座標は $-2p+\frac{12}{5}p=\frac{2}{5}p$，$y$ 座標は $-2p^2+\left(\frac{9}{2}+\frac{6}{5}p^2\right)=-\frac{4}{5}p^2+\frac{9}{2}$ となり，$\mathrm{S}\left(\frac{2}{5}p,\ -\frac{4}{5}p^2+\frac{9}{2}\right)$ である。点Sは放物線 $y=-\frac{1}{2}x^2$ 上にあるから，$-\frac{4}{5}p^2+\frac{9}{2}=-\frac{1}{2}\times\left(\frac{2}{5}p\right)^2$ より，$-40p^2+225=-4p^2$，$p^2=\frac{25}{4}$，$p=\pm\frac{5}{2}$ となる。$p>0$ だから，$p=\frac{5}{2}$ である。

3 〔平面図形―二等辺三角形，円〕

≪基本方針の決定≫中点連結定理を利用する。

〔問1〕＜角度―中点連結定理＞右図1の△ABCで，2点L，Mはそれぞれ辺AB，辺BCの中点だから，中点連結定理より，LM∥ACである。よって，同位角は等しいから，∠APM＝∠LMQである。△LQMはLM＝LQの二等辺三角形だから，∠LMQ＝∠LQM＝(180°−96°)÷2＝42°となり，∠APM＝42°である。

図1

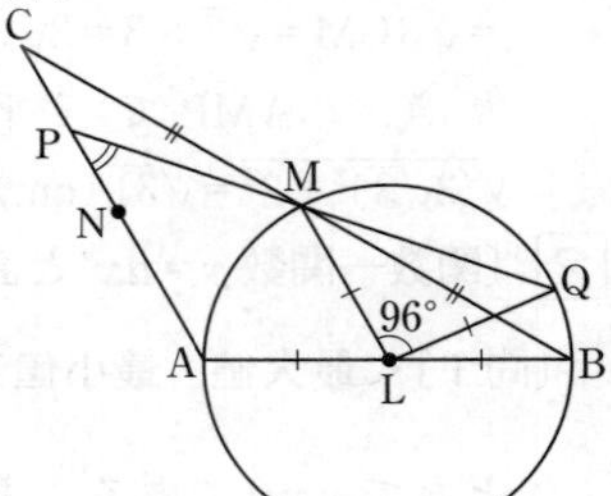

〔問2〕＜論証，長さ―三平方の定理＞(1)右図2で，円周角の定理より，∠QLB＝2∠QMBであり，△ABCはAB＝ACの二等辺三角形だから，∠CBA＝∠BCAである。解答参照。　(2)右下図3のように，点Pから直径BAの延長に垂線PDを引き，線分MNの延長とPDとの交点をEとする。EM∥DRだから，PM：PR＝PN：PAである。$\mathrm{CN}=\mathrm{NA}=\frac{1}{2}\mathrm{AC}=\frac{1}{2}\mathrm{AB}=\frac{1}{2}\times8=4$ だから，$\mathrm{PN}=\frac{1}{2}\mathrm{CN}=\frac{1}{2}\times4=2$，PA＝PN＋NA＝2＋4＝6となり，PN：PA＝2：6＝1：3である。よって，PM：PR＝1：3だから，PR＝3PMとなる。また，∠PNE＝∠NAD＝180°−120°＝60°，∠PEN＝∠EDA＝90°となるから，△PENは3辺の比が $1:2:\sqrt{3}$ の直角三角形となり，$\mathrm{EN}=\frac{1}{2}\mathrm{PN}=\frac{1}{2}\times2=1$，$\mathrm{PE}=\sqrt{3}\mathrm{EN}=\sqrt{3}\times1=\sqrt{3}$ である。△ABCで中点連結定理より，$\mathrm{NM}=\frac{1}{2}\mathrm{AB}=\frac{1}{2}\times8=4$ だから，EM＝EN＋NM＝1＋4＝5である。したがって，△PEMで三平方の定理より，$\mathrm{PM}=\sqrt{\mathrm{PE}^2+\mathrm{EM}^2}=\sqrt{(\sqrt{3})^2+5^2}=\sqrt{28}=2\sqrt{7}$ だから，$\mathrm{PR}=3\times2\sqrt{7}=6\sqrt{7}$ (cm)となる。

図2

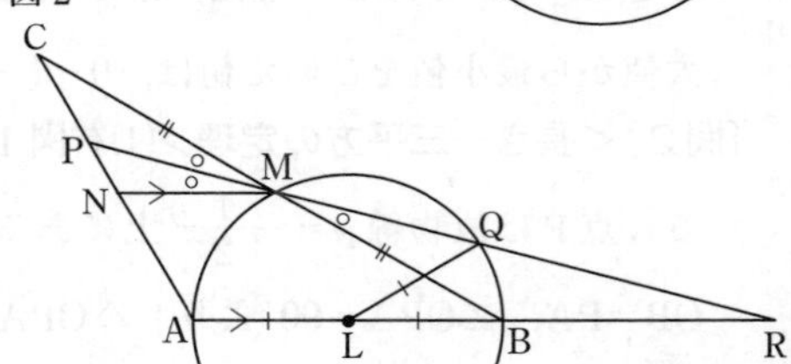

図3

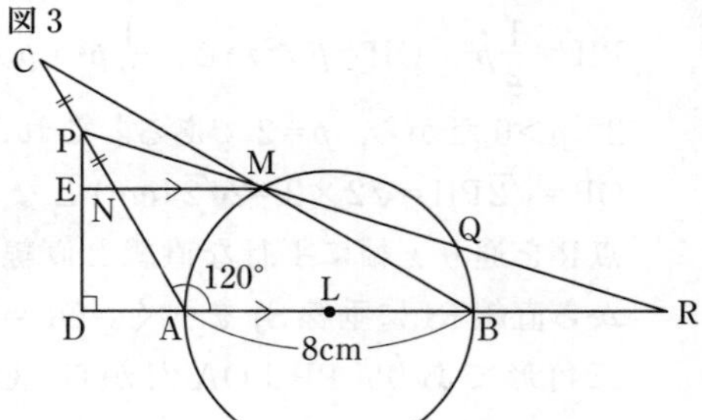

4 〔空間図形―立方体〕

〔問１〕＜時間＞$t=1$，2，……，7のときの２点P，QをそれぞれP_1，P_2，……，P_7，Q_1，Q_2，……，Q_7とする。立方体ABCD-EFGHの１辺の長さは２cmであり，２点P，Qの速さはそれぞれ毎秒１cm，毎秒２cmだから，右図１のように，点P_1～点P_7は立方体ABCD-EFGHの頂点または辺の中点にあり，点Q_1～点Q_7は頂点にある。２直線PQ，OEがねじれの位置にあるのは，２直線PQ，OEを同時に含む平面が存在しないときだから，直線OEとねじれの位置にある直線PQは，P_3Q_3，P_4Q_4，P_6Q_6，P_7Q_7である。よって，$t=3$，4，6，7である。

図１

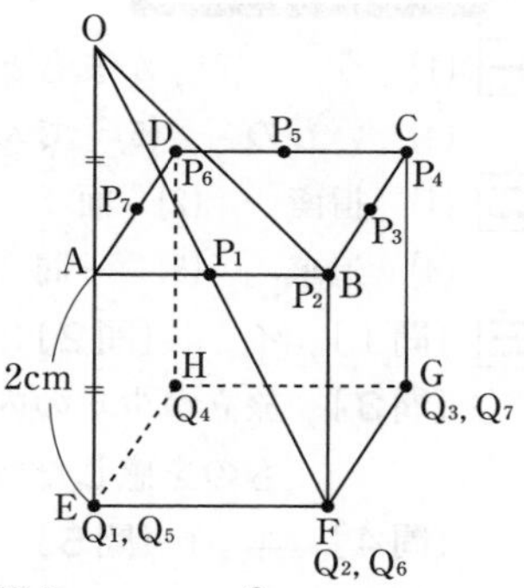

〔問２〕＜体積＞右上図１の△OP_2Q_2を直線OEを軸として１回転させると，右図２のような立体ができる。この立体は，△OAP_2がつくる円錐と正方形AEQ_2P_2がつくる円柱を合わせた立体から，△OEQ_2がつくる円錐を除いたものである。AO＝AE＝2，OE＝2＋2＝4だから，△OAP_2がつくる円錐の体積は$\frac{1}{3}\times\pi\times2^2\times2=\frac{8}{3}\pi$，正方形$AEQ_2P_2$がつくる円柱の体積は$\pi\times2^2\times2=8\pi$，△$OEQ_2$がつくる円錐の体積は$\frac{1}{3}\times\pi\times2^2\times4=\frac{16}{3}\pi$となり，求める体積は，$\frac{8}{3}\pi+8\pi-\frac{16}{3}\pi=\frac{16}{3}\pi$ (cm³)である。

図２

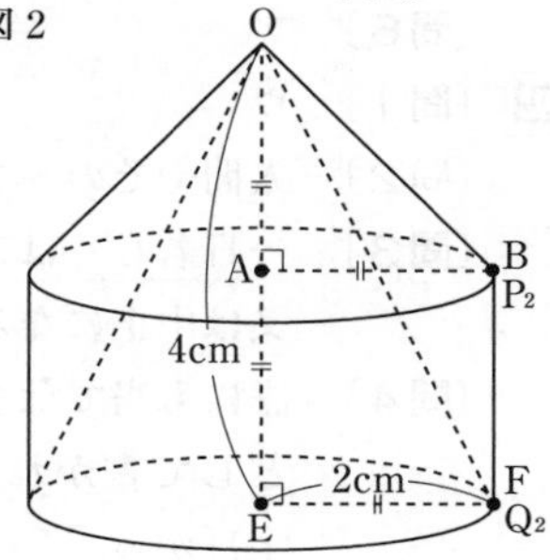

〔問３〕＜体積比―中点連結定理＞右図３で，線分OFと辺ABの交点をＩ，辺OQ_3と面ABCDの交点をＪとすると，４点O，P_3，Q_3，Fを頂点とする立体OP_3Q_3Fと立方体ABCD-EFGHが重なる部分は立体FQ_3P_3JIであり，V＝〔立体FQ_3P_3JI〕＝〔三角錐F-IP_3J〕＋〔三角錐J-P_3FQ_3〕となる。△OAI≡△FBIとなるから，点Ｉは辺ABの中点である。また，△OAJ≡△GCJとなるから，点Ｊは線分ACの中点である。点P_3は辺BCの中点だから，四角形IBP_3Jは正方形となり，$\angle IJP_3=90^\circ$である。$JP_3=IJ=\frac{1}{2}AB=\frac{1}{2}\times2=1$だから，〔三角錐F-$IP_3J$〕＝$\frac{1}{3}\times\triangle IP_3J\times BF=\frac{1}{3}\times\left(\frac{1}{2}\times1\times1\right)\times2=\frac{1}{3}$となる。一方，$JP_3\perp$〔面$BFQ_3C$〕となるから，〔三角錐J-$P_3FQ_3$〕＝$\frac{1}{3}\times\triangle P_3FQ_3\times JP_3=\frac{1}{3}\times\left(\frac{1}{2}\times2\times2\right)\times1=\frac{2}{3}$である。以上より，$V=\frac{1}{3}+\frac{2}{3}=1$となる。$W=2^3=8$だから，$V$は$W$の$\frac{1}{8}$倍である。

図３

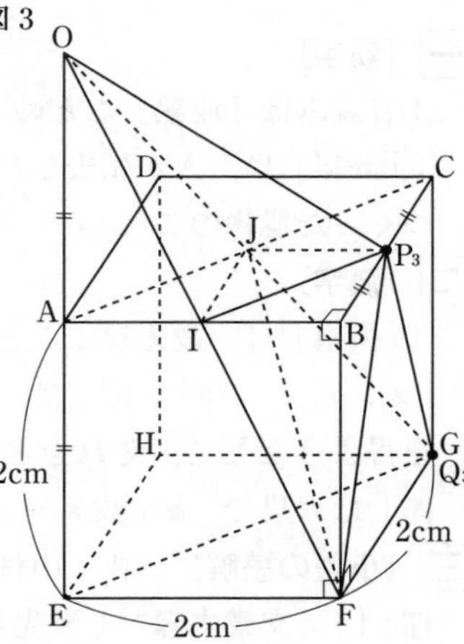

＝読者へのメッセージ＝

４では，２つの立体の重なる部分の体積を求めました。重なる部分がどのような立体かを明らかにするためには，見やすい見取図をかく必要があります。日頃からフリーハンドで見取図をかいて，慣れておくとよいでしょう。

国語解答

一 (1) う　(2) かまもと　(3) ふほう
(4) いもの　(5) てんがい

二 (1) 指南　(2) 面　(3) 仁術
(4) 追求　(5) 一間

三 〔問1〕 イ　〔問2〕 ア
〔問3〕 旅立つ少年の内面に，普遍的なものを感じた［から。］
〔問4〕 エ　〔問5〕 イ
〔問6〕 ア

四 〔問1〕 ウ
〔問2〕 人間やその～て区別する
〔問3〕 一日若しくは二日順延になるか，又は中止になる。
〔問4〕 誰にも当てはまる普遍的なものとして書かれる必要がある(26字)［から。］
〔問5〕 イ　〔問6〕 オ
〔問7〕 (例)法律の文章の特徴としては，個人の認識にかかわらず，全ての条文が常に存在し，稼働しているということが挙げられる。種類も量も多く，更新される法令について，必要な分野以外は，法律の専門家でないかぎり，認識することは難しいし，現実的でもないと思う。だが新しくつくられる法令について，その必要性や妥当性に関心を持つことは，必要だと思う。メディアなどの助けを借りて，新しい法令に敏感でありたいと思った。
(196字)

五 〔問1〕 エ　〔問2〕 イ
〔問3〕 エ　〔問4〕 ウ
〔問5〕 ア

一〔漢字〕

(1)音読みは「成熟」などの「ジュク」。　(2)「窯元」は，陶磁器を焼いて製造する場所のこと。(3)「訃報」は，人が死去したという知らせのこと。　(4)「鋳物」は，溶かした金属を型に流し込んでつくった器物のこと。　(5)「天蓋」は，仏像などの上にかざす笠状の装飾のこと。

二〔漢字〕

(1)「指南」は，教え導くこと。　(2)訓読みは他に「おも」「つら」がある。音読みは「面識」などの「メン」。　(3)「仁術」は，人に思いやりの恵みを与える方法のこと。　(4)「追求」は，目的のものを得ようとして，それをどこまでも追い求めること。　(5)「間」は，尺貫法で，長さの単位。「一間」は六尺で，約1.82メートル。

三〔小説の読解〕出典；中村航，中田永一『僕は小説が書けない』。

〔問1〕<文章内容>七瀬先輩が「僕」の書いた小説を読んでくれたのに，「僕」は，「これはヒドい小説だ」などと厳しい感想を聞くのが怖くて，「逃げるように走り去ってしまった」のである。「僕」は，その行為が「幼稚すぎた」と後悔して先輩に会おうとしたが，会えなかった。

〔問2〕<心情>「僕」は，七瀬先輩の感想が怖くて，手紙を「なかなか読む勇気が出な」かった。しかし，深夜ラジオや携帯ゲームで気を紛らわせているうちに，気分が落ち着いてきて，感想はそれほど辛辣ではなく，むしろ「僕」の小説の出来をほめているかもしれないと明るい気持ちになり，手紙を読む気になった。

〔問3〕<文章内容>七瀬先輩の手紙には，「僕」の小説の中の「主人公が旅に出発するとき，家族にわかれを告げるシーン」でほろりとさせられたが，それは「旅立つ少年の内面に，普遍的なものを感じた」からで，「一カ所でも胸にひびく言葉があれば，それはいい小説」だと書いてあった。

〔問４〕＜**文章内容**＞いったんは「ゆるキャラたちのなんともなごむ光景のおかげで僕の精神的ダメージが散らされた」ので，「僕」は，手紙の続きを読み始めたが，「痛々しい文章」や「鼻で笑ってしまいました」など，七瀬先輩から表現についての手厳しい指摘を受けて，今となってはゆるキャラの助けで現実から逃避するなどということは不可能だと観念した。

〔問５〕＜**心情**＞作品が七瀬先輩から辛辣に批判されながらも，胸に響く言葉があるとも評価されたので，「僕」は，少し救われた気持ちになった。そして，「僕」は，文芸部への入部をやめようと入部届を捨てたものの，夢中で小説を書いていた頃を思い出し，やはり入部しようかと迷い始めた。

〔問６〕＜**表現**＞「僕」の作品に対する感想を書いた七瀬先輩の手紙が，そのまま三つに分割されて挿入され，その内容に対して，ショックを受けたり，現実逃避しようとしたり，逃避をあきらめたり，少しほめられて混乱したりしながら，心が揺れ動き，また小説に対して複雑な気持ちを抱く「僕」の様子が，一人称で語られている(ア…○)。「ガラスの向こう」は，七瀬先輩が「僕」の小説を読んでいる空間を言い表したものであり，また丸めて捨てた入部届を拾って「広げてしわを伸ばし」たのも，単に「僕」の実際の行動にすぎない(イ…×)。「主人公が旅に出発するとき～ありがとう」が手紙の最後の部分で，七瀬先輩が「僕」に一番伝えたかったことであり，「まだ，書きたいという気持ちは残ってる？」という一行は，入部届に書かれた走り書きで，入部への勧誘の言葉である(ウ…×)。「檻のなかの熊のように，部屋のなかをぐるぐる歩き回った」や「ニンジャなんだろうか」は，「僕」の，七瀬先輩の感想を読むことへのためらいや，気づかぬうちにかばんに手紙が入っていたことへの驚きを表している(エ…×)。

四〔**論説文の読解—芸術・文学・言語学的分野—文章**〕出典；山本貴光『文体の科学』。

≪**本文の概要**≫成文法主義を採用する国は，社会で起きる多様な出来事を，すでに書かれた法律の条文によって判断する。そのため，法律の条文には，人間やその行為やその結果として生じる出来事全体を，法律の目的に沿って区別するという特徴がある。例えば，禁止を定める法律では「もしＡを満たしたら，Ｂとする」という条件文が用いられ，また，「若しくは」と「又は」で論理的な階層の区別がなされるなど，一定の形式が徹底されている。法律の条文のもう一つの特徴として，主語を省略した非人称の形を取っていることが挙げられる。法律は，科学と同様に，誰にでも当てはまる普遍的なものとして書かれる必要があるために，人間の姿が隠されているのである。さらに，非人称であることに関連して，我々が何をしていようと，法令全体は一挙に存在し，同時に稼働しており，それが対象とする全ての人の行いに関係しているという特徴がある。

〔問１〕＜**文章内容**＞法律は，世の中で起きるどれ一つとして同じものはない具体的な出来事を，「すでに書かれた文章によって判断する」ためのものであるから，大変な役割を持っているといえる。

〔問２〕＜**表現**＞法律の文書は，どのような行為を法律の対象とするかを区別し，さらに，その対象全体を条件によって区別するために，特定の形式が徹底されている。これは，法律の言葉が，世界，つまり「人間やその行為やその結果として生じる出来事全体」を，「法律の目的に沿って」切り分けることを使命としているためである。

〔問３〕＜**表現**＞「一日か二日順延になるか，中止になる」という文で「若しくは」と「又は」を使うと，「順延になる」と「中止になる」が「又は」で並置され，より詳細な区分である「順延になる」場合の「一日」と「二日」が，「若しくは」で並置される。したがって「(「一日」若しくは「二日」)順延になるか，又は中止になる」という形になる。

〔問４〕＜**文章内容**＞法律の条文は，命令の主体である「立法者」が表現されず，非人称の文体になっている。法律は，「誰にでも当てはまる普遍的なものとして書かれる必要がある」から，「本来そこにいるはずの人間の姿が隠される」のである。

〔問5〕<文章内容>例えば，「何人も，不正アクセス行為をしてはならない」という条文では，「命令の主体は表現されていない」のである。これと類似する例として，古い法律の一つであるモーセの十戒でも，「汝殺すなかれ」などの命令が，神からの命令という形で非人称でなされた。

〔問6〕<要旨>最近の法律である「不正アクセス禁止法」のいくつかの条文を例にして，法律の文体の特徴を論じているが，「時代に合わせて変化する文体」については述べられていない(d…×)。『老子』にある「天網恢々疎にして漏らさず」ということわざを引用しているのは，自然についてのこのことわざが，法律にとっての理想のあり方にも通じているということを述べるためであり，なじみの薄い法律論を親しみやすい説明にするためではない(a…×)。日本の法律を例に分析しながら，欧米文化の背景にある古い法律の一つであるモーセの十戒との共通点も述べ，文化的背景にかかわらず共通する法律の文章の特徴を述べている(c…×)。法律の文体について二つの視点を用意しており，文章の前半では，どのような行為を法律の対象とし，さらにその対象をどのように区別するかを，法律の条文の形式という視点から分析し，後半では，法律の条文が主体を隠した非人称の形になっていることについて考察している(f…○，　e…×)。また，非人称の文体については，科学の文体との類似を指摘しながら，その特徴を述べている(b…○)。

〔問7〕<作文>この文章で指摘されている法律の条文のいくつかの特徴を的確にとらえ，その中の一つを簡潔に述べたうえで，自分の意見を述べる。

五〔説明文の読解―芸術・文学・言語学的分野―文学〕出典；齋藤希史『詩のトポス　人と場所をむすぶ漢詩の力』。

〔問1〕<文章内容>杜甫の五言律詩「春夜喜雨」の最後の二句「暁に紅の湿れる処を看れば，花は錦官城に重からん」は，雨にぬれた花に彩られた成都の，水で洗われた錦織の布のような美しさをうたっている。そんな成都の街のイメージと重ね合わせて，花をあらうという意味の「浣花」という語は，杜甫の詩に使われた。

〔問2〕<文章内容>草堂での杜甫の暮らしは，「何があっても心を波立たせない」というものではなく，日常の煩わしさや病気がちの憂いもあったが，妻子とともにつつましく平穏な日常生活を送ることの充足感ともいえる「自然な感慨」が詩に表れており，そんなところに人々は魅力を感じる。

〔問3〕<文章内容>「草堂の杜甫の詩は自然描写においてすぐれる」といわれるが，それは才能だけではなく，この詩が，混乱の世の中に身を置き，安心して暮らすことのできない環境の中で生まれた詩であったからでもある。草堂での暮らしが不安定であったからこそ，その細かい描写が，類型を脱した優れた表現となっている。

〔問4〕<文章内容>「南京久客耕南畝」は，成都の旅人が農地を耕す，言い換えれば，異郷の成都で農地を耕すということである。「北望」は，はるかかなたの中原を望んでいる，すなわち，都に思いを馳せているのであり，「傷神坐北窓」は，「士大夫としての意識が心を傷ましめている」，つまり，知識人としての誇りがあるがゆえに心が痛むということである。

〔問5〕<文章内容>浣花草堂での暮らしは，杜甫が家族とともに穏やかに過ごした時期であった。「トポスとしての浣花草堂」，つまり，詩に描かれた浣花草堂という場所のイメージは，苦難の多い人生の中で，家族とともに穏やかに暮らした時期もあった詩人として，人々が杜甫のことを思う手がかりとなっている。

●2020年度

東京都立高等学校

共通問題

【社会・理科】

2020年度 東京都立高等学校（共通問題）

【社　会】（50分）〈満点：100点〉

1　次の各問に答えよ。

〔問１〕　次の図は，神奈川県藤沢市の「江の島」の様子を地域調査の発表用資料としてまとめたものである。この地域の景観を，●で示した地点から矢印 ⬋ の向きに撮影した写真に当てはまるのは，下の**ア**～**エ**のうちではどれか。

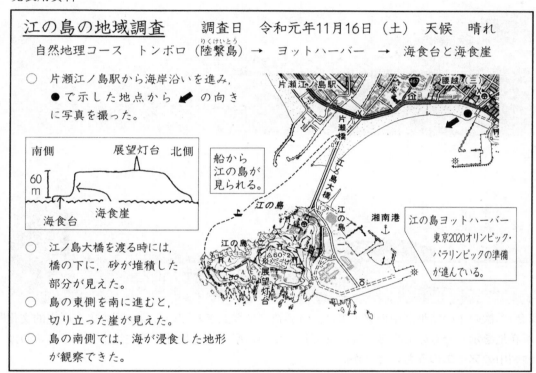

発表用資料

江の島の地域調査　　調査日　令和元年11月16日（土）　天候　晴れ

自然地理コース　トンボロ（陸繋島）→　ヨットハーバー　→　海食台と海食崖

○　片瀬江ノ島駅から海岸沿いを進み，●で示した地点から ⬋ の向きに写真を撮った。

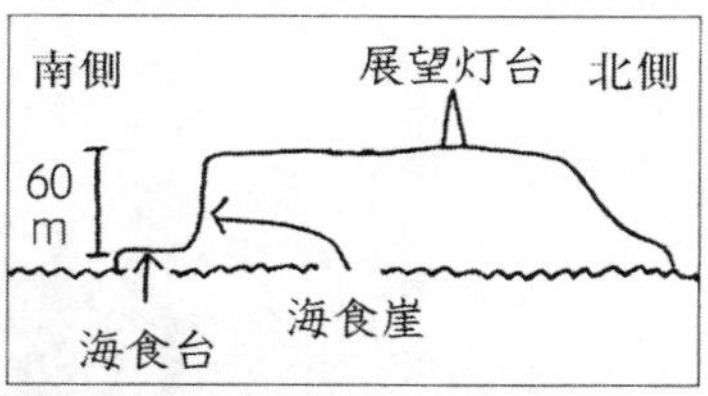

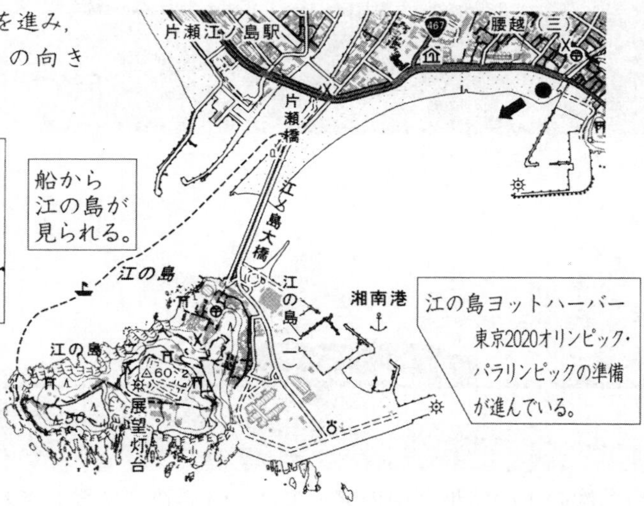

○　江ノ島大橋を渡る時には，橋の下に，砂が堆積した部分が見えた。

○　島の東側を南に進むと，切り立った崖が見えた。

○　島の南側では，海が浸食した地形が観察できた。

ア

イ

ウ

エ

〔問２〕　次のⅠの略地図中の**ア**～**エ**は，世界遺産に登録されている我が国の主な歴史的文化財の所在地を示したものである。Ⅱの文で述べている歴史的文化財の所在地に当てはまるのは，略地図中の**ア**～**エ**のうちのどれか。

Ⅰ

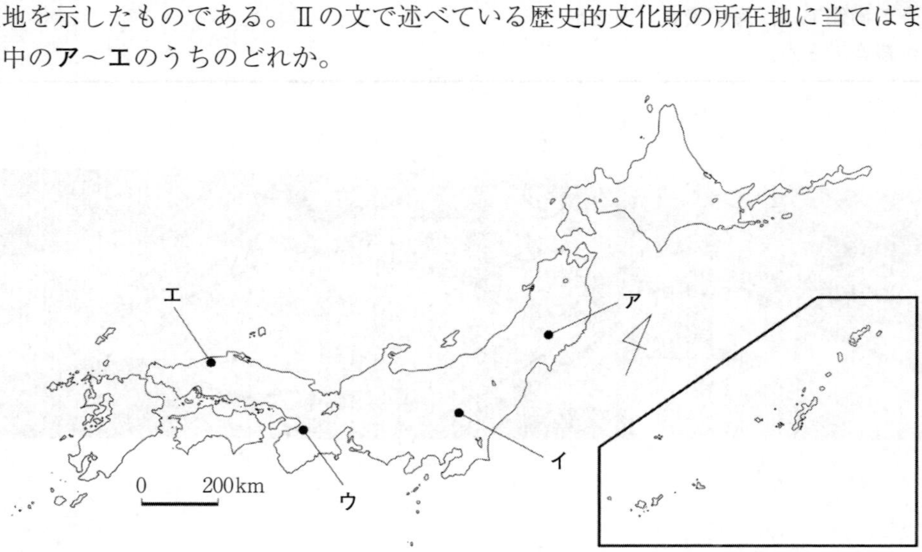

Ⅱ

> 5世紀中頃に造られた，大王（おおきみ）の墓と言われる日本最大の面積を誇る前方後円墳で，周囲には三重の堀が巡らされ，古墳の表面や頂上等からは，人や犬，馬などの形をした埴輪（はにわ）が発見されており，2019年に世界遺産に登録された。

〔問3〕 次の文で述べている国際連合の機関に当てはまるのは，下の**ア**～**エ**のうちのどれか。

> 国際紛争を調査し，解決方法を勧告する他，平和を脅（おびや）かすような事態の発生時には，経済封鎖や軍事的措置などの制裁を加えることができる主要機関である。

ア 国連難民高等弁務官事務所
イ 安全保障理事会
ウ 世界保健機関
エ 国際司法裁判所

2 次の略地図を見て，あとの各問に答えよ。

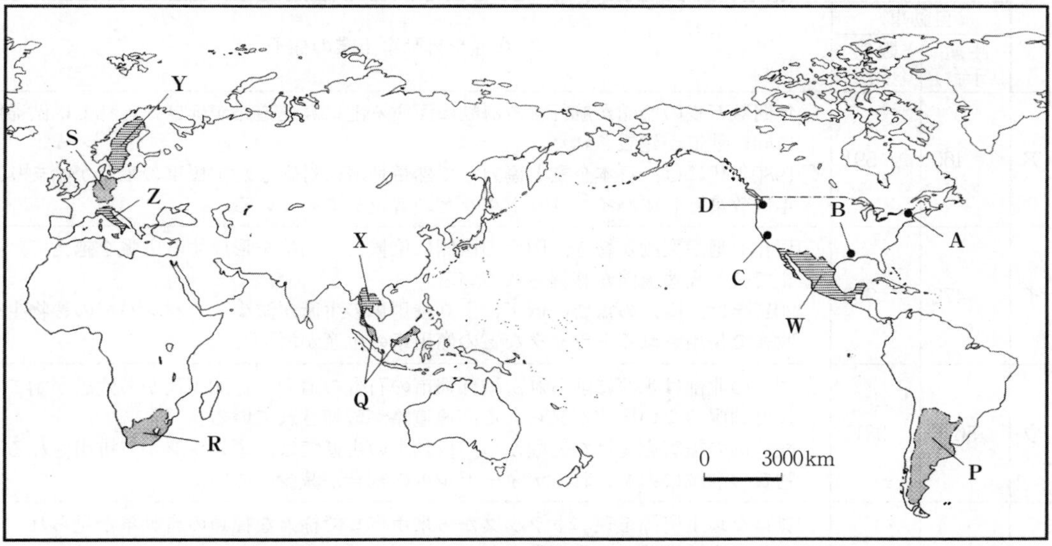

〔問1〕 次のⅠの文章は，略地図中の**A**～**D**の**いずれか**の都市の様子についてまとめたものである。Ⅱのグラフは，**A**～**D**の**いずれか**の都市の，年平均気温と年降水量及び各月の平均気温と降水量を示したものである。Ⅰの文章で述べている都市に当てはまるのは，略地図中の**A**～**D**のうちのどれか，また，その都市のグラフに当てはまるのは，Ⅱの**ア**～**エ**のうちのどれか。

Ⅰ

> サンベルト北限付近に位置し，冬季は温暖で湿潤だが，夏季は乾燥し，寒流の影響で高温にならず，一年を通して過ごしやすい。周辺には1885年に大学が設立され，1950年代から半導体の生産が始まり，情報分野で世界的な企業が成長し，現在も世界各国から研究者が集まっている。

Ⅱ

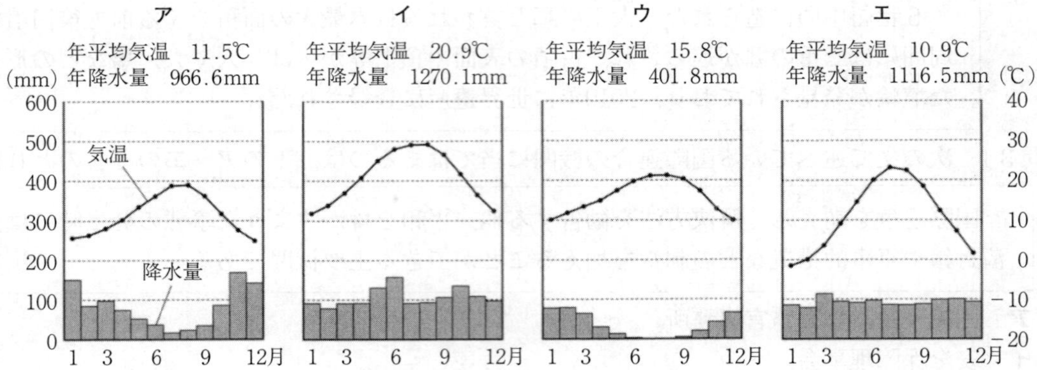

（気象庁のホームページなどより作成）

〔問２〕　次の表の**ア**～**エ**は，略地図中に　　　　で示した**P**～**S**の**いずれか**の国の，2017年における自動車の生産台数，販売台数，交通や自動車工業の様子についてまとめたものである。略地図中の**P**～**S**のそれぞれの国に当てはまるのは，次の表の**ア**～**エ**のうちではどれか。

	自動車		交通や自動車工業の様子
	生産（千台）	販売（千台）	
ア	460	591	○年間数万隻の船舶が航行する海峡に面する港に高速道路が延び，首都では渋滞解消に向け鉄道が建設された。 ○1980年代には，日本企業と協力して熱帯地域に対応した国民車の生産が始まり，近年は政策としてハイブリッド車などの普及を進めている。
イ	472	900	○現在も地殻変動が続き，国土の西側に位置し，国境を形成する山脈を越えて，隣国まで続く高速道路が整備されている。 ○2017年は，隣国の需要の低下により乗用車の生産が減少し，パンパでの穀物生産や牧畜で使用されるトラックなどの商用車の生産が増加した。
ウ	5646	3811	○国土の北部は氷河に削られ，城郭都市の石畳の道や，1930年代から建設が始まった速度制限のない区間が見られる高速道路が整備されている。 ○酸性雨の被害を受けた経験から，自動車の生産では，エンジンから排出される有害物質の削減に力を入れ，ディーゼル車の割合が減少している。
エ	590	556	○豊富な地下資源を運ぶトラックから乗用車まで様々な種類の自動車が見られ，1970年代に高速道路の整備が始められた。 ○欧州との時差が少なく，アジアまで船で輸送する利便性が高いことを生かして，欧州企業が日本向け自動車の生産拠点を置いている。

（「世界国勢図会」2018/19年版などより作成）

〔問３〕　次のⅠとⅡの表の**ア**～**エ**は，略地図中に　　　　で示した**W**～**Z**の**いずれか**の国に当てはまる。Ⅰの表は，1993年と2016年における進出日本企業数と製造業に関わる進出日本企業数，輸出額が多い上位３位までの貿易相手国，Ⅱの表は，1993年と2016年における日本との貿易総額，日本の輸入額の上位３位の品目と日本の輸入額に占める割合を示したものである。Ⅲの文章は，ⅠとⅡの表における**ア**～**エ**の**いずれか**の国について述べたものである。Ⅲの文章で述べている国に当てはまるのは，略地図中の**W**～**Z**のうちのどれか，また，ⅠとⅡの表の**ア**～**エ**のうちのどれか。

Ⅰ

		進出日本企業数		輸出額が多い上位3位までの貿易相手国		
			製造業	1位	2位	3位
ア	1993年	875	497	アメリカ合衆国	日本	シンガポール
	2016年	2318	1177	アメリカ合衆国	中華人民共和国	日本
イ	1993年	44	4	ドイツ	イギリス	アメリカ合衆国
	2016年	80	19	ノルウェー	ドイツ	デンマーク
ウ	1993年	113	56	アメリカ合衆国	カナダ	スペイン
	2016年	502	255	アメリカ合衆国	カナダ	中華人民共和国
エ	1993年	164	46	ドイツ	フランス	アメリカ合衆国
	2016年	237	72	ドイツ	フランス	アメリカ合衆国

（国際連合「貿易統計年鑑」2016などより作成）

Ⅱ

		貿易総額（億円）	日本の輸入額の上位3位の品目と日本の輸入額に占める割合(%)					
			1位		2位		3位	
ア	1993年	20885	魚介類	15.3	一般機械	11.3	電気機器	10.7
	2016年	51641	電気機器	21.1	一般機械	13.6	肉類・同調製品	8.0
イ	1993年	3155	電気機器	20.4	医薬品	16.7	自動車	15.3
	2016年	3970	医薬品	29.4	一般機械	11.9	製材	9.7
ウ	1993年	5608	原油・粗油	43.3	塩	8.1	果実及び野菜	7.8
	2016年	17833	原油	23.2	電気機器	17.0	自動車部品	7.9
エ	1993年	7874	一般機械	11.6	衣類	10.3	織物用糸・繊維製品	10.2
	2016年	14631	一般機械	12.1	バッグ類	10.9	医薬品	10.0

（国際連合「貿易統計年鑑」2016などより作成）

Ⅲ

雨季と乾季があり，国土の北部から南流し，首都を通り海に注ぐ河川の両側に広がる農地などで生産される穀物が，1980年代まで主要な輸出品であったが，1980年代からは工業化が進んだ。2016年には，製造業の進出日本企業数が1993年と比較し２倍以上に伸び，貿易相手国として中華人民共和国の重要性が高まった。また，この国と日本との貿易総額は1993年と比較し２倍以上に伸びており，電気機器の輸入額に占める割合も２割を上回るようになった。

3 次の略地図を見て，あとの各問に答えよ。

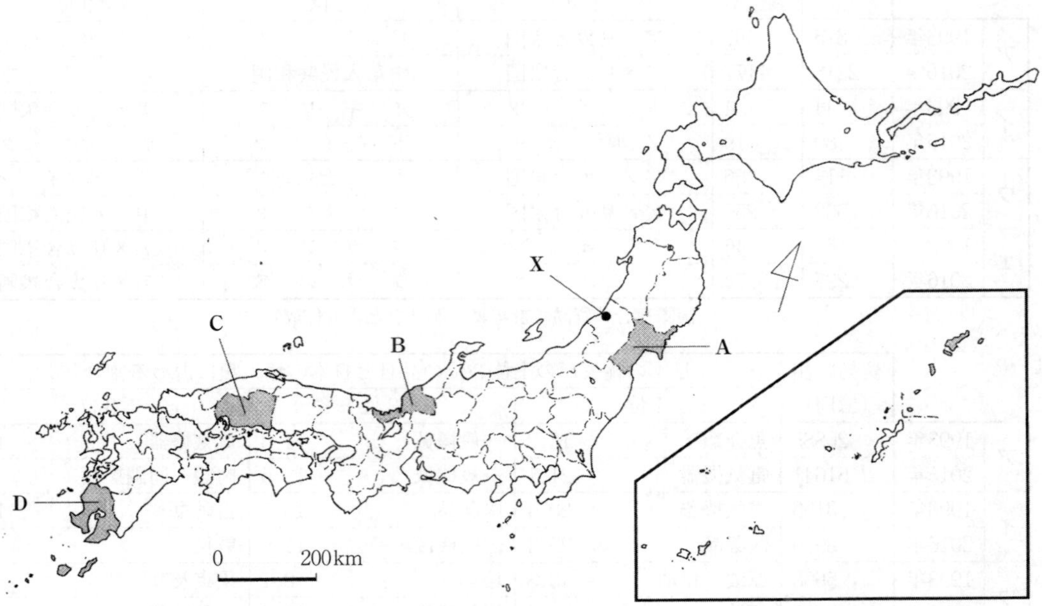

〔問1〕 次の表のア～エの文章は，略地図中に ▒▒ で示した，A～Dの**いずれか**の県の，2017年における鉄道の営業距離，県庁所在地（市）の人口，鉄道と県庁所在地の交通機関などの様子についてまとめたものである。略地図中のA～Dのそれぞれの県に当てはまるのは，次の表のア～エのうちではどれか。

	営業距離（km） 人口（万人）	鉄道と県庁所在地の交通機関などの様子
ア	710 119	○内陸部の山地では南北方向に，造船業や鉄鋼業が立地する沿岸部では東西方向に鉄道が走り，新幹線の路線には5駅が設置されている。 ○この都市では，中心部には路面電車が見られ，1994年に開業した鉄道が北西の丘陵地に形成された住宅地と三角州上に発達した都心部とを結んでいる。
イ	295 27	○リアス海岸が見られる地域や眼鏡産業が立地する平野を鉄道が走り，2022年には県庁所在地を通る新幹線の開業が予定されている。 ○この都市では，郊外の駅に駐車場が整備され，自動車から鉄道に乗り換え通勤できる環境が整えられ，城下町であった都心部の混雑が緩和されている。
ウ	642 109	○南北方向に走る鉄道と，西側に位置する山脈を越え隣県へつながる鉄道などがあり，1982年に開通した新幹線の路線には4駅が設置されている。 ○この都市では，中心となるターミナル駅に郊外から地下鉄やバスが乗り入れ，周辺の道路には町を象徴する街路樹が植えられている。
エ	423 61	○石油の備蓄基地が立地する西側の半島に鉄道が走り，2004年には北西から活動中の火山の対岸に位置する県庁所在地まで新幹線が開通した。 ○この都市では，路面電車の軌道を芝生化し，緑豊かな環境が整備され，シラス台地に開発された住宅地と都心部は，バス路線で結ばれている。

（「データでみる県勢」第27版などより作成）

〔問2〕 次のⅠとⅡの地形図は，1988年と1998年の「国土地理院発行2万5千分の1地形図(湯野浜(ゆのはま))」の一部である。Ⅲの文章は，略地図中に**X**で示した庄内空港(しょうないくうこう)が建設された地域について，ⅠとⅡの地形図を比較して述べたものである。Ⅲの文章の[P]～[S]のそれぞれに当てはまるのは，下の**ア**と**イ**のうちではどれか。なお，Ⅱの地形図上において，**Y**－**Z**間の長さは8cmである。

Ⅰ

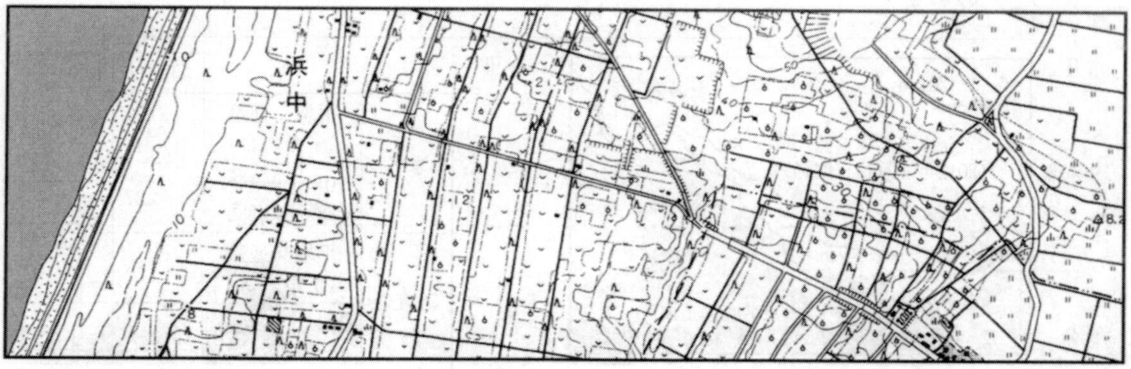

(1988年)

Ⅱ

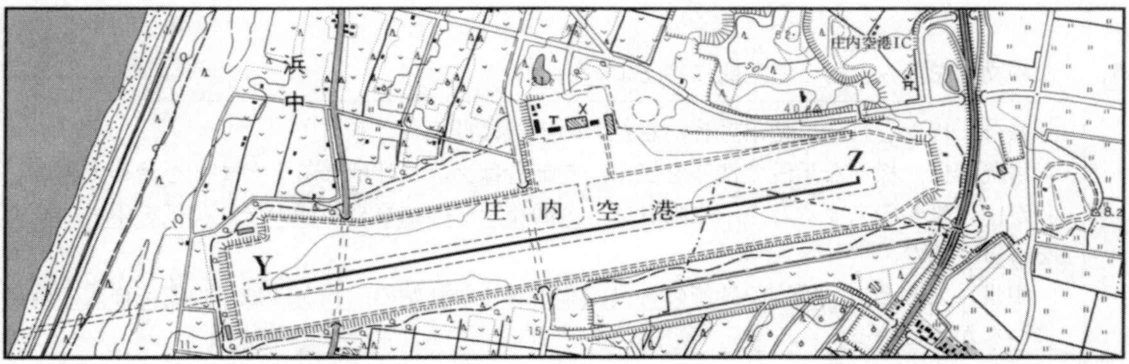

(1998年)

Ⅲ

> この空港は，主に標高が約10mから約[P]mにかけて広がる[Q]であった土地を造成して建設された。ジェット機の就航が可能となるよう約[R]mの長さの滑走路が整備され，海岸沿いの針葉樹林は，[S]から吹く風によって運ばれる砂の被害を防ぐ役割を果たしている。

[P] **ア** 40 **イ** 80　[Q] **ア** 果樹園・畑 **イ** 水田

[R] **ア** 1500 **イ** 2000　[S] **ア** 南東 **イ** 北西

〔問3〕 次のⅠの文章は，2012年4月に示された「つなぐ・ひろがる　しずおかの道」の内容の一部をまとめたものである。Ⅱの略地図は，2018年における東名高速道路と新東名高速道路の一部を示したものである。Ⅲの表は，Ⅱの略地図中に示した御殿場(ごてんば)から三ヶ日(みっかび)までの，東名と新東名について，新東名の開通前(2011年4月17日から2012年4月13日までの期間)と，開通後(2014年4月13日から2015年4月10日までの期間)の，平均交通量と10km以上の渋滞回数を示したものである。自然災害に着目し，ⅠとⅡの資料から読み取れる，新東名が現在の位置に建設された理由と，平均交通量と10km 以上の渋滞回数に着目し，新東名が建設された効果について，それぞれ簡単に述べよ。

Ⅰ

○東名高速道路は，高波や津波などによる通行止めが発生し，経済に影響を与えている。

○東名高速道路は，全国の物流・経済を支えており，10km 以上の渋滞回数は全国1位である。

Ⅱ

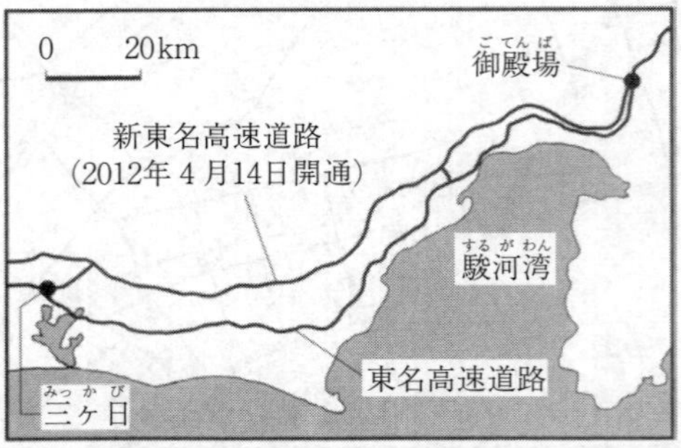

Ⅲ

		開通前	開通後
東名	平均交通量(千台／日)	73.2	42.9
	10km 以上の渋滞回数(回)	227	4
新東名	平均交通量(千台／日)	—	39.5
	10km 以上の渋滞回数(回)	—	9

(注)　—は，データが存在しないことを示す。
(中日本高速道路株式会社作成資料より作成)

4　次の文章を読み，あとの各問に答えよ。

紙は，様々な目的に使用され，私たちの生活に役立ってきた。

古代では，様々な手段で情報を伝え，支配者はクニと呼ばれるまとまりを治めてきた。我が国に紙が伝来すると，(1)支配者は，公的な記録の編纂（へんさん）や情報の伝達に紙を用い，政治を行ってきた。

中世に入ると，(2)屋内の装飾の材料にも紙が使われ始め，我が国独自の住宅様式の確立につながっていった。

江戸時代には，各藩のひっ迫した財政を立て直すために工芸作物の生産を奨励される中で，各地で紙が生産され始め，人々が紙を安価に入手できるようになった。(3)安価に入手できるようになった紙は，書物や浮世絵（うきよえ）などの出版にも利用され，文化を形成してきた。

明治時代以降，欧米の進んだ技術を取り入れたことにより，従来から用いられていた紙に加え，西洋風の紙が様々な場面で使われるようになった。さらに，(4)生産技術が向上すると，紙の大量生産も可能となり，新聞や雑誌などが広く人々に行き渡ることになった。

〔問1〕　(1)支配者は，公的な記録の編纂（へんさん）や情報の伝達に紙を用い，政治を行ってきた。とあるが，次のア～エは，飛鳥（あすか）時代から室町時代にかけて，紙が政治に用いられた様子について述べたものである。時期の古いものから順に記号を並べよ。

ア　大宝律令（たいほうりつりょう）が制定され，天皇の文書を作成したり図書の管理をしたりする役所の設置など，大陸の進んだ政治制度が取り入れられた。

イ　武家政権と公家政権の長所を政治に取り入れた建武式目が制定され，治安回復後の京都に幕府が開かれた。

ウ　全国に支配力を及ぼすため，紙に書いた文書により，国ごとの守護と荘園（しょうえん）や公領ごとの地頭を任命する政策が，鎌倉で樹立された武家政権で始められた。

エ　各地方に設置された国分寺と国分尼寺へ，僧を派遣したり経典の写本を納入したりするなど，様々な災いから仏教の力で国を守るための政策が始められた。

〔問２〕　(2)<u>屋内の装飾の材料にも紙が使われ始め，我が国独自の住宅様式の確立につながっていった。</u>とあるが，次のⅠの略年表は，鎌倉時代から江戸時代にかけての，我が国の屋内の装飾に関する主な出来事についてまとめたものである。Ⅱの略地図中の**A**～**D**は，我が国の主な建築物の所在地を示したものである。Ⅲの文は，ある時期に建てられた建築物について述べたものである。Ⅲの文で述べている建築物が建てられた時期に当てはまるのは，Ⅰの略年表中の**ア**～**エ**の時期のうちではどれか。また，Ⅲの文で述べている建築物の所在地に当てはまるのは，Ⅱの略地図中の**A**～**D**のうちのどれか。

Ⅰ

西暦	我が国の屋内の装飾に関する主な出来事	
1212	●鴨長明が「方丈記」の中で，障子の存在を記した。	
		ア
1351	●藤原隆昌と父が「慕帰絵」の中で，襖に絵を描く僧の様子を表した。	
		イ
1574	●織田信長が上杉謙信に「洛中洛外図屏風」を贈った。	
		ウ
1626	●狩野探幽が二条城の障壁画を描いた。	
		エ
1688	●屏風の売買の様子を記した井原西鶴の「日本永代蔵」が刊行された。	

Ⅱ

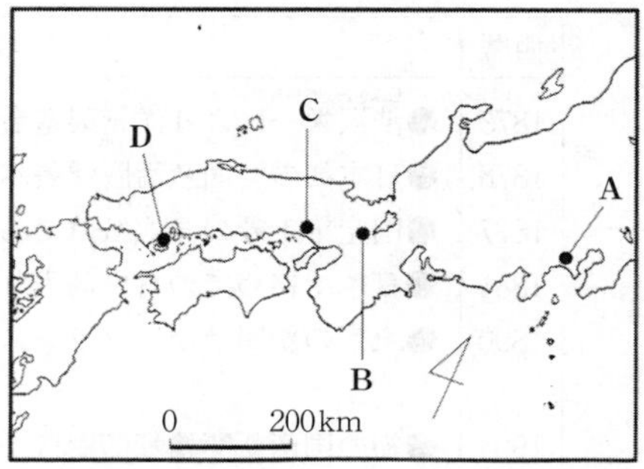

Ⅲ

慈照寺にある東求堂同仁斎には，障子や襖といった紙を用いた建具が取り入れられ，我が国の和室の原点と言われる書院造の部屋が造られた。

〔問３〕　(3)<u>安価に入手できるようになった紙は，書物や浮世絵などの出版にも利用され，文化を形成してきた。</u>とあるが，次の文章は，江戸時代の医師が著した「後見草」の一部を分かりやすく示したものである。下の**ア**～**エ**は，江戸時代に行われた政策について述べたものである。この書物に書かれた出来事の４年後から10年後にかけて主に行われた政策について当てはまるのは，下の**ア**～**エ**のうちではどれか。

○天明３年７月６日夜半，西北の方向に雷のような音と振動が感じられ，夜が明けても空はほの暗く，庭には細かい灰が舞い降りていた。７日は灰がしだいに大粒になり，８日は早朝から激しい振動が江戸を襲ったが，当初人々は浅間山が噴火したとは思わず，日光か筑波山で噴火があったのではないかと噂し合った。

○ここ３，４年，気候も不順で，五穀の実りも良くなかったのに，またこの大災害で，米価は非常に高騰し，人々の困窮は大変なものだった。

ア　物価の引き下げを狙って，公認した株仲間を解散させたり，外国との関係を良好に保つよう，外国船には燃料や水を与えるよう命じたりするなどの政策を行った。

イ　投書箱を設置し，民衆の意見を政治に取り入れたり，税収を安定させて財政再建を図ることを目的に，新田開発を行ったりするなどの政策を行った。

ウ　税収が安定するよう，株仲間を公認したり，長崎貿易の利益の増加を図るため，俵物（たわらもの）と呼ばれる海産物や銅の輸出を拡大したりするなどの政策を行った。

エ　幕府が旗本らの生活を救うため借金を帳消しにする命令を出したり，江戸に出稼ぎに来ていた農民を農村に返し就農を進め，飢饉（ききん）に備え各地に米を蓄えさせたりするなどの政策を行った。

〔問４〕　(4)生産技術が向上すると，紙の大量生産も可能となり，新聞や雑誌などが広く人々に行き渡ることになった。とあるが，次の略年表は，明治時代から昭和時代にかけての，我が国の紙の製造や印刷に関する主な出来事についてまとめたものである。略年表中の**A**の時期に当てはまるのは，下の**ア**～**エ**のうちではどれか。

西暦	我が国の紙の製造や印刷に関する主な出来事	
1873	●渋沢栄一（しぶさわえいいち）により洋紙製造会社が設立された。	
1876	●日本初の純国産活版洋装本が完成した。	
1877	●国産第１号の洋式紙幣（しへい）である国立銀行紙幣が発行された。	
1881	●日本で初めての肖像画入り紙幣が発行された。	
1890	●東京の新聞社が，フランスから輪転印刷機を輸入し，大量高速印刷が実現した。	
1904	●初の国産新聞輪転印刷機が大阪の新聞社に設置された。	
1910	●北海道の苫小牧（とまこまい）で，新聞用紙国内自給化の道を拓（ひら）く製紙工場が操業を開始した。	↑
1928	●日本初の原色グラビア印刷が開始された。	A
1933	●３社が合併し，我が国の全洋紙生産量の85％の生産量を占める製紙会社が誕生した。	↓
1940	●我が国の紙・板紙の生産量が過去最大の154万トンになった。	

ア　国家総動員法が制定され国民への生活統制が強まる中で，東京市が隣組回覧板を10万枚配布し，毎月２回の会報の発行を開始した。

イ　官営の製鉄所が開業し我が国の重工業化が進む中で，義務教育の就学率が90％を超え，国定教科書用紙が和紙から洋紙に切り替えられた。

ウ　東京でラジオ放送が開始されるなど文化の大衆化が進む中で，週刊誌や月刊誌の発行部数が急速に伸び，東京の出版社が初めて１冊１円の文学全集を発行した。

エ　廃藩置県により，実業家や政治の実権を失った旧藩主による製紙会社の設立が東京において相次ぐ中で，政府が製紙会社に対して地券用紙を大量に発注した。

５　次の文章を読み，あとの各問に答えよ。

　(1)我が国の行政の役割は，国会で決めた法律や予算に基づいて，政策を実施することである。行政の各部門を指揮・監督する(2)内閣は，内閣総理大臣と国務大臣によって構成され，国会に対し，連帯して責任を負う議院内閣制をとっている。

　行政は，人々が安心して暮らせるよう，(3)社会を支える基本的な仕組みを整え，資源配分や経済の安定化などの機能を果たしている。その費用は，(4)主に国民から納められた税金により賄われ，年を追うごとに財政規模は拡大している。

〔問１〕 (1)我が国の行政の役割は，国会で決めた法律や予算に基づいて，政策を実施することである。とあるが，内閣の仕事を規定する日本国憲法の条文は，次の**ア**～**エ**のうちではどれか。

ア　条約を締結すること。但し，事前に，時宜（じぎ）によっては事後に，国会の承認を経ることを必要とする。

イ　両議院は，各々（おのおの）国政に関する調査を行ひ，これに関して，証人の出頭及び証言並びに記録の提出を要求することができる。

ウ　すべて国民は，個人として尊重される。生命，自由及び幸福追求に対する国民の権利については，公共の福祉に反しない限り，立法その他の国政の上で，最大の尊重を必要とする。

エ　地方公共団体の組織及び運営に関する事項は，地方自治の本旨に基いて，法律でこれを定める。

〔問２〕 (2)内閣は，内閣総理大臣と国務大臣によって構成され，国会に対し，連帯して責任を負う議院内閣制をとっている。とあるが，次の表は，我が国の内閣と，アメリカ合衆国の大統領の権限について，「議会に対して法律案を提出する権限」，「議会の解散権」があるかどうかを，権限がある場合は「○」，権限がない場合は「×」で示そうとしたものである。表の**A**と**B**に入る記号を正しく組み合わせているのは，下の**ア**～**エ**のうちのどれか。

	我が国の内閣	アメリカ合衆国の大統領
議会に対して法律案を提出する権限	○	**A**
議会の解散権	**B**	×

	ア	イ	ウ	エ
A	○	○	×	×
B	○	×	○	×

〔問３〕 (3)社会を支える基本的な仕組みを整え，資源配分や経済の安定化などの機能を果たしている。とあるが，次の文章は，行政が担（にな）う役割について述べたものである。この行政が担う役割に当てはまるのは，下の**ア**～**エ**のうちではどれか。

> 社会資本は，長期間にわたり，幅広く国民生活を支えるものである。そのため，時代の変化に応じて機能の変化を見通して，社会資本の整備に的確に反映させ，蓄積・高度化を図っていくことが求められる。

ア　収入が少ない人々に対して，国が生活費や教育費を支給し，最低限度の生活を保障し，自立を助ける。

イ　国民に加入を義務付け，毎月，保険料を徴収し，医療費や高齢者の介護費を支給し，国民の負担を軽減する。

ウ　保健所などによる感染症の予防や食品衛生の管理，ごみ処理などを通して，国民の健康維持・増進を図る。

エ　公園，道路や上下水道，図書館，学校などの公共的な施設や設備を整え，生活や産業を支える。

〔問４〕 (4)主に国民から納められた税金により賄われ，年を追うごとに財政規模は拡大している。とあるが，次のⅠのグラフは，1970年度から2010年度までの我が国の歳入と歳出の決算総額の推移を示したものである。Ⅱの文章は，ある時期の我が国の歳入と歳出の決算総額の変化と経済活動の様子について述べたものである。Ⅱの文章で述べている経済活動の時期に当てはまるのは，Ⅰのグラフの**ア**～**エ**の時期のうちではどれか。

Ⅰ

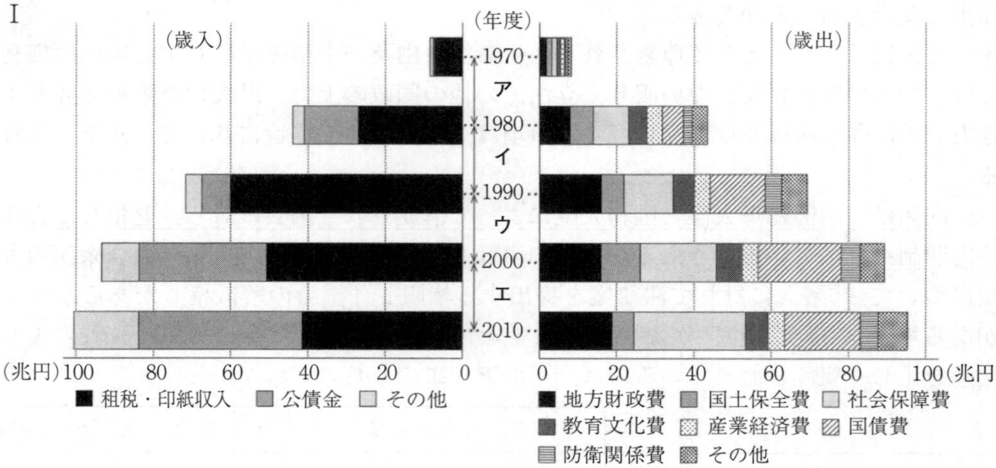

（財務省の資料より作成）

Ⅱ

> ○この10年間で，歳入総額に占める租税・印紙収入の割合の増加に伴い，公債金の割合が低下し，歳出総額は約1.5倍以上となり，国債費も約２倍以上に増加した。
> ○この時期の後半には，６％台の高い経済成長率を示すなど景気が上向き，公営企業の民営化や税制改革が行われる中で，人々は金融機関から資金を借り入れ，値上がりを見込んで土地や株の購入を続けた。

6 次の文章を読み，あとの各問に答えよ。

> 世界の国々は，地球上の様々な地域で，人々が活動できる範囲を広げてきた。そして，(1)対立や多くの困難に直面する度に，課題を克服し解決してきた。また，(2)科学技術の進歩や経済の発展は，先進国だけでなく発展途上国の人々の暮らしも豊かにしてきた。
> グローバル化が加速し，人口増加や環境の変化が急速に進む中で，持続可能な社会を実現するために，(3)我が国にも世界の国々と協調した国際貢献が求められている。

〔問１〕 (1)対立や多くの困難に直面する度に，課題を克服し解決してきた。とあるが，次の**ア**～**エ**は，それぞれの時代の課題を克服した様子について述べたものである。時期の古いものから順に記号で並べよ。

ア 特定の国による資源の独占が国家間の対立を生み出した反省から，資源の共有を目的とした共同体が設立され，その後つくられた共同体と統合し，ヨーロッパ共同体(EC)が発足した。

イ アマゾン川流域に広がるセルバと呼ばれる熱帯林などの大規模な森林破壊の解決に向け，リオデジャネイロで国連環境開発会議(地球サミット)が開催された。

ウ パリで講和会議が開かれ，戦争に参加した国々に大きな被害を及ぼした反省から，アメリカ合衆国大統領の提案を基にした，世界平和と国際協調を目的とする国際連盟が発足した。

エ　ドイツ，オーストリア，イタリアが三国同盟を結び，ヨーロッパで政治的な対立が深まる一方で，科学者の間で北極と南極の国際共同研究の実施に向け，国際極年が定められた。

〔問２〕 (2)科学技術の進歩や経済の発展は，先進国だけでなく発展途上国の人々の暮らしも豊かにしてきた。とあるが，下のⅠのグラフの**ア**～**エ**は，略地図中に ▒▒ で示した**A**～**D**の**いずれか**の国の1970年から2015年までの一人当たりの国内総生産の推移を示したものである。Ⅱのグラフの**ア**～**エ**は，略地図中に ▒▒ で示した**A**～**D**の**いずれか**の国の1970年から2015年までの乳幼児死亡率の推移を示したものである。Ⅲの文章で述べている国に当てはまるのは，略地図中の**A**～**D**のうちのどれか，また，ⅠとⅡのグラフの**ア**～**エ**のうちのどれか。

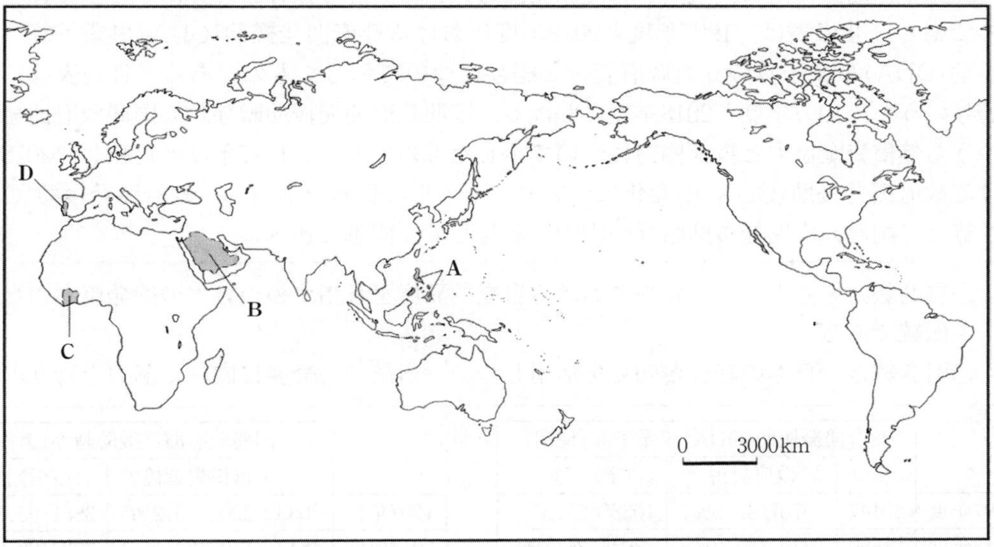

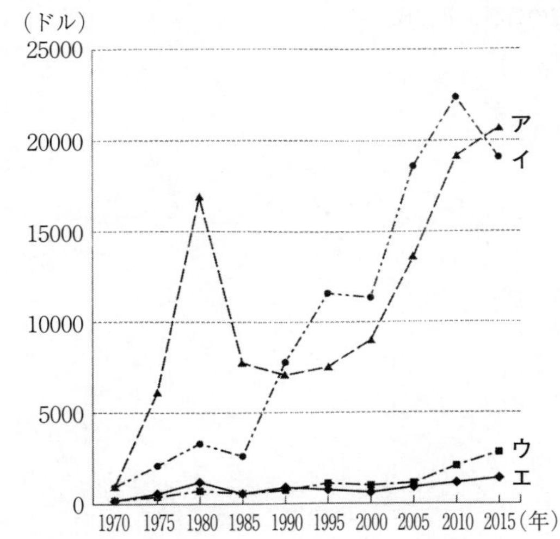

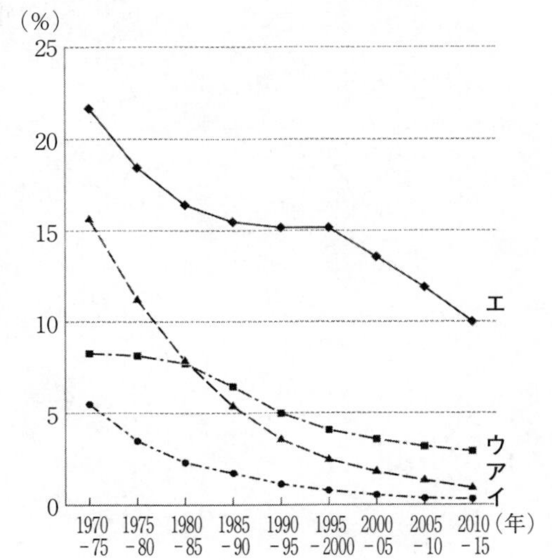

（注）　国内総生産とは，一つの国において新たに生み出された価値の総額を示した数値のこと。

（国際連合のホームページより作成）

Ⅲ

文字と剣が緑色の下地に描かれた国旗をもつこの国は，石油輸出国機構（OPEC）（オペック）に加盟し，二度の石油危機を含む期間に一人当たりの国内総生産が大幅に増加したが，一時的に減少し，1990年以降は増加し続けた。また，この国では公的医療機関を原則無料で利用することができ，1970年から2015年までの間に乳幼児死亡率は約10分の1に減少し，現在も人口増加が続き，近年は最新の技術を導入し，高度な医療を提供する病院が開業している。

〔問３〕 (3)我が国にも世界の国々と協調した国際貢献が求められている。とあるが，次のⅠの文章は，2015年に閣議決定し，改定された開発協力大綱の一部を抜粋して分かりやすく書き改めたものである。Ⅱの表は，1997年度と2018年度における政府開発援助（ODA）事業予算，政府開発援助（ODA）事業予算のうち政府貸付と贈与について示したものである。Ⅲの表は，Ⅱの表の贈与のうち，1997年度と2018年度における二国間政府開発援助贈与，二国間政府開発援助贈与のうち無償資金協力と技術協力について示したものである。1997年度と比較した2018年度における政府開発援助（ODA）の変化について，Ⅰ～Ⅲの資料を活用し，政府開発援助（ODA）事業予算と二国間政府開発援助贈与の内訳に着目して，簡単に述べよ。

Ⅰ

○自助努力を後押しし，将来における自立的発展を目指すのが日本の開発協力の良き伝統である。

○引き続き，日本の経験と知見を活用しつつ，当該国の発展に向けた協力を行う。

Ⅱ

	政府開発援助（ODA）事業予算（億円）		
		政府貸付	贈　与
1997年度	20147	9767（48.5％）	10380（51.5％）
2018年度	21650	13705（63.3％）	7945（36.7％）

Ⅲ

	二国間政府開発援助贈与（億円）		
		無償資金協力	技術協力
1997年度	6083	2202（36.2％）	3881（63.8％）
2018年度	4842	1605（33.1％）	3237（66.9％）

（外務省の資料より作成）

【理　科】（50分）〈満点：100点〉

1　次の各問に答えよ。

〔問1〕　有性生殖では，受精によって新しい一つの細胞ができる。受精後の様子について述べたものとして適切なのは，次のうちではどれか。

ア　受精により親の体細胞に含まれる染色体の数と同じ数の染色体をもつ胚（はい）ができ，成長して受精卵になる。

イ　受精により親の体細胞に含まれる染色体の数と同じ数の染色体をもつ受精卵ができ，細胞分裂によって胚になる。

ウ　受精により親の体細胞に含まれる染色体の数の２倍の数の染色体をもつ胚ができ，成長して受精卵になる。

エ　受精により親の体細胞に含まれる染色体の数の２倍の数の染色体をもつ受精卵ができ，細胞分裂によって胚になる。

〔問2〕　図１のように，電気分解装置に薄い塩酸を入れ，電流を流したところ，塩酸の電気分解が起こり，陰極からは気体Ａが，陽極からは気体Ｂがそれぞれ発生し，集まった体積は気体Ａの方が気体Ｂより多かった。気体Ａの方が気体Ｂより集まった体積が多い理由と，気体Ｂの名称とを組み合わせたものとして適切なのは，次の表の**ア**～**エ**のうちではどれか。

図１

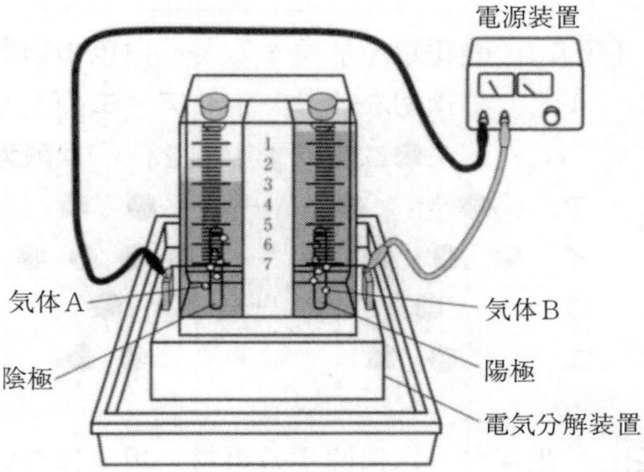

	気体Ａの方が気体Ｂより集まった体積が多い理由	気体Ｂの名称
ア	発生する気体Ａの体積の方が，発生する気体Ｂの体積より多いから。	塩素
イ	発生する気体Ａの体積の方が，発生する気体Ｂの体積より多いから。	酸素
ウ	発生する気体Ａと気体Ｂの体積は変わらないが，気体Ａは水に溶けにくく，気体Ｂは水に溶けやすいから。	塩素
エ	発生する気体Ａと気体Ｂの体積は変わらないが，気体Ａは水に溶けにくく，気体Ｂは水に溶けやすいから。	酸素

〔問3〕　150ｇの物体を一定の速さで1.6m持ち上げた。持ち上げるのにかかった時間は２秒だった。持ち上げた力がした仕事率を表したものとして適切なのは，下の**ア**～**エ**のうちではどれか。
ただし，100ｇの物体に働く重力の大きさは１Ｎとする。

ア　1.2W　　**イ**　2.4W　　**ウ**　120W　　**エ**　240W

〔問４〕 図２は，ある火成岩をルーペで観察したスケッチである。
観察した火成岩は有色鉱物の割合が多く，黄緑色で不規則な形の有色鉱物Ａが見られた。観察した火成岩の種類の名称と，有色鉱物Ａの名称とを組み合わせたものとして適切なのは，次の表の**ア**～**エ**のうちではどれか。

図２

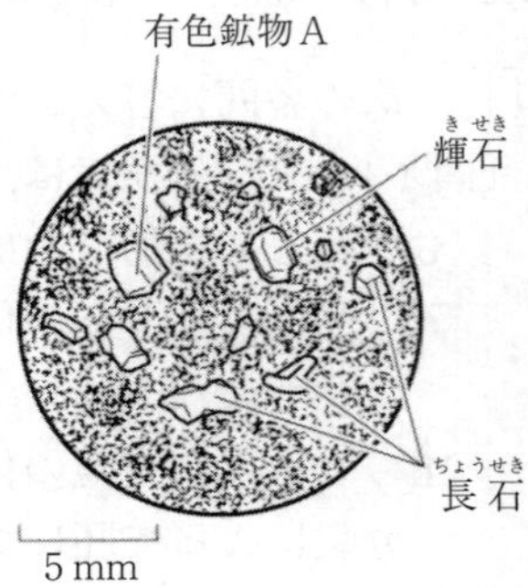

	観察した火成岩の種類の名称	有色鉱物Ａの名称
ア	はんれい岩	石英（せきえい）
イ	はんれい岩	カンラン石
ウ	玄武岩（げんぶがん）	石英（せきえい）
エ	玄武岩（げんぶがん）	カンラン石

〔問５〕 酸化銀を加熱すると，白色の物質が残った。酸化銀を加熱したときの反応を表したモデルとして適切なのは，下の**ア**～**エ**のうちではどれか。
ただし，●は銀原子１個を，○は酸素原子１個を表すものとする。

ア ○●○　○●○ → ●　● ＋ ○○　○○
イ ●○●　●○● → ●●●● ＋ ○○
ウ ●○ → ● ＋ ○
エ ●○● → ●● ＋ ○

２ 生徒が，水に関する事物・現象について，科学的に探究しようと考え，自由研究に取り組んだ。生徒が書いたレポートの一部を読み，次の各問に答えよ。

<レポート１>　空気中に含まれる水蒸気と気温について

雨がやみ，気温が下がった日の早朝に，霧が発生していた。同じ気温でも，霧が発生しない日もある。そこで，霧の発生は空気中に含まれている水蒸気の量と温度に関連があると考え，空気中の水蒸気の量と，水滴が発生するときの気温との関係について確かめることにした。

教室の温度と同じ24℃のくみ置きの水を金属製のコップＡに半分入れた。次に，図１のように氷を入れた試験管を出し入れしながら，コップＡの中の水をゆっくり冷やし，コップＡの表面に水滴がつき始めたときの温度を測ると，14℃であった。教室の温度は24℃で変化がなかった。

また，飽和水蒸気量〔g/m^3〕は表１のように温度によって決まっていることが分かった。

図１

表１

温度〔℃〕	飽和水蒸気量〔g/m^3〕
12	10.7
14	12.1
16	13.6
18	15.4
20	17.3
22	19.4
24	21.8

〔問１〕 **<レポート１>**から，測定時の教室の湿度と，温度の変化によって霧が発生するときの空気の温度の様子について述べたものとを組み合わせたものとして適切なのは，次の表の**ア**～**エ**のうちではどれか。

	測定時の教室の湿度	温度の変化によって霧が発生するときの空気の温度の様子
ア	44.5%	空気が冷やされて，空気の温度が露点より低くなる。
イ	44.5%	空気が暖められて，空気の温度が露点より高くなる。
ウ	55.5%	空気が冷やされて，空気の温度が露点より低くなる。
エ	55.5%	空気が暖められて，空気の温度が露点より高くなる。

<レポート２>　凍結防止剤と水溶液の状態変化について

雪が降る予報があり，川にかかった橋の歩道で凍結防止剤が散布されているのを見た。凍結防止剤の溶けた水溶液は固体に変化するときの温度が下がることから，凍結防止剤は，水が氷に変わるのを防止するとともに，雪をとかして水にするためにも使用される。そこで，溶かす凍結防止剤の質量と温度との関係を確かめることにした。

３本の試験管Ａ～Ｃにそれぞれ$10cm^3$の水を入れ，凍結防止剤の主成分である塩化カルシウムを試験管Ｂには１ｇ，試験管Ｃには２ｇ入れ，それぞれ全て溶かした。試験管Ａ～Ｃのそれぞれについて－15℃まで冷却し試験管の中の物質を固体にした後，試験管を加熱して試験管の中の物質が液体に変化するときの温度を測定した結果は，表２のようになった。

表２

試験管	A	B	C
塩化カルシウム〔g〕	0	1	2
試験管の中の物質が液体に変化するときの温度〔℃〕	0	−5	−10

〔問２〕　**<レポート２>**から，試験管Ａの中の物質が液体に変化するときの温度を測定した理由について述べたものとして適切なのは，次のうちではどれか。

ア　塩化カルシウムを入れたときの水溶液の沸点が下がることを確かめるには，水の沸点を測定する必要があるため。

イ　塩化カルシウムを入れたときの水溶液の融点が下がることを確かめるには，水の融点を測定する必要があるため。

ウ　水に入れる塩化カルシウムの質量を変化させても，水溶液の沸点が変わらないことを確かめるため。

エ　水に入れる塩化カルシウムの質量を変化させても，水溶液の融点が変わらないことを確かめるため。

<レポート３>　水面に映る像について

池の水面にサクラの木が逆さまに映って見えた。そこで，サクラの木が水面に逆さまに映って見える現象について確かめることにした。

鏡を用いた実験では，光は空気中で直進し，空気とガラスの境界面で反射することや，光が反射するときには入射角と反射角は等しいという光の反射の法則が成り立つことを学んだ。水面に映るサクラの木が逆さまの像となる現象も，光が直進することと光の反射の法則により説明できることが分かった。

〔問３〕　**<レポート３>**から，観測者が観測した位置を点Ｘとし，水面とサクラの木を模式的に表したとき，点Ａと点Ｂからの光が水面で反射し点Ｘまで進む光の道筋と，点Ｘから水面を見たときの点Ａと点Ｂの像が見える方向を表したものとして適切なのは，下の**ア**～**エ**のうちではどれか。ただし，点Aは地面からの高さが点Xの２倍の高さ，点Bは地面からの高さが点Xと同じ高さとする。

ア

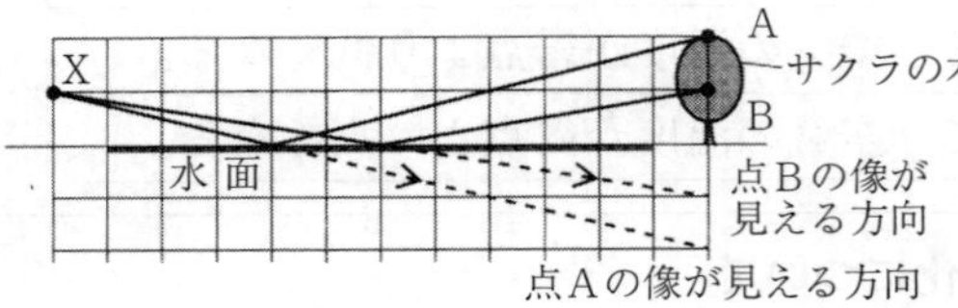

イ

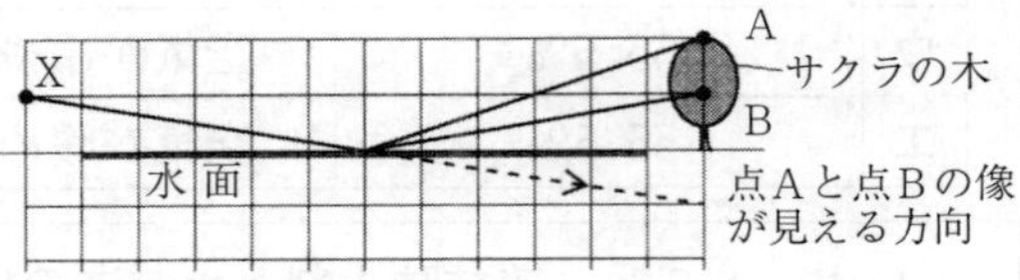

ウ

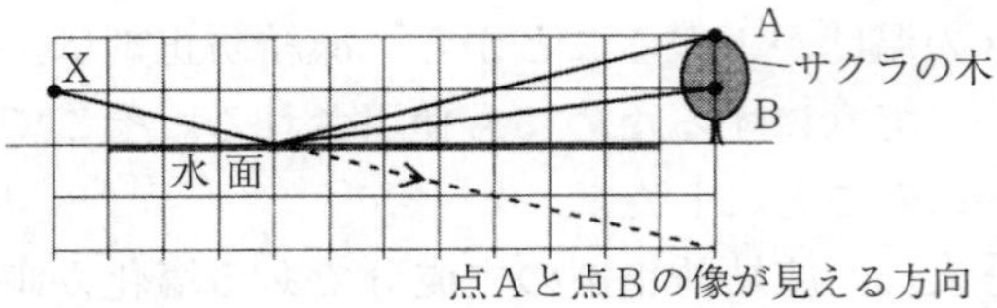

エ

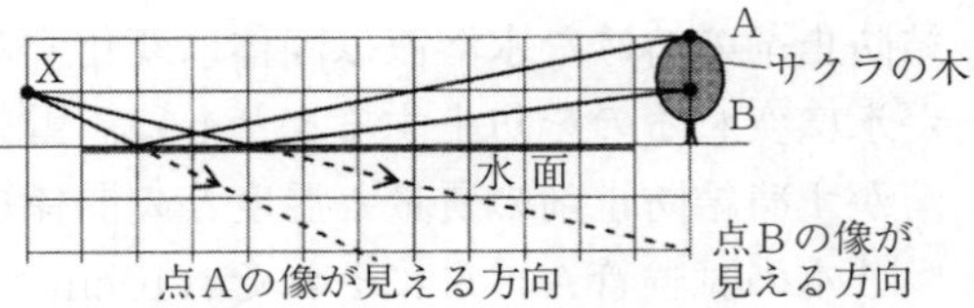

＜レポート４＞　水生生物による水質調査について

川にどのような生物がいるかを調査することによって，調査地点の水質を知ることができる。水生生物による水質調査では，表３のように，水質階級はⅠ～Ⅳに分かれていて，水質階級ごとに指標生物が決められている。調査地点で見つけた指標生物のうち，個体数が多い上位２種類を２点，それ以外の指標生物を１点として，水質階級ごとに点数を合計し，最も点数の高い階級をその地点の水質階級とすることを学んだ。そこで，学校の近くの川について確かめることにした。

表３

水質階級	指標生物
Ⅰ きれいな水	カワゲラ・ナガレトビケラ・ウズムシ・ヒラタカゲロウ・サワガニ
Ⅱ ややきれいな水	シマトビケラ・カワニナ・ゲンジボタル
Ⅲ 汚い水	タニシ・シマイシビル・ミズカマキリ
Ⅳ とても汚い水	アメリカザリガニ・サカマキガイ・エラミミズ・セスジユスリカ

学校の近くの川で調査を行った地点では，ゲンジボタルは見つからなかったが，ゲンジボタルの幼虫のエサとして知られているカワニナが見つかった。カワニナは内臓が外とう膜で覆われている動物のなかまである。カワニナのほかに，カワゲラ，ヒラタカゲロウ，シマトビケラ，シマイシビルが見つかり，その他の指標生物は見つからなかった。見つけた生物のうち，シマトビケラの個体数が最も多く，シマイシビルが次に多かった。

〔問４〕　**＜レポート４＞**から，学校の近くの川で調査を行った地点の水質階級と，内臓が外とう膜で覆われている動物のなかまの名称とを組み合わせたものとして適切なのは，次の表の**ア**～**エ**のうちではどれか。

	調査を行った地点の水質階級	内臓が外とう膜で覆われている動物のなかまの名称
ア	Ⅰ	節足動物
イ	Ⅰ	軟体動物
ウ	Ⅱ	節足動物
エ	Ⅱ	軟体動物

3　太陽の１日の動きを調べる観察について，次の各問に答えよ。

東京の地点Ｘ（北緯35.6°）で，ある年の夏至の日に，＜**観察**＞を行ったところ，＜**結果１**＞のようになった。

＜**観察**＞

(1)　図１のように，白い紙に透明半球の縁と同じ大きさの円と，円の中心Ｏで垂直に交わる直線ACと直線BDをかいた。かいた円に合わせて透明半球をセロハンテープで固定した。

(2)　日当たりのよい水平な場所で，Ｎ極が黒く塗られた方位磁針の南北に図１の直線ACを合わせて固定した。

(3)　９時から15時までの間，１時間ごとに，油性ペンの先の影が円の中心Ｏと一致する透明半球上の位置に●印と観察した時刻を記入した。

(4)　図２のように，記録した●印を滑らかな線で結び，その線を透明半球の縁まで延ばして東側で円と交わる点をＦとし，西側で円と交わる点をＧとした。

図１

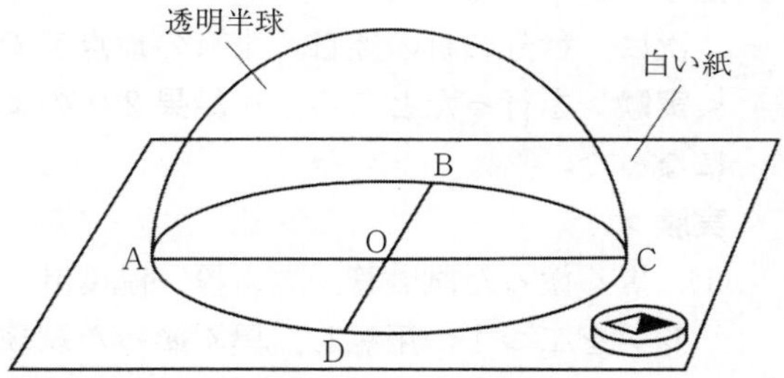

図２

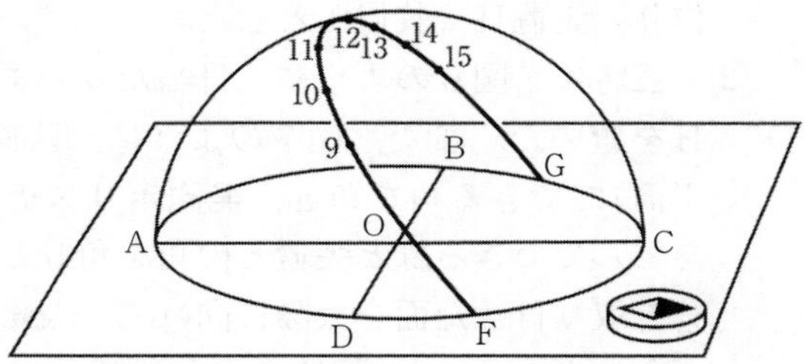

(5)　透明半球にかいた滑らかな線に紙テープを合わせて，１時間ごとに記録した●印と時刻を写し取り，点Ｆから９時までの間，●印と●印の間，15時から点Ｇまでの間をものさしで測った。

＜**結果１**＞

図３のようになった。

図３

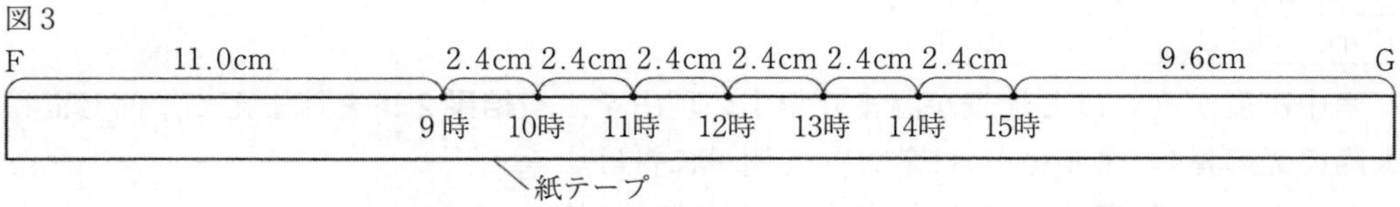

〔問１〕　＜**観察**＞を行った日の日の入りの時刻を，＜**結果１**＞から求めたものとして適切なのは，次のうちではどれか。

ア　18時　　**イ**　18時35分　　**ウ**　19時　　**エ**　19時35分

〔問２〕　＜**観察**＞を行った日の南半球のある地点Ｙ（南緯35.6°）における，太陽の動きを表した模式図として適切なのは，次のうちではどれか。

ア

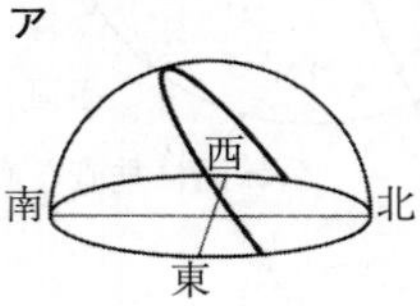

イ

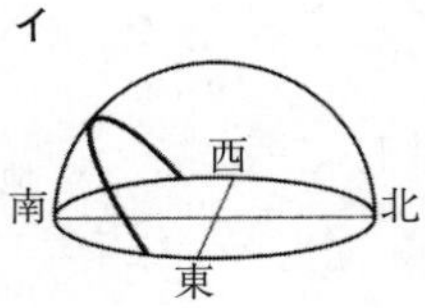

ウ

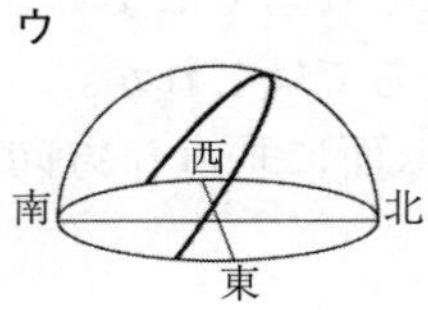

エ

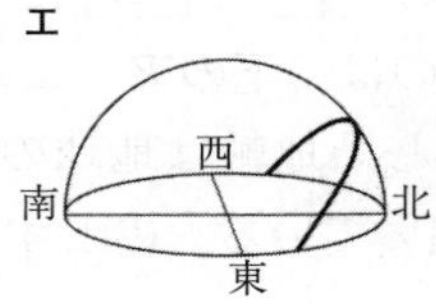

次に，＜**観察**＞を行った東京の地点Xで，秋分の日に＜**観察**＞の(1)から(3)までと同様に記録し，記録した●印を滑らかな線で結び，その線を透明半球の縁まで延ばしたところ，図4のようになった。

図4

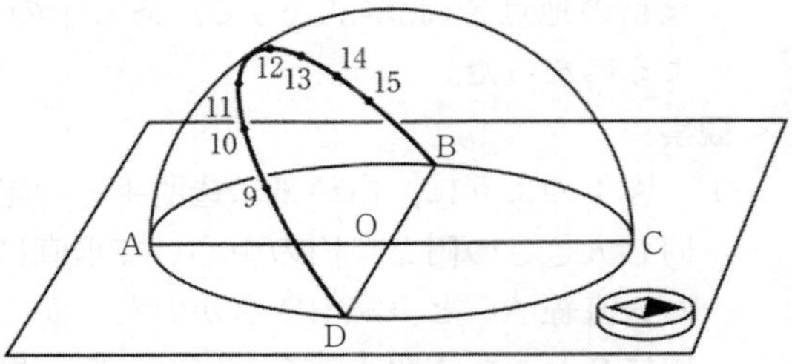

次に，秋分の日の翌日，東京の地点Xで，＜**実験**＞を行ったところ，＜**結果2**＞のようになった。

＜**実験**＞

(1) 黒く塗った試験管，ゴム栓，温度計，発泡ポリスチレンを二つずつ用意し，黒く塗った試験管に24℃のくみ置きの水をいっぱいに入れ，空気が入らないようにゴム栓と温度計を差し込み，図5のような装置を2組作り，装置H，装置Iとした。

図5

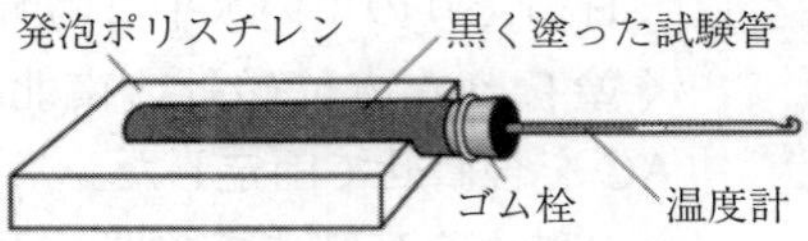

(2) 12時に，図6のように，日当たりのよい水平な場所に装置Hを置いた。また，図7のように，装置Iを装置と地面(水平面)でできる角を角a，発泡ポリスチレンの上端と影の先を結んでできる線と装置との角を角bとし，黒く塗った試験管を取り付けた面を太陽に向けて，太陽の光が垂直に当たるように角bを90°に調節して，12時に日当たりのよい水平な場所に置いた。

図6

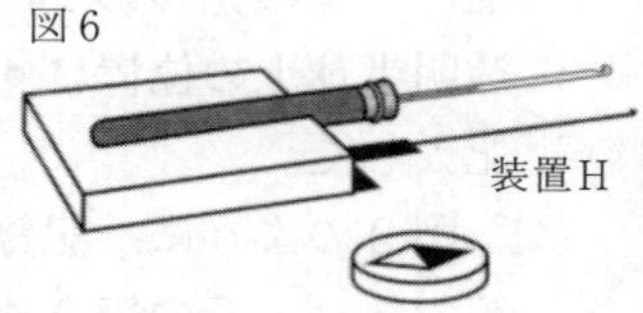

図7

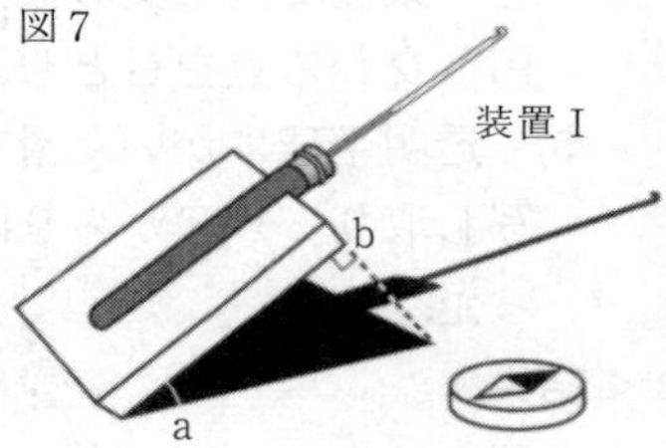

(3) 装置Hと装置Iを置いてから10分後の試験管内の水温を測定した。

＜**結果2**＞

	装置H	装置I
12時の水温〔℃〕	24.0	24.0
12時10分の水温〔℃〕	35.2	37.0

〔問3〕 南中高度が高いほど地表が温まりやすい理由を，＜**結果2**＞を踏まえて，同じ面積に受ける太陽の光の量(エネルギー)に着目して簡単に書け。

〔問4〕 図8は，＜**観察**＞を行った東京の地点X(北緯35.6°)での冬至の日の太陽の光の当たり方を模式的に表したものである。次の文は，冬至の日の南中時刻に，地点Xで図7の装置Iを用いて，黒く塗った試験管内の水温を測定したとき，10分後の水温が最も高くなる装置Iの角aについて述べている。

文中の ① と ② にそれぞれ当てはまるものとして適切なのは，下の**ア**～**エ**のうちではどれか。

ただし，地軸は地球の公転面に垂直な方向に対して23.4°傾いているものとする。

図8

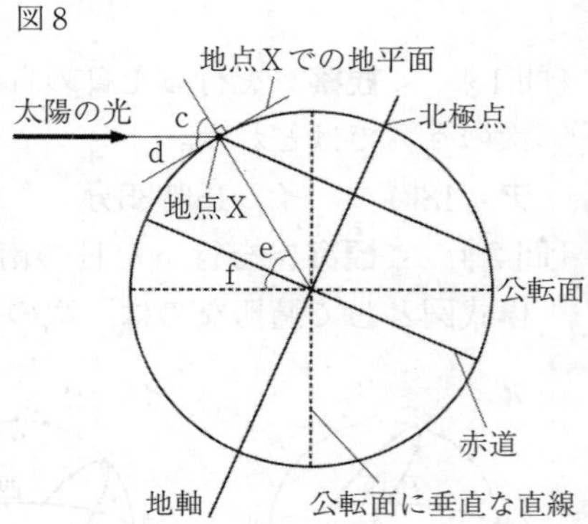

地点Xで冬至の日の南中時刻に，図7の装置Ⅰを用いて，黒く塗った試験管内の水温を測定したとき，10分後の水温が最も高くなる角aは，図8中の角[①]と等しく，角の大きさは[②]である。

① ア c　イ d　ウ e　エ f

② ア 23.4°　イ 31.0°　ウ 59.0°　エ 66.6°

4 消化酵素の働きを調べる実験について，次の各問に答えよ。

＜**実験1**＞を行ったところ，＜**結果1**＞のようになった。

＜**実験1**＞

(1) 図1のように，スポンジの上に載せたアルミニウムはくに試験管用のゴム栓を押し付けて型を取り，アルミニウムはくの容器を6個作った。

(2) (1)で作った6個の容器に1％デンプン溶液をそれぞれ2cm^{3}ずつ入れ，容器A～Fとした。

(3) 容器Aと容器Bには水1cm^{3}を，容器Cと容器Dには水で薄めた唾液1cm^{3}を，容器Eと容器Fには消化酵素Xの溶液1cm^{3}を，それぞれ加えた。容器A～Fを，図2のように，40℃の水を入れてふたをしたペトリ皿の上に10分間置いた。

(4) (3)で10分間置いた後，図3のように，容器A，容器C，容器Eにはヨウ素液を加え，それぞれの溶液の色を観察した。また，図4のように，容器B，容器D，容器Fにはベネジクト液を加えてから弱火にしたガスバーナーで加熱し，それぞれの溶液の色を観察した。

図1

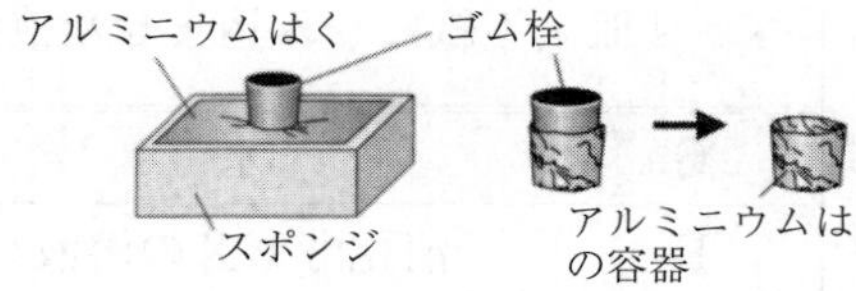

図2

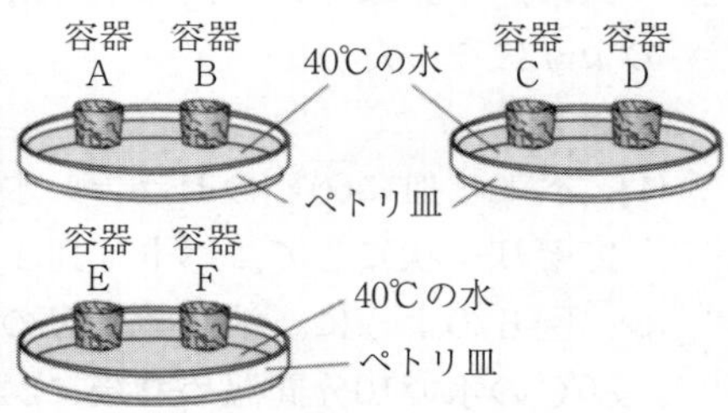

図3

図4

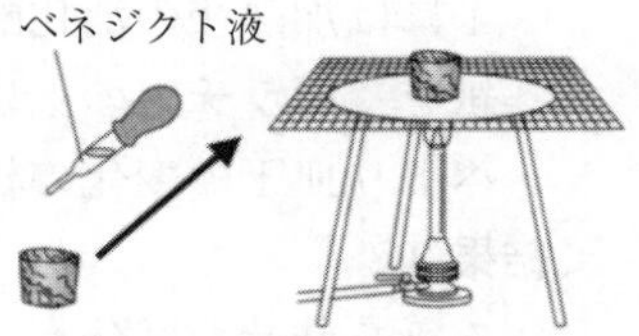

＜**結果1**＞

容器	1％デンプン溶液2cm^{3}に加えた液体	加えた試薬	観察された溶液の色
A	水1cm^3	ヨウ素液	青紫色
B		ベネジクト液	青色
C	水で薄めた唾液1cm^3	ヨウ素液	茶褐色
D		ベネジクト液	赤褐色
E	消化酵素Xの溶液1cm^3	ヨウ素液	青紫色
F		ベネジクト液	青色

次に，＜**実験1**＞と同じ消化酵素Xの溶液を用いて＜**実験2**＞を行ったところ，＜**結果2**＞のようになった。

＜**実験2**＞

(1) ペトリ皿を2枚用意し，それぞれのペトリ皿に60℃のゼラチン水溶液を入れ，冷やしてゼリー状にして，ペトリ皿GとHとした。ゼラチンの主成分はタンパク質であり，ゼリー状のゼラチンは分解されると溶けて液体になる性質がある。

(2) 図5のように，ペトリ皿Gには水をしみ込ませたろ紙を，ペトリ皿Hには消化酵素Xの溶液をしみ込ませたろ紙を，それぞれのゼラチンの上に載せ，24℃で15分間保った。

(3) (2)で15分間保った後，ペトリ皿GとHの変化の様子を観察した。

図5

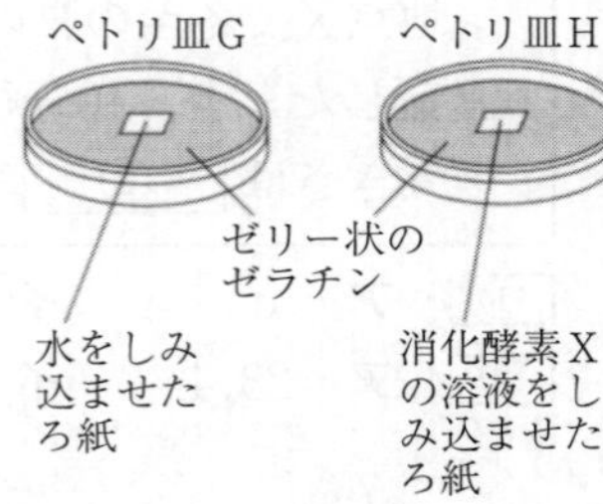

＜**結果2**＞

ペトリ皿	ろ紙にしみ込ませた液体	ろ紙を載せた部分の変化	ろ紙を載せた部分以外の変化
G	水	変化しなかった。	変化しなかった。
H	消化酵素Xの溶液	ゼラチンが溶けて液体になった。	変化しなかった。

次に，＜**実験1**＞と同じ消化酵素Xの溶液を用いて＜**実験3**＞を行ったところ，＜**結果3**＞のようになった。

＜**実験3**＞

(1) ペトリ皿に60℃のゼラチン水溶液を入れ，冷やしてゼリー状にして，ペトリ皿Iとした。

(2) 図6のように，消化酵素Xの溶液を試験管に入れ80℃の水で10分間温めた後に24℃に戻し，加熱後の消化酵素Xの溶液とした。図7のように，ペトリ皿Iには加熱後の消化酵素Xの溶液をしみ込ませたろ紙を，ゼラチンの上に載せ，24℃で15分間保った後，ペトリ皿Iの変化の様子を観察した。

図6

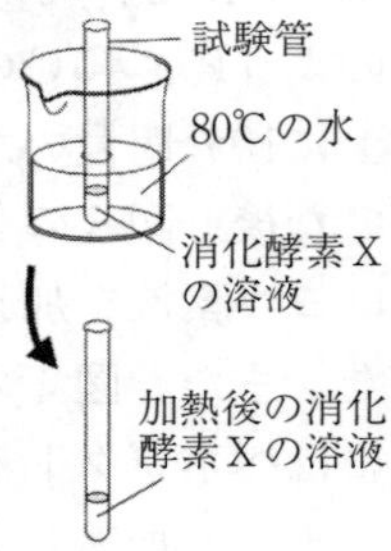

図7

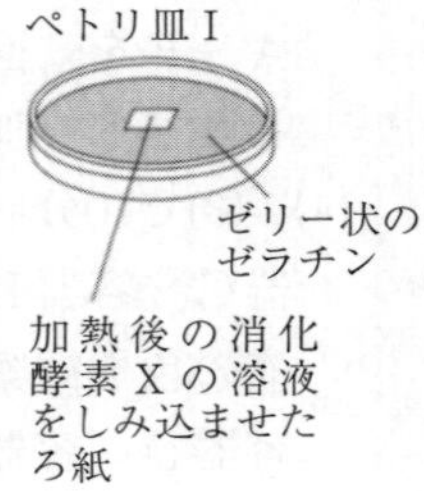

＜**結果3**＞

ろ紙を載せた部分も，ろ紙を載せた部分以外も変化はなかった。

〔問1〕 ＜**結果1**＞から分かる，消化酵素の働きについて述べた次の文の ① ～ ③ にそれぞれ当てはまるものとして適切なのは，下の**ア**～**エ**のうちではどれか。

> ① の比較から，デンプンは ② の働きにより別の物質になったことが分かる。さらに， ③ の比較から， ② の働きによりできた別の物質は糖であることが分かる。

① **ア** 容器Aと容器C　**イ** 容器Aと容器E
ウ 容器Bと容器D　**エ** 容器Bと容器F

② **ア** 水　**イ** ヨウ素液
ウ 唾液　**エ** 消化酵素X

③ **ア** 容器Aと容器C　**イ** 容器Aと容器E
ウ 容器Bと容器D　**エ** 容器Bと容器F

〔問2〕 ＜**結果1**＞と＜**結果2**＞から分かる，消化酵素Xと同じ働きをするヒトの消化酵素の名称と，＜**結果３**＞から分かる，加熱後の消化酵素Ｘの働きの様子とを組み合わせたものとして適切なのは，次の表の**ア**～**エ**のうちではどれか。

	消化酵素Ｘと同じ働きをするヒトの消化酵素の名称	加熱後の消化酵素Ｘの働きの様子
ア	アミラーゼ	タンパク質を分解する。
イ	アミラーゼ	タンパク質を分解しない。
ウ	ペプシン	タンパク質を分解する。
エ	ペプシン	タンパク質を分解しない。

〔問３〕　ヒトの体内における，デンプンとタンパク質の分解について述べた次の文の［①］～［④］にそれぞれ当てはまるものとして適切なのは，下の**ア**～**エ**のうちではどれか。

> デンプンは，［　①　］から分泌される消化液に含まれる消化酵素などの働きで，最終的に［　②　］に分解され，タンパク質は，［　③　］から分泌される消化液に含まれる消化酵素などの働きで，最終的に［　④　］に分解される。

［①］　**ア**　唾液腺・胆のう　**イ**　唾液腺・すい臓
　　　ウ　胃・胆のう　**エ**　胃・すい臓

［②］　**ア**　ブドウ糖　**イ**　アミノ酸
　　　ウ　脂肪酸　**エ**　モノグリセリド

［③］　**ア**　唾液腺・胆のう　**イ**　唾液腺・すい臓
　　　ウ　胃・胆のう　**エ**　胃・すい臓

［④］　**ア**　ブドウ糖　**イ**　アミノ酸
　　　ウ　脂肪酸　**エ**　モノグリセリド

〔問４〕　ヒトの体内では，食物は消化酵素などの働きにより分解された後，多くの物質は小腸から吸収される。図８は小腸の内壁の様子を模式的に表したもので，約１mm の長さの微小な突起で覆われていることが分かる。分解された物質を吸収する上での小腸の内壁の構造上の利点について，微小な突起の名称に触れて，簡単に書け。

図８

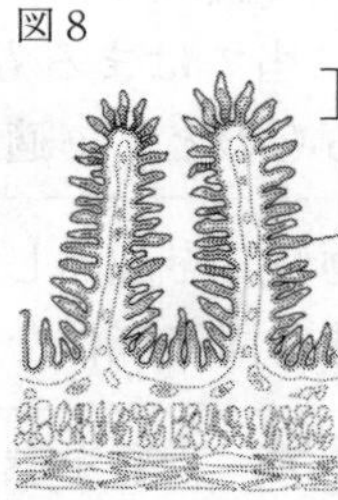

5　物質の性質を調べて区別する実験について，次の各問に答えよ。

４種類の白色の物質Ａ～Ｄは，塩化ナトリウム，ショ糖（砂糖），炭酸水素ナトリウム，ミョウバンのいずれかである。

＜**実験１**＞を行ったところ，＜**結果１**＞のようになった。

＜**実験１**＞

(1)　物質Ａ～Ｄをそれぞれ別の燃焼さじに少量載せ，図１のように加熱し，物質の変化の様子を調べた。

(2)　＜**実験１**＞の(1)では，物質Ｂと物質Ｃは，燃えずに白色の物質が残り，区別がつかなかった。そのため，乾いた試験管を２本用意し，それぞれの試験管に物質Ｂ，物質Ｃを少量入れた。物質Ｂの入った試験管にガラス管がつながっているゴム栓をして，図２のように，試験管の口を少し下げ，スタンドに固定した。

図１

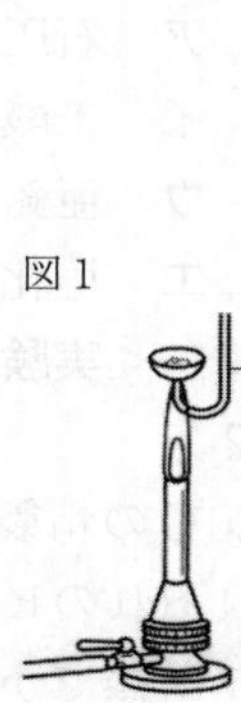

(3)　試験管を加熱し，加熱中の物質の変化を調べた。気体が発生した場合，発生した気体を水上置換法で集めた。

(4)　<**実験１**>の(2)の物質Ｂの入った試験管を物質Ｃの入った試験管に替え，<**実験１**>の(2)，(3)と同様の実験を行った。

図２

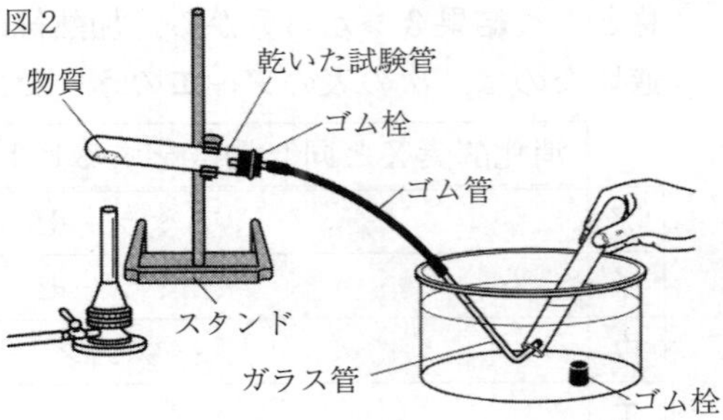

<**結果１**>

	物質Ａ	物質Ｂ	物質Ｃ	物質Ｄ
<**実験１**>の(1)で加熱した物質の変化	溶けた。	白色の物質が残った。	白色の物質が残った。	焦げて黒色の物質が残った。
<**実験１**>の(3)，(4)で加熱中の物質の変化		気体が発生した。	変化しなかった。	

〔問１〕　<**実験１**>の(1)で，物質Ｄのように，加熱すると焦げて黒色に変化する物質について述べたものとして適切なのは，次のうちではどれか。

ア　ろうは無機物であり，炭素原子を含まない物質である。
イ　ろうは有機物であり，炭素原子を含む物質である。
ウ　活性炭は無機物であり，炭素原子を含まない物質である。
エ　活性炭は有機物であり，炭素原子を含む物質である。

〔問２〕　<**実験１**>の(3)で，物質Ｂを加熱したときに発生した気体について述べた次の文の［①］に当てはまるものとして適切なのは，下の**ア**～**エ**のうちではどれか。また，［②］に当てはまるものとして適切なのは，下の**ア**～**エ**のうちではどれか。

> 物質Ｂを加熱したときに発生した気体には［　①　］という性質があり，発生した気体と同じ気体を発生させるには，［　②　］という方法がある。

［①］　**ア**　物質を燃やす
　　　イ　空気中で火をつけると音をたてて燃える
　　　ウ　水に少し溶け，その水溶液は酸性を示す
　　　エ　水に少し溶け，その水溶液はアルカリ性を示す

［②］　**ア**　石灰石に薄い塩酸を加える
　　　イ　二酸化マンガンに薄い過酸化水素水を加える
　　　ウ　亜鉛に薄い塩酸を加える
　　　エ　塩化アンモニウムと水酸化カルシウムを混合して加熱する

次に，<**実験２**>を行ったところ，<**結果２**>のようになった。

<**実験２**>

(1)　20℃の精製水（蒸留水）100ｇを入れたビーカーを４個用意し，それぞれのビーカーに図３のように物質Ａ～Ｄを20ｇずつ入れ，ガラス棒でかき混ぜ，精製水（蒸留水）に溶けるかどうかを観察した。

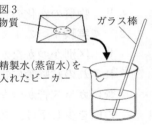

図３

(2) 図4のように，ステンレス製の電極，電源装置，豆電球，電流計をつないで回路を作り，＜**実験2**＞の(1)のそれぞれのビーカーの中に，精製水(蒸留水)でよく洗った電極を入れ，電流が流れるかどうかを調べた。

(3) 塩化ナトリウム，ショ糖(砂糖)，炭酸水素ナトリウム，ミョウバンの水100gに対する溶解度を，図書館で調べた。

図4

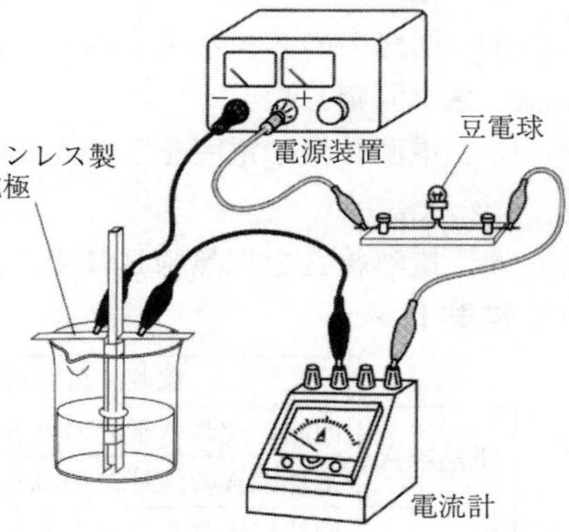

＜**結果2**＞

(1) ＜**実験2**＞の(1)，(2)で調べた結果は，次の表のようになった。

	物質A	物質B	物質C	物質D
20℃の精製水(蒸留水)100gに溶けるかどうか	一部が溶けずに残った。	一部が溶けずに残った。	全て溶けた。	全て溶けた。
電流が流れるかどうか	流れた。	流れた。	流れた。	流れなかった。

(2) ＜**実験2**＞の(3)で調べた結果は，次の表のようになった。

水の温度〔℃〕	塩化ナトリウムの質量〔g〕	ショ糖(砂糖)の質量〔g〕	炭酸水素ナトリウムの質量〔g〕	ミョウバンの質量〔g〕
0	35.6	179.2	6.9	5.7
20	35.8	203.9	9.6	11.4
40	36.3	238.1	12.7	23.8
60	37.1	287.3	16.4	57.4

〔問3〕 物質Cを水に溶かしたときの電離の様子を，化学式とイオン式を使って書け。

〔問4〕 ＜**結果2**＞で，物質の一部が溶けずに残った水溶液を40℃まで加熱したとき，一方は全て溶けた。全て溶けた方の水溶液を水溶液Pとするとき，水溶液Pの溶質の名称を書け。また，40℃まで加熱した水溶液P120gを20℃に冷やしたとき，取り出すことができる結晶の質量〔g〕を求めよ。

6 電熱線に流れる電流とエネルギーの移り変わりを調べる実験について，次の各問に答えよ。

＜**実験1**＞を行ったところ，＜**結果1**＞のようになった。

＜**実験1**＞

(1) 電流計，電圧計，電気抵抗の大きさが異なる電熱線Aと電熱線B，スイッチ，導線，電源装置を用意した。

(2) 電熱線Aをスタンドに固定し，図1のように，回路を作った。

図1

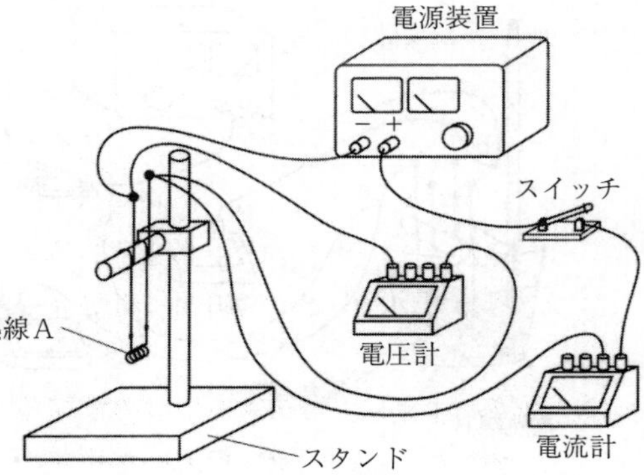

(3)　電源装置の電圧を1.0Vに設定した。

(4)　回路上のスイッチを入れ，回路に流れる電流の大きさ，電熱線の両端に加わる電圧の大きさを測定した。

(5)　電源装置の電圧を2.0V，3.0V，4.0V，5.0Vに変え，<**実験１**>の(4)と同様の実験を行った。

(6)　電熱線Ａを電熱線Ｂに変え，<**実験１**>の(3)，(4)，(5)と同様の実験を行った。

<**結果１**>

	電源装置の電圧〔V〕	1.0	2.0	3.0	4.0	5.0
電熱線Ａ	回路に流れる電流の大きさ〔A〕	0.17	0.33	0.50	0.67	0.83
	電熱線Ａの両端に加わる電圧の大きさ〔V〕	1.0	2.0	3.0	4.0	5.0
電熱線Ｂ	回路に流れる電流の大きさ〔A〕	0.25	0.50	0.75	1.00	1.25
	電熱線Ｂの両端に加わる電圧の大きさ〔V〕	1.0	2.0	3.0	4.0	5.0

〔問１〕　<**結果１**>から，電熱線Ａについて，電熱線Ａの両端に加わる電圧の大きさと回路に流れる電流の大きさの関係を，解答用紙の方眼を入れた図に●を用いて記入し，グラフをかけ。また，電熱線Ａの両端に加わる電圧の大きさが9.0Vのとき，回路に流れる電流の大きさは何Ａか。

次に，<**実験２**>を行ったところ，<**結果２**>のようになった。

<**実験２**>

(1)　電流計，電圧計，<**実験１**>で使用した電熱線Ａと電熱線Ｂ，200ｇの水が入った発泡ポリスチレンのコップ，温度計，ガラス棒，ストップウォッチ，スイッチ，導線，電源装置を用意した。

(2)　図２のように，電熱線Ａと電熱線Ｂを直列に接続し，回路を作った。

(3)　電源装置の電圧を5.0Vに設定した。

(4)　回路上のスイッチを入れる前の水の温度を測定し，ストップウォッチのスタートボタンを押すと同時に回路上のスイッチを入れ，回路に流れる電流の大きさ，回路上の点ａから点ｂまでの間に加わる電圧の大きさを測定した。

(5)　１分ごとにガラス棒で水をゆっくりかきまぜ，回路上のスイッチを入れてから５分後の水の温度を測定した。

図２

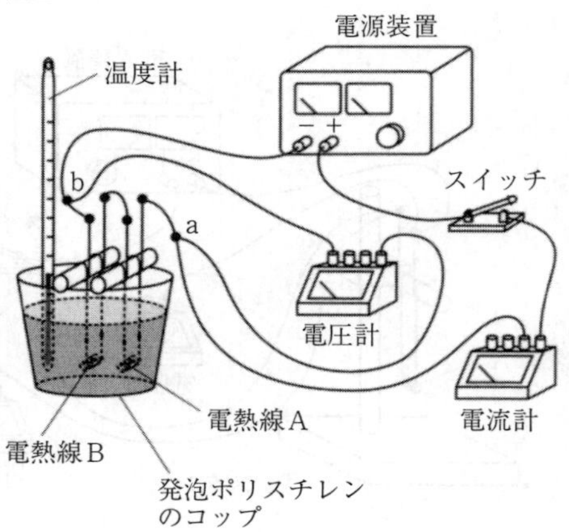

図３

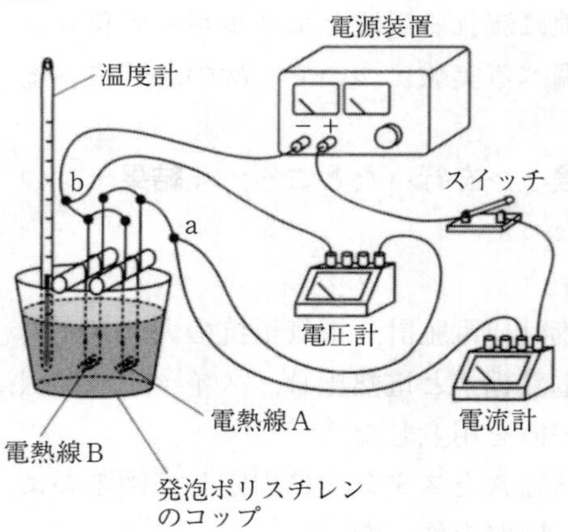

(6)　図３のように，電熱線Ａと電熱線Ｂを並列に接続し，回路を作り，<**実験２**>の(3)，(4)，(5)と同様の実験を行った。

<**結果２**>

	電熱線Ａと電熱線Ｂを直列に接続したとき	電熱線Ａと電熱線Ｂを並列に接続したとき
電源装置の電圧〔Ｖ〕	5.0	5.0
スイッチを入れる前の水の温度〔℃〕	20.0	20.0
回路に流れる電流の大きさ〔Ａ〕	0.5	2.1
回路上の点ａから点ｂまでの間に加わる電圧の大きさ〔Ｖ〕	5.0	5.0
回路上のスイッチを入れてから５分後の水の温度〔℃〕	20.9	23.8

〔問２〕　<**結果１**>と<**結果２**>から，電熱線Ａと電熱線Ｂを直列に接続したときと並列に接続したときの回路において，直列に接続したときの電熱線Ｂに流れる電流の大きさと並列に接続したときの電熱線Ｂに流れる電流の大きさを最も簡単な整数の比で表したものとして適切なのは，次のうちではどれか。

ア　1：5　　**イ**　2：5　　**ウ**　5：21　　**エ**　10：21

〔問３〕　<**結果２**>から，電熱線Ａと電熱線Ｂを並列に接続し，回路上のスイッチを入れてから５分間電流を流したとき，電熱線Ａと電熱線Ｂの発熱量の和を<**結果２**>の電流の値を用いて求めたものとして適切なのは，次のうちではどれか。

ア　12.5Ｊ　　**イ**　52.5Ｊ　　**ウ**　750Ｊ　　**エ**　3150Ｊ

〔問４〕　<**結果１**>と<**結果２**>から，電熱線の性質とエネルギーの移り変わりの様子について述べたものとして適切なのは，次のうちではどれか。

ア　電熱線には電気抵抗の大きさが大きくなると電流が流れにくくなる性質があり，電気エネルギーを熱エネルギーに変換している。

イ　電熱線には電気抵抗の大きさが大きくなると電流が流れにくくなる性質があり，電気エネルギーを化学エネルギーに変換している。

ウ　電熱線には電気抵抗の大きさが小さくなると電流が流れにくくなる性質があり，熱エネルギーを電気エネルギーに変換している。

エ　電熱線には電気抵抗の大きさが小さくなると電流が流れにくくなる性質があり，熱エネルギーを化学エネルギーに変換している。

社会解答

1 〔問1〕 エ　〔問2〕 ウ
〔問3〕 イ

2 〔問1〕 略地図中のA～D…C
Ⅱのア～エ…ウ
〔問2〕 P…イ　Q…ア　R…エ
S…ウ
〔問3〕 略地図中のW～Z…X
ⅠとⅡの表のア～エ…ア

3 〔問1〕 A…ウ　B…イ　C…ア
D…エ
〔問2〕 P…ア　Q…ア　R…イ
S…イ
〔問3〕 理由　(例)内陸に建設されたのは，高波や津波などの影響を受けにくいからである。
効果　(例)東名高速道路と新東名高速道路の交通量の合計は増加したが，分散が図られたことで渋滞回数が減少した。

4 〔問1〕 ア→エ→ウ→イ
〔問2〕 Ⅰの略年表中のア～エ…イ
Ⅱの略地図中のA～D…B
〔問3〕 エ　〔問4〕 ウ

5 〔問1〕 ア　〔問2〕 ウ
〔問3〕 エ　〔問4〕 イ

6 〔問1〕 エ→ウ→ア→イ
〔問2〕 略地図中のA～D…B
ⅠとⅡのグラフのア～エ…ア
〔問3〕 (例)政府開発援助事業予算に占める，政府貸付の割合を増やすとともに，二国間政府開発援助贈与に占める，技術協力の割合を増やすことで，自助努力を後押しし，自立的発展を目指している。

1 〔三分野総合―小問集合問題〕

〔問1〕<地図の読み取り>地図上の撮影地点から矢印の方向を見ると，ほぼ正面に江の島が見えることから，イとエが当てはまる。さらに地図を確認すると，撮影地点から見て右手には砂浜があり，砂浜と江の島をつなぐ江ノ島大橋がある。このような風景が写っている写真はエである。

〔問2〕<大仙古墳>Ⅱは大仙古墳〔仁徳陵古墳〕についての説明である。大仙古墳は，5世紀につくられた日本最大の前方後円墳で，大阪府堺市にある。2019年には，大仙古墳と周辺の多数の古墳が「百舌鳥・古市古墳群」としてUNESCO〔国連教育科学文化機関〕の世界文化遺産に登録された。

〔問3〕<安全保障理事会>国際連合〔国連〕の安全保障理事会は，国際社会の平和と安全の維持を目的とする機関である。アメリカ，イギリス，フランス，ロシア，中国の5か国の常任理事国と，任期2年の10か国の非常任理事国で構成されている。安全保障理事会は国連の中でも強い権限を与えられており，平和を脅かすような事態が発生した際には，経済的・軍事的な制裁を行うことを決定できる。加盟国は，安全保障理事会の決定に従う義務がある。なお，国連難民高等弁務官事務所〔UNHCR〕は難民の保護や支援などの活動を行う機関，世界保健機関〔WHO〕は保健事業の指導や感染症対策などを行う機関，国際司法裁判所〔ICJ〕は加盟国間の紛争を解決するための裁判を行う機関である。

2 〔世界地理―世界の姿と諸地域〕

〔問1〕<サンフランシスコの特徴と気候>略地図中のA～D．サンベルトとはアメリカの北緯37度以南の地域を指すので，「サンベルトの北限付近」とは北緯37度付近である。北緯37度の緯線はアメリカの中央部を通るので，Ⅰの文章に当てはまるのはCの都市だと考えられる。Cはサンフランシスコである。サンフランシスコを含むアメリカの太平洋沿岸地域は，夏季に乾燥して冬季に比較的降水量が多い，温帯の地中海性気候に属する。また，サンフランシスコの周辺では半導体や情報技術〔IT〕などに関連する産業が盛んであり，特にサンフランシスコ郊外のサンノゼ周辺は，これらの企業や研究所が集中していることからシリコンバレーと呼ばれている。　**Ⅱのア～エ．**地中海性気候に属するのは，地図中のＡ～ＤのうちＣとＤの都市である。また，Ⅱのグラフ中で地中海性気候に当てはまるのはアとウである。ＣとＤのうち，より北に位置するＤの方が年平均気温が低いと考えられることから，Ｃのグラフがウの気候を，Ｄのグラフがアの気候を表していると判断する。なお，ＡとＢの都市は，季節による気温の変化がはっきりしていて年降水量が多い温帯の温帯〔温暖〕湿潤気候に属しており，より北に位置するＡのグラフがエ，Ｂのグラフがイとなる。

〔問２〕＜国々の特徴＞Ｐはアルゼンチン，Ｑはマレーシア，Ｒは南アフリカ共和国，Ｓはドイツである。　ア．「熱帯地域」とあることから，赤道に近い地域に位置するマレーシアと判断する。マレー半島とインドネシアのスマトラ島の間に位置するマラッカ海峡は，太平洋とインド洋を結ぶ海上交通の要地であり，現在も年間数万隻の船舶が航行している。　イ．「パンパ」と呼ばれる草原地帯が広がるのは，アルゼンチンのラプラタ川流域である。アルゼンチンの西部にはアンデス山脈が南北に通り，隣国であるチリとの国境となっている。アンデス山脈は，現在も地殻変動が活発な環太平洋造山帯に属する。　ウ．自動車の生産・販売台数が非常に多いことや，「国土の北部は氷河に削られ」という記述から，ヨーロッパに位置するドイツと判断する。ドイツには，1930年代から建設が始まったアウトバーンと呼ばれる高速道路があり，一部区間を除いて速度無制限となっている。また，工業地帯の排出ガスなどを原因とする酸性雨の被害を受けた経験から，環境問題への取り組みが盛んである。　エ．「欧州との時差が少なく」という記述から，南アフリカ共和国と推測する。「豊富な地下資源」とあるように，南アフリカ共和国では，希少金属〔レアメタル〕を含むさまざまな鉱産資源が産出される。また，アフリカ最大の工業国であり，外国企業の進出も進んでいる。

〔問３〕＜タイの特徴と資料の読み取り＞略地図中のＷ～Ｚ．Ｗはメキシコ，Ｘはタイ，Ｙはスウェーデン，Ｚはイタリアである。まず，「雨季と乾季」がある気候は熱帯のサバナ気候であり，この気候が国内に分布する国はメキシコとタイである。次に，「国土の北部から南流し，首都を通り海に注ぐ河川」という記述に注目すると，タイの国土を北から南へ流れ，首都バンコクを通って海に注ぐチャオプラヤ川が当てはまり，Ⅲはタイについて述べた文章であると判断できる。チャオプラヤ川の流域は世界的な稲作地帯であり，文中の「穀物」は米である。　**ⅠとⅡの表のア～エ．**Ⅲの文章の後半部分の記述内容と，Ⅰ，Ⅱの表を照らし合わせて考える。まず，Ⅲの文中の「2016年には，製造業の進出日本企業数が1993年と比較し２倍以上に伸び」という記述をもとにⅠの表を見ると，これに当てはまるのはアとウである。さらに，「貿易相手国として中華人民共和国の重要性が高まった」とあり，2016年の貿易相手国の上位３位以内に中華人民共和国が含まれているのもアとウである。次に，Ⅲの文中の「(2016年の)この国と日本の貿易総額は1993年と比較し２倍以上に伸びており」という記述をもとにⅡの表を見ると，これに当てはまるのもアとウである。さらに，「(2016年の)電気機器の輸入額に占める割合も２割を上回る」とあり，これに当てはまるのはアである。以上から，アがタイとなる。これらに加えて，進出日本企業数が４か国中で最も多いこと，上位の貿易相手国にアジア諸国が多いことなども，アがタイであると判断するヒントとなる。なお，イはスウェーデン，ウはメキシコ，エはイタリアである。

3　**〔日本地理―日本の諸地域，地形図〕**

〔問１〕＜都道府県と県庁所在地の特徴＞Ａは宮城県，Ｂは福井県，Ｃは広島県，Ｄは鹿児島県である。

ア．広島県の瀬戸内海沿岸には瀬戸内工業地域が分布し，造船業や鉄鋼業などが立地している。また，この地域には山陽新幹線などの鉄道が東西方向に走っている。県庁所在地である広島市の中心部は，瀬戸内海に流れ込む太田川の三角州上に形成されている。　イ．福井県の若狭湾沿岸にはリアス海岸が見られ，また鯖江市では眼鏡産業が盛んである。現在，東京－金沢(石川県)間が開業している北陸新幹線は，2022年度末に金沢－敦賀(福井県)間が開業する予定であり，県庁所在地である福井市も経由する。福井市では，自宅から最寄り駅まで自動車で行き，鉄道などの公共交通機関に乗り換えて都心部の目的地に向かうというパークアンドライドと呼ばれる仕組みが整備されており，都心部の混雑解消に効果をあげている。　ウ．宮城県では，1982年に開通した東北新幹線などの鉄道が南北方向に走っており，西側には奥羽山脈が位置する。県庁所在地である仙台市は「杜(もり)の都」と呼ばれ，街路樹などによる緑豊かな町並みが見られる。　エ．鹿児島県には薩摩半島と大隅半島という２つの大きな半島がある。西側の薩摩半島には，県庁所在地の鹿児島市があり，大規模な石油備蓄基地が市の南部に位置する。鹿児島市は，噴火活動が活発な桜島の対岸に位置し，2004年に開通した九州新幹線の終点となる駅が置かれている。また，鹿児島県から宮崎県にかけて，火山噴出物が積もってできたシラス台地が分布している。

〔問２〕＜地形図の読み取り＞Ｐ．特にことわりのないかぎり，地形図上では北が上となる。ⅠとⅡの地形図では，西側に海があり，東へ行くにつれてゆるやかに標高が高くなっていることが等高線からわかる。これをふまえて庄内空港の西端付近と東端付近の標高を確認すると，西端付近には10mの等高線があり，東端付近には40mや50mの等高線が見られることがわかる。　**Ｑ．**庄内空港ができる前の土地利用の様子をⅠの地形図で確認すると，畑(∨)や果樹園(ό)が広がっている。なお，水田(ıı)は，庄内空港よりも東の地域に見られる。　**Ｒ．**庄内空港の滑走路に相当するＹ－Ｚの長さは地形図上で約８cmである。この地形図の縮尺は２万５千分の１なので，実際の距離は，８cm×25000＝200000cm＝2000mとなる。　**Ｓ．**この地域は日本海沿岸に位置するため，冬に北西から季節風が吹く。したがって，海岸沿いに見られる針葉樹林(Λ)は，この北西風によって砂浜から運ばれる砂を防ぐ防砂林と考えられる。

〔問３〕＜高速道路と交通の変化＞理由．「自然災害に着目」という点を念頭に置きながらⅠとⅡの資料を確認する。東名高速道路で高波や津波による通行止めが発生していること(Ⅰ)，新東名高速道路が東名高速道路よりも内陸を通っていること(Ⅱ)から，海からの災害を避けるために新東名高速道路は内陸に建設されたと考えられる。　**効果．**Ⅲの資料で，東名高速道路と新東名高速道路の「平均交通量」と「10km以上の渋滞回数」をそれぞれ比較する。「平均交通量」については，開通前に比べて開通後の東名の平均交通量が減少していること，また開通後の東名と新東名の平均交通量を合計すると開通前の平均交通量を上回っていることが読み取れる。次に「10km以上の渋滞回数」については，開通前に比べて開通後は大きく減少している。以上から，開通後は開通前に比べて平均交通量の合計は増加したが，東名と新東名に分散されたことによって渋滞回数が減少したことがわかる。

4 〔歴史―古代～現代の日本と世界〕

〔問１〕＜年代整序＞年代の古い順に，ア(８世紀初め―律令制度の整備)，エ(８世紀半ば―聖武天皇の政治)，ウ(12世紀末―鎌倉幕府の成立)，イ(14世紀半ば―室町幕府の成立)となる。

〔問２〕＜東求堂同仁斎＞Ⅲの文章中の「慈照寺」は，京都の東山にある寺院で，一般には銀閣寺とも呼ばれている。もとは室町幕府第８代将軍の足利義政の別荘であり，敷地内にある銀閣や東求堂は義政が建てたものである。義政の頃には，寺院の部屋の様式を取り入れ，床の間などを備えた書院造と呼ばれる住宅様式が広まり，現在の和風建築の原型となった。東求堂の一室である同仁斎は，代表的な書院造である。義政が政治を行ったのは15世紀後半であり，Ⅰの年表中のイの時期にあたる。

〔問３〕<江戸時代の政策と時期>「天明」という元号や「浅間山が噴火」という言葉から，この文章は18世紀後半に起こった浅間山の大噴火について述べたものであるとわかる。同時期に天明のききん(1782年〔天明２年〕)が起こったこともあり，各地で百姓一揆や打ちこわしが相次いだため，このとき政治を行っていた田沼意次は老中を辞めさせられた。この後，18世紀末には松平定信が寛政の改革(1787～93年)を行っており，「４年後から10年後にかけて主に行われた政策」とは寛政の改革の政策を指す。ア～エのうち，寛政の改革で行われた政策はエである。なお，アは水野忠邦が19世紀半ばに行った天保の改革，イは徳川吉宗が18世紀前半に行った享保の改革，ウは田沼意次が行った政策の内容である。

〔問４〕<1910～33年の出来事>大正時代には文化の大衆化が進み，1925年には東京でラジオ放送が開始された。なお，国家総動員法が制定されたのは1938年，官営の八幡製鉄所が開業したのは1901年，廃藩置県が行われたのは1871年である。

5 〔公民―総合〕

〔問１〕<内閣の仕事>内閣の仕事は，日本国憲法第73条で規定されている。アに書かれた条約の締結のほか，法律の執行，予算の作成，政令の制定などがある。なお，イは国会が政治全般について調査する権限である国政調査権について規定した条文(第62条)である。ウは，国民の権利や義務を定めた条文の１つで，個人の尊重，幸福追求権，公共の福祉について規定している(第13条)。エは，地方自治の基本原則を定めた条文(第92条)である。

〔問２〕<日本の議院内閣制とアメリカの大統領制>議院内閣制をとる日本では，国民の選挙で選ばれた議員で構成される国会が国権の最高機関と位置づけられ，内閣は国会の信任に基づいて成立し，国会に対して連帯して責任を負う。衆議院で内閣不信任案が可決(または内閣信任案が否決)されて内閣が国会の信任を失った場合，内閣は10日以内に衆議院を解散するか，総辞職しなければならない(B…○)。一方，大統領制をとるアメリカでは，国民が行政の長である大統領と立法を行う議会の議員をそれぞれ選挙で選ぶ。そのため，大統領と議会は対等で互いに独立しており，大統領は議会に法律案を提出したり議会を解散したりすることはできない一方，議会が可決した法律案を拒否する権限を持つ(A…×)。

〔問３〕<行政の役割>社会資本とは，公園，道路や上下水道，図書館，学校などの公共的な施設や設備のことである。これらは国民の生活や産業の支えとなる重要なものであるが，利潤を目的とする民間企業だけでは提供が難しいものが多いため，行政によって整備されている。なお，ア～ウは社会保障制度に関する内容で，アは公的扶助，イは社会保険，ウは公衆衛生について述べたものである。

〔問４〕<資料の読み取り>Ⅱの文章の記述内容とⅠのグラフを照らし合わせて考える。「歳入総額に占める租税・印紙収入の割合の増加」に当てはまる時期はアとイであり，「公債金の割合が低下」に当てはまる時期はイである。なお，イの時期にあたる1980年代の後半には，土地や株の価格が実際の価値以上に上昇するバブル経済と呼ばれる好景気が到来し，経済成長率は６％台となった。また，この時期には電話や鉄道などの公営企業の民営化が行われ，消費税が初めて導入された。

6 〔三分野総合―国際社会を題材とした問題〕

〔問１〕<年代整序>年代の古い順に，エ(三国同盟の成立―1882年)，ウ(国際連盟の発足―1920年)，ア(ヨーロッパ共同体〔EC〕の発足―1967年)，イ(国連環境開発会議〔地球サミット〕の開催―1992年)となる。

〔問２〕＜サウジアラビアの特徴と資料の読み取り＞**略地図中のＡ～Ｄ．** Ａはフィリピン，Ｂはサウジアラビア，Ｃはコートジボワール，Ｄはポルトガルである。Ⅲの文章の石油輸出国機構〔OPEC〕に加盟しているという記述から，世界有数の石油産出国であるサウジアラビアと判断する。サウジアラビアの国旗は，緑色の下地にアラビア文字と剣が描かれたデザインとなっている。 **ⅠとⅡのグラフのア～エ．** Ⅲの文章の記述内容と，Ⅰ，Ⅱのグラフを照らし合わせて考える。まず，Ⅲの文中の「二度の石油危機を含む期間」とは，1973年（第一次石油危機）～1979年（第二次石油危機）である。この期間に「一人当たりの国内総生産が大幅に増加」し，その後「一時的に減少し，1990年以降は増加し続けた」国をⅠのグラフで確認すると，当てはまるのはアとなる。また，「1970年から2015年までの間に乳幼児死亡率は約10分の１に減少」した国をⅡのグラフで確認すると，やはりアが当てはまる。したがって，アがサウジアラビアである。なお，イはポルトガル，ウはフィリピン，エはコートジボワールである。

〔問３〕＜日本のODAの変化＞この問題で求められているのは，「1997年度と比較した2018年度の政府開発援助（ODA）の変化」について，①Ⅰ～Ⅲの資料を活用し，②政府開発援助事業予算（Ⅱの表）と二国間政府開発援助贈与（Ⅲの表）の内訳に着目して述べることである。これを念頭に置き，Ⅰ～Ⅲの資料からわかることを整理する。まずⅠを見ると，現在の日本は政府開発援助を行うにあたり，援助相手国の自助努力や自立的発展を重視していることがわかる。次にⅡを見ると，2018年度は1997年度と比べて，政府開発援助事業予算のうち政府貸付の割合が増え，贈与の割合が減っていることがわかる。次にⅢを見ると，2018年度は1997年度と比べて，二国間政府開発援助贈与のうち無償資金協力の割合が減り，技術協力の割合が増えていることがわかる。以上から，援助相手国の自助努力や自立的発展を促すという方針のもとで，単純に資金を提供する形態の援助を減らし，返済の必要がある貸付や技術援助を増やすという変化が生じていると考えられる。

理科解答

1 〔問1〕 イ　〔問2〕 ウ
〔問3〕 ア　〔問4〕 エ
〔問5〕 イ

2 〔問1〕 ウ　〔問2〕 イ
〔問3〕 ア　〔問4〕 エ

3 〔問1〕 ウ　〔問2〕 エ
〔問3〕 (例)太陽の光の当たる角度が地面に対して垂直に近いほど，同じ面積に受ける光の量が多いから。
〔問4〕 ①…ア　②…ウ

4 〔問1〕 ①…ア　②…ウ　③…ウ
〔問2〕 エ
〔問3〕 ①…イ　②…ア　③…エ　④…イ
〔問4〕 (例)柔毛で覆われていることで小腸の内側の壁の表面積が大きくなり，効率よく物質を吸収することができる点。

5 〔問1〕 イ　〔問2〕 ①…ウ　②…ア
〔問3〕 $NaCl \longrightarrow Na^{+}+Cl^{-}$
〔問4〕 溶質の名称…ミョウバン
結晶の質量…8.6g

6 〔問1〕

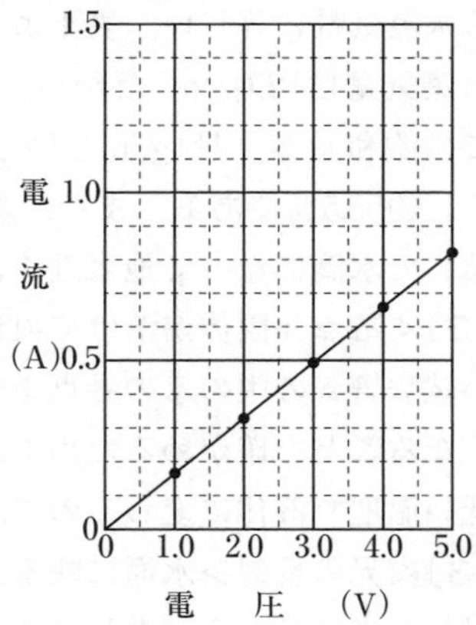

電流の大きさ…1.5A
〔問2〕 イ　〔問3〕 エ
〔問4〕 ア

1 〔小問集合〕

〔問1〕＜**有性生殖**＞有性生殖では，減数分裂によってつくられた生殖細胞が受精して受精卵ができる。生殖細胞に含まれる染色体の数は体細胞の半分なので，受精卵の染色体の数は親の体細胞の染色体の数と同じになる。また，受精卵は細胞分裂を繰り返して胚になる。

〔問2〕＜**塩酸の電気分解**＞薄い塩酸は塩化水素(HCl)の水溶液で，水溶液中には塩化水素が電離した水素イオン(H^{+})と塩化物イオン(Cl^{-})が存在している。そのため，薄い塩酸に電流を流すと，陽イオンであるH^{+}が陰極に引かれて水素(H_2)となって発生し，陰イオンであるCl^{-}が陽極に引かれて塩素(Cl_2)となって発生する。よって，気体Aは水素，気体Bは塩素である。また，この実験で発生する水素と塩素の体積は同じだが，水素が水に溶けにくいのに対し，塩素は水に溶けやすいので，集まる体積は水素の方が塩素より多くなる。

〔問3〕＜**仕事率**＞100gの物体にはたらく重力の大きさを1Nとするから，150gの物体にはたらく重力の大きさは150÷100＝1.5(N)である。よって，持ち上げた力がした仕事の大きさは，〔仕事(J)〕＝〔力の大きさ(N)〕×〔力の向きに動いた距離(m)〕より，1.5×1.6＝2.4(J)となるから，求める仕事率は，〔仕事率(W)〕＝〔仕事(J)〕÷〔かかった時間(s)〕より，2.4÷2＝1.2(W)となる。

〔問4〕＜**火成岩**＞図2より，観察した火成岩のつくりは，石基の中に斑晶が散らばった斑状組織だから，この火成岩は火山岩である。火山岩のうち，有色鉱物の割合が多い岩石は玄武岩である。また，黄緑色で不規則な形の鉱物はカンラン石である。なお，はんれい岩は深成岩だから，つくりは等粒状組織で，石英は無色鉱物である。

〔問5〕＜**酸化銀の分解**＞酸化銀(Ag_2O)を加熱すると，銀(Ag)と酸素(O_2)に分解される。酸化銀は銀原子と酸素原子が２：１の数の比で結びついているから，モデルでは●○●と表され，反応後の酸素は原子が２個結びついて酸素分子として存在しているから，モデルでは○○と表される。よって，ア～エのうち，適切なのはイである。

2 〔小問集合〕

〔問１〕＜空気中の水蒸気＞コップの表面に水滴がつき始めたときの温度は，空気中の水蒸気が凝結して水滴ができ始める温度で，これを露点という。露点での飽和水蒸気量は，実際に空気中に含まれる水蒸気量に等しい。表１より，教室の温度24℃での飽和水蒸気量は21.8g/m^3，露点14℃での飽和水蒸気量は12.1g/m^3だから，〔湿度(％)〕＝〔空気１m^3中に含まれる水蒸気量(g/m^3)〕÷〔その気温での飽和水蒸気量(g/m^3)〕×100より，測定時の教室の湿度は，12.1÷21.8×100＝55.50…となるから，約55.5％である。また，霧は，水蒸気を含んだ空気が冷やされて露点以下になり，水蒸気が凝結して水滴になって地表近くに浮かんだものである。

〔問２〕＜融点＞固体が溶けて液体に変化するときの温度を融点という。塩化カルシウムを入れていない試験管Ａの中の水の融点を調べたのは，塩化カルシウムを入れた水溶液の融点が水の融点より低くなることを確かめるためである。なお，この実験のように，凍結防止剤を入れると，固体はより低い温度で液体に変わるので，雪が溶けやすくなる。

〔問３〕＜光の反射＞水面に映る像は，水面に対して物体と対称の位置にできる。このとき，水面で反射した光は像から直進してきたように見える。よって，ア～エのうち，適切なのはアである。

〔問４〕＜水質調査＞見つけた生物のうち，水質階級Ⅰに属するのはカワゲラとヒラタカゲロウで，どちらも１点だから，合計で１＋１＝２(点)，水質階級Ⅱに属するのはシマトビケラとカワニナで，それぞれ２点と１点だから，合計で２＋１＝３(点)，水質階級Ⅲに属するのはシマイシビルで２点である。よって，最も点数の高い階級は３点のⅡなので，この地点の水質階級はⅡである。また，カワニナのように内臓が外とう膜で覆われている動物を軟体動物という。なお，節足動物はからだが外骨格で覆われ，からだやあしに節がある動物である。

3 〔地球と宇宙〕

〔問１〕＜太陽の動き＞図３より，太陽は透明半球上を１時間で2.4cm動く。紙テープで日の入りの位置を表しているのは点Ｇだから，太陽が15時から点Ｇまでの9.6cmを動くのにかかる時間は，9.6÷2.4＝4(時間)となる。よって，日の入りの時刻は，15時の４時間後の19時である。

〔問２〕＜太陽の動き＞南半球では，太陽は東の空から昇り，北の空を通って西の空に沈む。また，北半球と南半球では季節が逆になるため，日本で夏のとき，南半球では冬になる。よって，夏至の日，南半球では太陽の南中高度は最も低くなるので，ア～エのうち，この日の太陽の動きを表しているのはエである。なお，ウは南半球での冬至の日頃の太陽の動きを表している。

〔問３〕＜太陽の高度とエネルギー＞太陽の光が当たる角度が垂直に近いほど，同じ面積で比較したときの太陽から受ける光の量(エネルギー)が多くなる。よって，太陽の光が当たる角度が地面に対して垂直に近くなるのは，太陽の南中高度が高いときだから，このとき，地面が得るエネルギーが多くなり，地表が温まりやすくなる。

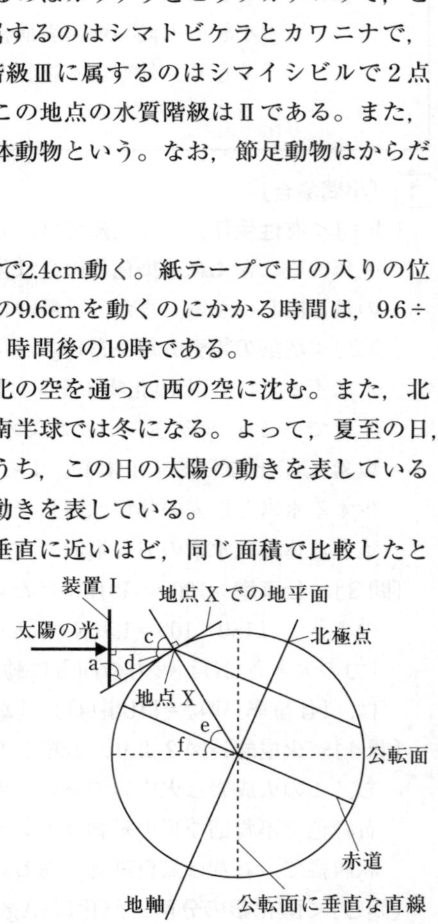

〔問４〕＜太陽の高度＞①10分後の水温が最も高くなるのは，右図のように，装置Ⅰに太陽の光が垂直に当たるときである。図より，角ａ＝90°－角ｄ，角ｄ＝90°－角ｃだから，角ａ＝90°－(90°－角ｃ)＝角ｃとなる。　②図で，太陽の光と公転面が平行で，同位角が等しいから，角ｃ＝角ｅ

＋角ｆとなる。ここで，角ｅは地点Xの緯度に等しいので35.6°であり，角ｆは地軸の公転面に垂直な方向に対する傾きである23.4°に等しい。よって，角ｃ＝角ｅ＋角ｆ＝35.6°＋23.4°＝59.0°となる。

4〔動物の生活と生物の変遷〕

〔問１〕<**唾液のはたらき**>ヨウ素液は茶褐色で，デンプンによって青紫色に変わり，ベネジクト液は青色で，糖があると赤褐色の沈殿ができる。結果１で，デンプンがなくなっているのは，ヨウ素液が茶褐色のままで，青紫色に変化していない容器Cである。容器Cには唾液を加えたので，唾液を加えていない容器のうち，ヨウ素液を加えた容器Aと比較することで，デンプンが唾液のはたらきで別の物質になったことがわかる。また，唾液のはたらきで糖ができたことは，ベネジクト液を加えた容器のうち，唾液を加えていない容器Bではベネジクト液が青色のままで糖がないのに対して，唾液を加えた容器Dでは赤褐色に変化して糖があることからわかる。

〔問２〕<**消化酵素**>まず，結果１より，消化酵素Xを加えた容器E，Fで，デンプンがそのまま残り糖はできていないので，消化酵素Xはデンプンを分解しないことがわかる。次に，結果２より，タンパク質を主成分とするゼラチンは，消化酵素Xを加えていない容器Gでは変化がなく，消化酵素Xを加えた容器Hでは溶けているので，消化酵素Xがタンパク質を分解したことがわかる。よって，消化酵素Xと同じはたらきをする消化酵素は，タンパク質を分解するペプシンである。また，結果３でゼラチンに変化がなかったことから，加熱後の消化酵素Xはタンパク質を分解しないことがわかる。なお，アミラーゼは，唾液に含まれる消化酵素で，デンプンを分解する。

〔問３〕<**養分の分解**>デンプンは，唾液腺から分泌される唾液中のアミラーゼ，すい臓から分泌されるすい液中のアミラーゼ，さらに小腸の壁にある消化酵素のはたらきによって，ブドウ糖にまで分解される。また，タンパク質は，胃から分泌される胃液中のペプシン，すい臓から分泌されるすい液中のトリプシン，さらに小腸の壁にある消化酵素のはたらきによって，アミノ酸にまで分解される。なお，脂肪は，胆汁のはたらきと，すい液中のリパーゼによって，脂肪酸とモノグリセリドにまで分解される。

〔問４〕<**柔毛**>小腸の内壁のひだの表面にある微小な突起を柔毛という。小腸の内壁に多数のひだと柔毛があることで，小腸の内壁の表面積が非常に大きくなり，養分を効率よく吸収できる。

5〔化学変化と原子・分子〕

〔問１〕<**有機物**>加熱すると焦げて黒色に変化する物質は有機物である。ろうは有機物で，炭素原子を含むので，燃やすと二酸化炭素が発生する。なお，活性炭の主な成分は炭素だが，活性炭は有機物ではなく無機物である。

〔問２〕<**炭酸水素ナトリウム**>結果１より，加熱して溶けた物質Aはミョウバン，焦げて黒色の物質が残った物質Dはショ糖である。一方，燃えずに白色の物質が残った物質のうち，加熱しても変化がない物質Cは塩化ナトリウムで，気体が発生した物質Bは炭酸水素ナトリウムである。炭酸水素ナトリウムを加熱すると，炭酸ナトリウムと水，二酸化炭素に分解されるので，発生した気体は二酸化炭素である。二酸化炭素は水に少し溶け，その水溶液は酸性を示す。なお，①のアは酸素，イは水素の性質に当てはまる。また，②で，二酸化炭素が発生するのは，石灰石に薄い塩酸を加えるときである。なお，②のイでは酸素，ウでは水素，エではアンモニアが発生する。

〔問３〕<**塩化ナトリウム**>〔問２〕より，物質Cは塩化ナトリウム($NaCl$)で，水に溶けるとナトリウムイオン(Na^+)と塩化物イオン(Cl^-)に電離する。電離の様子を式で表すときには，矢印の左側に電離前の物質の化学式を，右側に電離後の物質のイオン式を書き，矢印の左側と右側で原子の数が等しいことと，矢印の右側で＋の数と－の数が等しいことを確かめる。

〔問４〕<溶解度と再結晶>100gの水に物質を20g入れたとき，20℃では一部が溶け残り，40℃では全て溶けるのは，20℃での溶解度が20g未満で，40℃での溶解度が20g以上の物質である。よって，結果２の(2)の表より，水溶液Ｐの溶質はミョウバンである。また，40℃の水100gにミョウバンが20g溶けている水溶液Ｐ120gを，20℃まで冷やすと，(2)の表より，ミョウバンは20℃では11.4gまで溶けるので，溶けきれずに出てくる結晶の質量は，$20-11.4=8.6$(g)となる。

6〔電流とその利用〕

〔問１〕<電流と電圧>結果１より，電熱線Ａでの測定値を・などで記入しグラフをかくと，原点を通る直線になる。このグラフより，電流は電圧に比例することがわかる(オームの法則)。よって，結果１で，電熱線Ａに3.0Vの電圧を加えると0.50Aの電流が流れることから，9.0Vの電圧を加えるときに流れる電流の大きさは，$0.50\times\frac{9.0}{3.0}=1.5$(A)となる。

〔問２〕<電流>直列回路では，電流は回路のどの点でも同じだから，実験２で，直列に接続したときに電熱線Ｂに流れる電流は，結果２より0.5Aである。一方，並列回路では，電熱線に加わる電圧は電源の電圧に等しい。実験２で，並列に接続したときの電熱線Ｂに加わる電圧は5.0Vだから，結果１より，流れる電流は1.25Aとなる。よって，求める比は，0.5：1.25＝２：５である。

〔問３〕<熱量>結果２より，電熱線Ａ，Ｂを並列に接続したとき，加わる電圧は5.0V，回路に流れる電流は2.1Aである。よって，〔熱量(J)〕＝〔電力(W)〕×〔時間(s)〕＝(〔電圧(V)〕×〔電流(A)〕)×〔時間(s)〕より，求める発熱量の和は，$5.0\times2.1\times(60\times5)=3150$(J)となる。

〔問４〕<抵抗，エネルギー>オームの法則〔抵抗〕＝〔電圧〕÷〔電流〕より，結果１で，電熱線Ａの電気抵抗は$3.0\div0.50=6.0$(Ω)，電熱線Ｂの電気抵抗は$4.0\div1.00=4.0$(Ω)である。よって，同じ電圧を加えたとき，流れる電流は電気抵抗の大きい電熱線Ａの方が小さいから，電熱線の電気抵抗の大きさが大きくなると電流は流れにくくなることがわかる。また，結果２で，電熱線に電流を流すと熱が発生して水の温度が上昇していることから，電熱線は電気エネルギーを熱エネルギーに変換していることがわかる。

Memo

Memo

2025年度用　都立国立高校

5年間スーパー過去問

入試水準と傾向をさぐり、合格への展望をひらく!

公立高校過去問シリーズ

■編集者　(株)声の教育社 編集部
■発行所　(株)声 の 教 育 社
〒162-0814 東京都新宿区新小川町8-15
☎03-5261-5061㈹
御不明な点は直接本社にお問い合わせ下さい。

2024年7月　第1刷発行

2025年度用

別 冊

都立国立高校

書き込み式
解答用紙集

お客様へ
●解答用紙は別冊になっていますので本体からていねいに抜き取ってご使用ください。

声の教育社

2024年度　都立国立高校　英語

解　答　用　紙　（1）

1	〔問題A〕	〈対話文1〉		〈対話文2〉		〈対話文3〉	
	〔問題B〕	〈Question 1〉					
		〈Question 2〉					

2	〔問1〕		〔問2〕		
	〔問3〕	始めの２語		終わりの２語	
	〔問4〕		〔問5〕		
	〔問6〕				
	〔問7〕		〔問8〕		
	〔問9〕		〔問10〕		

解 答 用 紙 （2）

3

〔問1〕	1-a		1-b		1-c		〔問2〕
〔問3〕							
〔問4〕	a		b		〔問5〕		
〔問6〕							
〔問7〕							
〔問8〕							
〔問9〕							

（注）この解答用紙は実物を縮小してあります。
B4用紙に135%拡大コピーすると、
ほぼ実物大で使用できます。
（タイトルと配点表は含みません）

配点		計
	1, 2 各４点×15 3 問１～問５ 各４点×５ 問６ ６点 問７ ４点 問８ ６点 問９ ４点	100点

2024年度　都立国立高校　数学

解　答　用　紙（1）

1

〔問 1〕	
〔問 2〕	$x =$　　　　, $y =$
〔問 3〕	通り
〔問 4〕	
〔問 5〕	【　作　図　】

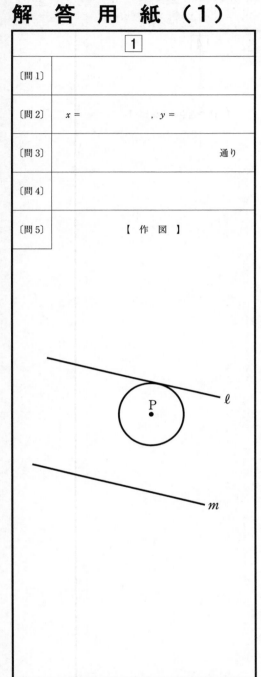

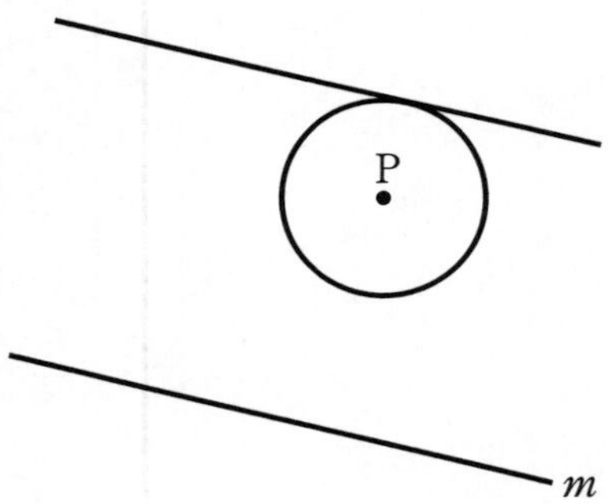

2

〔問 1〕	$a =$
〔問 2〕	$y =$
〔問 3〕	【　途中の式や計算など　】

（答え）　（　　　　,　　　　）

（注）この解答用紙は実物を縮小してあります。
B4用紙に143%拡大コピーすると、
ほぼ実物大で使用できます。
（タイトルと配点表は含みません）

配点		計
	1　各５点×５	100点
	2　問１　７点　問２　８点　問３　10点	
	3　問１　７点　問２　10点　問３　８点	
	4　問１　７点　問２　10点　問３　８点	

解 答 用 紙 （2）

3	
〔問 1〕	度
〔問 2〕	【 証 明 】
〔問 3〕	cm^2

4	
〔問 1〕	cm
〔問 2〕	【 図や途中の式など 】 （答え） cm^2
〔問 3〕	cm^3

五

〔問1〕 〔問2〕 〔問3〕 〔問4〕 〔問5〕

四

〔問5〕 〔問6〕 〔問7〕

200 100 20

（注）この解答用紙は実物を縮小してあります。
B4用紙に119%拡大コピーすると、
ほぼ実物大で使用できます。
（タイトルと配点表は含みません）

配点		計
	一, 二　各２点×10 三　問１～問５　各４点×５　問６　各２点×２ 四　問１　４点　問２　各２点×２　問３，問４　各４点×２ 問５　12点　問６，問７　各４点×２ 五　各４点×５	100点

二〇二四年度　都立国立高校　国語　解答用紙

一

(1) 反物

(2) 統轄

(3) 煩い　い

(4) 万障

(5) 片言隻語

二

(1) フセイシュツ

(2) ツウテイ

(3) モトデ

(4) ジョハキュウ

(5) ウミセンヤマセン

三

〔問1〕

〔問2〕

〔問3〕

〔問4〕

〔問5〕

〔問6〕 i　ii

四

〔問1〕

〔問2〕 1　2

〔問3〕

〔問4〕

2024年度　東京都立高校　社会
解　答　用　紙

□部分がマークシート方式により解答する問題です。

マーク上の注意事項

1　ＨＢ又はＢの鉛筆（シャープペンシルも可）を使って，◯の中を正確に塗りつぶすこと。

2　答えを直すときは，きれいに消して，消しくずを残さないこと。

3　決められた欄以外にマークしたり，記入したりしないこと。

良い例	悪い例
●	⊘ 線　⊙ 小さい　はみ出し　◯ 丸囲み　レ点　うすい

受検番号						
⓪	⓪	⓪	⓪	⓪	⓪	⓪
①	①	①	①	①	①	①
②	②	②	②	②	②	②
③	③	③	③	③	③	③
④	④	④	④	④	④	④
⑤	⑤	⑤	⑤	⑤	⑤	⑤
⑥	⑥	⑥	⑥	⑥	⑥	⑥
⑦	⑦	⑦	⑦	⑦	⑦	⑦
⑧	⑧	⑧	⑧	⑧	⑧	⑧
⑨	⑨	⑨	⑨	⑨	⑨	⑨

1

〔問1〕	B	C	D	E
	㋐㋑㋒㋓	㋐㋑㋒㋓	㋐㋑㋒㋓	㋐㋑㋒㋓
〔問2〕	㋐　㋑　㋒　㋓			
〔問3〕	㋐　㋑　㋒　㋓			

2

〔問1〕	略地図中のA～D		Ⅱのア～エ	
	Ⓐ Ⓑ Ⓒ Ⓓ		㋐㋑㋒㋓	
〔問2〕	P	Q	R	S
	㋐㋑㋒㋓	㋐㋑㋒㋓	㋐㋑㋒㋓	㋐㋑㋒㋓
〔問3〕	略地図中のW～Z		ⅠとⅡの表のア～エ	
	Ⓦ Ⓧ Ⓨ Ⓩ		㋐㋑㋒㋓	

3

〔問1〕	A	B	C	D
	㋐㋑㋒㋓	㋐㋑㋒㋓	㋐㋑㋒㋓	㋐㋑㋒㋓
〔問2〕	Ⅰのア～エ		略地図中のW～Z	
	㋐㋑㋒㋓		Ⓦ Ⓧ Ⓨ Ⓩ	
〔問3〕				

4

〔問1〕	㋐㋑㋒㋓ → ㋐㋑㋒㋓ → ㋐㋑㋒㋓ → ㋐㋑㋒㋓			
〔問2〕				
〔問3〕	A	B	C	D
	㋐㋑㋒㋓	㋐㋑㋒㋓	㋐㋑㋒㋓	㋐㋑㋒㋓
〔問4〕	A	B	C	D
	㋐㋑㋒㋓	㋐㋑㋒㋓	㋐㋑㋒㋓	㋐㋑㋒㋓

5

〔問1〕	㋐　㋑　㋒　㋓	
〔問2〕	ⅠのA～D	ア～エ
	Ⓐ Ⓑ Ⓒ Ⓓ	㋐㋑㋒㋓
〔問3〕	㋐　㋑　㋒　㋓	
〔問4〕		

6

〔問1〕	A	B	C	D
	㋐㋑㋒㋓	㋐㋑㋒㋓	㋐㋑㋒㋓	㋐㋑㋒㋓
〔問2〕	㋐　㋑　㋒　㋓			
〔問3〕	㋐　㋑　㋒　㋓			

（注）この解答用紙は実物を縮小してあります。Ａ３用紙に161％拡大コピーすると，ほぼ実物大で使用できます。（タイトルと配点表は含みません）

配点

1 (計15点)			2 (計15点)			3 (計15点)			4 (計20点)				5 (計20点)				6 (計15点)		
問1	問2	問3	問1	問2	問3	問1	問2	問3	問1	問2	問3	問4	問1	問2	問3	問4	問1	問2	問3
5点	5点	5点	5点	5点	5点	5点	5点	5点	5点	5点	5点	5点	5点	5点	5点	5点	5点	5点	5点

2024年度　東京都立高校　理科

解　答　用　紙

受検番号						
⓪	⓪	⓪	⓪	⓪	⓪	⓪
①	①	①	①	①	①	①
②	②	②	②	②	②	②
③	③	③	③	③	③	③
④	④	④	④	④	④	④
⑤	⑤	⑤	⑤	⑤	⑤	⑤
⑥	⑥	⑥	⑥	⑥	⑥	⑥
⑦	⑦	⑦	⑦	⑦	⑦	⑦
⑧	⑧	⑧	⑧	⑧	⑧	⑧
⑨	⑨	⑨	⑨	⑨	⑨	⑨

▭部分がマークシート方式により解答する問題です。

マーク上の注意事項

1　ＨＢ又はＢの鉛筆（シャープペンシルも可）を使って，○の中を正確に塗りつぶすこと。

2　答えを直すときは，きれいに消して，消しくずを残さないこと。

3　決められた欄以外にマークしたり，記入したりしないこと。

良い例	悪い例
●	線　小さい　はみ出し　丸囲み　レ点　うすい

1		
	〔問１〕	㋐　㋑　㋒　㋓
	〔問２〕	㋐　㋑　㋒　㋓
	〔問３〕	㋐　㋑　㋒　㋓
	〔問４〕	㋐　㋑　㋒　㋓
	〔問５〕	㋐　㋑　㋒　㋓
	〔問６〕	㋐　㋑　㋒　㋓

2		
	〔問１〕	㋐　㋑　㋒　㋓
	〔問２〕	㋐　㋑　㋒　㋓
	〔問３〕	㋐　㋑　㋒　㋓
	〔問４〕	㋐　㋑　㋒　㋓

3		
	〔問１〕	㋐　㋑　㋒　㋓
	〔問２〕	２時間ごとに記録した透明半球上の・印のそれぞれの間隔は，
	〔問３〕	㋐　㋑　㋒　㋓
	〔問４〕	㋐　㋑　㋒　㋓

4		
	〔問１〕	㋐　㋑　㋒　㋓
	〔問２〕	㋐　㋑　㋒　㋓
	〔問３〕	㋐　㋑　㋒　㋓

5		
	〔問１〕	㋐　㋑　㋒　㋓
	〔問２〕	㋐　㋑　㋒　㋓
	〔問３〕	<資料>から，
	〔問４〕	㋐　㋑　㋒　㋓

6			
	〔問１〕	㋐　㋑　㋒　㋓	
	〔問２〕	①	②
		㋐　㋑　㋒　㋓	㋐　㋑　㋒　㋓
	〔問３〕	㋐　㋑　㋒　㋓	
	〔問４〕	㋐　㋑　㋒　㋓	

（注）この解答用紙は実物を縮小してあります。Ａ３用紙に152％拡大コピーすると，ほぼ実物大で使用できます。（タイトルと配点表は含みません）

配点	1（計24点）						2（計16点）				3（計16点）				4（計12点）			5（計16点）				6（計16点）			
	問1	問2	問3	問4	問5	問6	問1	問2	問3	問4	問1	問2	問3	問4	問1	問2	問3	問1	問2	問3	問4	問1	問2	問3	問4
	4点	4点	4点	4点	4点	4点	4点	4点	4点	4点	4点	4点	4点	4点	4点	4点	4点	4点	4点	4点	4点	4点	4点	4点	4点

2023年度　都立国立高校　英語
解　答　用　紙　(1)

1	〔問題A〕	〈対話文1〉		〈対話文2〉		〈対話文3〉	
	〔問題B〕	〈Question 1〉					
		〈Question 2〉					

2	〔問1〕		〔問2〕		〔問3〕			
	〔問4〕		〔問5〕		〔問6〕			
	〔問7〕		〔問8〕					
	〔問9〕		〔問10〕					

3	〔問1〕		〔問2〕	

解　答　用　紙　(2)

3	〔問3〕						
	〔問4〕						
	〔問5〕						
	〔問6〕	始めの2語			終わりの2語		
	〔問7〕		〔問8〕		〔問9〕		

(注) この解答用紙は実物を縮小してあります。
B4用紙に135%拡大コピーすると、
ほぼ実物大で使用できます。
(タイトルと配点表は含みません)

配点		計
	1, 2 各4点×15 3 問1, 問2 各4点×2 問3 6点 問4 4点 問5 6点 問6～問9 各4点×4	100点

2023年度　都立国立高校　数学
解　答　用　紙　(1)

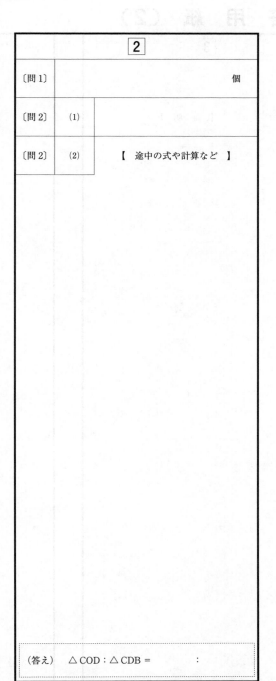

1	
〔問1〕	
〔問2〕	$x =$　　　　, $y =$
〔問3〕	
〔問4〕	
〔問5〕	【 作 図 】

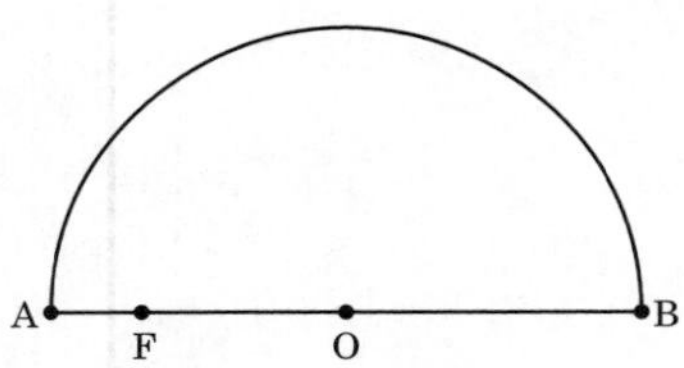

2		
〔問1〕		個
〔問2〕	(1)	
〔問2〕	(2)	【 途中の式や計算など 】

(答え)　△COD：△CDB =　　　：

(注) この解答用紙は実物を縮小してあります。B4用紙に143%拡大コピーすると、ほぼ実物大で使用できます。(タイトルと配点表は含みません)

配点		計
	1 各5点×5 2 問1 7点 問2 (1) 8点 (2) 10点 3 問1 7点 問2 10点 問3 各4点×2 4 問1 7点 問2 10点 問3 8点	100点

解　答　用　紙　（2）

3	
〔問 1〕	度
〔問 2〕	【　証　明　】
〔問 3〕	CG : CA = 　　：
	AC の長さ　　cm

4	
〔問 1〕	cm
〔問 2〕	【　図や途中の式など　】 (答え)　　cm^3
〔問 3〕	cm^2

四

〔問4〕

〔問5〕

〔問6〕

〔問7〕

200 100 20

五

〔問1〕

〔問2〕

〔問3〕

〔問4〕

〔問5〕

（注）この解答用紙は実物を縮小してあります。
B4用紙に125%拡大コピーすると、
ほぼ実物大で使用できます。
（タイトルと配点表は含みません）

配点	一, 二　各２点×10 三　問１～問５　各４点×５　問６　各２点×２ 四　問１　各２点×２　問２～問６　各４点×５　問７　12点 五　各４点×５	計 100点

二〇二三年度　都立国立高校　国語　解答用紙

一

(1) 年波
(2) 柄
(3) 摯実
(4) 遮蔽
(5) 下学上達

二

(1) オカモち　ち
(2) シンゼンビ
(3) トウカ
(4) カンキョウ
(5) ガンコウシハイ

三

〔問1〕
〔問2〕
〔問3〕
〔問4〕
〔問5〕
〔問6〕 i　□　●　▲　◇
ii

四

〔問1〕 1　2
〔問2〕
〔問3〕

2023年度　東京都立高校　社会
解　答　用　紙

受	検	番	号			
⓪	⓪	⓪	⓪	⓪	⓪	⓪
①	①	①	①	①	①	①
②	②	②	②	②	②	②
③	③	③	③	③	③	③
④	④	④	④	④	④	④
⑤	⑤	⑤	⑤	⑤	⑤	⑤
⑥	⑥	⑥	⑥	⑥	⑥	⑥
⑦	⑦	⑦	⑦	⑦	⑦	⑦
⑧	⑧	⑧	⑧	⑧	⑧	⑧
⑨	⑨	⑨	⑨	⑨	⑨	⑨

▭部分がマークシート方式により解答する問題です。

マーク上の注意事項

1　ＨＢ又はＢの鉛筆（シャープペンシルも可）を使って，◯の中を正確に塗りつぶすこと。

2　答えを直すときは，きれいに消して，消しくずを残さないこと。

3　決められた欄以外にマークしたり，記入したりしないこと。

良い例	悪い例
●	線　小さい　はみ出し　丸囲み　レ点　うすい

1

〔問1〕	㋐ ㋑ ㋒ ㋓
〔問2〕	㋐ ㋑ ㋒ ㋓
〔問3〕	㋐ ㋑ ㋒ ㋓

2

〔問1〕	略地図中のA～D		Ⅱのア～エ	
	Ⓐ Ⓑ Ⓒ Ⓓ		㋐ ㋑ ㋒ ㋓	
〔問2〕	W	X	Y	Z
	㋐㋑㋒㋓	㋐㋑㋒㋓	㋐㋑㋒㋓	㋐㋑㋒㋓
〔問3〕	㋐ ㋑ ㋒ ㋓			

3

〔問1〕	A	B	C	D
	㋐㋑㋒㋓	㋐㋑㋒㋓	㋐㋑㋒㋓	㋐㋑㋒㋓
〔問2〕	㋐ ㋑ ㋒ ㋓			
〔問3〕	〔(1)目的〕			
	〔(2)敷設（ふせつ）状況及び設置状況〕			

4

〔問1〕	㋐㋑㋒㋓ → ㋐㋑㋒㋓ → ㋐㋑㋒㋓ → ㋐㋑㋒㋓			
〔問2〕	㋐ ㋑ ㋒ ㋓			
〔問3〕	時期			略地図
	㋐㋑㋒ → ㋐㋑㋒ → ㋐㋑㋒			㋐ ㋑ ㋒
〔問4〕	A	B	C	D
	㋐㋑㋒㋓	㋐㋑㋒㋓	㋐㋑㋒㋓	㋐㋑㋒㋓

5

〔問1〕	㋐ ㋑ ㋒ ㋓
〔問2〕	㋐ ㋑ ㋒ ㋓
〔問3〕	㋐ ㋑ ㋒ ㋓
〔問4〕	

6

〔問1〕	A	B	C	D
	㋐㋑㋒㋓	㋐㋑㋒㋓	㋐㋑㋒㋓	㋐㋑㋒㋓
〔問2〕	Ⅰの略年表中のA～D		略地図中のW～Z	
	Ⓐ Ⓑ Ⓒ Ⓓ		Ⓦ Ⓧ Ⓨ Ⓩ	
〔問3〕	㋐ ㋑ ㋒ ㋓			

（注）この解答用紙は実物を縮小してあります。Ａ３用紙に154％拡大コピーすると，ほぼ実物大で使用できます。（タイトルと配点表は含みません）

配点

1（計15点）			2（計15点）			3（計15点）			4（計20点）				5（計20点）				6（計15点）		
問1	問2	問3	問1	問2	問3	問1	問2	問3	問1	問2	問3	問4	問1	問2	問3	問4	問1	問2	問3
5点	5点	5点	5点	5点	5点	5点	5点	5点	5点	5点	5点	5点	5点	5点	5点	5点	5点	5点	5点

2023年度　東京都立高校　理科
解　答　用　紙

▭部分がマークシート方式により解答する問題です。

マーク上の注意事項

1　ＨＢ又はＢの鉛筆（シャープペンシルも可）を使って，◯の中を正確に塗りつぶすこと。

2　答えを直すときは，きれいに消して，消しくずを残さないこと。

3　決められた欄以外にマークしたり，記入したりしないこと。

良い例	悪い例		
●	線	小さい	はみ出し
	丸囲み	レ点	うすい

受検番号						
⓪	⓪	⓪	⓪	⓪	⓪	⓪
①	①	①	①	①	①	①
②	②	②	②	②	②	②
③	③	③	③	③	③	③
④	④	④	④	④	④	④
⑤	⑤	⑤	⑤	⑤	⑤	⑤
⑥	⑥	⑥	⑥	⑥	⑥	⑥
⑦	⑦	⑦	⑦	⑦	⑦	⑦
⑧	⑧	⑧	⑧	⑧	⑧	⑧
⑨	⑨	⑨	⑨	⑨	⑨	⑨

1

〔問1〕	㋐　㋑　㋒　㋓
〔問2〕	㋐　㋑　㋒　㋓
〔問3〕	㋐　㋑　㋒　㋓
〔問4〕	㋐　㋑　㋒　㋓
〔問5〕	㋐　㋑　㋒　㋓
〔問6〕	㋐　㋑　㋒　㋓

2

〔問1〕	㋐　㋑　㋒　㋓	
〔問2〕	①	②
	㋐　㋑	㋐　㋑
〔問3〕	㋐　㋑　㋒　㋓	
〔問4〕	㋐　㋑　㋒　㋓	

3

〔問1〕				
〔問2〕	①		②	
	㋐　㋑		㋐　㋑	
〔問3〕	①	②	③	④
	㋐㋑	㋐㋑	㋐㋑	㋐㋑
〔問4〕	㋐　㋑　㋒　㋓			

4

〔問1〕	㋐　㋑　㋒　㋓
〔問2〕	㋐　㋑　㋒　㋓
〔問3〕	㋐　㋑　㋒　㋓

5

〔問1〕	㋐　㋑　㋒　㋓　㋔	
〔問2〕	㋐　㋑　㋒　㋓	
〔問3〕	㋐　㋑　㋒　㋓	
〔問4〕	①	②
	㋐㋑㋒	㋐㋑㋒

6

〔問1〕	㋐　㋑　㋒　㋓
〔問2〕	㋐㋑㋒㋓㋔㋕
〔問3〕	㋐　㋑　㋒　㋓　㋔
〔問4〕	㋐　㋑　㋒　㋓

（注）この解答用紙は実物を縮小してあります。A３用紙に152％拡大コピーすると，ほぼ実物大で使用できます。（タイトルと配点表は含みません）

配点

1（計24点）						2（計16点）				3（計16点）				4（計12点）			5（計16点）				6（計16点）			
問1	問2	問3	問4	問5	問6	問1	問2	問3	問4	問1	問2	問3	問4	問1	問2	問3	問1	問2	問3	問4	問1	問2	問3	問4
4点	4点	4点	4点	4点	4点	4点	4点	4点	4点	4点	4点	4点	4点	4点	4点	4点	4点	4点	4点	4点	4点	4点	4点	4点

2022年度　都立国立高校　英語

解　答　用　紙　（1）

1	〔問題A〕	〈対話文1〉		〈対話文2〉		〈対話文3〉	
	〔問題B〕	〈Question 1〉					
		〈Question 2〉					

2	〔問1〕		〔問2〕		〔問3〕			
	〔問4〕		〔問5〕		〔問6〕			
	〔問7〕						〔問8〕	
	〔問9〕	始めの2語			終わりの2語			
	〔問10〕							

3	〔問1〕		〔問2〕	
	〔問3〕		〔問4〕	

解　答　用　紙　（2）

3	〔問5〕	
	〔質問A〕	
	〔問5〕	
	〔質問B〕	
	〔問6〕			〔問7〕	

（注）この解答用紙は実物を縮小してあります。
B4用紙に135%拡大コピーすると、
ほぼ実物大で使用できます。
（タイトルと配点表は含みません）

配点		計
	1, 2　各4点×15 3　問1～問4　各4点×4　問5　各8点×2 問6　各3点×2　問7　2点	100点

2022年度　都立国立高校　数学

解　答　用　紙　（1）

1

〔問 1〕	
〔問 2〕	$x=$　　　，$y=$
〔問 3〕	
〔問 4〕	
〔問 5〕	【 作 図 】

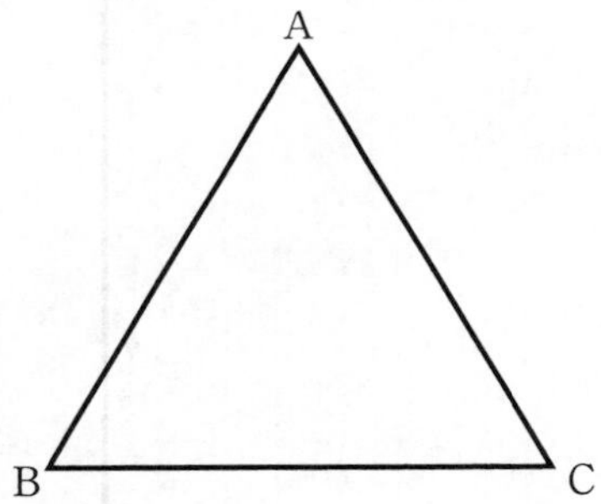

2

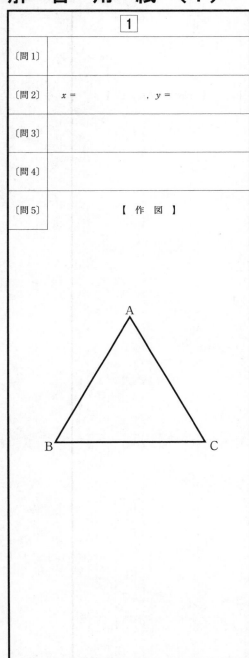

〔問 1〕	$\leqq y \leqq$	
〔問 2〕	(1)	【 途中の式や計算など 】 （答え）　$t=$
〔問 2〕	(2)	a，p を用いて表すと
		最も小さい値は

（注）この解答用紙は実物を縮小してあります。
B4用紙に143%拡大コピーすると、
ほぼ実物大で使用できます。
（タイトルと配点表は含みません）

推定配点		計
	1　問１～問４　各６点×４　問５　７点 2　問１　５点　問２　(1)　10点　(2)　各４点×２ 3　問１　６点　問２　(1)　７点　(2)　10点 4　問１　(1)　６点　(2)　10点　問２　７点	100点

解　答　用　紙　（2）

3		
〔問 1〕		度
〔問 2〕	(1)	HI : AD =
〔問 2〕	(2)	【　証　明　】

4		
〔問 1〕	(1)	cm
〔問 1〕	(2)	【　図や途中の式など　】 （答え）　(　　　　　　)　cm^2
〔問 2〕		cm

四

〔問4〕

〔問5〕

〔問6〕

〔問7〕

200　100　20

五

〔問1〕

〔問2〕

〔問3〕

〔問4〕

〔問5〕

（注）この解答用紙は実物を縮小してあります。
B4用紙に128%拡大コピーすると、
ほぼ実物大で使用できます。
（タイトルと配点表は含みません）

配点		計
	一, 二　各２点×10　三　問１～問３　各４点×３ 問４　各２点×２　問５　４点　問６　各２点×２ 四　問１，問２　各４点×２　問３　各２点×２ 問４～問６　各４点×３　問７　12点　五　各４点×５	100点

二〇二二年度　都立国立高校　国語　解答用紙

一

(1) 結った　　った
(2) 頑是
(3) 役務
(4) 殖やす　　やす
(5) 時期尚早

二

(1) タカ
(2) ズ
(3) コウミョウ
(4) ショウブン
(5) リヒキョクチョク

三

〔問1〕
〔問2〕
〔問3〕
〔問4〕 1　2
〔問5〕
〔問6〕 1　2

四

〔問1〕
〔問2〕
〔問3〕 1　2

2022年度　東京都立高校　社会
解　答　用　紙

受	検	番	号			
⓪①②③④⑤⑥⑦⑧⑨	⓪①②③④⑤⑥⑦⑧⑨	⓪①②③④⑤⑥⑦⑧⑨	⓪①②③④⑤⑥⑦⑧⑨	⓪①②③④⑤⑥⑦⑧⑨	⓪①②③④⑤⑥⑦⑧⑨	⓪①②③④⑤⑥⑦⑧⑨

▭部分がマークシート方式により解答する問題です。

マーク上の注意事項

1　ＨＢ又はＢの鉛筆（シャープペンシルも可）を使って，◯の中を正確に塗りつぶすこと。

2　答えを直すときは，きれいに消して，消しくずを残さないこと。

3　決められた欄以外にマークしたり，記入したりしないこと。

良い例	悪い例
●	線　小さい　はみ出し　丸囲み　レ点　うすい

1

〔問1〕	㋐ ㋑ ㋒ ㋓
〔問2〕	㋐ ㋑ ㋒ ㋓
〔問3〕	㋐ ㋑ ㋒ ㋓

2

〔問1〕	略地図中のA～D		Ⅱのア～エ	
	Ⓐ Ⓑ Ⓒ Ⓓ		㋐ ㋑ ㋒ ㋓	
〔問2〕	P	Q	R	S
	㋐㋑㋒㋓	㋐㋑㋒㋓	㋐㋑㋒㋓	㋐㋑㋒㋓
〔問3〕	略地図中のW～Z		ⅠとⅡの表のア～エ	
	Ⓦ Ⓧ Ⓨ Ⓩ		㋐ ㋑ ㋒ ㋓	

3

〔問1〕	A	B	C	D
	㋐㋑㋒㋓	㋐㋑㋒㋓	㋐㋑㋒㋓	㋐㋑㋒㋓
〔問2〕	Ⅰのア～エ		略地図中のW～Z	
	㋐ ㋑ ㋒ ㋓		Ⓦ Ⓧ Ⓨ Ⓩ	
〔問3〕	〔変化〕			
	〔要因〕			

4

〔問1〕	㋐㋑㋒㋓ → ㋐㋑㋒㋓ → ㋐㋑㋒㋓ → ㋐㋑㋒㋓
〔問2〕	㋐ ㋑ ㋒ ㋓
〔問3〕	㋐㋑㋒㋓ → ㋐㋑㋒㋓ → ㋐㋑㋒㋓ → ㋐㋑㋒㋓
〔問4〕	㋐ ㋑ ㋒ ㋓

5

〔問1〕	㋐ ㋑ ㋒ ㋓
〔問2〕	㋐ ㋑ ㋒ ㋓
〔問3〕	
〔問4〕	㋐ ㋑ ㋒ ㋓

6

〔問1〕	㋐㋑㋒㋓ → ㋐㋑㋒㋓ → ㋐㋑㋒㋓ → ㋐㋑㋒㋓	
〔問2〕	ⅠのA～D	ⅠのA～Dのア～ウ
	Ⓐ Ⓑ Ⓒ Ⓓ	㋐ ㋑ ㋒
〔問3〕	Ⓦ Ⓧ Ⓨ Ⓩ	

（注）この解答用紙は実物を縮小してあります。Ａ３用紙に154％拡大コピーすると，ほぼ実物大で使用できます。（タイトルと配点表は含みません）

配点

1（計15点）			2（計15点）			3（計15点）			4（計20点）				5（計20点）				6（計15点）		
問1	問2	問3	問1	問2	問3	問1	問2	問3	問1	問2	問3	問4	問1	問2	問3	問4	問1	問2	問3
5点	5点	5点	5点	5点	5点	5点	5点	5点	5点	5点	5点	5点	5点	5点	5点	5点	5点	5点	5点

2022年度　東京都立高校　理科

解　答　用　紙

▭部分がマークシート方式により解答する問題です。

マーク上の注意事項

1　ＨＢ又はＢの鉛筆（シャープペンシルも可）を使って，◯の中を正確に塗りつぶすこと。

2　答えを直すときは，きれいに消して，消しくずを残さないこと。

3　決められた欄以外にマークしたり，記入したりしないこと。

良い例	悪い例		
●	線	小さい	はみ出し
	丸囲み	レ点	うすい

受検番号						
⓪	⓪	⓪	⓪	⓪	⓪	⓪
①	①	①	①	①	①	①
②	②	②	②	②	②	②
③	③	③	③	③	③	③
④	④	④	④	④	④	④
⑤	⑤	⑤	⑤	⑤	⑤	⑤
⑥	⑥	⑥	⑥	⑥	⑥	⑥
⑦	⑦	⑦	⑦	⑦	⑦	⑦
⑧	⑧	⑧	⑧	⑧	⑧	⑧
⑨	⑨	⑨	⑨	⑨	⑨	⑨

1

〔問1〕	㋐	㋑	㋒	㋓
〔問2〕	㋐	㋑	㋒	㋓
〔問3〕	㋐	㋑	㋒	㋓
〔問4〕	㋐	㋑	㋒	㋓
〔問5〕	㋐	㋑	㋒	㋓

2

〔問1〕	㋐	㋑	㋒	㋓
〔問2〕	㋐	㋑	㋒	㋓
〔問3〕	㋐	㋑	㋒	㋓
〔問4〕	㋐	㋑	㋒	㋓

3

〔問1〕	㋐	㋑	㋒	㋓
〔問2〕	㋐	㋑	㋒	㋓
〔問3〕	㋐	㋑	㋒	㋓
〔問4〕	㋐	㋑	㋒	㋓

4

〔問1〕	㋐	㋑	㋒	㋓
〔問2〕	㋐	㋑	㋒	㋓
〔問3〕	㋐	㋑	㋒	㋓
〔問4〕	㋐	㋑	㋒	

5

〔問1〕　㋐　㋑　㋒　㋓

〔問2〕　㋐　㋑　㋒　㋓　㋔　㋕

〔問3〕　<化学反応式>

＿＿＿＿（酸）　＋　＿＿＿＿（アルカリ）　→　＿＿＿＿（塩）　＋　＿＿＿＿

〔問4〕　㋐　㋑　㋒　㋓

6

〔問1〕　㋐　㋑　㋒　㋓

〔問2〕　㋐　㋑　㋒　㋓

〔問3〕

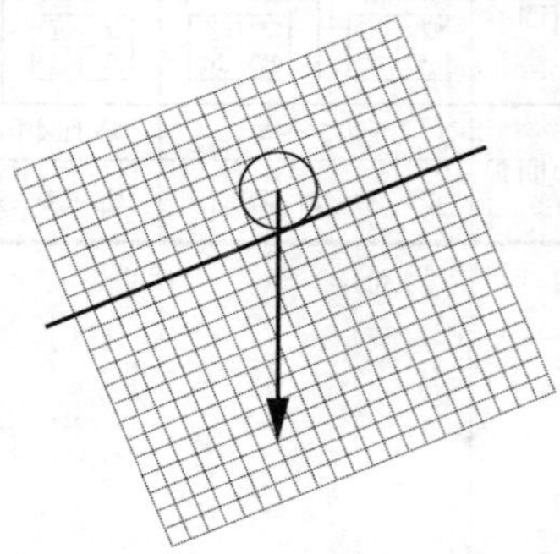

〔問4〕　㋐　㋑　㋒　㋓

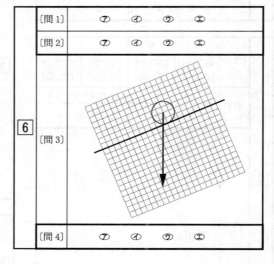

（注）この解答用紙は実物を縮小してあります。Ａ３用紙に152％拡大コピーすると，ほぼ実物大で使用できます。（タイトルと配点表は含みません）

配点

1（計20点）					2（計16点）				3（計16点）				4（計16点）				5（計16点）				6（計16点）			
問1	問2	問3	問4	問5	問1	問2	問3	問4	問1	問2	問3	問4	問1	問2	問3	問4	問1	問2	問3	問4	問1	問2	問3	問4
4点	4点	4点	4点	4点	4点	4点	4点	4点	4点	4点	4点	4点	4点	4点	4点	4点	4点	4点	4点	4点	4点	4点	4点	4点

2021年度　都立国立高校　英語
解　答　用　紙　（1）

1	〔問題A〕	〈対話文1〉		〈対話文2〉		〈対話文3〉	
	〔問題B〕	〈Question 1〉					
		〈Question 2〉					

2	〔問1〕		〔問2〕							
	〔問3〕		〔問4〕		〔問5〕		〔問6〕		〔問7〕	
	〔問8〕		〔問9〕		〔問10〕					

3	〔問1〕		〔問2〕		〔問3〕		〔問4〕	
	〔問5〕						〔問6〕	
	〔問7〕	(7)-a			(7)-b			
	〔問8〕							

解 答 用 紙 （2）

3	〔問9〕	5語 10語 15語 20語 25語 30語 35語 40語 45語

（注）この解答用紙は実物を縮小してあります。B4用紙に135%拡大コピーすると、ほぼ実物大で使用できます。（タイトルと配点表は含みません）

配点		計
	1, 2 各4点×15 3 問1～問8 各4点×8 問9 8点	100点

2021年度　都立国立高校　数学
解　答　用　紙　（1）

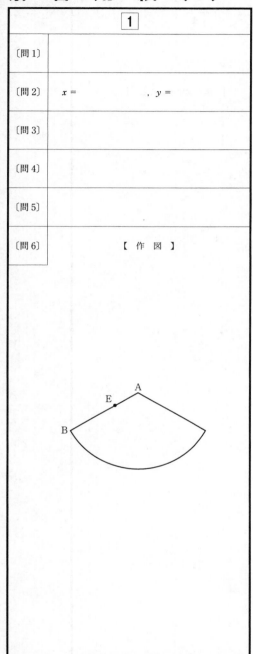

1	
〔問 1〕	
〔問 2〕	$x =$ 　　　　, $y =$
〔問 3〕	
〔問 4〕	
〔問 5〕	
〔問 6〕	【 作 図 】

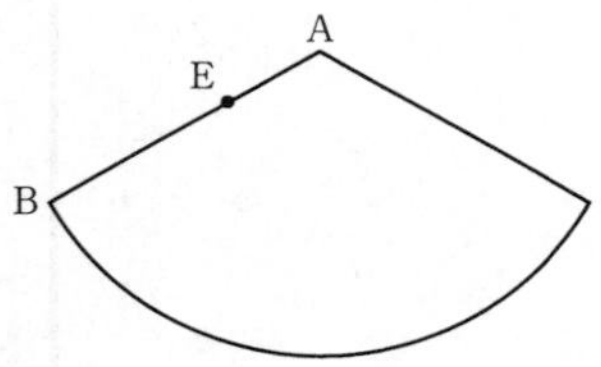

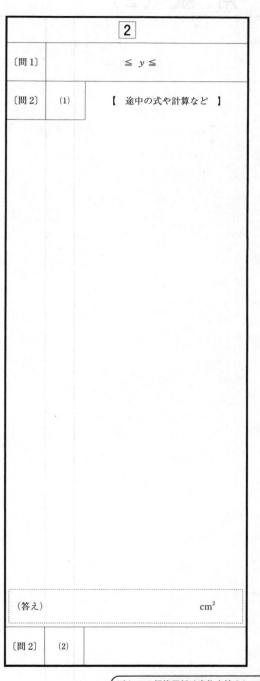

2		
〔問 1〕	$\leqq y \leqq$	
〔問 2〕	(1)	【 途中の式や計算など 】
		（答え）　　　　cm^2
〔問 2〕	(2)	

（注）この解答用紙は実物を縮小してあります。
B4用紙に143%拡大コピーすると、
ほぼ実物大で使用できます。
（タイトルと配点表は含みません）

配点		計
	1 問1～問5　各5点×5　問6　6点 2 問1　6点　問2　(1)　10点　(2)　7点 3 問1　6点　問2　10点　問3　7点 4 問1　6点　問2　10点　問3　7点	100点

解　答　用　紙　（2）

3	
〔問 1〕	cm
〔問 2〕	【 証　明 】
〔問 3〕	倍

4	
〔問 1〕	cm
〔問 2〕	【 図や途中の式など 】 （答え）　　cm^2
〔問 3〕	cm

四

〔問4〕

〔問5〕

〔問6〕

〔問7〕

20

100

200

五

〔問1〕

〔問2〕

〔問3〕

〔問4〕

〔問5〕

（注）この解答用紙は実物を縮小してあります。
B4用紙に125%拡大コピーすると、
ほぼ実物大で使用できます。
（タイトルと配点表は含みません）

配点	一，二　各２点×10 三　問１～問３　各４点×３　問４　各２点×２　問５，問６　各４点×２ 四　問１，問２　各４点×２　問３　各２点×２　問４～問６　各４点×３ 問７　12点 五　各４点×５	計 100点

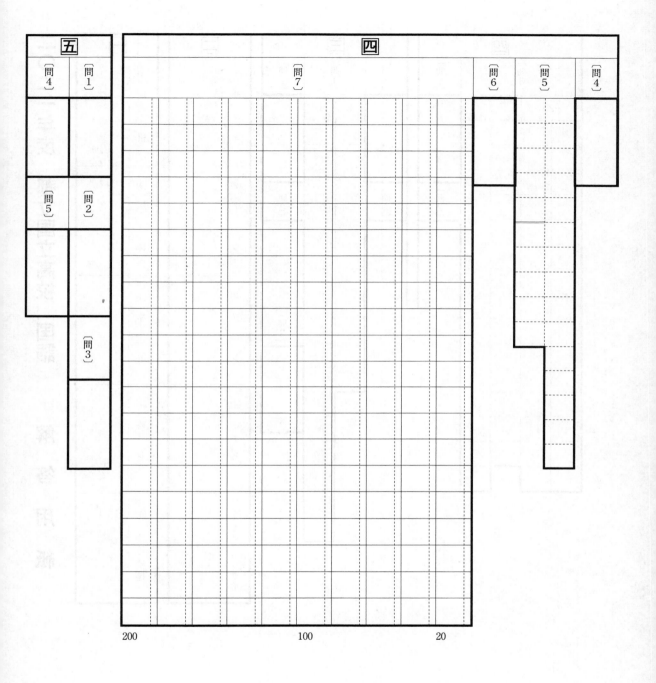

二〇二一年度　都立国立高校　国語　解答用紙

一

(1) 堆積

(2) 版図

(3) 卑下

(4) 興じる　じる

(5) 一念発起

二

(1) サエキ

(2) ドウ

(3) フシ

(4) イチジツ

(5) キソウテンガイ

三

〔問1〕

〔問2〕

〔問3〕

〔問4〕 1　2

〔問5〕

〔問6〕

四

〔問1〕

〔問2〕

〔問3〕 1　2

2021年度　東京都立高校　社会
解　答　用　紙

受　検　番　号						
⓪①②③④⑤⑥⑦⑧⑨	⓪①②③④⑤⑥⑦⑧⑨	⓪①②③④⑤⑥⑦⑧⑨	⓪①②③④⑤⑥⑦⑧⑨	⓪①②③④⑤⑥⑦⑧⑨	⓪①②③④⑤⑥⑦⑧⑨	⓪①②③④⑤⑥⑦⑧⑨

□部分がマークシート方式により解答する問題です。

マーク上の注意事項

1　ＨＢ又はＢの鉛筆（シャープペンシルも可）を使って，〇の中を正確に塗りつぶすこと。

2　答えを直すときは，きれいに消して，消しくずを残さないこと。

3　決められた欄以外にマークしたり，記入したりしないこと。

良い例	悪い例
●	線　小さい　はみ出し　丸囲み　レ点　うすい

1

〔問1〕	㋐ ㋑ ㋒ ㋓
〔問2〕	㋐ ㋑ ㋒ ㋓
〔問3〕	㋐ ㋑ ㋒ ㋓
〔問4〕	㋐ ㋑ ㋒ ㋓

2

〔問1〕	Ⅰのア～エ		Ⅱの表のア～エ	
	㋐㋑㋒㋓		㋐㋑㋒㋓	
〔問2〕	P	Q	R	S
	㋐㋑㋒㋓	㋐㋑㋒㋓	㋐㋑㋒㋓	㋐㋑㋒㋓
〔問3〕	ⅠとⅡの表のア～エ		略地図中のW～Z	
	㋐㋑㋒㋓		ⓌⓍⓎⓏ	

3

〔問1〕	A	B	C	D
	㋐㋑㋒㋓	㋐㋑㋒㋓	㋐㋑㋒㋓	㋐㋑㋒㋓
〔問2〕	W	X	Y	Z
	㋐㋑㋒㋓	㋐㋑㋒㋓	㋐㋑㋒㋓	㋐㋑㋒㋓
〔問3〕	〔地域の変容〕			
	〔要因〕			

4

〔問1〕	㋐㋑㋒㋓ → ㋐㋑㋒㋓ → ㋐㋑㋒㋓ → ㋐㋑㋒㋓			
〔問2〕	Ⅰの略年表中のア～エ		Ⅱの略地図中のA～D	
	㋐㋑㋒㋓		ⒶⒷⒸⒹ	
〔問3〕	㋐ ㋑ ㋒ ㋓			
〔問4〕	A	B	C	D
	㋐㋑㋒㋓	㋐㋑㋒㋓	㋐㋑㋒㋓	㋐㋑㋒㋓

5

〔問1〕	㋐ ㋑ ㋒ ㋓
〔問2〕	㋐ ㋑ ㋒ ㋓
〔問3〕	

6

〔問1〕	㋐㋑㋒㋓ → ㋐㋑㋒㋓ → ㋐㋑㋒㋓ → ㋐㋑㋒㋓			
〔問2〕	A	B	C	D
	㋐㋑㋒㋓	㋐㋑㋒㋓	㋐㋑㋒㋓	㋐㋑㋒㋓
〔問3〕	㋐ ㋑ ㋒ ㋓			

（注）この解答用紙は実物を縮小してあります。A３用紙に154％拡大コピーすると，ほぼ実物大で使用できます。（タイトルと配点表は含みません）

配点

1（計20点）				2（計15点）			3（計15点）			4（計20点）				5（計15点）			6（計15点）		
問1	問2	問3	問4	問1	問2	問3	問1	問2	問3	問1	問2	問3	問4	問1	問2	問3	問1	問2	問3
5点	5点	5点	5点	5点	5点	5点	5点	5点	5点	5点	5点	5点	5点	5点	5点	5点	5点	5点	5点

2021年度　東京都立高校　理科

解　答　用　紙

□部分がマークシート方式により解答する問題です。

マーク上の注意事項

1　ＨＢ又はＢの鉛筆（シャープペンシルも可）を使って，〇の中を正確に塗りつぶすこと。

2　答えを直すときは，きれいに消して，消しくずを残さないこと。

3　決められた欄以外にマークしたり，記入したりしないこと。

良い例	悪い例
●	線　小さい　はみ出し　丸囲み　レ点　うすい

受検番号						
⓪①②③④⑤⑥⑦⑧⑨	⓪①②③④⑤⑥⑦⑧⑨	⓪①②③④⑤⑥⑦⑧⑨	⓪①②③④⑤⑥⑦⑧⑨	⓪①②③④⑤⑥⑦⑧⑨	⓪①②③④⑤⑥⑦⑧⑨	⓪①②③④⑤⑥⑦⑧⑨

1

〔問1〕	㋐ ㋑ ㋒ ㋓	
〔問2〕	㋐ ㋑ ㋒ ㋓	
〔問3〕	㋐ ㋑ ㋒ ㋓	
〔問4〕	① ㋐ ㋑ ㋒ ㋓	② ㋐ ㋑ ㋒ ㋓
〔問5〕	㋐ ㋑ ㋒ ㋓	
〔問6〕	㋐ ㋑ ㋒ ㋓	

2

〔問1〕	① ㋐ ㋑ ㋒ ㋓	② ㋐ ㋑ ㋒ ㋓
〔問2〕	㋐ ㋑ ㋒ ㋓	
〔問3〕	㋐ ㋑ ㋒ ㋓	
〔問4〕	㋐ ㋑ ㋒ ㋓	

3

〔問1〕	㋐ ㋑ ㋒ ㋓		
〔問2〕	① ㋐ ㋑ ㋒	② ㋐ ㋑ ㋒	③ ㋐ ㋑ ㋒
〔問3〕	① ㋐ ㋑ ㋒ ㋓	② ㋐ ㋑ ㋒ ㋓	
〔問4〕	㋐㋑㋒㋓ → ㋐㋑㋒㋓ → ㋐㋑㋒㋓ → ㋐㋑㋒㋓		

4

〔問1〕	㋐ ㋑ ㋒ ㋓	
〔問2〕	① ㋐ ㋑ ㋒	② ㋐ ㋑ ㋒
〔問3〕	① ㋐ ㋑ ㋒	② ㋐ ㋑ ㋒

5

〔問1〕	① ㋐ ㋑ ㋒ ㋓	② ㋐ ㋑ ㋒
〔問2〕	① ㋐ ㋑ ㋒ ㋓	② ㋐ ㋑ ㋒ ㋓
〔問3〕	㋐ ㋑ ㋒ ㋓	
〔問4〕	%	

6

〔問1〕	㋐ ㋑ ㋒ ㋓			
〔問2〕				
〔問3〕	㋐㋑㋒㋓ → ㋐㋑㋒㋓ → ㋐㋑㋒㋓ → ㋐㋑㋒㋓			
〔問4〕	① ㋐ ㋑ ㋒	② ㋐ ㋑ ㋒	③ ㋐ ㋑ ㋒	④ ㋐ ㋑ ㋒

（注）この解答用紙は実物を縮小してあります。Ａ３用紙に152％拡大コピーすると，ほぼ実物大で使用できます。（タイトルと配点表は含みません）

配点	1（計24点）						2（計16点）				3（計16点）				4（計12点）			5（計16点）				6（計16点）			
	問1	問2	問3	問4	問5	問6	問1	問2	問3	問4	問1	問2	問3	問4	問1	問2	問3	問1	問2	問3	問4	問1	問2	問3	問4
	4点	4点	4点	4点	4点	4点	4点	4点	4点	4点	4点	4点	4点	4点	4点	4点	4点	4点	4点	4点	4点	4点	4点	4点	4点

2020年度　都立国立高校　英語
解　答　用　紙　（1）

1	〔問題A〕	〈対話文1〉		〈対話文2〉		〈対話文3〉	
	〔問題B〕	〈Question1〉					
		〈Question2〉					

2	〔問1〕		〔問2〕					
	〔問3〕							
	〔問4〕		〔問5〕		〔問6〕			
	〔問7〕		〔問8〕		〔問9〕		〔問10〕	

3	〔問1〕		〔問2〕		〔問3〕		〔問4〕	
	〔問5〕							
	〔問6〕		〔問7〕		〔問8〕			

解 答 用 紙 （2）

3	〔問9〕	5語 10語 15語 20語 25語 30語 35語 40語 45語

（注）この解答用紙は実物を縮小してあります。
B4用紙に135%拡大コピーすると、
ほぼ実物大で使用できます。
（タイトルと配点表は含みません）

配点		計
配点	1, 2 各4点×15　3 問1～問8 各4点×8 問9 8点	100点

2020年度　都立国立高校　数学

解　答　用　紙　(1)

1		
〔問1〕		
〔問2〕	$x=$　　　　, $y=$	
〔問3〕		
〔問4〕	(1)	【作　図】

〔問4〕	(2)	$\ell=$

2		
〔問1〕		
〔問2〕	(1)	【途中の式や計算など】

（答え）　　　　　　　　cm

〔問2〕	(2)	

配点		計
	1　各5点×5 2　問1　7点　問2　(1)　10点　(2)　8点 3　問1　7点　問2　(1)　10点　(2)　8点 4　問1　7点　問2　10点　問3　8点	100点

解 答 用 紙 （2）

3		
〔問 1〕		度
〔問 2〕	(1)	【 証　明 】

次に，∠PCM ＝ ∠QLR であることを示す。
ここで，∠PMC ＝ ∠a とおく。

したがって
∠PCM ＝ ∠QLR　…　（イ）

〔問 2〕	(2)	cm

4	
〔問 1〕	t =
〔問 2〕	【 図や途中の式など 】

（答え）　　cm³

〔問 3〕	倍

（注）この解答用紙は実物を縮小してあります。
B4用紙に141%拡大コピーすると，
ほぼ実物大で使用できます。
（タイトルと配点表は含みません）

五

〔問4〕 〔問1〕

〔問5〕 〔問2〕

〔問3〕

四

〔問7〕

200 100 20

（注）この解答用紙は実物を縮小してあります。
B4用紙に121％拡大コピーすると、
ほぼ実物大で使用できます。
（タイトルと配点表は含みません）

配点		計
	一, 二　各２点×10　　三　各４点×６ 四　問１～問６　各４点×６　問７　12点 五　各４点×５	100点

二〇二〇年度　都立国立高校　国語　解答用紙

一
(1) 熟れた　れた
(2) 窯元
(3) 訃報
(4) 鋳物
(5) 天蓋

二
(1) シナン
(2) オモテ
(3) ジンジュツ
(4) ツイキュウ
(5) イッケン

三
〔問1〕
〔問2〕
〔問3〕　から。
〔問4〕
〔問5〕
〔問6〕

四
〔問1〕
〔問2〕 始　終
〔問3〕
〔問4〕　から。
〔問5〕
〔問6〕

2020年度　東京都立高校　社会
解　答　用　紙

受　検　番　号						
⓪	⓪	⓪	⓪	⓪	⓪	⓪
①	①	①	①	①	①	①
②	②	②	②	②	②	②
③	③	③	③	③	③	③
④	④	④	④	④	④	④
⑤	⑤	⑤	⑤	⑤	⑤	⑤
⑥	⑥	⑥	⑥	⑥	⑥	⑥
⑦	⑦	⑦	⑦	⑦	⑦	⑦
⑧	⑧	⑧	⑧	⑧	⑧	⑧
⑨	⑨	⑨	⑨	⑨	⑨	⑨

▭部分がマークシート方式により解答する問題です。

マーク上の注意事項

1　ＨＢ又はＢの鉛筆（シャープペンシルも可）を使って，◯の中を正確に塗りつぶすこと。

2　答えを直すときは，きれいに消して，消しくずを残さないこと。

3　決められた欄以外にマークしたり，記入したりしないこと。

良い例	悪い例
●	線　小さい　はみ出し　丸囲み　レ点　うすい

1

〔問1〕	㋐　㋑　㋒　㋓
〔問2〕	㋐　㋑　㋒　㋓
〔問3〕	㋐　㋑　㋒　㋓

2

〔問1〕	略地図中のA～D		Ⅱのア～エ	
	Ⓐ Ⓑ Ⓒ Ⓓ		㋐ ㋑ ㋒ ㋓	
〔問2〕	P	Q	R	S
	㋐㋑㋒㋓	㋐㋑㋒㋓	㋐㋑㋒㋓	㋐㋑㋒㋓
〔問3〕	略地図中のW～Z		ⅠとⅡの表のア～エ	
	Ⓦ Ⓧ Ⓨ Ⓩ		㋐ ㋑ ㋒ ㋓	

3

〔問1〕	A	B	C	D
	㋐㋑㋒㋓	㋐㋑㋒㋓	㋐㋑㋒㋓	㋐㋑㋒㋓
〔問2〕	P	Q	R	S
	㋐ ㋑	㋐ ㋑	㋐ ㋑	㋐ ㋑
〔問3〕	〔建設された理由〕			
	〔建設された効果〕			

4

〔問1〕	㋐㋑㋒㋓ → ㋐㋑㋒㋓ → ㋐㋑㋒㋓ → ㋐㋑㋒㋓	
〔問2〕	Ⅰの略年表中のア～エ	Ⅱの略地図中のA～D
	㋐ ㋑ ㋒ ㋓	Ⓐ Ⓑ Ⓒ Ⓓ
〔問3〕	㋐　㋑　㋒　㋓	
〔問4〕	㋐　㋑　㋒　㋓	

5

〔問1〕	㋐　㋑　㋒　㋓
〔問2〕	㋐　㋑　㋒　㋓
〔問3〕	㋐　㋑　㋒　㋓
〔問4〕	㋐　㋑　㋒　㋓

6

〔問1〕	㋐㋑㋒㋓ → ㋐㋑㋒㋓ → ㋐㋑㋒㋓ → ㋐㋑㋒㋓	
〔問2〕	略地図中のA～D	ⅠとⅡのグラフのア～エ
	Ⓐ Ⓑ Ⓒ Ⓓ	㋐ ㋑ ㋒ ㋓
〔問3〕		

（注）この解答用紙は実物を縮小してあります。A3用紙に154％拡大コピーすると，ほぼ実物大で使用できます。（タイトルと配点表は含みません）

配点

1（計15点）			2（計15点）			3（計15点）			4（計20点）				5（計20点）				6（計15点）		
問1	問2	問3	問1	問2	問3	問1	問2	問3	問1	問2	問3	問4	問1	問2	問3	問4	問1	問2	問3
5点	5点	5点	5点	5点	5点	5点	5点	5点	5点	5点	5点	5点	5点	5点	5点	5点	5点	5点	5点

2020年度　東京都立高校　理科

解　答　用　紙

受　検　番　号						
⓪①②③④⑤⑥⑦⑧⑨	⓪①②③④⑤⑥⑦⑧⑨	⓪①②③④⑤⑥⑦⑧⑨	⓪①②③④⑤⑥⑦⑧⑨	⓪①②③④⑤⑥⑦⑧⑨	⓪①②③④⑤⑥⑦⑧⑨	⓪①②③④⑤⑥⑦⑧⑨

▭部分がマークシート方式により解答する問題です。

マーク上の注意事項

1　ＨＢ又はＢの鉛筆（シャープペンシルも可）を使って，◯の中を正確に塗りつぶすこと。

2　答えを直すときは，きれいに消して，消しくずを残さないこと。

3　決められた欄以外にマークしたり，記入したりしないこと。

良い例	悪い例
●	線　小さい　はみ出し　丸囲み　レ点　うすい

1		
	〔問1〕	㋐　㋑　㋒　㋓
	〔問2〕	㋐　㋑　㋒　㋓
	〔問3〕	㋐　㋑　㋒　㋓
	〔問4〕	㋐　㋑　㋒　㋓
	〔問5〕	㋐　㋑　㋒　㋓

2		
	〔問1〕	㋐　㋑　㋒　㋓
	〔問2〕	㋐　㋑　㋒　㋓
	〔問3〕	㋐　㋑　㋒　㋓
	〔問4〕	㋐　㋑　㋒　㋓

3			
	〔問1〕	㋐　㋑　㋒　㋓	
	〔問2〕	㋐　㋑　㋒　㋓	
	〔問3〕	＊ 解答欄は次頁にあります。	
	〔問4〕	①	②
		㋐㋑㋒㋓	㋐㋑㋒㋓

4					
	〔問1〕	①	②	③	
		㋐㋑㋒㋓	㋐㋑㋒㋓	㋐㋑㋒㋓	
	〔問2〕	㋐　㋑　㋒　㋓			
	〔問3〕	①	②	③	④
		㋐㋑㋒㋓	㋐㋑㋒㋓	㋐㋑㋒㋓	㋐㋑㋒㋓
	〔問4〕	＊ 解答欄は次頁にあります。			

5			
	〔問1〕	㋐　㋑　㋒　㋓	
	〔問2〕	①	②
		㋐㋑㋒㋓	㋐㋑㋒㋓
	〔問3〕		
	〔問4〕	溶質の名称	
		結晶の質量	g

6			
	〔問1〕	電流〔A〕 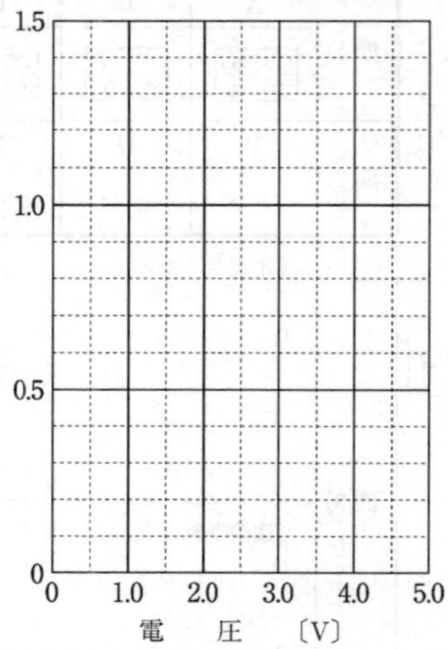	
		電流の大きさ	A
	〔問2〕	㋐　㋑　㋒　㋓	
	〔問3〕	㋐　㋑　㋒　㋓	
	〔問4〕	㋐　㋑　㋒　㋓	

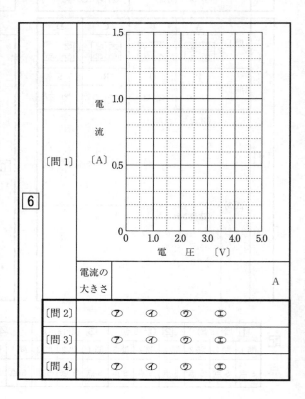

2020年度　東京都立高校　理科

解　答　用　紙

受　検　番　号							

3	〔問3〕	

4	〔問4〕	

(注) この解答用紙は実物を縮小してあります。Ｂ４用紙に139%拡大コピーすると、ほぼ実物大で使用できます。(タイトルと配点表は含みません)

配点

1 (計20点)					2 (計16点)				3 (計16点)				4 (計16点)				5 (計16点)					6 (計16点)				
問1	問2	問3	問4	問5	問1	問2	問3	問4	問1	問2	問3	問4	問1	問2	問3	問4	問1	問2	問3	問4		問1		問2	問3	問4
																				名称	質量	グラフ	電流			
4点	4点	4点	4点	4点	4点	4点	4点	4点	4点	4点	4点	4点	4点	4点	4点	4点	4点	4点	4点	2点	2点	2点	2点	4点	4点	4点

Memo

Memo

Memo